〔晉〕司馬彪 撰
〔南朝梁〕劉昭 注補

後漢書志（六）

荊楚文庫編纂出版委員會
崇文書局

後漢書志第一

律曆上

律準　候氣

古之人論數也，曰"物生而後有象，象而後有滋，滋而後有數"。然則天地初形，人物既著，則筭數之事生矣。記稱大橈作甲子，[1]隸首作數。[2]二者既立，以比日表，[3]以管萬事。夫一、十、百、千、萬，所同用也；律、度、量、衡、曆，其別用也。故體有長短，檢以度；[4]物有多少，受以量；[5]量有輕重，平以權衡；[6]聲有清濁，協以律呂；三光運行，紀以曆數：然後幽隱之情，精微之變，可得而綜也。[7]

【注】

〔1〕《呂氏春秋》曰："黃帝師大橈。"《博物記》曰："容成氏造曆，黃帝臣也。"《月令章句》："大橈探五行之情，占斗綱所建，於是始作甲乙以名日，謂之幹，作子丑以名（日）[月]，〔一〕謂之枝，枝幹相配，以成六旬。"

〔2〕《博物記》曰："隸首，黃帝之臣。"一說，隸首，善筭者也。

〔3〕表即晷景。

〔4〕《說苑》曰："以粟生之，（十）[一]粟為一分，〔二〕十分為一寸，十寸為一尺，十尺為一丈。"

〔5〕《說苑》曰："千二百粟為一籥，十籥為一合，十合為一升，十升為一斗，十斗為一斛。"

〔6〕《説苑》曰:"十粟重一圭,十圭重一銖,〔三〕二十四銖重一兩,十六兩重一斤,三十斤重一鈞,四鈞重一石。"

〔7〕《前志》曰:"夫推曆生律,制器規圓矩方,權重衡平,準繩嘉量,探賾索隱,鉤深致遠,莫不用焉。度長短者不失毫釐,量多少者不失圭撮,權輕重者不失黍絫。紀於一,協於十,長於百,大於千,廣於萬。"〔四〕

漢興,北平侯張蒼首治律曆。孝武正樂,置協律之官。至元始中,博徵通知鍾律者,考其意義,羲和劉歆典領條奏,前史班固取以為志。而元帝時,郎中京房(房字君明)知五聲之音,六律之數。〔五〕上使太子太傅(韋)玄成、(字少翁)〔六〕諫議大夫章,雜試問房於樂府。房對:"受學故小黃令焦延壽。六十律相生之法:以上生下,皆三生二,以下生上,皆三生四,陽下生陰,陰上生陽,終於中呂,而十二律畢矣。中呂上生執始,執始下生去滅,上下相生,終於南事,六十律畢矣。夫十二律之變至於六十,猶八卦之變至於六十四也。宓羲作《易》,紀陽氣之初,以為律法。建日冬至之聲,以黃鍾為宮,太蔟為商,姑洗為角,林鍾為徵,南呂為羽,應鍾為變宮,蕤賓為變徵。〔1〕此聲氣之元,五音之正也。故各(終)[統]一日。〔七〕其餘以次運行,當日者各自為宮,而商徵以類從焉。〔2〕《禮運篇》曰'五聲、六律、十二管還相為宮',此之謂也。〔3〕以六十律分朞之日,黃鍾自冬至始,及冬至而復,陰陽寒燠風雨之占生焉。於以檢攝群音,考其高下,苟非(草)[革]木之聲,〔八〕則無不有所合。《虞書》曰'律和聲',此之謂也。"房又曰:"竹聲不可以度調,故作準以定數。準之狀如瑟,長丈而十三弦,隱間九尺,以應黃鍾之律九寸;中央一弦,下有畫分寸,以為六十律清濁之節。"房言律詳於歆所奏,其術施行於史官,候部用之。文多不悉載。故總其本要,以續《前志》。

【注】

〔1〕《月令章句》曰:"以姑洗為角,南呂為羽,則微濁也。"

〔2〕《月令章句》曰："律，率也，聲之管也。上古聖人本陰陽，別風聲，審清濁，而不可以文載口傳也。於是始鑄金作鍾，以主十二月之聲，然後以效升降之氣。鍾難分別，乃截竹為管，謂之律。律者，清濁之率法也。聲之清濁，以（制）〔律〕長短為制。"〔九〕

〔3〕鄭玄曰："宮數八十一，黃鍾長九寸，九九八十一也。三分宮去一生徵，徵數五十四，林鍾長六寸，六九五十四也。三分徵益一生商，商數七十二，太蔟長八寸，八九七十二也。三分商去一生羽，羽數四十八，南呂長五寸三分寸之一，五九四十五又三分寸之一，為四十八也。三分羽益一生角，角數六十四，姑洗長七寸九分寸之一，七九六十三又九分寸之一，為六十四也。三分角去一生變宮，三分變宮益一生變徵。自此已後，則隨月而變，所謂'還相為宮'。"

《律術》曰：陽以圓為形，其性動。陰以方為節，其性靜。動者數三，靜者數二。以陽生陰，倍之；以陰生陽，四之：皆三而一。陽生陰曰下生，陰生陽曰上生。上生不得過黃鍾之（清）濁，下生不得及黃鍾之（數實）〔一〇〕〔清〕。皆參天兩地，圓蓋方覆，六耦承奇之道也。黃鍾，律呂之首，而生十一律者也。[1]〔一一〕其相生也，皆三分而損益之。是故十二律之，得十七萬七千一百四十七，〔一二〕是為黃鍾之實。[2]又以二乘而三約之，是為下生林鍾之實。又以四乘而三約之，是為上生太蔟之實。推此上下，以定六十律之實。以九三之，（數）〔得〕萬九千六百八十三為法。〔一三〕〔於〕律為寸，〔一四〕於準為尺。不盈者十之，所得為分。又不盈十之，所得為小分。以其餘正其強弱。

【注】

〔1〕《前書》曰："黃帝使伶倫，自大夏之西，崑崙之陰，取竹之嶰谷生，其竅厚均者，斷兩節間而吹之，以為黃鍾之管。〔一五〕制十二筩以聽鳳之鳴，其雄鳴為六，雌鳴亦六，比黃鍾之音，〔一六〕而皆可以生之，是為律本。至治之世，

天地之氣合以生風。天地之風氣正，十二律乃定。"

〔2〕《前書》曰："太極元氣，含三為一。極，中也。元，始也。行於十二辰，始動於子。參之於丑，得三。又參之於寅，得九。又參之於卯，得二十七。又參之於辰，得八十一。又參之於巳，得二百四十三。又參之於午，得七百二十九。又參之於未，得二千一百八十七。又參之於申，得六千五百六十一。又參之於酉，得萬九千六百八十三。又參之於戌，得五萬九千四十九。又參之於亥，得十七萬七千一百四十七。此陰陽合德，氣鍾於子，化生萬物者也。故滋萌於子，〔一七〕紐牙於丑，引達於寅，冒茆於卯，振羑於辰，〔一八〕巳盛於巳，咢布於午，昧曖於未，〔一九〕申堅於申，留孰於酉，畢入於戌，該閡於亥，出甲於甲，奮軋於乙，明炳於丙，大成於丁，〔二〇〕豐茂於戊，〔二一〕理紀於己，斂更於庚，悉新於辛，懷任於壬，陳揆於癸。故陰陽之施化，萬物之終始，既類旅於律呂，又經歷於日辰，而變化之情則可見矣。"〔二二〕

　　黃鍾，十七萬七千一百四十七。
　　下生林鍾。　黃鍾為宮，太蔟商，林鍾徵。
　　一日。　律，九寸。　準，九尺。
　　色育，〔二三〕十七萬六千七百七十六。
　　下生謙待。〔二四〕　色育為宮，未知商，謙待徵。
　　六日。　律，八寸九分小分八微強。　準，八尺九寸萬五千九百七十三。
　　執始，十七萬四千七百六十二。
　　下生去滅。　執始為宮，時息商，去滅徵。
　　六日。　律，八寸八分小分七大強。〔二五〕　準，八尺八寸萬五千五百一十六。
　　丙盛，十七萬二千四百一十。
　　下生安度。　丙盛為宮，屈齊商，安度徵。
　　六日。　律，八寸七分小分六微弱。　準，八尺七寸萬一千六百七十九。

分動，﹝二六﹞十七萬八十九。

下生歸嘉。　分動為宮，隨期商，歸嘉徵。

六日。　律，八寸六分小分四強。　準，八尺六寸八千一百五十二。

質末，﹝二七﹞十六萬七千八百。

下生否與。　質末為宮，形晉﹝二八﹞商，否與徵。

六日。　律，八寸五分小分二〔半〕強。﹝二九﹞　準，八尺五寸四千九百四十五。

大呂，十六萬五千八百八十八。

下生夷則。　大呂為宮，夾鍾商，夷則徵。

八日。　律，八寸四分小分三弱。　準，八尺四寸五千五百八。

分否，十六萬三千六百五十四。

下生解形。﹝三〇﹞　分否為宮，開時商，解形徵。

八日。　律，八寸三分小分一強。　準，八尺三寸二千八百五十一。

凌陰，﹝三一﹞十六萬一千四百五十二。

下生去南。　凌陰為宮，族嘉﹝三二﹞商，去南徵。

八日。　律，八寸二分小分一弱。　準，八尺二寸五百一十四。

少出，十五萬九千二百八十。

下生分積。　少出為宮，爭南商，分積徵。

六日。　律，八寸小分九強。　準，八尺萬八千一百六十。

太蔟，十五萬七千四百六十四。

下生南呂。　太蔟為宮，姑洗商，南呂徵。

一日。　律，八寸。　準，八尺。

未知，十五萬七千一百三十四。

下生白呂。　未知為宮，南授商，白呂徵。

六日。　律，七寸九分小分八強。　準，七尺九寸萬六千三百八十三。

時息,十五萬五千三百四十四。

下生結躬。　時息為宮,變虞商,結躬徵。

六日。　律,七寸八分小分九少強。　準,七尺八寸萬八千一百六十六。

屈齊,十五萬三千二百五十三。

下生歸期。　屈齊為宮,路時商,歸期徵。

六日。　律,七寸七分小分九弱。　準,七尺七寸萬六千九百三十九。

隨期,十五萬一千一百九十。

下生未卯。〔三三〕　隨期為宮,形始商,未卯徵。

六日。　律,七寸六分小分八強。　準,七尺六寸萬五千九百九十二。

形晉,十四萬九千一百五十（五）〔六〕。〔三四〕

下生夷汗。〔三五〕　形晉為宮,依行商,夷汗徵。

六日。　律,七寸五分小分八弱。　準,七尺五寸萬五千三百（二）〔三〕十五。〔三六〕

夾鍾,十四萬七千四百五十六。

下生無射。　夾鍾為宮,中呂商,無射徵。

六日。　律,七寸四分小分九強。　準,七尺四寸萬八千一十八。

開時,十四萬五千四百七十。

下生閉掩。〔三七〕　開時為宮,南中商,閉掩徵。

八日。　律,七寸三分小分九微（弱）〔強〕。〔三八〕　準,七尺三寸萬七千八百四十一。

族嘉,十四萬三千五百一十三。

下生鄰齊。　族嘉為宮,內負〔三九〕商,鄰齊徵。

八日。　律,七寸二分小分九微強。　準,七尺二寸萬七千九百五十四。

爭南,十四萬一千五百八十二。

下生期保。　争南為宮，物應商，期保徵。

八日。　律，七寸一分小分九強。　準，七尺一寸萬八千三百二十七。

姑洗，十三萬九千九百六十八。

下生應鍾。　姑洗為宮，蕤賓商，應鍾徵。

一日。　律，七寸一分小分一微強。　準，七尺一寸二千一百八十七。

南授，十三萬九千六百七十〔四〕。〔四〇〕

下生分烏。〔四一〕　南授為宮，南事商，分烏徵。

六日。　律，七寸小分九大強。　準，七尺萬八千九百三十。

變虞，十三萬八千八十四。

下生遲內。　變虞為宮，盛變商，遲內徵。

六日。　律，七寸小分一半強。　準，七尺三千三十。

路時，十三萬六千二百二十五。

下生未育。　路時為宮，離宮商，未育徵。

六日。　律，六寸九分小分二微強。　準，六尺九寸四千一百二十三。

形始，〔四二〕十三萬四千三百九十二。

下生遲時。　形始為宮，制時商，遲時徵。

五日。　律，六寸八分小分三弱。　準，六尺八寸五千四百七十六。

依行，十三萬二千五百八十二。

上生色育。　依行為宮，謙待商，色育徵。

七日。　律，六寸七分小分三（大）〔半〕強。〔四三〕　準，六尺七寸七千五十九。

中呂，十三萬一千七十二。

上生執始。　中呂為宮，去滅商，執始徵。

八日。　律，六寸六分小分六弱。　準，六尺六寸萬一千六百四十二。

南中,十二萬九千三百八。

上生丙盛。　南中為宮,安度商,丙盛徵。

七日。　律,六寸五分小分七微弱。　準,六尺五寸萬三千六百八十五。

內負,十二萬七千五百六十七。

上生分動。　內負為宮,歸嘉商,分動徵。

八日。　律,六寸四分小分八〔微〕強。〔四四〕　準,六尺四寸萬五千九百五十八。

物應,十二萬五千八百五十。

上生質末。　物應為宮,否與商,質末徵。

七日。　律,六寸三分小分九強。　準,六尺三寸萬八千四百七十一。

蕤賓,十二萬四千四百一十六。

上生大呂。　蕤賓為宮,夷則商,大呂徵。

一日。　律,六寸三分小分二微強。　準,六尺三寸四千一百三十一。

南事,十二萬四千一百五十四。

(下)〔不〕生。〔四五〕　南事窮,無商、徵,不為宮。

七日。　律,六寸三分小分一弱。　準,六尺三寸一千五百(三)〔一〕十一。〔四六〕

盛變,十二萬二千七百四十一。

上生分否。　盛變為宮,解形商,分否徵。

七日。　律,六寸二分小分三(大)〔半〕強。〔四七〕　準,六尺二寸七千六十四。

離宮,十二萬一千八(百一)十九。〔四八〕

上生凌陰。　離宮為宮,去南商,凌陰徵。

七日。　律,六寸一分小分五微強。　準,六尺一寸萬二百二十七。

制時,十一萬九千四百六十。

上生少出。 制時為宮,分積商,少出徵。

八日。 律,六寸小分七弱。 準,六尺萬三千六百二十。

林鍾,十一萬八千九十八。

上生太蔟。 林鍾為宮,南呂商,太蔟徵。

一日。 律,六寸。 準,六尺。

謙待,十一萬七千八百五十一。

上生未知。 謙待為宮,白呂商,未知徵。

五日。 律,五寸九分小分九弱。 準,五尺九寸萬七千二百一十三。

去滅,十一萬六千五百八。

上生時息。 去滅為宮,結躬商,時息徵。

七日。 律,五寸九分小分二弱。 準,五尺九寸三千七百八十三。

安度,十一萬四千九百四十。

上生屈齊。 安度為宮,歸期商,屈齊徵。

六日。 律,五寸八分小分四〔微〕弱。〔四九〕 準,五尺八寸七千七百八十六。

歸嘉,十一萬三千三百九十三。

上生隨期。 歸嘉為宮,未卯商,隨期徵。

六日。 律,五寸七分小分六微強。 準,五尺七寸萬一千九百九十九。

否與,十一萬一千八百六十七。

上生形晉。 否與為宮,夷汗商,形晉徵。

五日。 律,五寸六分小分八強。 準,五尺六寸萬六千四百二十二。

夷則,十一萬五百九十二。

上生夾鍾。　夷則為宮，無射商，夾鍾徵。

八日。　律，五寸六分小分二弱。　準，五尺六寸三千六百七十二。

解形，十（一）萬九千一百三。〔五〇〕

上生開時。　解形為宮，閉掩商，開時徵。

八日。　律，五寸五分小分四強。　準，五尺五寸八千四百六十五。

去南，十萬七千六百三十五。

上生族嘉。　去南為宮，鄰齊商，族嘉徵。

八日。　律，五寸四分小分六大強。　準，五尺四寸萬三千四百六十八。

分積，十萬六千一百八十（八）〔七〕。〔五一〕

上生爭南。　分積為宮，期保商，爭南徵。

七日。　律，五寸三分小分九半強。〔五二〕　準，五尺三寸萬八千六百（八）〔七〕十一。〔五三〕

南呂，十萬四千九百七十六。

上生姑洗。　南呂為宮，應鍾商，姑洗徵。

一日。　律，五寸三分小分三強。　準，五尺三寸六千五百六十一。

白呂，十萬四千七百五十六。

上生南授。　白呂為宮，分烏商，南授徵。

五日。　律，五寸三分小分二強。　準，五尺三寸四千三百（七）〔六〕十一。〔五四〕

結躬，十萬三千五百六十三。

上生變虞。　結躬為宮，遲內商，變虞徵。

六日。　律，五寸二分小分六（少）強。〔五五〕　準，五尺二寸萬二千一百一十四。

歸期，十萬二千一百六十九。

上生路時。　歸期為宮，未育商，路時徵。

六日。　律，五寸一分小分九微強。　準，五尺一寸萬七千八百五十七。

未卯，十萬七百九十四。

上生形始。　未卯為宮，遲時商，形始徵。

六日。　律，五寸一分小分二微強。　準，五尺一寸四千（八十）［一百］七。〔五六〕

夷汗，九萬九千四百三十七。

上生依行。　夷汗為宮，色育商，依行徵。

七日。　律，五寸小分五強。　準，五尺萬二百二十。

無射，九萬八千三百四。

上生中呂。　無射為宮，執始商，中呂徵。

八日。　律，四寸九分小分九強。　準，四尺九寸萬八千五百七十三。

閉掩，九萬六千九百八十。

上生南中。　閉掩為宮，丙盛商，南中徵。

八日。　律，四寸九分小分三弱。　準，四尺九寸五千三百三十三。

鄰齊，九萬五千六百七十五。

上生內負。　鄰齊為宮，分動商，內負徵。

七日。　律，四寸八分小分六微強。　準，四尺八寸萬一千九百六十六。

期保，九萬四千三百八十八。

上生物應。　期保為宮，質末商，物應徵。

八日。　律，四寸七分小分九（微）［半］強。〔五七〕　準，四尺七寸萬八千七百七十九。

應鍾，九萬三千三百一十二。

上生蕤賓。　應鍾為宮，大呂商，蕤賓徵。

一日。　律，四寸七分小分四微強。　準，四尺七寸八千十九。
分烏，九萬三千一百一十（七）〔六〕。〔五八〕
上生南事。　分烏窮次，無徵，不為宮。
七日。　律，四寸七分小分三微強。　準，四尺七寸六千五十九。
遲內，九萬二千五十六。
上生盛變。　遲內為宮，分否商，盛變徵。
八日。　律，四寸六分小分八弱。　準，四尺六寸萬五千一百四十二。
未育，九萬八百一十七。
上生離宮。　未育為宮，凌陰商，離宮徵。
八日。　律，四寸六分小分一少強。　準，四尺六寸二千七百五十二。
遲時，八萬九千五百九十五。
上生制時。　遲時為宮，少出商，制時徵。
六日。　律，四寸五分小分五強。　準，四尺五寸萬二百一十五。
截管為律，吹以考聲，列以物氣，〔五九〕道之本也。[1]術家以其聲微而體難知，其分數不明，故作準以代之。準之聲，明暢易達，分寸又粗。然弦以緩急清濁，〔六〇〕非管無以正也。均其中弦，令與黃鍾相得，案畫以求諸律，無不如數而應者矣。

【注】
[1]《前書》注曰："章帝時，零陵文學奚景於泠道縣〔六一〕舜祠下得白玉琯。古以玉為琯。"

音聲精微，綜之者解。元和元年，待詔候鍾律殷肜上言："官無曉六十律以準調音者。故待詔嚴崇〔六二〕具以準法教子男宣，宣通習。願召宣補學官，主調樂器。"詔曰："崇子學審曉律，別其族，協其聲者，審試。不得依託父學，以聾為聰。聲微妙，獨非莫知，獨是莫曉。以律錯吹，能知命十二律不失一，方為能傳崇學耳。"〔六三〕太史丞弘試十二律，其二中，其四不中，其六不知何律，宣遂罷。自此律家莫能為準施弦，候部莫知復見。[1]熹平六年，東觀召典律者太子舍人張光等問準意。光等不知，歸閱舊藏，乃得其器，形制如房書，猶不能定其弦緩急，音不可書以（時）[曉]人，〔六四〕知之者欲教而無從，心達者體知而無師，故史官能辨清濁者遂絕。其可以相傳者，唯大榷常數及候氣而已。

【注】

[1]薛瑩《書》曰，上以太常樂丞鮑鄴等上樂事，下車騎將軍馬防。防奏言："建初二年七月，鄴上言：'王者飲食，必道須四時五味，故有食舉之樂，所以順天地，養神明，求福應也。移風易俗，莫善於樂。樂者天地之和，不可久廢。今官樂但有太蔟，皆不應（日）[月]律。〔六五〕可作十二月均，各應其月氣，乃能順天地，〔六六〕和氣宜應。明帝始令靈臺六律候，而未設其門。《樂經》曰十二月行之，所以宣氣豐物也。月開斗建之門，而奏歌其律。誠宜施行。願與待詔嚴崇及能作樂器者共作治，考工給所當。'詔下太常。太常上言：'作樂器直錢百四十六萬，請太僕作成上。'奏寢。今明詔下臣防，臣輒問鄴及待詔知音律者，皆言聖人作樂，所以宣氣致和，順陰陽也。臣愚以為可順上天之明（待）[時]，〔六七〕因歲首令正，發太蔟之律，奏雅頌之音，以立太平，以迎和氣。其條貫甚備。"詔書以防言下三公。

夫五音生於陰陽，分為十二律，轉生六十，皆所以紀斗氣，〔六八〕效物類也。天效以景，地效以響，即律也。陰陽和則景至，律氣應則灰除。是故天子常以日冬夏至御前殿，合八能之士，陳八音，聽樂均，度晷景，候鍾律，權土（灰）[炭]，〔六九〕（放）[效]陰陽。〔七〇〕冬至陽氣應，則樂均清，景長極，黃鍾通，土（灰）[炭]輕而衡仰。夏至陰氣應，則樂均濁，景短極，蕤賓通，土（灰）[炭]重而衡低。[1]進退於先後五日之中，八能各以候狀聞，太史封上。效則和，否則占。[2]候氣之法,為室三重,戶閉,塗釁必周,密布緹縵。室中以木為案,每律各一,內庳外高,從其方位,加律其上,以葭莩灰抑其內端,[3]案曆而候之。氣至者灰(去)[動]。[七一]其為氣所動者其灰散,人及風所動者其灰聚。殿中候,用玉律十二。惟二至乃候靈臺,用竹律六十。候日如其曆。[4]

【注】

[1]《淮南子》曰:"水勝故夏至濕,火勝故冬至燥。燥故(灰)[炭]輕,濕故(灰)[炭]重。"

[2]《易緯》曰:"冬至人主不出宮,寢兵,從樂五日,擊黃鍾之磬。公卿大夫列士之意得,則陰陽之晷如度數。夏至之日,如冬至之禮。冬至之日,樹八尺之表,日中視其晷。晷如度者其歲美,人民和順。晷不如度者則歲惡,人民多謠言,政令為之不平。晷進則水,晷退則旱。進一尺則日食,退一尺則月食。月食則正臣下之行,日食則正人主之道。"

[3]葭莩出河內。

[4]《月令章句》曰:"古之為鍾律者,以耳齊其聲。後不能,則假數以正其度,度數正則音亦正矣。鍾以斤兩尺寸中所容受升斗之數為法,律亦以寸分長短為度。故曰黃鍾之管長九寸,[孔]徑三分,[七二]圍九分,其餘皆(補)[漸]短,[七三](雖)[惟]大小圍數無增減。[七四]以度量者可以文載口傳,與眾共知,然不如耳決之明也。"

【校勘記】

[一]作子丑以名(日)[月] 《集解》引盧文弨說,謂"日"當為"月"。案子丑等亦謂十二辰,則當繫於月明矣。後人因下有枝幹相配,以成六旬,遂改為"日",泥甚。今據改。

[二]以粟生之(十)[一]粟為一分 《集解》引盧文弨說,謂"以粟"《說苑》作"以黍",無"十粟"二字。按:《校補》謂"十"當作"一",粟猶黍也。雖《說苑》亦無"一黍"二字,然不別出數,即是就一黍言。《前書·

律曆志》云"一黍之廣,度之九十分,黃鍾之長。一為一分"。夫黃鍾長九寸,一黍之廣當之長九十分之一,亦即是一黍為一分,故知此一粟為一分矣。今據《校補》説改。

〔三〕十粟重一圭十圭重一銖　按:《集解》引盧文弨説,謂《説苑》"十粟"作"十六黍","十圭"作"六圭"。

〔四〕廣於萬　按:《集解》引盧文弨説,謂《前志》"廣"作"衍"。

〔五〕郎中京房(房字君明)知五聲之音六律之數　"房字君明"四字據《集解》引盧文弨説刪,盧説見下。又《集解》引盧文弨説,謂"五聲之音,六律之數"《通典》作"五音六十律之數"。王先謙謂晉、宋《志》並作"五音六十律",此文譌也。今按:"六律"一詞於此泛用作律吕解亦可通,今不改。

〔六〕上使太子太傅(韋)玄成(字少翁)　按:《集解》引盧文弨説,謂甄鸞《五經算術》無"韋"字,與下王章亦不書姓名。下"字少翁"三字亦無。蓋閲者偶作旁記,而誤寫入正文,與上"房字君明"並當删去,不可以《史記》有"解揚字子虎"相比例。今據删。

〔七〕故各(終)〔統〕一日　按:《集解》引惠棟説,謂"終"《禮記正義》引作"統",《北史・牛宏傳》同。又引盧文弨説,謂《算術》亦作"統"。今據改。

〔八〕苟非(草)〔革〕木之聲　《集解》引盧文弨説,謂"草"當依《算術》作"革"。今據改。按:王先謙謂《晉志》作"草"。

〔九〕以(制)〔律〕長短為制　據汲本改。

〔一〇〕上生不得過黃鍾之(清)濁下生不得及黃鍾之(數實)〔清〕　《集解》引盧文弨説,謂"清"字衍。"之數實"當作"之清",依《算術》改正。今據改。盧又謂"及"上脱"不"字。今按:上生不得過黃鍾之濁者,意即所生之音不得低於黃鍾本律,下生不得及黃鍾之清者,意即所生之音不得高於或等於黃鍾半律,"過"與"及"字異而義同,非有脱字也。今不改。

〔一一〕而生十一律者也　"十一"汲本、殿本作"十二"。《集解》引盧文弨説,謂《通鑑》注引"十二"作"十一"。今按:作"十二"者譌,參閲下條校記自明。

〔一二〕是故十二律之得十七萬七千一百四十七　按："十二律之"語意不明，疑有脱譌。依文當作"十一三之"，蓋以三自乘十一次，所得之數為十七萬七千一百四十七也。

〔一三〕(數)〔得〕萬九千六百八十三為法　據《集解》引盧文弨説改。

〔一四〕〔於〕律為寸　《集解》引盧文弨説，謂"律"上脱"於"字，《算術》有。今據補。

〔一五〕以為黄鍾之管　按：《集解》引盧文弨説，謂《前志》"管"作"宫"。

〔一六〕比黄鍾之音　按：《集解》引盧文弨説，謂《前志》"音"作"宫"。

〔一七〕故滋萌於子　按：王先謙謂《前志》"滋"作"孳"。

〔一八〕振羨於辰　《前志》"羨"作"美"。按：王念孫謂"美"當為"羨"，字之譌也。

〔一九〕昧曖於未　按：王先謙謂《前志》"曖"作"薆"。

〔二〇〕大成於丁　按：《集解》引盧文弨説，謂《前志》"成"作"盛"。

〔二一〕豐茂於戊　按：王先謙謂《前志》"茂"作"楙"。

〔二二〕而變化之情則可見矣　按：王先謙謂《前志》無"則"字。

〔二三〕色育　《集解》引盧文弨説，謂"色"《隋志》及《律吕新書》俱作"包"，當是也。《算術》、《禮記正義》並作"色"。

〔二四〕下生謙待　按：《隋志》"謙待"作"謙侍"。下同。

〔二五〕律八寸八分小分七大强　《集解》引惠棟説，謂"七大强"一作"八弱"。今按：《禮記正義》作"小分八弱"。又按：《集解》引盧文弨説，謂"大"當作"太"。

〔二六〕分動　《集解》引惠棟説，謂"動"一作"勳"。今按：《隋志》作"動"。下同。

〔二七〕質末　《集解》引盧文弨説，謂《隋志》、《禮運正義》"末"作"未"。按：殿本作"未"。下同。

〔二八〕形晉　按：《隋志》"形"作"刑"。下同。

〔二九〕小分二〔半〕强　《集解》引盧文弨說，謂《算術》"强"上有"半"字，是。今據補。

〔三〇〕下生解形　按：《隋志》"解形"作"解刑"。下同。

〔三一〕凌陰　按：《集解》引盧文弨說，謂《隋志》、《正義》"凌"俱作"陵"。

〔三二〕族嘉　按：《隋志》作"佚喜"。下同。

〔三三〕下生未卯　按：《隋志》"未卯"作"未印"。

〔三四〕十四萬九千一百五十（五）〔六〕　《集解》引盧文弨說，謂"五十五"《算術》作"五十六"，是。今據改。

〔三五〕下生夷汗　按：《隋志》"夷汗"作"夷汙"。下同。又按："夷"原譌"無"，逕改正。

〔三六〕七尺五寸萬五千三百（二）〔三〕十五　按：各本並作"二十五"，今據算理改。

〔三七〕下生閉掩　按：《隋志》"閉掩"作"閉奄"。下同。

〔三八〕小分九微（弱）〔强〕　按：《集解》引盧文弨說，謂《算術》作"微强"，是。今據改。

〔三九〕內負　按：《隋志》"負"作"貞"。下同。

〔四〇〕十三萬九千六百七十〔四〕　《集解》引錢大昕說，謂當作"七十四"，脫"四"字。又引盧文弨說，謂《算術》有"四"字。今據補。

〔四一〕下生分烏　按：《隋志》"分烏"作"分焉"。下同。

〔四二〕形始　按：《隋志》"形"作"刑"。

〔四三〕小分三（大）〔半〕强　《集解》引盧文弨說，謂《算術》作"半强"，是。今據改。

〔四四〕小分八〔微〕强　《集解》引盧文弨說，謂《算術》作"微强"，是。今據補。

〔四五〕（下）〔不〕生　《集解》引錢大昕說，謂十二律之變窮於南事，安得云下生乎？疑"下"為"不"字之譌。又引盧文弨說，謂"下生"當作"不生"。今據改。

〔四六〕六尺三寸一千五百（三）〔一〕十一　按：各本作"三十一"，今據算理改。

〔四七〕小分三（大）〔半〕強　《集解》引盧文弨説，謂《算術》作"半強"，是。今據改。

〔四八〕十二萬一千八（百一）十九　《集解》引錢大昕説，謂當云"一千八十九"。又引盧文弨説，謂"百一"二字誤衍，《算術》無。今據删。

〔四九〕小分四〔微〕弱　《集解》引盧文弨説，謂《算術》作"微弱"，是。今據補。

〔五〇〕十（一）萬九千一百三　《集解》引錢大昕説，謂當云"十萬"。又引盧文弨説，謂"十"下"一"字衍，《算術》無。今據删。

〔五一〕十萬六千一百八十（八）〔七〕　《集解》引錢大昕説，謂當云"八十七"。又引盧文弨説，謂"八"譌，《算術》"七"。今據改。

〔五二〕小分九半強　《集解》引盧文弨説，謂《算術》無"半"字，當作"少強"。今按：依算理當作"半弱"。

〔五三〕五尺三寸萬八千六百（八）〔七〕十一　按：各本作"八十一"，今據算理改。

〔五四〕五尺三寸四千三百（七）〔六〕十一　按：各本作"七十一"，今據算理改。

〔五五〕小分六（少）強　《集解》引盧文弨説，謂《算術》作"微強"，案止當作"強"。今據删。

〔五六〕五尺一寸四千（八十）〔一百〕七　按：各本作"四千八十七"，今據算理改。

〔五七〕小分九（微）〔半〕強　《集解》引盧文弨説，謂《算術》作"半強"，是。今據改。

〔五八〕九萬三千一百一十（七）〔六〕　《集解》引錢大昕説，謂當作"一十六"。又引盧文弨説，謂《算術》作"六"。今據改。

〔五九〕列以物氣　《集解》引惠棟説，謂《晉志》"物"作"效"。今按：作"效"似合。

〔六〇〕然弦以緩急清濁　《集解》引張文虎説，謂"弦以"之"以"疑當作"之"，或"緩急"下脱"為"字。

〔六一〕泠道縣　按："泠"原譌"冷"，逕改正。

〔六二〕故待詔嚴崇　按：晉、宋《志》"崇"並作"嵩"，《魏志》亦作"嵩"。《集解》引錢大昕説，謂古文崇嵩通，漢武帝改嵩高山為"崇高"。

〔六三〕方為能傳崇學耳　"方"原譌"力"，逕改正。按：晉、宋《志》並作"乃"。

〔六四〕音不可書以（時）〔曉〕人　王先謙謂《晉志》作"音不可書以曉"，《宋志》作"音不可以書曉"，蓋"書以"誤倒，明"時"字誤。按：王氏以"曉"字為句，"人"字連下讀。今依《晉志》改"時"為"曉"，而以"人"字屬上讀。

〔六五〕皆不應（日）〔月〕律　據汲本、殿本改。

〔六六〕乃能順天地　按：汲本、殿本"順"作"感"。

〔六七〕可順上天之明（待）〔時〕　《隋書·音樂志》下引"待"作"時"。今據改。

〔六八〕皆所以紀斗氣　按："斗"字疑有誤，或當作"卦"。

〔六九〕權土（灰）〔炭〕　《集解》引惠棟説，謂晉灼引蔡邕《律曆記》作"土炭"，《漢書·律曆志》亦云"懸土炭"。今據改，下同。

〔七〇〕（放）〔效〕陰陽　《集解》引惠棟説，謂"放"一作"效"，《晉志》作"效"。今據改。

〔七一〕氣至者灰（去）〔動〕　《集解》引錢大昭説，謂閩本作"動"。王先謙謂殿本作"動"，《晉志》作"去"。今按：下云"其為氣所動者其灰散"，則作"去"者非，今據改。

〔七二〕〔孔〕徑三分　據《御覽》十六補。

〔七三〕其餘皆（補）〔漸〕短　《集解》引惠棟説，謂李氏本"補"作"漸"。今據改。按：《御覽》十六"補"作"稍"。

〔七四〕（雖）〔惟〕大小圍數無增減　《集解》引惠棟説，謂李氏本"雖"作"惟"。今據改。按：《御覽》十六作"唯"。

後漢書志第二

律曆中

賈逵論曆　永元論曆　延光論曆
漢安論曆　熹平論曆　論月食

自太初元年始用《三統曆》，施行百有餘年，曆稍後天，朔先［於］曆，〔一〕朔或在晦，月［或朔］見。〔二〕考其行，日有退無進，月有進無退。建武八年中，〔三〕太僕朱浮、太中大夫許淑等數上書，言曆［朔］不正，〔四〕宜當改更。時分度覺差尚微，上以天下初定，未遑考正。至永平五年，官曆署七月十六日［月］食。〔五〕待詔楊岑見時月食多先曆，即縮用筭上為日，［因］上言"月當十五日食，〔六〕官曆不中"。詔書令岑普［候］，與官［曆］課。〔七〕起七月，盡十一月，弦望凡五，官曆皆失，岑皆中。庚寅，詔［書］令岑署弦望月食官，〔八〕復令待詔張盛、景防、鮑鄴等以《四分法》與岑課。歲餘，盛等所中多岑六事。十二年十一月丙子，詔書令盛、防代岑署弦望月食加時。《四分》之術，始頗施行。是時盛、防等未能分明曆元，綜校分度，故但用其弦望而已。

先是，九年，太史待詔董萌上言曆不正，事下三公、太常知曆者雜議，訖十年四月，無能分明據者。至元和二年，《太初》失天益遠，日、月宿度相覺浸多，而候者皆知冬至之日日在斗二十一度，未至牽牛五度，而以為牽牛中星，（從）［後］天四分日之三，〔九〕晦朔弦望差天一日，宿差五度。章帝知其謬錯，以問史官，雖知不合，而不能易，故召治曆編訢、李梵等綜校其狀。[1]二月甲寅，遂下詔曰："朕聞古先聖王，先天而天不違，後天而奉天時。《河圖》曰：'赤九會昌，十世以光，十一以興。'又曰：'九名之世，帝行德，封刻政。'朕以不德，奉承大業，夙夜祇畏，不敢荒寧。予末小子，託在於數終，曷以續興，崇弘祖宗，拯濟元元？《尚書璇璣鈐》曰：'述堯世，放唐文。'《帝命驗》曰：'[順]堯考德，（顧）[題]期立象。'[一〇]且三、五步驟，優劣殊軌，況乎頑陋，無以克堪，雖欲從之，末由也已。每見圖書，中心慽焉。閒者以來，政治不得，陰陽不和，災異不息，癘疫之氣，流傷於牛，農本不播。夫庶徵休咎，五事之應，咸在朕躬，信有闕矣，將何以補之？《書》曰：'惟先假王正厥事。'又曰：'歲二月，東巡狩，至岱宗，柴，望秩于山川。遂覲東后，叶時月正日。'祖堯岱宗，同律度量，考在璣衡，以正曆象，庶乎有益。《春秋保乾圖》曰：'三百年斗曆改憲。'史官用太初鄧平術，有餘分一，在三百年之域，行度轉差，浸以謬錯。璇璣不正，文象不稽。冬至之日日在斗二十（二）[一]度，[一一]而曆以為牽牛中星。先立春一日，則《四分》數之立春日也。以折獄斷大刑，於氣已迕；用望平和隨時之義，蓋亦遠矣。今改行《四分》，以遵於堯，以順孔聖奉天之文。冀百君子越有民，同心敬授，[儻]獲咸（喜）[熙]，[一二]以明予祖之遺功。"於是《四分》施行。而訢、梵猶以為元首十一月當先大，欲以合耦弦望，命有常日，而十九歲不得七閏，晦朔失實。行之未期，章帝復發聖思，考之經讖，使左中郎將賈逵問治曆者衛承、李崇、太尉屬梁鮪、司徒[掾]嚴勗、[一三]太子舍人徐震、鉅鹿公乘蘇統及訢、梵等十人。以為月當先小，據《春秋經》書朔不書晦者，朔必有明晦，不朔必在其月也。[一四]即先大，則一月再朔，後月無朔，是明不可必。[一五]梵等以為當先大，無文正驗，取欲諧耦十六日[望]，[一六]月朓昏，晦當滅而已。又晦與合同時，不得異日。又上知訢、梵穴見，敕毋拘曆已班，天元始起之月（常）[當]小。[一七]定，後年曆數遂正。永元中，復令史官以《九道法》候弦望，驗無有差跌。逵論集狀，後之議者，用得折衷，故詳錄焉。

【注】

〔1〕蔡邕議云:"梵,清河人。"

逵論曰:"《太初曆》冬至日在牽牛初者,牽牛中星也。古黃帝、夏、殷、周、魯冬至日在建星,建星即今斗星也。《太初曆》斗二十六度三百八十五分,牽牛八度。案行事史官注,冬、夏至日常不及《太初曆》五度,冬至日在斗(一)〔二〕十一度四分度之一。〔一八〕石氏《星經》曰:'黃道規牽牛初直斗二十度,去極二十五度。'於赤道,斗二十一度也。《四分法》與行事候注天度相應。《尚書考靈曜》'斗二十二度,無餘分,冬至在牽牛所起'。又編訢等據今日所在〔未至〕牽牛中星五度,〔一九〕於斗二十一度四分一,與《考靈曜》相近,即以明事。元和二年八月,詔書曰'石不可離',令兩候,上得筭多者。太史令玄等候元和二年至永元元年,五歲中課日行及冬(夏)至斗(一)〔二〕十一度四分一,〔二○〕合古曆建星《考靈曜》日所起,其星閒距度皆如石氏故事。他術以為冬至日在牽牛初者,自此遂黜也。"

逵論曰:"以《太初曆》考漢元盡太初元年日(朔)〔食〕二十三事,〔二一〕其十七得朔,四得晦,二得二日;新曆七得朔,十四得晦,二得(三)〔二〕日。〔二二〕以《太初曆》考太初元年盡更始二年二十四事,十得晦;以新曆十六得朔,七得二日,一得晦。以《太初曆》考建武元年盡永元元年二十三事,五得朔,十八得晦;以新曆十七得朔,三得晦,三得二日。又以新曆上考《春秋》中有日朔者二十四事,失不中者二十三事。天道參差不齊,必有餘,餘又有長短,不可以等齊。治曆者方以七十六歲斷之,〔二三〕則餘分(稍)〔消〕長,〔二四〕稍得一日。故《易》金火相革之卦《象》曰:'君子以治曆明時。'又曰:'湯、武革命,順乎天應乎人。'言聖人必曆象日月星辰,明數不可貫數千萬歲,其閒必改更,先距求度數,取合日月星辰所在而已。故求度數,取合日月星辰,有異世之術。《太初曆》不能下通於今,新曆不能上得漢元。一家曆法必在三百年之間。故讖文曰‘三百年斗曆改憲’。漢興，當用《太初》而不改，下至太初元年百二歲乃改。故其前有先晦一日合朔，下至成、哀，以二日為朔，故合朔多在晦，此其明效也。”

逡論曰：“臣前上傅安等用黃道度日月弦望多近。史官一以赤道度之，不與日月同，於今曆弦望至差一日以上，輒奏以為變，至以為日却縮退行。於黃道，自得行度，不為變。願請太史官日月宿簿及星度課，與待詔星象考校。奏可。臣謹案：前對言冬至日去極一百一十五度，夏至日去極六十七度，春秋分日去極九十一度。《洪範》‘日月之行，則有冬夏’。《五紀論》‘日月循黃道，南至牽牛，北至東井，率日日行一度，月行十三度十九分度七’也。今史官一以赤道為度，不與日月行同，其斗、牽牛、[東井]、輿鬼，〔二五〕赤道得十五，而黃道得十三度半；行東壁、〔二六〕奎、婁、軫、角、亢，赤道（十）[七]度，〔二七〕黃道八度；或月行多而日月相去反少，謂之日却。案黃道值牽牛，出赤道南二十五度，〔二八〕其直東井、輿鬼，出赤道北[二十]五度。〔二九〕赤道者為中天，去極俱九十度，〔三〇〕非日月道，而以遥準度日月，失其實行故也。以今太史官候注考元和二年九月已來月行牽牛、東井四十九事，無行十一度者；行婁、角三十七事，無行十五六度者，如安言。問典星待詔姚崇、井畢等十二人，皆曰‘星圖有規法，日月實從黃道，官無其器，不知施行’。案甘露二年大司農中丞耿壽昌奏，以圖儀度日月行，考驗天運狀，日月行至牽牛、東井，日過[一]度，〔三一〕月行十五度，至婁、角，日行一度，月行十三度，赤道使然，此前世所共知也。如言黃道有驗，合天，日無前却，弦望不差一日，比用赤道密近，宜施用。上中多臣校。”案逡論，永元四年也。至十五年七月甲辰，詔書造太史黃道銅儀，以角為十三度，亢十，氐十六，房五，心五，尾十八，箕十，斗二十四四分度之一，牽牛七，須女十一，虛十，危十六，營室十八，東壁十，奎十七，婁十二，胃十五，昴十二，畢十六，觜三，參八，東井三十，輿鬼四，柳十四，星七，張十七，翼十九，軫十八，凡三百六十五度四分度之一。冬至日在斗十九度四分度之一。史官以（郭）

〔部〕日月行,參弦望,〔三二〕雖密近而不為注日。儀,黃道與度轉運,難以候,是以少循其事。

遂論曰:"又今史官推合朔、弦、望、月食加時,率多不中,在於不知月行遲疾意。永平中,詔書令故太史待詔張隆以《四分法》署弦、望、月食加時。隆言能用《易》九、六、七、八(支)〔爻〕知月行多少。〔三三〕今案隆所署多失。臣使隆逆推前手所署,不應,或異日,不中天乃益遠,至十餘度。梵、統以史官候注考校,月行當有遲疾,不必在牽牛、東井、婁、角之間,又非所謂朓、側匿,乃由月所行道有遠近出入所生,率一月移故所疾處三度,九歲九道一復,凡九章,百七十一歲,復十一月合朔旦冬至,合《春秋》、《三統》九道終數,可以知合朔、弦、望、月食加時。據官注天度為分率,以其術法上考建武以來月食凡三十八事,差密近,有益,(宣)〔宜〕課試上。"〔三四〕

案史官舊有《九道術》,廢而不修。熹平中,故治曆郎梁國宗整上《九道》術,詔書下太史,以參舊術,相應。部太子舍人馮恂課校,恂亦復作《九道術》,增損其分,與整術並校,差為近。太史令颺上以恂術參弦、望。然而加時猶復先後天,遠則十餘度。〔1〕

【注】

〔1〕杜預《長曆》曰:"《書》稱'朞三百六旬有六日,以閏月定四時成歲,允釐百工,庶績咸熙'。是以天子必置日官,諸侯必置日御,世修其業,以考其術。舉全數而言,故曰六日,其實五日四分之一。日日行一度,而月日行十三度十九分度之〔七〕有畸。〔三五〕日官當會集此之遲疾,以考成晦朔,錯綜以設閏月。閏月無中氣,而北斗邪指兩辰之間,所以異於他月也。積此以相通,四時八節無違,乃得成歲。其微密至矣。得其精微,以合天道,事敘而不悖。〔三六〕故傳曰:'閏以正時,時以作事,事以厚生,生民之道,於是乎在。'然陰陽之運,隨動而差,差而不已,遂與曆錯。故仲尼、丘明每於朔閏發文,蓋矯正得失,因以宣明曆數也。桓十七年,日食得朔,而史闕其日,單書朔。僖十五年,日食〔亦得朔〕,〔三七〕而史闕朔與日。故傳因其得失,並起

時史之謬,兼以明其餘日食,或曆失其正也。莊二十五年,經書'六月辛未朔,日有食之,鼓用牲于社'。周之六月,夏之四月,所謂正陽之月也。而時曆誤,實是七月之朔,非六月。故傳云:'非常也。唯正月之朔,慝未作,日有食之,於是乎有用幣于社,伐鼓于朝。'[明]此[食]非用幣伐鼓常月,〔三八〕因變而起,曆誤也。文十五年經文皆同,而更復發,傳曰'非禮'。明前傳欲以審正陽之月,後傳發例,欲以明諸侯之禮也。此乃聖賢之微旨,[而]先儒所未喻也。〔三九〕昭十七年夏六月,日有食之,而平子言非正陽之月,以誣一朝,近於指鹿為馬。故傳曰'不君君',且因以明此月為得天正也。劉子駿造《三統曆》,以修《春秋》。《春秋》日食有甲乙者三十四,而《三統曆》唯[得]一食,〔四〇〕曆術比諸家既最疎。又六千餘歲輒益一日。凡歲當累日為次,而無故益之,此不可行之甚者。班固前代名儒,而謂之最密。非徒班固也,自古以來,諸論《春秋》者,多述謬誤,或造家術,或用黃帝以來諸曆,以推經傳朔日,皆不(得)諧合。〔四一〕日食於朔,此乃天驗,經傳又書其朔食,可謂得天,而劉、賈諸儒説,皆以為月二日或三日,公違聖人明文。其蔽在於守一元,不與天消息也。余感《春秋》之事,嘗著《曆論》,極言曆之通理。其大指曰:天行不息,日月星辰,各運其舍,皆動物也。物動則不一,雖行度大量,可得而限。累日為月,[累月為歲],〔四二〕以新故相序,不得不有毫毛之差,此自然[之]理也。〔四三〕故《春秋》日有頻月而食者,[有]曠年不食者,〔四四〕理不得一,而筭守(從)[恒]數,〔四五〕故曆無不有差失也。始失於毫毛,而尚未可覺,積而成多,以失弦望朔晦,則不得不改憲以從之。《書》所謂'欽若昊天,曆象日月星辰',《易》所謂'治曆明時',言當順天以求合,非為合以驗天(者)也。〔四六〕推此論之,《春秋》二百餘年,其治曆變通多矣。雖數術絕滅,還尋經傳微旨,大量可知。時之違謬,則經傳有驗。學者固當曲循經傳月日日食,以考朔晦(也),〔四七〕以推時驗。而[見]皆不然,〔四八〕各據其學以推《春秋》。此無異度己之跡,而欲削他人之足也。余為《曆論》之後,至咸寧中,善筭李修、夏顯,〔四九〕依論體為術,名《乾度曆》,表上朝廷。其術合日行四分之數,而微增月行。用三百歲改憲之意,二元相推,七十餘歲,承以強弱,強弱之差蓋少,而適足以遠通盈縮。時尚書及史官以《乾度》與(太)[泰]始曆》參校古今記注,〔五〇〕《乾度曆》殊勝[《泰始曆》,上勝官曆四十五事],〔五一〕今[其]術具存。〔五二〕時又并考古今十曆,以驗《春秋》,知《三統曆》之最疎也。今具列其(時)得失之數,〔五三〕又據經傳微旨(證據及失閏旨),考日辰朔晦,〔五四〕以相發明,為經傳長曆。諸經傳證據,及失閏[違]時,〔五五〕文字謬誤,皆甄發之。雖未必其得天,蓋[是]《春秋》當時之曆也。〔五六〕學者覽焉。"

永元十四年,待詔太史霍融上言:"官漏刻率九日增減一刻,不與天相應,或時差至二刻半,不如夏曆密。"詔書下太常,令史官與融以儀校天,課度遠近。太史令舒、承、梵等對:"案官所施漏法《令甲》第六《常符漏品》,孝宣皇帝三年十二月乙酉下,建武十年二月壬午詔書施行。漏刻以日長短為數,率日南北二度四分而增減一刻。一氣俱十五日,日去極各有多少。今官漏率九日移一刻,不隨日進退。夏曆漏[刻]隨日南北為長短,〔五七〕密近於官漏,分明可施行。"其年十一月甲寅,詔曰:"告司徒、司空:漏所以節時分,定昏明。昏明長短,起於日去極遠近,日道周[圜],〔五八〕不可以計率分,當據儀度,下參晷景。今官漏以計率分昏明,九日增減一刻,違失其實,至為疏數以耦法。太史待詔霍融上言,不與天相應。太常史官運儀下水,官漏失天者至三刻。以晷景為刻,少所違失,密近有驗。今下晷景漏刻四十八箭,立成斧官府當用者,計吏到,班予四十八箭。"文多,故魁取二十四氣日所在,〔五九〕并黃道去極、晷景、漏刻、昏明中星刻于下。

昔《太初曆》之興也,發謀於元封,啓定於(天)[元]鳳,積(百)三十年,是非乃審。〔六〇〕及用《四分》,亦於建武,施於元和,〔六一〕訖於永元,七十餘年,然后儀式備立,司候有準。天事幽微,若此其難也。中興以來,圖讖漏泄,而《考靈曜》、《命曆序》皆有甲寅元。其所起在四分庚申元後百一十四歲,朔差却二日。學士修之於草澤,信向以為得正。及《太初曆》以後(大)[天]為疾,〔六二〕而修之者云"百四十歲而太歲超一（表）[辰]，〔六三〕百七十一歲當棄朔餘六十三，中餘千一百九十七，乃可常行"。自太初元年至永平十一年，百七十一，當去分而不去，故令益有疏闊。此二家常挾其術，庶幾施行，每有訟者，百寮會議，群儒騁思，論之有方，益於多聞識之，故詳錄焉。

安帝延光二年，中謁者亶誦言當用甲寅元，河南梁豐言當復用《太初》。尚書郎張衡、周興皆能曆，數難誦、豐，或不對，〔六四〕或言失誤。衡、興參案儀注（者），〔六五〕考往校今，以為《九道法》最密。詔書下公卿詳議。太尉愷等上侍中施延等議："《太初》過天，日一度，弦望失正，月以晦見西方，食不與天相應；元和改從《四分》，《四分》雖密於《太初》，復不正，皆不可用。甲寅元與天相應，合圖讖，可施行。"博士黃廣、大行令任僉議，如《九道》。河南尹祉、太子舍人李泓〔六六〕等四十人議："即用甲寅元，當除《元命苞》天地開闢獲麟中百一十四歲，推閏月六直其日，〔六七〕或朔、晦、弦、望，二十四氣宿度不相應者非一。用《九道》為朔，月有比三大二小，皆疏遠。元和變曆，以應《保乾圖》'三百歲斗曆改憲'之文。《四分曆》本起圖讖，最得其正，不宜易。"愷等八十四人議，宜從《太初》。尚書令忠上奏："諸從《太初》者，皆無他效驗，徒以世宗攘夷廓境，享國久長為辭。或云孝章改《四分》，災異卒甚，〔六八〕未有善應。臣伏惟聖王興起，各異正朔，以通三統。漢祖受命，因秦之紀，十月為年首，閏常在歲後。不稽先代，違於帝典。太宗遵修，三階以平，黃龍以至，刑犴以錯，五是以備。〔1〕〔六九〕哀平之際，同承《太初》，而妖孽累仍，痾禍非一。議者不以成數相參，考真求實，而汎采妄說，歸福《太初》，致咎《四分》。《太初曆》眾賢所立，是非已定，永平不審，復革其弦望。《四分》有謬，不可施行。元和鳳鳥不當應曆而翔集。遠嘉前造，則（喪）[表]其休；〔七〇〕近讖後改，則隱其福。漏見曲論，未可為是。臣輒復重難衡、興，以為五紀論推步行度，當時比諸術為近，然猶未稽於古。及向子歆欲以合《春秋》，橫斷年數，捐夏益周，考之表紀，差謬數百。兩曆相課，六千一百五十六歲，而《太初》多一日。冬至日直斗，而云在牽牛。迂闊不可復用，昭然如此。史官所共見，非獨衡、興。前以為《九道》密近，今議者以為有闕，及甲寅元復多違失，皆未可取正。昔仲尼順假馬之名，以崇君之義。況天之曆數，不可任疑從虛，以非易是。"上納其言，遂〔寢〕改曆事。〔七一〕

【注】
〔1〕《洪範》："庶徵，曰雨，曰暘，曰燠，曰寒，曰風。五者來備，各以其敘。"

順帝漢安二年，尚書侍郎邊韶上言："世微於數虧，道盛於得常。數虧則物衰，得常則國昌。孝武皇帝攄發聖思，因元封七年十一月甲子朔旦冬至，乃詔太史令司馬遷、治曆鄧平等更建《太初》，改元易朔，行夏之正，《乾鑿度》八十〔一〕分之四十三為日法。〔七二〕設清臺之候，驗六異，課效觕密，《太初》為最。其後劉歆研機極深，驗之《春秋》，參以《易》道，以《河圖帝覽嬉》、《雒書（甄）〔乾〕曜度》〔七三〕推廣《九道》，百七十一歲進退六十三分，百四十四歲一超次，與天相應，少有闕謬。從太初至永平十一年，百七十〔一〕歲，〔七四〕進退餘分六十三，治曆者不知處之。推得十二度弦望不效，挾廢術者得竄其說。至（永）〔元〕和二年，〔七五〕小終之數寖過，餘分稍增，月不用晦朔而先見。孝章皇帝以《保乾圖》'三百年斗曆改憲'，就用《四分》。以太白復樞甲子為癸亥，引天從筭，耦之目前。更以庚申為元，既無明文；託之於獲麟之歲，又不與《感精符》單閼之歲同。史官相代，因成習疑，少能鉤深致遠；案弦望足以知之。"詔書下三公、百官雜議。太史令虞恭、治曆宗訴等議："建曆之本，必先立元，元正然後定日法，法定然後度周天以定分至。三者有程，則曆可成也。《四分曆》仲紀之元，起於孝文皇帝後元三年，歲在庚辰。上四十五歲，歲在乙未，則漢興元年也。又上二百七十五歲，歲在庚申，則孔子獲麟。二百七十六萬歲，尋之上行，復得庚申。歲歲相承，從下尋上，其埶不誤。此《四分曆》元明文圖讖所著也。太初元年歲在丁丑，上極其元，當在庚戌，而曰丙子，言百四十四歲超一辰，凡九百九十三超，歲有空行八十二周有奇，乃得丙子。案歲所超，於天元十一月甲子朔旦冬至，日月俱超。日行一度，積三百六十五度四分度一而周天一帀，名曰歲。歲從一辰，日不得空周天，則歲無由超辰。案百七十〔一〕歲二蔀一章，〔七六〕小餘六十三，自然之數也。夫數出於杪曶，以成毫氂，毫氂積累，以成分寸。兩儀既定，日月始離。初行生分，積分成度。日行一度，一歲而周，故為術者，各生度法，或以九百四十，或以八十一。法有細觕，以生兩科，其歸一也。日法者，日之所行分也。日垂令明，行有常節，日法所該，通遠無已，損益毫氂，差以千里。自此言之，數無緣得有虧棄之意也。今欲飾平之失，斷法垂分，恐傷大道。以步日月行度，終數不同，四章更不得朔餘一。雖言《九道》去課進退，恐不足以補其闕。且課曆之法，晦朔變弦，以月食天驗，昭著莫大焉。今以去六十三分之法為曆，驗章和元年以來日變二十事，〔一〕月食二十八事，與《四分曆》更失，定課相除，《四分》尚得多，而又便近。孝章皇帝曆度審正，圖儀晷漏，與天相應，不可復尚。《文曜鉤》曰：'高辛受命，重黎說文。唐堯即位，羲和立（禪）〔渾〕。〔七七〕夏后制德，昆吾列神。成周改號，萇弘分官。'《運斗樞》曰：'常占有經，世史所明。'《洪範五紀論》曰：'民閒亦有黃帝諸曆，不如史官記之明也。'自古及今，聖帝明王，莫不取言於羲和、常占之官，定精微於晷儀，正衆疑，祕藏中書，改行《四分》之原。及光武皇帝數下詔書，草創其端，孝明皇帝課校其實，孝章皇帝宣行其法。君更三聖，年歷數十，信而徵之，舉而行之。其元則上統開闢，其數則復古《四分》。宜如甲寅詔書故事。"奏可。

【注】
〔一〕案《五行志》,章和元年訖漢安二年日變二十三事,《古今注》又長一。

靈帝熹平四年,五官郎中馮光、沛相上計掾陳晃言:"曆元不正,故妖民叛寇益州,盜賊相續為[害]。〔七八〕曆[當]用甲寅為元而用庚申,〔七九〕圖緯無以庚[申]為元者。〔八〇〕近秦所用代周之元。太史治治曆中郭香、劉固意造妄説,乞(與)本庚申元經緯(有)明[文],〔八一〕受虛欺重誅。"〔八二〕乙卯,詔書下三府,與儒林明道者詳議,務得道真。以群臣會司徒府議。〔一〕

【注】
〔一〕《蔡邕集》載:"三月九日,百官會府公殿下,東面,校尉南面,侍中、郎將、大夫、千石、六百石重行北面,議郎、博士西面。户曹令史當坐中而讀詔書,公議。蔡邕前坐侍中西北,近公卿,與光、晃相難問是非焉。"

議郎蔡邕議,以為:

曆數精微,去聖久遠,得失更迭,術(術)無常是。〔八三〕[漢興](以)承秦,〔八四〕曆用《顓頊》,元用乙卯。〔一〕百有二歲,孝武皇帝始改正朔,曆用《太初》,元用丁丑,行之百八十九歲。孝章皇帝改從《四分》,元用庚申。今光、晃各以庚申為非,甲寅為是。案曆法,黃帝、顓頊、夏、殷、周、魯,凡六家,各自有元。光、晃所據,則殷曆元也。他元雖不明於圖讖,各[自一]家[之]術,皆當有效於(其)當時。〔八五〕(黃)[武]帝始用《太初》丁丑之元,(有)六家紛錯,〔八六〕爭訟是非。太史令張壽王挾甲寅元以非漢曆,雜候清臺,課在下第,卒以疏闊,連見劾奏,《太初》效驗,無所漏失。是則雖非圖讖之元,而有效於前者也。及用《四分》以來，考之行度，密於《太初》，是又新元[有]效於今者也。〔八七〕延光元年，中謁者亶誦亦非《四分》庚申，上言當用《命曆序》甲寅元。公卿百寮參議正處，竟不施行。且三光之行，遲速進退，不必若一。術家以籌追而求之，取合於當時而已。故有古今之術。今[術]之不能上通於古，〔八八〕亦猶古術之不能下通於今也。《元命苞》、《乾鑿度》皆以為開闢至獲麟二百七十六萬歲；及《命曆序》積獲麟至漢，起庚(子)[午]蔀之二十三歲，〔八九〕竟己酉、戊子及丁卯蔀六十九歲，合為二百七十五歲。漢元年歲在乙未，上至獲麟則歲在庚申。推此以上，上極開闢，則(不)[元]在庚申。〔九〇〕讖雖無文，其數見存。而光、晃以為開闢至獲麟二百七十五萬九千八百八十六歲，獲麟至漢百六十(二)[一]歲，〔九一〕轉差少一百一十四歲。云當滿足，則上違《乾鑿度》、《元命苞》，中使獲麟不得在哀公十四年，下不及《命曆序》獲麟[至]漢相去四蔀年數，〔九二〕與奏記譜注不相應。

【注】

〔1〕蔡邕(命)《[月令]論》曰〔九三〕："《顓頊曆術》曰：'天元正月己巳朔旦立春，俱以日月起於天廟營室五度。'今《月令》孟春之月，日在營室。"

當今曆正月癸亥朔，光、晃以為乙丑朔。乙丑之與癸亥，無題勒款識可與眾共別者，須以弦望晦朔光魄虧滿可得而見者，考其符驗。而光、晃曆以《考靈曜》[為本]，〔九四〕二十八宿度數及冬至日所在，與今史官甘、石舊文錯異，不可考校；以今渾天圖儀檢天文，亦不合於《考靈曜》。光、晃誠能自依其術，更造望儀，以追天度，遠有驗於圖書，近有效於三光，可以易奪甘、石，窮服諸術者，實宜用之。難問光、晃，但言圖讖，所言不服。元和二年二月甲寅制書曰：'朕聞古先聖王，先天而天不違，後天而奉天時。史官用太初鄧平術，冬至之日，日在斗二十（二）[一]度，〔九五〕而曆以為牽牛中星，先立春一日，則四分數之立春也，而以折獄斷大刑，於氣已迕，用望平和，蓋亦遠矣。今改行《四分》，以遵於堯，以順孔聖奉天之文。'是始用《四分曆》庚申元之詔也。深引《河》《雒》圖讖以為符驗，非史官私意獨所興構。而光、晃以為[香]、固意造妄說，〔九六〕違反經文，謬之甚者。昔堯命羲和曆象日月星辰，舜叶時月正日，湯、武革命，治曆明時，可謂正矣，且猶遇水遭旱，戒以'蠻夷猾夏，寇賊姦宄'。而光、晃以為陰陽不和，姦臣盜賊，皆元之咎，誠非其理。元和二年乃用庚申，至今九十二歲，而光、晃言秦所用代周之元，不知從秦來，漢三易元，不常庚申。光、晃區區信用所學，亦妄虛無造欺語之愆。〔九七〕至於改朔易元，往者壽王之術已課不效，宣誦之議不用，元和詔書文備義著，非群臣議者所能變易。

太尉耽、司徒隗、司空訓以邕議劾光、晃不敬，正鬼薪法。詔書勿治罪。〔1〕

【注】
〔1〕臣昭曰：不有君子，其能國乎？觀蔡邕之議，可以言天機矣。賢明在朝，弘益遠哉！公卿結正，足懲淺妄之徒，詔書勿治，亦深"盍各"之致。

《太初曆》推月食多失。《四分》因《太初》法，以河平癸巳為元，施行五年。永元元年，天以七月後閏食，術以八月。其（十）二年正月十二日，〔九八〕蒙公乘宗紺上書言："今月十六日月當食，而曆以二月。"至期如紺言。太史令巡上紺有益官用，除待詔。甲辰，詔書以紺法署。施行五十六歲。至本初元年，天以十二月食，曆以後年正月，於是始差。到熹平三年，二十九年之中，先曆食者十六事。常山長史劉洪上作《七曜術》。甲辰詔屬太史部郎中劉固、舍人馮恂等課效，復作《八元術》，固等作《月食術》，並已相參。固術與《七曜術》同。月食所失，皆以歲在己未當食四月，恂術以三月，官曆以五月。太史上課，到時施行中者。丁巳，詔書報可。

其四年，紺孫誠上書言："受紺法術，當復改，今年十二月當食，而官曆以後年正月。"到期如言，拜誠為舍人。丙申，詔書聽行誠法。

光和二年歲在己未，三月、五月皆陰，太史令修、部舍人張恂〔九九〕等推計行度，以為三月近，四月遠。誠以四月。奏廢誠術，施用恂術。其三年，誠兄整前後上書言："去年三月不食，當以四月。史官廢誠正術，用恂不正術。"整所上（五）〔正〕屬太史，〔一〇〇〕太史主者終不自言三月近，四月遠。食當以見為正，無遠近。詔書下太常："其詳案注記，平議術之要，效驗虛實。"太常就耽上選侍中韓說、博士蔡較、穀城門候劉洪、右郎中陳調於太常府，覆校注記，平議難問。恂、誠各對。恂術以五千六百四十（日）〔月〕有九百六十一食為法，〔一〇一〕而除成分，空加縣法，推建武以來，俱得三百二十七食，其十五食錯。案其官素注，天見食九十八，與兩術相應，其錯辟二千一百。誠術以百三十五月二十三食為法，乘除成月，從建康以上減四十一，建康以來減三十五，以其俱不食。恂術改易舊法，誠術中復減損，論其長短，無以相踰。各引書緯自證，文無義要，取追天而已。夫日月之術，日循黃道，月從九道。以赤道儀，日冬至去極俱一百一十五度。其入宿也，赤道在斗二十一，而黃道在斗十九。兩儀相參，日月之行，曲直有差，以生進退。故月行井、牛，十四度以上；其在角、婁，十二度以上。皆不應率不行。以是言之，則術不差不改，不驗不用。天道精微，度數難定，術法多端，曆紀非一，未驗無以知其是，未差無以知其失。失然後改之，是然後用之，此謂允執其中。今誠術未有差錯之謬，恂術未有獨中之異，以無驗改未失，是以檢將來為是者也。誠術百三十五月二十三食，其文在書籍，學者所修，施行日久，官守其業，經緯日月，厚而未怨，信於天文，述而不作。恂久在候部，詳心善意，能揆儀度，定立術數，推前校往，亦與見食相應。然協曆正紀，欽若昊天，宜率舊章,如甲辰、丙申詔書,以見食為比。今宜施用誠術,棄放恂術,史官課之,後有效驗,乃行其法,以審術數,以順改易。耽以說等議奏聞,詔書可。恂、整、誠各復上書,恂言不當施誠術,整言不當復(棄)恂術。〔一〇二〕為洪議所侵,事下永安臺覆實,皆不如恂、誠等言。劾奏謾欺。詔書報,恂、誠各以二月奉贖罪,整適作左校二月。〔一〇三〕遂用洪等,〔一〇四〕施行誠術。

光和二年,萬年公乘王漢上《月食注》。自章和元年到今年凡九十三歲,合百九十六食;與官曆河平元年月錯,以己巳為元。事下太史令修,上言"漢所作注不與見食相應者二事,以同為異者二十九事"。尚書召穀城門候劉洪。勑曰:"前郎中馮光、司徒掾陳晃各訟曆,故議郎蔡邕共補續其志。今洪其詣修,與漢相參,推元(謂)[課]分,〔一〇五〕考校月食。審己巳元密近,有師法,洪便從漢受;不能,對。"洪上言:"推(元)漢己巳元,〔一〇六〕則《考靈曜》旃蒙之歲乙卯元也,與光、晃甲寅元相經緯。於以追天作曆,校三光之步,今為疏闊。孔子緯一事見二端者,明曆興廢,隨天為節。甲寅曆於孔子時效;己巳《顓頊》秦所施用,漢興草創,因而不易,至元封中,迂闊不審,更用《太初》,應期三百改憲之節。甲寅、己巳讖雖有文,略其年數,是以學人各傳所聞,至於課校,罔得厥正。夫甲寅元天正正月甲子朔旦冬至,七曜之起,始於牛初。乙卯之元人正己巳朔旦立春,三光聚天廟五度。課兩元端,閏餘差(自)[百]五十[二]分(二)之三,〔一〇七〕朔三百四,中節之餘二十九。以效信難聚,漢不解說,但言先人有書而已。以漢成注參官施行,術不同二十九事,不中見食二事。案漢習書,見己巳元,謂朝不聞,不知聖人獨有興廢之義,史官有附天密術。甲寅、己巳,前已施行,效後格而(已)不用。〔一〇八〕河平疏闊,史官已廢之,而漢以去事分爭,殆非其意。雖有師法,與無同。課又不近密。其說蔀數,術家所共知,無所采取。"遣漢歸鄉里。[1]

【注】

〔1〕袁山松《書》曰："劉洪字元卓，泰山蒙陰人也。魯王之宗室也。延熹中，以校尉應太史徵，拜郎中，遷常山長史，以父憂去官。後為上計掾，拜郎中，檢東觀著作《律曆記》，遷謁者，穀城門候，會稽東部都尉。徵還，未至，領山陽太守，卒官。洪善箅，當世無偶，作《七曜術》。及在東觀，與蔡邕共述《律曆記》，考驗天官。及造《乾象術》，十餘年，考驗日月，與象相應，皆傳于世。"《博物記》曰："洪篤信好學，觀乎六藝群書意，以為天文數術，探賾索隱，鉤深致遠，遂專心銳思。為曲城侯相，政教清均，吏民畏而愛之，為州郡之所禮異。"

【校勘記】

〔一〕朔先〔於〕曆　《集解》引盧文弨說，謂"先"下脫"於"字，依《御覽》補。今據補。

〔二〕月〔或朔〕見　《集解》引盧文弨說，謂"月"下脫"或朔"二字，依《御覽》補。今據補。

〔三〕建武八年中　按：《集解》引惠棟說，謂北宋本無"中"字。

〔四〕曆〔朔〕不正　《集解》引盧文弨說，謂"言"下脫"朔"字，依《御覽》補。今據補。

〔五〕官曆署七月十六日〔月〕食　《集解》引盧文弨說，謂"日"下脫"月"字，依《御覽》補。王先謙謂以下文證之，當有"月"字。今據補。按：印影宋本《御覽》"月"譌"日"。

〔六〕〔因〕上言月當十五日食　《集解》引盧文弨說，謂《御覽》"上言"上有"因"字。今據補。

〔七〕詔書令岑普〔候〕與官〔曆〕課　《集解》引盧文弨說，謂"普"下脫"候"字，"官"下脫"曆"字，《御覽》有。今據補。

〔八〕詔〔書〕令岑署弦望月食官　《集解》引盧文弨說，謂"詔"下脫"書"字，依《御覽》補。今據補。

〔九〕（從）〔後〕天四分日之三　《集解》引李銳說，謂"後天"誤"從天"，當改。今據改。

〔一〇〕[順]堯考德(顧)[題]期立象　《集解》引惠棟説，謂"顧"一作"題"。又引盧文弨説，謂緯書所載作"順堯考德，題期立象"。按：《曹褒傳》作"順堯考德，題期立象"，今據以補改。

〔一一〕日在斗二十(二)[一]度　據《集解》引盧文弨説改。

〔一二〕[儻]獲咸(喜)[熙]　《集解》引惠棟説，謂"獲"上一有"儻"字，"喜"作"熙"，《宋志》同。又引盧文弨説，謂南宋本有"儻"字。今據以補改。

〔一三〕司徒[掾]嚴勗　《集解》引錢大昕説，謂此嚴勗亦司徒之掾屬，非司徒也，史脱文。今據補。

〔一四〕朔必有明晦不朔必在其月也　按：《集解》引盧文弨説，謂"明"字衍，"不朔"當作"朔不"。

〔一五〕是明不可必　按：《集解》引盧文弨説，謂唐一行《大衍曆議》引"明"作"朔"。

〔一六〕十六日[望]　按各本俱無"望"字，今依曆理及文義補。

〔一七〕天元始起之月(常)[當]小　據汲本、殿本改。

〔一八〕冬至日在斗(一)[二]十一度四分度之一　據汲本、殿本改。

〔一九〕日所在[未至]牽牛中星五度　《集解》引盧文弨説，謂"在"下當脱"未至"二字。今據補。

〔二〇〕五歲中課日行及冬(夏)至斗(一)[二]十一度四分一　《集解》引惠棟説，謂李本"一十"作"二十"。按：上屢見冬至日在斗二十一度，明作"一十"者譌，今據改。又按文義"夏"字當衍，今删。

〔二一〕日(朔)[食]二十三事　據《集解》引盧文弨説改。

〔二二〕二得(三)[二]日　按：各本並作"三日"，於曆理為舛，今改正。

〔二三〕治曆者方以七十六歲斷之　按：《集解》引盧文弨説，謂"方"疑當作"乃"。

〔二四〕則餘分(稍)[消]長　《集解》引惠棟説，謂"稍"李本作

"消"。今按：依文義作"消"是，各本作"稍"，蓋涉下"稍"字而誤，今據改。

〔二五〕其斗牽牛〔東井〕輿鬼　《集解》引錢塘説，謂"牽牛"下脱"東井"二字。斗、牽牛冬至日所在，東井、輿鬼夏至日所在也。今據補。

〔二六〕行東壁　按：於文義"行"字當衍。

〔二七〕赤道（十）〔七〕度　《集解》引李光地説，謂"十"當作"七"。今按：壁、奎、婁、軫、亢間在黄道斜交赤道之附近，以赤道標準度之，則赤道得度多而黄道得度少，其大較為七與八之比，李説是，今據改。

〔二八〕出赤道南二十五度　按："五"當作"四"，説詳下。

〔二九〕出赤道北〔二十〕五度　據《集解》引李光地説補。按：當作"二十四度"，説詳下。

〔三〇〕去極俱九十度　當作"九十一度"，脱"一"字。按：《四分曆》以周天為三百六十五度又四分一，赤道去極為其四分之一，約為九十一度。張衡《渾儀》謂"赤道横帶渾天之腹，去極九十一度十六分之五，黄道斜帶其腹，出赤道表裏各二十四度，故夏至去極六十七度而強，冬至去極百一十五度亦強也"。上文亦言"冬至日去極一百十五度，夏至日去極六十七度，春秋分日去極九十一度"。並足證當時以赤道去極為九十一度，黄道於牽牛及東井各距赤道南北二十四度也。

〔三一〕日過〔一〕度　據殿本《考證》補。

〔三二〕史官以（郭）〔部〕日月行參弦望　按：《集解》引齊召南説，謂"郭"當作"部"。今據改。

〔三三〕能用易九六七八（支）〔爻〕知月行多少　據《集解》引盧文弨説改。

〔三四〕（宣）〔宜〕課試上　據《集解》引盧文弨説改。

〔三五〕而月日行十三度十九分度之〔七〕有畸　據《集解》引盧文弨説補。

〔三六〕事敍而不悖　按：《集解》引惠棟説，謂《杜集》"事"上有"則"字，"悖"作"僀"。

〔三七〕日食〔亦得朔〕　據《集解》引盧文弨說補。

〔三八〕〔明〕此〔食〕非用幣伐鼓常月　據《集解》引盧文弨說補。

〔三九〕〔而〕先儒所未喻也　據《集解》引盧文弨說補。

〔四〇〕而三統曆唯〔得〕一食　據《集解》引盧文弨說補。

〔四一〕皆不（得）諧合　據《集解》引盧文弨說刪。

〔四二〕累日為月〔累月為歲〕　據《集解》引盧文弨說補。

〔四三〕以新故相序不得不有毫毛之差此自然〔之〕理也　《集解》引惠棟說，謂"序"原作"涉"，"毛"作"末"，"然"下有"之"字。按：《晉志》引《長曆》與惠校同，今以"相序"與"相涉"，"毫毛"與"毫末"，文異而義同，故但補一"之"字。

〔四四〕〔有〕曠年不食者　據《集解》引盧文弨說補。

〔四五〕而籌守（從）〔恒〕數　據汲本、殿本改。

〔四六〕非為合以驗天（者）也　據《集解》引盧文弨說刪。

〔四七〕以考朔晦（也）　據《集解》引盧文弨說刪。

〔四八〕而〔見〕皆不然　據《集解》引盧文弨說補。

〔四九〕善籌李修夏顯　按：《集解》引盧文弨說，謂"善籌"本作"有善籌者"。又引惠棟說，謂"夏"《杜集》作"卜"。

〔五〇〕以乾度與（太）〔泰〕始曆參校古今記注　據盧文弨《群書拾補》校改。

〔五一〕乾度曆殊勝〔泰始曆上勝官曆四十五事〕　《集解》引盧文弨說，謂"勝"下脫"《泰始曆》上勝官曆四十五事"十一字，依《晉志》補。今據補。

〔五二〕今〔其〕術具存　據汲本、殿本補。

〔五三〕今具列其（時）得失之數　據《集解》引盧文弨說刪。

〔五四〕又據經傳微旨（證據及失閏旨）考日辰朔晦　據《集解》引盧文弨說刪。

〔五五〕及失閏〔違〕時　據《集解》引盧文弨說補。

〔五六〕蓋〔是〕春秋當時之曆也　據《集解》引盧文弨說補。按："之"

原譌"文",逕改正。

〔五七〕夏曆漏［刻］隨日南北為長短　《集解》引惠棟說,謂"漏"下脫"刻"字,當依《隋志》增。今據補。

〔五八〕日道周［圜］　《集解》引惠棟說,謂"周"下《宋志》有"圜"字。今據補。

〔五九〕立成斧官府當用者計吏到班予四十八箭文多故魁取二十四氣日所在　《集解》引盧文弨說,謂"立成"至"魁取"二十二字《宋志》無。今按:文有譌奪,難句讀。疑詔書至"班予四十八箭"止,下為史官敍述之文。"魁"字衍。言文多,故僅取二十四氣日所在等刻於下也。

〔六〇〕發謀於元封啓定於（天）［元］鳳積（百）三十年是非乃審　《集解》引李銳說,謂《前志》云"自漢曆初起,至元鳳六年,而是非堅定"。案自太初元年至元鳳六年,正得三十年,此文"天鳳"當作"元鳳","百"字衍。今據改。按:依《前書》則"啓"當作"堅"。

〔六一〕亦於建武施於元和　按:《集解》引張文虎說,謂"亦"下疑脫一字,謂始於建武,而施行於元和也。

〔六二〕及太初曆以後（大）［天］為疾　據《集解》引李銳說改。

〔六三〕百四十四歲而太歲超一（表）［辰］　據《集解》引錢大昕說改。

〔六四〕或不對　按:《集解》引惠棟說,謂"不"下《宋志》有"能"字。

〔六五〕衡興參案儀注（者）　《集解》引惠棟說,謂"者"字衍,從《宋志》刪。今據刪。

〔六六〕太子舍人李泓　按:殿本"泓"作"弘"。

〔六七〕推閏月六直其日　按:尋文義,疑"六"為"不"之譌,"日"為"月"之譌。

〔六八〕災異卒甚　汲本、殿本"卒"作"率"。按:盧文弨云北宋本作"卒"。

〔六九〕五是以備　按:汲本、殿本"是"作"者"。《集解》引錢大昕說,謂《洪範》"五者來備"一作"五是",蓋漢儒傳本異也。閩本、汲古閣本作

"五者",則後人據今本《尚書》易之。《李雲傳》"五氏來備",氏古是字。《荀爽傳》"五鼃來備",鼃亦訓是。

〔七〇〕則(喪)〔表〕其休 《集解》引盧文弨説,謂錢氏改"喪"為"表"。按:詳文義當作"表",表與喪形近,今據改。

〔七一〕遂〔寢〕改曆事 《集解》引錢大昕説,謂詳文義,是安帝納尚書令忠言,仍用《四分》,不復議改。《宋志》亦云"亶等遂寢"。此文"遂"下當有"罷"字,或是"寢"字。今據錢説並參《宋志》,補一"寢"字。

〔七二〕乾鑿度八十〔一〕分之四十三為日法 據《集解》引錢大昕説補。

〔七三〕錐書(甄)〔乾〕曜度 據殿本改。按:《集解》引惠棟説,謂"乾"作"甄"當是避太子承乾諱改。

〔七四〕從太初至永平十一年百七十〔一〕歲 據《集解》引錢大昕説補。

〔七五〕至(永)〔元〕和二年 據《集解》引錢大昕説改。

〔七六〕案百七十〔一〕歲二部一章 據《集解》引錢大昕説補。

〔七七〕羲和立(襌)〔渾〕 《集解》引盧文弨説,謂"襌"乃"渾"之譌,渾謂渾儀,與韻協。今據改。

〔七八〕盜賊相續為〔害〕 王先謙謂"為"下疑有"害"字。《宋志》作"曆元不正,故盜賊為害"。今據王説參《宋志》,補一"害"字。

〔七九〕曆〔當〕用甲寅為元而用庚申 王先謙謂《宋志》作"曆當以甲寅為元,不用庚申"。今依《宋志》補一"當"字。

〔八〇〕圖緯無以庚〔申〕為元者 據《集解》引盧文弨説補。

〔八一〕乞(與)本庚申元經緯(有)明〔文〕 據《集解》引盧文弨説删補。

〔八二〕受虛欺重誅 按:《集解》引盧文弨説,謂此句上亦有脱文。

〔八三〕術(術)無常是 據《集解》引惠棟説删。

〔八四〕〔漢興〕(以)承秦 《集解》引惠棟説,謂"以"字誤,《宋志》作"漢興承秦"。今據《宋志》改。按:盧文弨《群書拾補》改作"漢承秦

〔八五〕各［自一］家［之］術皆當有效於（其）當時　據《集解》引盧文弨說補刪。今按：《御覽》卷十六引作"各自一家之說，皆當有效當時"。

〔八六〕（黃）［武］帝始用太初丁丑之元（有）六家紛錯　據盧文弨《群書拾補》校改。按：《宋志》作"昔始用太初丁丑之後"。《御覽》一六引作"昔太初始用丁丑之後"。

〔八七〕是又新元［有］效於今者也　據《宋志》及《御覽》一六補。

〔八八〕今［術］之不能上通於古　《集解》引惠棟說，謂"今"下《宋志》有"術"字。今據補。

〔八九〕起庚（子）［午］蔀之二十三歲　據《集解》引錢大昕說改。

〔九〇〕則（不）［元］在庚申　《集解》引錢大昕說，謂自獲麟至開闢二百七十六萬歲，以六十除之，恰盡獲麟之歲，既是庚申，則開闢之始亦必庚申矣。當云"元在庚申"，"不"乃"元"字之譌。又引李銳說，謂上文云二百七十六萬歲，尋之上行，復得庚申，"不"當作"復"。按：錢、李兩家之說並是，今從錢說改"不"字為"元"字。

〔九一〕獲麟至漢百六十（二）［一］歲　《集解》引李銳說，謂邕於甲寅元開闢至漢元年數內減去庚申元開闢至獲麟年數，餘一百六十一為獲麟至漢元年數，因謂光、晃差少一百一十四歲。今按：甲寅元開闢至獲麟積年二百七十五萬九千八百八十歲，獲麟至漢二百七十五歲，共二百七十六萬一百六十一歲，邕以庚申元開闢至獲麟積年二百七十六萬歲減之，則獲麟至漢為百六十一歲，明"百六十二歲"之"二"字當作"一"，今據改。

〔九二〕下不及命曆序獲麟［至］漢相去四蔀年數　據《集解》引盧文弨說補。

〔九三〕蔡邕（命）［月令］論曰　《集解》引惠棟說，謂"命論"未詳。案邕《明堂月令論》有之，"令"誤"命"，落"月"字也。今據改。

〔九四〕而光晃曆以考靈曜［為本］　《集解》引惠棟說，謂"曜"下《宋志》有"為本"二字。今據補。

〔九五〕日在斗二十（二）［一］度　按：三〇二六頁一三行"日在斗

二十二度",已據盧文弨説改"二十二"為"二十一",此與上同。

〔九六〕而光晃以為〔香〕固意造妄説　據《集解》引盧文弨説補。

〔九七〕亦妄虛無造欺語之愆　按:《集解》引盧文弨説,謂"亦"下文有譌。

〔九八〕其(十)二年正月十二日　《集解》引李鋭説,謂"十二年"當作"二年",與下"十二日"相涉,誤衍"十"字。案下文云"以紺法署施行五十六歲",自永元二年至本初元年,正得五十六年,故知"十"字衍也。今據删。

〔九九〕部舍人張恂　按:"張恂"疑當作"馮恂"。上文言"熹平中,故治曆郎梁國宗整上《九道術》,詔書下太史,以參舊術,相應。部太子舍人馮恂課校,恂亦復作《九道術》,增損其分,與整術並校,差為近。太史令颺上以恂術參朔望"。此處雖言課校恂、誠二術,整為誠兄,且先後上書為誠術辨,則所謂整術、誠術實同為一事,而參與推計行度者為馮恂也。

〔一〇〇〕整所上(五)〔正〕屬太史　據汲本改。按:"五屬太史"不可解,尋文義以"正屬太史"為長。

〔一〇一〕恂術以五千六百四十(日)〔月〕有九百六十一食為法　據《集解》引錢大昕説改。按:"法"原譌"注",逕改正。

〔一〇二〕恂言不當施誠術整言不當復(棄)恂術　按:整、恂各挾己術相攻訐,恂言不當施誠術,整言不當復恂術,"棄"字當涉上"棄放恂術"而譌衍,今删。

〔一〇三〕整適作左校二月　殿本"適"作"輸"。按:適同謫,原不譌,殿本以意改也。

〔一〇四〕遂用洪等　按:下疑脱一"議"字。

〔一〇五〕推元(謂)〔課〕分　據《集解》引盧文弨説改。

〔一〇六〕推(元)漢己巳元　《集解》引盧文弨説,謂"推"下"元"字衍,漢即王漢。今據删。

〔一〇七〕閏餘差(自)〔百〕五十〔二〕分(二)之三　《集解》盧文弨説,謂"自"當作"百",又引李鋭説,謂當作"百五十二分之三"。今據改。

〔一〇八〕後格而(已)不用　據《集解》引盧文弨説删。

後漢書志第三

律曆下

曆法

昔者聖人之作曆也，觀琁璣之運，三光之行，道之發斂，景之長短，斗綱（之）[所]建，〔一〕青龍所躔，參伍以變，錯綜其數，而制術焉。

天之動也，一晝一夜而運過周，星從天而西，日違天而東。日之所行與運周，在天成度，在曆成日。居以列宿，終于四七，受以甲乙，終于六旬。日月相推，日舒月速，當其同[所]，〔二〕謂之合朔。舒先速後，近一遠三，謂之弦。相與為衡，分天之中，謂之望。以速及舒，光盡體伏，謂之晦。晦朔合離，斗建移辰，謂之[月]。〔三〕日月之（術）[行]，〔四〕則有冬有夏；冬夏之閒，則有春有秋。是故日行北陸謂之冬，西陸謂之春，南陸謂之夏，東陸謂之秋。日道發南，去極彌遠，其景彌長，遠長乃極，冬乃至焉。日道斂北，去極彌近，其景彌短，近短乃極，夏乃至焉。二至之中，道齊景正，春秋分焉。

日周于天，一寒一暑，四時備成，萬物畢改，攝提遷次，青龍移辰，謂之歲。歲首至也，月首朔也。至朔同日謂之章，同在日首謂之蔀，蔀終六旬謂之紀，歲朔又復謂之元。是故日以實之，月以閏之，時以分之，歲以周之，章以明之，蔀以部之，紀以記之，元以原之。然後雖有變化萬殊，嬴朒無方，莫不結系于此而稟正焉。

極建其中,道營于外,琁衡追日,以察[發]斂,[五]光道生焉。孔壺為漏,浮箭為刻,下漏數刻,以考中星,昏明生焉。日有光道,月有九行,九行出入而交生焉。朔會望衡,鄰於所交,虧薄生焉。月有晦朔,星有合見,月有弦望,星有留逆,其歸一也,步術生焉。金、水承陽,先後日下,速則先日,遲而後留,留而後逆,逆與日違,違而後速,速與日競,競又先日,遲速順逆,晨夕生焉。日、月、五緯各有終原,而七元生焉。見伏有日,留行有度,而率數生焉。參差齊之,多少均之,會終生焉。引而伸之,觸而長之,探賾索隱,鉤深致遠,無幽辟潛伏,而不以其精者然。故陰陽有分,寒暑有節,天地貞觀,日月貞明。

若夫祐術開業,淳燿天光,重黎其上也。[1]承聖帝之命若昊天,典曆象三辰,以授民事,立閏定時,以成歲功,羲和其隆也。[2]取象金火,革命創制,治曆明時,應天順民,湯、武其盛也。[3]及王德之衰也,無道之君亂之於上,頑愚之史失之於下。夏后之時,羲和淫湎,廢時亂日,胤乃征之。紂作淫虐,喪其甲子,武王誅之。夫能貞而明之者,其興也勃焉;回而敗之者,其亡也忽焉。巍巍乎若道天地之綱紀,帝王之壯事,是以聖人寶焉,君子勤之。

【注】

〔1〕顓項曰重黎。

〔2〕唐、虞、夏、商曰羲和。

〔3〕《月令章句》曰:"帝舜叶時月正日,湯、武革命,治曆明時。言承平者叶之,承亂者革之。"

夫曆有聖人之德六焉:以本氣者尚其體,以綜數者尚其文,以考類者尚其象,以作事者尚其時,以占往者尚其源,以知來者尚其流。大業載之,吉凶生焉,是以君子將有興焉,咨焉而以從事,受命而莫之違也。若夫用天因地,揆時施教,頒諸明堂,以為民極者,莫大乎月令。

帝王之大司備矣，天下之能事畢矣。過此而往，群忌苟禁，君子未之或知也。

斗之二十一度，去極至遠也，日在焉而冬至，群物於是乎生。故律首黃鍾，曆始冬至，月先建子，時平夜半。當漢高皇帝受命四十有五歲，陽在上章，陰在執徐，冬十有一月甲子夜半朔旦冬至，日月閏積之數皆自此始，立元正朔，謂之《漢曆》。又上兩元，而月食五星之元，並發端焉。

曆數之生也，乃立儀、表，[六]以校日景。景長則日遠，天度之端也。日發其端，周而為歲，然其景不復，四周千四百六十一日，而景復初，是則日行之終。以周除日，得三百六十五四分度之一，為歲之日數。日日行一度，亦為天度。察日月俱發度端，[1]日行十九周，月行二百五十四周，復會于端，是則月行之終也。以日周除月周，得一歲周天之數。以日一周減之，餘十二二十九分之七，則月行過周及日行之數也，為一歲之月。以除一歲日，為一月之數。[七]月之餘分積滿其法，得一月，月成則其歲[大]。月（大）四時推移，[八]故置十二中以定月位。有朔而無中者為閏月。中之始（日）[曰]節，[九]與中為二十四氣。以除一歲日，為一氣之日數也。其分積而成日為沒，并歲氣之分，如法為一歲沒。沒分于終中，中終于冬至，冬至之分積如其法得一日，四歲而終。月分成閏，閏七而盡，其歲十九，名之曰章。章首分盡，四之俱終，名之曰蔀。以一歲日乘之，為蔀之日數也。以甲子命之，二十而復其初，是以二十蔀為紀。紀歲青龍未終，三終歲後復青龍為元。

【注】
〔1〕即是起舍合朔。

元法，四千五百六十。[1]

【注】

〔1〕《樂叶圖徵》曰:"天元以甲子朔旦冬至,日月起於牽牛之初,右行二十八宿,以考王者終始。或盡一,其曆數或不能盡一,以四千五百六十為紀,甲寅窮。"宋均曰:"紀即元也。四千五百六十者,五行相代,一終之大數也。王者即位,或遇其統,或不盡其數,故一(共)〔元〕以四千五百六十為甲寅之終也。〔一〇〕王者起,必易元,故不復沿前而終言之也。"韓子曰:"四千五百六十歲為一元,元中有厄,故聖人有九歲之畜以備之也。"

紀法,千五百二十。[1]

【注】

〔1〕《月令章句》曰:"紀,還復故曆。"

紀月,萬八千八百。
蔀法,七十六。[1]

【注】

〔1〕《月令章句》曰:"七十六歲為蔀首。"

蔀月,九百四十。
章法,十九。
章月,二百三十五。[1]

【注】

〔1〕《月令章句》曰:"十九歲七閏月為一章。"

周天,千四百六十一。
日法,四。

蔀日，二萬七千七百五十九。

沒數，二十一。（為章閏）〔一〕

通法，四百八十七。

沒法，七，因為章閏。

日餘，百六十八。

中法，（四）〔三〕十二。〔一二〕

大周，三十四萬三千三百三十五。

月周千一十六。

月食數之生也，乃記月食之既者。率二十三食而復既，其月（食）百三十五，〔一三〕率之相除，得五（百）〔月〕二十三之二十而一食。〔一四〕以除一歲之月，得歲有再食五百一十三分之五十〔五〕也。〔一五〕分終其法，因以與蔀相約，得四與二十七，互之，會二千五十二，〔一六〕二十而與元會。

元會，四萬一千四十。

蔀會，（三）〔二〕千五十（三）〔二〕。〔一七〕

歲數，五百一十三。

食數，千八十一。

月數，百（二）〔三〕十五。〔一八〕

食法，二十（二）〔三〕。〔一九〕

推入蔀術曰：以元法除去上元，其餘以紀法除之，所得數從天紀，筭外則所入紀也。不滿紀法者，入紀年數也。以蔀法除之，所得數從甲子蔀起，筭外，所入紀歲名命之，筭上，即所求年太歲所在。〔二〇〕

推月食所入蔀會年，以元會除去上元，其餘以蔀會除之，所得以（七）〔二〕十（二）〔七〕乘之，〔二一〕滿六十除去之，餘以二十除所得數，從天紀，筭（之起）外，所（以）入紀，〔二二〕不滿二十者，數從甲子蔀起，筭外，所入蔀會也。其初不滿蔀會者，入蔀會年數也，各以（不）〔所〕入紀歲名命之，〔二三〕筭上，即所求年（蔀）〔太歲所在〕。〔二四〕

天紀歲名	地紀歲名	人紀歲名	蔀首 〔二五〕
庚辰	庚子	庚申	甲子一
丙申	丙辰	丙子	癸卯二
壬子	壬申	壬辰	壬午三
戊辰	戊子	戊申	辛酉四
甲申	甲辰	甲子	庚子五
庚子	庚申	庚辰	己卯六
丙辰	丙子	丙申	戊午七
壬申	壬辰	壬子	丁酉八
戊子	戊申	戊辰	丙子九
甲辰	甲子	甲申	乙卯十
庚申	庚辰	庚子	甲午十一
丙子	丙申	丙辰	癸酉十二
壬辰	壬(午)[子]〔二六〕	壬申	壬子十三
戊申	戊辰	戊子	辛卯十四
甲子	甲申	甲辰	庚午十五
庚辰	庚子	庚申	(乙)[己]酉〔二七〕十六
丙申	丙辰	丙子	戊子十七
壬子	壬申	壬辰	丁卯十八
戊辰	戊子	戊申	丙午十九
甲申	甲辰	甲子	乙酉二十

推天正術，置入蔀年減一，以章月乘之，滿章法得一，名為積月，不滿為閏餘，十二以上，其歲有閏。

推天正朔日，置入蔀積月，以蔀日乘之，滿蔀月得一，名為積日，不滿為小餘，積日以六十除去之，其餘為大餘，以所入蔀名命之，算盡之外，則前年天正十一月朔日也。小餘四百四十一以上，其月大。求後月朔，加大餘二十九，小餘四百九十[九]，〔二八〕小餘滿蔀月得一，上加大餘，命之如前。

一術，以大周乘年，周天乘[閏餘]減之，餘滿蔀(日)[月]，則

天正朔日也。〔二九〕

　　推二十四氣術曰：置入蔀年減一，以（月）〔日〕餘乘之，〔三〇〕滿中法得一，名曰大餘，不滿為小餘，大餘滿六十除去之，其餘以蔀名命之，筭盡之外，則前年冬至之日也。

　　求次氣，加大餘十五，小餘七，除命之如前，小寒日也。

　　推閏月所在，以閏餘減章法，餘以十二乘之，滿章閏數得一，滿四以上亦得一筭之數，從前年十一月起，筭盡之外，閏月也。或進退，以中氣定之。

　　推弦、望日，因其月朔大小餘之數，皆加大餘七，小餘三百五十九四分三，小餘滿蔀月得一，加大餘，大餘命如法，得上弦。又加得望，次下弦，又後月朔。其弦、望小餘二百六十以下，每以百刻乘之，滿蔀月得一刻，不滿其（數）〔所〕近節氣夜漏之半者，〔三一〕以筭上為日。

　　推沒滅術，置入蔀年減一，以沒數乘之，滿日法得一，名為積沒，不盡為沒餘。以通法乘積沒，滿沒法得一，名為大餘，不盡為小餘。大餘滿六十除去之，其餘以蔀名命之，筭盡之外，前年冬至前沒日也。求後沒，加大餘六十九，小餘四，小餘滿沒法，從大餘，命之如前，無分為滅。

　　一術，以（為）〔十〕五乘冬至小餘，〔三二〕以減通法，餘滿沒法得一，則天正後沒也。

　　推合朔所在度，置入蔀積（月）〔日〕以（日）〔蔀月〕乘之，〔三三〕滿大周除去之，其餘滿蔀月得一，名為積度，不盡為餘分。積度加斗二十一度，加二百三十五分，以宿次除之，不滿宿，則日月合朔所在星度也。求後合朔，加度二十九，加分四百九十九，分滿蔀月得一度，經斗除二百三十五分。

　　一術，以閏餘乘周天，以減大周餘，滿蔀月得一，合以斗二十一度四分一，則天正合朔日月所在度。

　　推日所在度，置入蔀積日之數，以蔀法乘之，滿蔀日除去之，其餘滿蔀法得一,為積度,不盡為餘分。積度加斗二十一度,加十九分,以宿次除去之,則夜半日所在宿度也。

求次日,加一度。求次月,大加三十度,小加二十九度,經斗除十〔九〕分。〔三四〕

一術,以朔小餘減合〔朔〕度分,〔三五〕即日夜半所在。其分（三）〔二〕百（二）〔三〕十五約之,〔三六〕十九乘之。

推月所在度,置入蔀積日之數,以月周乘之,滿蔀日除去之,其餘滿蔀法得一,為積度,不盡為餘分。積度加斗二十一十〔九〕分,〔三七〕除如上法,則所求之日夜半月所在宿度也。

求次日,加十三度二十八分。求次月,大加三十五度六十一分,月小二十二度三十三分,分滿法得一度,經斗除十九分。其冬下旬月在張、心署之,謂（盡）〔晝〕漏分後盡漏盡也。〔三八〕

一術,以蔀法除朔小餘,所得以減日半度也。餘以減分,即月夜半所在度也。

推日明所入度分術曰：置其月節氣夜漏之數,以蔀法乘之,二百除之,得一分,即夜半到明所行分也。以增夜半日所在度分,為明所在度分也。

求昏日所入度,以夜半到明日所行分(分)減蔀法,〔三九〕其餘即夜半到昏所行分也。以加夜半所在度分,為昏日所在度也。

推月明所入度分術曰：置其節氣夜（半）〔漏〕之數,〔四〇〕以月周乘之,以二百除之,為積分。積分滿蔀法得一,以增夜半度,即（明）月〔明〕所在度也。〔四一〕

求昏月所入度：以明積分減月周,其餘滿蔀法得一度,加夜半,則昏月所在度也。

推弦、望日所入星度術曰：置合朔度分之數,加七度三百五十九分四分（之）三,〔四二〕〔以〕宿次除之,〔四三〕即得上弦日所入宿度分也。

求望、下弦,加除如前法,小分〔滿〕四從大分,〔大分〕滿蔀月從度。〔四四〕

推弦、望月所入星度術曰：置月合朔度分之數，加度九十八，加分六百五十三半，以宿次除之，即上弦月所入宿度分也。

求望、下弦，加除如前分，滿蔀月從度。

推月食術曰：置入蔀會年數，減一，以食數乘之，滿歲數得一，名曰積食，不滿為食餘。以月數乘積[食]，〔四五〕滿食法得一，名為積月，不滿為月餘分。積月以章月除去之，其餘為入章月數。當先除入章閏，乃以十二除去之，不滿者命以十一月，筭盡之外，則前年十一月前食月也。求入章閏者，置入章月，以章閏乘之，滿章月得一，則入章閏數也。餘分滿二百二十四以上至二百三十一，為食在閏月。閏或進退，以朔日定之。求後食，加五（百）[月]二十分，〔四六〕滿法得一月數，命之如法，其分盡食筭上。

推月食朔日術曰：置食積月之數，以二十九乘之，為積日。又以四百九十[九]乘積月，〔四七〕滿蔀月得一，以并積日，以六十除之，其餘以所會蔀名命之，筭盡之外，則前年天正前食月朔日也。

求食日，加大餘十四，小餘七百一十九半，小餘滿蔀月為大餘，大餘命如前，則食日也。

求後食朔及日，皆加大餘二十七，小餘六百一十五。其月餘分不滿二十者，又加大餘二十九，小餘四百九十九。其食小餘者，當以漏刻課之，夜漏未盡，以筭上為日。

一術，以歲數去上元，餘以為積月，〔四八〕以百一十二乘之，滿月數去之，餘滿食法得一，則天正後食。

推諸加時，以十二乘小餘，先減如法之半，得一時，其餘乃以法除之，所得筭之數從夜半子起，筭盡之外，則所加時也。

推諸上水漏刻：以百乘其小餘，滿其法得一刻；不滿（法）什之，〔四九〕滿法得一分。積刻先減所入節氣夜漏之半，其餘為晝上水之數。過晝漏去之，餘為夜上水數。其刻不滿夜漏半者，乃減之，餘為昨夜未（晝）[盡]，〔五〇〕其弦望其日。

五星數之生也，各記於日，與周天度相約而為率。以章法乘周率為（用）〔月〕法，〔五一〕章月乘日率，如月法，為積月月餘。以月之（月）〔日〕乘積〔月〕，為朔大小餘。〔五二〕乘為入月日餘。〔五三〕以日法乘周率為日度法，以〔周〕率去日率，〔五四〕餘以乘周天，如日度法，為〔積〕度（之）〔度〕餘也。〔五五〕日率相約取之，得二千九百九十萬一千六百二十一億五十八萬二千三百，而五星終，如蔀之數，與元通。

木，周率，四千三百二十七。　日率，四千七百二十五。　合積月，十三。　月餘，四萬一千六百六。　月法，八萬二千二百一十三。　大餘，二十三。　小餘，八百四十七。　虛分，九十三。　入月日，十五。　日餘，萬四千六百四十（七）〔一〕。〔五六〕　日度法，萬七千三百八。積度，三十三。　度餘，萬三百一十四。

火，周率，八百七十九。　日率，千八百七十六。　合積月，二十六。　月餘，六千六百三十四。　月法，萬六千七百一。　大餘，四十七。　小餘，七百五十四。　虛分，一百八十六。　入月日，十（一）〔二〕。〔五七〕　日餘，千八百七十二。　日度法，三千五百一十六。積度，四十九。　度餘，一百一十四。

土，周率，九千九十六。　日率，九千四百一十五。　合積月，十二。　月餘，十三萬八千六百三十七。　月法，十七萬二千八百二十四。　大餘，五十四。　小餘，三百四十八。　虛分，五百九十二。　入月日，二十（三）〔四〕。〔五八〕　日餘，二千一百六十三。　日度法，三萬六千三百八十四。　積度，十二。　度餘，二萬九千四百五十一。

金，周率，五千八百三十。　日率，四千六百六十一。　合積月，九。　月餘，九萬八千四百五。　月法，十〔一〕萬七百七十。〔五九〕　大餘，二十五。　小餘，七百三十一。　虛分，二百九。　入月日，二十六。　日餘，二百八十一。　日度法，二萬三千三百二十。　積度，二百九十二。　度餘，二百八十一。

水，周率，萬一千九百八。　日率，千八百八十九。　合積月，一。　月餘，二十一萬七千六百六十〔三〕。〔六〇〕　月法，二十二萬六千二百五十二。　大餘，二十九。　小餘，四百九十九。　虛分，四百四十（九）〔一〕。〔六一〕　入月日，二十（七）〔八〕。〔六二〕　日餘，四萬四千八百五。

日度法，四萬七千六百三十（一）〔二〕。〔六三〕　積度，五十七。度餘四萬四千八百五。

推五星術，置上元以來，盡所求年，以周率乘之，滿日率得一，名為積合；不盡名〔為〕合餘。〔六四〕〔合〕餘以周率除之，〔六五〕不得焉退歲；無所得，星合其年，得一合前年，二合前二年。金、水積合奇為晨，偶為夕。其不滿周率者反減之，餘為度分。

推星合月，以合積月乘積合為小積，又以月餘乘積合，滿其月法得一，從小積〔為積月，不盡〕為月餘。〔六六〕積月滿紀月去之，餘為入紀月。每以章閏乘之，滿章月得一為閏；不盡為閏餘。以閏減入紀月，其餘以十二去之，餘為入歲月數，從天正十一月起，筭外，星合所在之月也。其閏〔餘〕滿二百二十四以上〔六七〕至二百三十一星合閏月。閏或進退，以朔制之。

推朔日，以蔀日乘（之）入紀月，〔六八〕滿蔀月得一為積日，不盡為小餘。積日滿六十去之，餘為大餘，命以甲子，筭外，星合月朔日。

推入月日，以蔀日乘月餘，以其月法乘朔小餘，從之，以四千四百六十五約之，所得（得）滿日度法得一，〔六九〕為入月日，不盡為日餘。以朔命入月日，筭外，星合日也。

推合度，以周天乘度分，滿日度法得一為積度，不盡為度餘。以斗二十一四分一命度，筭外，星合所在度也。

一術，加退歲一，以減上元，滿八十除去之，餘以沒數乘之，滿日法得一，為大餘，不盡為小餘。以甲子命大餘，則星合歲天正冬至日也。以周率〔乘〕小餘，〔七〇〕并度餘，餘滿日度法從度，即（正）〔至〕後星合日數也，〔七一〕命以冬至。求後合月，加合積月於入歲月，加月餘於月餘，滿其月法得一，從入歲月。入歲月滿十二去之，有閏計焉，餘命如前，筭外，後合月也。（餘一）〔金、水〕加晨得夕，〔七二〕加夕得晨。

求朔日，以大小餘加今所得，其月餘得一月者，又〔加大〕餘二十九，〔小餘四百九十九，〕〔七三〕小餘滿蔀月得一，（如）〔加〕大餘，〔七四〕大餘命如前。

求入月日，以入月日〔日〕餘加今所得，〔七五〕餘滿日度法得一，從日。其前合月朔小餘（不）滿其虛分者，〔七六〕空加一日。日滿月先去二十九，其後合月朔小餘不滿四百九十九，又減一日，其餘命如前。

求合度，以積度度餘加今所得，餘滿日度法得一從度，命如前，經斗除如周率矣。

木，晨伏，十六日七千（二）〔三〕百二十分半，〔七七〕行二度萬三千八百一十一分，在日後十三度有奇，而見東方。見順，日行五十八分度之十一，五十八日行十一度。微遲，日行九分，五十八日行九度。留不行，二十五日。旋逆，日行七分度之一，八十四日（進）〔退〕十二度。〔七八〕復留，二十五日。復順，五十八日行九度，又五十八日行十一度，在日前十三度有奇，而夕伏西方。除伏逆，一見三百六十六日，行二十八度。伏復十六日七千（二）〔三〕百二十分半，〔七九〕行二度萬三千八百一十一分，而與日合。凡一終，三百九十八日有萬四千六百四十一分，行星三十（二）〔三〕度與萬三百一十四分，〔八〇〕通率日行四千七百二十五分之三百九十八。

火，晨伏，七十一日二千六百九十四分，行五十五度二千二百五十四分半，在日後十六度有奇，而見東方。見順，日行二十三分度之十四，〔百〕八十四日行〔百〕一十二度。〔八一〕微遲，日行十二分，九十二日行四十八度。留不行，十一日。旋逆，日行六十二分度之十七，六十二日退十七度。復留，十一日。復順，九十二日，行四十八度，又百八十四日行百一十二度，在日前十六度有奇，而夕伏西方。除伏逆，一見六百三十六日，行〔三〕百三度。〔八二〕伏復，七十一日二千六百九十四分，行五十五度二千二百五十四分半，而與日合。凡一終，七百七十九日有千八百七十二分，行星四百一十四度與九百九十三分。通率日行千八百七十六分之九百九十七。〔八三〕

土,晨伏,十九日千八十一分半,行三度萬四千七百二十五分半,在日後十五度有奇,而見東方。見順,日行四十三分度之三,八十六日行六度。留不行,三十三日。旋逆,日行十七分度之一百二,日退六度。復留,三十三日。復順,八十六日,行六度,在日前十五度有奇,而夕伏西方。除伏逆,〔一〕見三百四十日,〔八四〕行六度。伏復,十九日千八十一分半,行三度萬四千七百二十五分半,與日合。凡一終,三百七十八日有二千一百六十三分,行星十二度與二萬九千四百五十一分。通率日行九千四百一十五分之三百一十九。

金,晨伏,五日,退四度,在日後九度,而見東方。見逆,日行五分度之三,十日,退六度。留不行,八日。〔旋〕順,〔八五〕日行(行)四十六分度之三十三,〔八六〕四十六日行三十三度。而〔疾〕,日行一度九十〔一〕分度之十五,〔八七〕九十一日行百六度。益疾,日行一度二十二分,九十一日行百一十三度,在日後九度,而晨伏東方。除伏逆,一見二百四十六日,行二百四十六度。伏四十一日二百八十一分,行五十度二百八十一分,而與日合。一合二百九十二日〔二〕百八十一分,〔八八〕行星如之。

金,夕伏,四十一日二百八十一分,行五十度二百八十一分,在日前九度,而見西方。見順,疾,日行一度九十一分度之二十二,九十一日行百一十三度。微遲,日行一度十五分,九十一日行百六度。而(進)〔遲〕,〔八九〕日行四十六分度之三十三,四十六日行三十三度。留不行,八日。旋逆,日行五分度之三,十日退六度,在日前九度,而夕伏西方。除伏逆,一見二百四十六日,行二百四十六度,伏五日,退四度而(後)〔復〕合。〔九〇〕凡(三)〔再〕合一終,〔九一〕五百八十四日有五百六十二分,行星如之。通率日行一度。

水,晨伏,九日,退七度,在日後十六度,而見東方。見逆,一日退一度。留不行,二日。旋順,日行九分度之八,九日行八度。而疾,日行一度四分度之一,二十日行二十五度,在日後十六度,而晨伏東方。除伏逆,一見,三十二日,行三十二度,伏十六日四萬四千八百五分，行三十二度四萬四千八百五分，而與日合。一合五十七日有四萬四千八百五分，行星如之。

水，夕伏，十六日四萬四千八百五分，行三十二度四萬四千八百五分，在日前十六度，而見西方。見順，疾，日行一度四分度之一，二十日行二十五度。而遲，日行九分度之八，九日行八度。留不行，二日。[旋]逆，〔九二〕一日退一度，在日前十六度，而夕伏西方。除伏逆，一見三十二日，行三十[二]度，〔九三〕伏九日，退七度而復合。凡再合一終，百一十五日有四萬一千九百七十八分，行星如之。通率日行一度。

步術，以步法伏日度分，(如)[加]星合日度餘，〔九四〕命之如前，得星見日度也。(術)[行]分母乘之，〔九五〕分(日)如[日]度法而一，〔九六〕分不盡如(法)半[法]以上，〔九七〕亦得一，而日加所行分，滿其母得一度。逆順母不同，以當行之母乘故分，如故母，如一也。留者承前，逆則減之，伏不書度。經斗除如行母，四分具一。其分有損益，前後相放。其以赤道命度，進加退減之。其步以黃道。

(日)[月]名〔九八〕

天正十一月	十二月	正月	二月	三月	四月	五月	六月
冬至	大寒	雨水	春分	穀雨	小滿	夏至	大暑
七月	八月	九月	十月				
處暑	秋分	霜降	小雪〔一〕				

【注】

〔一〕《月令章句》："孟春以立春為節，驚蟄為中。中必在其月，節不必在其月。據孟春之驚蟄在十六日以後，立春在正月；驚蟄在十五日以前，立春在往年十二月。"

斗二十六$^{四分}_{退二}$[一]〔九九〕　牛八　女十二進(二)〔一〇〇〕　虛十$^{進(三)}_{二}$〔一〇一〕
危十(六)[七]〔一〇二〕進　室十六$^{進(二)}_{三}$〔一〇三〕　壁(十)[九]$^{進(三)}_{一}$〔一〇四〕

北方九十八度四分一

奎十六　婁十二(進)[退]〔一〇五〕　胃十四(進二)[退一]〔一〇六〕　昴十一(進)[退]〔一〇七〕
畢十六(進)[退]〔一〇八〕　觜二退　參九退
　　　西方八十度

井三十三退　鬼四　柳十五　星七進
張十八進　翼十八(進一)[二]〔一〇九〕　軫十七進
　　　南方百一十二度

角十二　亢九退　氐十五退　房五退
心五退　尾十八(進)[退]〔一一〇〕　箕十一退
　　　東方七十五度

右赤道度周天三百六十五度四分一
斗二十四(進一)[四分一]〔一一一〕　牛七　女十一　虛十
危十六　室十八　壁十
　　　北方九十六度四分一

奎十七　婁十二　胃十五　昴十二
畢十六　觜三　參八
　　　西方八十三度

井三十　鬼四　柳十四　星七
張十七　翼十九　軫十八
　　　南方百九度

角十三　亢十　氐十六　房五
心五　尾十八　箕十

東方七十七度

右黃道度三百六十五四分一

黃道去極，日景之生，據儀、表也。漏刻之生，以去極遠近差乘節氣之差。如遠近而差一刻，以相增損。昏明之生，以天度乘晝漏，夜漏減（三）〔之，二〕百而一，〔一一二〕為定度。以減天度，餘為明；加定度一為昏。其餘四之，如法為少。〔二為半，三為太，〕〔一一三〕不盡，三之，如法為強，餘半法以上以成強。強三為少，少四為度，其強二為少弱也。又以日度餘為少強，而各加焉。〔1〕

【注】

〔1〕張衡《渾儀》曰："赤道橫帶渾天之腹，去極九十一度十〔六〕分之五。〔一一四〕黃道斜帶其腹，出赤道表裏各二十四度。故夏至去極六十七度而強，冬至去極百一十五度亦強也。然則黃道斜截赤道者，則春分、秋分之去極也。今此春分去極九十少，秋分去極九十一少者，就夏曆景去極之法以為率也。〔一一五〕上頭橫行第一行者，黃道進退之數也。本當以銅儀日月度之，則可知也。以儀一歲乃竟，而中閒又有陰雨，難卒成也。是以作小渾，盡赤道黃道，乃各調賦三百六十五度四分之一，從冬至所在始起，令之相當值也。取北極及衡各（誠）〔鍼〕㧑之為軸，〔一一六〕取薄竹篾，穿其兩端，令兩穿中閒與渾半等，以貫之，令察之與渾相切摩也。乃從減半起，以為〔百〕八十二度八分之五，〔一一七〕盡衡減之半焉。又中分其篾，拗去其半，令其半之際正直，與兩端減半相直，令篾半之際從冬至起，一度一移之，視篾之半際（夕）多〔少〕黃赤道幾也。〔一一八〕其所多少，則進退之數也。從（此）〔北〕極數之，〔一一九〕則（無）〔去〕極之度也。〔一二〇〕各分赤道黃道為二十四氣，一氣相去十五度十六分之七，每一氣者，黃道進退一度焉。所以然者，黃道直時，去南北極近，其處地小，而橫行與赤道且等，故以篾度之，於赤道多也。設一氣令十六日者，皆常率四日差少半也。令一氣十五日不能半耳，故使中道三日之中（若）〔差〕少半也。〔一二一〕三氣一節，故四十六日而差今三度也。至於差三之時，而五日同率者一，其實節之閒不能四十六日也。今殘日居其策，故五日同率也。其率雖

同，先之皆強，後之皆弱，不可勝計。取至於三而復有進退者，黃道稍斜，於橫行不得度故也。春分、秋分所以退者，黃道始起更斜矣，於橫行不得度故也。亦每一氣一度焉，三氣一節，亦差三度也。至三氣之後，稍遠而直，故橫行得度而稍進也。立春、立秋橫行稍退矣，而度猶云進者，以其所退減其所進，猶有盈餘，未盡故也。立夏、立冬橫行稍進矣，而度猶〔云〕退者，〔一二二〕以其所進，增其所退，猶有不足，未畢故也。以此論之，日行非有進退，而以赤道（重廣）〔量度〕黃道〔一二三〕使之然也。本二十八宿相去度數，以赤道為（強）〔距〕耳，〔一二四〕故於黃道亦〔有〕進退也。〔一二五〕冬至在斗二十一度少半，最遠時也，而此曆斗二十度，俱百一十五，強矣，冬至宜與之同率焉。夏至在井二十一度半強，最近時也，而此曆井二十三度，俱六十七度，強矣，夏至宜與之同率焉。"

二十四氣	日所在	黃道去極	晷景	晝漏刻	夜漏刻	昏中星[1]	旦中星
冬至[2]	斗二十一度八分退二〔一二六〕	百一十五度	丈三尺	四十五	五十五	奎六弱	亢二少強退二
小寒	女二度七分進一〔一二七〕	百一十三強	丈二尺三寸	四十五八分	五十四二分	婁六半強退一	氐七少弱退二
大寒	虛五度十四分進二	百一十〔一二八〕大弱	丈一尺	四十六八分	五十三八分	胃十一半強退一	心半退三
立春	危十度二十一分進二〔一二九〕	百六少強〔一三〇〕	九尺六寸	四十八六分	五十一四分	畢五少弱〔一三一〕退三	尾七半弱退三
雨水	室八度二十八分進三〔一三二〕	百一強	七尺九寸五	五十二分	四十九二分	參六半弱退四	箕大弱〔一三三〕退三
驚蟄	壁八度三分進二	九十五強	六尺五寸	五十三三分	四十六七分	井十七少弱退三	斗少退二
春分	奎十四度十分	八十九強〔一三四〕	五尺二寸五	五十五八分	四十四二分	鬼四	斗十一弱退二〔一三五〕
清明	胃一度十七分退一〔一三六〕	八十三少弱	四尺一寸五	五十八三分	四十一七分	星四大進一〔一三七〕	斗二十一半退二

節氣							
穀雨	昴二度二十四分退二	七十七大強	三尺二寸	六十五分	三九五	張十七進一〔一三八〕	牛六半
立夏	畢六度〔一三九〕三十一分退三	七十三少弱	二尺五寸三分	六十二四分	三十七六分	翼十七大強進二	女十少進一〔一四〇〕
小滿	參四度六分退四	六十九大弱	尺九寸八分	六十三九分	三十六一分	角大弱〔一四一〕	危大弱進二
芒種	井十度十三分退三	六十七少弱	尺六寸八分	六十四九分	三十五一分	亢五大退一	危十四強進二
夏至〔3〕	井二十五度二十分退三	六十七強	尺五寸	六十五	三十五	氐十二少弱退三	室十二少弱進三〔一四二〕
小暑	柳三度二十七分	六十七大強	尺七寸	六十四七分	三十五三分	尾一大強退三	奎二大強
大暑	星四度二分〔一四三〕	七十	二尺	六十三八分	三十六二分	尾十五半弱	婁三大退一
立秋	張十二度九分進一	七十三半強	二尺五寸五分	六十二三分	三十七七分	箕九大強退三	胃九大弱退一〔一四四〕
處暑	翼九度十六分進二〔一四五〕	七十八半弱	三尺三寸三分	六十二分	三十九八分	斗十少退二〔一四六〕	畢三大退三
白露	軫六度二十三分進一〔一四七〕	八十四少弱	四尺三寸五分	五十七八分	四十二三分	斗二十一強退二〔一四八〕	參五半弱退四
秋分	角四度三十分	九十半強	五尺五寸	五十五二分	四十四八分	牛五少	井十六少強退三
寒露	亢八度五分退三〔一四九〕	九十六大強〔一五〇〕	六尺八寸五分	五十二六分	四十七四分	女七大進一	鬼三少強
霜降	氐十四度十二分退二〔一五一〕	百二少強	八尺四寸	五十三分	四十九七分	虛六大進一〔一五二〕	星三大強進一
立冬	尾四度〔一五三〕十九分退三	百七少強	丈〔一五四〕	四十八二分	五十一八分	危八大強進二	張十五大強〔一五五〕
小雪	箕一度二十六分退三	百一十一弱	丈一尺四寸	四十六七分	五十三三分	室三〔一五六〕半強	翼十五大強進一
大雪	斗六度一分退二〔一五七〕	百一十三大強	丈二尺五寸六分〔4〕	四十五七分	五十四五分	壁半強進一	軫十五弱進一〔一五八〕

【注】

〔1〕《月令章句》曰："中星當中而不中，日行遲也。未當中而中，日行疾也。"

〔2〕《月令章句》曰："冬至之為極有三意焉：晝漏極短，去極極遠，晷景極長。極者，至而還之辭也。"

〔3〕《月令章句》曰："夏至之為極有三意焉：晝漏極長，去極極近，晷景極短。"

〔4〕《易緯》所稱晷景長短，不與相應，今列之于後，并至與不至各有所候，以參廣異同。　冬至，晷長一丈三尺。當至不至，則旱，多溫病。未當至而至，則多病暴逆心痛，應在夏至。　小寒，晷長一丈二尺四分。當至不至，先小旱，後小水，丈夫多病喉痺。未當至而至，多病身熱，來年麻不為耳。　大寒，晷長一丈一尺八分。當至不至，則先大旱，後大水，麥不成，病厥逆。未當至而至，多病上氣、嗌腫。　立春，晷長一丈一寸六分。當至不至，兵起，麥不成，民疲癃。未當至而至，多病癔、疾疫。　雨水，晷長九尺一寸六分。當至不至，早麥不成，多病心痛。未當至而至，多病蘢。　驚蟄，晷長八尺二寸。當至不至，則霧，稚禾不成，老人多病嚏。未當至而至，多病癰疽、脛腫。　春分，晷長七尺二寸四分。當至不至，先旱後水，歲惡，米不成，多病耳痒。　清明，晷長六尺二寸八分。當至不至，菽豆不熟，多病嚏、振寒（溫）、〔洞〕泄。〔一五九〕未當至而至，多溫病、暴死。　穀雨，晷長五尺三寸六分。當至不至，水物雜稻等不為，多病疾瘧、振寒、霍亂。未當至而至，老人多病氣腫。　立夏，晷長四尺三寸六分。當至不至，旱，五穀傷，牛畜疾。未當至而至，多病頭痛、腫嗌、喉痺。　小滿，晷長三尺四寸。當至不至，凶言，〔國〕有大喪，〔一六〇〕先水後旱，多病筋急、痺痛。未當至而至，多癔、嗌腫。芒種，晷長二尺四寸四分。當至不至，凶言，國有狂令。未當至而至，多病厥眩、頭痛。　夏至，晷長一尺四寸八分。當至不至，國有大殃，旱，陰陽並傷，草木夏落，有大寒。未當至而至，病眉腫。　小暑，晷長二尺四寸四分。當至不至，前小水，後小旱，有兵，多病泄注、腹痛。未當至而至，病臚腫。　大

暑，晷長三尺四寸。當至不至，外兵作，來年飢，多病筋痺、胸痛。未當至而至，多病脛痛、惡氣。　立秋，晷長四尺三寸六分。當至不至，暴風為災，來年秦不為。未當至而至，多病咳上氣、咽腫。　處暑，晷長五尺三寸二分。當至不至，國多浮令，兵起，來年麥不為。未當至而至，病脹，耳熱不出行。　白露，晷長六尺二寸八分。當至不至，多病痤、疽、泄。未當至而至，多病水、腹閉疝瘕。　秋分，晷長七尺二寸四分。當至不至，草木復榮，多病溫，悲心痛。未當至而至，多病胸鬲痛。　寒露，晷長八尺二寸。當至不至，來年穀不成，六畜鳥獸被殃，多病疝瘕、胥痛。未當至而至，多病疢熱中。　霜降，晷長九尺一寸六分。當至不至，萬物大耗，年多大風，人病胥痛。未當至而至，多病胸脇支滿。　立冬，晷長丈一寸二分。當至不至，地氣不藏，來年立夏反寒，早旱，晚水，萬物不成。未當至而至，多病臂掌痛。　小雪，晷長一丈一尺八分。當至不至，來年蠶麥不成，多病腳腕痛。未當至而至，亦為多肘腋痛。　大雪，晷長一丈二尺四分。當至不至，溫氣泄，夏蝗蟲生，大水，多病少氣、五疸、〔一六一〕水腫。未當至而至，多病癰疽痛，應在芒種。《月令章句》曰：“周天三百六十五度四分度之一，分為十二次，日月之所躔也。地有十二分，王侯之所國也。每次三十（二）度三十（三）〔二〕分之十四，〔一六二〕日至其初為節，至其中為中氣。　自危十度至壁（八）〔九〕〔一六三〕度謂之豕韋之次，立春、驚蟄居之，〔一六四〕衛之分野。　自壁（八）〔九〕度至胃一度，謂之降婁之次，雨水、春分居之，魯之分野。　自胃一度至畢六度，謂之大梁之次，清明、穀雨居之，〔一六五〕趙之分野。　自畢六度至井十度，謂之實沈之次，立夏、小滿居之，晉之分野。　自井十度至柳三度，謂之鶉首之次，芒種、夏至居之，秦之分野。　自柳三度至張十二度，謂之鶉火之次，小暑、大暑居之，周之分野。　自張十二度至軫六度，謂之鶉尾之次，立秋、處暑居之，楚之分野。　自軫六度至亢八度，謂之壽星之次，白露、秋分居之，鄭之分野。　自亢八度至尾四度，謂之大火之次，寒露、霜降居之，宋之分野。　自尾四度至斗六度，謂之析木之次，立冬、小雪居之，燕之分野。　自斗六度至須女二度，謂之星紀之次，大雪、冬至居之，越之分野。　自須女二度至危十度，謂之玄枵之次，小寒、大寒居之，齊之分野。”　蔡邕分星次度數與皇甫謐不同，兼明氣節所在，故載焉。譓所列在《郡國志》。

中星以日所在為正，日行四歲乃終，置所求年二十四氣小餘四之，如法為少、大，餘不盡，三之，如法為強、弱，以減節氣昏明中星，而各定矣。強，正；弱，（直）〔負〕也。〔一六六〕其強弱相減，同名相去，異名從之。從強進少為弱，從弱退少而強。從上元太歲在庚辰以來，盡熹平三年，歲在甲寅，積九千四百五十五歲也。〔1〕

【注】
〔1〕宋世治曆何承天曰："曆數之術，若心所不達，雖復通人前識，無救其弊。是以多歷年歲，猶未能有定。《四分》於天，出三百年而盈一日，積世不悟，徒云建曆之本必先立元，假託讖緯，遂開治亂。此之為弊，亦以甚矣。劉歆《三統法》尤復疏闊，方於《四分》，六千餘年又益一日。楊雄心惑其說，採為《太玄》，班固謂之最密，著于《漢志》。司馬彪曰：'自太初元年始用《三統曆》，施行百有餘年。' 曾不憶劉歆之生不逮太初，二三君子為曆，幾乎不知而妄言者歟！元和中穀城門候劉洪始悟《四分》於天疏闊，更以五百八十九為紀法，百四十五為斗分，而造《乾象法》，又制《遲疾曆》以步月行，方於《太初》、《四分》，轉精密矣。"

論曰：《易》有太極，是生兩儀。兩儀之分尚矣，乃有皇犧。皇犧之有天下也，未有書計。歷載彌久，暨於黃帝，班示文章，重黎記註，象應著名，始終相驗，準度追元，乃立曆數。天難諶斯，是以五、三迄于來今，各有改作，不通用。故黃帝造曆，元起辛卯，而顓頊用乙卯，虞用戊午，夏用丙寅，殷用甲寅，周用丁巳，魯用庚子。漢興承秦，初用乙卯，至武帝元封，不與天合，乃會術士作《太初曆》，元以丁丑。王莽之際，劉歆作《三統》，追《太初》前（世）〔卅〕一元，〔一六七〕得五星會庚戌之歲，以為上元。《太初曆》到章帝元和，旋復疏闊，徵能術者課校諸曆，定朔稽元，追漢（三）〔四〕十五年庚辰之歲，〔一六八〕追朔一日，乃與天合，以為《四分曆》元。加六百五元一紀，上得庚申。有近於緯，而歲不攝提，以辨曆者得開其說，而其元尠與緯同，同則或不得於天。然曆之興廢，以疏密課，固不主於元。光和元年中，議郎蔡邕、郎中劉洪補續《律曆志》，邕能著文，清濁鍾律，洪能為筭，述敍三光。今考論其業，義指博通，術數略舉，是以集錄為上下篇，放續《前志》，以備一家。〔1〕

【注】

〔1〕蔡邕戍邊上章曰："朔方髡鉗徒臣邕稽首再拜上書皇帝陛下：臣邕被受陛下尤異大恩，初由宰府備數典城，以叔父故衛尉質時為尚書，召拜郎中，受詔詣東觀著作，遂與群儒並拜議郎。沐浴恩澤，承荅聖問，前後六年。質奉機密，趨走目下，遂竟端右，出相好藩，〔一六九〕還尹輦轂，旬日之中，登躡上列。父子一門兼受恩寵，不能輸寫心力，以效絲髮之功，一旦（披）〔被〕章，〔一七〇〕陷沒辜戮。陛下天地之德，不忍刀鋸截臣首領，得就平罪，父子家屬徙充邊方，完全軀命，喘息相隨。非臣無狀所敢〔復〕望，〔一七一〕非臣罪惡所當復蒙，非臣辭筆所能復陳。臣初決罪雒陽詔獄，生出牢戶，顧念元初中故尚書郎張俊，坐漏泄事，當伏重刑，已出穀門，復聽讀鞫，詔書馳救，〔減罪〕一等，〔一七二〕輸作左校。俊上書謝恩，遂以轉徙。〔邕為〕郡縣促遣，〔一七三〕偏於吏手，〔一七四〕不得頃息，含辭抱悲，無由上達。既到徙所，乘塞守烽，職在候望，憂怖焦灼，無心復能操筆成草，致章闕庭。誠知聖朝不責臣謝，但〔懷〕愚心，〔一七五〕有所不竟。臣自在布衣，常以為《漢書》十志，下盡王莽，而世祖以來，唯有紀傳，無續志者。臣所師事故太傅胡廣，知臣頗識其門戶，略以所有舊事〔與臣〕，〔一七六〕雖未備悉，粗見首尾，積累思惟，二十餘年。不在其位，非外吏庶人所得擅述。天誘其衷，得備著作郎，建言十志皆當撰錄，遂與議郎張華等分受之，（所使元順）〔其〕難者皆以付臣。〔一七七〕先治律曆，以籌筭為本，天文為驗，請太（師）〔史〕舊注，〔一七八〕考校連年，往往頗有差舛，當有增損，乃可施行，為無窮法。道至深微，不敢獨議。郎中劉洪，密於用筭，故臣表上洪，與共參思圖牒。尋繹適有頭角，〔一七九〕會臣被罪，（遂）〔逐〕放邊野。〔一八〇〕

臣竊自痛,一為不善,使史籍所闕,(故)[胡]廣所校,〔一八一〕二十年之思,中道廢絕,不得究竟。憧憧之情,猶以結心,不能違望。〔一八二〕臣初欲須刑竟,乃因縣道,具以狀聞。今年七月九日,匈奴始攻郡鹽池縣,其時鮮卑連犯雲中、五原,一月之中,烽火不絕。不(言四)[意西]夷相與合謀,〔一八三〕所圖廣遠,恐遂為變,不知所濟。郡縣咸懼,不守朝旦。臣所在孤危,懸命鋒鏑,湮滅土灰,呼吸無期。誠恐所懷隨軀腐朽,抱恨黃泉,遂不設施,謹先顛踣。〔一八四〕科條諸志,臣欲(制)刪定者一,〔一八五〕所當接續者四,《前志》所無,臣欲著者(三)[五],〔一八六〕及經典群書所宜捃摭,本奏詔書所當依據,分別首目,并書章左。臣初被考,妻子迸竄,亡失文書,無所案請。加以惶怖愁恐,思念荒散,十分不得識一,所識者又恐謬誤。觸冒死罪,披(散)[瀝]愚情,〔一八七〕願下東觀,推求諸奏,參以璽書,以補綴遺闕,昭明國體。章聞之後,雖肝腦流離,白骨剖破,無所復恨。惟陛下省察。謹因臨戎長霍圉封上。臣頓首死罪稽首再拜以聞。"其所論志,志家未以成書,如有異同,今隨事注之于本志也。

贊曰:象因物生,數本杪曶。律均前起,準調後發。該覈衡璇,檢會日月。

【校勘記】

〔一〕斗綱(之)[所]建 《集解》引盧文弨說,謂"之"《御覽》作"所"。按:與下"青龍所纏"相對成文,作"所"是,今據改。又按:"綱"原譌"剛",逕改正。

〔二〕當其同[所] 《集解》引盧文弨說,謂"同"下脫"所"字,《御覽》有。今據補。

〔三〕斗建移辰謂之[月] 據《集解》引李銳說補。

〔四〕日月之(術)[行] 據《集解》引李銳說改。按:殿本作"行"。

〔五〕以察[發]斂 據《集解》引錢大昕說補。

〔六〕乃立儀表 按:《集解》引李銳說,謂儀謂渾儀,表謂圭表。今於儀表之間加頓號。

〔七〕為一月之數　按：依文義當云"為一月之日數"，疑脱"日"字。

〔八〕月成則其歲〔大〕月（大）四時推移　《集解》引張文虎說，謂"月大"二字譌倒，"大"字絕句，"月"字當屬下。此謂有閏之年為大歲也。歲之餘分滿月法而置閏謂之大歲，與月之餘分滿日法而成日謂之大月正同。然閏月四時推移或有進退，故置中氣以定之。今據改。

〔九〕中之始（日）〔曰〕節　據《集解》本改。

〔一〇〕故一（共）〔元〕以四千五百六十為甲寅之終也　據汲本改。

〔一一〕没數二十一（為章閏）　據《集解》引李銳説删。

〔一二〕中法（四）〔三〕十二　據《集解》引錢大昕説改。

〔一三〕其月（食）百三十五　據《集解》引錢大昕説删。

〔一四〕得五（百）〔月〕二十三之二十而一食　據《集解》引錢大昕説改。

〔一五〕得歲有再食五百一十三分之五十〔五〕也　據《集解》引錢大昕説補。

〔一六〕得四與二十七互之會二千五十二　按："互"殿本作"五"。《集解》引錢大昕説，謂"五之"兩字難解，閩本、汲古閣本作"互"，亦非是。當云"名之曰蔀會"，傳寫脱譌耳。又引李銳説，謂"互之"者互乘之也。四為七十六約數，以乘五百一十三，得二千五十二；二十七為五百一十三約數，以乘七十六，亦得二千五十二，為蔀會。

〔一七〕蔀會（三）〔二〕千五十（三）〔二〕　據《集解》引錢大昕説改。

〔一八〕月數百（二）〔三〕十五　據《集解》引錢大昕説改。

〔一九〕食法二十（二）〔三〕　據《集解》引錢大昕説改。

〔二〇〕筭外所入紀歲名命之筭上即所求年太歲所在　《集解》引李銳説，謂"筭外"下有脱文，當云"筭外，所入蔀也。不滿蔀法者，入蔀年數也，各以所入紀歲名命之，筭上，即所求年太歲所在"。按：如李説，則"筭外"下當補"所入蔀也不滿蔀法者入蔀年數也各以"十六字。

〔二一〕所得以（七）〔二〕十（二）〔七〕乘之　據《集解》引李銳説改。

〔二二〕筭（之起）外所（以）入紀　《集解》引錢大昕説，謂"之"

"起""以"三字皆衍文。今據删。

〔二三〕各以(不)〔所〕入紀歲名命之　據《集解》引錢大昕說改。

〔二四〕即所求年(蔀)〔太歲所在〕　據《集解》引李銳說删補。

〔二五〕紀蔀表　張文虎《舒藝室隨筆》云："案此表首行序題，各本誤以'天紀歲名'對蔀名'甲子''癸卯'為第一列，'地紀歲名'對'庚辰''丙申'為第二列，'人紀歲名'對'庚子''丙辰'為第三列，'蔀首'二字對'庚申一''丙子二'為第四列。李尚之《四分術注》依錢少詹說更正，以天、地、人三紀序題各降一列，而以'蔀首'二字獨對一、二、三、四數目，今局中新刊本從之。其實蔀名'甲子'、'癸卯'一列當移末列，與數目字相屬，王氏《太歲攷》改如此。或移蔀首數目為第一列，與蔀名相屬，庶為明白。"今依張說移正。

〔二六〕壬(午)〔子〕　據《集解》引盧文弨說改。

〔二七〕(乙)〔己〕酉　據《集解》引盧文弨說改。

〔二八〕小餘四百九十〔九〕　據《集解》引錢大昕、李銳說補。

〔二九〕以大周乘年周天乘〔閏餘〕減之餘滿蔀(日)〔月〕則天正朔日也　據《集解》引錢大昕說補改。

〔三〇〕以(月)〔日〕餘乘之　據《集解》引錢大昕說改。

〔三一〕不滿其(數)〔所〕近節氣夜漏之半者　《集解》引李銳說，謂"數"當作"所"，聲之譌。今據改。

〔三二〕以(為)〔十〕五乘冬至小餘　據《集解》引錢大昕說改。

〔三三〕置入蔀積(月)〔日〕以(日)〔蔀月〕乘之　據《集解》引錢大昕說改。

〔三四〕經斗除十〔九〕分　據《集解》引錢大昕說補。

〔三五〕以朔小餘減合〔朔〕度分　據《集解》引盧文弨說補。

〔三六〕其分(三)〔二〕百(二)〔三〕十五約之　據汲本、殿本改。

〔三七〕積度加斗二十一十〔九〕分　據《集解》引錢大昕說補。

〔三八〕謂(盡)〔晝〕漏分後盡漏盡也　《集解》引李銳說，謂"謂盡漏"當作"謂晝漏"。晝漏分後者，晝漏與夜漏分之後，謂自夜上水後至夜漏盡，月在張、心，則注於衖。今據改。

〔三九〕以夜半到明日所行分（分）減蔀法　據《集解》引李銳説删。

〔四〇〕置其節氣夜（半）〔漏〕之數　據《集解》引錢大昕説改。

〔四一〕即（明）月〔明〕所在度也　據《集解》引盧文弨説改。

〔四二〕加七度三百五十九分四分（之）三　據《集解》引盧文弨説删。

〔四三〕〔以〕宿次除之　據《集解》引盧文弨説補。

〔四四〕小分〔滿〕四從大分〔大分〕滿蔀月從度　據《集解》引李銳説補。

〔四五〕以月數乘積〔食〕　據《集解》引錢大昕説補。

〔四六〕加五（百）〔月〕二十分　據《集解》引錢大昕説改。

〔四七〕又以四百九十〔九〕乘積月　據《集解》引錢大昕説補。

〔四八〕餘以為積月　按：《集解》引李銳説，謂此省文也。以術為之，當以章月乘餘年，滿章法得一為積月，不滿為閏餘。

〔四九〕不滿法（法）什之　據《集解》引錢大昕説删。

〔五〇〕餘為昨夜未（書）〔盡〕　據《集解》引李銳説改。

〔五一〕以章法乘周率為（用）〔月〕法　據《集解》引錢大昕説改。

〔五二〕以月之（月）〔日〕乘積〔月〕為朔大小餘　據《集解》引李銳説改。

〔五三〕乘為入月日餘　按：《集解》引錢大昕説，謂此處有脱譌。今以算術求之，當以蔀日乘積月，如蔀月而一，為積日，不盡為小餘；積日滿六十去之，餘為大餘也。又以蔀日乘月餘，以月法乘朔小餘，併之，以四千四百六十五約之，所得如日度法而一，為入月日，不盡為日餘也。又引李銳説，謂以算求之，當以蔀日乘月餘，以月法乘朔小餘，從之，章法乘章月，得數約之，如日度法，為入月日、日餘。

〔五四〕以〔周〕率去日率　據《集解》引錢大昕説補。

〔五五〕如日度法為〔積〕度（之）〔度〕餘也　《集解》引錢大昕説，謂"為度之餘"當云"為積度度餘"。又引李銳説，謂"如日度法，為度之餘也"，當云"如日度法為積度，不盡為度之餘也"。今按：錢、李二氏之説皆合理，局本依錢説改，今從之。

〔五六〕日餘萬四千六百四十(七)[一]　據《集解》引錢大昕説改。

〔五七〕入月日十(一)[二]　據《集解》引錢大昕説改。

〔五八〕入月日二十(三)[四]　據《集解》引錢大昕説改。

〔五九〕月法十[一]萬七百七十　據汲本、殿本補。

〔六〇〕月餘二十一萬七千六百六十[三]　據《集解》引錢大昕説補。

〔六一〕虛分四百四十(九)[一]　據《集解》引錢大昕説改。

〔六二〕入月日二十(七)[八]　據《集解》引錢大昕説改。

〔六三〕日度法四萬七千六百三十(一)[二]　據《集解》引錢大昕説改。

〔六四〕不盡名[為]合餘　《集解》引惠棟説，謂"名"下《乾象曆》有"為"字，應增入。今據補。

〔六五〕[合]餘以周率除之　據《集解》引李鋭説補。

〔六六〕從小積[為積月不盡]為月餘　據《集解》引李鋭説補。

〔六七〕其閏[餘]滿二百二十四以上　據《集解》引李鋭説補。

〔六八〕以蔀日乘(之)入紀月　據《集解》引錢大昕説刪。

〔六九〕所得(得)滿日度法得一　據《集解》引錢大昕説刪。

〔七〇〕以周率[乘]小餘　據《集解》引盧文弨説補。

〔七一〕即(正)[至]後星合日數也　據《集解》引李鋭説改。

〔七二〕(餘一)[金水]加晨得夕　據《集解》引錢大昕説改。

〔七三〕又[加大]餘二十九[小餘四百九十九]　《集解》引錢大昕説，謂"又"下疑有脱文，當云"加大餘二十九，小餘四百九十九"。今據補。按：此即上求後合月中所謂"加月餘於月餘，滿其月法得一"也，故應再加大餘二十九，小餘四百九十九。

〔七四〕(如)[加]大餘　據《集解》引錢大昕説改。

〔七五〕以入月日[日]餘加今所得　據《集解》引盧文弨説補。

〔七六〕其前合月朔小餘(不)滿其虛分者　據《集解》引李鋭説刪。

〔七七〕木晨伏十六日七千(二)[三]百二十分半　據《集解》引錢大昕

説改。

〔七八〕八十四日（進）〔退〕十二度　據《集解》引錢大昕説改。

〔七九〕伏復十六日七千（二）〔三〕百二十分半　據《集解》引錢大昕説改。

〔八〇〕行星三十（二）〔三〕度與萬三百一十四分　據《集解》引錢大昕説改。

〔八一〕〔百〕八十四日行〔百〕一十二度　據《集解》引錢大昕説補。

〔八二〕行〔三〕百三度　據《集解》引錢大昕説補。

〔八三〕通率日行千八百七十六分之九百九十七　"九十七"原譌"九十六"，據張元濟《校勘記》謂"六"字原作"大"，影印上板時描改也。

〔八四〕〔一〕見三百四十日　據《集解》引盧文弨説補。

〔八五〕〔旋〕順　按：依文義當脱一"旋"字，今補。

〔八六〕日行（行）四十六分度之三十三　據《集解》引錢大昕説删。

〔八七〕而〔疾〕日行一度九十〔一〕分度之十五　據《集解》引錢大昕説補。

〔八八〕一合二百九十二日〔二〕百八十一分　據《集解》引錢大昕説補。

〔八九〕而（進）〔遲〕　據《集解》引錢大昕説改。

〔九〇〕退四度而（後）〔復〕合　據《集解》引錢大昕説改。

〔九一〕凡（三）〔再〕合一終　據《集解》引錢大昕説改。

〔九二〕〔旋〕逆　據《集解》引錢大昕説補。

〔九三〕行三十〔二〕度　據《集解》引錢大昕説補。

〔九四〕（如）〔加〕星合日度餘　據《集解》引錢大昕説改。

〔九五〕（術）〔行〕分母乘之　據《集解》引李鋭説改。

〔九六〕分（日）如〔日〕度法而一　據《集解》引李鋭説改。

〔九七〕不盡如（法）半〔法〕以上　據《集解》引盧文弨説改。

〔九八〕（日）〔月〕名　據《集解》引李鋭説改。按：下表排列依李鋭《漢四分術》改定。

〔九九〕斗二十六$^{四分}_{退二}$〔一〕　據《集解》引李鋭説補。

〔一〇〇〕女十二$^{進(二)}_{[一]}$　據《集解》引李鋭説改。

〔一〇一〕虚十$^{進(三)}_{[二]}$　據《集解》引李鋭説改。

〔一〇二〕危十（六）〔七〕　據《集解》引李鋭説改。

〔一〇三〕室十六$^{進(二)}_{[三]}$　據《集解》引李鋭説改。

〔一〇四〕壁（十）〔九〕$^{進(三)}_{[一]}$　汲本、殿本"進三"作"進二"。《集解》引李鋭説，謂"壁十"當作"壁九"，"進二"作"進一"。今據改。按：《集解》引李鋭説，謂案此赤道度即太初星距見於《三統術》者是也。自漢以後相沿承用，至唐《大衍術》始改畢、觜、參、鬼四宿，後漢施行《四分》，未嘗改測，則二宿度數不得與《三統術》異。今本作"危十六""壁十"者，與下文黄道度相涉而誤也。

〔一〇五〕婁十二$^{(進)}_{[退]}$〔一〕　汲本、殿本"進一"作"進二"。《集解》引李鋭説，謂當作"退一"。今據改。

〔一〇六〕胃十四$^{(進二)}_{退一}$　據《集解》引李鋭説改。

〔一〇七〕昴十一$^{(進)}_{二}$〔退〕　據《集解》引李鋭説改。

〔一〇八〕畢十六$^{(進)}_{三}$〔退〕　汲本、殿本"進三"作"進二"。《集解》引李鋭説，謂當作"退三"。今據改。

〔一〇九〕翼十八$^{進(一)}_{[二]}$　據《集解》引李鋭説改。

〔一一〇〕尾十八$^{(進)}_{三}$〔退〕　據《集解》引李鋭説改。

〔一一一〕斗二十四$^{(進一)}_{[四分]一}$　據《集解》引李鋭説改。

〔一一二〕夜漏減（三）〔之二〕百而一　據《集解》引李鋭説改。

〔一一三〕如法為少〔二為半三為太〕　據《集解》引李鋭説補。

〔一一四〕赤道横帶渾天之腹去極九十一度十〔六〕分之五　《御覽》無"渾"字。又"分"上原無"六"字；《占經》、《御覽》作"十九分"，亦非是。今依算理補。

〔一一五〕就夏曆景去極之法以為率也　按："夏曆景"《開元占經》作"夏至曆景"，影印宋本《御覽》引作"夏曆晷景"，鮑刻本作"夏至晷景"。

〔一一六〕取北極及衡各（誠）〔鍼〕琢之為軸　據嚴可均輯《全後漢文》

改。

〔一一七〕以為〔百〕八十二度八分之五　據《開元占經》補。

〔一一八〕視箋之半際（夕）多〔少〕黃赤道幾也　《集解》引盧文弨說，謂"夕"字衍。今按："夕"乃"少"字之形譌，又顛倒其文耳。下云"其所多少"，可證也。《開元占經》引作"視箋半之際多少黃赤道幾何也"。

〔一一九〕從（此）〔北〕極數之　據汲本、殿本改。

〔一二〇〕則（無）〔去〕極之度也　據《開元占經》引改。

〔一二一〕故使中道三日之中（若）〔差〕少半也　據《開元占經》改。

〔一二二〕而度猶〔云〕退者　《集解》引盧文弨說，謂"猶"下當有"云"字。今據補。

〔一二三〕而以赤道（重廣）〔量度〕黃道　據《開元占經》引改。

〔一二四〕以赤道為（強）〔距〕耳　據《開元占經》引改。

〔一二五〕故於黃道亦〔有〕進退也　據《開元占經》補。

〔一二六〕斗二十一度八分退二　原作斗二十度百一十八分退二，譌，逕據《集解》引錢大昕說改正。按：錢云因下有"百一十五"之文而重出耳。此以三十二為度法，分滿法即進為度，無有過三十一分者。

〔一二七〕女二度七分進一　"進"下原脫"一"字，王先謙謂李本作"進一"，今逕補。

〔一二八〕百一十　原作"百一十一"，譌。王先謙謂李本作"百一十"，逕據改。

〔一二九〕危十度　原作"危七度"，譌，逕據《集解》引錢大昕說改正。

〔一三〇〕百六少強　"少強"原作"少弱"，譌。王先謙謂李本作"少強"，逕據改。

〔一三一〕畢五少弱退三　"少弱"原作"少強"，譌，逕據汲本改正。

〔一三二〕室八度二十八分進三　"進三"原作"退三"，譌。王先謙謂李本"退"作"進"，逕據改。

〔一三三〕箕大弱退三　"箕"下原有大字"六"，譌。王先謙謂李本無"六"字，逕據刪。

〔一三四〕八十九^強　"強"原作"少強"，譌。王先謙謂李本無"少"字，逕據刪。

〔一三五〕斗十一^弱_{退二}　"弱"原作"強"，譌。王先謙謂李本作"弱"，逕據改。

〔一三六〕胃一度^{十七分}_{退一}　"退一"原作"退二"，譌。王先謙謂李本作"退一"，逕據改。

〔一三七〕星四^大_{進一}　"進"下原脱"一"字，王先謙謂李本"進"下有"一"字，逕據補。

〔一三八〕張十七^進_一　"進一"原譌"進二"，逕據汲本改正。按：王先謙謂李本作"大進一"。

〔一三九〕畢六度　"六"原作"八"，譌，逕據汲本改正。

〔一四〇〕女十^少_{進一}　"進"原作"弱"，譌。王先謙謂李本"弱"作"進"，逕據改。

〔一四一〕角^{大弱}　"大"原作"六"，大字，譌。王先謙謂李本"六"作"大"，小字，逕據改。

〔一四二〕室十二^{少弱}_{進三}　"進三"原作"退三"，譌。王先謙謂李本作"進三"，逕據改。

〔一四三〕星四度^{二分}_{進一}　"二分進一"原作"三分進二"，譌。王先謙謂李本作"二分進一"，逕據改。

〔一四四〕胃九^{大弱}_{退一}　"退一"原作"退二"，譌。王先謙謂李本作"退一"，逕據改。

〔一四五〕翼九度^{十六分}_{進二}　"進二"原作"退二"，譌。李本作"進一"，亦誤。依算理應為"進二"，今逕改。

〔一四六〕斗十^少_{退二}　"退"下原脱"二"字，王先謙謂李本作"退二"，逕據補。

〔一四七〕軫六度^{二十三}_{分進一}　"進一"原作"退一"，譌。王先謙謂李本作"進一"，逕據改。

〔一四八〕斗二十一^強_{退二}　"退"下原脱一字。汲本、殿本作"退一"，譌。

王先謙謂李本作"退二"，迺據補。

〔一四九〕亢八度$^{五分}_{退一}$　"退一"原作"退三"，譌。王先謙謂李本作"退一"，迺據改。

〔一五〇〕九十六^{大強}　"大強"原作"少強"，譌。王先謙謂李本作"大強"，迺據改。

〔一五一〕氐十四度$^{十二分}_{退二}$　"十二分"原作"十三分"，譌。錢大昕謂"三"當作"二"，王先謙謂李本作"十二分"，迺據改。

〔一五二〕虛六$^{大}_{進二}$　"進二"原作"進一"，譌。王先謙謂李本作"進二"，迺據改。

〔一五三〕尾四度　"尾"原作"房"，譌。王先謙謂李本作"尾"，迺據改。

〔一五四〕丈　"丈"下原有"四寸二分"四字。《集解》引李鋭說，謂案祖沖之術二至晷景與此同。其至前後各氣晷景，以此至前後晷景兩兩相加，折半得之。如此術大雪景丈二尺五寸六分，小寒景二尺三寸，相加半之，得沖之術大雪、小寒景一丈二尺四寸三分是也。覆檢此文，惟立冬一氣不合。案祖沖之稱《四分志》立冬中景長一丈，立春中景九尺六寸，相加半之，得九尺八寸，與沖之術立春、立冬景正合。然則此文立冬晷景丈四寸二分，誤衍"四寸二分"四字耳。今迺據刪。

〔一五五〕張十五$^{大強}_{進一}$　"進一"原作"進二"，汲本無"進一"二字。王先謙謂李本多"進一"二字，殿本同，迺據改。

〔一五六〕室三　原作"室二"，譌。王先謙謂李本"室二"作"室三"，迺據改。

〔一五七〕斗六度$^{一分}_{退二}$　"退二"原作"退三"，譌。王先謙謂李本作"退二"，迺據改。

〔一五八〕軫十五$^{弱}_{進一}$　"弱"原作"少強"，譌。李本作"少弱"，亦譌。依算理應作"弱"，迺改。

〔一五九〕振寒（溫）〔洞〕泄　據汲本、殿本改。

〔一六〇〕〔國〕有大喪　據汲本、殿本補。

〔一六一〕五疸　"疸"原譌"疽"，迳據殿本、《集解》本改正。

〔一六二〕每次三十（二）度三十（三）〔二〕分之十四　據《集解》引錢大昕説刪改。

〔一六三〕自危十度至壁（八）〔九〕度　據《集解》引錢大昕説改。下"自壁八度至胃一度"同。

〔一六四〕立春驚蟄居之　按：殿本"驚蟄"作"雨水"，下"雨水"作"驚蟄"。《集解》引錢大昕説，謂此以驚蟄為正月中氣，雨水為二月節，依古法也。《四分術》以雨水為正月中氣。

〔一六五〕清明穀雨居之　《集解》引盧文弨説，謂清明穀雨當互易。今按：證以《月令問答》，惟驚蟄、雨水用《三統》，餘皆用《四分》，易之非是。

〔一六六〕强正弱（直）〔負〕也　《集解》引李鋭説，謂"直"當作"負"，負猶背也。今據改。

〔一六七〕追太初前（世）〔卅〕一元　據《集解》引盧文弨説改。按：《前志》謂太初元年距上元十四萬三千一百二十七歲，正為太初前卅一元，"卅"與"世"形近而譌。

〔一六八〕追漢（三）〔四〕十五年庚辰之歲　據《集解》引錢大昕説改。

〔一六九〕趨走目下遂竟端右出相好藩　按：《集解》引惠棟説，謂《邕集》"目"作"陛"，"竟"作"由"，"好"作"外"。

〔一七〇〕一旦（披）〔被〕章　據汲本、殿本改。

〔一七一〕非臣無狀所敢〔復〕望　據汲本、殿本補。

〔一七二〕〔減罪〕一等　"一等"上疑有脱文，今據嚴可均輯《全後漢文》補"減罪"二字。

〔一七三〕〔邕為〕郡縣促遣　《集解》引盧文弨説，謂脱"邕為"二字。今據補。按：惠棟《補注》謂"郡縣"上《邕集》有"邕為"二字。

〔一七四〕徧於吏手　按：《集解》引惠棟説，謂"徧"《邕集》作"迫"。

〔一七五〕但〔懷〕愚心　據《集解》引盧文弨説補。

〔一七六〕略以所有舊事〔與臣〕　據《集解》引盧文弨説補。

〔一七七〕（所使元順）〔其〕難者皆以付臣　《集解》引惠棟説，謂《邕集》無"所使元順"四字，有"其"字。今據改。

〔一七八〕請太（師）〔史〕舊注　據《集解》引盧文弨説改。

〔一七九〕尋繹適有頭角　《集解》引盧文弨説，謂"尋繹"下脱"度數"二字。按：如盧説增"度數"二字，則當於"尋繹度數"絶句。

〔一八〇〕（遂）〔逐〕放邊野　《集解》引惠棟説，謂《邕集》"遂"作"逐"。今據改。

〔一八一〕（故）〔胡〕廣所校　據汲本、殿本改。

〔一八二〕不能違望　按：《集解》引盧文弨説，謂"違望"一作"自達"。

〔一八三〕不（言四）〔意西〕夷相與合謀　據《集解》引盧文弨説改。

〔一八四〕謹先顛踣　按：《集解》引惠棟説，謂"謹"《邕集》作"恐"。

〔一八五〕臣欲（制）刪定者一　據《集解》引盧文弨説刪。

〔一八六〕臣欲著者（三）〔五〕　《集解》引惠棟説，謂"三"《邕集》作"五"。盧文弨亦謂"三"當作"五"。今據改。

〔一八七〕披（散）〔瀝〕愚情　《集解》引惠棟説，謂"散"《邕集》作"瀝"。盧文弨亦謂"散"當作"瀝"。今據改。

後漢書志第四

禮儀上

合朔　立春　五供　上陵　冠　夕牲
耕　高禖　養老　先蠶　祓禊

夫威儀，所以與君臣，序六親也。若君亡君之威，臣亡臣之儀，上替下陵，此謂大亂。大亂作，則群生受其殃，可不慎哉！故記施行威儀，以為《禮儀志》。[1]

【注】
[1]謝沈《書》曰："太傅胡廣博綜舊儀，立漢制度，蔡邕依以為志，[一]譙周後改定以為《禮儀志》。"

禮威儀，每月朔旦，太史上其月曆，有司、侍郎、尚書見讀其令，奉行其政。朔前後各二日，皆牽羊酒至社下以祭日。日有變，割羊以祠社，用救日（日）變。[二]執事者冠長冠，衣皁單衣，絳領袖（綠）[緣]中衣，[三]絳袴韈，以行禮，如故事。[1]

【注】
[1]《公羊傳》曰："日有食之，鼓，用牲于社，求乎陰之道也。以朱絲縈

社,或曰脅之,或曰為闇。〔四〕恐人犯之,故縈之也。"何休曰:"脅之與責求同義。〔五〕社者,土地之主也。月者,土地之精也。上繫於天而犯日,〔六〕故鳴鼓而攻之,脅其本也。朱絲縈之,助陽抑陰也。或曰為闇者,社者土地之主尊也,為日光盡,天闇冥,恐人犯歷之,故縈之。然此說非也。先言鼓,後言用牲者,明先以尊者命責之,後以臣子禮接之,所以為順也。"《白虎通》曰:"日食必救之,陰侵陽也。〔七〕鼓攻之,以陽責陰也。故《春秋》'日食,鼓,用牲于社'。所以必用牲者,(土)〔社〕地別神也,〔八〕尊之,不敢虛責也。日食、大水則鼓,用牲,大旱則雩祭求雨,非虛言也。助陽責下,求陰之道也。"《決疑要注》曰:"凡救日食,皆著赤幘,以助陽也。日將食,天子素服避正殿,內外嚴。日有變,伐鼓聞音,侍臣著赤幘,帶劍入侍,三臺令史已(下)〔上〕〔九〕皆持劍立其戶前,衛尉卿驅馳繞宮,察巡守備,周而復始。日復常,乃皆罷(之)。"〔一〇〕

立春之日,夜漏未盡五刻,京師百官皆衣青衣,郡國縣道官下至斗食令史皆服青幘,立青幡,施土牛耕人于門外,以示兆民,至立夏。唯武官不。立春之日,下寬大書曰:"制詔三公:方春東作,敬始慎微,動作從之。罪非殊死,且勿案驗,皆須麥秋。退貪殘,進柔良,下當用者,如故事。"〔1〕

【注】
〔1〕《月令》曰:"命相布德和令。"蔡邕曰:"即此詔之謂也。"《獻帝起居注》曰:"建安二十二年二月壬申,詔書絕,立春寬緩詔書不復行。"

正月上丁,祠南郊。〔1〕禮畢,次北郊,明堂,高廟,世祖廟,謂之五供。五供畢,以次上陵。

【注】

〔1〕《白虎通》曰:"《春秋傳》曰'以正月上辛';《尚書》曰'丁巳,用牲于郊,牛二'。先甲三日,辛也,後甲三日,丁也,皆可接事昊天之日。"

西都舊有上陵。東都之儀,百官、四姓親家婦女、公主、諸王大夫,〔1〕外國朝者侍子、郡國計吏會陵。晝漏上水,大鴻臚設九賓,隨立寢殿前。〔2〕鍾鳴,謁者治禮引客,群臣就位如儀。乘輿自東廂下,太常導出,西向拜,(止)〔折〕旋升阼階,〔一一〕拜神坐。退坐東廂,西向。侍中、尚書、陛者皆神坐後。公卿群臣謁神坐,太官上食,太常樂奏食舉,〔舞〕《文始》、《五行》之舞。〔3〕〔一二〕(禮)樂闋,(君)〔群〕臣受賜食畢,〔一三〕郡國上計吏以次前,當神軒占其郡〔國〕穀價,〔一四〕民所疾苦,欲神知其動靜。孝子事親盡禮,敬愛之心也。周徧如禮。〔4〕最後親陵,遣計吏,賜之帶佩。八月飲酎,上陵,禮亦如之。〔5〕

【注】

〔1〕蔡邕《獨斷》曰:"凡與先后有瓜葛者。"

〔2〕薛綜曰:"九賓謂王、侯、公、卿、二千石、六百石下及郎、吏、匈奴侍子,凡九等。"

〔3〕《前書·志》曰:"《文始舞》者,本《韶舞》也,高祖六年更名《文始》,以示不相襲也。《五行舞》者,本周舞也,秦始皇二十六年更名《五行之舞》也。"

〔4〕謝承《書》曰:"建寧五年正月,車駕上原陵,蔡邕為司徒掾,從公行,到陵,見其儀,愾然謂同坐者曰:'聞古不墓祭。朝廷有上陵之禮,始(為)〔謂〕可損。〔一五〕今見(威)〔其〕儀,〔一六〕察其本意,乃知孝明皇帝至孝惻隱,不可易舊。'或曰:'本意云何?'〔一七〕'昔京師在長安時,其禮不可盡得聞也。光武即世,始葬于此。明帝嗣位踰年,群臣朝正,感先帝不復聞見此禮,乃帥公卿百僚,就園陵而創焉。〔一八〕尚書(陛)〔階〕西(陛為)〔祭設〕神

坐,〔一九〕天子事亡如事存之意。苟先帝有瓜葛之屬,男女畢會,王、侯、大夫、郡國計吏,各向神坐而言,庶幾先帝神魂聞之。今者日月久遠,後生非時,人但見其禮,不知其哀。以明帝聖孝之心,親服三年,久在園陵,〔二〇〕初興此儀,仰察几筵,下顧群臣,悲切之心,必不可堪。'邕見太傅胡廣曰:'國家禮有煩而不可省者,不知先帝用心周密之至於此也。'廣曰:'然。子宜載之,以示學者。'邕退而記焉。"魚豢曰:"孝明以正月旦,百官及四方來朝者,上原陵朝禮,是謂甚違古不墓祭之義。"臣昭以為邕之言然。

〔5〕丁孚《漢儀》曰:"《酎金律》,文帝所加,以正月旦作酒,八月成,名酎酒。因(合)〔令〕諸侯助祭貢金。"〔二一〕《漢律·金布令》曰:"皇帝齋宿,親帥群臣承祠宗廟,群臣宜分奉請。諸侯、列侯各以民口數,率千口奉金四兩,奇不滿千口至五百口亦四兩,皆會酎,少府受。又大鴻臚食邑九真、交阯、日南者,用犀角長九寸以上若瑇瑁甲一,鬱林用象牙長三尺以上若翡翠各二十,準以當金。"《漢舊儀》曰:"皇帝惟八月酎,車駕夕牲,牛以絳衣之。〔二二〕皇帝暮視牲,以鑑燧取水於月,以火燧取火於日,〔二三〕為明水火。左祖,以水沃牛右肩,手執鸞刀,以切牛毛薦之,〔二四〕而即更衣,(巾)侍〔中〕上熟,乃祀(之)。"〔二五〕

凡齋,天地七日,宗廟、山川五日,小祠三日。齋日內有汙染,解齋,副倅行禮。先齋一日,有汙穢災變,齋祀如儀。大喪,唯天郊越紼而齋,地以下皆百日後乃齋,如故事。[1]

【注】
〔1〕魏文帝詔曰:"漢氏不拜日於東郊,〔二六〕而旦夕常於殿下東面拜日,煩褻似家人之事,非事天交神之道也。"於是朝日東門之外,將祭必先夕牲,其儀如郊。

正月甲子若丙子為吉日,可加元服,儀從《冠禮》。乘輿初〔加〕

緇布進賢，〔二七〕次爵弁，次武弁，次通天。(以據)[冠訖]，〔二八〕皆於高祖廟如禮謁。〔1〕王公以下，初加進賢而已。〔2〕

【注】

〔1〕《冠禮》曰："成王冠，周公使祝雍[祝王]，〔二九〕曰：'辭達而勿多也。'祝雍曰：'[使王]近於民，遠於年，〔三〇〕遠於佞，近於義，〔三一〕嗇於[時，惠於]財，〔三二〕任賢使能。'"《博物記》曰："孝昭帝冠辭曰：'陛下摛顯先帝之光耀，以承皇天之嘉祿，欽奉仲春之吉辰，普尊大道之郊域，〔三三〕秉率百福之休靈，始加昭明之元服。推遠沖孺之幼志，蘊積文武之就德，肅勤高祖之清廟，六合之內，靡不蒙德，〔三四〕永永與天無極。'"〔三五〕《獻帝傳》曰："興平元年正月甲子，帝加元服，司徒淳于嘉為賓，加賜玄纁駟馬，[賜]貴人、(公主)[王、公]、卿、司隸[校尉]、城門五校〔三六〕及侍中、尚書、給事黃門侍郎各一人為太子舍人"也。

〔2〕《獻帝起居注》曰："建安十八年正月壬子，濟北王加冠戶外，以見父母。給事黃門侍郎劉瞻兼侍中，假貂蟬加濟北王，給之。"

正月，天郊，夕牲。〔1〕晝漏未盡十八刻初納，夜漏未盡八刻初納，〔2〕進熟獻，太祝送，旋，皆就燎位，宰祝舉火燔柴，火然，天子再拜，興，有司告事畢也。明堂、五郊、宗廟、太社稷、六宗夕牲，皆以晝漏[未盡]十四刻初納，〔三七〕夜漏未盡七刻初納，進熟獻，送神，還，有司告事畢。六宗燔燎，火大然，有司告事畢。

【注】

〔1〕《周禮》"展牲"，干寶曰"若今夕牲"。〔三八〕又郊儀，先郊日未晡五刻夕牲，公卿京尹眾官悉至壇東就位，太祝吏牽牲入，到榜，〔三九〕廩犧令跪曰："請省牲。"舉手曰："腯。"太祝令繞牲，舉手曰："充。"太史令牽牲就庖，[以二陶]豆酌毛血，〔四〇〕其一奠天神坐前，其一奠太祖坐前。今之郊祀然也。

〔2〕干寶《周官注》曰:"納,亨納。牲將告殺,謂向祭之(辰)〔晨〕也。"〔四一〕

正月始耕。[1]晝漏上水初納,執事告祠先農,已享。[2]耕時,有司請行事,就耕位,天子、三公、九卿、諸侯、百官以次耕。[3]力田種各耰訖,有司告事畢。[4]是月令曰:"郡國守相皆勸民始耕,如儀。諸行出入皆鳴鍾,皆作樂。其有災眚,有他故,若請雨、止雨,皆不鳴鍾,不作樂。"[5]

【注】
〔1〕《月令》曰:"天子親載耒耜,措之參保介之御閒,帥三公、九卿,躬耕帝藉。"盧植注曰:"帝,天也。藉,耕也。"
〔2〕賀循《藉田儀》曰:"漢耕日,以太牢祭先農於田所。"《春秋傳》曰:"耕藉之禮,唯齋三日。"《左傳》曰:"鄅人藉稻。"杜預注曰:"藉稻,履行之。"薛綜注《二京賦》曰:"為天神借民力於此田,故名曰帝藉。田在國之辰地。"干寶《周禮》注曰:"古之王者,貴為天子,富有四海,而必私置藉田,蓋其義有三焉:一曰,以奉宗廟,親致其孝也;二曰,以訓于百姓在勤,勤則不匱也;三曰,聞之子孫,躬知稼穡之艱難無(違)〔逸〕也。"〔四二〕
〔3〕鄭玄注《周禮》曰:"天子三推,公五推,卿、諸侯九推,庶人終於千畝。庶人謂徒三百人也。"《月令章句》曰:"卑者殊勞,故三公五推。禮,自上以下,降殺以兩,勞事反之。諸侯上當有孤卿七推,大夫十二,士終畝,可知也。"盧植注《禮記》曰:"天子耕藉,一發九推耒。《周禮》,二耜為耦,一耜之伐,廣尺深尺。伐,發也。天子及三公,坐而論道,參五職事,故三公以五為數。卿、諸侯當究成天子之職事,故以九為數。伐皆三者,禮以三為文。"
〔4〕《史記》曰:漢文帝詔云:"農,天下之本。其開藉田,朕躬耕,以給宗廟粢盛。"應劭曰:"古者天子耕藉田千畝,為天下先。藉者,帝王典藉之

常也。"而應劭《風俗通》又曰:"古者使民如借,故曰藉田。"鄭玄曰:"藉之言借也。王一耕之,使庶人耘芓終之。"盧植曰:"藉,耕也。《春秋傳》曰'鄅人藉稻',故知藉為耕也。"韋昭曰:"借民力以治之,以奉宗廟;且以勸率天下,使務農也。"杜預注曰:"鄅人藉稻,其君自出藉稻,蓋履行之。"瓚曰:"藉,蹈藉也。本以躬親為義,不得以假借為稱也。"《漢舊儀》曰:"春始東耕於藉田,官祠先農。先農即神農炎帝也。祠以一太牢,百官皆從,大賜三輔二百里孝悌、力田、三老帛。種百穀萬斛,為立藉田倉,置令、丞。穀皆以給祭天地、宗廟、群神之祀,以為粢盛。皇帝躬秉耒耜而耕,古為甸師官。"賀循曰:"所種之穀,黍、稷、穜、稑。稑,早也。穜,晚也。"干寶《周禮》注曰:"穜,晚〔穀〕,秔稻之屬。稑,(陵)〔早〕穀,黍稷之屬。"〔四三〕

〔5〕《春秋釋痾》曰:"漢家郡守行大夫禮,鼎俎籩豆,工歌縣。"何休曰:"漢家法陳師,〔四四〕置守相,故行其樂也。"

仲春之月,立高禖祠于城南,祀以特牲。〔1〕

【注】

〔1〕《月令》:"玄鳥至之日,以太牢祠。"《詩》曰:"克禋克祀,以弗無子。"毛萇傳曰:"弗,去無子求有子。〔四五〕古者必立郊禖焉。玄鳥至之日,以太牢祀于郊禖,天子親往,后妃帥九嬪御,乃禮天子所御,帶以弓韣,授以弓矢,于郊禖之前。"鄭玄注云:"弗之言祓也。禋祀上帝于郊禖,以祓無子之疾而得福也。"《月令章句》曰:"高,尊也。禖,祀也。吉事先見之象也。蓋為人所以祈子孫之祀。玄鳥感陽而至,其來主為孚乳蕃滋,〔四六〕故重其至日,因以用事。契母簡狄,蓋以玄鳥至日有事高禖而生契焉。故《詩》曰:'天命玄鳥,降而生商。'韣,弓衣也。祀以高禖之命,飲之以醴,帶以弓衣,尚使得男也。"《離騷》曰:"簡狄在臺嚳何宜?玄鳥致(胎)〔貽〕女何嘉?"〔四七〕王逸曰:"言簡狄侍帝嚳於臺上,有飛燕墮其卵,嘉而吞之,因生契。"鄭玄注《禮記》曰:"後王以為禖官嘉祥,而立其祠。"盧植注云:"玄鳥至時,陰

陽中，萬物生，故於是以三牲請子於高禖之神。居明顯之處，故謂之高。因其求子，故謂之禖。以為古者有媒氏之官，因以為神。"晉元康中，高禖壇上石破，詔問出何經典，朝士莫知。博士束皙荅曰："漢武帝晚得太子，始為立高禖之祠。高禖者，人之先也。故立石為主，祀以太牢。"

明帝永平二年三月，上始帥群臣躬養三老、五更于辟雍。[1]行大射之禮。[2]郡、縣、道行鄉飲酒于學校，皆祀聖師周公、孔子，牲以犬。[3]於是七郊禮樂三雍之義備矣。

【注】
〔1〕《孝經援神契》曰："尊三老者，父象也。謁者奉几，安車頓輪，供綏執[授，兄]事五更，[四八]寵以度，接禮交容，謙恭順貌。"宋均曰："三老，老人知天、地、人事者。奉几，授三老也。安車，坐乘之車。頓輪，蒲裹輪。供綏，三老就車，天子親執綏授之。五更，老人知五行更代之事者。度，法也。度以寵異之也。"鄭玄注《禮記》曰："皆年老更事致仕者也。名三五者，取象三辰五星，天所因以照明天下者。"玄又一注："皆老人更知三德五事者也。"應劭《漢官儀》曰："三老、五更，三代所尊也。安車頓輪，送迎至家，天子獨拜于屏。三者，道成於天、地、人。老者，久也，舊也。五者，訓於五品。更者，五世長子，更更相代，言其能以善道改更已也。三老、五更皆取有首妻，男女完具。"臣昭案：桓榮五更，後除兄子二人補四百石，則榮非長子矣。蔡邕曰："五更，長老之稱也。"
〔2〕袁山松《書》曰："天子皮弁素積，親射大侯。"
〔3〕鄭玄注《儀禮》曰"狗取擇人"，孟冬亦如之。《石渠論》曰："鄉射合樂，而大射不，何也？韋玄成曰：'鄉人本無樂，故於歲時合樂以同其意。諸侯故自有樂，故不復合樂。'"鄭玄注《鄉飲酒禮》曰："今郡國十月行鄉飲酒禮，黨正每歲邦索鬼神而祭祀，則以禮屬民而飲酒于序，以正齒位之禮。凡鄉黨飲酒，必於民聚之時，欲其見化知尚賢尊長也。玄冠衣皮弁服，與《禮》

異。"服虔、應劭曰,漢家郡縣饗射祭祀,皆假士禮而行之。樂縣笙磬籩俎,皆如士制。

養三老、五更之儀,先吉日,司徒上太傅若講師故三公人名,用其德行年耆高者一人為老,次一人為更也。[1]皆服都紵大袍單衣,皁緣領袖中衣,冠進賢,扶(玉)[王]杖。[四九]五更亦如之,不杖。皆齋于太學講堂。[2]其日,乘輿先到辟雍禮殿,御坐東廂,遣使者安車迎三老、五更。天子迎于門屏,交禮,道自阼階,三老升自賓階。至階,[五〇]天子揖如禮。三老升,東面,三公設几,九卿正履,天子親袒割牲,執醬而饋,執爵而酳,祝鯁在前,祝饐在後。[3]五更南面,公進供禮,[五一]亦如之。[4]明日皆詣闕謝恩,以見禮遇大尊顯故也。[5]

【注】
[1]盧植《禮記》注曰:"選三公老者為三老,卿大夫中之老者為五更,亦參五之也。"
[2]《月令章句》曰:"三老,國老也。五更,庶老也。"
[3]《禮記》曰:"天子適饌省醴,養老之珍具,遂發詠焉。退,脩之以孝養;反,升歌《清廟》。"孝養之詩也。
[4]譙周《五經然否》曰:"漢初或云三老荅天子拜,遭王莽之亂,法度殘缺。漢中興,定禮儀,群臣欲令三老荅拜。城門校尉董鈞駁曰:'養三老,所以教事父之道也。若荅拜,是使天下荅子拜也。'詔從鈞議。"譙周論之曰:"禮,尸服上服,猶以非親之故荅子拜,士見異國君亦荅拜,是皆不得視猶子也。"虞喜曰:"且據漢儀,於門屏交禮,交禮即荅拜。中興謬從鈞議,後革之,深得其意。"
[5]《前書‧禮樂志》曰:"顯宗(因)[宗]祀光武皇帝於明堂,[五二]養三老、五更於辟雍,威儀既盛矣;[五三]德化未流洽者,以其禮樂未具,群下無所誦說,而庠序尚未設之故也。孔子曰:'譬如為山,未成一簣,止,吾止也。'"

是月,皇后帥公卿諸侯夫人蠶。[1]祠先蠶,禮以少牢。[2]

【注】

[1]丁孚《漢儀》[五四]曰:"皇后出,乘鸞輅,青羽蓋,駕駟馬,龍旂九旒,大將軍妻參乘,太僕妻御,前鸞旂車,皮軒鬮戟,雒陽令奉引,亦千乘萬騎。車府令設鹵簿駕,公、卿、五營校尉、司隸校尉、河南尹妻皆乘其官車,帶夫本官綬,從其官屬導從皇后。置虎賁、羽林騎、戎頭、黃門鼓吹,五帝車,女騎夾轂,執法御史在前後,亦有金鉦黃鉞,五將導。桑于蠶宮,手三盆于繭館,畢,還宮。"《月令》曰:"禁婦人無觀。"案谷永對稱"四月壬子,皇后蠶桑之日也",則漢桑亦用四月。

[2]《漢舊儀》曰:"春桑生而皇后(視)[親]桑於苑中。[五五]蠶室養蠶千薄以上。祠以中牢羊豕,(今)[祭]蠶神曰菀窳婦人、寓氏公主,[五六]凡二神。群臣妾從桑還,獻於繭觀,皆賜從桑者(樂)[絲]。[五七]皇后自行。凡蠶絲絮,織室以作祭服。祭服者,冕服也。天地宗廟群(臣)[神]五時之服。[五八]其皇帝得以作繰縫衣,[皇后]得以作巾絮而已。[五九]置蠶官令、丞,諸天下官[下法]皆詣蠶室,(亦)[與]婦人從事,故舊有東西織室作(法)[治]。"[六〇]晉后祠先蠶。先蠶壇高一丈,方二丈,為四出陛,陛廣五尺,在采桑壇之東南。

是月上巳,官民皆絜於東流水上,曰洗濯祓除去宿垢疢為大絜。絜者,言陽氣布暢,萬物訖出,始絜之矣。[1]

【注】

[1]謂之禊也。《風俗通》曰:"《周禮》'女巫掌歲時以祓除疾病'。禊者,絜也。春者,蠢也,蠢[蠢]搖動也。[六一]《尚書》'以殷仲春,厥民析',言人解析也。"蔡邕曰:"《論語》'暮春者,春服既成,冠者五六人,童子六七人,浴乎沂,風乎舞雩,詠而歸'。自上及下,古有此禮。今三月上巳,被禊於

水濱，蓋出於此。"杜篤《祓禊賦》曰"巫咸之徒，秉火祈福"，則巫祝也。一說云，後漢有郭虞者，〔六二〕三月上巳產二女，〔六三〕二日中並不育，俗以為大忌，至此月日諱止家，皆於東流水上為祈禳自絜濯，謂之禊祠。引流行觴，遂成曲水。《韓詩》曰："鄭國之俗，三月上巳，之溱、洧兩水之上，招魂續魄，秉蘭草，祓除不祥。"《漢書》"八月祓灞水"，〔六四〕亦斯義也。後之良史，亦據為正。臣昭曰：郭虞之說，良為虛誕。假有庶民旬內夭其二女，〔六五〕何足驚彼風俗，〔六六〕稱為世忌乎？杜篤乃稱"王、侯、公主暨于富商，用事伊、雒，帷幔玄黃"。本傳大將軍梁商，亦歌泣於雒禊也。自魏不復用三日水宴者焉。

【校勘記】

〔一〕蔡邕依以為志　按：汲本、殿本"依"作"因"。

〔二〕用救日（日）變　據盧文弨《群書拾補》下簡稱"盧校"删。按：《晉志》不重"日"字。

〔三〕絳領袖（綠）〔緣〕中衣　據盧校改。

〔四〕或曰為闇　按："闇"原譌"間"，逕改正。

〔五〕脅之與責求同義　按："責"原譌"賣"，逕改正。

〔六〕上繫於天而犯日　按："而"原譌"陌"，逕改正。

〔七〕日食必救之陰侵陽也　按：盧云此下本書云"鼓，用牲於社。社者眾陰之主，以朱絲縈之，鳴鼓攻之，以陽責陰也"。今删去十七字，欠分析。

〔八〕（土）〔社〕地別神也　據盧校改。按：今《白虎通》作"社"。

〔九〕三臺令史已（下）〔上〕　據盧校改。按：《晉志》引《決疑》作"上"。

〔一〇〕日復常乃皆罷（之）　據盧校删。按：《晉志》引《決疑》無"之"字。

〔一一〕太常導出西向拜（止）〔折〕旋升阼階　據盧校改。按：《通典》"止"作"折"，無"阼"字。

〔一二〕〔舞〕文始五行之舞　據盧校補。按：《通典》有"舞"字。

〔一三〕（禮）樂闋（君）〔群〕臣受賜食畢　據盧校改，與《通典》合。

〔一四〕當神軒占其郡［國］穀價　據盧校補。按:《通典》有"國"字,"占"作"告"。

〔一五〕始(為)［謂］可損　據盧校改。按:《通典》亦作"為",謂為古通。

〔一六〕今見(威)［其］儀　據盧校改。按:《通典》作"其"。

〔一七〕或曰本意云何　盧云此下應有一"曰"字,古或可省。今按:袁《紀》有"曰"字。

〔一八〕就園陵而創焉　《集解》引惠棟説,謂"創"宋本作"朝"。今按:袁《紀》作"朝"。

〔一九〕尚書(陛)［階］西(陛為)［祭設］神坐　據盧校改。按:盧以《通典》校,《通志》無"祭"字。

〔二〇〕久在園陵　《集解》引惠棟説,謂"久"宋本作"又"。今按:《通典》作"久"。

〔二一〕因(合)［令］諸侯助祭貢金　據盧校改。按:《通典》作"令"。

〔二二〕牛以絳衣之　按:《御覽》二十五引"絳"作"繡"。

〔二三〕以鑑燧取水於月以火燧取火於日　按:《御覽》引"鑑燧"作"陰燧","火燧"作"陽燧"。

〔二四〕以切牛毛薦之　按:"以切牛毛"殿本作"以切牛尾",《通志》同。《御覽》引及孫輯《漢舊儀》並作"以切牛毛血",《通典》引作"以切牛尾之毛"。

〔二五〕而即更衣(巾)侍［中］上熟乃祀(之)　據盧校補刪。按:盧云從《通典》、《通志》。

〔二六〕漢氏不拜日於東郊　按:汲本"氏"作"時"。

〔二七〕乘輿初［加］緇布進賢　據盧校補。按:《通典》、《通志》並有"加"字。

〔二八〕次通天(以據)［冠訖］　據盧校改。按:《通典》、《通志》並作"冠訖",惠棟亦謂當從《五禮新儀》作"冠訖"。

〔二九〕周公使祝雍［祝王］　據盧校補。按:盧以《大戴禮》、《家語》校。

〔三〇〕[使王]近於民遠於年　據盧校補。按：盧以《大戴禮》、《家語》校。

〔三一〕遠於佞近於義　按：盧云文不類，又韻不諧，《大戴禮》及《家語》皆無，疑妄增也。

〔三二〕嗇於[時惠於]財　據盧校補。按：盧以《大戴禮》、《家語》校。

〔三三〕普尊大道之郊域　汲本"尊"作"遵"。　按：遵尊同。

〔三四〕靡不蒙德　按：盧云《通典》"德"作"福"。

〔三五〕永永與天無極　按：盧云《通典》作"承天無極"。

〔三六〕[賜]貴人（公主）[王公]卿司隸[校尉]城門五校　據盧校補改。按：盧以《通典》、《通志》校。

〔三七〕皆以晝漏[未盡]十四刻初納　據盧校補。按：盧云依文義當有"未盡"二字。

〔三八〕周禮展牲干寶曰若今夕牲　按：盧云此乃鄭康成注《周禮》之言，曰今，正指漢時，取以證漢制極合。干寶乃晉人，夕牲不始於晉，何云今邪？此援引之失。

〔三九〕太祝吏牽牲入到榜　按：盧云《宋志》"吏"作"史"。

〔四〇〕太史令牽牲就庖[以二陶]豆酌毛血　據盧校補。按：盧云《宋志》有"以二陶"三字，"史"作"祝"。

〔四一〕謂向祭之（辰）[晨]也　據盧校改。按：盧云亦康成注。

〔四二〕躬知稼穡之艱難無（違）[逸]也　據盧校改。按：黃山謂此本《尚書·無逸》為說也。在勤以訓百姓，無逸以示子孫，義各有當。

〔四三〕穜晚[穀]秔稻之屬稑（陵）[早]穀黍稷之屬　據盧校補改。

〔四四〕漢家法陳師　按：盧云疑有脫譌。

〔四五〕弗去無子求有子　按：應作"弗，去也。去無子求有子"。"去"下脫"也去"二字。

〔四六〕其來主為孚乳蕃滋　按：汲本"孚"作"字"。

〔四七〕玄鳥致（胎）[貽]女何嘉　據盧校改。按：今本《楚辭·天問》"嘉"一作"喜"。

〔四八〕供綏執[授兄]事五更　據盧校補。

〔四九〕扶(玉)〔王〕杖　《集解》引惠棟説，謂"玉杖"當作"王杖"，惠説是，今據改。以下逕改。

〔五〇〕至階　按：《集解》引惠棟説，謂"至"下應有"神"字。

〔五一〕公進供禮　按：《校補》引錢大昭説，謂"公"本又作"三公"。

〔五二〕顯宗(因)〔宗〕祀光武皇帝於明堂　據盧校改，與《前志》合。

〔五三〕威儀既盛矣　按：《前志》"盛"下有"美"字。

〔五四〕丁孚漢儀　按："儀"原譌"義"，逕改正。

〔五五〕春桑生而皇后(視)〔親〕桑於菀中　據汲本改。按："菀"各本作"苑"，苑與菀同。

〔五六〕(今)〔祭〕蠶神曰菀窳婦人寓氏公主　據盧校改，與孫星衍校《漢舊儀》合。

〔五七〕皆賜從桑者(樂)〔絲〕　據盧校改，與孫校《漢舊儀》合。

〔五八〕天地宗廟群(臣)〔神〕五時之服　據盧校改，與孫校《漢舊儀》合。

〔五九〕〔皇后〕得以作巾絮而已　孫校《漢舊儀》及《御覽》布帛部、服用部引並有"皇后"二字，今據補。按：《御覽》服用部引作"皇后得以作絮巾"，布帛部作"皇后閒以作巾絮而已"。

〔六〇〕諸天下官〔下法〕皆詣蠶室(亦)〔與〕婦人從事故舊有東西織室作(法)〔治〕　據盧校補改，與孫校《漢舊儀》合。

〔六一〕蠢〔蠢〕搖動也　據今本《風俗通》補。

〔六二〕後漢有郭虞者　按：盧云案《晉書·束晳傳》云武帝嘗問摯虞三日曲水之義，虞對曰："漢章帝時，平原徐肇以三月初生三女，至三日俱亡"云云，晳以爲起自周公。今此云郭虞，得無因摯虞致誤邪？

〔六三〕三月上巳產二女　按：《通典》作"三月三日上辰產二女，上巳日產一女"。《通志》同。

〔六四〕八月祓灞水　按：《通典》、《通志》"水"作"上"。

〔六五〕旬内殀其二女　按：《通典》、《通志》"二"作"三"。

〔六六〕何足驚彼風俗　按：《通典》、《通志》"驚"作"警"。

後漢書志第五

禮儀中

立夏　請雨　拜皇太子　拜王公　桃印　黃郊　立秋　貙劉　案戶　祠星　立冬　冬至　臘　大儺　土牛　遣衛士　朝會

立夏之日，夜漏未盡五刻，京都百官皆衣赤，至季夏衣黃，郊。其禮：祠特，祭竈。

自立春至立夏盡立秋，郡國上雨澤。若少，(府)郡縣各掃除社稷；〔一〕其旱也，公卿官長以次行雩禮求雨。[1]閉諸陽，衣皁，興土龍，[2]立土人舞僮二佾，七日一變如故事。[3]反拘朱索[縈]社，〔二〕伐朱鼓。[4]禱賽以少牢如禮。[5]

【注】

〔1〕《公羊傳》曰："大雩，旱祭也。"何休注曰："君親之南郊，以六事謝過自責曰：'政不善與？民失職與？〔三〕宮室崇與？婦謁盛與？苞苴行與？讒夫倡與？'使童男女各八人舞而呼雩，故謂之雩。"《春秋繁露》曰："大旱雩祭而請雨，大水鳴鼓而攻社，天地之所為，陰陽之所起也。或請焉，或(怒)[攻]焉，何(如)也？〔四〕曰：大旱，陽滅陰也。陽滅陰者，尊厭卑也。固其

義也,雖大甚,拜請之而已,敢有加也?大水者,陰滅陽也。陰滅陽者,卑勝尊也。以賤陵貴者逆節,故鳴鼓而攻之,朱絲而脅之,為其不義,此亦《春秋》之不畏強禦也。變天地之位,正陰陽之序,(貞)〔直〕行其道而不(忘)〔忌〕其難,〔五〕義之至也。"又仲舒奏江都王云:"求雨之方,損陽益陰。願大王無收廣陵女子為人祝者一月租,賜諸巫者;諸巫毋大小皆相聚於郭門,為小壇,以脯酒祭;女獨擇寬大便處移市,〔六〕市使無內丈夫,丈夫無得相從飲食;令吏妻各往視其夫,皆到即起,雨注而已。"服虔注《左傳》曰:"大雩,夏祭天名。〔七〕雩,遠也,遠為百穀求膏雨也。龍見而雩。龍,角、亢也。謂四月昏,龍星體見,萬物始盛,待雨而大,故雩祭以求雨也。"一說,大雩者,祭於帝而祈雨也。一說,郊,祀天祈農事;雩,祭山川而祈雨也。《漢舊儀》:"求雨,太常禱天地、宗廟、社稷、山川以賽,各如其常牢,禮也。四月立夏旱,乃求雨禱雨而已;後旱,復重禱而已;訖立秋,雖旱不得禱求雨也。"

〔2〕《山海經》曰:"大荒東北隅有山,名曰凶犁土丘。應龍處南極,殺蚩尤與夸父,不得復上,故下數旱。旱而為應龍之狀,乃得大雨。"郭璞曰:"今之土龍,本此氣應,自然冥感,非人所能為也。"董仲舒云:"春旱求雨,令縣邑以水日令民禱社稷,家人祠戶。〔八〕毋伐名木,毋斬山林。暴巫聚蛇八日。於邑東門之外為四通之壇,方八尺,植蒼繒八。其神共工。祭之以生魚八,玄酒,具清酒(搏)〔膊〕脯。〔九〕擇巫之絜清辯口利辭者以為祝。祝齋三日,服蒼衣。先再拜,乃跪陳,陳已,復再拜,乃起。祝曰:'昊天生五穀以養人。今五穀病旱,恐不成。敬進清酒(搏)〔膊〕脯,再拜請雨。雨幸大澍,奉牲禱。'以甲、乙日為大青龍一,長八丈,居中央;為小龍七,各長四丈,於東方,皆東鄉,其閒相去八尺。小僮八人,皆齋三日,服青衣舞之。田嗇夫亦齋三日,服青衣而立之。(諸里)〔鑿〕社通之於閭外之溝。〔一〇〕取五蝦蟆,錯置社之中。池方八尺,深一尺,置水蝦蟆焉。〔一一〕具清酒(搏)〔膊〕脯。祝齋三日,服蒼衣,拜跪、陳祝如初。取三歲雄雞與三歲豭豬,皆燔之於四通神宇。令民闔邑里南門,置水其外,開里北門。具老豭豬一,置之里北門之外。市中亦置一豭豬。聞(彼)鼓聲,〔一二〕皆燒豬尾,取死人骨埋之,〔一三〕開山淵積薪而焚之。決通道橋之壅塞不行者決瀆之。〔一四〕幸而得雨,報以豚一,酒、鹽、黍財足。以

茅為席，毋斷。夏求雨，令縣邑以水日家人祀竈，毋舉土功。更大浚井。〔一五〕暴釜於壇，杵臼于術，七日。為四通之壇於邑南門之外，方七尺，植赤繒七。其神蚩尤。祭之以赤雄雞七，玄酒，具清酒(搏)[膊]脯。祝齋三日，服赤衣，拜跪、陳祝如春。以丙、丁日為赤大龍一，長七丈，居中；又為小龍六，[各]長三丈五尺，〔一六〕於南方，皆南鄉，其間相去七尺。壯者七人，皆齋三日，服赤衣而舞之。司空嗇夫亦齋三日，服赤衣而立之。鑿社而通之閭外之溝。取五蝦蟆，錯置社之中。池方七尺，深一尺。酒脯祭。齋衣赤，拜跪、陳祝如初。取三歲雄雞、貑豬，燔之四通神宇。開陰閉陽如春也。季夏，禱山陵以助之。令縣邑一徙市〔一七〕於邑南門之外，五日，禁男子無得行入市。家人祠中霤。毋舉土功。聚巫市旁，為之結蓋。為四通之壇於中央，植黃繒五。其神后稷。祭之以(毋)[母]鮿五，〔一八〕玄酒，具清酒(搏)[膊]脯。令各為祝齋三日，衣黃衣，皆如春祠。以戊、己日為大黃龍一，長五丈，居中央；又為小龍四，各長二丈五尺，於中央，皆南鄉，其間相去五尺。丈夫五人，皆齋三日，服黃衣而舞之。老者亦齋三日，衣黃衣而立之。亦通社中於閭外溝。蝦蟆池方五尺，深一尺。他皆如前。秋，暴巫尪至九日。毋舉火事，煎金器。家人祠門。為四通之壇於邑西門之外，方九尺，植白繒九。其神(太)[少]昊。〔一九〕祭之桐木魚九，玄酒，具清酒(搏)[膊]脯。衣白衣。他如春。以庚、辛日為大白龍一，長九丈，居中央；為小龍八，各長四丈五尺，於西方，皆西鄉，其間相去九尺。鰥者九人，皆齋三日，服白衣而舞之。司馬亦齋三日，衣白衣而立之。蝦蟆池方九尺，深一尺。他如前。冬，舞龍六日，禱於名山以助之。家人祠井。毋壅水。為四通之壇於邑北門之外，方六尺，植黑繒六。其神玄冥。祭之以黑狗子六，玄酒，具清酒(搏)[膊]脯。祝齋三日，衣玄衣。祝禮如春。以壬、癸日為大黑龍一，長六丈，居中央；又為小龍五，各長三丈，於北方，皆北鄉，其間相去六尺。老者六人，皆齋三日，衣黑衣而舞之。尉亦齋三日，服黑衣而立之。蝦蟆池皆如春。四時皆庚子日，令吏民夫婦皆偶處。凡求雨，大體丈夫欲藏而居，女子欲和而樂。"應龍有翼。《法言》曰："象龍之致雨。艱矣哉，龍乎！龍乎！"《新論》曰："劉歆致雨，具作土龍，吹律，及諸方術，無不備設。譚問：'求雨所以為土龍，何也？'曰：'龍見者，輒有風雨興起，以迎送之,故緣其象類而為之。'"

〔3〕《周禮》曰:"翌舞,帥而舞旱暵之事。"鄭玄曰:"翌,赤皁染羽為之也。"〔二〇〕旱暵,注:"陽也,用假色者,欲其有時而去之。"

〔4〕《漢舊儀》曰:"成帝三年六月,始命諸官止雨,〔二一〕朱繩反縈社,擊鼓攻之,是後水旱常不和。"干寶曰:"朱絲縈社。社,太陰也。朱,火色也。絲,(維)〔離〕屬。〔二二〕天子伐鼓於社,責群陰也;諸侯用幣於社,請上公也;伐鼓於朝,退自攻也。此聖人之厭勝之法也。"

〔5〕《漢舊儀》曰:"武帝元封日到七月畢賽之,秋冬春不求雨。"《古今注》曰:"武帝元封六年五月旱,女及巫丈夫不入市也。"

拜皇太子之儀:百官會,位定,謁者引皇太子當御坐殿下,北面;司空當太子西北,東面立。讀策書畢,中常侍持皇太子璽綬東向授太子。太子再拜,三稽首。謁者贊皇太子臣某,(甲)〔中〕謁者稱制曰"可"。〔二三〕三公升階上殿,賀壽萬歲。因大赦天下。供賜禮畢,罷。

拜諸侯王公之儀:百官會,位定,謁者引光祿勳前。[1]謁者引當拜〔者〕前,〔二四〕當坐伏殿下。光祿勳前,一拜,舉手曰:"制詔其以某為某。"[2]讀策書畢,謁者稱臣某再拜。尚書郎以璽印綬付侍御史。侍御史前,東面立,授璽印綬。王公再拜頓首三(下)。〔二五〕贊謁者曰:"某王臣某新封,某公某初〔除〕,謝。"〔二六〕中謁者報謹謝。贊者立曰:"(謝)皇帝為公興。"(皆冠)〔重坐,受策者拜〕謝,起就位。〔二七〕供賜禮畢,罷。[3]

【注】

[1]丁孚《漢儀》曰"太常住蓋下,東向讀文",與此異也。

[2]丁孚《漢儀》有夏勤策文,〔二八〕曰:"維元初六年三月〔二九〕甲子,制

詔以大鴻臚勤為司徒。曰：'朕承天序惟稽古，建爾于位為漢輔。往率舊職，敬敷五教，五教在寬。左右朕躬，宣力四表，保乂皇家。於戲！實惟秉國之均，旁祇厥緒，時亮天工，可不慎與！勤（而）［其］戒之！'"〔三〇〕

〔3〕臣昭曰：漢立皇后，國禮之大，而志無其儀，良未可了。案蔡質所記立宋皇后儀，今取以備闕。云："尚書令臣囂、僕射臣鼎、尚書臣旭、臣乘、臣滂、臣謨、臣詣稽首言：'伏惟陛下履乾則坤，動合陰陽。群臣大小咸以長秋宮未定，遵舊依典，章表仍聞，歷時乃聽。令月吉日，以宋貴人為皇后，應期正位，群生兆庶莫不式舞。《易》稱"受茲介祉"，《詩》云"干祿百福，子孫千億"，萬方幸甚。今吉日以定，臣請太傅、太尉、司徒、司空、太常條列禮儀正處上，群臣妾無得上壽，如故事。臣囂、臣鼎、臣旭、臣乘、臣滂、臣謨、臣詣愚闇不達大義，誠惶誠恐，頓首死罪，稽首再拜以聞。'制曰：'可。'〔三一〕維建寧四年七月乙未，〔三二〕制詔：'皇后之尊，與帝齊體，供奉天地，祇承宗廟，母臨天下。故有莘興殷，姜任母周，二代之隆，蓋有內德。長秋宮闕，中宮曠位，宋貴人（乘）［秉］淑媛之懿，〔三三〕體河山之儀，威容昭曜，德冠後庭。群寮所咨，（人）［僉］曰宜哉。〔三四〕卜之蓍龜，卦得承乾。有司奏議，宜稱紱組，以（臨）［母］兆民。〔三五〕今使太尉襲使持節奉璽綬，〔三六〕宗正祖為副，立貴人為皇后。后其往踐爾位，敬宗禮典，肅慎中饋，無替朕命，永終天祿。'皇后初即位章德殿，太尉使持節奉璽綬，天子臨軒，百官陪位。皇后北面，太尉住蓋下，〔三七〕東向，宗正、大長秋西向。宗正讀策文畢，皇后拜，稱臣妾，畢，住位。太尉襲授璽綬，中常侍長（樂）［秋］太僕〔三八〕高鄉侯覽長跪受璽綬，奏於殿前，女史授婕妤，婕妤長跪受，以授昭儀，昭儀受，長跪以帶皇后。皇后伏，起拜，稱臣妾。訖，黃門鼓吹三通。鳴鼓畢，群臣以次出。后即位，大赦天下。皇后秩比國王，即位威儀，赤紱玉璽。"

仲夏之月，萬物方盛。日夏至，陰氣萌作，恐物不楙。其禮：以朱索連葷菜，彌牟［朴］蠱鍾。〔三九〕以桃印長六寸，方三寸，〔四〇〕五色書文如法，以施門戶。代以所尚為飾。夏后氏金行，作葦茭，言氣交也。〔1〕殷人水德，以螺首，慎其閉塞，〔四一〕使如螺也。周人木德，以桃為更，言氣相更也。漢兼用之，故以五月五日，朱索五色印為門戶飾，以難止惡氣。〔2〕日夏至，禁舉大火，止炭鼓鑄，消石冶皆絕止。〔四二〕至立秋，如故事。是日浚井改水，日冬至，鑽燧改火云。

【注】
〔1〕《風俗通》曰："《傳》曰'萑葦有叢'。《呂氏春秋》曰'〔湯〕始得伊尹，〔四三〕祓之於廟，薰以萑葦'。《周禮》'卿大夫之子名曰門子'。《論語》曰'誰能出不由戶（者）'。〔四四〕故用葦者，欲人之子孫蕃（植）〔殖〕，〔四五〕不失其類，有如萑葦。茭者交易，陰陽代興者也。"
〔2〕桃印本漢制，所以輔卯金，魏除之也。

先立秋十八日，郊黃帝。是日夜漏未盡五刻，京都百官皆衣黃。至立秋，迎氣於黃郊，樂奏黃鍾之宮，歌《帝臨》，冕而執干戚，舞《雲翹》、《育命》，所以養時訓也。

立秋之日，夜漏未盡五刻，京都百官皆衣白，施皁領緣中衣，迎氣〔於〕白郊。〔四六〕禮畢，皆衣絳，至立冬。

立秋之日，（自）〔白〕郊禮畢，〔四七〕始揚威武，斬牲於郊東門，以薦陵廟。其儀：乘輿御戎路，白馬朱鬣，躬執弩射牲。牲以鹿麛。〔1〕太宰令、謁者各一人，載〔以〕獲車，馳（駟）送陵廟。〔四八〕〔於是乘輿〕還宮，〔四九〕遣使者齎束帛以賜武官。〔2〕武官肄兵，習戰陣之儀、斬牲之禮，名曰貙劉。兵、官皆肄孫、吳兵法六十四陣，名曰乘之。〔3〕立春，遣使者齎束帛以賜文官。〔4〕貙劉之禮：祠先虞，執事告先虞已，烹鮮時，有司［告］，〔五〇〕乃逡巡射牲。獲車畢，有司告事畢。[5]

【注】

[1]《月令》曰："天子乃厲（勑）［飾］，〔五一〕執弓挾矢以獵。"《月令章句》曰："親執弓以射禽，所以教兆民（載）戰事也。〔五二〕四時閑習，以救無辜，以伐有罪，所以彊兵保民，安不忘危也。"

[2]《漢官名秩》曰："賜太尉、將軍各六十匹，執金吾、諸校尉各三十匹，武官倍於文官。"

[3]《月令》，孟冬天子講武，習射御，角力。盧植注曰："角力，如漢家乘之，引（閫）［關］蹋踘之屬也。"〔五三〕今《月令》，季秋天子乃教田獵，以習五戎。《月令章句》曰："寄戎事之教於田獵。武事不可空設，必有以誠，故寄教於田獵，閑肄五兵。天子、諸侯無事而不田為不敬，田不以禮為暴天物。"《周禮》："司馬以旗致民，平列陣，如戰之陣。王執路鼓，諸侯執賁鼓，軍將執晉鼓，師帥執提，旅帥執鼙，卒長執鐃，兩司馬執鐸，公司馬執鐲，以教坐作進退疾徐疏數之節。"士卒聽聲視旗，隨而前却，故曰師之耳目，在吾旗鼓。春教振旅以蒐田，夏教茇舍以苗田，秋教治兵以獮田，冬教大閱以狩田。春夏示行禮，取禽供事而已。秋者殺時，田獵之正，其禮盛。《獨斷》曰："巡狩［校］獵還，〔五四〕公卿以下陳雒陽都亭前街上，乘輿到，公卿以下拜，天子下車，公卿［親］識顏色，〔五五〕然後還宮。古語曰'在車為下'，唯此時施行。"《魏書》曰："建安二十一年三月，曹公親耕藉田。有司奏：'四時講武於農隙。漢承秦制，三時不講，唯十月車駕幸長安水南門，會五營士，為八陣進退，名曰乘之。今金革未偃，士民素習，可無四時講武，但以立秋擇吉日大朝車騎，號曰治兵。上合禮名，下承漢制也。'"

[4]《漢官名秩》曰："賜司徒、司空帛四十匹，九卿十五匹。"《古今注》曰："建武八年立春，賜公十五匹，卿十匹。"

[5]《古今注》曰："永平元年六月乙卯，初令百官貙膢，白幕皆霜。"《風俗通》稱"《韓子書》山居谷汲者，膢臘而買水。〔五六〕楚俗常以十二月祭飲食也。又曰（當）［嘗］新始殺［也］。食［新］曰貙膢。"〔五七〕

仲秋之月，縣道皆案戶比民。年始七十者，授之以王杖，餔之糜粥。八十九十，禮有加賜。王杖長［九］尺，〔五八〕端以鳩鳥為飾。鳩者，不噎之鳥也。欲老人不噎。是月也，祀老人星于國都南郊老人廟。

季秋之月，祠星于城南壇心星廟。

立冬之日，夜漏未盡五刻，京都百官皆衣皁，迎氣於黑郊。禮畢，皆衣絳，至冬至絕事。

冬至前後，君子安身靜體，百官絕事，不聽政，擇吉辰而後省事。絕事之日，夜漏未盡五刻，京都百官皆衣絳，至立春。諸五時變服，執事者先後其時皆一日。
日冬至、夏至，陰陽晷景長短之極，微氣之所生也。[1]故使八能之士八人，或吹黃鍾之律閒竽；或撞黃鍾之鍾；或度晷景，權水輕重，水一升，冬重十三兩；或擊黃鍾之磬；或鼓黃鍾之瑟，軫閒九尺，二十五絃，宮處于中，左右為商、徵、角、羽；或擊黃鍾之鼓。先之三日，太史謁之。至日，夏時四孟，冬則四仲，其氣至焉。

【注】
〔1〕《白虎通》曰："至日所以休兵，不興事，閉關，商旅不行何？此日陰陽氣微，王者承天理物，故率天下靜，不復行役，以扶助微氣，成萬物也。夏至陰氣始動，冬至陽氣始萌。《易》曰：'先王以至日閉關，商旅不行。'夏至陰始起，反大熱何？陰氣始起，陽氣推而上，故大熱也。冬至陽始起，陰氣推而上，故大寒也。"

先氣至五刻，太史令與八能之士（郎）〔即〕坐于端門左塾。〔五九〕（太子）〔大予〕具樂器，〔六〇〕夏赤冬黑，列前殿之前西上，鍾為端。守宮設席于器南，北面東上，正德席，鼓南西面，令晷儀東北。三刻，中黃門持兵，引太史令、八能之士入自端門，就位。二刻，侍中、尚書、御史、謁者皆陛。一刻，乘輿親御臨軒，安體靜居以聽之。太史令前，當軒霤北面跪。舉手曰："八能之士以備，請行事。"制曰"可"。太史令稽首曰"諾"。起立少退，顧令正德曰："可行事。"正德曰"諾"。皆旋復位。正德立，命八能士曰："以次行事，閒音以竽。"八能曰"諾"。五音各三十為闋。正德曰："合五音律。"先唱，五音並作，二十五闋，皆音以竽。[1]〔六一〕訖，正德曰："八能士各言事。"八能士各書板言事。文曰："臣某言，今月若干日甲乙日冬至，黃鍾之音調，君道得，孝道褒。"商臣，角民，徵事，羽物，各一板。否則召太史令各板書，〔六二〕封以皁囊，送西陛，跪授尚書，施當軒，北面稽首，〔六三〕拜上封事。尚書授侍中常侍迎受，報聞。以小黃門幡麾節度。太史令前（曰）〔白〕禮畢。〔六四〕制曰"可"。太史令前稽首曰"諾"。太史命八能士詣太官受賜。陛者以次罷。日夏至禮亦如之。[2]

【注】

[1]《樂叶圖徵》曰："夫聖人之作樂，不可以自娛也，所以觀得失之效者也。故聖人不取備於一人，必從八能之士。故撞鐘者當知鐘，擊鼓者當知鼓，吹管者當知管，吹竽者當知竽，擊磬者當知磬，鼓琴者當知琴。故八士（曰）或調陰陽，〔六五〕或調律曆，或調五音。故撞鐘者以知法度，鼓琴者以知四海，擊磬者以知民事。鐘音調，則君道得；君道得，則黃鍾、蕤賓之律應。君道不得，則鐘音不調；鐘音不調，則黃鍾、蕤賓之律不應。鼓音調，則臣道得；臣道得，則太蔟之律應。管音調，則律曆正；律曆正，則夷則之律應。磬音調，則民道得；民道得，則林鍾之律應。竽音調，則法度得；法度得，則無射之律應。琴音調，則四海合歲氣，百川一合德。〔六六〕鬼神之道行，祭祀之道得，如此，則姑洗之律應。五樂皆得，則應鍾之律應。天地以和氣至，則和氣應；和

氣不至,則天地和氣不應。鐘音調,下臣以法賀主。鼓音調,主以法賀臣。磬音調,主以德施於百姓。琴音調,主以德及四海。八能之士常以日冬至成天文,日夏至成地理。作陰樂以成天文,作陽樂以成地理。"

〔2〕蔡邕《獨斷》曰:"冬至陽氣始動,夏至陰氣始起,麋鹿角解,故寢兵鼓。身欲寧,志欲靜,故不聽事,迎送(凡田獵)〔五日。臘〕者,歲終大祭,〔六七〕縱吏民宴飲。非迎氣,故但送不迎。正月歲首,亦如臘儀。冬至陽氣起,君道長,故賀。夏至陰氣起,君道衰,故不賀。鼓以動衆,鍾以止衆,故夜漏盡,鼓鳴則起;晝漏盡,鍾鳴則息。"

季冬之月,星迴歲終,陰陽以交,勞農大享臘。〔1〕

【注】

〔1〕高堂隆曰:"帝王各以其行之盛而祖,以其終而臘。火生於寅,盛於午,終於戌,故火家以午祖,以戌臘。"秦静曰〔六八〕:"古禮,出行有祖祭,歲終有蜡臘,無正月必祖之祀。漢氏以午祖,以戌臘。午南方,故以祖。冬者,歲之終,物畢成,故以戌臘。而小數之學者,因為之説,非典文也。"

先臘一日,大儺,〔1〕謂之逐疫。〔2〕其儀:選中黃門子弟年十歲以上,十二以下,百二十人為侲子。皆赤幘皁製,執大鼗。〔3〕方相氏黃金四目,蒙熊皮,玄衣朱裳,執戈揚盾。十二獸有衣毛角。中黃門行之,冗從僕射將之,以逐惡鬼于禁中。夜漏上水,朝臣會,侍中、尚書、御史、謁者、虎賁、羽林郎將執事,皆赤幘陛衛。乘輿御前殿。黃門令奏曰:"侲子備,請逐疫。"於是中黃門倡,侲子和,曰:"甲作食殃,胇胃食虎,雄伯食魅,騰簡食不祥,攬諸食咎,伯奇食夢,強梁、祖明共食磔死寄生,委隨食觀,錯斷食巨,窮奇、騰根共食蠱。凡使十二神追惡凶,赫女軀,拉女幹,節解女肉,抽女肺腸。女不急去,後者為糧！"〔4〕因作方相與十二獸儛。嚯呼，周徧前後省三過，持炬火，送疫出端門；〔5〕門外騶騎傳炬出宮，司馬闕門門外〔六九〕五營騎士傳火棄雒水中。〔6〕百官官府各以木面獸能為儺人師訖，設桃梗、鬱櫑、〔七〇〕葦茭畢，執事陛者罷。〔7〕葦戟、桃杖以賜公、卿、將軍、特侯、諸侯云。〔8〕

【注】

〔1〕譙周《論語》注曰："儺，却之也。"

〔2〕《漢舊儀》曰："顓頊氏有三子，生而亡去為疫鬼。一居江水，是為（虎）[虐]鬼；〔七一〕一居若水，是為罔兩蜮鬼；一居人宮室區隅（漚庾），〔七二〕善驚人小兒。"《月令章句》曰："日行北方之宿，北方大陰，恐為所抑，故命有司大儺，所以扶陽抑陰也。"盧植《禮記》注云："所以逐衰而迎新。"

〔3〕《漢舊儀》曰："方相帥百隸及童（女）[子]，〔七三〕以桃弧、棘矢、土鼓，鼓且射之，以赤丸、五穀播灑之。"譙周《論語》注曰："以葦矢射之。"薛綜曰："侲之言善，善童幼子也。"

〔4〕《東京賦》曰："（捐）[捎]魑魅，〔七四〕斮獝狂。斬委蛇，腦方良。囚耕父於清泠，溺女魃於神潢。殘夔魖與罔象，殪墆仲而殱游光。"注曰："魑魅，山澤之神。獝狂，惡鬼。委蛇，大如車轂。方良，草澤神。耕父、女魃皆旱鬼。惡水，故囚溺於水中，使不能為害。夔魖、罔象，木石之怪。墆仲、游光，兄弟八人，恒在人間作怪害也。"孔子曰："木石之怪夔、罔兩，水之怪龍、罔象。"（臣）[韋]昭曰："木石[謂]山（怪）也。〔七五〕夔一足，越人謂[之]山獠。〔七六〕罔兩，山精，好學人聲，〔七七〕而迷惑人。龍，神物也，非所常見，故曰怪。罔象，食人，一名沐腥。"〔七八〕《坤蒼》曰："獝狂，無頭鬼。"

〔5〕《東京賦》曰："煌火馳而星流，逐赤疫於四裔。"注曰："煌，火光。逐，驚走。煌然火光如星馳。赤疫，疫鬼惡者也。"侲子合三行，從東序上，西序下。

〔6〕《東京賦》注曰："衛士千人在端門外，五營千騎在衛士外，為三部，更送至雒水，凡三輩，逐鬼投雒水中。仍上天池，絕其橋梁，使不復度還。"

〔7〕《山海經》曰："東海中有度朔山，上有大桃樹，蟠屈三千里，其卑枝

門曰東北鬼門，萬鬼出入也。上有二神人，一曰神荼，一曰鬱櫑，主閱領衆鬼之惡害人者，執以葦索，而用食虎。"於是黃帝法而象之。毆除畢，因立桃梗於門户上，畫鬱櫑持葦索，以御凶鬼，畫虎於門，當食鬼也。《史記》曰："東至於蟠木。"《風俗通》曰："《黃帝〔書〕》'上古之時，有神荼與鬱櫑兄弟二人，性能執鬼。'桃梗，梗者更也，歲終更始，受介祉也。蘇秦説孟嘗君曰：'土偶人語桃梗，今子東國之桃木，削子為人。'虎者陽物，百獸之長，能擊鷙牲食魑魅者也。"

〔8〕《漢官名秩》曰："大將軍、三公，臘賜錢各三十萬，牛肉二百斤，粳米二百斛；特侯十五萬；卿十萬；校尉五萬；尚書丞、郎各萬五千；千石、六百石各七千；侍御史、謁者、議郎、尚書令各五千；〔七九〕郎官、蘭臺令史三千；中黃門、羽林、虎賁士二人共三千：以為當祠門户直，〔八〇〕各隨多少受也。"

是月也，立土牛六頭於國都郡縣城外丑地，以送大寒。〔1〕

【注】
〔1〕《月令章句》曰："是月之（會）〔昏〕建丑，〔八一〕丑為牛。寒將極，是故出其物類形象，以示送達之，且以升陽也。"

饗遣故衞士儀：百官會，位定，謁者持節引故衞士入自端門。衞司馬執幡鉦護行。行定，侍御史持節慰勞，以詔恩問所疾苦，受其章奏所欲言。畢饗，賜作樂，觀以角抵。樂闋罷遣，勸以農桑。〔1〕

【注】
〔1〕《周禮》（曰）府史以下，〔八二〕則有胥有徒。鄭玄注曰："此謂民給徭役，若今衞〔士〕矣。"蔡邕曰："見客平樂、饗衞士，瑰偉壯觀也。"

每（月朔）歲首［正月］,〔八三〕為大朝受賀。其儀：夜漏未盡七刻，鍾鳴，受賀。及贄，公、侯璧，中二千石、二千石羔，千石、六百石鴈，四百石以下雉。[1]百官賀正月。[2]二千石以上上殿稱萬歲。[3]舉觴御坐前。司空奉羹，大司農奉飯，奏食舉之樂。百官受賜宴饗，大作樂。[4]其每朔，唯十月旦從故事者，高祖定秦之月，元年歲首也。[5]

【注】

[1]《獻帝起居注》曰："舊典，市長執鴈，建安八年始令執雉。"

[2]《決疑要注》曰："古者朝會皆執贄，侯、伯執圭，子、男執璧，孤執皮帛，卿執羔，大夫執鴈，士執雉。漢、魏粗依其制，正旦大會，諸侯執玉璧，薦以鹿皮，公卿已下所執如古禮。古者衣皮，故用皮帛為幣。玉以象德，璧以稱事。不以貨沒禮，庶羞不踰牲，宴衣不踰祭服，輕重之宜也。"

[3]蔡邕《獨斷》曰："三公奉璧上殿，向御坐，北面，太常贊曰：'皇帝為君興。'三公伏，皇帝坐，乃進璧。古語曰'御坐則起'，此之謂也。"

[4]蔡質《漢儀》曰："正月旦，天子幸德陽殿，臨軒。公、卿、將、大夫、百官各陪［位］朝賀。〔八四〕蠻、貊、胡、羌朝貢畢，見屬郡計吏，皆［陛］覲,〔八五〕庭燎。宗室諸劉（雜）［親］會，萬人以上,〔八六〕立西面。位（公納薦太官賜食酒西入東出）既定,〔八七〕上壽。［群］計吏中庭北面立,〔八八〕太官上食，賜群臣酒食，［西入東出］。〔八九〕（貢事）御史四人執法殿下,〔九〇〕虎賁、羽林［張］（弧）弓（撮）［挾］矢,〔九一〕陛戟左右，戎頭偪脛陪前向後，左右中郎將（住）［位］東（西）［南］,〔九二〕羽林、虎賁將（住）［位］東北，五官將（住）［位］中央，悉坐就賜。作九賓（徹）［散］樂。〔九三〕舍利［獸］從西方來,〔九四〕戲於庭極，乃畢入殿前，激水化為比目魚，跳躍漱水，作霧鄣日。畢，化成黃龍，長八丈，出水遨戲於庭，炫燿日光。以兩大絲繩繫兩柱（中頭）間,〔九五〕相去數丈，兩倡女對舞，行於繩上，對面道逢，切肩不傾，又躡局出身，藏形於斗中。鍾磬並作，［倡］樂畢，作魚龍曼延。〔九六〕小黃門吹三通，謁者引公卿群臣以次拜，微行出，罷。卑官在前，尊官在後。德陽殿周旋容萬人。陛高二丈,〔九七〕皆文石作壇。激沼水於殿下。〔九八〕畫屋朱梁，玉階金柱,〔九九〕刻鏤作宮掖之好，

廟以青翡翠，一柱三帶，韜以赤緹。天子正旦節，會朝百僚於此。自到偃師，去宮四十三里，望朱雀五闕、德陽，其上鬱律與天連。"《雒陽宮閣簿》云："德陽宮殿南北行七丈，東西行三十七丈四尺。"

〔5〕蔡邕曰："群臣朝見之儀，視不晚朝十月朔之故，以問胡廣。廣曰：'舊儀，公卿以下每月常朝，先帝以其頻，故省，唯六月、十月朔朝。後復以六月朔盛暑，省之。'"蔡邕《禮樂志》曰："漢樂四品：一曰《大予樂》，典郊廟、上陵、殿諸食舉之樂。郊樂，《易》所謂'先王以作樂崇德，殷薦上帝'，《周官》'若樂六變，則天神皆降，可得而禮也'。宗廟樂，《虞書》所謂'琴瑟以詠，祖考來假'，《詩》云'肅雍和鳴，先祖是聽'。食舉樂，《王制》謂'天子食舉以樂'，《周官》'王大食則令奏鍾鼓'。二曰《周頌雅樂》，典辟雍、饗射、六宗、社稷之樂。辟雍、饗射，《孝經》所謂'移風易俗，莫善於樂'，《禮記》曰'揖讓而治天下者，禮樂之謂也'。社稷，[《詩》]所謂'琴瑟擊鼓，〔一〇〇〕以御田祖'者也。《禮記》曰'夫樂施於金石，越於聲音，用乎宗廟、社稷，事乎山川、鬼神'，此之謂也。三曰《黃門鼓吹》，天子所以宴樂群臣，《詩》所謂'坎坎鼓我，蹲蹲舞我'者也。其短簫、鐃歌，軍樂也。其傳曰'黃帝、岐伯所作，以建威揚德，風勸士'也。蓋《周官》所謂'王[師]大(捷)[獻]則令凱樂，〔一〇一〕軍大獻則令凱歌'也。〔一〇二〕孝章皇帝親著歌詩四章，列在食舉，又制雲臺十二門詩，各以其月祀而奏之。熹平四年正月中，出雲臺十二門新詩，下大予樂官習誦，被聲，與舊詩並行者，皆當撰錄，以成《樂志》。"

【校勘記】

〔一〕郡國上雨澤若少(府)郡縣各掃除社稷　《校補》引侯康說，謂"府"字衍。按：《通典》無"府郡縣"三字，《通志》無"府"字。盧校并刪"郡縣"二字，則下"各"字無所屬。今依侯康說，刪"府"字。

〔二〕反拘朱索[縈]社　據盧校補。按：《通典》有"縈"字。

〔三〕政不善與民失職與　按：今本《公羊傳》何注"善"作"一"，與"職"叶韻。

〔四〕或（怒）〔攻〕焉何（如）也　據盧校改刪。按：《通典》作"或攻焉"。《御覽》五百二十五引"何如也"作"何也"。盧云"如"字可省。

〔五〕（貞）〔直〕行其道而不（忘）〔忌〕其難　據盧校改，與《通典》合。

〔六〕女獨擇寬大便處移市　按：盧云"女"字疑衍。又按："大"原譌"太"，逕改正。

〔七〕大雩夏祭天名　按："大"原譌"天"，逕改正。

〔八〕家人祠戶　按："戶"原譌"同"，逕改正。

〔九〕具清酒（搏）〔膞〕脯　據盧校改，下同。按：《通考》作"搏"，《通典》作"膞"。《校補》謂搏與膞通，《說文》作"脯膊"。

〔一〇〕（諸里）〔鑿〕社通之於閭外之溝　據盧校改。

〔一一〕置水蝦蟆焉　按：蘇輿《春秋繁露義證》云《通典》無此五字，疑衍文。

〔一二〕聞（彼）鼓聲　據盧校刪。按：《通考》有"彼"字，《通典》作"聞鼓"，無"彼"字、"聲"字。

〔一三〕取死人骨埋之　按：《通考》"人"作"灰"。

〔一四〕決通道橋之壅塞不行者決瀆之　按：蘇輿云疑當作"決瀆之不行者"，《通典》作"通橋道之壅塞"。

〔一五〕更大浚井　按："大"一本作"火"。蘇輿云《藝文類聚》"火"作"水"，疑是。

〔一六〕〔各〕長三丈五尺　據盧校補。按：《通典》有"各"字。

〔一七〕令縣邑一徙市　按：《通典》"令縣邑"下有"十日"二字。

〔一八〕祭之以（毋）〔母〕飽五　據汲本改。按：《通考》作"母"，注云"母音模，《禮》謂之淳母"。

〔一九〕其神（太）〔少〕昊　據盧校改。按：盧依《通典》改。

〔二〇〕翚赤阜染羽為之也　汲本"阜"作"草"。按：盧云此注全是後人妄補綴。考《地官·舞師》"皇舞"，康成不從故書作"翚"，又《春官·樂師》注亦作"皇"。惟《考工記》"鍾氏染羽，以朱湛丹秫"，鄭司農云"丹秫，赤粟"，今此注作康成，亦是誤記。"皁"毛本作"草"，是古皁字，然亦誤，當作"粟"。

〔二一〕成帝三年六月始命諸官止雨　汲本、殿本"三"作"二"。按：惠棟謂北宋本作"五"。盧云《通典》、《通志》皆作"五"，但成帝屢改元，無五年。

〔二二〕絲（維）〔離〕屬　據盧校改。按：盧云《通典》、《通志》俱作"屬離"。

〔二三〕謁者贊皇太子臣某（甲）〔中〕謁者稱制曰可　據汲本改。按：盧云"謁者贊皇太子臣某"句，"甲"乃"中"之譌。又《校補》引柳從辰說，謂成帝建始四年罷中書官，以中書為中謁者令，見《漢舊儀》，作"甲"非。

〔二四〕謁者引當拜〔者〕前　據盧校補。按：《通典》有"者"字。

〔二五〕王公再拜頓首三（下）　據盧校刪。按：盧云《通典》"王公"作"當受策者"。

〔二六〕某公某初〔除〕謝　據盧校補。按：《通典》有"除"字。

〔二七〕贊者立曰（謝）皇帝為公興（皆冠）〔重坐受策者拜〕謝起就位　據盧校刪補，與《通典》合。

〔二八〕丁孚漢儀有夏勤策文　按："勤"原譌"動"，逕改正。

〔二九〕維元初六年三月　按：盧云案《安帝紀》，永初三年四月丙寅大鴻臚夏勤為司徒。若元初時，劉愷乃代勤者。

〔三〇〕勤（而）〔其〕戒之　據盧校改，與《通典》合。

〔三一〕制曰可　按："可"下原衍"之"字，逕刪。

〔三二〕維建寧四年七月乙未　《集解》引錢大昕說，謂《靈帝紀》作"七月癸丑"。今按：靈帝建寧四年七月己未朔，無乙未、癸丑。

〔三三〕宋貴人（乘）〔秉〕淑媛之懿　據汲本改。

〔三四〕（人）〔僉〕曰宜哉　據汲本改，與《通典》合。

〔三五〕以（臨）〔母〕兆民　據盧校改，與《通典》合。

〔三六〕今使太尉襲使持節奉璽綬　按：《集解》引錢大昕說，謂案《靈帝紀》，太尉聞人襲以三月免官，此立后乃在七月，或紀所書月日誤。

〔三七〕太尉住蓋下　"住"原譌"注"，逕據汲本、殿本改正。按：《通典》作"太尉立階下"。

〔三八〕長（樂）〔秋〕太僕　據盧校改。按：盧云《通典》"樂"作"秋"，是。

〔三九〕彌牟〔朴〕蠱鍾　據汲本、殿本補。按：《集解》引錢大昕説，謂彌牟五字未詳。

〔四〇〕以桃印長六寸方三寸　按：盧云《宋志》"印"作"卯"。

〔四一〕慎其閉塞　按："塞"原譌"寒"，逕改正。

〔四二〕消石冶皆絶止　按："冶"原譌"治"，逕改正。

〔四三〕〔湯〕始得伊尹　據汲本、殿本補。

〔四四〕誰能出不由户（者）　據汲本、殿本删。

〔四五〕欲人之子孫蕃（植）〔殖〕　據殿本改。

〔四六〕迎氣〔於〕白郊　據汲本、殿本補。

〔四七〕立秋之日（自）〔白〕郊禮畢　據盧校改。按：盧云《通典》同，今從《宋志》。

〔四八〕載〔以〕獲車馳（駟）送陵廟　據盧校補删。按：盧云《通典》有"以"字，此脱。"駟"字衍，《宋志》無。

〔四九〕〔於是乘輿〕還宫　據《集解》引惠棟説補。

〔五〇〕烹鮮時有司〔告〕　據盧校改。

〔五一〕天子乃厲（勑）〔飾〕　盧云"勑"當作"飾"，《月令正義》云俗本作"飭"，此又轉譌。今據改。

〔五二〕所以教兆民（載）戰事也　據盧校删。

〔五三〕引（闠）〔關〕蹋踘之屬也　據盧校改。

〔五四〕巡狩〔校〕獵還　據汲本、殿本補。

〔五五〕公卿〔親〕識顔色　據汲本、殿本補。

〔五六〕腰臘而寊水　按：《校補》謂今《風俗通》"寊"作"買"，今《韓非子》"寊水"作"相遺以水"。

〔五七〕又曰（當）〔嘗〕新始殺〔也〕食〔新〕曰貙腰　據盧校删補，與今《風俗通》合。

〔五八〕王杖長〔九〕尺　據盧校補。按：盧云據《御覽》七百十補。

〔五九〕(郎)〔即〕坐于端門左塾　據汲本改。

〔六〇〕(太子)〔大予〕具樂器　據盧校改。按：《集解》引錢大昕說，謂"太子"當作"大予"，又引惠棟說，謂當作"太常"。觀下文引蔡邕《禮樂志》，漢樂四品，一曰《大予樂》，則錢說是。

〔六一〕皆音以竽　按：《集解》引黃山說，謂此承上"閒音以竽"言，"皆"下當脫"閒"字。

〔六二〕否則召太史令各板書　按：《校補》引錢大昭說，謂"板書"閩本作"書板"。

〔六三〕施當軒北面稽首　按：盧云"施"疑"旋"之譌。

〔六四〕太史令前(曰)〔白〕禮畢　據盧校改。按：《集解》引惠棟說，謂北宋本作"白"。

〔六五〕故八士(曰)或調陰陽　據盧校刪。

〔六六〕琴音調則四海合歲氣百川一合德　按：盧云"一"或作"以"。

〔六七〕迎送(凡田獵)〔五日臘〕者歲終大祭　據殿本改，與盧校本《獨斷》合。

〔六八〕秦靜曰　按："秦"原譌"泰"，逕改正。

〔六九〕司馬闕門門外　按：《集解》引黃山說，謂秦蕙田據舊本，"門外"作"之外"。

〔七〇〕鬱櫑　汲本、殿本"櫑"作"儡"，注同。《文選·東京賦》作"壘"。按：鬱儡之"儡"或作"壘"，無作"櫑"者，疑此誤。

〔七一〕是為(虎)〔虐鬼〕　據盧校改。按：虐即瘧字，虎與虐形近而譌。《文選·東京賦》注正作"瘧鬼"。

〔七二〕一居人宮室區隅(漚庚)　按：《文選·東京賦》注無"漚庚"二字，當即"區隅"之音注，而誤入正文者，今刪。

〔七三〕方相帥百隸及童(女)〔子〕　據盧校改。按：《文選》注作"子"。

〔七四〕（捐）〔捎〕魑魅　據盧校改。按：《文選》注作"捎"。

〔七五〕（臣）〔韋〕昭曰木石〔謂〕山（怪）也　據盧校改。按：此劉昭引韋昭注《國語》文，"臣"當作"韋"。"木石山怪也"今《國語》韋昭注作"木石謂山也"，盧依韋注改。

〔七六〕越人謂〔之〕山獵　據汲本、殿本補。按："獵"今《國語》韋注作"繅"。

〔七七〕好學人聲　按：今《國語》韋注"學"作"斆"。

〔七八〕一名沐腥　按：汲本、殿本"腥"作"膻"，盧文弨依《國語》韋注改為"腫"。

〔七九〕尚書令各五千　按：盧云"令"下疑脫"史"字。

〔八〇〕以為當祠門户直　按："當"原譌"富"，逕據汲本、殿本改正。

〔八一〕是月之（會）〔昏〕建丑　據盧校改。

〔八二〕周禮（曰）府史以下　據盧校刪。

〔八三〕每（月朔）歲首〔正月〕　據盧校改。按：盧云"每月朔歲首"譌，今從《通典》。

〔八四〕百官各陪〔位〕朝賀　據盧校補，與《通典》合。

〔八五〕皆〔陛〕覲　據汲本、殿本補。

〔八六〕宗室諸劉（雜）〔親〕會萬人以上　據盧校改，與《通典》合。

〔八七〕位（公納薦太官賜食酒西入東出）既定　據盧校刪，與《通典》合。

〔八八〕〔群〕計吏中庭北面立　據盧校補。按：《通典》無"立"字。

〔八九〕太官上食賜群臣酒食〔西入東出〕　據盧校補。按：《通典》作"太官賜酒食，西入東出"。

〔九〇〕（貢事）御史四人執法殿下　據盧校刪。

〔九一〕虎賁羽林〔張〕（弧）弓（撮）〔挾〕矢　據盧校改，與《通典》合。

〔九二〕左右中郎將（住）〔位〕東（西）〔南〕　據盧校改，與《通典》合。

〔九三〕作九賓（徹）〔散〕樂　據盧校改，與《通典》合。

〔九四〕舍利〔獸〕從西方來　據盧校補，與《通典》合。

〔九五〕以兩大絲繩繫兩柱（中頭）閒　按：《通典》作"又以絲繩繫兩柱閒"，無"中頭"二字，今據刪。

〔九六〕〔倡〕樂畢作魚龍曼延　據盧校補，與《通典》合。

〔九七〕陛高二丈　按：《通典》"二丈"作"一丈"。

〔九八〕激沼水於殿下　按：盧云此六字衍，《通典》無。

〔九九〕玉階金柱　按：《通典》"階"作"陛"。

〔一〇〇〕〔詩〕所謂琴瑟擊鼓　據殿本補。

〔一〇一〕王〔師〕大（捷）〔獻〕則令凱樂　據盧校改。按：《周禮》"令"下有"奏"字。

〔一〇二〕軍大獻則令凱歌也　按：《周禮》"令"作"教"。

後漢書志第六

禮儀下

大喪　諸侯王列侯始封貴人公主薨

　　不豫，太醫令丞將醫入，就進所宜藥。嘗藥監、近臣中常侍、小黃門皆先嘗藥，過量十二。公卿朝臣問起居無閒。太尉告請南郊，司徒、司空告請宗廟，告五嶽、四瀆、群祀，並禱求福。疾病，公卿復如禮。

　　登遐，皇后詔三公典喪事。百官皆衣白單衣，白幘不冠。閉城門、宮門。近臣中黃門持兵，虎賁、羽林、郎中署皆嚴宿衛，宮府各警，北軍五校繞宮屯兵，黃門令、尚書、御史、謁者晝夜行陳。三公啓手足色膚如禮。皇后、皇太子、皇子哭踊如禮。沐浴如禮。守宮令兼東園匠將女執事，黃緜、緹繒、金縷玉柙如故事。[1] 飯唅珠玉如禮。[2] 槃冰如禮。[3] 百官哭臨殿下。是日夜，下竹使符告郡國二千石、諸侯王。[4] 竹使符到，皆伏哭盡哀。[5] 小斂如禮。東園匠、考工令奏東園祕器，表裏洞赤，虡文畫日、月、鳥、龜、龍、虎、連璧、偃月，牙檜梓宮如故事。大斂于兩楹之間。五官、左右虎賁、羽林五將，各將所部，執虎賁戟，屯殿端門陛左右廂，中黃門持兵陛殿上。夜漏，群臣入。晝漏上水，大鴻臚設九賓，隨立殿下。謁者引諸侯王立殿下，西面北上；宗室諸侯、四姓小侯在後，西面北上。治禮引三公就位，殿下北面；特進次中二千石；列侯次二千石；六百石、博士在後；群臣陪位者皆重行，西上。位定，大鴻臚言具，謁者以聞。皇后東向，貴人、公主、宗室婦女以次立後;皇太子、皇子在東,西向;皇子少退在南,北面:皆伏哭。大鴻臚傳哭,群臣皆哭。三公升自阼階,安梓宮内珪璋諸物,近臣佐如故事。嗣子哭踴如禮。〔6〕東園匠、武士下釘衽,截去牙。〔7〕太常上太牢奠,太官食監、中黃門、尚食次奠,執事者如禮。太常、大鴻臚傳哭如儀。

【注】

〔1〕《漢舊儀》曰:"帝崩,唅以珠,纏以緹繒十二重。以玉為襦,如鎧狀,連縫之,以黃金為縷。腰以下以玉為札,長一尺,[廣]二寸半,〔一〕為柙,下至足,亦縫以黃金縷。(請)諸衣衿斂之。〔二〕凡乘輿衣服,已御,輒藏之,崩皆以斂。"

〔2〕《禮稽命徵》曰:"天子飯以珠,唅以玉。諸侯飯以珠,唅以(珠)[璧]。〔三〕卿大夫、士飯以珠,唅以貝。"

〔3〕《周禮》:"凌人,天子喪,供夷槃冰。"鄭玄曰:"夷之言尸也,實冰於槃中,置之尸牀之下,所以寒尸也。"《漢禮器制度》:"大槃廣八尺,長一丈二尺,深三尺,漆赤中。"

〔4〕應劭曰:"凡與郡國守相竹使符,皆以竹箭五枚,長五寸,鐫刻篆書第一至第五。"張晏曰:"符以代古之珪璋,從簡易也。"此下大喪符,亦猶斯比。

〔5〕漢舊制,發兵皆以銅虎符,其餘徵調,竹使而已。符第合會為大信,見《杜詩傳》。

〔6〕《周禮》:"駔珪、璋、璧、琮、琥、璜之渠眉,疏璧、琮以斂尸。"鄭司農曰:"駔,外有捷盧也。謂珪、璋、璧、琮、琥、璜皆為開渠,為眉瑑,沙除以斂尸,令汁得流去也。"鄭玄曰:"以斂尸者,以大斂焉加之也。渠眉,玉飾之溝瑑也,以組穿聯六玉溝瑑之中以斂尸。珪在左,璋在首,琥在右,璜在足,璧在背,琮在腹,蓋取象方明神之也。疏璧、琮者,通於天地。"

〔7〕《喪大記》曰:"君蓋用漆,三衽三束。"鄭玄注曰:"衽,小腰。"

三公奏《尚書·顧命》，太子即日即天子位于柩前，請太子即皇帝位，皇后為皇太后。奏可。群臣皆出，吉服入會如儀。太尉升自阼階，當柩御坐北面稽首，讀策畢，以傳國玉璽綬東面跪授皇太子，即皇帝位。中黃門掌兵以玉具、隨侯珠、斬蛇寶劍授太尉，告令群臣，群臣皆伏稱萬歲。或大赦天下。遣使者詔開城門、宮門，罷屯衛兵。群臣百官罷，入成喪服如禮。兵官戎。[1][四]三公，太常如禮。

【注】
〔1〕文帝遺詔："無布車及兵器。"應劭曰："不施輕車介士。"

　　故事：百官五日一會臨，故吏二千石、刺史、在京都郡國上計掾史皆五日一會。天下吏民發喪臨三日。[1]先葬二日，皆旦晡臨。既葬，釋服，無禁嫁娶、祠祀。[2]佐史以下，布衣冠幘，絰帶無過三寸，臨庭中。[3]武吏布幘大冠。大司農出見錢穀，給六丈布直。以葬，大紅十五日，小紅十四日，纖七日，釋服。[4]部刺史、二千石、列侯在國者及關內侯、宗室長吏及因郵奉奏，[五]諸侯王遣大夫一人奉奏，弔臣請驛馬露布，奏可。

【注】
〔1〕文帝遺詔："其令天下吏民，令到，出臨三日，釋服。"
〔2〕文帝遺詔文[六]有"飲酒食肉自當給，喪事服臨者皆無踐"。踐，徒跣也。
〔3〕文帝遺詔："殿中當臨者，以旦夕各十五舉音，禮畢罷。非旦夕臨時，禁無得擅哭臨。"
〔4〕應劭曰："紅者，(中)[小]祥、大祥以紅為領緣[也]。[七]纖[者]，禫也。凡三十六日而釋[服]。"[八]

　　以木為重，高九尺，廣容八歷，裹以葦席。巾門、喪帳皆以箄。車皆去輔轓，疏布惡輪。走卒皆布褠幘。太僕〔駕〕四輪輇為賓車，〔九〕大練為屋幕。中黃門、虎賁各二十人執紼。司空擇土造穿。太史卜日。謁者二人，中謁者僕射、中謁者副將作，油緹帳以覆坑。方石治黃腸題湊便房如禮。〔一〕

【注】

〔1〕《漢舊儀》略載前漢諸帝壽陵曰："天子即位明年，將作大匠營陵地，用地七頃，方中用地一頃。深十三丈，堂壇高三丈，墳高十二丈。武帝墳高二十丈，明中高一丈七尺，四周二丈，內梓棺柏黃腸題湊，以次百官藏畢。其設四通羨門，容大車六馬，皆藏之內方，外陟車石。外方立，先閉劍戶，戶設夜龍、莫邪劍、伏弩，設伏火。已營陵，餘地為西園后陵，餘地為婕妤以下，次賜親屬功臣。"《漢書音義》曰："題，頭也。湊，以頭向內，所以為固也。便房，藏中便坐也。"《皇覽》曰："漢家之葬，方中百步，已穿築為方城。其中開四門，四通，足放六馬，然後錯渾雜物，扞漆繒綺金寶米穀，及埋車馬虎豹禽獸。發近郡卒徒，置將軍尉候，以後宮貴幸者皆守園陵。元帝葬，乃不用車馬禽獸等物。"

大駕，太僕御。方相氏黃金四目，蒙熊皮，玄衣朱裳，執戈揚楯，立乘四馬先驅。〔1〕旂之制，長三仞，〔一〇〕十有二游，曳地，畫日、月、升龍，書旐曰"天子之柩"。謁者二人立乘六馬為次。大駕甘泉鹵簿，金根容車，蘭臺法駕。喪服大行載飾如金根車。皇帝從送如禮。太常上啟奠。夜漏二十刻，太尉冠長冠，衣齋衣，乘高車，詣殿止車門外。使者到，南向立，太尉進伏拜受詔。太尉詣南郊。未盡九刻，大鴻臚設九賓隨立，群臣入位，太尉行禮。執事皆冠長冠，衣齋衣。太祝令跪讀謚策，太尉再拜稽首。治禮告事畢。太尉奉謚策，還詣殿端門。太常上祖奠，中黃門尚衣奉衣登容根車。東園武士載大行，司徒却行道立車前。治禮引太尉入就位，大行車西少南，東面奉〔謚〕策，〔一一〕太史令奉哀策立後。太常跪曰"進"，皇帝進。太尉讀謚策，藏金匱。皇帝次科藏于廟。太史奉哀策葦篋詣陵。太尉旋復公位，再拜立(哭)。〔一二〕太常跪曰"哭"，大鴻臚傳哭，十五舉音，止哭。太常行遣奠皆如禮。請哭止哭如儀。

【注】
〔1〕《周禮》曰："方相氏，大喪先柩，及墓入壙，以戈擊四隅，(敺)[毆]方良。"〔一三〕鄭玄曰："方相，放想也，可畏怖之貌。壙，穿地中也。方良，罔兩也。天子之椁，柏，黃腸為裏，表以石焉。《國語》曰'木石之怪夔、罔兩'。"

晝漏上水，請發。司徒、河南尹先引車轉，太常跪曰"請拜送"。載車著白系參繆紼，〔一四〕長三十丈，大七寸為輓，六行，行五十人。公卿以下子弟凡三百人，皆素幘委貌冠，衣素裳。校尉三[百]人，〔一五〕皆赤幘不冠，絳科單衣，持幢幡。候司馬丞為行首，皆銜枚。羽林孤兒、《巴俞》擢歌者六十人，〔一六〕為六列。鐸司馬八人，執鐸先。大鴻臚設九賓，隨立陵南羨門道東，北面；諸侯、王公、特進道西，北面東上；中二千石、二千石、列侯(宜)[直]九賓東，北面西上。〔一七〕皇帝白布幕素裏，夾羨道東，西向如禮。容車幄坐羨道西，南向，車當坐，南向，中黃門尚衣奉衣就幄坐。車少前，太祝進醴獻如禮。司徒跪曰"大駕請舍"，太史令自車南，北面讀哀策，掌故在後，已哀哭。太常跪曰"哭"，大鴻臚傳哭如儀。司徒跪曰"請就下位"，東園武士奉下車。司徒跪曰"請就下房"，都導東園武士奉車入房。司徒、太史令奉謚、哀策。〔1〕

【注】
〔1〕晉時有人嵩高山下得竹簡一枚，上有兩行科斗書之，臺中外傳以相示，莫有知者。司空張華以問博士束晳。晳曰："此明帝顯節陵中策也。"檢校果然。是知策用此書也。

東園武士執事下明器。[1] 筲八盛，容三升，[2] 黍一，稷一，麥一，粱一，稻一，麻一，菽一，小豆一。甕三，容三升，醯一，醢一，屑一。[3] 黍飴。載以木桁，覆以疏布。甒二，容三升，醴一，酒一。載以木桁，覆以功布。瓦鐙一。彤矢四，軒輖中，亦短衛。彤矢四，骨，短衛。[4] 彤弓一。卮八，牟八，[5] 豆八，籩八，形方酒壺八。槃匜一具，[6] 杖、几各一。蓋一。鍾十六，無虡，鎛四，無虡。[7] 磬十六，無虡。[8] 壎一，簫四，笙一，篪一，柷一，敔一，瑟六，琴一，[一八]竽一，筑一，坎侯一。[9] 干、戈各一，笮一，甲一，胄一。[10] 輓車九乘，芻靈三十六匹。[11] 瓦竈二，瓦釜二，瓦甑一。瓦鼎十二，容五升。匏勺一，容一升。瓦案九。瓦大杯十六，容三升。瓦小杯二十，容二升。瓦飯槃十。瓦酒樽二，容五斗。匏勺二，容一升。

【注】

〔1〕《禮記》曰："明器，神明之也。孔子謂為明器知喪道矣，備物而不可用也。"鄭玄注《既夕》曰："陳明器，以西行南端為上。"

〔2〕鄭玄注《既夕》曰："筲，畚種類也，其容蓋與簋同。"

〔3〕鄭玄注《既夕》曰："屑，薑桂之屑。"

〔4〕《既夕》曰："猴矢一乘，骨鏃短衛。"鄭玄曰："猴猶候也，候物而射之矢也。四矢曰乘。骨鏃短衛，亦示不用也。生時猴矢金鏃，凡為矢，五分笴長而羽其一。"《通俗文》曰："細毛猴也。"

〔5〕鄭玄注《既夕》曰："牟，盛湯漿。"

〔6〕鄭玄注《既夕》曰："槃匜，盥器也。"

〔7〕《爾雅》曰："大鍾謂之鏞。"郭璞注曰："《書》曰'笙鏞以閒'。亦名鎛。"

〔8〕《禮記》曰："有鍾磬而無簨虡。"鄭玄曰："不懸之也。"

〔9〕《禮記》曰："琴瑟張而不平，竽笙備而不和。"

〔10〕《既夕》謂之役器。鄭玄曰："笮，矢箙。"

〔11〕鄭玄注《禮記》曰："芻靈，束茅為人馬，謂之芻靈，神之類。"

祭服衣送皆畢，東園匠曰"可哭"，在房中者皆哭。太常、大鴻臚請哭止〔哭〕如儀。[一九]司徒曰"百官事畢，臣請罷"，從入房者皆再拜，出，就位。太常導皇帝就贈位。司徒跪曰"請進贈"，侍中奉持鴻洞。贈玉珪長尺四寸，薦以紫巾，廣袤各三寸，緹裏，赤繡周緣；贈幣，玄三纁二，各長尺二寸，廣充幅。皇帝進跪，臨羨道房戶，西向，手下贈，投鴻洞中，三。東園匠奉封入藏房中。太常跪曰"皇帝敬再拜，請哭"，大鴻臚傳哭如儀。太常跪曰"贈事畢"，皇帝促就位。[1]容根車游載容衣。司徒至便殿，并聲騎皆從容車玉帳下。司徒跪曰"請就幄"，導登。尚衣奉衣，以次奉器衣物，藏於便殿。太祝進醴獻。凡下，用漏十刻。禮畢，司空將校復土。

【注】

[1]《續漢書》曰："明帝崩，司徒鮑昱典喪事，葬日，三公入安梓宮，還，至羨道半，逢上欲下，昱前叩頭言：'禮，天子鴻洞以贈，所以重郊廟也。陛下奈何冒危險，不以義割哀？'上即還。"

皇帝、皇后以下皆去麤服，服大紅，還宮反廬，立主如禮。桑木主尺二寸，不書謚。虞禮畢，祔於廟，如禮。[1]

【注】

[1]《漢舊儀》曰："高帝崩三日，小斂室中牖下。[二〇]作栗木主，長八寸，前方後圓，圍一尺，置牖中，望外，內張縣絮以鄣外，以皓木大如指，長三尺，四枚，纏以皓皮四方置牖中，主居其中央。七日大斂棺，以黍飯羊舌祭之牖中。已葬，收主。為木函，藏廟太室中西牆壁埳中，望內，外不出室堂之上。坐為五時衣、冠、履、几、杖、竹籠。為俑人，無頭，坐起如生時。皇后主長七寸，圍九寸，在皇帝主右旁。高皇帝主長九寸。上林給栗木，長安祠廟作神主，東園祕器作梓棺，素木長丈三尺，崇廣四尺。"

先大駕日游冠衣于諸宮諸殿，群臣皆吉服從會如儀。皇帝近臣喪服如禮。釋大紅，服小紅，十一升都布練冠。釋小紅，服纖。釋纖，服留黃，冠常冠。近臣及二千石以下皆服留黃冠。百官衣皁。每變服，從哭詣陵會如儀。祭以特牲，不進毛血首。司徒、光祿勳備三爵如禮。[1]

【注】

[1]《古今注》具載帝陵丈尺頃畝，今附之後焉。　光武原陵，山方三百二十三步，高六丈六尺。垣四出司馬門。寢殿、鍾虡皆在周垣內。隄封[二一]田十二頃五十七畝八十五步。《帝王世記》曰[二二]："在臨平亭之南，西望平陰，東南去雒陽十五里。"　明帝顯節陵，山方三百步，高八丈。無周垣，為行馬，四出司馬門。石殿、鍾虡在行馬內。寢殿、園省在東。園寺吏舍在殿北。隄封田七十四頃五畝。《帝王世記》曰："故富壽亭也，西北去雒陽三十七里。"　章帝敬陵，山方三百步，高六丈二尺。無周垣，為行馬，四出司馬門。石殿、鍾虡在行馬內。寢殿、園省在東。園寺吏舍在殿北。隄封田二十五頃五十五畝。《帝王世記》曰："在雒陽東南，去雒陽三十九里。"　和帝慎陵，山方三百八十步，高十丈。無周垣，為行馬，四出司馬門。石殿、鍾虡在行馬內。寢殿、園省在東。園寺吏舍在殿北。隄封田三十一頃二十畝二百步。《帝王世記》曰："在雒陽東南，去雒陽四十一里。"　殤帝康陵，山周二百八步，高五丈五尺。行馬四出司馬門。寢殿、鍾虡在行馬中。因寢殿為廟。園吏寺舍在殿北。隄封田十三頃十九畝二百五十步。《帝王世記》曰："高五丈四尺。去雒陽四十八里。"　安帝恭陵，山周二百六十步，高十五丈。無周垣，為行馬，四出司馬門。石殿、鍾虡在行馬內。寢殿、園吏舍在殿北。隄封田一十四頃五十六畝。《帝王世記》曰："高十一丈。在雒陽西北，去雒陽十五里。"　順帝憲陵，山方三百步，高八丈四尺。無周垣，為行馬，四出司馬門。石殿、鍾虡在司馬門內。寢殿、園省寺吏舍在殿東。隄封田十八頃十九畝三十步。《帝王世記》曰："在雒陽西北，去雒陽十五里。"　沖帝懷陵，山方百八十三步，高四丈六尺。為寢殿行馬，四出門。園寺吏舍在殿東。隄封田五頃八十畝。《帝王世記》曰："[在雒陽]西北，[二三]去雒陽十五里。"　質

帝靜陵，山方百三十六步，高五丈五尺，為行馬，四出［司馬］門。〔二四〕寢殿、鍾虡在行馬中，園寺吏舍在殿北。隄封田十二頃五十四畝。因寢為廟。《帝王世記》曰："在雒陽東，去雒陽三十二里。" 桓帝宣陵，《帝王世記》曰："山方三百步，高十二丈。在雒陽東南，去雒陽三十里。" 靈帝文陵，《帝王世記》曰："山方三百步，高十二丈。在雒陽西北，去雒陽二十里。" 獻帝禪陵，《帝王世記》曰："不起墳，深五丈，前堂方一丈八尺，後堂方一丈五尺，角廣六尺。在河內山陽之濁城西北，去濁城直行十一里，斜行七里，去懷陵百一十里，去山陽五十里，南去雒陽三百一十里。"蔡質《漢儀》曰："十二陵令見河南尹無敬也。" 魏文帝《終制》略曰："漢文帝之不發霸陵，無求也。光武之掘原陵，封樹也。霸陵之完，功在釋之；原陵之掘，罪在明帝。是釋之忠以利君，明帝愛以害親也。忠臣孝子，宜思釋之之言，察明帝之戒，存於所以安君定親，使魂靈萬載無危，斯則賢聖之忠孝矣。自古及今，未有不亡之國，亦無不掘之墓也。喪亂以來，漢氏諸陵無不發掘，至乃燒取玉柙金縷，〔二五〕骸骨并盡，是焚如之刑也，豈不重痛哉。禍由乎厚葬封樹，桑、霍為我戒，不亦明乎！"臣昭案：《董卓傳》："卓使呂布發諸帝陵及公卿以下冢墓，收其珍寶。"《卓別傳》曰："發成帝陵，解金縷，探含璣焉。"《呂氏春秋》略曰："審知生，聖人之要也；審知死，聖人之極也。知生者，不以物害生；知死者，不以物害死。凡生於天地之閒，其必有死。孝子之重其親者，若親之愛其子，不棄於溝壑，故有葬送之義。葬者，藏也。以生人心為之慮，則莫如無動，無動莫如無利。葬淺則狐貍掘之，深則及水泉，故必高陵之上，以避二害。然而忘姦寇之變，豈不惑哉！民之於利也，犯白刃，涉危難以求之；忍親戚，欺知交以求之。今無此危，無此醜，而為利甚厚，固難禁也。國彌大，家彌富，其葬彌厚，珠玉金銅，不可勝計。姦人聞之，轉以相告，雖有嚴刑重罪，不能止也。且死者彌久，生者彌疏，彌疏則守之彌怠。藏器如故而守之有怠，其勢固必掘矣。世（至）［主］為丘隴，〔二六〕其高若山陵，樹之若林藪，或設闕庭、都邑。以此示富則可矣，以此為死者則惑矣！大凡死者，其視萬世猶一（瞑）［瞚］也。〔二七〕人之壽，久者不過百，中者六十。以百與六十為無窮者慮，其情固不相當矣。必以無窮為慮，然後為可。今有銘其墓曰，'此中有金寶甚厚，不可掘也',必為世笑矣。而為之闕庭以自表,此何異彼哉!自古及今,未有不亡之國也。無不亡之國,是無不掘之墓。以耳目之所聞見,則齊、荊、燕嘗亡矣;宋、中山已亡矣;趙、韓、魏皆失其故國矣。自此以上,亡國不可勝數,故其大墓無不掘也。而猶皆爭為之,豈不悲哉!今夫君之不令民,父之不(教)[孝]子,〔二八〕兄之不悌弟,皆鄉邑之所遺,而憚耕耒之勞者也。仍不事耕農,而好鮮衣侈食。智巧窮匱,則合黨連衆,而謀名丘大墓。上曾不能禁也,此有葬自表之禍也。昔堯葬穀林,通樹之;舜葬紀市,不變肆;禹葬會稽,不變人徒。非愛其費,以為死者[慮]也。〔二九〕先王之所惡,惡死者之辱。以為儉則不發,不發則不辱,故必以儉而合乎山原也。宋未亡而東冢掘,齊未亡而莊公[冢]掘。〔三〇〕國存而乃若此,〔三一〕又況滅名之後乎!此愛而厚葬之故也。欲愛而反害之,欲安而反危之,忠臣孝子亦不可以厚葬矣。昔季孫以璵璠斂,孔子歷級而止之,為無窮慮也。"

太皇太后、皇太后崩,司空以特牲告謚于祖廟如儀。長樂太僕、少府、大長秋典喪事,三公奉制度,他皆如禮儀。〔1〕

【注】

〔1〕丁孚《漢儀》曰:"永平七年,陰太后崩,晏駕詔曰:'柩將發於殿,群臣百官陪位,黃門鼓吹三通,鳴鍾鼓,天子舉哀。女侍史官三百人皆著素,參以白素,引棺挽歌,下殿就車,黃門宦者引以出宮省。太后魂車,鸞路,青羽蓋,駟馬,龍旂九旒,前有方相,鳳皇車,大將軍妻參乘,太僕妻御,[女騎夾轂]悉道。〔三二〕公卿百官如天子郊鹵簿儀。'後和熹鄧后葬,案以為儀,自此皆降損於前事也。"

合葬:羨道開通,皇帝謁便房,太常導至羨道,去杖,中常侍受,至柩前,謁,伏哭止如儀。辭,太常導出,中常侍授杖,升車歸宮。已下,反虞立主如禮。諸郊廟祭服皆下便房。五時朝服各一襲在陵寢,其餘及宴服皆封以篋笥,藏宮殿後閣室。

諸侯王、列侯、始封貴人、公主薨，皆令贈印璽、玉柙銀縷；大貴人、長公主銅縷。諸侯王、貴人、公主、公、將軍、特進皆賜器，官中二十四物。使者治喪，穿作，柏槨，百官會送，如故事。諸侯王、公主、貴人皆樟棺，洞朱，雲氣畫。公、特進樟棺黑漆。中二千石以下坎侯漆。[1] 朝臣中二千石、將軍，使者弔祭，郡國二千石、六百石以至黃綬，皆賜常車驛牛贈祭。宜自佐史以上達，大斂皆以朝服。君臨弔若遣使者，主人免絰去杖望馬首如禮。免絰去杖，不敢以戚凶服當尊者。[2] 自王、主、貴人以下至佐史，送車騎導從吏卒，各如其官府。載飾以蓋，龍首魚尾，華布牆，纁上周，交絡前後，雲氣畫帷裳。中二千石以上有輴，左龍右虎，朱鳥玄武；公侯以上加倚鹿伏熊。千石以下，緇布蓋牆，[三] 魚龍首尾而已。二百石黃綬以下至于處士，皆以簟席為牆蓋。其正妃、夫人、妻皆如之。諸侯王，傅、相、中尉、內史典喪事，大鴻臚奏謚，天子使者贈璧帛，載日命謚如禮。下陵，群臣醳麤服如儀，主人如禮。

【注】

[1] 丁孚《漢儀》曰："孝靈帝葬馬貴人，贈步搖、赤紱葬，青羽蓋、駟馬。柩下殿，女侍史二百人著素衣挽歌，引木下就車，黃門宦者引出宮門。"

[2]《前書》賈山上書曰："古之賢君於臣也，尊其爵祿而親之，疾則臨視之無數，死則往弔哭之，臨其小斂、大斂。已棺塗而後為之服，錫衰絰而三臨其喪。未斂而不飲酒食肉，未葬不舉樂。當可謂盡禮矣。服法服，端容貌，正顏色，然後見之。故臣下莫敢不竭力盡死以報其上，功德立於世，而令問不忘也。"《晉起居注》曰："太尉賈充薨，皇太子妃之父，又太保也，有司奏依漢元明二帝親臨師保故事，皇太子素服為發哀，又臨其喪。"

贊曰：大禮雖簡，鴻儀則容。天尊地卑，君莊臣恭。質文通變，哀敬交從。元序斯立，家邦迺隆。

【校勘記】

〔一〕[廣]二寸半　據盧校補，與《通典》合。

〔二〕(請)諸衣衿斂之　盧云"請"字衍。今據刪。

〔三〕諸侯飯以珠唅以(珠)[璧]　據盧校改。按：盧依《禮·檀弓》正義引改，錢大昭亦謂當作"璧"。

〔四〕兵官戎　按：盧云此三字衍，《通典》無。《集解》引黃山說，謂此三字為文既不可得解，合下"三公太常"為文，辭亦不相屬，注何以涉及車器介士，知此文必有誤脫矣。

〔五〕及因郵奉奏　按：《集解》引黃山說，謂"及"乃"各"形近之誤，謂皆得不遣人奉奏也。

〔六〕文帝遺詔文　按：盧校下"文"字改"又"。

〔七〕紅者(中)[小]祥大祥以紅為領緣[也]　據盧校改"中"為"小"。據惠棟說補"也"字。

〔八〕纖"者"禫也凡三十六日而釋[服]　據《集解》引惠棟說補。

〔九〕太僕[駕]四輪輈為賓車　《集解》引錢大昕說，謂"僕"下脫"駕"字，當依《獻帝紀》注增。今據補。

〔一〇〕長三刃　按："刃"原譌"刄"，逕據汲本、殿本改正。

〔一一〕東面奉[謚]策　據盧校補。

〔一二〕再拜立(哭)　據盧校刪。按：盧云"哭"字衍，下方云太常跪曰哭。

〔一三〕(毆)[歐]方良　據殿本改。

〔一四〕載車著白系參繆紼　按：盧云《通典》"系"作"絲"。

〔一五〕校尉三[百]人　《集解》引錢大昕說，謂"三"下脫"百"，當依《獻帝紀》注增。今據補。

〔一六〕巴俞擢歌者六十人　按：盧云《巴俞》擢即《巴渝》擢，何焯校本改"櫂"。古樂府有《櫂歌行》。櫂，徒了切。錢大昕云《獻帝紀》注作"擢"，音徒了反。又按："六十人"原譌"六十九"，逕改正。

〔一七〕列侯(宜)[直]九賓東北面西上　據盧校改。

〔一八〕瑟六琴一　按：盧云《通典》作"琴六瑟一"，似是。

〔一九〕太常大鴻臚請哭止〔哭〕如儀　據盧校補。

〔二〇〕小斂室中庸下　按："庸"原譌"埔"，逕據汲本、殿本改正。下同。

〔二一〕隄封　按：汲本、殿本"隄"皆作"提"。

〔二二〕帝王世記　汲本、殿本"記"作"紀"，下同。按：諸志劉昭注所引《帝王世紀》之"紀"字，紹興本皆作"記"。

〔二三〕〔在雒陽〕西北　據《集解》引黃山說補。

〔二四〕四出〔司馬〕門　據《集解》引黃山說補。

〔二五〕至乃燒取玉柙金縷　按：汲本、殿本作"鏤"，誤。

〔二六〕世（至）〔主〕為丘隴　盧校依《呂覽》改"至"為"之"。《校補》謂"至"當作"主"。今按：《呂覽》作"世之"，就大概言也，就本文文勢，作"世主"亦得。且至與主形近易譌，疑劉昭注本作"主"也。今依《校補》改為"主"。

〔二七〕其視萬世猶一（瞑）〔瞚〕也　據盧校改。按：盧云瞚同瞬，作"瞑"譌。又《校補》引錢大昭說，謂今《呂覽》"瞑"作"瞚"。

〔二八〕父之不（教）〔孝〕子　據盧校改，與《呂覽》合。

〔二九〕以為死者〔慮〕也　據盧校補，與《呂覽》合。

〔三〇〕齊未亡而莊公〔冢〕掘　據盧校補，與《呂覽》合。

〔三一〕國存而乃若此　按："乃"原譌"力"，逕改正。

〔三二〕太僕妻御〔女騎夾轂〕悉道　據《集解》引惠棟說補。按：盧校改"道"為"導"，今以道導通，故不改。

〔三三〕千石以下緇布蓋牆　按："緇"原譌"輜"，逕據汲本、殿本改正。

後漢書志第七

祭祀上

光武即位告天　郊　封禪

祭祀之道，自生民以來則有之矣。豺獺知祭祀，而況人乎！故人知之至於念想，猶豺獺之自然也，顧古質略而後文飾耳。自古以來王公所為羣祀，至於王莽，《漢書·郊祀志》既著矣，故今但列自中興以來所修用者，以為《祭祀志》。[1]

【注】
〔1〕謝沈《書》曰"蔡邕引中興以來所修者為《祭祀［意》"，此］志即邕之意也。〔一〕

建武元年，光武即位于鄗，為壇營於鄗之陽。[1]祭告天地，采用元始中郊祭故事。六宗羣神皆從，未以祖配。天地共犢，餘牲尚約。[2]其文曰："皇天上帝，后土神祇，睠顧降命，屬秀黎元，為民父母，秀不敢當。羣下百僚，不謀同辭。咸曰王莽篡弒竊位，秀發憤興義兵，破王邑百萬衆於昆陽，誅王郎、銅馬、赤眉、青犢賊，平定天下，海內蒙恩，上當天心，下為元元所歸。讖記曰：'劉秀發兵捕不道，卯金修德為天子。'秀猶固辭，至于再，至于三。羣下曰：'皇天大命，不可稽留。'敢不敬承。"

【注】

〔1〕《春秋保乾圖》曰:"建天子於鄗之陽,名曰行皇。"

〔2〕《黃圖》載元始儀最悉,曰:"元始四年,宰衡莽奏曰:'帝王之義,莫大承天;承天之序,莫重於郊祀。祭天於南,就陽位;祠地於北,主陰義。圓丘象天,方澤則地。圓方因體,南北從位。燔燎升氣,瘞埋就類。牲欲繭栗,味尚清玄。器成匏勺,貴誠因質。天地神所統,故類乎上帝,禋于六宗,望秩山川,班於群神。皇天后土,隨王所在而事祐焉。甘泉太陰,河東少陽,咸失厥位,不合禮制。聖王之制,必上當天心,下合地意,中考人事。故曰:"愷悌君子,求福不回。"回而求福,厥路不通。(正月)〔在《易》·泰卦》,〔二〕乾坤合體,天地交通,萬物聚出,其律太蔟。天子親郊天地。先祖配天,先妣配地,陰陽之別。以日冬至祀天,夏至祀后土,君不省方而使有司。六宗,日、月、星、山、川、海,星則北辰,川即河,山岱宗,三光衆明山阜百川衆流淳汙皋澤,以類相屬,各數秩望相序。'於是定郊祀,祀長安南北郊,罷甘泉、河東祀。"　上帝壇圓八觚,徑五丈,高九尺。茅營去壇十步,竹宮徑三百步,土營徑五百步。神靈壇各於其方面三丈,去茅營二十步,廣(坐)〔三〕十五步。〔三〕合祀神靈以璧琮。用辟神道(以)〔八〕通,〔四〕廣各三十步。竹宮內道廣三丈,有闕,各九十一步。壇方三丈,拜位壇亦如之。　為周道郊營之外,廣九步。營(六甘泉)北辰于南門之外,〔五〕日、月、海東門之外,河北門之外,岱宗西門之外。　為周道前望之外,廣九步。列望(遂)〔道〕乃近前望道外,〔六〕徑六十二步。壇方二丈五尺,高三尺五寸。　為周道列望之外,徑九步。卿望亞列望外,徑四十步。壇廣三丈,高二尺。　為周道卿望之外,徑九步。大夫望亞卿望道外,徑二十步。壇廣一丈五尺,高一尺五寸。　為周道大夫望之外,徑九步。士望亞大夫望道外,徑十五步。壇廣一丈,高一尺。為周道士望之外,徑九步。庶望亞士望道外,徑九步。壇廣五尺,高五寸。　為周道庶望之外,徑九步。凡天宗上帝宮壇營,徑三里,周九里。營三重,通八方。　后土壇方五丈六尺。茅營去壇十步外,土營方二百步限之。其五零壇

（土）［去］茅營，〔七〕如上帝五神去營步數，神道四通，廣各十步。宮內道廣各二丈，有闕。　為周道后土宮外，徑九步。營岱宗西門之外，河北門之外，海東門之外，徑各六十步。壇方二丈，高二尺。　為周道前望之外，徑六步。列望亞前望道外，［徑］三十六步。〔八〕壇廣一丈五尺，高一尺五寸。　為周道列望之外，徑六步。卿望亞列望道外，徑三十五步。〔九〕壇廣［一］丈，〔一〇〕高一尺。　為周道卿望之外，徑六步。大夫望亞卿望道（之）外，徑十九步。〔一一〕壇廣八尺，高八寸。　為周道大夫望之外，徑（九）［六］步。〔一二〕士望亞大夫望道外，徑十二步。壇廣六尺，高六寸。　為周道士望之外，徑六步。凡地宗后土宮壇營，方二里，周八里。營再重，道四通。常以歲之孟春正月上辛若丁，親郊祭天南郊，以地配，望秩山川，徧于群神。天地位皆南鄉同席，地差在東，共牢而食。太祖高皇帝、高后配于壇上，西鄉，后在北，亦同席，共牢而食。日冬至，使有司奉祭天神于南郊，高皇帝配而望群陽。夏至，使有司奉祭地祇于北郊，高皇后配而望群陰。天地用牲二，燔燎瘞埋用牲一，先祖先妣用牲一。天以牲左，地以牲右，皆用黍稷及樂。

　　二年正月，初制郊兆於雒陽城南七里，依鄗。采元始中故事。為圓壇八陛，中又為重壇，天地位其上，皆南鄉，西上。其外壇上為五帝位。青帝位在甲寅之地，赤帝位在丙巳之地，黃帝位在丁未之地，白帝位在庚申之地，黑帝位在壬亥之地。其外為壝，重營皆紫，以像紫宮；有四通道以為門。日月在中營內南道，日在東，月在西，北斗在北道之西，皆別位，不在群神列中。八陛，陛五十八醊，合四百六十四醊。五帝陛郭，帝七十二醊，合三百六十醊。中營四門，門五十四神，合二百一十六神。外營四門，門百八神，合四百三十二神。皆背營內鄉。中營四門，門封神四，外營四門，門封神四，合三十二神。凡千五百一十四神。營即壝也。封，封土築也。背中營神，五星也，及中（宮）［官］宿五官神〔一三〕及五嶽之屬也。背外營神，二十八宿外（宮）［官］星，〔一四〕雷公、先農、風伯、雨師、四海、四瀆、名山、大川之屬也。

至七年五月，詔三公曰："漢當郊堯。其與卿大夫、博士議。"時侍御史杜林上疏，以為"漢起不因緣堯，與殷周異宜，而舊制以高帝配。方軍師在外，且可如元年郊祀故事"。上從之。語在《林傳》。[1]

【注】

[1]《東觀書》載杜林上疏，悉於本傳。曰："臣聞營河、雒以為民，刻肌膚以為刑，封疆畫界以建諸侯，井田什一以供國用，三代之所同。及至漢興，因時宜，趨世務，省煩苛，取實事，不苟貪高亢之論。是以去土中之京師，就關內之遠都。除肉刑之重律，用髡鉗之輕法。郡縣不置世祿之家，農人三十而稅一。政卑易行，禮簡易從。民無愚智，思仰漢德，樂承漢祀。基業特起，不因緣堯。堯遠於漢，民不曉信，言提其耳，終不悅諭。后稷近於周，民戶知之。世據以興，基由其祚，本與漢異。郊祀高帝，誠從民望，得萬國之歡心，天下福應，莫大於此。民奉種祀，且猶世主，不失先俗。群臣僉薦鮌，考績不成，九載乃殛。宗廟至重，衆心難違，不可卒改。《詩》云'不愆不忘，率由舊章'，明當尊用祖宗之故文章也。宜如舊制，以解天下之惑，合於《易》之所謂'先天而天不違，[一五]後天而奉天時'義。方軍師在外，祭可且如元年郊祭故事。"

隴、蜀平後，乃增廣郊祀，高帝配食，位在中壇上，西面北上。[1]天、地、高帝、黃帝各用犢一頭，青帝、赤帝共用犢一頭，白帝、黑帝共用犢一頭，凡用犢六頭。[2]日、月、北斗共用牛一頭，四營群神共用牛四頭，凡用牛五頭。凡樂奏《青陽》、《朱明》、《西皓》、《玄冥》，及《雲翹》、《育命》舞。中營四門，門用席十八枚，外營四門，門用席三十六枚，凡用席二百一十六枚，皆莞簟，率一席三神。日、月、北斗無陛郭醊。既送神，（燔）[燎]俎實於壇南巳地。[3][一六]

【注】

〔1〕《漢舊儀》曰:"祭天(祭)〔居〕紫壇幄帷。高皇帝(祭)〔配〕天,居堂下西向,紺帷帳,紺席。"〔一七〕《鉤命决》曰:"自外至者,无主不止;自内出者,无匹不行。"

〔2〕《漢舊儀》曰:"祭天,養牛五歲,至三千斤。"案:《禮記》曰"天地之牛角繭栗",而此云五歲,本志用犢是也。

〔3〕《周禮》:"凡以神仕者,掌三辰之法,以猶鬼神祇之居,辨其名物。"鄭玄曰:"猶,圖也。居謂坐也。天者群神之精,日月星辰其著位也。以此圖天神人鬼地祇之坐者,謂布祭衆寡,與其居句。《孝經》説郊祀之禮曰:'燔燎掃地,祭牲繭栗,或象天酒旗坐星,廚倉具黍稷布席,極敬心也。'言郊之布席,象五帝坐。《禮》祭宗廟,序昭穆,亦有似虚、危,則祭天圜丘象北極,祭地方澤象后妃,及社稷之席,皆有明法焉。"

建武三十年二月,群臣上言,即位三十年,宜封禪泰山。〔1〕詔書曰:"即位三十年,百姓怨氣滿腹,吾誰欺,欺天乎?曾謂泰山不如林放,何事汙七十二代之編録!〔2〕桓公欲封,管仲非之。若郡縣遠遣吏上壽,盛稱虚美,必髠,兼令屯田。"從此群臣不敢復言。三月,上幸魯,〔3〕過泰山,告太守以上過故,承詔祭山及梁父。時虎賁中郎將梁松等議:"《記》曰'齊將有事泰山,先有事配林',蓋諸侯之禮也。河嶽視公侯,王者祭焉。宜無即事之漸,不祭配林。"〔4〕

【注】

〔1〕服虔注《漢書》曰:"封者,增天之高,歸功於天。"張晏注云:"天高不可及,於泰山上立封,禪而祭之,冀近神靈也。"項威注曰:"封泰山,告太平,升中和之氣於天。祭土為封,謂負土於泰山為壇而祭也。"《禮記》曰:"因名山升中于天。"盧植注曰:"封泰山,告太平,升中和之氣於天也。"《東觀書》載太尉趙憙上言曰:"自古帝王,每世之隆,未嘗不封禪。陛下聖德

洋溢，順天行誅，撥亂中興，作民父母，修復宗廟，救萬姓命，黎庶賴福，海內清平。功成治定，群司禮官咸以為宜登封告成，為民報德。百王所同，當仁不讓。宜登封岱宗，正三雍之禮，以明靈契，望秩群神，以承天心也。"

〔２〕《莊子》曰："易姓而王，封於泰山，禪於梁父者，七十有二代。其有形兆垠堮勒石，凡千八百餘處。"許慎《說文序》曰："蒼頡之初作書，蓋依類象形，故謂之文。其有形聲相益，即謂之字。字者，言孳乳而滋多也。著於竹帛謂之書，書者如也。以迄五帝、三王之世，改易殊體，封於泰山者七十有二代，靡有同焉。"

〔３〕《漢祀令》曰："天子行有所之，出河，沈用白馬珪璧各一，衣以繒緹五尺，祠用脯二束，酒六升，鹽一升。涉渭、灞、涇、雒佗名水如此者，沈珪璧各一。律，在所給祠具；及行，沈祠佗川水，先驅投石，少府給珪璧。不滿百里者不沈。"

〔４〕盧植注曰："配林，小山林麓配泰山者也。謂諸侯不郊天，泰山巡省所考五嶽之宗，故有事將祀之，先即其漸。天子則否矣。"泰山廟在博縣。《風俗通》曰："博縣十月祀岱宗，名曰合凍，十二月涸凍，正月解凍。太守絜齋，親自執事，作脯廣一尺，長五寸。既祀訖，取泰山君夫人坐前脯三十朐，太守拜章，縣次驛馬，傳送雒陽。"

三十二年正月，上齋，夜讀《河圖會昌符》，曰"赤劉之九，會命岱宗。不慎克用，何益於承。誠善用之，姦偽不萌"。感此文，乃詔松等復案索《河》、《雒》讖文言九世封禪事者。松等列奏，乃許焉。〔１〕

【注】

〔１〕《東觀書》曰："群臣奏言：'登封告成，為民報德，百王所同。陛下輒拒絕不許，臣下不敢頌功述德業。《河》、《雒》讖書，赤漢九世，當巡封泰山，凡三十六事，傅奏左帷。〔一八〕陛下遂以仲月令辰，遵岱嶽之正禮，奉《圖》、《雒》之明文，以和靈瑞，以為兆民。'上曰：'至泰山乃復議。國家德薄，災異仍至，圖讖蓋如此！'"

初，孝武帝欲求神仙，以扶方者言黃帝由封禪而後僊，於是欲封禪。封禪不常，時人莫知。元封元年，上以方士言作封禪器，以示羣儒，多言不合古，〔一九〕於是罷諸儒不用。三月，上東上泰山，[1]乃上石立之泰山顛。[2]遂東巡海上，求僊人，無所見而還。四月，封泰山。[3]恐所施用非是，乃祕其事。語在《漢書·郊祀志》。[4]

【注】

[1]郭璞注《山海經》曰："泰山從山下至頭，四十八里二百步。"

[2]《風俗通》曰："石高二丈一尺，刻之曰'事天以禮，立身以義，事父以孝，成民以仁。四海之內，莫不為郡縣，四夷八蠻，咸來貢職。與天無極，人民蕃息，天祿永得'。"

[3]《風俗通》曰："封廣丈二尺，高九尺，下有玉牒書也。"

[4]《東觀書》曰："上至泰山，有司復奏《河》、《雒》圖記表章赤漢九世尤著明者，前後凡三十六事。與博士充等議，以為'殷統未絕，黎庶繼命，高宗久勞，猶為中興。武王因父，受命之列，據三代郊天，因孔子甚美其功，後世謂之聖王。漢統中絕，王莽盜位，一民莫非其臣，尺土靡不其有，宗廟不祀，十有八年。陛下無十室之資，奮振於匹夫，除殘去賊，興復祖宗，集就天下，海內治平，夷狄慕義，功德盛於高宗、（宣）[武]王。〔二〇〕宜封禪為百姓祈福。請親定刻石紀號文，太常奏儀制'。詔曰：'許。昔小白欲封，〔二一〕夷吾難之；季氏欲旅，仲尼非焉。蓋齊諸侯，季氏大夫，皆無事於泰山。今予末小子，巡祭封禪，德薄而任重，一則以喜，一則以懼。喜於得承鴻業，帝堯善及子孫之餘賞，蓋應圖錄，當得是當。懼於過差，執德不弘，信道不篤，為議者所誘進，後世知吾罪深矣。'"

上許梁松等奏，乃求元封時封禪故事，議封禪所施用。有司奏當用方石再累置壇中，皆方五尺，厚一尺，用玉牒書藏方石。〔二二〕牒厚五寸，長尺三寸，廣五寸，有玉檢。又用石檢十枚，列於石傍，東西各三，南北各二，皆長三尺，廣一尺，厚七寸。檢中刻三處，深四寸，方五寸，有蓋。檢用金縷五周，以水銀和金以為泥。玉璽一方寸二分，一枚方五寸。方石四角又有距石，皆再累。枚長一丈，厚一尺，廣二尺，皆在圓壇上。其下用距石十八枚，皆高三尺，厚一尺，廣二尺，如小碑，環壇立之，去壇三步。距石下皆有石跗，入地四尺。又用石碑，高九尺，廣三尺五寸，厚尺二寸，立壇丙地，去壇三丈以上，以刻書。上以用石功難，又欲及二月封，故詔松欲因故封石空檢，更加封而已。〔1〕松上疏爭之，以為"登封之禮，告功皇天，垂後無窮，以為萬民也。承天之敬，尤宜章明。奉圖書之瑞，尤宜顯著。今因舊封，窺寄玉牒故石下，恐非重命之義。受命中興，宜當特異，以明天意"。遂使泰山郡及魯趣石工，宜取完青石，無必五色。時以印工不能刻玉牒，欲用丹漆書之；會求得能刻玉者，遂書。書祕刻方石中，命容玉牒。

【注】
〔1〕欲及二月者，《虞書》"歲二月，東巡狩，至于岱宗，柴"。范甯曰："巡狩者，巡行諸侯所守。二月直卯，故以東巡狩也。祭山曰燔柴，積柴加牲於其上而燔之也。"

二月，上至奉高，〔1〕遣侍御史與蘭臺令史，將工先上山刻石。文曰："維建武三十有二年二月，皇帝東巡狩，至于岱宗，柴，〔2〕望秩於山川，〔3〕班于群神，〔4〕遂覲東后。從臣太尉憙、行司徒事特進高密侯禹等。漢賓二王之後在位。孔子之後襃成侯，序在東后，蕃王十二，咸來助祭。《河圖赤伏符》曰：'劉秀發兵捕不道，四夷雲集龍鬭野，四七之際火為主。'《河圖會昌符》曰：'赤帝九世，巡省得中，治平則封，誠合帝道孔矩，則天文靈出，地祇瑞興。帝劉之九，會命岱宗，誠善用之，姦偽不萌。赤漢德興，九世會昌，巡岱皆當。天地扶九，崇經之常。漢大興之，道在九世之王。封于泰山，刻石著紀，禪于梁父，退省考五。'《河圖合古篇》曰：'帝劉之秀，九名之世，帝行德，封刻政。'《河圖提劉予》〔二三〕曰：'九世之帝，方明聖，持衡拒，九州平，天下予。'〔二四〕《雒書甄曜度》曰:'赤三德,昌九世,會修符,合帝際,勉刻封。'《孝經鉤命決》曰:'予誰行,赤劉用帝,三建孝,九會修,專茲竭行封岱青。'《河》、《雒》命后,經讖所傳。昔在帝堯,聰明密微,讓與舜庶,後裔握機。王莽以舅后之家,三司鼎足冢宰之權勢,依託周公、霍光輔幼歸政之義,遂以篡叛,僭號自立。宗廟墮壞,社稷喪亡,不得血食,十有八年。楊、徐、青三州首亂,兵革橫行,延及荊州,豪傑并兼,百里屯聚,往往僭號。北夷作寇,千里無煙,無雞鳴狗吠之聲。皇天睠顧皇帝,以匹庶受命中興,年二十八載興兵,(起是)以(中)次誅討,〔二五〕十有餘年,罪人(則)斯得。〔二六〕黎庶得居爾田,安爾宅。書同文,車同軌,人同倫。舟輿所通,人迹所至,靡不貢職。建明堂,立辟雍,起靈臺,設庠序。同律、度、量、衡。〔5〕修五禮,〔6〕五玉,〔7〕三帛,〔8〕二牲,〔9〕一死,〔10〕贄。〔11〕吏各修職,復于舊典。在位三十有二年,年六十二。乾乾日昃,不敢荒寧,涉危歷險,親巡黎元,恭肅神祇,惠恤耆老,理庶遵古,聰允明恕。皇帝唯慎《河圖》、《雒書》正文,是月辛卯,柴,登封泰山。甲午,禪于梁陰。以承靈瑞,以為兆民,永茲一宇,垂于後昆。百寮從臣,郡守師尹,咸蒙祉福,永永無極。秦相李斯燔《詩》、《書》,樂崩禮壞。建武元年已前,文書散亡,舊典不具,不能明經文,以章句細微相況八十一卷,明者為驗,又其十卷,皆不昭晳。子貢欲去告朔之餼羊,子曰:'賜也,爾愛其羊,我愛其禮。'後有聖人,正失誤,刻石記。"〔12〕

【注】

〔1〕應劭《漢官》馬第伯《封禪儀記》曰:"車駕正月二十八日發雒陽宮,二月九日到魯,遣守謁者郭堅伯將徒五百人治泰山道。十日,魯遣宗室諸劉及孔氏、瑕丘丁氏上壽受賜,皆詣孔氏宅,賜酒肉。十一日發,十二日宿奉高。是日遣虎賁郎將先上山,三案行。還,益治道徒千人。十五日,始齋。國家居太守府舍,諸王居府中,諸侯在縣庭中齋。諸卿、校尉、將軍、大夫、黃門郎、百官及宋公、衛公、褒成侯、東方諸侯、雒中小侯齋城外汶水上。太尉、

太常齋山虞。馬第伯自云，某等七十人先之山虞，觀祭山壇及故明堂宮郎官等郊肆處。入其幕府，觀治石。石二枚，狀博平，圓九尺，此壇上石也。其一石，武帝時石也。時用五車不能上也，因置山下為屋，號五車石。四維距石長丈二〔尺〕，〔二七〕廣二尺，厚尺半所，四枚。檢石長三尺，廣六寸，狀如封篋。長檢十枚。一紀號石，高丈二尺，廣三尺，厚尺二寸，名曰立石。一枚，刻文字，紀功德。是朝上山騎行，往往道峻悄，（不）〔下〕騎，步牽馬，〔二八〕乍步乍騎，且相半，至中觀留馬。去平地二十里，南向極望無不覩。仰望天關，如從谷底仰觀抗峰。其為高也，如視浮雲。其峻也，石壁窅窱，如無道徑。遙望其人，端如行朽兀，或為白石或雪，久之白者移過樹，乃知是人也。殊不可上，四布僵臥石上，有頃復蘇。亦賴齎酒脯，處處有泉水，目輒為之明。復勉強相將行，到天關，自以已至也，問道中人，言尚十餘里。其道旁山脅，大者廣八九尺，狹者五六尺。仰視巖石松樹，鬱鬱蒼蒼，若在雲中。俛視谿谷，碌碌不可見丈尺。遂至天門之下。仰視天門，窔遼如從穴中視天。直上七里，賴其羊腸逶迤，名曰環道，往往有絚索，可得而登也。兩從者扶挾，前人相牽，後人見前人履底，前人見後人頂，如畫重累人矣，所謂磨胸捫石，捫天之難也。初上此道，行十餘步一休，稍疲，咽脣燋，五六步一休。牒牒據頓，地不避濕暗，前有燥地，目視而兩腳不隨。早食上，（脯）〔晡〕後到天門。〔二九〕郭使者得銅物。銅物形狀如鍾，又方柄有孔，莫能識也，疑封禪具也。得之者汝南召陵人，姓陽名通。〔三〇〕東上一里餘，得木甲。木甲者，武帝時神也。東北百餘步，得封所，始皇立石及闕在南方，漢武在其北。二十餘步得北垂圓臺，高九尺，方圓三丈所，有兩陛。人不得從，上從東陛上。臺上有壇，方一丈二尺所，上有方石，四維有距石，四面有闕。鄉壇再拜謁，人多置錢物壇上，亦不掃除。國家上見之，則詔書所謂酢梨酸棗狼藉，散錢處數百，幣帛具，道是武帝封禪至泰山下，未及上，百官為先上跪拜，置梨棗錢于道以求福，即此也。東山名曰日觀，日觀者，雞一鳴時，見日始欲出，長三丈所，秦觀者望見長安，吳觀者望見會稽，周觀者望見（齊西）〔嵩山〕。〔三一〕北有石室。壇以南有玉盤，中有玉龜。山南脅神泉，飲之極清美利人。日入下去，行數環。日暮時頗雨，不見其道，一人居其前，先知蹈有人，乃舉足隨之。比至天門下，夜人定矣。"

〔2〕《風俗通》曰:"岱者,胎也。〔三二〕宗者,長也。萬物之始,陰陽之交,〔雲〕觸石〔而出〕,〔三三〕膚寸而合,不崇朝而徧雨天下,惟泰山乎!故為五嶽之長耳。"

〔3〕孔安國《書》注曰:"九州名山、大川、五嶽、四瀆之屬,皆一時望祭之。"安國又曰:"喻以尊卑祭之也。五嶽視三公,四瀆視諸侯,其餘小者或卿、大夫、伯、子、男。"〔三四〕

〔4〕孔安國曰:"群神謂丘陵墳衍,古之聖賢皆祭之矣。"

〔5〕孔安國《書》注曰:"同(陰)〔音〕律也。"〔三五〕度,丈尺;量,斗斛;衡,斤兩也。

〔6〕孔安國曰:"公、侯、伯、子、男朝聘之禮。"范甯曰:"吉、凶、賓、軍、嘉也。"

〔7〕范甯曰:"五等諸侯之瑞,珪璧也。"

〔8〕孔安國曰:"諸侯世子執纁,公之孤執玄,附庸之君執黃。"范甯曰:"玄、纁、黃,三孤所執。"

〔9〕范甯曰:"羔、鴈也。卿執羔,大夫執鴈。"

〔10〕雉也,士所執。

〔11〕范甯曰:"總謂上所執之以為贄者也。"

〔12〕《封禪儀》曰:"車駕十九日之山虞,國家居亭,百官(布)〔列〕野。〔三六〕此日山上雲氣成宮闕,百官並見之。二十一日夕牲時,白氣廣一丈,東南極望致濃厚。時天清和無雲。《瑞命篇》'岱嶽之瑞,以日為應'也。"

二十二日辛卯晨,燎祭天於泰山下南方,群神皆從,用樂如南郊。[1]諸王、王者後二公、孔子後褒成君,皆助祭位事也。[2]事畢,將升封。或曰:"泰山雖已從食於柴祭,今親升告功,宜有禮祭。"於是使謁者以一特牲於常祠泰山處,告祠泰山,如親耕、貙劉、先祠、先農、先虞故事。至食時,御輦升山,[3]日中後到山上更衣,[4]早晡時即位于壇,北面。群臣以次陳後,西上,畢位升壇。[5]尚書令奉玉牒檢,皇帝以寸二分璽親封之,訖,太常命人發壇上石,[6]尚書令藏玉牒已，復石覆訖，尚書令以五寸印封石檢。[7]事畢，皇帝再拜，群臣稱萬歲。[8]命人立所刻石碑，乃復道下。[9]

【注】

〔1〕《封禪儀》曰："晨祭也。日高三丈所，燔燎（燔燎）煙正北（也）[向]。"〔三七〕

〔2〕《封禪儀》曰："百官各以次上。〔三八〕郡儲輦三百，為貴臣、諸公、王、侯，卿、大夫、百官皆步上，少用輦。"輦者，干寶《周禮注》曰"對舉曰輦"。

〔3〕《封禪儀》曰："國家御首輦，人輓升山，至中觀休，須臾復上。"

〔4〕《封禪儀》曰："須臾，群臣畢就位。"

〔5〕《封禪儀》曰："國家臺上北面，虎賁陛戟臺下。"

〔6〕《封禪儀》曰："驟騎三千餘人發壇上方石。"

〔7〕《封禪儀》曰："以金為繩，以石（三）[為]檢。〔三九〕東方西方各三檢。檢中石泥及壇土，色赤白黑，各依如其方色。"

〔8〕《封禪儀》曰："稱萬歲，音動山谷。有氣屬天，遙望不見山巔，山巔人在氣中，不知也。"

〔9〕《封禪儀》曰："封畢有頃，詔百官以次下，國家隨後。數百人維持行，相逢推，百官連延二十餘里。道迫小，深谿高岸數百丈。步從匍匐邪上，起近炬火，止亦駱驛。步從觸擊大石，石聲正謹，但謹石無相應和者。腸不能已，口不能默。夜半後到，百官明旦乃訖。其中老者氣劣不行，正臥巖石下。〔四〇〕明日，太醫令復遵問起居。〔四一〕國家云：'昨上下山，欲行迫前人，欲休則後人所蹈，道峻危險，恐不能度。國家不勞，百官已下露臥水飲，無一人蹉跌，無一人疾病，豈非天邪！'泰山率多暴雨，如今上直下柴祭封登，清晏溫和。明日上壽，賜百官省事。事畢發，暮宿奉高三十里。明日發，至梁甫九十里夕牲。"

二十五日甲午，禪，祭地于梁陰，以高后配，山川群神從，如元始中北郊故事。[1]

【注】

[1]服虔曰:"禪,廣土地。"[四二]項威曰:"除地為墠。後改墠曰禪,神之矣。"《封禪儀》曰:"功效如彼,天應如此,群臣上壽,國家不聽。"

四月己卯,大赦天下,以建武三十二年為建武中元元年,復博、奉高、嬴勿出元年租、芻稾。以吉日刻玉牒書函藏金匱,璽印封之。乙酉,使太尉行事,以特告至高廟。[1]太尉奉匱以告高廟,藏于廟室西壁石室高主室之下。[2]

【注】

[1]《尚書·虞典》曰:"歸格于藝祖,用特。"

[2]袁宏曰:"夫天地者,萬物之官府;山川者,雲雨之丘墟。萬物生遂,則官府之功大;雲雨施潤,則丘墟之德厚。故化洽天下,則功配於天地;澤流一國,則德合於山川。是以王者經略,必以天地為本;諸侯述職,必以山川為主。體而象之,取其陶育;禮而告之,歸其宗本。《書》曰:'東巡狩,至于岱宗,柴。'《傳》曰:'郊祀后稷,以祈農事。'夫巡狩觀化之常事,祈農撫民之定業,猶絜誠殷薦,以告昊天,況創制改物,人神易聽者乎!夫揖讓受終,必有至德於天下;征伐革命,則有大功於萬物。是故王者初基,則有封禪之事,蓋以其成功告於神明者也。夫東方者,萬物之所始;山嶽者,靈氣之所宅。故求之物本,必於其始;取其所通,必於所宅。崇其壇場,則謂之封;明其代興,則謂之禪。然則封禪者,王者開務之大禮也。德不周洽,不得輒議斯事;功不弘濟,不得髣髴斯禮。曠代一有,其道至高。故自黃帝、堯、舜至三代,各一得封禪,未有中修其禮者也。雖繼(職)[體]之君,[四三]時有功德,此蓋率復舊業,增修其前政,不得仰齊造國,同符改物者也。夫神道貞一,其用不煩;天地易簡,其禮尚質。故藉用白茅,貴其誠素;器用陶匏,取其易從。然封禪之禮,簡易可也。若夫(白)[石]函玉牒,[四四]非天地之性也。"

【校勘記】

〔一〕蔡邕引中興以來所修者為祭祀［意此］志即邕之意也　盧云案本傳，邕撰十意，必補二字，語方明。今據補。

〔二〕(正月)［在易］泰卦　據汲本、殿本改。

〔三〕廣(坐)［三］十五步　據殿本改。

〔四〕辟神道(以)［八］通　據盧校改。按：盧據《史記・封禪書》索隱引改。

〔五〕營(六甘泉)北辰于南門之外　據盧校刪。

〔六〕列望(遂)［道］乃近前望道外　據盧校改。

〔七〕其五零壇(土)［去］茅營　據汲本改。按：盧云"零"疑"帝"之譌。《校補》謂零與靈同，即神靈壇也。

〔八〕列望亞前望道外［徑］三十六步　按：依文義當脫一"徑"字，今補。

〔九〕卿望亞列望道外徑三十五步　按：汲本、殿本"三十五步"作"二十五步"。

〔一〇〕壇廣［一］丈　據汲本、殿本補。

〔一一〕大夫望亞卿望道(之)外徑十九步　據《校補》說刪。

〔一二〕為周道大夫望之外徑(九)［六］步　據盧校改。

〔一三〕及中(宮)［官］宿五官神　據《集解》引錢大昕說改，說詳下。

〔一四〕二十八宿外(宮)［官］星　《集解》引錢大昕說，謂"外宮"當作"外官"。《漢書・天文志》"經星常宿中外官凡百一十八名"。今據改。

〔一五〕先天而天不違　按：汲本、殿本"不"作"弗"。

〔一六〕(燔)［燎］俎實於壇南巳地　據盧校改。按：《通典》作"燎"。

〔一七〕祭天(祭)［居］紫壇幄帷高皇帝(祭)［配］天居堂下西向紺帷帳紺席　據盧校改。按：《校補》引柳從辰說，謂孫輯本《漢舊儀》"祭天"作"配天"，《御覽》五百二十六、《書鈔》九十、《初學記》十三、《類聚》三十八同。又按："幄帷"之"帷"《通典》作"帳"，"帷帳"之"帳"《通典》作"幄"。

〔一八〕傅奏左帷　盧云"帷"字疑當作"惟"。今按：如盧説改"帷"為"惟"，則"惟"字當屬下讀。

〔一九〕多言不合古　按：汲本、殿本"古"上有"於"字。

〔二〇〕功德盛於高宗（宣）〔武〕王　據殿本、《集解》本改。

〔二一〕許昔小白欲封　按：聚珍本《東觀記》"許"作"在"。或謂許即可，謂可其奏也，當時之體如此。

〔二二〕用玉牒書藏方石　按：《集解》引黄山説，謂後文梁松疏言"竊寄玉牒故石下"，是此文當作"用玉牒書藏方石下"，奪"下"字。

〔二三〕河圖提劉予　汲本、殿本"予"作"子"。

〔二四〕天下予　汲本"予"作"子"，殿本《考證》謂"予"本或作"子"。按：張森楷《校勘記》謂上有"持衡拒"，拒予為韻，作"子"不叶，非也。

〔二五〕年二十八載興兵（起是）以（中）次誅討　據盧校删。

〔二六〕罪人（則）斯得　據盧校删。

〔二七〕四維距石長丈二〔尺〕　據盧校補。按：《通典》有"尺"字。

〔二八〕（不）〔下〕騎步牽馬　據盧校改。按：《通典》、《通考》並作"下"。

〔二九〕（脯）〔晡〕後到天門　據殿本改。又"天"原譌"大"，逕改正。

〔三〇〕姓陽名通　按：汲本、殿本"陽"作"楊"。

〔三一〕望見（齊西）〔嵩山〕　據盧校改。

〔三二〕岱者胎也　按：盧云諸書引多作"始也"，下云"萬物之始"，則"始"字是。

〔三三〕〔雲〕觸石〔而出〕　據盧校補。

〔三四〕其餘小者或卿大夫伯子男　汲本無"或"字。按：僞《孔傳》無"或卿大夫"四字。

〔三五〕同（陰）〔音〕律也　據汲本、殿本改。按：注引僞《孔傳》多删節。今僞《孔傳》作"律法制及尺丈斛斗斤兩皆均同"。

〔三六〕百官（布）〔列〕野　據惠棟《補注》改。

〔三七〕燔燎（燔燎）煙正北（也）〔向〕　《校補》引柳從辰説，謂孫輯本《漢官儀》引此"燔燎"二字不重，《書鈔》九十一引此亦不重，"也"作"鄉"。黄山謂"正北也"當作"正北向"，祀天本北面。今據刪補。

〔三八〕百官各以次上　按：《校補》引柳從辰説，謂《書鈔》引此下有"國家時御輦，人挽升車也"二句，詳文義，與下"郡儲御輦三百"正相接。

〔三九〕以石（三）〔為〕檢　《校補》謂案《通考》注"三"作"為"，是。今據改。

〔四〇〕其中老者氣劣不行正臥巖石下　按：汲本、殿本作"其中老者氣劣不能行，臥巖石下"。

〔四一〕明日太醫令復遵問起居　按：汲本"明日"下有"早"字。

〔四二〕禪廣土地　按：盧校改"地"為"也"。

〔四三〕雖繼（職）〔體〕之君　據盧校改。據《集解》引王補説，謂"職"袁《紀》作"體"。

〔四四〕若夫（白）〔石〕函玉牒　據盧校改。按：《通典》作"石函玉牒"。汲本、殿本作"金函玉牒"，誤。此作"白函玉牒"者，白與石形近而譌也。

後漢書志第八

祭祀中

北郊　明堂　辟雍　靈臺　迎氣　增祀　六宗　老子

是年初營北郊，明堂、[1]辟雍、[2]靈臺未用事。[3]遷呂太后于園。上薄太后尊號曰高皇后，當配地郊高廟。語在《光武紀》。[4]

【注】

[1]《周禮·考工記》曰："周人明堂，度九尺之筵，東西九筵，南北七筵，堂崇一筵，五室，凡室二筵。"鄭玄曰："明堂者，明政教之堂。周度以筵，亦王者相改。周堂高九尺，殷三尺，則夏一尺矣。相參之數也。"《孝經援神契》曰："明堂上圓下方，八窓四達，布政之宮，在國之陽。"《晏子春秋》曰："明堂之制，下之溫濕不能及也，上之寒暑不能入也。木工不鏤，示民知節也。"《呂氏春秋》曰："周明堂茅茨蒿柱，土階三等，以見儉節也。"《前志》武帝欲治明堂奉高旁，未明其制度。濟南人公玉帶上《黃帝時明堂圖》，圖中有一殿，四面無壁，以茅蓋，通水，水圜宮垣為復道；上有樓，從西南入，名曰崑崙，以拜禮上帝。於是作明堂汶上，如帶圖。"《新論》曰："天稱明，故命曰明堂。上圓法天，下方法地，八窓法八風，四達法四時，九室法九州，十二坐法十二月，三十六戶法三十六雨，七十二牖法七十二風。"《東京賦》曰："復廟重屋，八達九房。"薛綜注曰："八達謂室有八窓也。堂後有九室，所以異於周制也。"王隆《漢官篇》曰："是古者清廟茅屋。"胡廣曰："古之清

廟，以茅蓋屋，所以示儉也。今之明堂，茅蓋之，乃加瓦其上，不忘古也。"

〔2〕《白虎通》曰："辟雍，所以行禮樂，宣德化也。辟者，象璧圓，以法天也。雍者，壅之以水，象教化流行也。辟之為言積也，積天下之道德；雍之為言壅也，壅天下之儀則：故謂辟雍也。《王制》曰：'天子辟雍，諸侯泮宮。'外圓者，欲使觀者平均也。又欲言外圓內方，明德當圓，行當方也。"

〔3〕《禮含文嘉》曰："禮，天子靈臺，所以觀天人之際，陰陽之會也。揆星度之驗，徵六氣之端，應神明之變化，覬日氣之所驗，為萬物獲福於無方之原，招太極之清泉，以與稼穡之根。倉廩實，知禮節；衣食足，知榮辱。天子得靈臺之[禮]，〔一〕則五車三柱，明制可行，不失其常。水泉川流，無滯寒暴暑之災，陸澤山陵，禾盡豐穰。"故《東京賦》曰："左制辟雍，右立靈臺。"薛綜注曰："於(之)[上]班教曰明堂，〔二〕大合樂射饗者辟雍，司曆記候節氣者曰靈臺。"蔡邕《明堂論》曰："明堂者，天子太廟，所以崇禮其祖，以配上帝者也。夏后氏曰世室，殷人曰重屋，周人曰明堂。東曰青陽，南曰明堂，西曰總章，北曰玄堂，中曰太室。《易》曰《離》也者，明也，南方之卦也。聖人南面而聽天下，嚮明而治。人君之位，莫正於此焉，故雖有五名而主以明堂也。其正中(焉)皆曰太廟。〔三〕謹承天隨時之令，昭令德宗祀之禮，明前功百辟之勞，起尊老敬長之義，顯教幼誨稚之學。朝諸侯選造士於其中，以[明]制度。〔四〕生者乘其能而至，死者論其功而祭。故為大教之宮，而四學具焉，官司備焉。譬如北辰，居其所而眾星拱之，萬象翼之。[政]教之所由生(專)，〔五〕(受作)[變化]之所(自)[由]來，〔六〕明一統也。故言明堂，事之大，義之深也。取其宗祀之清貌，則曰清廟。取其正室之貌，則曰太廟。取其尊崇(矣)，則曰太室。〔七〕取其(堂)[向明]，則曰明堂。〔八〕取其四門之學，則曰太學。取其四面周水圓如璧，則曰辟雍。異名而同事，其實一也。《春秋》因魯取宋之姦賂，則顯之太廟，以明聖王建清廟明堂之義。經曰：'取郜大鼎于宋，納于太廟。'傳曰：'非禮也。君人者，將昭德塞違，故昭令德以示子孫。是以清廟茅屋，昭其儉也。夫德，儉而有度，升降有數，文物以紀之，聲明以發之，以臨照百官，百官於是戒懼，而不敢易紀律。'所以(大)明[大]教也。〔九〕以周清廟論(曰)[之]，〔一〇〕魯太廟皆明堂也。魯禘祀周公於太廟明堂，猶周

宗祀文王於清廟明堂也。《禮記·檀弓》曰'王齋禘於清廟明堂'也。《孝經》曰:'宗祀文王於明堂。'《禮記·明堂位》曰:'太廟,天子曰明堂。'又曰:'成王幼弱,周公踐天子位以治天下,朝諸侯於明堂,制禮作樂,頒度量,而天下大服。成王以周公為有勳勞於天下,命魯公世(曰)[世]禘祀周公於太廟,〔一〕以天子禮樂,升歌清廟,下管象舞,所以異魯於天下[也]。'〔二〕取周清廟之歌歌於魯太廟,明(堂)魯之[太]廟猶周清廟也,〔三〕皆所以昭文王、周公之德,以示子孫者也。《易傳·太初篇》曰:'天子旦入東學,〔一四〕晝入南學,暮入西學。在中央曰太學,天子之所自學也。'《禮記·保傅篇》曰:'帝入東學,上親而貴仁;入西學,上賢而貴德;入南學,上齒而貴信;入北學,上貴而尊爵;入太學,承師而問道。'與《易傳》同。魏文侯《孝經傳》曰:'太學者,中學明堂之位也。'《禮記·古大明堂之禮》曰:'膳夫是相禮,日中出南闈,見九侯門子。〔一五〕日側出西闈,視五國之事。日闇出北闈,視帝節猶。'〔一六〕《爾雅》曰:'宮中之門謂之闈。'王居明堂之禮,又別陰陽門,[東]南(門)稱門,西(門)[北]稱闈,〔一七〕故《周官》有門闈之學。師氏教以三德守王門,保氏教以六藝守王闈。然則師氏居東門、南門,保氏居西門、北門也。知掌教國子,與《易傳》、《保傅》王居明堂之禮參相發明,為四學焉。《文王世子篇》曰:'凡大合樂,則遂養老。天子至,乃命有司行事,興秩節,祭先師、先聖焉。始之養也,適東序,釋奠於先老,遂設三老、[五更之席]位焉。[言教學始之於養老,由東方歲始也。又]春夏學干戈,〔一八〕秋冬學羽籥,皆於東序。凡祭與養老、乞言、合語之禮,皆小樂正詔之於東序。'又曰:'大司成論說在東序。'然則詔學皆在東序。東序,東之堂也,學者詔焉,故稱太學。仲夏之月,令祀百辟卿士之有德於民者。《禮記·太學志》曰:'禮,士大夫學于聖人、善人,祭于明堂,其無位者祭於太學。'《禮記·昭穆篇》〔一九〕曰:'祀先賢于西學,所以教諸侯之德也。'即所以顯行國禮之處也。太學,明堂之東序也,皆在明堂辟雍之內。《月令》記曰:'明堂者,所以明天氣,統萬物。'明堂上通於天,象日辰,故下十二宮象日辰也。水環四周,言王者動作法天地,德廣及四海,方此水也。[《禮記·盛德篇》曰:'明堂九室,以茅蓋屋,上圓下方,此水]名曰辟雍。'〔二〇〕《王制》曰:'天子出征,執有罪,反舍奠於學，以訊馘告。'《樂記》曰：'武王伐殷，（為）[薦]俘馘于京太室。'〔二一〕《詩·魯頌》云：'矯矯虎臣，在泮獻馘。'京，鎬京也。太室，辟雍之中明堂太室也。與諸侯泮宮俱獻馘焉，即《王制》所謂'以訊馘告'者也。《禮記》曰：'祀乎明堂，所以教諸侯之孝也。'《孝經》曰：'孝悌之至，通於神明，光于四海，無所不通。《詩》云："自西自東，自南自北，無思不服。"'言行孝者則曰明堂，行悌者則曰太學，故《孝經》合以為一義，而稱鎬京之詩以明之。凡此皆明堂、太室、辟雍、太學事通[文]合之義也。〔二二〕其制度數各有所法。堂方百四十四尺，坤之策也。屋圓屋徑二百一十六尺，乾之策也。太廟明堂方三十六丈，通天屋徑九丈，陰陽九六之變（且）[也]。〔二三〕圓蓋方載，（六）九[六]之道也。〔二四〕八闥以象八卦，九室以象九州，十二宮以應辰。三十六戶七十二牖，以四戶（九）[八]牖乘九室之數也。〔二五〕戶皆外設而不閉，示天下不藏也。通天屋高八十一尺，黃鍾九九之實也。二十八柱列於四方，亦七宿之象也。堂高三丈，（亦）[以]應三統。〔二六〕四鄉五色者，象其行。外廣二十四丈，應一歲二十四氣。四周以水，象四海。王者之大禮也。"

〔4〕袁宏《紀》曰："夫越人而臧否者，非憎於彼也。親戚而加譽者，非優於此也。處情之地殊，故公私之心異也。聖人知其如此，故明彼此之理，開公私之塗，則隱諱之義著，而親尊之道長矣。古之人以為先君之體，猶今君之體，推近以知遠，則先後義鈞也。而況彰其大惡，以為貶黜者乎！"

北郊在雒陽城北四里，為方壇四陛。〔1〕三十三年正月辛未，郊。別祀地祇，位南面西上，高皇后配，西面北上，皆在壇上，地理群神從食，皆在壇下，如元始中故事。中嶽在未，四嶽各在其方孟辰之地，中營內。海在東；四瀆河西，濟北，淮東，江南；他山川各如其方，皆在外營內。四陛醊及中外營門封神如南郊。地祇、高后用犢各一頭，五嶽共牛一頭，海、四瀆共牛一頭，群神共二頭。奏樂亦如南郊。既送神，瘞俎實于壇北。

【注】
〔1〕張（璠）[璠]《記》云[二七]："城北六里。"袁山松《書》曰："行夏之時，殷祭之日，犧牲尚黑耳。"

　　明帝即位，永平二年正月辛未，初祀五帝於明堂，光武帝配。[1]五帝坐位堂上，各處其方。黃帝在未，皆如南郊之位。光武帝位在青帝之南少退，西面。牲各一犢，奏樂如南郊。卒事，遂升靈臺，以望雲物。[2]

【注】
〔1〕《孝經》云"宗祀文王於明堂以配上帝"，故鄭玄曰"上帝者，天之別名。神無二主，故異其處，避后稷也"。
〔2〕杜預注《傳》曰："雲物，氣色災變也。素察妖祥，逆為之備。"

　　迎時氣，五郊之兆。自永平中，以《禮讖》及《月令》有五郊迎氣服色，因采元始中故事，兆五郊于雒陽四方。中兆在未，壇皆三尺，階無等。
　　立春之日，迎春于東郊，祭青帝句芒。[1]車旗服飾皆青。歌《青陽》，八佾舞《雲翹》之舞。及因賜文官太傅、司徒以下縑各有差。

【注】
〔1〕《月令章句》曰："東郊去邑八里，因木數也。"

　　立夏之日，迎夏于南郊，祭赤帝祝融。[1]車旗服飾皆赤。歌《朱明》，八佾舞《雲翹》之舞。

【注】
〔1〕《月令章句》曰:"南郊七里,〔二八〕因火數也。"

先立秋十八日,迎黃靈于中兆,祭黃帝后土。[1]車旗服飾皆黃。歌《朱明》,〔二九〕八佾舞《雲翹》、《育命》之舞。[2]

【注】
〔1〕《月令章句》曰:"去邑五里,因土數也。"
〔2〕魏氏繆襲議曰:"漢有《雲翹》、《育命》之舞,不知所出。舊以祀天,今可兼以《雲翹》祀圜丘,兼以《育命》祀方澤。"

立秋之日,迎秋于西郊,祭白帝蓐收。[1]車旗服飾皆白。歌《西皓》,〔三〇〕八佾舞《育命》之舞。使謁者以一特牲先祭先虞于壇,有事,天子入囿射牲,以祭宗廟,名曰貙劉。語在《禮儀志》。

【注】
〔1〕《月令章句》曰:"西郊九里,因金數也。"

立冬之日,迎冬于北郊,祭黑帝玄冥。[1]車旗服飾皆黑。歌《玄冥》,八佾舞《育命》之舞。[2]

【注】
〔1〕《月令章句》曰:"北郊六里,因水數也。"
〔2〕《獻帝起居注》曰:"建安八年,公卿迎氣北郊,始復用八佾。"《皇覽》曰:"迎禮春、夏、秋、冬之樂,又順天道,是故距冬至日四十六日,則天子迎春於東堂,距邦八里,堂高八尺,堂階(三)[八]等。〔三一〕青稅八乘,旗旄尚青,田車載矛,號曰助天生。唱之以角,舞之以羽翟,此迎春之樂也。自春分數四十六日,則天子迎夏於南堂,距邦七里,堂高七尺,堂階(二)[七]

等。〔三二〕赤税七乘,〔三三〕旗旄尚赤,田車載戟,號曰助天養。唱之以徵,舞之以鼓鞀,此迎夏之樂也。自夏至數四十六日,則天子迎秋於西堂,距邦九里,堂高九尺,堂階九等。白税九乘,旗旄尚白,田車載兵,號曰助天收。唱之以商,舞之以干戚,此秋之樂也。自秋分數四十六日,則天子迎冬於北堂,距邦六里,堂高六尺,堂階六等。黑税六乘,旗旄尚黑,田車載甲鐵鍪,號曰助天誅。唱之以羽,舞之以干戈,此迎冬之樂也。"

章帝即位,元和二年正月,〔三四〕詔曰:"山川百神,應祀者未盡。其議增修群祀宜享祀者。"[1]

【注】
[1]《東觀書》,詔曰:"經稱'秩元祀,咸秩無文'。《祭法》'功施於民則祀之,以死勤事則祀之,以勞定國則祀之,能禦大災則祀之。[以]日月星辰,民所瞻仰也;〔三五〕山林川谷丘陵,民所取財用也。非此族也,不在祀典'。傳曰:'聖王先成民而致力於神。'又曰:'山川之神,則水旱癘疫之災,於是乎禜之。日月星辰之神,則雪霜風雨之不時,於是乎禜之。'〔三六〕孝文十二年令曰:'比年五穀不登,欲有以增諸神之祀。'《王制》曰:'山川神祇有不舉者,為不敬。'今恐山川百神應典祀者尚未盡秩,其議增修群祀宜享祀者,以祈豐年,以致嘉福,以蕃兆民。《詩》不云乎:'懷柔百神,及河喬嶽。'有年報功,不私幸望,豈嫌同辭,其義一焉。"

二月,上東巡狩,將至泰山,道使使者奉一太牢祠帝堯於濟陰成陽靈臺。上至泰山,修光武山南壇兆。辛未,柴祭天地群神如故事。壬申,宗祀五帝於孝武所作汶上明堂,光武帝配,如雒陽明堂(祀)[禮]。〔三七〕癸酉,更告祀高祖、太宗、世宗、中宗、世祖、顯宗於明堂,各一太牢。卒事,遂覲東后,饗賜王侯群臣。因行郡國,幸魯,祠東海恭王,及孔子、七十二弟子。[1]四月,還京都。庚申,告至,祠高廟、世祖,各一特牛。又為靈臺十二門作詩,各以其月祀而奏之。和帝無所增改。

【注】
〔1〕《漢晉春秋》曰:"闕里者,仲尼之故宅也。在魯城中。帝升廟西面;群臣中庭北面,皆再拜。帝進爵而後坐。"《東觀書》曰:"祠禮畢,命儒者論難。"

安帝即位,元初六年,以《尚書》歐陽家說,謂六宗者,在天地四方之中,為上下四方之宗。以元始中故事,謂六宗《易》六子之氣日、月、雷公、風伯、山、澤者為非是。三月庚辰,初更立六宗,祀於雒陽西北戌亥之地,禮比太社也。〔1〕

【注】
〔1〕《月令》:"孟冬祈于天宗。"盧植注曰:"天宗,六宗之神。"《李氏家書》曰:"司空李郃侍祠南郊,不見六宗祠,奏曰:'案《尚書》"肆類于上帝,禋于六宗"。六宗者,上不及天,下不及地,傍不及四方,在六合之中,助陰陽,化成萬物。漢初甘泉、汾陰天地亦禋六宗。孝成之時,匡衡奏立南北郊祀,復祠六宗。及王莽謂六宗,《易》六子也。建武都雒陽,制祀不道祭六宗,由是廢不血食。今宜復舊制度。'制曰:'下公卿議。'五官將行弘等三十一人議可祭,大鴻臚龐雄等二十四人議不(可)當祭。〔三八〕上從郃議,由是遂祭六宗。"六宗之義,自伏生及乎後代,各有不同,今並抄集以證其論云。《虞書》曰:"肆類于上帝,禋于六宗,望于山川。"伏生、馬融曰:"萬物非天不覆,非地不載,非春不生,非夏不長,非秋不收,非冬不藏。禋于六宗,此之謂也。"歐陽和伯、夏侯建曰:"六宗上不謂天,下不謂地,傍不謂四方,在六者之間,助陰陽變化者也。"孔安國曰:"精意以享謂之禋。宗,尊也。所尊祭其祀有六:埋少牢于太昭,祭時也;相近於坎壇,祭寒暑也;王宮,

祭日也；夜明，祭月也；幽禜，祭星也；雩禜，祭水旱也。禋于六宗，此之謂也。"《孔叢》曰，宰我問六宗於夫子，夫子荅如安國之說。臣昭以此解若果是夫子所說，則後儒無復紛然。文秉案劉歆曰："六宗謂水、火、雷、風、山、澤也。"賈逵曰："六宗謂日宗、月宗、星宗、岱宗、海宗、河宗也。"鄭玄曰："六宗，星、辰、司中、司命、風伯、雨師也。星，五緯也。辰謂日月所會十二次也。司中、司命，文昌第五、第四星也。風師，箕也。雨師，畢也。"晉武帝初，司馬紹統表駁之曰："臣以為帝在于類，則禋者非天。山川屬望，則海岱非宗。宗猶包山，則望何秩焉？伏與歆、逵失其義也。六合之間，非制典所及；六宗之數，非一位之名。陰陽之說，又非義也。并五緯以為一，分文昌以為二，箕、畢既屬於辰，風師、雨師復特為位，玄之失也。安國案祭法為宗，而除其天地於上，遺其四方於下，取其中以為六宗。四時寒暑日月衆星并水旱，所宗者八，非但六也。傳曰：'山川之神，則水旱癘疫之災，於是乎禜之。日月星辰之神，則雪霜風雨之不時，於是乎禜之。'又曰：'龍見而雩。'如此，禜者，祀日月星辰山川之名；雩者，周人四月祭天求雨之稱也。雪霜之災，非夫禜之所禳；雩祭之禮，非正月之所祈。周人之後說有虞之典，故於學者未盡喻也。且類于上帝，即禮天也。望于山川，禜所及也。案《周禮》云，昊天上帝，日月星辰，司中司命，風師雨師，社稷五祀五嶽，山林川澤，四方百物。又曰：'兆五帝於四郊，四類四望亦如之。'無六宗之兆。《祭法》之祭天，祭地，祭時，祭寒暑日月星，祭水旱，祭四方，及山林川谷丘陵能出雲為風雨、見怪物，皆是。有天下者祭百神，非此族也，不在祀典，復無六宗之文。明六宗所禋，即《祭法》之所及，《周禮》之所祀，即《虞書》之所宗，不宜特復立六宗之祀也。《春官》大宗伯之職，掌玉作六器，以禮天地四方。以蒼璧禮天，以黃琮禮地，以青圭禮東方，以赤璋禮南方，以白琥禮西方，以玄璜禮北方。天宗，日月星辰寒暑之屬也；地宗，社稷五祀之屬也；四方之宗者，四時五帝之屬也。如此，則群神咸秩而無廢，百禮徧修而不瀆，於理為通。"幽州秀才張髦又上疏曰："禋於六宗，（禮）〔祀〕祖考所尊者六也。〔三九〕何以考之？《周禮》及《禮記‧王制》，天子將出，類于上帝，宜於社，造于禰。巡狩四方，覲諸侯，歸格於祖禰，用特。《堯典》亦曰：'肆類于上帝，禋于六宗，望于山川，徧於羣神，班瑞于羣后，肆覲東后。叶時月正日，同律度量衡。'巡狩一歲以周，〔四〇〕爾乃'歸格于藝祖，用特'。臣以《尚書》與《禮·王制》，同事一義，符契相合。禋于六宗，正謂祀祖考宗廟也。文祖之廟六宗，即三昭三穆也。若如十家之說，既各異義，上下違背，且沒乎祖之禮。考之禮，考之祀典，尊卑失序。若但類于上帝，不禋祖禰而行，去時不（吉）[告]，〔四一〕歸何以格？以此推之，較然可知也。《禮記》曰：'夫政必本於天，殽以降命。命降于社之謂殽地，降於祖廟之謂仁義，降於山川之謂興作，降於五祀之謂制度。'又曰：'祭帝於郊，所以定天位也；祀社於國，所以列地利也；祭祖於廟，所以本仁也；山川所以儐鬼神也；五祀所以本事也。'又曰：'禮行於郊，而百神受職焉；禮行於社，而百貨可極焉；禮行於祖廟，而孝慈服焉；禮行於五祀，而正法則焉。故自郊、社、祖廟、五祀，義之修而禮之藏也。'凡此皆孔子所以祖述堯舜，紀三代之教，著在祀典。首尾相證，皆先天地，次祖宗，而後山川羣神耳。故《禮·祭法》曰：'七代之所更變者，禘郊宗祖。'明舜受終文祖之廟，察璇璣，考七政，審已天命之定，遂上郊廟，當義合《堯典》，則周公其人也。郊祀后稷以配天，宗祀文王於明堂以配上帝，是以四海之内各以其職來祭者也。居其位，攝其事，郊天地，供羣神之禮，巡狩天下而遺其祖宗，恐非有虞之志也。五嶽視三公，四瀆視諸侯，皆以案先儒之說，而以水旱風雨先五嶽四瀆，後祖考而次上帝，錯於肆類而亂祀典，臣以十一家皆非也。"太學博士吳商，以為"禋之言煙也。三祭皆積柴而實牲體焉，以升煙而報陽，非祭宗廟之名也。鄭所以不從諸儒之說者，將欲據《周禮》禋祀皆天神也。日、月、星、辰、司中、司命、風師、雨師凡八，而日、月并從郊，故其餘為六宗也。以《書》'禋于六宗'，與《周禮》事相符，故據以為說也。且文昌雖有大體，而星名異，其日不同，故隨事祭之。而言文昌七星，不得偏祭其第四第五，此為《周禮》。復不知文昌之體，而又妄引以為司中，司命。箕、畢二星，既不係於辰，且同是隨事而祭之例，又無嫌於所係者"。范甯注《虞書》曰："考觀衆議，各有說難。鄭氏證據最詳，是以附之。案六宗衆議，未知孰是。"虞喜別論云："地有五色，太社象之。總五為一則成六，六為地數。推校經句，〔四二〕闕無地祭，則祭地。"臣昭曰：六宗紛紜，衆釋互起，〔四三〕竟無全通，亦難偏折。〔四四〕歷辨碩儒，終未挺正。康成見宗，是多附焉。盍各爾志，宣尼所許，顯其一説，亦何傷乎！竊以為祭祀之敬，莫大天地，《虞典》首載，彌久彌盛，此宜學者各盡所求。臣昭謂虞喜以祭地，近得其實。而分彼五色，合五為六，又不通禮，更成疑昧。尋《虞書》所稱"肆類于上帝"，是祭天。天不言天而曰上帝，帝是天神之極，舉帝則天神斯盡，日月星辰從可知也。"禋於六宗"，是實祭地。地不言地而曰六宗，〔六〕是地數之中，〔四五〕舉中是以該數，〔四六〕社稷等祀從可知也。天稱神上，地表數中，仰觀俯察，所以為異。宗者，崇尊之稱，斯亦盡敬之謂也。禋也者，埋祭之言也，實瘞埋之異稱，非周煙之祭也。〔四七〕夫置字涉神，必以今之示，今之示即古之神，所以社稷諸字，莫不以神為體。《虞書》不同，祀名斯隔。《周禮》改煙，音形兩異。《虞書》改土，正元祭義。此焉非疑，以為可了，豈六置宗更為傍祭乎？《風俗通》曰："《周禮》以為樻燎，祀司（命）［中］、司命，〔四八〕文昌上六星也。樻者，積薪燔柴也。今民猶祠司命耳，刻木長尺二寸為人像，行者署篋中，〔四九〕居者別作小居。齊地大尊重之，汝南諸郡亦多有者，皆祀以豬，率以春秋之月。"

延光三年，上東巡狩，至泰山，柴祭，及祠汶上明堂，如元和（三）［二］年故事。〔五〇〕順帝即位，修奉常祀。

桓帝即位十八年，好神僊事。延熹八年，初使中常侍之陳國苦縣祠老子。九年，親祠老子於濯龍。文罽為壇，飾淳金釦器，設華蓋之坐，用郊天樂也。

【校勘記】

〔一〕天子得靈臺之［禮］　據漢學堂輯本《禮含文嘉》補。

〔二〕於（之）［上］班教曰明堂　據殿本改。按：《文選》注作"謂於其上班教令曰靈臺"。

〔三〕其正中（焉）皆曰太廟　據盧校刪。

〔四〕以〔明〕制度　據盧校補。

〔五〕〔政〕教之所由生（專）　據殿本補刪。

〔六〕（受作）〔變化〕之所（自）〔由〕來　據盧校改。

〔七〕取其尊崇（矣）則曰太室　據殿本刪，與盧校合。

〔八〕取其（堂）〔向明〕則曰明堂　據殿本改，與盧校合。

〔九〕所以（大）明〔大〕教也　據盧校乙。

〔一〇〕以周清廟論（曰）〔之〕　據殿本改。

〔一一〕命魯公世（曰）〔世〕禘祀周公於太廟　據汲本、殿本改。

〔一二〕所以異魯於天下〔也〕　據殿本補。按：《禮·明堂位》"異"作"廣"。

〔一三〕明（堂）魯之〔太〕廟猶周清廟也　據殿本改。按：殿本《考證》謂"明"下衍"堂"字，"之"下脫"太"字，俱依宋本改。

〔一四〕天子旦入東學　按：汲本、殿本"天"作"太"。

〔一五〕見九侯門子　按：殿本作"見九侯反問於相"。

〔一六〕視帝節猶　按：今本《蔡邕集》無"節"字，"猶"作"猷"。《文選》王融《曲水詩序》注引蔡邕《月令論》作"視帝猷"。

〔一七〕〔東〕南（門）稱門西（門）〔北〕稱闈　據盧校改。

〔一八〕遂設三老〔五更之席〕位焉〔言教學始之於養老由東方歲始也又〕春夏學干戈　據殿本補。

〔一九〕禮記昭穆篇　按：盧校改"昭"為"政"。

〔二〇〕〔禮記盛德篇曰明堂九室以茅蓋屋上圓下方此水〕名曰辟雍　據殿本補。

〔二一〕（為）〔薦〕俘馘于京太室　據殿本改。

〔二二〕事通〔文〕合之義也　據殿本補。

〔二三〕陰陽九六之變（且）〔也〕　據殿本改。

〔二四〕（六）九〔六〕之道也　據盧校乙。按：殿本《考證》謂"六九"何焯校本改"九六"。

〔二五〕以四戶（九）〔八〕牖乘九室之數也　據盧校改。

〔二六〕(亦)〔以〕應三統　據盧校改。

〔二七〕張(瑠)〔璠〕記云　據殿本改。

〔二八〕南郊七里　汲本、殿本"南郊"作"去邑"。按：下"祭黃帝后土"注云"去邑五里"，汲本、殿本"去邑"作"南郊"。

〔二九〕車旗服飾皆黃歌朱明　盧校從《禮儀志》改"朱明"為"帝臨"。按：黃山謂武帝樂歌本別有《帝臨》一篇，祀中央黃帝。王莽始作五郊迎氣之祭，中兆迎氣祭黃帝，不歌《帝臨》而歌《朱明》，蓋別有用意，明帝不察，妄仍之耳。説詳《集解》。

〔三〇〕歌西皓　《集解》引錢大昕説，謂《明帝紀》注引此文云歌《白藏》，以上下文《青陽》、《朱明》、《玄冥》例之，則作"白藏"為是。按：黃山謂《青陽》、《朱明》、《西顥》、《玄冥》本武帝所造郊祀樂歌，全載《前書·禮樂志》。王莽援《爾雅》"秋為白藏"之文，改稱《西顥》為《白藏》，後漢仍之，此特依《班志》用其原名耳。説詳《集解》。

〔三一〕堂階(三)〔八〕等　據盧校改。按：《集解》引惠棟説，謂《尚書大傳》作"八等"。

〔三二〕堂階(二)〔七〕等　據盧校改。按：《集解》引惠棟説，謂《尚書大傳》作"七等"。

〔三三〕赤税七乘　按："七"原譌"十"，逕據汲本、殿本改正。

〔三四〕元和二年正月　按：《集解》引錢大昕説，謂《章帝紀》作"二月"。

〔三五〕〔以〕日月星辰民所瞻仰也　據汲本、殿本補。

〔三六〕於是乎禜之　按："禜"原譌"榮"，逕改正，下同。

〔三七〕如雒陽明堂(祀)〔禮〕　據盧校改。按：《通典》、《通志》並作"禮"。

〔三八〕議不(可)當祭　據盧校刪。

〔三九〕禋於六宗(禮)〔祀〕祖考所尊者六也　據殿本改。按：張森楷《校勘記》謂下文亦云"祀祖考"，則"禮"字非也，當改。又按："禋"原譌"禮"，逕改正。

〔四〇〕巡狩一歲以周　按："一"原譌"萬"，逕改正。

〔四一〕去時不（吉）〔告〕　據汲本、殿本改。

〔四二〕推校經句　按：汲本、殿本"校"作"案"。

〔四三〕彙釋互起　按："互"原譌"玄"，逕改正。

〔四四〕亦難偏折　按：殿本"偏"作"徧"。

〔四五〕〔六〕是地數之中　據盧校補。

〔四六〕舉中是以該數　按：殿本"是"作"足"。

〔四七〕非周煙之祭也　汲本"煙"作"禋"。

〔四八〕司（命）〔中〕司命　據汲本、殿本改。

〔四九〕行者署篋中　按：殿本"署"作"置"。

〔五〇〕如元和（三）〔二〕年故事　"三"當作"二"，各本皆未正，今從盧校改。

後漢書志第九

祭祀下

宗廟　社稷　靈星　先農　迎春

　　光武帝建武二年正月，立高廟于雒陽。[1]四時祫祀，高帝為太祖，文帝為太宗，武帝為世宗，如舊。餘帝四時春以正月，夏以四月，秋以七月，冬以十月及臘，一歲五祀。三年正月，立親廟雒陽，祀父南頓君以上至舂陵節侯。時寇賊未夷，方務征伐，祀儀未設。至十九年，盜賊討除，戎事差息，於是五官中郎將張純與太僕朱浮奏議：「禮，為人子事大宗，降其私親。禮之設施，不授之與自得之異意。當除今親廟四。孝宣皇帝以孫後祖，為父立廟於奉明，曰皇考廟，獨群臣侍祠。願下有司議先帝四廟當代親廟者及皇考廟事。」下公卿、博士、議郎。〔一〕大司徒涉等議：「宜奉所代，立平帝、哀帝、成帝、元帝廟，代今親廟。兄弟以下，使有司祠。宜為南頓君立皇考廟，祭上至舂陵節侯，群臣奉祠。」時議有異，不著。上可涉等議，詔曰：「以宗廟處所未定，且祫祭高廟。其成、哀、平且祠祭長安故高廟。其南陽舂陵歲時各且因故園廟祭祀。」[2]園廟去太守治所遠者，在所令長行太守事侍祠。[3]惟孝宣帝有功德，其上尊號曰中宗。」於是雒陽高廟四時加祭孝宣、孝元，凡五帝。其西廟成、哀、平三帝主，四時祭於故高廟。東廟京兆尹侍祠，冠衣車服如太常祠陵廟之禮。南頓君以上至節侯，皆就園廟。南頓君稱皇考廟，鉅鹿都尉稱皇祖考廟，鬱林太守稱皇曾祖考廟，節侯稱皇高祖考廟，在所郡縣侍祠。

【注】

〔1〕《漢舊儀》曰："故孝武廟。"《古今注》曰："於雒陽校官立之。"

〔2〕《古今注》曰："建武十八年七月，使中郎將耿遵治皇祖廟舊廬稻田。"

〔3〕如淳曰："宗廟在章陵，南陽太守稱使者往祭。不使侯王祭者，諸侯不得祖天子，凡臨祭宗廟，皆為侍祠。"

二十六年，有詔問張純，禘祫之禮不施行幾年。純奏："禮，三年一祫，五年一禘。毀廟之主，陳於太祖；未毀廟之主，皆升合食太祖；五年再殷祭。舊制，三年一祫，毀廟主合食高廟，存廟主未嘗合。元始五年，始行禘禮。父為昭，南嚮；子為穆，北嚮。父子不並坐，而孫從王父。[1]禘之為言諦。諦謂昭穆，尊卑之義。以夏四月陽氣在上，陰氣在下，故正尊卑之義。祫以冬十月，五穀成熟，故骨肉合飲食。祖宗廟未定，且合祭。今宜以時定。"語在《純傳》。上難復立廟，遂以合祭高廟為常。後以三年冬祫五年夏禘之時，但就陳祭毀廟主而已，謂之殷。太祖東面，惠、文、武、元帝為昭，景、宣帝為穆。惠、景、昭三帝非殷祭時不祭。[2]光武皇帝崩，明帝即位，以光武帝撥亂中興，更為起廟，尊號曰世祖廟。[3]以元帝於光武為穆，故雖非宗，不毀也。後遂為常。

【注】

〔1〕《決疑要注》曰："凡昭穆，父南面，故曰昭。昭，明也。子北面，故曰穆。穆，順也。始祖特於北，其後以次夾始祖而南，昭在西，穆在東，相對。"

〔2〕《漢舊儀》曰："宗廟三年大祫祭，子孫諸帝以昭穆坐於高廟，諸隳廟神皆合食，設左右坐。高祖南面，幄繡帳，望堂上西北隅。帳中坐長一丈，廣

六尺，繡絪厚一尺，著之以絮四百斤。曲几，黃金釦器。高后右坐，亦幄帳，却六寸。白銀釦器。每牢中分之，左辨上帝，右辨上后。俎餘委肉積於前數千斤，名曰（惟）〔堆〕俎。〔二〕子為昭，孫為穆。昭西面，曲屏風，穆東面，皆曲几，如高祖。饌陳其右，各配其左，〔三〕坐如祖妣之法。太常導皇帝入北門。群臣陪者，皆舉手班辟抑首伏。大鴻臚、大行令、九儐傳曰：'起。'復位。（而）皇帝上堂盥，〔四〕侍中以巾奉觶酒從。帝進拜謁。贊饗曰：'嗣曾孫皇帝敬再拜。'前上酒。却行，至昭穆之坐次上酒。子為昭，孫為穆，各父子相對也。畢，却西面坐，坐如乘輿坐。贊饗奉高祖賜壽，皇帝起再拜，即席以太牢之左辨賜皇帝，如祠。其夜半入行禮，平明上九卮，畢，群臣皆拜，因賜胙。皇帝出，即更衣（中）〔巾〕，〔五〕詔罷，當從者奉承。"丁孚《漢儀》有桓帝《祠恭懷皇后祝文》曰："孝曾孫皇帝志，使有司臣太常撫，夙興夜處，小心畏忌，不墮其身，一不寧。敢用絜牲一元大武，柔毛剛鬣，商祭明視，薌萁嘉薦，普淖鹹鹺，豐本明粢，醴用薦酎，事于恭懷皇后。尚饗。"瑕辭賜皇帝福："恭懷皇后命工祝承致多福無疆于爾孝曾孫皇帝，使爾受禄于天，宜稼于田，眉壽萬年。介爾景福，俾守爾民，勿替引之。"太常再拜，太牢左辨以致皇帝。

〔3〕蔡邕《表志》曰："孝明立世祖廟，以明再受命祖有功之義，後嗣遵儉，不復改立，皆藏主其中。聖明所制，一王之法也。自執事之吏，下至學士，莫能知其所以兩廟之意，誠宜具錄本事。建武乙未、元和丙寅詔書，下宗廟儀及齋令，宜入《郊祀志》，永為典式。"《東觀書》曰："永平三年八月丁卯，公卿奏議世祖廟登歌八佾舞（功）名。〔六〕東平王蒼議，以為'漢制舊典，宗廟各奏其樂，不皆相襲，以明功德。秦為無道，殘賊百姓，高皇帝受命誅暴，元元各得其所，萬國咸熙，作《武德》之舞。孝文皇帝躬行節儉，除誹謗，去肉刑，澤施四海，孝景皇帝制《昭德》之舞。孝武皇帝功德茂盛，威震海外，開地置郡，傳之無窮，孝宣皇帝制《盛德》之舞。光武皇帝受命中興，撥亂反正，武暢方外，震服百蠻，戎狄奉貢，宇內治平，登封告成，修建三雍，肅穆典祀，功德巍巍，比隆前代。以兵平亂，武功盛大。歌所以詠德，舞所以象功，世祖廟樂名宜曰《大武》之舞。《元命包》曰："緣天地之所雜樂為之文典。"〔七〕文王之時，〔八〕民樂其興師征伐，而詩人稱其武功。（樞）《〔琁〕機鈐》曰〔九〕：

"有帝漢出，德洽作樂。"各與虞《韶》、禹《夏》、湯《護》、周《武》無異，不宜以名舞。《叶圖徵》曰："大樂必易。"《詩傳》曰："頌言成也，一章成篇，宜列德，故登歌《清廟》一章也。"《漢書》曰："百官頌所登御者，一章十四句。"依書《文始》、《五行》、《武德》、《昭真修》之舞，〔一〇〕節損益前後之宜，六十四節為舞，曲副八佾之數。十月烝祭始御，用其《文始》、《五行》之舞如故。（勿）進《武德舞歌詩》曰〔一一〕：'於穆世廟，肅雍顯清，俊乂翼翼，秉文之成。越序上帝，駿奔來寧，建立三雍，封禪泰山，章明圖讖，放唐之文。休矣惟德，罔射協同，本支百世，永保厥功'。詔書曰：'驃騎將軍議可。'進《武德》之舞如故。"〔一二〕

明帝臨終遺詔，遵儉無起寢廟，藏主於世祖廟更衣。孝章即位，不敢違，以更衣有小別，上尊號曰顯宗廟，間祠於更衣，四時合祭於世祖廟。語在《章紀》。[1]章帝臨崩，遺詔無起寢廟，廟如先帝故事。和帝即位不敢違，上尊號曰肅宗。後帝承尊，皆藏主于世祖廟，積多無別，是後顯宗但為陵寢之號。永元中，和帝追尊其母梁貴人曰恭懷皇后，陵[曰西陵]。〔一三〕以竇后配食章帝，恭懷后別就陵寢祭之。和帝崩，上尊號曰穆宗。殤帝生三百餘日而崩，鄧太后攝政，以尚嬰（孫）[孩]，〔一四〕故不列于廟，就陵寢祭之而已。安帝以清河孝王子即位，建光元年，追尊其祖母宋貴人曰敬隱后，陵曰敬北陵。亦就陵寢祭，太常領如西陵。追尊父清河孝王曰孝德皇，母曰孝德后，清河嗣王奉祭而已。安帝以讒害大臣，廢太子，及崩，無上宗之奏。後以自建武以來無毀者，故遂常祭，因以其陵號稱恭宗。順帝即位，追尊其母曰恭愍后，陵曰恭北陵。就陵寢祭，如敬北陵。順帝崩，上尊號曰敬宗。[2]沖質帝皆小崩，梁太后攝政，以殤帝故事，就陵寢祭。凡祠廟訖，三公分祭之。桓帝以河間孝王孫蠡吾侯即位，亦追尊祖考，王國奉祀。語在《章和八王傳》。帝崩，上尊號曰威宗，無嗣。靈帝以河間孝王曾孫解犢侯即位，亦追尊祖考。語在《章和八王傳》。靈帝時，京都四時所祭高廟五主，世祖廟七主，少帝三陵，追尊后三陵，凡牲用十八太牢，皆有副倅。故高廟三主親毀之後，亦但殷祭之歲奉祠。[3]靈帝崩，獻帝即位。初平中，相國董卓、左中郎將蔡邕等以和帝以下，功德無殊，而有過差，不應為宗，及餘非宗者追尊三后，皆奏毀之。[4]四時所祭，高廟一祖二宗，及近帝四，凡七帝。

【注】

〔1〕《東觀書》曰："章帝初即位，賜東平憲王蒼書曰：'朕夙夜伏思，念先帝躬履九德，對於八政勞謙克己終始之度，比放三宗誠有其美。今迫遺詔，誠不起寢廟，臣子悲結，僉以為雖於更衣，猶宜有所宗之號，以克配功德。宗廟至重，朕幼無知，寤寐憂懼。先帝每有著述典義之事，未嘗不延問王，以定厥中。願王悉明處，乃敢安之。公卿議駁，今皆并送。及有可以持危扶顛，宜勿隱。思有所承，公無困哉。'太尉憙等奏：'禮，祖有功，宗有德。孝明皇帝功德茂盛，宜上尊號曰顯宗，四時祫食於世祖廟，如孝文皇帝在高廟之禮，奏《武德》、《文始》、《五行》之舞。'蒼上言：'昔者孝文廟樂曰《昭德》之舞，孝武廟樂曰《盛德》之舞，今皆祫食於高廟，《昭德》、《盛德》之舞不進，與高廟同樂。今孝明皇帝主在世祖廟，當同樂，《盛德》之樂無所施；如自立廟當作舞樂者，不當與世（祖）〔宗〕廟《盛德》之舞同名，[一五]即不改作舞樂，當進《武德》之舞。臣愚戇鄙陋，廟堂之論，誠非所當聞所宜言。陛下體純德之妙，奮至謙之意，猥歸美於載列之臣，故不敢隱蔽愚情，披露腹心。誠知愚鄙之言，不可以仰四門賓于之議。伏惟陛下以至德當成康之隆，天下乂安刑措之時也。百姓盛歌元首之德，[一六]股肱貞良，庶事寧康。臣欽仰聖化，嘉羨盛德，危顛之備，非所宜稱。'上復報曰：'有司奏上尊號曰顯宗，藏主更衣，不敢違詔。祫食世祖，廟樂皆如王議。以正月十八日始祠。仰見榱桷，俯視几筵，眇眇小子，哀懼戰慄，無所奉承。愛而勞之，所望於王也。'"謝沈《書》曰："上以公卿所奏明德皇后在世祖廟坐位駁議示蒼，上言：'文、武、宣、元祖祫食高廟，皆以配，先帝所制，典法設張。《大雅》曰："昭哉來御，慎其祖武。"[一七]又曰："不愆不忘，帥由舊章。"明德皇后宜配孝明皇帝於世祖廟，同席而供饌。'"

〔2〕《東觀書》曰："有司奏言：'孝順皇帝弘秉聖哲，龍興統業，稽乾則古，欽奉鴻烈。寬裕晏晏，宣恩以極，躬自菲薄，以崇玄默。遺詔貽約，顧念萬國。衣無製新，玩好不飾。塋陵損狹，不起寢廟，遵履前制，敬勑慎終，有始有卒。《孝經》曰："愛敬盡於事親，而德教加於百姓。"《詩》云："敬慎威儀，惟民之則。"臣請上尊號曰敬宗廟。天子世世獻奉，藏主祫祭，進《武德》之舞，如祖宗故事。'露布奏可。"

〔3〕《決疑要注》曰："毀廟主藏廟外戶之外，西牖之中。有石函，名曰宗祐。函中有筍，以盛主。親盡則廟毀，毀廟之主藏于始祖之廟。一世為祧，祧猶四時祭之。二世為壇，三世為墠，四世為鬼，祫乃祭之，有禱亦祭之。祫於始祖之廟，禱則迎主出，陳於壇墠而祭之，事訖還藏故室。迎送皆蹕，禮也。"

〔4〕袁山松《書》載邕議曰："漢承亡秦滅學之後，宗廟之制，不用周禮。每帝即（位）世，輒立一廟，〔一八〕不止於七，不列昭穆，不定迭毀。[孝]元皇帝時，〔一九〕丞相匡衡、御史大夫貢禹始建大議，請依典禮。〔二〇〕孝文、孝武、孝宣皆以功德茂盛，為宗不毀。孝宣尊崇孝武，（歷）[廟]稱世宗。〔二一〕中正大臣夏侯勝等猶執異議，不應為宗。至孝成皇帝，議猶不定。太僕王舜、中壘校尉劉歆據不可毀，〔二二〕上從其議。古人據正重順，〔二三〕不敢私其君[父]，若此其至也。〔二四〕後遭王莽之亂，光武皇帝受命中興，廟稱世祖。孝明皇帝聖德聰明，政參文、宣，廟稱顯宗。孝章皇帝至孝烝烝，仁恩博大，廟稱肅宗。（皆）[比]方前世，〔二五〕得禮之宜。自此以下，政事多釁，權移臣下，嗣帝殷勤，各欲褒崇至親而已。臣下懦弱，莫能執夏侯之直。〔二六〕今聖朝尊古復禮，〔二七〕以求厥中，誠合（禮議）[事宜]。〔二八〕元帝世在第八，光武世在第九，故以元帝為考廟，尊而奉之。孝明遵述，〔二九〕亦不敢毀。孝和以下，穆宗、[恭宗、敬宗]、威宗之號皆[宜]省去。〔三〇〕五年而再殷，合食于太祖，〔三一〕以遵先典。"議遂施行。

古不墓祭，漢諸陵皆有園寢，承秦所為也。說者以為古宗廟前制廟，後制寢，以象人之居前有朝，後有寢也。《月令》有"先薦寢廟"，

《詩》稱"寢廟弈弈",言相通也。廟以藏主,以四時祭。寢有衣冠几杖象生之具,以薦新物。秦始出寢,起於墓側,漢因而弗改,故陵上稱寢殿,起居衣服象生人之具,古寢之意也。建武以來,關西諸陵以轉久遠,但四時特牲祠;帝每幸長安謁諸陵,乃太牢祠。自雒陽諸陵至靈帝,皆以晦望二十四氣伏臘及四時祠。廟日上飯,〔三二〕太官送用物,園令、食監典省,其親陵所宮人隨鼓漏理被枕,具盥水,陳嚴具。〔1〕〔三三〕

【注】

〔1〕蔡邕《表志》曰:"宗廟迭毀議奏,國家［大］體,〔三四〕班固錄《漢書》,乃置《韋賢傳》末。〔三五〕臣以問胡廣,〔三六〕廣以為實宜在《郊祀志》,去中鬼神仙道之語,取《賢傳》宗廟事實其中,既合孝明旨,又使祀事以類相從。"臣昭曰:國史明乎得失者也。至如孝武皇帝淫祀妄祭,舉天下而從焉,疲耗蒼生,費散國畜,後王深戒,來世宜懲,志之所取,於焉斯允。不先宗廟,誠如廣論;悉去仙道,未或易罔也。

建武二年,立太社稷于雒陽,〔三七〕在宗廟之右,〔1〕方壇,〔2〕無屋,有牆門而已。〔3〕二月八月及臘,一歲三祠,皆太牢具,使有司祠。〔4〕《孝經援神契》曰:"社者,土地之主也。稷者,五穀之長也。"〔5〕《禮記》及《國語》皆謂共工氏之子曰句龍,為后土官,能平九土,故祀以為社。烈山氏之子曰柱,能植百穀疏,自夏以上祀以為稷,至殷以柱久遠,而堯時棄為后稷,亦植百穀,故廢柱,祀棄為稷。〔6〕大司農鄭玄說,古者官有大功,則配食其神。故句龍配食於社,棄配食於稷。〔7〕郡縣置社稷,太守、令、長侍祠,牲用羊豕。唯州所治有社無稷,以其使官。古者師行平有載社主,不載稷也。〔8〕國家亦有五祀之祭,有司掌之,其禮簡於社稷云。〔9〕

【注】

〔1〕馬融《周禮》注曰："社稷在右，宗廟在左。或曰，王者五社，太社在中門之外，惟松；東社八里，惟柏；西社九里，惟栗；南社七里，惟梓；北社六里，惟槐。"《禮·郊特牲》曰："社，祭土而主陰氣也。"王肅注曰："五行之主也，能吐生百穀者也。"馬昭曰〔三八〕："列為五官，直一行之名耳，自不專主陰氣。陰氣地可以為之主，曰五行之主也；若社則為五行之主，何復言社稷五祀乎？土自列於五祀，社亦自復有祀，不得同也。"昭又曰："土地同也，焉得有二。《書》曰'禹敷土'。又曰'句龍能平九土'。九土，九州之土。地官是五行土官之名耳。"

〔2〕《白虎通》曰："《春秋文義》，〔三九〕天子社廣五丈，諸侯半之。其色東方青，南方赤，西方白，北方黑，上冒以黃土。故將封東方諸侯，取青土，苴以白茅，各取其面以為封社，明土謹敬絜淨也。祭社有樂乎？《禮記》曰：'樂之施於金石，越於聲音，用於宗廟社稷。'"《獨斷》曰："天子太社，封諸侯者取其土，苞以白茅授之，以立社其國，故謂之受茅土。漢興，唯皇子封為王者得茅土，其他功臣以戶數租入為節，不受茅土，不立社也。"

〔3〕《禮記》曰："天子太社，必受霜露風雨，以達天地之氣也。"盧植曰："謂無屋。"

〔4〕《禮記》曰："地載萬物，天垂象。取財於地，取法於天，是以尊天而親地，故教民美報焉。家主中霤而國主社，示本也。"盧植曰："諸主祭以土地為本也。中霤，其神后土，即句龍也。既祀於社，又祀中霤。"《古今注》曰："建武二十一年二月乙酉，徙立社稷上東門內。"《漢舊儀》"使者監祠，南向立，不拜"也。

〔5〕《月令章句》曰："稷秋夏乃熟，（熟）〔四〇〕歷四時，備陰陽，穀之貴者。"

〔6〕案《前志》，立官社以夏（為）〔禹〕配，〔四一〕王莽奏立官稷，后稷配也。

〔7〕《白虎通》曰："王者所以有社稷何？為天下求福報功。人非土不立，非穀不食。土地廣博，不可徧敬；五穀眾多，不可一一而祭。故封土立社，示

有土也。稷,五穀之長,故立稷而祭之也。稷者,得陰陽中和之氣,而用又多,故稷為長也。歲再祭之何?春求秋報也。祭社稷以三牲,重功也。天子社稷皆太牢,諸侯社稷皆少牢。王者諸侯所以俱兩社何?俱有土之君也。故《禮三正記》曰:'王者二社,為天下立社曰太社,自為立社曰王社。諸侯為百姓立社曰國社,自為立社曰侯社。太社為天下報功,王社為京師報功也。'"孔晁云:"周祀一社一稷,漢及魏初亦一社一稷,至景初中,既立帝社二社,二社到于今是祀,而後諸儒論之,其文衆矣。"

[8]自漢諸儒論句龍即是社主,或云是配,其議甚衆。後荀彧問仲長統以社所祭者何神也?統荅所祭者土神也。侍中鄧義以為不然而難之,或令統荅焉。統荅(或且以)義曰〔四二〕:"前見逮及,敢不敬對。退熟惟省,郊社之祭,國之大事,誠非學淺思薄者所宜興論重復,亦以鄧君難,事有先漸,議則既行,可謂辭而不可得,因而不可已者也。《屯》有經綸之義,《睽》有同異之辭,歸乎建國立家,通志斷類也。意則欲廣其微以宗實,備其論以求真,先難而後易,出異而歸同乎?難曰:社祭土,主陰氣,正所謂句龍土行之官,為社則主陰明矣,不與《記》說有違錯也?荅曰:今《記》之言社,輒與郊連,體有本末,辭有上下,謂之不錯不可得。《禮運》曰:'政必本於天,殽以降命,命降于社之謂殽地,參於天地,並於鬼神。'又曰:'祭帝於郊,所以定天位也;祀社於國,所以列地利也。'《郊特牲》曰:'社所以神,地之道也。地載萬物,天垂象。取財於地,取法於天,是以尊天而親地。家主中霤,國主社,示本也。'相此之類,元尚不道配食者也。主以為句龍,無乃失歟?難曰:信(而)〔如〕此,〔四三〕所言土尊,故以為首,在於上宗伯之體,所當列上下之敘。上句當言天神、地祇、人鬼,何反先人而後地?上文如此,至下何以獨不可,而云社非句龍,當為地哉?荅曰:此形成著體,數自上來之次言之耳,豈足(懷)〔據〕使從人鬼之例邪?〔四四〕三科之祭,各指其體。今獨摘出社稷,以為但句龍有烈山氏之子,恐非其本意也。案《記》言社土,而云何得之為句龍,則傳雖言祀句龍為社,亦何嫌,反獨不可謂之配食乎?《祭法》曰:'周人禘嚳,郊稷,祖文王,宗武王。'皆以為配食者,若復可須,謂之不祭天乎?備讀傳者則真土,獨據《記》者則疑句龍,未若交錯參伍,致其義以相成之為善也。難曰:再特

于郊牛者，后稷配故也。'社于新邑，牛一羊一豕一'。所以用二牲者，立社位祀句龍，緣人事之也。如此，非祀地明矣。以宮室新成，故立社耳。又曰'軍行載社'者，當行賞罰，明不自專，故告祖而行賞，造社而行戮。二主明皆人鬼，人鬼故以告之。必若所云，當言載地主於齋車，又當言用命賞于天，不用命戮于地，非其謂也。所以有死社稷之義者，凡賜命受國，造建宮室，無不立社。是奉言所受立，不可棄捐苟免而去，當死之也。《易》句龍為其社，傳有見文；今欲易神之相，令記附食，宜明其徵。祀國大事，不可不重。據經依傳，庶無咎悔。苔曰：郊特牲者，天至尊，無物以稱專誠，而社稷太牢者，土於天為卑，緣人事以牢祭也。社禮今亡，并特之義未可得明也。昭告之文，皆於天地，（可）［何］獨人鬼？〔四五〕此言則未敢取者也。郊社之次，天地之序也。今使句龍載冒其名，耦文於天，以度言之，不可謂安矣。土者，人所依以（國）［固］而最近者也。〔四六〕故立以為守祀，居則事之時，軍則告之以行戮，自順義也。何為當平於社，不言用命賞于天乎？帝王兩儀之參，宇中之莫尊者也。而盛一官之臣，以為土之貴神，置之宗廟之上，接之郊禘之次，〔四七〕俾守之者有死無失，何聖人制法之參差，用禮之偏頗？其列在先王人臣之位，其於四官，爵侔班同，比之司徒，於數居二。縱復令王者不同，禮儀相變，或有尊之，則不過當。若五卿之與冢宰，此坐之上下，行之先後耳。不得同祖與社，言俱坐處尊位也。《周禮》為禮之經，而《禮記》為禮之傳，案經傳求索見文，在於此矣。鈞之兩者未知孰是。去本神而不祭，與貶句龍為土配，比其輕重，何謂為甚？經有條例，《記》有明義，先儒未能正，不可稱是。（鈞）［鉤］校典籍，〔四八〕論本考始，矯前易故，不從常説，不可謂非。孟軻曰：'予豈好辯哉，乃不得已也。'鄭司農之正，此之謂也。"

〔9〕五祀：門、户、井、竈、中霤也。韋昭曰："古者穴居，故名室中為中霤也。"

漢興八年，有言周興而邑立后稷之祀，於是高帝令天下立靈星祠。〔1〕言祠后稷而謂之靈星者，以后稷又配食星也。舊説，星謂天田星也。一曰，龍左角為天田官，主穀。[2]祀用壬辰位祠之。壬為水，辰為龍，就其類也。牲用太牢，縣邑令長侍祠。[3]舞者用童男十六人。[4]舞者象教田，初為芟除，次耕種、芸耨、驅爵及穫刈、舂簸之形，象其功也。[5]

【注】
[1]《三輔故事》：“長安城東十里有靈星祠。”
[2]張晏曰：“農祥晨見而祭也。”
[3]《漢舊儀》曰：“古時歲再祠靈星，(靈星)春秋(之太)[用少]牢禮也。”[四九]
[4]服虔、應劭曰：“十六人，即古之二羽也。”
[5]《古今注》曰：“元和三年，初為郡國立[社]稷，及祠(社)靈星禮(器)也。”[五〇]

縣邑常以乙未日祠先農於乙地，以丙戌日祠風伯於戌地，以己丑日祠雨師於丑地，用羊豕。

立春之日，皆青幡幘，迎春于東郭外。令一童男冒青巾，衣青衣，先在東郭外野中。迎春至者，自野中出，則迎者拜之而還，弗祭。三時不迎。

論曰：臧文仲祀爰居，而孔子以為不知。《漢書·郊祀志》著自秦以來迄于王莽，典祀或有未修，而爰居之類眾焉。世祖中興，蠲除非常，修復舊祀，方之前事邈殊矣。嘗聞儒言，三皇無文，結繩以治，自五帝始有書契。至於三王，俗化彫文，詐偽漸興，始有印璽以檢姦萌，然猶未有金玉銀銅之器也。[1][五一]自上皇以來，封泰山者，至周七十二代。封者，謂封土為壇，柴祭告天，代興成功也。《禮記》所謂"因名山升中于天"者也。易姓則改封者，著一代之始，明不相襲也。繼世之王巡狩，則修封以祭而已。自秦始皇、孝武帝封泰山，本由好僊信方士之言，造為石檢印封之事也。所聞如此。雖誠天道難可度知，然其大較猶有本要。天道質誠，約而不費者也。故牲（有）[用]犢，〔五二〕器用陶匏，殆將無事於檢封之間，而樂難攻之石也。[2]且唯封為改代，故曰岱宗。夏康、周宣，由廢復興，不聞改封。世祖欲因孝武故封，實繼祖宗之道也。而梁松固爭，以為必改。乃當夫既封之後，未有福，而松卒被誅死。雖罪由身，蓋亦誣神之咎也。且帝王所以能大顯于後者，實在其德加於民，不聞其在封矣。[3]言天地者莫大於《易》，《易》無六宗在中之象。若信為天地四方所宗，是至大也。而比太社，又為失所，難以為誠矣！

【注】

〔1〕臣昭曰：禹會群臣於塗山，執玉帛者萬國。故已贄不同，圓方異等。《周禮》天地四方，璧、琮、琥、璋各有其玉，而云未有其器，斯亦何哉？

〔2〕臣昭曰：玉貴五德，金存不朽。有告有文，何敗題刻。〔五三〕告厥成功，難可知者。

〔3〕臣昭曰：功成道戀，天下被化，德敷世治，所以登封。封由德興，興封所以成德。昭告師天，遞以相感。若此論可通，非乎七十二矣。

贊曰：天地禋郊，宗廟享祀，咸秩無文，山川具止。淫乃國紊，典惟皇紀。肇自盛敬，孰崖厥始？

【校勘記】

〔一〕下公卿博士議郎　按：盧文弨謂下當有"議"字。

〔二〕名曰（惟）[帷]俎　按：盧校"惟"改"帷"，孫星衍校《漢舊儀》作"堆"，今據孫校改。

〔三〕各配其左　按：殿本"左"作"祖"。

〔四〕復位（而）皇帝上堂盥　據盧校刪。

〔五〕即更衣（中）〔巾〕　據孫校《漢舊儀》改。

〔六〕公卿奏議世祖廟登歌八佾舞（功）名　據盧校刪。

〔七〕元命包曰緣天地之所雜樂為之文典　按：盧文弨謂文有誤，案《御覽》五百六十六引云"作樂者必反天下之始樂於己為本"。

〔八〕文王之時　按：盧云"文"疑當作"武"。

〔九〕（樞）〔琁〕機鈐曰　按：錢大昕謂"樞"當作"琁"。盧文弨謂當作"旋"，李善注《文選·東都賦》引作"璇"。今依錢說改。

〔一〇〕依書文始五行武德昭真修之舞　按：盧校刪"昭真修"三字，謂此三字疑衍。聚珍本《東觀漢記》作"依書文始五行武德昭德盛德修之舞"。

〔一一〕（勿）進武德舞歌詩曰　盧云"勿"字疑衍。今據刪。

〔一二〕進武德之舞如故　按：盧云似有脫文，"故"下疑當有"事"字。

〔一三〕陵〔曰西陵〕　《集解》引錢大昕說，謂當云"陵曰西陵"，史脫去三字。今據補。

〔一四〕以尚嬰（孫）〔孩〕　據盧校改。按：袁《紀》作"孩"。

〔一五〕不當與世（祖）〔宗〕廟盛德之舞同名　據盧校改。按：盧云"祖"字譌，世宗謂武帝也。

〔一六〕百姓盛歌元首之德　汲本"百姓"作"陛下"。按：黄山謂《書》稱"帝庸作歌"，歌本自帝倡之，而群臣和之。盛歌元首之德謂章帝之倡德於上，同符帝舜也。作"百姓"轉似未合。

〔一七〕昭哉來御慎其祖武　按：殿本《考證》杭世駿謂"昭兹來許，繩其祖武"，《大雅》文也。以"兹"為"哉"，漢碑有之。以"許"為"御"，以"繩"為"慎"，非有避諱，不知何自。

〔一八〕每帝即（位）世輒立一廟　據盧校刪。按：王先謙謂袁《紀》無"位"字，是。

〔一九〕〔孝〕元皇帝時　王先謙謂《邕集》有"孝"字，是。今據補。

〔二〇〕始建大議請依典禮　惠棟依《邕集》校正為"始建斯議，罷黜典禮"。王先謙亦謂集作"始建斯議，罷黜典禮"。又謂袁《紀》"議"作"義"。按：海原閣本《蔡中郎集》不僅無此兩句，且自"孝元皇帝時"至"不應為宗"一段文字亦與此注多異同。

〔二一〕孝宣尊崇孝武（歷）〔廟〕稱世宗　據盧校改。

〔二二〕據不可毀　王先謙謂袁《紀》作"據經傳義，謂不可毀"。今按：海原閣本《蔡中郎集》亦作"據經傳義，謂不可毀"。

〔二三〕古人據正重順　王先謙謂《邕集》"順"作"慎"，袁《紀》作"古人考據慎重"。按：海原閣本《蔡中郎集》亦作"古人考據慎重"。

〔二四〕不敢私其君〔父〕若此其至也　據盧校補。王先謙謂袁《紀》"君"下有"父"字，《邕集》"若"作"如"，"至"下有"者"字。按：海原閣本《蔡中郎集》亦作"不敢私其君父若此其至也"。

〔二五〕（皆）〔比〕方前世　據盧校改。王先謙謂袁《紀》"皆"作"比"。按：海原閣本《蔡中郎集》作"比方前事"。

〔二六〕莫能執夏侯之直　王先謙謂《邕集》作"莫能執正夏侯之義，故遂僭濫，無有防限"。按：海原閣本《蔡中郎集》作"莫能執夏侯之直，故遂衍溢，無有方限"。

〔二七〕尊古復禮　王先謙謂《邕集》作"遵復古禮"。

〔二八〕誠合（禮議）〔事宜〕　據盧校改。王先謙謂《邕集》"禮議"作"事宜"。

〔二九〕孝明遵述　王先謙謂袁《紀》"遵"作"尊"，《邕集》"遵述"作"因循"。今按：海原閣本《蔡中郎集》作"孝明遵制"。

〔三〇〕穆宗〔恭宗敬宗〕威宗之號皆〔宜〕省去　據盧校補。按：海原閣本《蔡中郎集》作"穆宗、敬宗、恭宗之號皆宜省去"，脫威宗，恭宗、敬宗誤倒。又按：《通典》、《通考》並作"穆宗、威宗之號皆宜省去"。

〔三一〕合食于太祖　按：汲本、殿本"合"作"祫"。

〔三二〕廟日上飯　按：《校補》謂"廟"疑"朝"之誤。

〔三三〕陳嚴具　惠棟謂"嚴"《漢官儀》作"莊"。今按：東漢諱莊為嚴。錢大昕謂裝古文本作莊，陳嚴具即陳裝具也。

〔三四〕國家〔大〕體　據汲本、殿本補。

〔三五〕乃置韋賢傳末　按："乃"原譌"及"，逕改正。

〔三六〕臣以問胡廣　按："問"原譌"聞"，逕改正。

〔三七〕立太社稷于雒陽　按：汲本、殿本"太"作"大"。

〔三八〕馬昭曰　殿本《考證》謂諸本皆作"馬昭"，何焯校本改"臣昭"。按：汲本亦作"馬昭"，何改"臣昭"，不知何據。

〔三九〕春秋文義　《通典》引作"春秋大義"。按：陳立《白虎通疏證》謂案《漢志》亦無《春秋大義》，未知出何書，盧文弨疑為亦出《尚書》逸篇，《御覽》引作"佚禮"，或可從也。

〔四〇〕稷秋夏乃熟（熟）　據汲本、殿本刪。

〔四一〕立官社以夏（為）〔禹〕配　據汲本、殿本改。

〔四二〕統苔（或且以）義曰　據汲本、殿本刪。

〔四三〕信（而）〔如〕此　據汲本、殿本改。

〔四四〕豈足（懷）〔據〕使從人鬼之例邪　據汲本、殿本改。

〔四五〕（可）〔何〕獨人鬼　據汲本、殿本改。

〔四六〕人所依以（國）〔固〕而最近者也　據殿本、《集解》本改。

〔四七〕接之郊禘之次　按："郊禘"原倒，逕據汲本、殿本乙正。

〔四八〕（鈞）〔鉤〕校典籍　據汲本、殿本改。

〔四九〕古時歲再祠靈星（靈星）春秋（之太）〔用少〕牢禮也　據盧校刪改。

〔五〇〕初為郡國立〔社〕稷及祠（社）靈星禮（器）也　據盧校改。

〔五一〕然猶未有金玉銀銅之器也　按：汲本、殿本"猶"作"而"。

〔五二〕故牲（有）〔用〕犢　據盧校改。

〔五三〕何敗題刻　汲本、殿本"敗"作"敢"。按：疑"取"字之譌。

後漢書志第十

天文上

王莽三　光武十二

《易》曰："天垂象，聖人則之。庖犧氏之王天下，仰則觀象於天，俯則觀法於地。"觀象於天，謂日月星辰。觀法於地，謂水土州分。形成於下，象見于上。故曰天者北辰星，合元垂燿建帝形，運機授度張百精。三階九列，二十七大夫，八十一元士，斗、衡、太微、攝提之屬百二十官，二十八宿各布列，下應十二子。〔一〕天地設位，星辰之象備矣。[1]

【注】

〔1〕《星經》曰："歲星主泰山，徐州、青州、兗州。熒惑主霍山，楊州、荊州、交州。鎮星主嵩高山，豫州。太白主華陰山，涼州、雍州、益州。辰星主恒山，冀州、幽州、并州。歲星主角、亢、氐、房、心、尾、箕。熒惑主輿鬼、柳、七星、張、翼、軫。鎮星主東井。太白主奎、婁、胃、昴、畢、觜、參。辰星主斗、牛、女、虛、危、室、壁。琁、璣者，謂北極星也。玉衡者，謂斗九星也。玉衡第一星主徐州，常以五子日候之，甲子為東海，丙子為琅邪，戊子為彭城，庚子為下邳，壬子為廣陵，凡五郡。第二星主益州，常以五亥日候之，乙亥為漢中，丁亥為永昌，己亥為巴郡、蜀郡、牂牁，辛亥為廣漢，癸亥為犍為，凡七郡。第三星主冀州，常以五戌日候之，甲戌為魏郡、勃海，丙

戌為安平，戊戌為鉅鹿、河閒，庚戌為清河、趙國，壬戌為恒山，凡八郡。第四星主荊州，常以五卯日候之，乙卯為南陽，己卯為零陵，辛卯為桂陽，癸卯為長沙，丁卯為武陵，凡五郡。第五星主兗州，常以五辰日候之，甲辰為東郡、陳留，丙辰為濟北，戊辰為山陽、泰山，庚辰為濟陰，壬辰為東平、任城，凡八郡。第六星主揚州，常以五巳日候之，乙巳為豫章，辛巳為丹陽，己巳為廬江，丁巳為吳郡、會稽，癸巳為九江，凡六郡。第七星為豫州，常以五午日候之，甲午為潁川，壬午為梁國，丙午為汝南，戊午為沛國，庚午為魯國，凡五郡。第八星主幽州，常以五寅日候之，甲寅為玄菟，丙寅為遼東、遼西、漁陽，庚寅為上谷、代郡，壬寅為廣陽，戊寅為涿郡，凡八郡。第九星主并州，常以五申日候之，甲申為五原、鴈門，丙申為朔方、雲中，戊申為西河，庚申為太原、定襄，壬申為上黨，凡八郡。琁、璣、玉衡占色，春青黃，夏赤黃，秋白黃，冬黑黃。此是常明；不如此者，所向國有兵殃起。凡有六十郡，九州所領，自有分而名焉。"

三皇邁化，協神醇朴，謂五星如連珠，日月若合璧。化由自然，民不犯慝。至於書契之興，五帝是作。軒轅始受《河圖鬬苞授》，規日月星辰之象，[二]故星官之書自黃帝始。至高陽氏，使南正重司天，北正黎司地。唐、虞之時羲仲、和仲，[1]夏有昆吾，湯則巫咸，周之史佚、萇弘，宋之子韋，楚之唐蔑，魯之梓慎，鄭之裨竈，魏石申夫，[2]齊國甘公，皆掌天文之官。仰占俯視，以佐時政，步變擿微，通洞密至，採禍福之原，覩成敗之勢。秦燔《詩》、《書》，以愚百姓，六經典籍，殘為灰炭，星官之書，全而不毀。故《秦史》書始皇之時，彗孛大角，大角以亡，有大星與小星鬬于宮中，是其廢亡之徵。至漢興，景、武之際，司馬談，談子遷，以世黎氏之後，為太史令，遷著《史記》，作《天官書》。成帝時，中壘校尉劉向，廣《洪範》災條作五紀皇極之論，以參往行之事。孝明帝使班固敘《漢書》，而馬續述《天文志》。[3]今紹《漢書》作《天文志》，起王莽居攝元年，迄孝獻帝建安二十五年，二百一十五載。言其時星辰之變，表象之應，以顯天戒，明王事焉。[4]

【注】

〔一〕《尚書》曰："帝在璇璣玉衡，以齊七政。"孔安國曰："在，察也。璇，美玉也。璣衡，王者正天文之器，可運轉者。七政，日月五星各異政。舜察天文，齊七政也。"

〔二〕或云石申父。

〔三〕謝沈《書》曰："蔡邕撰建武已後，星驗著明，以續《前志》，譙周接繼其下者。"

〔四〕臣昭以張衡天文之妙，冠絕一代。所著《靈憲》、《渾儀》，略具辰燿之本，今寫載以備其理焉。《靈憲》曰："昔在先王，將步天路，用（之）〔定〕靈軌，〔三〕尋緒本元。先準之于渾體，是為正儀立度，而皇極有逌建也，樞運有逌稽也。乃建乃稽，斯經天常。聖人無心，因茲以生心，故《靈憲》作興。曰：太素之前，幽清玄靜，寂漠冥默，不可為象，厥中惟虛，〔四〕厥外惟無。如是者永久焉，斯謂溟涬，蓋乃道之根也。道根既建，自無生有。太素始萌，萌而未兆，并氣同色，渾沌不分。故道志之言云：'有物渾成，先天地生。'其氣體固未可得而形，其遲速固未可得而紀也。如是者又永久焉，斯為庬鴻，蓋乃道之榦也。道榦既育，有物成體。於是元氣剖判，剛柔始分，清濁異位。天成於外，地定於內。天體於陽，故圓以動；地體於陰，故平以靜。動以行施，靜以合化，堙鬱構精，時育庶類，斯謂太元，蓋乃道之實也。在天成象，在地成形。天有九位，地有九域；天有三辰，地有三形；有象可效，有形可度。情性萬殊，旁通感薄，自然相生，莫之能紀。於是人之精者作聖，實始紀綱而經緯之。八極之維，徑二億三萬二千三百里，南北則短減千里，東西則廣增千里。自地至天，半於八極，則地之深亦如之。通而度之，則是渾已。將覆其數，用重鉤股，〔五〕懸天之景，薄地之義，皆移千里而差一寸得之。過此而往者，未之或知也。未之或知者，宇宙之謂也。宇之表無極，宙之端無窮。天有兩儀，以儦道中。其可覩，樞星是也，謂之北極。在南者不著，故聖人弗之名焉。其世之遂，九分而減二。陽道左迴，故天運左行。有驗於物，則人氣左贏，形左繚也。天以陽迴，地以陰淳。〔六〕是故天致其動，稟氣舒光；地致其靜，承施候明。〔七〕天以順動，不失其中，則四序順至，寒暑不減，〔八〕致生有節，故品物用生。地以靈静，作合承天，清化致養，四時而後育，故品物用成。凡至大莫如天，至厚莫若地。（地）至質者曰地而已。〔九〕至多莫若水，水精為漢，漢用於天而無列焉，〔一〇〕思次質也。地有山嶽，以宣其氣，精種為星。星也者，體生於地，精成於天，列居錯跱，各有迺屬。紫宮為皇極之居，太微為五帝之廷。明堂之房，大角有席，天市有坐。蒼龍連蜷於左，白虎猛據於右，〔一一〕朱雀奮翼於前，靈龜圈首於後，黃神軒轅於中。六擾既畜，而狼蚓魚鼈罔有不具。在野象物，在朝象官，在人象事，於是備矣。懸象著明，莫大乎日月。其徑當天周七百三十六分之一，地廣二百四十二分之一。日者，陽精之宗。積而成鳥，象烏而有三趾。陽之類，其數奇。月者，陰精之宗。積而成獸，象兔。陰之類，其數耦。其後有馮焉者。羿請無死之藥於西王母，姮娥竊之以奔月。〔一二〕將往，枚筮之於有黃，有黃占之曰：‘吉。翩翩歸妹，獨將西行，逢天晦芒，毋驚毋恐，後其大昌。’姮娥遂託身于月，是為蟾蠩。夫日譬猶火，月譬猶水，火則外光，水則含景。故月光生於日之所照，魄生於日之所蔽，當日則光盈，就日則光盡也。衆星被燿，因水轉光。當日之衝，光常不合者，蔽於（他）〔地〕也。〔一三〕是謂闇虛。在星星微，月過則食。日之薄地，其明也。〔一四〕繇暗視明，明無所屈，是以望之若火。〔一五〕方於中天，天地同明。繇明瞻暗，暗還自奪，故望之若水。〔一六〕火當夜而揚光，在晝則不明也。月之於夜，與日同而差微。星則不然，強弱之差也。衆星列布，其以神著，有五列焉，是為三十五名。一居中央，謂之北斗。動變挺占，寔司王命。四布於方，為二十八宿。日月運行，歷示吉凶，五緯經次，〔一七〕用告禍福，則天心於是見矣。中外之官，常明者百有二十四，可名者三百二十，為星二千五百，而海人之占未存焉。微星之數，蓋萬一千五百二十。庶物蠢蠢，咸得繫命。不然，何以總而理諸！夫三光同形，有似珠玉，神守精存，麗其職而宣其明；及其衰，神歇精斁，於是乎有隕星。然則奔星之所墜，至〔地〕則石〔矣〕。〔一八〕文曜麗乎天，其動者七，日、月、五星是也。周旋右回。天道者，貴順也。近天則遲，遠天則速，行則屈，屈則留回，留回則逆，逆則遲，〔一九〕迫於天也。行遲者覲於東，覲于東屬陽，行速者覲于西，覲于西屬陰，日與月此配合也。〔二〇〕攝提、熒惑、地候見晨，〔二一〕附于日也。太白、辰星見昏，附于月也。二陰三陽，參天兩地，故男女取焉。方星巡鎮，必因常度，苟或盈縮，不逾於次。故有列司作使，曰老子四星，周伯、王逢、芮各一，錯乎五緯之間，其見無期，其行無度，寔妖經星之所，然後吉凶宣周，其祥可盡。"蔡邕《表志》曰："言天體者有三家：一曰《周髀》，二曰《宣夜》，三曰《渾天》。《宣夜》之學絕無師法。《周髀》數術具存，考驗天狀，多所違失，故史官不用。唯《渾天》者近得其情，今史官所用候臺銅儀，則其法也。立八尺圓體之度，而具天地之象，以正黃道，以察發斂，以行日月，以步五緯。精微深妙，萬世不易之道也。官有其器而無本書，《前志》亦闕而不論。臣求其舊文，連年不得。在東觀，以治律未竟，未及成書，案略求索。竊不自量，卒欲寢伏儀下，思惟精意，案度成數，扶以文義，潤以道術，著成篇章。罪惡無狀，投畀有北，灰滅雨絕，世路無由。〔二〕宜博問群臣，下及巖穴，知《渾天》之意者，使述其義，以裨天文志。撰建武以來星變彗孛占驗著明者續其後。"

王莽地皇三年十一月，有星孛于張，東南行五日不見。孛星者，惡氣所生，為亂兵，〔1〕其所以孛德。孛德者，亂之象，不明之表。又參然孛焉，兵之類也，故名之曰孛。孛之為言，猶有所傷害，有所妨蔽。或謂之彗星，所以除穢而布新也。〔2〕張為周地。星孛于張，東南行即翼、軫之分。翼、軫為楚，是周、楚地將有兵亂。後一年正月，光武起兵舂陵，會下江、新市賊張卬、〔二三〕王常及更始之兵亦至，俱攻破南陽，斬莽前隊大夫甄阜、屬正梁丘賜等，殺其士衆數萬人。更始為天子，都雒陽，西入長安，敗死。光武興於河北，復都雒陽，居周地，除穢布新之象。

【注】
〔1〕《星占》曰："其國內外用兵也。"
〔2〕宋均注《鉤命決》曰"彗，五彗也。蒼則王侯破，天子苦兵。赤則賊起，強國恣。黃則女害色，權奪於后妃。白則將軍逆，二年兵大作。黑則水精

賦,江河決,賊處處起"也。《韓揚占》曰:"其象若竹彗、樹木條,長短無常。其長大見久,災深;短小見不久,災狹。"《晏子春秋》曰:"齊景公睹彗星,使伯常騫禳之。〔二四〕晏子曰:'不可。此天教也。日月之氣,風雨不時,彗星之出,天為民之亂見之。'"又一曰:"景公彗星出而泣,晏子問之。公曰:'寡人聞之,彗星出,其所向之國君當之。今彗星出而向吾國,我是以悲。'晏子曰:'君之行義(固應)〔回邪〕,〔二五〕無德於國。穿(開)〔陂〕池,〔二六〕則欲其深以廣也,為臺榭則欲其高且大也。賦斂如揭奪,誅戮如仇讎。自是觀之,孛又將出。彗星之出,庸何(巨)〔懼〕乎?'"〔二七〕案:如晏子之言,孛之與彗,如似匪同。

　　四年六月,漢兵起南陽,至昆陽。莽使司徒王尋、司空王邑將諸郡兵,號曰百萬眾,已至者四十二萬人;能通兵法者六十三家,皆為將帥,持其圖書器械。軍出關東,牽從群象虎狼猛獸,放之道路,以示富強,用怖山東。至昆陽山,作營百餘,圍城數重,或為衝車以撞城,〔二八〕為雲車高十丈以瞰城中,弩矢雨集,城中負戶而汲。求降不聽,請出不得。二公之兵自以必克,不恤軍事,不協計慮。莽有覆敗之變見焉。晝有雲氣如壞山,墮軍上,軍人皆厭,所謂營頭之星也。占曰:"營頭之所墮,其下覆軍,流血三千里。"[1]是時光武將兵數千人赴救昆陽,奔擊二公兵,并力猋發,號呼聲動天地,虎豹驚怖敗振。會天大風,飛屋瓦,雨如注水。二公兵亂敗,自相賊,就死者數萬人。競赴滍水,死者委積,滍水為之不流。殺司徒王尋。軍皆散走歸本郡。王邑還長安,莽敗,俱誅死。營頭之變,覆軍流血之應也。

【注】
〔1〕袁山松《書》曰:"怪星晝行,名曰營頭,行振大誅也。"

　　四年秋,太白在太微中,燭地如月光。太白為兵,太微為天廷。太白贏而北入太微,是大兵將入天子廷也。是時莽遣二公之兵至昆陽,已為光武所破。莽又拜九人為將軍，皆以虎為號。九虎將軍至華陰，皆為漢將鄧曄、李松所破。進攻京師，倉將軍韓臣至長門。十月戊申，漢兵自宣平城門入。二日己酉，城中少年朱弟、張魚等數千人起兵攻莽，燒作室［門］，〔二九〕斧敬法闥。商人杜吳殺莽漸臺之上，校尉公賓就斬莽首。〔三〇〕大兵蹈藉宮廷之中。仍以更始入長安，赤眉賊立劉盆子為天子，皆以大兵入宮廷，是其應也。

光武[1]建武九年七月乙丑，金犯軒轅大星。十一月乙丑，金又犯軒轅。[2]軒轅者，後宮之官，大星為皇后，金犯之為失勢。是時郭后已失勢見疏，後廢為中山太后，陰貴人立為皇后。

【注】

〔1〕《古今注》曰："建武六年九月丙戌，〔三一〕月犯太微西藩。十一月辛亥，月犯軒轅。七年九月庚子，土入鬼中。"《漢史》："鎮星逆行輿鬼，女主貴親有憂。"巫咸曰："有土功事。"是歲太白經太微。八年四月辛未，月犯房第二星，光芒不見。九年正月乙卯，金犯婁南星。甲子，月犯軒轅第二星，壬寅，犯心大星。〔三二〕七月戊辰，月並犯昂。《黃帝星占》："土犯鬼，皇后有憂，失亡其勢。"《河圖》："月犯房，天子有憂，四足之蟲多死。"《漢史》曰："其國有憂，將軍死。"又案《嚴光傳》，光與帝臥，足加帝腹上，太史奏客星犯帝坐甚急。

〔2〕孟康曰："犯，七寸以內光芒相及也。"韋昭曰："自下往觸之曰犯。"

十年三月癸卯，〔三三〕流星如月，從太微出，入北斗魁第六星，色白。旁有小星射者十餘枚，滅則有聲如雷，食頃止。[1]流星為貴使，星大者使大，星小者使小。太微天子廷，北斗魁主殺。星從太微出，抵北斗魁，是天子大使將出，有所伐殺。[2]十二月己亥，大流星如缶，出柳西南行入軫。〔三四〕且滅時，分為十餘，如遺火狀。須臾有聲，隱隱如雷。柳為周，軫為秦、蜀。〔三五〕大流星出柳入軫者，是大使從周入蜀。是時光武帝使大司馬吳漢發南陽卒三萬人，乘船泝江而上，擊蜀白帝公孫述。[3]又命將軍馬武、劉尚、郭霸、岑彭、馮駿平武都、巴郡。十二年十月，漢進兵擊述從弟衛尉永，遂至廣都，殺述女壻史興。威虜將軍馮駿拔江州，〔三六〕斬述將田戎。吳漢又擊述大司馬謝豐，斬首五千餘級。臧宮破涪，殺述弟大司空恢。十一月丁丑，漢護軍將軍高午刺述洞胸，其夜死。明日，漢入屠蜀城，誅述大將公孫晃、〔三七〕延岑等，所殺數萬人，夷滅述妻宗族萬餘人以上。〔三八〕是大將出伐殺之應也。其小星射者，及如遺火分為十餘，皆小將隨從之象。有聲如雷隱隱者，兵將怒之徵也。

【注】
〔1〕孟康曰："流星，光跡相連也，絕跡而去為飛也。"
〔2〕《古今注》曰："正月壬戌，月犯心後星。閏月庚辰，火入輿鬼，過軫北。庚申，月在斗，〔三九〕赤如丹者也。"
〔3〕臣昭曰：述雖以白承黃，而此遂號為白帝，於文繁長，書例未通。

十二年正月[1]己未，〔四〇〕小星流百枚以上，或西北，或正北，或東北，二夜止。[2]六月戊戌晨，小流星百枚以上，四面行。小星者，庶民之類。流行者，移徙之象也。或西北，或東北，或四面行，皆小民流移之徵。是時西北討公孫述，〔四一〕北征盧芳。匈奴助芳侵邊，漢遣將軍馬武、騎都尉劉納、閻興軍下曲陽、臨平、呼沱，以備胡。匈奴入河東，中國未安，米穀荒貴，民或流散。後三年，吳漢、馬武又徙鴈門、代郡、上谷、關西縣吏民六萬餘口，置常[山]關、居庸關以東，〔四二〕以避胡寇。是小民流移之應。[3]

【注】
〔1〕《古今注》曰："丁丑，月乘軒轅大星。"

〔2〕《古今注》曰："二月辛亥，月入氐，暈珥圍角、亢、房。"

〔3〕《古今注》曰："其年七月丁丑，月犯昴頭兩星。八月辛酉，水見東方翼分。九月甲午，火犯輿鬼。十月丁卯，大星流，〔四三〕有光，發東井西行，聲隆隆。十三年二月乙卯，火犯輿鬼西北。"《黃帝占》曰："熒惑守輿鬼，大人憂。"一曰貴人當之。巫咸曰："水見翼，多火災。"石氏曰："為旱。"《郗萌占》曰："流星出東井，所之國大水。"

十五年正月丁未，彗星見昴，[1]稍西北行入營室，犯離宮，[2]三月乙未，至東壁滅，見四十九日。彗星為兵入除穢，昴為邊兵，彗星出之為有兵至。十一月，定襄都尉陰承反，太守隨誅之。盧芳從匈奴入居高柳，至十六年十月降，上璽綬。一曰，昴星為獄事。是時大司徒歐陽歙以事繫獄，踰歲死。營室，天子之常宮；離宮，妃后之所居。彗星入營室，犯離宮，是除宮室也。〔四四〕是時郭皇后已疏，至十七年十月，遂廢為中山太后，立陰貴人為皇后，除宮之象也。[3]

【注】

〔1〕炎長三丈。《韓揚占》曰："在昴，大國起兵也。"

〔2〕《韓揚占》曰："彗出營室、東壁之間，為兵起也。"

〔3〕《古今注》曰："十六年四月，土星逆行。十七年三月乙未，〔四五〕火逆行，從東門入太微，到執法星東，己酉，南出端門。十八年十二月壬戌，月犯木星。十九年閏月戊申，火逆，從氐到亢。二十一年七月辛酉，月入畢。二十三年三月癸未，月食火星。"郗萌曰："熒惑逆行氐為失火。"

三十年閏月甲午，水在東井二十度，生白氣，東南指，炎長五尺，為彗，東北行，至紫宮西藩止，五月甲子不見，凡見三十一日。水常以夏至放於東井，閏月在四月，尚未當見而見，是贏而進也。東井為水衡，水出之為大水。是歲五月及明年，郡國大水，壞城郭，傷禾稼，殺人民。白氣為喪，有炎作彗，彗所以除穢。紫宮，天子之宮，彗加其藩，除宮之象。[1]後三年，光武帝崩。

【注】

[1]《荊州星經》曰："彗在東井，國大人死。七十日主當之，[四六]五十日相當之，三十日兵將當之。"

三十一年七月[1]戊午，火在輿鬼一度，入鬼中，出尸星南半度，十月己亥，犯軒轅大星。又七（日）[星]間有客星，[四七]炎二尺所，西南行，至明年二月二十二日，在輿鬼東北六尺所滅，凡見百一十三日。[2]熒惑為凶衰，輿鬼尸星主死亡，熒惑入之為大喪。軒轅為後宮。七星，周地。客星居之為死喪。其後二年，光武崩。

【注】

[1]《古今注》曰："戊申，月犯心後星。"

[2]輿鬼五星，天府也。《黃帝占》曰："輿鬼，天目也，朱雀頭也，中央星如粉絮，鬼為變害，故言。一名天尸，斧鉞，或以病亡，或以誅斬。火尅金，[四八]天以制法。其西南一星，主積布帛；西北一星，主積金玉；東北一星，主積馬；東南一星，主積兵，一曰主領珠錢。"郗萌曰："輿鬼者，參之尸也，弧射狼，誤中參左肩，舉尸之東井治，留尸輿鬼，故曰天尸。鬼之為言歸也。"又《占》："月、五星有入輿鬼，大臣誅，有干（鍼）[鉞]乘質者，[四九]君貴人憂，金玉用，民人多疾，從南入為男子，從北入為女，從西入為老人，從東入為丁壯。棺木倍價。"

中元[1]二年八月丁巳，火犯太微西南角星，相去二寸。十月戊子，[五〇]大流星從西南東北行，聲如雷。火犯太微西南角星，為將相。後太尉趙憙、司徒李訢坐事免官。大流星為使。中郎將竇固、揚虛侯馬武、揚鄉侯王賞將兵征西也。[五一]

【注】
〔1〕《古今注》曰："元年三月甲寅,月犯心後星。"

【校勘記】
〔一〕下應十二子　按:《校補》謂"子"疑"野"之譌。
〔二〕軒轅始受河圖鬭苞授規日月星辰之象　按:《集解》引惠棟説,謂《闓苞受》,《河圖》篇名,見李善注《文選》。"鬭"當作"闓","授"當作"受","規"字屬下讀。羅泌以"鬭苞"為黃帝臣名,非也。
〔三〕用(之)〔定〕靈軌　據汲本改。按:《校補》謂《張衡傳》注作"定","之"字誤。
〔四〕厥中惟虛　按:汲本、殿本"虛"作"靈"。
〔五〕用重鉤股　按:嚴可均輯《全後漢文》"重"下有"差"字,此脱。
〔六〕地以陰淳　按:《開元占經》"淳"作"浮",是。嚴輯《全後漢文》同。
〔七〕承施候明　嚴輯《全後漢文》作"承候施明"。按:上言"稟氣舒光",承候與稟氣相對成文,似以作"承候施明"為是。
〔八〕寒暑不減　按:《開元占經》"減"作"忒",是。嚴輯《全後漢文》同。
〔九〕(地)至質者曰地而已　據《開元占經》及嚴輯《全後漢文》刪。
〔一〇〕漢用於天而無列焉　按:《開元占經》"用"作"周",是。嚴輯《全後漢文》同。
〔一一〕白虎猛據於右　按:"白"原譌"召",逕據汲本、殿本改正。
〔一二〕姮娥竊之以奔月　按:"姮"原譌"恒",逕改正。
〔一三〕蔽於(他)〔地〕也　據汲本改。
〔一四〕日之薄地其明也　按:《隋書·天文志》、《開元占經》及嚴輯《全後漢文》"其"上並有"暗"字。
〔一五〕是以望之若火　按:《隋書·天文志》及嚴輯《全後漢文》"火"並作"大"。

〔一六〕故望之若水　按：《隋書·天文志》及嚴輯《全後漢文》"水"並作"小"。

〔一七〕五緯經次　按：盧校謂《晉志》及《史記正義》"經次"皆作"躔次"。

〔一八〕至〔地〕則石〔矣〕　據《開元占經》及嚴輯《全後漢文》補。

〔一九〕逆則遲　按："則"原譌"時"，逕據汲本、殿本改正。

〔二〇〕日與月此配合也　按：《開元占經》"此"作"以"，嚴輯《全後漢文》作"共"。

〔二一〕地候見晨　按："候"原譌"侯"，逕改正。

〔二二〕灰滅雨絕世路無由　按：殿本"雨"作"兩"。盧校謂《宋志》"世"作"勢"。

〔二三〕張卬　"卬"原譌"卯"，逕改正。按：惠棟《補注》本出"張卬"二字，謂《劉玄傳》注引《續漢書》"卬"作"印"。張森楷《校刊記》謂案《光武紀》作"張卬"，袁《紀》、《通鑑》亦是"卬"字，疑卬字是。然《劉玄傳》注引《續漢書》"卬"作"印"，則《范書》自作"卬"，本志自作"印"也。

〔二四〕使伯常騫攘之　汲本"攘"作"禳"，殿本作"穰"。按：攘可通禳，穰則譌字也。

〔二五〕君之行義（固應）〔回邪〕　按：盧校云"固應"譌，據本書改"回邪"。今據改。

〔二六〕穿（開）〔陂〕池　據汲本、殿本改。

〔二七〕庸何（巨）〔懼〕乎　據汲本、殿本改。

〔二八〕或為衝車以撞城　按："撞"原譌"橦"，逕改正。

〔二九〕燒作室〔門〕　《校補》謂案《前書·莽傳》作"燒作室門"，此脫"門"字。今據補。

〔三〇〕校尉公賓就斬莽首　按：《校補》引柳從辰說，謂袁《紀》及荀悅《漢紀》皆作"公孫賓就斬莽首"，與班、范、本志異。

〔三一〕建武六年九月丙戌　按：是年九月丁酉朔，無丙戌，當有譌。

〔三二〕壬寅犯心大星　按：盧校謂上有甲子，此當是"丙寅"。

〔三三〕十年三月癸卯　按：建武十年三月丁未朔，無癸卯，志文有譌。

〔三四〕出柳西南行入軫　按："軫"當作"井"，詳下條。

〔三五〕軫為秦蜀　按：《集解》引惠棟說，謂李殿學云，軫安得為秦、蜀，蓋"井"字也，吳越音訛譌寫耳，觀上文西南行可見。

〔三六〕威虜將軍馮駿拔江州　按：殿本《考證》齊召南謂《公孫述傳》作"破虜將軍"，《光武紀》又作"威虜將軍馮峻"。

〔三七〕公孫晃　按：《集解》引惠棟說，謂"晃"一作"光"，述弟也。

〔三八〕夷滅述妻宗族萬餘人以上　按："妻"下疑脫"子"字。

〔三九〕閏月庚辰火入輿鬼過軫北庚申月在斗　按：此注繫於建武十年三月之後，查建武十年無閏，十一年閏三月，辛未朔，有庚辰、庚寅而無庚申，注有譌。

〔四〇〕十二年正月己未　按：建武十二年正月丙寅朔，無己未，志文有譌。

〔四一〕是時西北討公孫述　按：《集解》引張永祚說，謂公孫述在西南，"北"字疑譌。

〔四二〕置常〔山〕關居庸關以東　據盧校補。

〔四三〕九月甲午火犯輿鬼十月丁卯大星流　按：建武十二年九月壬戌朔，無甲午，十月壬辰朔，無丁卯，注有譌。

〔四四〕是除宮室也　按："除"原譌"際"，逕改正。

〔四五〕十七年三月乙未　按：建武十七年三月丙申朔，乙未為二月晦，注有譌。

〔四六〕七十日主當之　按：殿本"主"作"王"。

〔四七〕又七（日）〔星〕閒有客星　據盧校改。按：盧云"日"譌，李殿學據下文改。

〔四八〕火尅金　按："尅"原為"刻"，逕據汲本、殿本改正。

〔四九〕有干（鑯）〔鈒〕乘質者　據汲本、殿本改。

〔五〇〕十月戊子　按：建武中元二年十月庚寅朔，無戊子，志有譌。

〔五一〕將兵征西也　按：盧云《通考》"征西"作"西征"。

後漢書志第十一

天文中

明十二　章五　和三十三　殤一
安四十六　順二十三　質三

孝明永平元年四月丁酉，流星大如斗，起天市樓，西南行，光照地。流星為外兵，西南行為西南夷。是時益州發兵擊姑復蠻夷大牟替滅陵，斬首傳詣雒陽。[1]

【注】
〔1〕《古今注》曰："閏九月辛未，〔一〕火在太微左執法星所，光芒相及。十一月辛未，土逆行，乘東井北軒轅第二星。二年十二月戊辰，月食火星。"《黃帝星經》曰："出入井，為人主。一曰（陽）〔賜〕爵祿事。"〔二〕

三年六月丁卯，彗星出天船北，長二尺所，稍北行至亢南，（百）〔見〕三十五日去。〔三〕天船為水，彗出之為大水。是歲伊、雒水溢，到津城門，壞伊橋；郡七縣三十二皆大水。

四年八月辛酉，客星出梗河，西北指貫索，七十日去。梗河為胡兵。至五年十一月，北匈奴七千騎入五原塞，十二月又入雲中，至原陽。貫索，貴人之牢。其十二月，陵鄉侯梁松坐怨望懸飛書誹謗朝廷下獄死，妻子家屬徙九真。

七年正月戊子，流星大如杯，從織女西行，光照地。織女，天之真女，流星出之，女主憂。其月癸卯，光烈皇后崩。[1]

【注】
[1]《古今注》曰："三月庚戌，客星光氣二尺所，在太微左執法南端門外，凡見七十五日。"

八年六月壬午，長星出柳、張三十七度，犯軒轅，刺天船，陵太微，氣至上階，凡見五十六日去。柳，周地。是歲多雨水，郡十四傷稼。[1]

【注】
[1]《古今注》曰："十二月戊子，客星出東方。"

九年正月戊申，客星出牽牛，長八尺，歷建星至房南，[1]滅見至五十日。[2]牽牛主吳、越，房、心為宋。後廣陵王荊與沈涼，楚王英與顏忠各謀逆，事覺，皆自殺。廣陵屬吳，彭城古宋地。[3]

【注】
[1]《古今注》曰："歷斗、建、箕、房，過角、亢至翼，芒東指。"
[2]《郗明占》曰："客星舍房，左右群臣有吞藥死者。"又占"有奪地"。
[3]《古今注》曰："十年七月甲寅，月犯歲星。十一年六月壬辰，火犯土星。"

十三年閏月丁亥，火犯輿鬼，為大喪，質星為大臣誅戮。[1]其十二月，楚王英與顏忠等造作妖[書]謀反，[四]事覺，英自殺，忠等皆伏誅。[2]

【注】
〔1〕《晉灼》曰:"鬼五星,其中白者為質。"
〔2〕《古今注》曰:"十一月,客星出軒轅四十八日。十二月戊午,月犯木星。"

十四年正月戊子,客星出昴,六十日,在軒轅右角稍滅。昴主邊兵。後一年,漢遣奉車都尉顯親侯竇固、駙馬都尉耿秉、騎都尉耿忠、開陽城門候秦彭、太僕祭肜,將兵擊匈奴。一曰,軒轅右角為貴相,昴為獄事,客星守之為大獄。是時考楚事未訖,司徒虞延與楚王英黨與顏初、公孫弘等交通,皆自殺,或下獄伏誅。

十五年十一月乙丑,太白入月中,為大將戮,人主亡,不出三年。後三年,孝明帝崩。

十六年正月丁丑,歲星犯房右驂,北第一星不見,辛巳乃見。〔1〕房右驂為貴臣,歲星犯之為見誅。是後司徒邢穆,坐與阜陵王延交通知逆謀自殺。四月癸未,太白犯畢。畢為邊兵。後北匈奴寇〔邊〕,入雲中,至(咸)〔漁〕陽。〔五〕使者高弘發三郡兵追討,無所得。太僕祭肜坐不進下獄。

【注】
〔1〕《石氏星經》曰:"歲星守房,良馬出廄。"《古今注》曰:"正月丁未,月犯房。"

十八年六月己未,彗星出張,長三尺,轉在郎將,南入太微,皆屬張。張,周地,為東都。太微,天子廷。彗星犯之為兵喪。其八月壬子,孝明帝崩。

孝章建初元年,正月丁巳,太白在昴西一尺。八月庚寅,彗星出天市，長二尺所，稍行入牽牛三度，積四十日稍滅。太白在昴為邊兵，彗星出天市為外軍，牽牛為吳、越。是時蠻夷陳縱等及哀牢王類〔牢〕反，〔六〕攻（蕉）〔巂〕唐城。〔七〕永昌太守王尋走奔楪榆，安夷長宋延〔八〕為羌所殺。以武威太守傅育領護羌校尉，馬防行車騎將軍，征西羌。又阜陵王延與子男魴謀反，大逆無道，得不誅，廢為侯。

二（月）〔年〕九（日）〔月〕〔1〕〔九〕甲寅，流星過紫宮中，長數丈，散為三，滅。十二月戊寅，彗星出婁三度，長八九尺，稍入紫宮中，百六日稍滅。流星過，入紫宮，皆大人忌。後四年六月癸丑，明德皇后崩。〔2〕

【注】
〔1〕《古今注》曰："甲申，金入斗魁。"〔一〇〕
〔2〕《古今注》曰："五年二月戊辰，〔一一〕木、火俱在參，五月戊寅，〔一二〕木、水在東井。六年七月丁酉，夜有流星起軒轅，大如拳，歷文昌，餘氣正白句曲，西如文昌，久久乃滅。"《黃帝星經》曰："木守東井，有土功之事。一曰大水。"郗萌曰："歲星守參，后當之。熒惑守，大人當之。"

元和（元）〔二〕年四月丁巳，〔一三〕客星晨出東方，在胃八度，長三尺，歷閣道入紫宮，留四十日滅。閣道、紫宮，天子之宮也。客星犯入留久為大喪。後四年，孝章帝崩。

孝和永元元年正月辛卯，有流星起參，長四丈，〔1〕有光，色黃白。〔2〕二月，流星起天棓，東北行三丈所滅，色青白。壬申，夜有流星起太微東蕃，長三丈。三月〔3〕丙辰，流星起天津。〔4〕壬戌，有流星起天將軍，〔一四〕東北行。〔5〕參為邊兵，天棓為兵，太微天廷，天津為水，天將軍為兵，流星起之皆為兵。其六月，漢遣車騎將軍竇憲、執金吾耿秉，與度遼將軍鄧鴻出朔方，並進兵臨私渠北鞮海，〔一五〕斬虜首萬餘級，獲生口牛馬羊百萬頭。日逐王等八十一部降，凡三十餘萬人。追單于至西海。是歲七月，又雨水漂人民，是其應。[6]

【注】

〔1〕《古今注》曰："大如拳，起參東南。"

〔2〕《古今注》曰："癸亥，鎮在參。[一六]又有流星大如桃，色赤，起太微東蕃。"石氏曰："鎮守參，有土功事。"

〔3〕《古今注》曰："戊子，土在參。"

〔4〕《古今注》曰："星大如桃，起天津，東至斗，黃白頻有光。"

〔5〕《古今注》曰："色黃，無光。"

〔6〕《古今注》曰："十一月壬申，鎮星在東井。"石氏曰："天下水，其大出，流殺人。"

二年正月乙卯，金、木俱在奎，丙寅，水又在奎。[1]奎主武庫兵，三星會又為兵喪。辛未，水、金、木在婁，亦為兵，又為匿謀。[2]二月丁酉，有流星大如桃，起紫宮東蕃，西北行五丈稍滅。[3]四月丙辰，[一七]有流星大如瓜，起文昌東北，西南行至少微西滅。有頃音如雷聲，已而金在軒轅大星東北二尺所。[4]八月丁未，有流星如雞子，起太微西，東南行四丈所消。十月癸未，有流星大如桃，起天津，西行六丈所消。十一月辛酉，有流星大如拳，起紫宮，西行到胃消。

【注】

〔1〕巫咸曰："辰守奎，多水火災，亦為旱。"《古今注》曰："土在東井。"

〔2〕郗萌曰："辰守婁，有兵兵罷，［無兵］兵起。"[一八]巫咸、石氏云："多火災。"《古今注》曰："丙寅，水在奎，土在東井，金在婁，木、火在昴。"

〔3〕《古今注》曰："三月甲子，火在亢南端門第一星南。乙亥，金在東

井。"

〔4〕《古今注》曰："丁丑，火在氐東南星東南。"〔一九〕

三年九月丁卯，有流星大如雞子，起紫宮，西南至北斗柄閒消。〔1〕紫宮天子宮，文昌、少微為貴臣，天津為水，北斗主殺。流星起，歷紫宮、文昌、少微、天津，文昌為天子使，出有兵誅也。竇憲為大將軍，憲弟篤、景等皆卿、校尉，憲女弟壻郭舉為侍中、射聲校尉，〔二〇〕與衛尉鄧疊母元俱出入宮中，謀為不軌。至四年六月丙（寅）［辰］發覺，〔二一〕和帝幸北宮，詔執金吾、五校勒兵屯南、北宮，閉城門，捕舉。舉父長樂少府璜及疊，疊弟步兵校尉磊，母元，皆下獄誅。憲弟篤、景等皆自殺。金犯軒轅，女主失勢。竇氏被誅，太后失勢。

【注】

〔1〕《星紫宮占》曰："有流星出紫宮，天子使也。色赤言兵，色白言（義）［喪］，〔二二〕色黃言吉，色青言憂，色黑言水。出皆以所之野命東、西、南、北。"

五年〔1〕四月癸巳，太白、熒惑、辰星俱在東井。〔2〕七月壬午，歲星犯軒轅大星。九月，金在南斗魁中。〔3〕火犯房北第一星。東井，秦地，為法。三星合，內外有兵，又為法令及水。金入斗口中，為大將將死。火犯房北第一星，為將相。其六年正月，司徒丁鴻薨。〔4〕七月水，大漂殺人民，傷五穀。許侯馬光有罪自殺。〔二三〕九月，行車騎將軍事鄧鴻、越騎校尉馮柱發左右羽林、北軍五校士及八郡跡射、烏桓、鮮卑，合四萬騎，與度遼將軍朱徽、〔二四〕護烏桓校尉任尚、中郎將杜崇征叛胡。十二月，車騎將軍鴻坐追虜失利，下獄死；度遼將軍徽、中郎將崇皆抵罪。

【注】

〔1〕《古今注》曰:"正月甲戌,月乘歲星。"

〔2〕巫咸曰:"太白守井,五穀不成。"《黃帝經》曰:"五星及客星守井,皆為水。"石氏曰:"為旱。"又曰:"太白入東井,留一日以上乃占,大臣當之,期三月,若一年,遠五年。"《古今注》曰:"木在輿鬼。"

〔3〕為水。石氏曰:"為旱。"

〔4〕《古今注》曰:"六年六月丁亥,金在東井。閏月己丑,流星大如桃,起參北,西至參肩南,稍有光。"

七年正月丁未,有流星起天津,入紫宮中滅。色青黃,有光。二月癸酉,金、火俱在參。〔1〕戊寅,金、火俱在東井。〔2〕八月甲寅,水、土、金俱在軫。〔3〕十一月甲戌,〔二五〕金、火俱在心。〔4〕十二月己卯,〔二六〕有流星起文昌,入紫宮消。丙辰,火、金、水俱在斗。流星入紫宮,金、火在心,皆為大喪。三星合軫為白衣之會,金、火俱在參、東井,皆為外兵,有死將。三星俱在斗,有戮將,若有死相。八年四月樂成王黨,七月樂成王宗〔二七〕皆薨。將兵長史吳棼坐事徵下獄誅。〔5〕十月,北海王威自殺。十二月,陳王羨薨。其九年閏月,皇太后竇氏崩。遼東鮮卑〔二八〕[反],太守祭參不追虜,徵下獄誅。九月,司徒劉方坐事免官,自殺。隴西羌反,遣執金吾劉尚行征西將軍事,越騎校尉節鄉侯趙世發北軍五校、黎陽、雍營及邊胡兵三萬騎,征西羌。

【注】

〔1〕《巫咸占》曰:"熒惑守參,多火災。"《海中占》曰:"為旱。太白守參,國有反臣。"郗萌曰"有攻戰伐國"也。

〔2〕郗萌曰:"熒惑守井,百川皆滿。太白又從舍,蓋二十日流國。"又曰:"雜糴貴。又將相死。"

〔3〕《春秋緯》曰:"五星有入軫者,皆為兵大起。"《巫咸占》曰:"五星入軫者,司其出日而數之,〔二九〕期二十日皆為兵發。司始入處之率一日期,

十日軍罷。"《石氏星經》曰："辰星守軫，歲水。"郗萌曰："鎮星出入留舍軫六十日不下，必有大喪。"《春秋緯》曰："太白入軫，兵大起。"郗萌曰："太白守軫，必有死王。"

〔4〕《雒書》曰："太白守心，後九年大飢。"

〔5〕《古今注》曰："八年九月辛丑，夜有流星，大如拳，起婁。"

十一年五月丙午，流星大如瓜，起氐，西南行，稍有光，白色。[1] 占曰："流星白，為有使客，大為大使，小亦小使。疾期疾，遲亦遲。大如瓜為近小，行稍有光為遲也。又正王日，邊方有受王命者也。"明年二月，蜀郡旄牛徼外夷白狼樓薄種王〔三〇〕唐繒等率種人口十七萬歸義內屬，賜金印紫綬錢帛。

【注】

〔1〕《古今注》曰："六月庚辰，月入畢中。"

十二年十一月癸酉，夜有蒼白氣，長三丈，起天園，東北指軍市，見積十日。占曰："兵起，十日期歲。"明年十一月，遼東鮮卑二千餘騎寇右北平。

十三年[1]十一月乙丑，軒轅第四星間有小客星，色青黃。軒轅為後宮，星出之，為失勢。其十四年六月辛卯，陰皇后廢。[2]

【注】

〔1〕《古今注》曰："正月辛未，水乘輿鬼。十二月癸巳，犯軒轅大星。"

〔2〕《古今注》曰："十四年正月乙卯，月犯軒轅，在太微中。二月十日丁酉，〔三一〕水入太微西門。十一月丁丑，〔三二〕有流星大如拳，起北斗魁中，北至閣道，稍有光，色赤黃，須臾西北有雷聲。"

十六年四月丁未，紫宮中生白氣如粉絮。戊午，客星出紫宮西行至昴，五月壬申滅。七月庚午，水在輿鬼中。[1]十月辛亥，流星起鉤陳，北行三丈，有光，色黃。白氣生紫宮中為喪。客星從紫宮西行至昴為趙。輿鬼為死喪。鉤陳為皇后，流星出之為中使。後一年，元興元年十[二]月（二日），和帝崩，[三三]殤帝即位一年又崩，無嗣，鄧太后遣使者迎清河孝王子即位，是為孝安皇帝，是其應也。清河，趙地也。

【注】

〔1〕《黃帝占》曰："辰星犯鬼，大臣誅，國有憂。"郗萌曰："多蝗蟲。"

元興元年二月庚辰，[三四]有流星起角、亢五丈所。四月辛亥，有流星起斗，東北行到須女。七月己巳，有流星起天市五丈所，光色赤。閏月辛亥，[三五]水、金俱在氐。[1]流星起斗，東北行至須女。須女，燕地。天市為外軍。水、金會為兵誅。其年，遼東貊人反，鈔六縣，發上谷、漁陽、右北平、遼西烏桓討之。

【注】

〔1〕巫咸曰："辰星守氐，多水災。"《海中占》曰："天下大旱，所在不收。"《荊州星占》曰："太白守氐，國君大哭。"

孝殤帝延平元年正月丁酉，金、火在婁。金、火合為爍，為大人憂。[1]是歲八月辛亥，孝殤帝崩。

【注】

〔1〕《古今注》曰："七月甲申，月在南斗中。"

孝安永初元年五月戊寅，熒惑逆行守心前星。[1]八月戊申，客星在東井、弧星西南。心為天子明堂，熒惑逆行守之，為反臣。[2]客星在東井，為大水。[3]是時，安帝未臨朝，鄧太后攝政，鄧騭為車騎將軍，弟弘、悝、閶皆以校尉封侯，秉國勢。司空周章意不平，與王尊、叔元茂等謀，〔三六〕欲閉宮門，捕將軍兄弟，誅常侍鄭眾、蔡倫，刧刺尚書，〔三七〕廢皇太后，封皇帝為遠國王。事覺，章自殺。東井、弧皆秦地。是時羌反，斷隴道，漢遣騭將左右羽林、北軍五校及諸郡兵征之。是歲郡國四十一縣三百一十五雨水。四瀆溢，傷秋稼，壞城郭，殺人民，是其應也。

【注】

[1]《韓楊占》曰："多火災。一曰地震。"檢其年十八郡地震，明年漢陽火。

[2]《雒書》曰："熒惑守心，逆臣起。"《黃帝占》曰："逆行守心二十日，大臣亂。"

[3]《荊州經》曰："客星干犯東井，則大臣誅。"

二年正月戊子，太白晝見。[1]

【注】

[1]《古今注》曰："四月乙亥，〔三八〕月入南斗魁中。八月己亥，〔三九〕熒惑出入太微端門。"

三年正月庚戌，月犯心後星。[1]己亥，太白入斗中。[2]十二月，彗星起天菀南，東北指，長六七尺，色蒼白。太白晝見，為彊臣。[3]是時鄧氏方盛，月犯心後星，不利子。心為宋。五月丁酉，沛王（牙）[正]薨。〔四〇〕太白入斗中，為貴相凶。[4]天菀為外軍，彗星出其南為外兵。是後使羌、氐討賊李貴，又使烏桓擊鮮卑，又使中郎將任尚、護羌校尉馬賢擊羌，皆降。

【注】
〔1〕《河圖》曰："亂臣在旁。"
〔2〕《古今注》曰："三月壬寅，熒惑入輿鬼中。五月丙寅，〔四一〕太白入畢中。"《石氏經》曰："太白守畢，國多任刑也。"〔四二〕
〔3〕《前志》曰："太白晝見，強國弱，小國強，女主昌。"
〔4〕臣昭案：楊厚對曰"以為諸王子多在京師，容有非常，宜亟發遣還本國"，太后從之，星尋滅不見。以斯而言，太白入之，災在貴相。

四年〔1〕六月甲子，〔四三〕客星大如李，蒼白，芒氣長二尺，西南指上階星。癸酉，太白入輿鬼。指上階，為三公。後太尉［張禹、司空］張敏［皆］免官。〔四四〕太白入輿鬼，為將凶。後中郎將任尚坐贓千萬，檻車徵，棄市。〔2〕

【注】
〔1〕《古今注》曰："二月丙寅，月犯軒轅大星。"
〔2〕《韓揚占》曰："太白入輿鬼，亂臣在內。"臣昭以占為明［堂］，豈任尚所能感也。〔四五〕

五年六月辛丑，太白晝見，經天。〔1〕元初元年三月癸酉，熒惑入輿鬼。二年九月辛酉，熒惑入輿鬼中。三年三月，熒惑入輿鬼中。五月丙寅，太白入畢口。〔2〕七月甲寅，歲星入輿鬼。閏月己未，太白犯太微左執法。十一月甲午，客星見西方，己亥在虛、危，南至胃、昴。〔3〕四年正月丙戌，歲星留輿鬼中。〔4〕乙未，太白晝見丙上。四月壬戌，太白入輿鬼中。〔5〕己巳，辰星入輿鬼中。〔6〕五月己卯，辰星犯歲星。六月丙申，熒惑入輿鬼中，戊戌，〔四六〕犯輿鬼大星。九月辛巳，太白入南斗口中。〔7〕五年三月丙申，鎮星犯東井鉞星。五月庚午，辰星犯輿鬼質星。

丙戌，太白犯鈱星。六年四月癸丑，太白入輿鬼。[8]六月丙戌，熒惑在輿鬼中。[9]丁卯，鎮星在輿鬼中。[10]辛巳，太白犯左執法。自永初五年到永寧，十年之中，[四七]太白一晝見經天，再入輿鬼，一守畢，再犯左執法，入南斗，犯鈱星。熒惑五入輿鬼。鎮星一犯東井鈱星，一入輿鬼。歲星、辰星再入輿鬼。凡五星入輿鬼中，皆為死喪。熒惑、太白甚犯鈱、質星為誅戮。斗為貴將。執法為近臣。客星在虛、危為喪，為哭泣。[11]昴、畢為邊兵，又為獄事。至建光元年三月癸巳，鄧太后崩；五月庚辰，太后兄車騎將軍騭等七侯皆免官，自殺，是其應也。

【注】

〔1〕《春秋漢含孳》曰："陽弱，辰逆，太白經天。"注云："陽弱，君柔不堪。"《鉤命決》曰："天失仁，太白經天。"

〔2〕《黃帝占》曰："火攻，[四八]近期十五日，遠期四十日。"又曰："大臣當之，亂國易主。"

〔3〕郗萌曰："客星入虛，大人當之。"又曰："客星守危，強臣執國命，在后族。又且大風，有危敗。"《黃帝星經》曰："客星入守若出危，大飢，民食貴。"

〔4〕《石氏經》曰："歲星入留輿鬼五十日不下，民有大喪；百日不下，民半死。"《黃帝經》曰："守鬼十日，金錢散諸侯。"郗萌曰："五穀多傷，民以飢死者無數。"

〔5〕《石氏占》："太白入鬼，一曰病在女主，一曰將戮死。"

〔6〕郗萌曰："以罪誅大臣。一曰后疾。一曰大人憂。"

〔7〕《黃帝經》曰："大人當之，國易政。"

〔8〕郗萌曰："太白守輿鬼，疾在女主。"

〔9〕《黃帝經》曰："熒惑犯守鬼，國有大喪，有女喪，大將有死者。"《荊州星占》曰："熒惑犯鬼，忠臣戮死，不出一年中。"

〔10〕《黃帝經》曰："鎮入鬼中，大臣誅。"《海中》、石氏曰："大人憂。"

〔11〕《星占》曰:"不一年,遠期二年。"

延光[1]二年八月己亥,熒惑出太微端門。三年二月辛未,太白犯昴。[2]五月癸丑,太白入畢。[3]九月壬寅,鎮星犯左執法。四年,太白入輿鬼中。[4]六月壬辰,太白出太微。九月甲子,太白入斗口中。十一月,客星見天市。熒惑出太微,為亂臣。太白犯昴、畢,為(近)〔邊〕兵,[四九]一曰大人當之。鎮星犯左執法,有誅臣。太白入輿鬼中,為大喪。太白出太微,為中宮有兵;入斗口,為貴將相有誅者。客星見天市中,為貴喪。是時大將軍耿寶、中常侍江京、樊豐、小黃門劉安與阿母王聖、聖子女永等并構譖太子保,并惡太子乳母男、廚監邴吉。三年九月丁酉,廢太子為濟陰王,以北鄉侯懿代。殺男、吉,徙其父母妻子日南。四年三月丁卯,安帝巡狩,從南陽還,道寢疾,至葉崩,閻后與兄衛尉顯、中常侍江京等共隱匿,不令群臣知上崩,遣司徒劉喜等[五〇]分詣郊廟,告天請命,載入北宮。庚午夕發喪,尊閻氏為太后。北鄉侯懿病薨,京等又不欲立保,白太后,更徵諸王子擇所立。中黃門孫程、王國、王康等十九人,共合謀誅顯、京等,立保為天子,是為孝順皇帝。皆姦人强臣狂亂王室,其於死亡誅戮,兵起宮中,是其應。[5]

【注】

〔1〕《古今注》曰:"元年四月丙午,[五一]太白晝見。"

〔2〕《石氏星占》:"太白守昴,兵從門闕入,主人走。"郗萌曰:"不有亡國,必有謀主。"又云:"入昴,大赦。"

〔3〕郗萌曰:"太白入畢口,馬馳人走。"又曰:"有中喪。"

〔4〕《古今注》曰:"四月甲辰入。"

〔5〕《古今注》曰:"永建元年二月甲午,客星入太微。五月甲子,月入斗。"《李氏家書》曰:"時天有變氣,李郃上書諫曰:'臣聞天不言,縣象以示吉凶,挺災變異以為譴誡。昔齊桓公遭虹貫牛、斗之變,納管仲之謀,令齊去婦,無近妃宮。桓公聽用,齊以大安。趙有尹史,見月生齒,齕畢大星,占

有兵變。趙君曰："天下共一畢,知為何國也?"下史於獄。其後公子牙謀弑君,血書端門,如史所言。乃月十三日,有客星氣象彗孛,歷天市、梗河、招搖、槍、棓,十六日入紫宮,迫北辰,十七日復過文昌、泰陵,至天船、積水間,稍微不見。客星一占曰:"魯星歷天市者為穀貴,梗河三星備非常,泰陵八星為凶喪,紫宮、北辰為至尊。"如占,恐宮廬之內有兵喪之變,千里之外有非常暴逆之憂。魯星不得過歷尊宿,行度從疾,應非一端,恐復有如王阿母母子賤妾之欲居帝旁耗亂政事者。誠令有之,宜當抑遠,饒足以財。王者權柄及爵祿,人天所重慎,誠非阿妾所宜干豫,天故挺變,明以示人。如不承慎,禍至變成,悔之靡及也。'"

孝順永建二年二月癸未,太白晝見三十九日。[1]閏月乙酉,[五二]太白晝見東南維四十一日。八月乙巳,熒惑入輿鬼。太白晝見,為彊臣。熒惑為凶。輿鬼為死喪。質星為誅戮。是時中常侍高梵、張防、將作大匠翟酺、尚書令高堂芝、僕射張敦、尚書尹就、郎姜述、楊鳳等,及兗州刺史鮑就、使匈奴中郎[將]張國、[五三]金城太守張篤、敦煌太守張朗,相與交通,漏泄,就、述棄市,梵、防、酺、芝、敦、鳳、就、國皆抵罪。又定遠侯班始尚陰城公主堅得,鬥爭殺堅得,坐要斬馬市,同產皆棄市。[2]

【注】
[1]《古今注》曰:"丁巳,月犯心,[五四]七月丁酉,犯昴。"
[2]《古今注》曰:"其年九月戊寅,有白氣,廣三尺,長十餘丈,從北落師門南至斗。三年二月癸未,[五五]月犯心後星。六月甲子,太白晝見。四年二月癸丑,月犯心後星。五年閏月庚子,太白晝見。六年,彗星出於斗、牽牛,滅於虛、危。虛、危為齊,牽牛吳、越,故海賊浮於會稽,山賊捷於濟南。五年夏,熒惑守氐,諸侯有斬者,是冬班始霄斬馬市。"

六年四月，熒惑入太微中，犯左、右執法西北方六寸所。十月乙卯，太白晝見。十二月壬申，客星芒氣長二尺餘，西南指，色蒼白，在牽牛六度。客星芒氣白為兵。牽牛為吳、越。後一年，會稽海賊曾於等千餘人燒句章，殺長吏，又殺鄞、鄮長，取官兵，拘殺吏民，攻東部都尉；揚州六郡逆賊章何等稱將軍，犯四十九縣，大攻略吏民。

陽嘉元年閏月戊子，[1]客星氣白，廣二尺，長五丈，起天菀西南。主馬牛，為外軍，色白為兵。是時，敦煌太守徐白[五六]使疏勒王盤等兵二萬人入于竇界，虜掠斬首三百餘級。烏桓校尉耿曅使烏桓親漢都尉戎末瘣等出塞，[五七]鈔鮮卑，斬首，獲生口財物；鮮卑怨恨，鈔遼東、代郡，殺傷吏民。是後，西戎、北狄為寇害，以馬牛起兵，馬牛亦死傷於兵中，至十餘年乃息。[2]

【注】

〔1〕臣昭案：郎顗表云"十七日己丑"。

〔2〕臣昭案：《郎顗傳》，陽嘉元年，太白與歲星合於房、心。二年，熒惑失度，盈縮往來，涉歷輿鬼，環繞軒轅。《古今注》曰："二年四月壬寅，[五八]太白晝見，五月癸巳，[五九]又晝見。十一月辛未，[六〇]又晝見。十二月壬寅，[六一]月犯太白。三年十二月辛未，太白晝見。四月乙卯，[六二]太白、熒惑入輿鬼。永和元年正月丁卯，[六三]太白犯牽牛大星。"

永和二年五月戊申，太白晝見。八月庚子，熒惑犯南斗。斗為吳。[1]明年五月，吳郡太守行丞事羊珍與越兵弟葉、吏民吳銅等[六四]二百餘人起兵反，殺吏民，燒官亭民舍，攻太守府。太守王衡距守，吏兵格殺珍等。又〔九〕江賊蔡伯流等數百人攻廣陵、九江，[六五]燒城郭，殺〔江〕都長。[六六]

【注】

〔1〕《黃帝經》曰："不暮年，國有亂，有憂。"《海中占》："為多火災。

一曰旱。"《古今注》曰："九月壬午,〔六七〕月入畢口中。"

三年二月辛巳,太白晝見,戊子,在熒惑西南,光芒相犯。辛丑,有流星大如斗,從西北東行,長八九尺,色赤黃,有聲隆隆如雷。三月壬子,太白晝見。六月丙午,太白晝見。八月[1]乙卯,太白晝見。閏月甲寅,辰星入輿鬼。己酉,熒惑入太微。乙卯,太白晝見。[2]太白者,將軍之官,又為西州。晝見,陰盛,與君爭明。熒惑與太白相犯,為兵喪。流星為使,聲隆隆,怒之象也。辰星入輿鬼,為大臣有死者。熒惑入太微,亂臣在廷中。是時,大將軍梁商父子秉勢,故太白常晝見也。其四年正月,祀南郊,夕牲,中常侍張逵、蘧政、(陽)〔楊〕定、〔六八〕內者令石光、尚方令傅福等與中常侍曹騰、孟賁爭權,白帝言騰、賁與商謀反,矯詔命收騰、賁,賁自解說,順帝寤,解騰、賁縛。逵等自知事不從,各奔走,或自刺,解貂蟬投草中逃亡,皆得免。其六年,征西將軍馬賢擊西羌於北地(謝)〔射〕姑山下,〔六九〕父子為羌所沒殺,是其應也。

【注】
〔1〕《古今注》曰:"己酉,熒惑入太微。"
〔2〕《古今注》曰:"十二月丁卯,月犯軒轅大星。"

四年七月壬午,熒惑入南斗犯第三星。五年四月戊午,太白晝見。八月己酉,熒惑入太微。斗為貴相,為揚州,熒惑犯入之為兵喪。其六年,大將軍商薨。九江、丹陽賊周生、馬勉等起兵攻沒郡縣。梁氏又專權於天廷中。

六年二月丁巳,彗星見東方,長六七尺,色青白,西南指營室及墳墓星。[1]丁丑,彗星在奎一度,長六尺,癸未昏見,[2]西北歷昴、畢,甲申,在東井,遂歷輿鬼、柳、七星、張,光炎及三台,至軒轅中滅。[3]營室者,天子常宮。墳墓主死。彗星起而在營室、墳墓,不出五年，天下有大喪。後四年，孝順帝崩。昴為邊兵，又為趙。羌周馬父子後遂為寇。又劉文刦清河相射嵩，欲立王蒜為天子，嵩不聽，殺嵩，王閉門距文，官兵捕誅文，蒜以惡人所刦，廢為尉氏侯，又徙為桂陽都鄉侯，薨，〔七〇〕國絕。歷東井、輿鬼為秦，皆羌所攻鈔。炎及三台，為三公。是時，太尉杜喬及故太尉李固為梁冀所陷入，坐文書死。及至注、張為周，滅於軒轅中為後宮。其後懿獻后以憂死，梁氏被誅，是其應也。

【注】

〔１〕《郗萌占》曰："彗星出而中營室，天下亂，易政，以五色占之吉凶。"

〔２〕《河圖》曰："彗星出貫奎，庫兵悉出，禍在強侯、外夷，胡應逆首謀也。"

〔３〕《古今注》曰："五月庚寅，太白晝見。十一月甲午，太白晝見。"

漢安〔１〕二年，正月己亥，太白晝見。五月丁亥，辰星犯輿鬼。〔２〕六月乙丑，熒惑光芒犯鎮星。七月甲申，太白晝見。辰星犯輿鬼為大喪。熒惑犯鎮星為大人忌。明年八月，孝順帝崩，孝沖〔３〕明年正月又崩。

【注】

〔１〕《古今注》曰："元年二月壬午，〔七一〕歲星在太微中。八月癸丑，月犯南斗，入魁中。"

〔２〕《古今注》曰："丙辰，月入斗中。"〔七二〕

〔３〕《古今注》曰："建康元年九月己亥，太白晝見。"《韓揚占》曰："天下有喪。一曰有白衣之會。"

孝質本初元年,[1]三月癸丑,熒惑入輿鬼,四月辛巳,太白入輿鬼,皆為大喪。五月庚戌,太白犯熒惑,為逆謀。閏月一日,孝質帝為梁冀所鴆,崩。

【注】
〔1〕《古今注》曰:"(三)[二]月丁丑,[七三]月入南斗。"

【校勘記】
〔一〕閏九月辛未　按:此注繫永平元年下,查永平元年無閏,是年九月乙卯朔,有辛未,"閏"字當衍。
〔二〕(陽)[賜]爵祿事　盧校謂"陽"疑"賜"字之譌。按:今輯本《開元占經》作"賜"。今據改。
〔三〕(百)[見]三十五日去　按:《校補》引錢大昭說,謂本紀章懷注引伏侯《古今注》作"彗長三尺許,見三十五日乃去"。此"百"字疑當作"見"。今據改。
〔四〕其十二月楚王英與顏忠等造作妖[書]謀反　據盧校補。按:《集解》引洪亮吉說,謂"十二月"宜作"十一月"。
〔五〕後北匈奴寇[邊]入雲中至(咸)[漁]陽　據盧校補改。按:盧云"寇"下當有"邊"字。"咸"當作"漁",何焯以《南匈奴傳》校改。
〔六〕是時蠻夷陳縱等及哀牢王類[牢]反　按:《南蠻傳》"陳縱"作"陳從"。又按:《西南夷傳》"類"下有"牢"字,今據補。
〔七〕攻(蕉)[巂]唐城　殿本《考證》齊召南謂按文當作"巂唐城",巂唐,永昌郡屬縣也。又《集解》引惠棟說,謂"焦"《西南夷傳》作"巂",當從傳。今據改。
〔八〕安夷長宋延　按:《西南夷傳》"宋延"作"宗延"。
〔九〕二(月)[年]九(日)[月]　殿本《考證》李良裘謂案書日例惟甲子,此兼言"九日",訛也。上書"八月庚寅彗星出天市",此不應更紀二月事。且上書"元年正月丁巳",則二月九日安得為甲寅乎?下云"十二月戊寅彗星出",考《章帝紀》在建初二年,此"二月九日"乃"二年九月"之譌也。又《集解》引洪亮吉説略同。今據改。

〔一〇〕甲申金入斗魁　按:建初二年九月乙未朔,無甲申,注有譌。

〔一一〕五年二月戊辰　按:建初五年二月庚辰朔,無戊辰,注有譌。

〔一二〕五月戊寅　按:汲本、殿本"五月"作"三月"。

〔一三〕元和(元)〔二〕年四月丁巳　據盧校改。按:章帝崩於章和二年,下云"後四年章帝崩",自元和二年至章和二年,相距恰四年也。

〔一四〕壬戌有流星起天將軍　按:永元元年三月丁亥朔,無壬戌,志文有譌。

〔一五〕並進兵臨私渠北鞮海　按:"北"當依范書《竇憲傳》作"比"。

〔一六〕癸亥鎮在参　按:注繫永元元年正月之後,查是年正月戊子朔,無癸亥,注有譌。

〔一七〕四月丙辰　按:永元二年四月辛巳朔,無丙辰,志文有譌。

〔一八〕有兵兵罷〔無兵〕兵起　盧校謂"兵起"上脱"無兵"二字,《通考》有。今據補。

〔一九〕丁丑火在氐東南星東南　按:注繫於永元二年四月之後,查是年四月辛巳朔,無丁丑,注有譌。

〔二〇〕憲女弟壻郭舉為侍中射聲校尉　按:《竇憲傳》作"憲女壻",《通鑑》同,此云"憲女弟壻",未詳孰是。

〔二一〕至四年六月丙(寅)〔辰〕發覺　《集解》引洪亮吉説,謂案《和帝紀》云庚申幸北宫,詔收捕憲黨,則此志"丙寅"應作"丙辰"為是。又案下《五行志》,丙辰地震,後五日詔收憲,丙辰至庚申正五日。今據改。

〔二二〕色白言(義)〔喪〕　據汲本、殿本改。

〔二三〕七月水大漂殺人民傷五穀許侯馬光有罪自殺　按:《校補》謂案本書《和紀》,永元六年七月有旱無水,《五行志》亦不載是年七月水。又馬光自殺,紀屬二月,亦不在七月。

〔二四〕與度遼將軍朱徽　按:《集解》引錢大昕説,謂《和帝紀》、《匈奴傳》俱作"朱徽"。

〔二五〕十一月甲戌　按：永元七年十一月戊寅朔，無甲戌，志文有譌。

〔二六〕十二月己卯　按：永元七年十二月戊申朔，無己卯。下云丙辰，則"己卯"乃"乙卯"之譌。

〔二七〕樂成王宗　按：《校補》引錢大昭說，謂"宗"傳作"崇"。

〔二八〕遼東鮮卑〔反〕太守祭參不追虜徵下獄誅　《集解》引錢大昕說，謂參考《鮮卑傳》，當作"鮮卑寇肥如，遼東太守祭參不追虜，徵下獄誅"。按：《校補》謂此"卑"下脫"反"字耳。遼東鮮卑者，鮮卑之種別。本書《鮮卑傳》載參沮敗事，亦原作"遼東鮮卑"。上已言遼東，則"太守"上自不必更出"遼東"字，史例然也。今依《校補》補"反"字。

〔二九〕司其出日而數之　按：《校補》謂司讀為伺。又按：汲本"日"作"入"。

〔三〇〕白狼樓薄種王　按：《集解》引惠棟說，謂"樓"《和紀》作"貗"。

〔三一〕二月十日丁酉　按："十日"二字當衍。既書丁酉，不當更書某日，且永元十四年二月壬申朔，丁酉為二十六日，非十日也。

〔三二〕十一月丁丑　按：永元十四年十一月戊戌朔，無丁丑，注有譌。

〔三三〕元興元年十〔二〕月（二日）和帝崩　據《集解》引錢大昕、洪亮吉說改。

〔三四〕元興元年二月庚辰　按：是月乙酉朔，無庚辰，志文有譌。

〔三五〕閏月辛亥　按：元興元年閏九月辛巳朔，無辛亥，志文有譌。

〔三六〕與王尊叔元茂等謀　按：汲本"王尊"作"王遵"。

〔三七〕刔刺尚書　按："刺"疑"敕"之譌。

〔三八〕四月乙亥　按：注繫永初二年下，查永初二年四月丙申朔，無乙亥，注有譌。

〔三九〕八月己亥　按：是年八月甲子朔，無己亥，注有譌。

〔四〇〕沛王（牙）〔正〕薨　《集解》引惠棟說，謂"牙"當作"正"，傳寫誤也。今據改。按：沛王　正，沛獻王輔之孫，謚節。

〔四一〕五月丙寅　按：注繫永初三年下，查永初三年五月庚寅朔，無丙寅,注有譌。

〔四二〕國多任刑也　按:汲本、殿本"任"作"淫"。

〔四三〕四年六月甲子　按:汲本、殿本作"丙子"。

〔四四〕後太尉〔張禹司空〕張敏〔皆〕免官　據盧校依《御覽》八七五補。

〔四五〕臣昭以占為明〔堂〕豈任尚所能感也　據盧校補。按:殿本有"堂"字,脱"豈"字。

〔四六〕六月丙申至戊戌　按:元初四年六月癸卯朔,無丙申、戊戌,志文有譌。

〔四七〕自永初五年到永寧十年之中　按:"十"原譌"七",逕改正。

〔四八〕黄帝占曰火攻　按:盧校謂"火攻"《通考》作"大敗"。

〔四九〕太白犯昴畢為(近)〔邊〕兵　據盧校改。

〔五〇〕遣司徒劉喜等　按:《集解》引惠棟説,謂"喜"范《書》作"熹"。

〔五一〕元年四月丙午　按:延光元年四月乙亥朔,無丙午,注有譌。

〔五二〕閏月乙酉　按:永建二年閏六月乙巳朔,無乙酉,志文有譌。

〔五三〕使匈奴中郎〔將〕張國　據盧校補。

〔五四〕丁巳月犯心　按:注繫永建二年二月下,查永元二年二月丁丑朔,無丁巳,注有譌。

〔五五〕三年二月癸未　按:永建三年二月辛丑朔,無癸未,注有譌。

〔五六〕敦煌太守徐白　按:《集解》引惠棟説,謂《西域傳》"白"作"由"。

〔五七〕使烏桓親漢都尉戎末瘣等出塞　按:《集解》引惠棟説,謂《鮮卑傳》"末"作"朱"。

〔五八〕二年四月壬寅　按:陽嘉二年四月辛未朔,無壬寅,注有譌。

〔五九〕五月癸巳　按:陽嘉二年五月庚子朔,無癸巳,注有譌。

〔六〇〕十一月辛未　按:陽嘉二年十一月戊戌朔,無辛未,注有譌。

〔六一〕十二月壬寅　按:陽嘉二年十二月丁卯朔,無壬寅,注有譌。

〔六二〕四月乙卯　按："四月乙卯"不當置於"十二月辛未"之後，或"四月"上脱"四年"二字，然陽嘉三年四月乙丑朔，四年四月庚申朔，皆無乙卯，注顯有譌。

〔六三〕永和元年正月丁卯　按：汲本、殿本"正月"作"五月"。

〔六四〕吳郡太守行丞事羊珍與越兵弟葉吏民吳銅等　按：《順帝紀》作"吳郡丞羊珍"，"太守"字當衍。

〔六五〕又〔九〕江賊蔡伯流等數百人攻廣陵九江　《集解》引錢大昕説，謂《順帝紀》作"九江賊"，此脱"九"字。今據補。按：盧文弨云文法不順，紀云"攻郡界及廣陵"，得之。

〔六六〕殺〔江〕都長　據《集解》引錢大昕説補。按：《順帝紀》有"江"字。

〔六七〕九月壬午　按：注繫於永和二年下，查永和二年九月丙午朔，無壬午，注有譌。

〔六八〕（陽）〔楊〕定　據《集解》引錢大昕説改。

〔六九〕擊西羌於北地（謝）〔射〕姑山下　據《順帝紀》及《西羌傳》改。

〔七〇〕廢為尉氏侯又徙為犍陽都鄉侯薨　按：清河王蒜坐貶為尉氏侯，不得云廢，文有譌。《集解》引洪頤煊説，謂《桓帝紀》、《清河孝王傳》並云蒜坐貶為尉氏侯，徙桂陽，自殺。

〔七一〕元年二月壬午　按：漢安元年二月庚戌朔，無壬午，注有譌。

〔七二〕丙辰月入斗中　按：注繫於漢安二年五月之後，查漢安二年五月癸酉朔，無丙辰，注有譌。

〔七三〕（三）〔二〕月丁丑　據盧校依《通鑑目録》改。　按：是年二月丁巳朔，有丁丑，三月丙戌朔，無丁丑。

後漢書志第十二

天文下

桓三十八　靈二十　獻九　隕石

　　孝桓建和元年八月壬寅，熒惑犯輿鬼質星。二年二月辛卯，熒惑行在輿鬼中。三年五月己丑，太白行入太微右掖門，留十五日，出端門。丙申，熒惑入東井。八月己亥，鎮星犯輿鬼中南星。乙丑，彗星芒長五尺，見天市中，東南指，色黃白，九月戊辰不見。熒惑犯輿鬼為死喪，質星為戮臣，入太微為亂臣。鎮星犯輿鬼為喪。彗星見天市中為（質）貴人。〔一〕至和平元年（十）二月甲寅，梁太后崩，〔二〕梁冀益驕亂矣。

　　元嘉元年二月戊子，太白晝見。永興二年閏月丁酉，太白晝見。時上幸後宮采女鄧猛，明年，封猛兄演為南頓侯。後四歲，梁皇后崩，梁冀被誅，猛立為皇后，恩寵甚盛。

　　永壽元年三月丙申，鎮星逆行入太微中，七十四日去左掖門。七月己未，辰星入太微中，八十日去左掖門。八月己巳，熒惑入太微，二十一日出端門。太微，天子廷也。鎮星為貴臣妃后，逆行為匿謀。辰星入太微為大水，一曰後宮有憂。是歲雒水溢至津門，南陽大水。熒惑留入太微中，又為亂臣。是時梁氏專政。九月己酉，晝有流星長二尺所，色黃白。癸巳，熒惑犯歲星，為姦臣謀，大將戮。

　　二年六月甲寅，〔三〕辰星入太微，遂伏不見。辰星為水，為兵，為妃后。八月戊午，太白犯軒轅大星，為皇后。其三年四月戊寅，熒惑入東井口中，為大臣有誅者。其七月丁丑，太白犯心前星，為大臣。後二年(四)〔七〕月，懿獻皇后以憂死。〔四〕大將軍梁冀使太倉令秦宮刺殺議郎䣙尊，又欲殺鄧后母宣，事覺，桓帝收冀及妻壽襄城君印綬，皆自殺。誅諸梁及孫氏宗族，或徙邊。是其應也。

延熹四年三月甲寅，〔五〕熒惑犯輿鬼質星。五月辛酉，客星在營室，稍順行，生芒長五尺所，至心一度，轉為彗。熒惑犯輿鬼質星，大臣有戮死者。五年十月，南郡太守李肅坐蠻夷賊攻盜郡縣，取財物一億以上，入府取銅虎符，肅背敵走，不救城郭；又監黎陽謁者燕喬坐贓，重泉令彭良殺無辜，皆棄市。京兆虎牙都尉宋謙〔六〕坐贓，下獄死。客星在營室至心作彗，為大喪。後四年，鄧后以憂死。

六年十一月丁亥，太白晝見。是時鄧后家貴盛。

七年七月戊辰，〔七〕辰星犯歲星。八月庚戌，熒惑犯輿鬼質星。庚申，歲星犯軒轅大星。十月丙辰，太白犯房北星。丁卯，辰星犯太白。十二月乙丑，熒惑犯軒轅第二星。辰星犯歲星為兵。熒惑犯質星有戮臣。歲星犯軒轅為女主憂。太白犯房北星為後宮。其八年二月，太僕南鄉侯左勝〔八〕以罪賜死，勝弟中常侍上蔡侯悟、北鄉侯黨皆自殺。癸亥，皇后鄧氏坐執左道廢，遷于(祠)〔桐〕宮死，〔九〕宗親侍中泚陽侯鄧康、河南尹鄧萬、〔一〇〕越騎校尉鄧弼、虎賁中郎將安(鄉)〔陽〕侯鄧(魯)〔會〕、〔一一〕侍中監羽林左騎鄧德、右騎鄧壽、昆陽侯鄧統、淯陽侯鄧秉、議郎鄧循皆繫暴室，萬、(魯)〔會〕死，康等免官。又荊州刺史芝、交阯刺史葛祇皆為賊所拘略，桂陽太守任胤背敵走，皆弃市，熒惑犯輿鬼質星之應也。

八年五月癸酉，太白犯輿鬼質星。壬午，熒惑入太微右執法。閏月己未，太白犯心前星。十月癸酉，歲星犯左執法。十一月戊午，歲星入太微，犯左執法。九年正月壬辰，歲星入太微中，五十八日出端門。六月壬戌，太白行入輿鬼。七月乙未，熒惑行輿鬼中，犯質星。九月辛亥，熒惑入太微西門，積五十八日。永康元年正月庚寅，熒惑逆行入太微東門，留太微中，百一日出端門。七月丙戌，太白晝見經天。太白犯心前星,太白犯輿鬼質星有戮臣。熒惑入太微為賊臣。太白犯心前星為兵喪。歲星入太微犯左執法,將相有誅者。歲星入守太微五十日,占為人主。太白、熒惑入輿鬼,皆為死喪,又犯質星為戮臣。熒惑留太微中百一日,占為人主。太白晝見經天為兵,憂在大人。其九年十一月,太原太守劉瓆、南陽太守成瑨皆坐殺無辜,荊州刺史李隗為賊所拘,尚書郎孟瑠坐受金漏言,皆弃市。永康元年十二月丁丑,桓帝崩,太傅陳蕃,大將軍竇武、尚書令尹勳、黃門令山冰等皆枉死,太白犯心,熒惑留守太微之應也。

孝靈帝建寧元年六月,太白在西方,入太微,犯西蕃南頭星。太微,天廷也。太白行其中,宮門當閉,大將被甲兵,大臣伏誅。其八月,太傅陳蕃、大將軍竇武謀欲盡誅諸宦者;其九月辛亥,〔一二〕中常侍曹節、長樂五官史朱瑀覺之,矯制殺蕃、武等,家屬徙日南比景。

熹平元年十月,熒惑入南斗中。占曰:"熒惑所守為兵亂。"斗為吳。其十一月,會稽賊許昭聚衆自稱大將軍,昭父生為越王,攻破郡縣。

二年四月,有星出文昌,入紫宮,蛇行,有首尾無身,赤色,有光炤垣牆。八月丙寅,太白犯心前星。辛未,〔一三〕白氣如一匹練,衝北斗第四星。占曰:"文昌為上將貴相。太白犯心前星,為大臣。"後六年,司徒劉(群)〔郃〕為中常侍曹節所譖,下獄死。〔一四〕白氣衝北斗為大戰。明年冬,揚州刺史臧旻、丹陽太守陳寅,〔一五〕攻盜賊苴康,斬首數千級。

光和元年四月癸丑,流星犯軒轅第二星,東北行入北斗魁中。八月,彗星出亢北,入天市中,長數尺,稍長至五六丈,赤色,經歷十餘宿,八十餘日,乃消於天苑中。流星為貴使,軒轅為內宮,北斗魁主殺。流星從軒轅出抵北斗魁,是天子大使將出,有伐殺也。至中平元年,黃巾賊起,上遣中郎將皇甫嵩、朱儁等征之,斬首十餘萬級。彗除天市,天帝將徙,帝將易都。至初平元年,獻帝遷都長安。

三年冬，彗星出狼、弧，東行至于張乃去。張為周地，彗星犯之為兵亂。後四年，京都大發兵擊黃巾賊。

五年四月，熒惑在太微中，守屏。七月，彗星出三台下，東行入太微，至太子、幸臣，二十餘日而消。十月，歲星、熒惑、太白三合於虛，相去各五六寸，如連珠。占曰："熒惑在太微為亂臣。"是時中常侍趙忠、張讓、郭勝、〔一六〕孫璋等，並為姦亂。彗星入太微，天下易主。至中平六年，宮車晏駕。歲星、熒惑、太白三合於虛為喪。虛，齊（也）〔地〕。明年，琅邪王據薨。

光和中，國皇星東南角去地一二丈，如炬火狀，十餘日不見。占曰："國皇星為內亂，外內有兵喪。"其後黃巾賊張角燒州郡，朝廷遣將討平，斬首十餘萬級。中平六年，宮車晏駕，大將軍何進令司隸校尉袁紹私募兵千餘人，陰跱雒陽城外，竊呼并州牧董卓使將兵至京都，共誅中官，對戰南、北宮闕下，死者數千人，燔燒宮室，遷都西京。及司徒王允與將軍呂布誅卓，卓部曲將郭汜、李傕旋兵攻長安，公卿百官吏民戰死者且萬人。天下之亂，皆自內發。

中平二年十月癸亥，客星出南門中，大如半筵，五色喜怒稍小，至後年六月消。占曰："為兵。"至六年，司隸校尉袁紹誅滅中官，大將軍部曲將吳匡攻殺車騎將軍何苗，死者數千人。

三年四月，熒惑逆行守心後星。十月戊午，月食心後星。占曰："為大喪。"後三年而靈帝崩。

五年二月，彗星出奎，逆行入紫宮，後三出，六十餘日乃消。六月丁卯，客星如三升椀，出貫索，西南行入天市，至尾而消。占曰："彗除紫宮，天下易主。客星入天市，為貴人喪。"明年四月，宮車晏駕。中平中夏，流星赤如火，長三丈，起河鼓，入天市，抵觸宦者星，色白，長二三丈，後尾再屈，食頃乃滅，狀似枉矢。占曰："枉矢流發，其宮射，所謂矢當直而枉者，操矢者邪枉人也。"中平六年，大將軍何進謀盡誅中官，〔中官覺〕，〔一七〕於省中殺進；俱兩破滅，天下由此遂大壞亂。

六年八月丙寅，太白犯心前星，戊辰犯心中大星。其日未冥四刻，大將軍何進於省中為諸黃門所殺。己巳，車騎將軍何苗為進部曲將吳匡所殺。

孝獻初平（三）〔二〕年九月，蚩尤旗見，〔一八〕長十餘丈，色白，出角、亢之南。占曰：「蚩尤旗見，則王征伐四方。」其後丞相曹公征討天下且三十年。

四年十月，孛星出兩角閒，東北行入天市中而滅。占曰：「彗除天市，天帝將徙，帝將易都。」是時上在長安，後二年東遷，明年七月，至雒陽，其八月，曹公迎上都許。

建安五年十月辛亥，有星孛于大梁，冀州分也。時袁紹在冀州。其年十一月，紹軍為曹公所破。七年夏，紹死，後曹公遂取冀州。

九年十一月，有星孛于東井輿鬼，〔一九〕入軒轅太微。十一年正月，星孛于北斗，首在斗中，尾貫紫宮，及北辰。占曰：「彗星掃太微宮，人主易位。」其後魏文帝受禪。

十二年十月辛卯，有星孛于鶉尾。荊州分也，時荊州牧劉表據荊州，（時）益州從事周群以〔為〕荊州牧將死而失土。〔二〇〕明年秋，表卒，以小子琮自代。曹公將伐荊州，琮懼，舉軍詣公降。

十七年十二月，有星孛于五諸侯。周群以為西方專據土地者，皆將失土。是時益州牧劉璋據益州，漢中太守張魯別據漢中，韓遂據涼州，（宋）〔宗〕建別據枹罕。〔二一〕明年冬，曹公遣偏將擊涼州。十九年，獲（宋）〔宗〕建；韓遂逃于羌中，病死。其年秋，璋失益州。二十年秋，〔曹〕公攻漢中，〔二二〕魯降。

十八年秋，歲星、鎮星、熒惑俱入太微，逆行留守帝坐百餘日。占曰：「歲星入太微，人主改。」

二十三年三月，孛星晨見東方二十餘日，夕出西方，犯歷五車、東井、五諸侯、文昌、軒轅、后妃、太微，鋒炎指帝坐。〔二三〕占曰：「除舊布新之象也。"

　　殤帝延平元年九月乙亥，隕石陳留四。《春秋》僖公十六年，隕石于宋五，傳曰隕星也。董仲舒以為從高反下之象。或以為庶人惟星，隕，民困之象也。

　　桓帝延熹七年三月癸亥，〔二四〕隕石右扶風一，鄠又隕石二，皆有聲如雷。

【校勘記】

〔一〕彗星見天市中為（質）〔貴〕人　據盧校改。

〔二〕至和平元年（十）二月甲寅梁太后崩　《集解》引錢大昕說，謂《桓帝紀》在二月，此衍"十"字。今據刪。

〔三〕二年六月甲寅　按：永壽二年六月丁巳朔，無甲寅，志文有誤。

〔四〕後二年（四）〔七〕月懿獻皇后以憂死　《集解》引洪亮吉說，謂"四月"應作"七月"，志誤。今據改。

〔五〕延熹四年三月甲寅　按：延熹四年三月己未朔，無甲寅，志文有誤。

〔六〕京兆虎牙都尉宋謙　按：《集解》引錢大昕說，謂《桓帝紀》"宋謙"作"宗謙"。

〔七〕七年七月戊辰　按：延熹七年七月庚午朔，無戊辰，志文有誤。

〔八〕太僕南鄉侯左勝　按：《集解》引錢大昕說，謂"左勝"《桓帝紀》《宦者傳》俱作"左稱"。《趙岐傳》作"左勝"，與此同。

〔九〕皇后鄧氏坐執左道廢遷于（祠）〔桐〕宮死　《集解》引陳景雲說，謂"祠"當作"桐"，和帝陰皇后廢遷桐宮事見皇后紀，可互證也。今據改。

〔一〇〕河南尹鄧萬　按：《集解》引錢大昕說，謂"萬"下脫"世"字，蓋唐人避諱去之。

〔一一〕虎賁中郎將安（鄉）〔陽〕侯鄧（魯）〔會〕　《集解》引錢大昕

説，謂據皇后紀，"安鄉"當作"安陽"。據《桓帝紀》及皇后紀，"魯"當作"會"。今據改。

〔一二〕其九月辛亥　按：《集解》引洪亮吉説，謂"辛亥"《靈紀》作"丁亥"。

〔一三〕八月丙寅至辛未　按：熹平二年八月丁丑朔，無丙寅、辛未，志文有譌。

〔一四〕後六年司徒劉（群）〔郃〕為中常侍曹節所譖下獄死　《集解》引錢大昕説，謂案熹平之世，司徒無下獄死者。惟光和二年劉郃以謀誅宦官下獄死，"群"當為"郃"之譌也。自熹平二年至光和二年，相距恰六載。又引惠棟説，謂"群"本紀作"郃"。今據改。

〔一五〕丹陽太守陳寅　按：《集解》引惠棟説，謂《靈帝紀》"寅"作"夤"。

〔一六〕郭勝　按：《集解》引惠棟説，謂袁《紀》"勝"作"脈"。

〔一七〕大將軍何進謀盡誅中官〔中官覺〕　盧校謂脱"中官覺"三字，《通考》有。今據補。按：汲本重"中官"二字，脱"覺"字。

〔一八〕孝獻初平（三）〔二〕年九月蚩尤旗見　據汲本、殿本改。按：《獻紀》作"二年"。

〔一九〕九年十一月有星孛于東井輿鬼　按：《集解》引洪亮吉説，謂《獻紀》作"十月"。

〔二〇〕（時）益州從事周群以〔為〕荊州牧將死而失土　《校補》謂案文"時"字衍，"以"下脱"為"字。今據删補。

〔二一〕（宋）〔宗〕建別據枹罕　殿本《考證》謂何焯校本"宋"改"宗"。今據改。

〔二二〕二十年秋〔曹〕公攻漢中　據汲本、殿本補。

〔二三〕鋒炎指帝坐　按：《集解》引惠棟説，謂"指"一作"刺"。

〔二四〕延熹七年三月癸亥　按：延熹七年三月壬申朔，無癸亥，志文有譌。

後漢書志第十三

五行一

貌不恭　淫雨　服妖　雞禍　青眚
屋自壞　訛言　旱　謠　狼食人

《五行傳》説及其占應,《漢書·五行志》録之詳矣。故泰山太守應劭、給事中董巴、散騎常侍譙周[1]並撰建武以來災異。今合而論之,以續《前志》云。

【注】

[1]《蜀志》曰:"周字允南,巴西西充國人也。治《尚書》,兼通諸經及圖緯。州郡辟請皆不應。耽古篤學,誦讀典籍,欣然獨笑,以忘寢食。蜀亡,魏徵不至。"

《五行傳》曰:"田獵不宿,[1]飲食不享,[2]出入不節,[3]奪民農時,[4]及有姦謀,[5]則木不曲直。"[6]謂木失其性而為災也。又曰:"貌之不恭,是謂不肅。[7]厥咎狂,[8]厥罰恒雨,[9]厥極惡。[10]時則有服妖,[11]時則有龜孽,[12]時則有雞禍,[13]時則有下體生上之痾,[14]時則有青眚、青祥,[15]惟金沴木。"[16]説云:氣之相傷謂之沴。[17]

【注】

〔1〕鄭玄注《尚書大傳》曰："不宿，不宿禽也。角主天兵。《周禮》四時習兵，因以田獵。《禮志》曰：'天子不合圍，諸侯不掩群，過此則暴天物，為不宿禽。'角南有天庫、將軍、騎官。"《漢書音義》曰："遊田馳騁，不反宮室。"

〔2〕鄭玄曰："享，獻也。《禮志》曰：'天子諸侯，無事則歲三田：一為乾豆，二為賓客，三為充君之庖。'《周禮》獸人，冬獻狼，夏獻麋，春秋獻獸物，此獻禮之大略也。"注《五行》稱"鄭玄曰"，皆出注《大傳》也。《漢書音義》曰："無獻享之禮。"

〔3〕鄭玄曰："角為天門，房有三道，出入之象也。"

〔4〕鄭玄曰："房、心，農時之候也。季冬之月，命農師計耦耕事，是時房、心晨中。《春秋傳》曰：'辰為農祥，后稷之所經緯也。'"

〔5〕鄭玄曰："亢為朝廷，房、心為明堂，謀事出政之象。"

〔6〕鄭玄曰："君行此五者，為逆天東宮之政。東宮於地為木，木性或曲或直，人所用為器也。無故生不暢茂，多折槁，是為木不曲直。木、金、水、火、土謂之五材，《春秋傳》曰：'天生五材，民並用之。'其政逆則神怒，神怒則材失性，不為民用。其他變異皆屬沴，沴亦神怒。凡神怒者，日、月、五星既見適于天矣。"《洪範》："木曰曲直。"孔安國曰："木可以揉曲直。"

〔7〕鄭玄曰："肅，敬也。君貌不恭，則是不能敬其事也。"《洪範》曰："貌曰恭。"

〔8〕鄭玄曰："君臣不敬，則倨慢如狂。"方儲《對策》〔一〕曰："君失制度，下不恭承，臣恣淫慢。"

〔9〕鄭玄曰："貌曰木，木主春，春氣生；生氣失則踰其節，故常雨也。"《管子》曰："冬作土功，發地藏，則夏多暴雨，秋雨霖不止。"《淮南子》曰："金不收則多淫雨。"

〔10〕孔安國曰："醜陋。"

〔11〕鄭玄曰："服，貌之飾也。"

〔12〕鄭玄曰："龜蟲之生於水而游於春者，屬木。"

〔13〕鄭玄曰："雞畜之有冠翼者也，屬貌。"《洪範傳》曰："妖者，敗胎也，少小之類，言其事之尚微也。至孽，則牙孽也，至乎禍則著矣。"

〔14〕鄭玄曰："痾，病也，貌氣失之病也。"《漢書音義》曰："若梁孝王之時，牛足反出背上也。此下欲伐上之禍。"

〔15〕鄭玄曰："青，木色也。眚生於此，祥自外來也。"

〔16〕鄭玄曰："沴，殄也。凡貌、言、視、聽、思、心，一事失，則逆人之心，人心逆則怨，木、金、水、火、土氣為之傷。傷則衝勝來乘殄之，於是神怒人怨，將為禍亂。故五行先見變異，以譴告人也。及妖、孽、禍、痾、眚、祥皆其氣類，暴作非常，為時怪者也。各以物象為之占也。"

〔17〕《尚書大傳》曰："凡六沴之作，歲之朝，月之朝，日之朝，則后王受之。歲之中，月之中，日之中，則正卿受之。歲之夕，月之夕，日之夕，則庶民受之。"鄭玄曰："自正月盡四月為歲之朝，自五月盡八月為歲之中，自九月盡十二月為歲之夕。上旬為月之朝，中旬為月之中，下旬為月之夕。平旦至食時為日之朝，隅中至日昳為日之中，〔二〕晡時至黃昏為日之夕。受之，受其凶咎也。"《大傳》又云："其二辰以次相將，其次受之。"鄭玄曰："二辰謂日、月也。假令歲之朝也，日、月中則上公受之，日、月夕則下公受之；歲之中也，日、月朝則孤卿受之，日、月夕則大夫受之；歲之夕也，日、月朝則上士受之，日、月中則下士受之。其餘差以尊卑多少，則悉矣。"《管子》曰："明王有四禁：春無殺伐，無割大陵，伐大木，斬大山，行大火，誅大臣，收穀賦錢；夏無遏水，達名川，塞大谷，動土功，射鳥獸；秋無赦過，釋罪，緩刑；冬無爵賞祿，傷伐五藏。故春政不禁，則五穀不成；夏政不禁，則草木不榮；秋政不禁，則姦邪不勝；冬政不禁，則地氣不藏。四者俱犯，則陰陽不和，風雨不時，火流邑，大風飄屋，折樹木，地草夭，冬雷，草木夏落，而秋蟲不藏，宜死者生，宜蟄者鳴，多朡蟆蟲也。六畜不蕃，民多夭死，國貧法亂，逆氣下生。故曰臺樹相望者，亡國之籭也；馳車充國者，追察之馬也；翠羽朱飾者，斬生之斧也；五采纂組者，蕃功之室也。明主知其然，〔三〕故遠而不近，能去此取彼，則王道備也。"《續漢書》曰："建武二年，尹敏上疏曰：'六沴作見，若是供御，帝用不差，神則大喜，五福乃降，用章于下。若不供御，六罰既侵，六極

其下。明供御則天報之福,不供御則禍災至。欲尊六事之體,則貌、言、視、聽、思、心之用,合六事之揆以致乎太平,而消除轍軹孽害也。'"

建武元年,赤眉賊率樊崇、逢安等共立劉盆子為天子。然崇等視之如小兒,百事自由,初不恤錄也。後正旦至,君臣欲共饗,既坐,酒食未下,群臣更起,亂不可整。時大司農楊音案劍怒曰:"小兒戲尚不如此!"其後遂破壞,崇、安等皆誅死。唯音為關內侯,以壽終。

光武崩,山陽王荊哭不哀,作飛書與東海王,勸使作亂。明帝以荊同母弟,太后在,故隱之。後徙王廣陵,荊遂坐復謀反自殺也。[四]

章帝時,竇皇后兄憲以皇后甚幸於上,故人人莫不畏憲。憲於是強請奪沁水長公主田,公主畏憲,與之,憲乃賤顧之。後上幸公主田,覺之,問憲,憲又上言借之。上以后故,但譴勅之,不治其罪。後章帝崩,竇太后攝政,憲秉機密,忠直之臣與憲忤者,憲多害之,其後憲兄弟遂皆被誅。

桓帝時,梁冀秉政,兄弟貴盛自恣,好驅馳過度,至於歸家,猶馳驅入門,百姓號之曰"梁氏滅門驅馳"。後遂誅滅。

和帝永元十年,十三年,十四年,十五年,皆淫雨傷稼。[1]

【注】
[1]《古今注》曰:"光武建武六年九月,大雨連月,苗稼更生,[五]鼠巢樹上。十七年,雒陽暴雨,壞民廬舍,壓殺人,傷害禾稼。"

安帝元(年)[初]四年秋,郡國十淫雨傷稼。[1][六]

【注】
[1]方儲《對策》曰:"雨不時節,妄賞賜也。"

永寧元年，郡國三十三淫雨傷稼。

建光元年，京都及郡國二十九淫雨傷稼。是時羌反久未平，百姓屯戍，不解愁苦。

延光元年，郡國二十七淫雨傷稼。[1]

【注】

[1]案本傳陳忠奏，以為王侯二千石為女使伯榮獨拜車下，柄在臣妾。

二年，郡國五連雨傷稼。

順帝永建四年，司隸、荊、豫、兗、冀部淫雨傷稼。

六年，冀州淫雨傷稼。

桓帝延熹二年夏，霖雨五十餘日。是時，大將軍梁冀秉政，謀害上所幸鄧貴人母宣，冀又擅殺議郎邴尊。上欲誅冀，懼其持權日久，威勢強盛，恐有逆命，害及吏民，密與近臣中常侍單超等圖其方略。其年八月，冀卒伏罪誅滅。[1]

【注】

[1]案《公沙穆傳》，永壽元年霖雨，大水，三輔以東莫不湮没。

靈帝建寧元年夏，霖雨六十餘日。是時大將軍竇武謀變廢中官。其年九月，長樂五官史朱瑀等共與中常侍曹節起兵，先誅武，交兵闕下，敗走，追斬武兄弟，死者數百人。[1]

【注】

[1]案武死無兄弟，有兄子。

熹平元年夏，霖雨七十餘日。是時中常侍曹節等，共誣（曰）[白]勃海王悝謀反，[七]其十月誅悝。

中平六年夏，霖雨八十餘日。是時靈帝新棄群臣，大行尚在梓宮，大將軍何進與佐軍校尉袁紹等共謀欲誅廢中官。下文陵畢，中常侍張讓等共殺進，兵戰京都，死者數千。

更始諸將軍過雒陽者數十輩，皆幘而衣婦人衣繡擁髷。〔八〕時智者見之，以為服之不中，身之災也，乃奔入邊郡避之。是服妖也。其後更始遂為赤眉所殺。

桓帝元嘉中，京都婦女作愁眉、啼粧、墮馬髻、折要步、齲齒笑。所謂愁眉者，細而曲折。啼粧者，薄拭目下，若啼處。墮馬髻者，作一邊。〔1〕折要步者，足不在體下。齲齒笑者，若齒痛，樂不欣欣。始自大將軍梁冀家所為，京都歙然，諸夏皆放效。此近服妖也。梁冀二世上將，婚媾王室，大作威福，將危社稷。天誡若曰：兵馬將往收捕，婦女憂愁，蹙眉啼泣，吏卒掣頓，折其要脊，令髻傾邪，雖強語笑，無復氣味也。到延熹二年，舉宗誅夷。

【注】
〔1〕《梁冀別傳》曰："冀婦女又有不聊生髻。"

延熹中，梁冀誅後，京都幘顏短耳長，短上長下。時中常侍單超、左悺、徐璜、具瑗、唐衡在帝左右，縱其姦慝。海內慍曰：一將軍死，五將軍出。家有數侯，子弟列布州郡，賓客雜襲騰齎，上短下長，與梁冀同占。到其八年，桓帝因日蝕之變，乃拜故司徒韓寅為司隸校尉，〔九〕以次誅鉏，京都正清。〔1〕

【注】
〔1〕臣昭案：本傳，寅誅左悺貶具瑗，雖剋折姦首，群閹相蒙，京都未為正清。

延熹中，京都長者皆著木屐；婦女始嫁，至作漆畫五采為系。此服妖也。到九年，黨事始發，傳黃門北寺，臨時惶惑，不能信天任命，多有逃走不就考者，九族拘繫，及所過歷，長少婦女皆被桎梏，應木屐之象也。

靈帝建寧中，京都長者皆以葦方笥為糚具，下士盡然。時有識者竊言：葦方笥，郡國讞篋也；今珍用之，此天下人皆當有罪讞於理官也。到光和三年癸丑赦令詔書，吏民依黨禁錮者赦除之，有不見文，他以類比疑者讞。於是諸有黨郡皆讞廷尉，人名悉入方笥中。

靈帝好胡服、胡帳、胡牀、胡坐、胡飯、胡空侯、胡笛、胡舞，京都貴戚皆競為之。此服妖也。其後董卓多擁胡兵，填塞街衢，虜掠宮掖，發掘園陵。

靈帝於宮中西園駕四白驢，躬自操轡，驅馳周旋，以為大樂。於是公卿貴戚轉相放效，至乘輜軿以為騎從，互相侵奪，賈與馬齊。案《易》曰：“時乘六龍以御天。”行天者莫若龍，行地者莫如馬。《詩》云：“四牡騤騤，載是常服。”“檀車煌煌，四牡彭彭。”〔一〇〕夫驢乃服重致遠，上下山谷，野人之所用耳，何有帝王君子而驂服之乎！遲鈍之畜，而今貴之。天意若曰：國且大亂，賢愚倒植，凡執政者皆如驢也。其後董卓陵虐王室，多援邊人以充本朝，胡夷異種，跨蹈中國。

熹平中，省內冠狗帶綬，以為笑樂。有一狗突出，走入司徒府門，或見之者，莫不驚怪。[1] 京房《易傳》曰：“君不正，臣欲篡，厥妖狗冠出。”後靈帝寵用便嬖子弟，永樂賓客、鴻都群小，傳相汲引，公卿牧守，比肩是也。又遣御史於西（鄉）〔邸〕賣官，關內侯顧五百萬者，賜與金紫；詣闕上書占令長，隨縣好醜，豐約有賈。強者貪如豺虎，弱者略不類物，實狗而冠者也。司徒古之丞相，壹統國政。天戒若曰：宰相多非其人，尸祿素餐，莫能據正持重，阿意曲從；今在位者皆如狗也，故狗走入其門。[2]

【注】

〔1〕袁山松《書》曰:"光和四年,又於西園弄狗以配人也。"

〔2〕應劭曰:"靈帝數以車騎將軍過拜孽臣內孽,又贈亡人,顯號加於頑凶,印綬汙於腐屍。昔辛有睹被髮之祥,知其為戎,今假號雲集,不亦宜乎!"

靈帝數遊戲於西園中,令後宮采女為客舍主人,身為商賈服。行至舍,采女下酒食,因共飲食以為戲樂。此服妖也。其後天下大亂。[1]

【注】

〔1〕《風俗通》曰:"時京師賓婚嘉會,皆作《魁櫑》,酒酣之後,續以挽歌。"《魁櫑》,喪家之樂。挽歌,執紼相偶和之者。天戒若曰:國家當急殄悴,諸貴樂皆死亡也。自靈帝崩後,京師壞滅,戶有兼屍,蟲而相食,《魁櫑》、挽歌,斯之効乎?

獻帝建安中,男子之衣,好為長躬而下甚短,女子好為長裙而上甚短。時益州從事莫嗣以為服妖,是陽無下而陰無上也,天下未欲平也。後還,遂大亂。[1]

【注】

〔1〕袁山松[《書》]曰:〔一〕"禪位於魏。"

靈帝光和元年,南宮侍中寺雌雞欲化雄,一身毛皆似雄,但頭冠尚未變。詔以問議郎蔡邕。邕對曰:"貌之不恭,則有雞禍。宣帝黃龍元年,未央宮雌雞化為雄,不鳴無距。是歲元帝初即位,立王皇后。至初元元年,丞相史家雌雞化為雄,冠距鳴將。是歲后父禁為(平)陽[平]侯,〔一二〕女立為皇后。至哀帝晏駕,后攝政,王莽以后兄子為大司馬,由是為亂。臣竊推之，頭，元首，人君之象；今雞一身已變，未至於頭，而上知之，是將有其事而不遂成之象也。若應之不精，政無所改，頭冠或成，為患茲大。"是後張角作亂稱黃巾，遂破壞。四方疲於賦役，多叛者。上不改政，遂至天下大亂。

桓帝永興二年四月丙午，光祿勳吏舍壁下夜有青氣，視之，得玉鉤、玦各一。〔一三〕鉤長七寸二分，[玦]周五寸四分，〔一四〕身中皆雕鏤。此青祥也。玉，金類也。七寸二分，商數也。五寸四分，徵數也。商為臣，徵為事，蓋為人臣引決事者不肅，將有禍也。是時梁冀秉政專恣，後四歲，梁氏誅滅也。

延熹五年，太學門無故自壞。襄楷以為太學前疑所居，[1]其門自壞，文德將喪，教化廢也。是後天下遂至喪亂。

【注】
〔1〕本傳楷書無"前疑"之言也。

永康元年十月壬戌，南宮平城門內屋自壞。金沴木，木動也。其十二月，宮車晏駕。

靈帝光和元年，南宮平城門內屋、武庫屋及外東垣屋前後頓壞。〔一五〕蔡邕對曰："平城門，正陽之門，與宮連，郊祀法駕所由從出，門之最尊者也。武庫，禁兵所藏。東垣，庫之外障。《易傳》曰：'小人在位，上下咸悖，厥妖城門內崩。'《潛潭巴》曰：'宮瓦自墮，諸侯強陵主。'此皆小人顯位亂法之咎也。"其後黃巾賊先起東方，庫兵大動。皇后同父兄何進為大將軍，同母弟苗為車騎將軍，兄弟並貴盛，皆統兵在京都。其後進欲誅廢中官，為中常侍張讓、段珪等所殺，兵戰宮中闕下，更相誅滅，天下兵大起。

三年二月，公府駐駕廡自壞，南北三十餘閒。〔一六〕

中平二年二月癸亥，廣陽城門外上屋自壞也。

獻帝初平二年三月，長安宣平城門外屋無故自壞。〔一七〕至三年夏，司徒王允使中郎將呂布殺太師董卓，夷三族。〔1〕

【注】
〔1〕袁山松［《書》］曰〔一八〕："李傕等攻破長安城，害允等。"

興平元年十月，長安市門無故自壞。至二年春，李傕、郭汜鬭長安中，傕迫劫天子，移置傕塢，盡燒宮殿、城門、官府、民舍，放兵寇鈔公卿以下。冬，天子東還雒陽，傕、汜追上到曹陽，虜掠乘輿輜重，殺光禄勳鄧淵、廷尉宣璠、少府田邠等數十人。

《五行傳》曰："好攻戰，〔1〕輕百姓，〔2〕飾城郭，〔3〕侵邊境，〔4〕則金不從革。"〔5〕謂金失其性而為災也。又曰："言之不從，是謂不乂。〔6〕厥咎僭，〔7〕厥罰恒陽，〔8〕〔一九〕厥極憂。〔9〕時則有詩妖，〔10〕時則有介蟲之孽，〔11〕時則有犬禍，〔12〕時則有口舌之痾，〔13〕時則有白眚、白祥，惟木沴金。"介蟲，劉歆傳以為毛蟲。乂，治也。

【注】
〔1〕鄭玄注曰："參、伐為武府，攻戰之象。"

〔2〕鄭玄注曰："輕之者，不重民命。《春秋傳》曰：'師出不正反，戰不正勝也。'"

〔3〕鄭玄注曰："昴、畢閒為天街。《甘氏經》曰：'天街保塞，孔塗道衢。'保塞，城郭之象也。《月令》曰：'四鄙入保。'"

〔4〕鄭玄曰："畢主邊兵。"

〔5〕鄭玄注曰："君行此四者，為逆天西宮之政。西宮於地為金，金性從

刑,〔二〇〕而革人所用為器者也,無故(治)〔冶〕之不銷,〔二一〕或入火飛亡,或鑄之裂形,是為不從革。其他變異,皆屬沴也。"《洪範》曰:"從革作辛。"馬融曰:"金之性,從(人)〔火〕而更,〔二二〕可銷鑠也。"《漢書音義》曰:"言人君言不見從,則金鐵亦不從人意。"

〔6〕鄭玄曰:"乂,治也。君言不從,則是不能治其事也。"

〔7〕鄭玄曰:"君臣不治,則僭差矣。"

〔8〕鄭玄曰:"金主秋,秋氣殺,殺氣失,故常陽也。"〔二三〕《春秋考異郵》曰:"君行非是,則言不見從;言不見從,則下不治;下不治,則僭差過制度,奢侈驕泰。天子僭天,大夫僭人主,諸侯僭上,陽無以制。從心之喜,上憂下,則常陽從之。推設其跡,考之天意,則大旱不雨,而民庶大災傷。"《淮南子》曰:"殺不辜則國赤地。"

〔9〕鄭玄曰:"殺氣失,故於人為憂。"

〔10〕鄭玄曰:"詩之言志也。"

〔11〕鄭玄曰:"蠓、螽、蜩、蟬之類,生於火而藏於秋者也,屬金。"

〔12〕鄭玄曰:"犬畜之以口吠守者,屬言。"

〔13〕鄭玄曰:"言氣失之病。"

安帝永初元年十一月,民訛言相驚,司隸、并、冀州民人流移。時鄧太后專政。婦人以順為道,故《禮》"夫死從子"之命。今專(王)〔主〕事,〔二四〕此不從而僭也。[1]

【注】
[1]《古今注》曰:"章帝建初五年,東海、魯國、東平、山陽、濟陰、陳留民訛言相驚有賊,捕至京師,民皆入城也。"

世祖建武[1]五年夏,旱。京房《傳》曰:"欲德不用,茲謂張,厥災荒,其旱陰雲不雨,變而赤因四陰。衆出過時,茲謂廣,其旱不生。上下皆蔽,茲謂隔,其旱天赤三月,時有雹殺飛禽。上緣求妃,茲謂僭,其旱三月大溫亡雲。君高臺府,茲謂犯,陰侵陽,其旱萬物根死,有火災。庶位踰節,茲謂僭,其旱澤物枯,為火所傷。"[2]是時天下僭逆者未盡誅,軍多過時。[3]

【注】

[1]《古今注》曰:"建武三年七月,雒陽大旱,帝至南郊求雨,即日雨。"

[2]《春秋考異郵》曰:"國大旱,冤獄結。旱者,陽氣移,精不施,君上失制,奢淫僭差,氣亂感天,則旱徵見。"又云:"陰厭陽移,君淫民惡,陰精不舒,陽偏不施。"又云:"陽偏,民怨徵也。在所以感之者,上奢則求多,求多則下竭,下竭則潰,君不仁。"《管子》曰:"春不收枯骨伐枯木而起去之,則夏旱。"方儲《對策》曰:"百姓苦,士卒煩碎,責租稅失中,暴師外營,經歷三時,內有怨女,外有曠夫。王者熟惟其祥,[二五]揆合於天,圖之事情,旱災可除。夫旱者過日,天王無意於百姓,恩德不行,萬民煩擾,故天應以無澤。"

[3]《古今注》曰:"建武六年六月,九年春,十二年五月,二十一年六月,明帝永平元年五月,八年冬,十一年八月,十五年八月,十八年三月,並旱。"

章帝章和二年夏,旱。時章帝崩後,竇太后兄弟用事奢僭。[1]

【注】

[1]《古今注》曰:"建初二年夏,雒陽旱。四年夏,元和元年春,並旱。":案《楊終傳》,建初元年大旱,穀貴,終以為廣陵、楚、淮陽、濟南之獄徙者數萬人,吏民怨曠,上疏云久旱。[二六]《孔叢》曰:"建初元年大旱,天子憂之,侍御史孔子豐[二七]乃上疏曰:'臣聞為不善而災報,得其應也;為善

而災至,遭時運也。陛下即位日淺,視民如傷,而不幸耗旱,時運之會耳,非政教所致也。昔成湯遭旱,因自責,省畋散積,減御損食,而大有年。意者陛下未為成湯之事焉。'天子納其言而從之,三日雨即降。轉拜黃門郎,典東觀事。"

和帝永元六年秋,京都旱。時雒陽有冤囚,和帝幸雒陽寺,錄囚徒,理冤囚,(牧)〔收〕令下獄抵罪。〔二八〕行未還宮,澍雨降。[1]

【注】
[1]《古今注》曰:"永元二年,郡國十四旱。十五年,(丹)〔雒〕陽郡國二十二並旱,〔二九〕或傷稼。"

安帝[1]永初六年夏,旱。[2]〔三○〕

【注】
[1]《古今注》曰:"永初元年,郡國八旱,分遣議郎請雨。"案本紀二年五月,旱,皇太后幸雒陽寺,錄囚徒,即日降雨。六月,京都及郡國四十大水。雖去旱得水,無救為災。
[2]《古今注》曰:"三年,郡國八,〔三一〕四年、五年夏,並旱。"

七年夏,旱。
元初元年夏,旱。
二年夏,旱。[1]

【注】
[1]三年夏旱,〔三二〕時西羌寇亂,軍屯相繼,連十餘年。

六年夏,旱。[1]

【注】
〔1〕《古今注》曰:"建光元年,郡國四旱。延光元年,郡國五並旱,傷稼。"

順帝永建三年夏,旱。
五年夏,旱。
陽嘉二年夏,旱。時李固對策,以為奢僭所致也。[1]

【注】
〔1〕臣昭案:本紀元年二月,京師旱。《郎顗傳》:"人君恩澤不施於民,禄去公室,臣下專權所致也。"又《周舉傳》:"三年,河南、三輔大旱,五穀傷災,天子親自露坐德陽殿東廂請雨。"

沖帝永(嘉)[熹]元年夏,旱。[三三]時沖帝幼崩,太尉李固勸太后(及)兄梁冀立嗣帝,[三四]擇年長有德者,天下賴之,則功名不朽。年幼未可知,如後不善,悔無所及。時太后及冀貪立年幼,欲久自專,遂立質帝,八歲。此不用德。[1]

【注】
〔1〕《古今注》曰:"本初元年二月,京師旱。"

桓帝元嘉元年夏,旱。是時梁冀秉政,妻子並受封,寵踰節。
延熹元年六月,旱。[1]

【注】
〔1〕京房《占》曰:"人君無施澤惠利於下,則致旱也。不救,必蝗蟲害穀;其救也,貰謫罰,行寬大,惠兆民,勞功吏,賜鰥寡,稟不足。"案陳蕃上疏:"宮女多聚不御,憂悲之感,以致水旱之困也。"

靈帝熹平五年夏，旱。[1]

【注】
[1]蔡邕作《伯夷叔齊碑》曰"熹平五年，天下大旱，禱請名山，求獲荅應。時處士平陽蘇騰，[三五]字玄成，夢陟首陽，有神馬之使在道。明覺而思之，以其夢陟狀上聞。天子開三府請雨使者，與郡縣戶曹掾吏登山升祠。手書要曰：'君況我聖主以洪澤之福。'天尋興雲，即降甘雨"也。

六年夏，旱。
光和五年夏，旱。
六年夏，旱。是時常侍、黃門僭作威福。
獻帝興平元年秋，長安旱。是時李傕、郭汜專權縱肆。[1]

【注】
[1]《獻帝起居注》曰："建安十九年夏四月，旱。"

更始時，南陽有童謠曰："諧不諧，在赤眉。得不得，在河北。"是時更始在長安，世祖為大司馬平定河北。更始大臣並僭專權，故謠妖作也。後更始遂為赤眉所殺，是更始之不諧在赤眉也。世祖自河北興。

世祖建武六年，蜀童謠曰："黃牛白腹，五銖當復。"是時公孫述僭號於蜀，時人竊言王莽稱黃，述欲繼之，故稱白；五銖，漢家貨，明當復也。述遂誅滅。王莽末，天水童謠曰："出吳門，望緹群。見一蹇人，言欲上天；令天可上，地上安得民！"時隗囂初起兵於天水，後意稍廣，欲為天子，遂破滅。囂少病蹇。吳門，冀郭門名也。緹群，山名也。

順帝之末，京都童謠曰："直如弦，死道邊。曲如鉤，反封侯。"案順帝即世，孝質短祚，大將軍梁冀貪樹疏幼，以為己功，專國號令，以贍其私。太尉李固以為清河王雅性聰明，敦詩悅禮，加又屬親，立長則順，置善則固。而冀建白太后，策免固，徵蠡吾侯，遂即至尊。固是日幽斃于獄，〔三六〕暴屍道路，而太尉胡廣封安樂鄉侯、司徒趙戒廚亭侯、司空袁湯安國亭侯云。

桓帝之初，天下童謠曰："小麥青青大麥枯，誰當穫者婦與姑。丈人何在西擊胡，吏買馬，君具車，請為諸君鼓嚨胡。"案元嘉中涼州諸羌一時俱反，南入蜀、漢，東抄三輔，延及并、冀，大為民害。命將出眾，每戰常負，中國益發甲卒，麥多委棄，但有婦女穫刈之也。吏買馬，君具車者，言調發重及有秩者也。請為諸君鼓嚨胡者，不敢公言，私咽語。

桓帝之初，京都童謠曰："城上烏，尾畢逋。公為吏，子為徒。一徒死，百乘車。〔1〕車班班，入河閒。河閒姹女工數錢，以錢為室金為堂。石上慊慊舂黃粱。粱下有懸鼓，我欲擊之丞卿怒。"案此皆謂為政貪也。城上烏，尾畢逋者，處高利獨食，不與下共，謂人主多聚斂也。公為吏，子為徒者，言蠻夷將畔逆，父既為軍吏，其子又為卒徒往擊之也。一徒死，百乘車者，言前一人往討胡既死矣，後又遣百乘車往。車班班，入河閒者，言上將崩，乘輿班班入河閒迎靈帝也。〔2〕河閒姹女工數錢，〔3〕以錢為室金為堂者，靈帝既立，其母永樂太后好聚金以為堂也。石上慊慊舂黃粱者，言永樂雖積金錢，慊慊常苦不足，〔三七〕使人舂黃粱而食之也。粱下有懸鼓，我欲擊之丞卿怒者，言永樂主教靈帝，使賣官受錢，所祿非其人，天下忠篤之士怨望，欲擊懸鼓以求見，丞卿主鼓者，亦復詔順，怒而止我也。

【注】

〔1〕臣昭曰：志家此釋豈未盡乎？往徒一死，何用百乘？其後驗竟為靈帝作。此言一徒，似斥桓帝，帝貴任群閹，參委機政，左右前後莫非刑人，有同囚徒之長，故言寄一徒也。且又弟則廢黜，身無嗣，魁然單獨，非一而何？百乘車者，乃國之君。解犢後徵，正膺斯數，繼以班班，尤得以類焉。

〔2〕應劭釋此句云:"徵靈帝者,輪班擁節入河閒也。"
〔3〕一本作"妖女"。

桓帝之初,京都童謠曰:"游平賣印自有平,不辟豪賢及大姓。"案到延熹之末,鄧皇后以譴自殺,乃以竇貴人代之,其父名武字游平,拜城門校尉。及太后攝政,為大將軍,與太傅陳蕃合心戮力,惟德是建,印綬所加,咸得其人,豪賢大姓,皆絕望矣。

桓帝之末,京都童謠曰:"茅田一頃中有井,四方纖纖不可整。嚼復嚼,今年尚可後年鐃。"〔1〕案《易》曰:"拔茅茹以其彙,征吉。"茅喻群賢也。井者,法也。于時中常侍管霸、蘇康憎疾海內英哲,與長樂少府劉囂、太常許詠、尚書柳分、〔2〕尋穆、史佟、〔3〕司隸唐珍等,代作脣齒。河內牢川詣闕上書〔三八〕:"汝、潁、南陽,上采虛譽,專作威福;甘陵有南北二部,三輔尤甚。"由是傳考黃門北寺,始見廢閣。茅田一頃者,言群賢衆多也。中有井者,言雖阢窮,不失其法度也。四方纖纖不可整者,言姦慝大熾,不可整理。嚼復嚼者,京都飲酒相強之辭也。〔三九〕言食肉者鄙,不恤王政,徒耽宴飲歌呼而已也。今年尚可者,言但禁錮也。後年鐃者,陳、竇被誅,天下大壞。

【注】
〔1〕《風俗通》作"譊"。
〔2〕袁山松《書》曰,柳分權豪之黨,為范滂所奏者。
〔3〕佟後亦為司隸。應劭曰,史佟,左官媚進者也。

桓帝之末,京都童謠曰:"白蓋小車何延延。河閒來合諧,河閒來合諧!"案解瀆亭屬饒陽河閒縣也。〔1〕居無幾何而桓帝崩,使者與解瀆侯皆白蓋車從河閒來。延延,衆貌也。是時御史劉儵建議立靈帝,以儵為侍中,中常侍侯覽畏其親近,必當閒己,白拜儵泰山太守,因令司隸迫促殺之。朝廷(必)〔少〕長,思其功效,〔四〇〕乃拔用其弟郃,致位司徒，此為合諧也。

【注】
〔1〕臣昭案：《郡國志》饒陽本屬涿，後屬安平。靈帝既是河閒王曾孫，謠言自是有徵，無俟[明]河閒之縣為驗。〔四一〕

靈帝之末，京都童謠曰："侯非侯，王非王，千乘萬騎上北芒。"案到中平六年，史侯登躡至尊，獻帝未有爵號，為中常侍段珪等數十人所執，公卿百官皆隨其後，到河上，乃得來還。此為非侯非王上北芒者也。〔1〕

【注】
〔1〕《英雄記》曰："京師謠歌咸言'河臘叢進'，獻帝臘日生也。《風俗通》曰：'烏臘烏臘。'"案逆臣董卓滔天虐民，窮凶極惡，關東舉兵欲共誅之，轉相顧望，莫肯先進，處處停兵數十萬，若烏臘蟲，相隨橫取之矣。

靈帝中平中，京都歌曰："承樂世董逃，遊四郭董逃，蒙天恩董逃，帶金紫董逃，行謝恩董逃，整車騎董逃，垂欲發董逃，與中辭董逃，出西門董逃，瞻宮殿董逃，望京城董逃，日夜絕董逃，心摧傷董逃。"〔1〕案"董"謂董卓也，言雖跋扈，縱其殘暴，終歸逃竄，至於滅族也。〔2〕

【注】
〔1〕楊孚《卓傳》曰："卓改為董安。"
〔2〕《風俗通》曰："卓以董逃之歌主為己發，大禁絕之，死者千數。"靈帝之末，禮樂崩壞，賞刑失中，毀譽無徵，競飾偽服，以盪典制，遠近禽然，咸名後生放聲者為時人。有識者竊言：舊曰世人，次曰俗人，今更曰時人，此天促其期也。其閒無幾，天下大壞也。

獻帝踐祚之初，京都童謠曰："千里草，何青青。十日卜，不得生。"案千里草為董，十日卜為卓。凡別字之體，皆從上起，左右離合，無有從下發端者也。今二字如此者，天意若曰：卓自下摩上，以臣陵君也。青青者，暴盛之貌也。不得生者，亦旋破亡。[1]

【注】
[1] 獻帝初童謠曰："燕南垂，趙北際，中央不合大如礪，唯有此中可避世。"公孫瓚以為易地當之，遂徙鎮焉，乃修城積穀，以待天下之變。建安三年，袁紹攻瓚，瓚大敗，縊其姊妹妻子，引火自焚，紹兵趣登臺斬之。初，瓚破黃巾，殺劉虞，乘勝南下，侵據齊地。雄威大振，而不能開廓遠圖，欲以堅城觀時，坐聽圍戮，斯亦自易地而去世也。

建安初，荊州童謠曰："八九年間始欲衰，至十三年無孑遺。"言自中興以來，荊州無破亂，及劉表為牧，[民]又豐樂，[四二]至此逮八九年。[四三]當始衰者，謂劉表妻當死，諸將並零落也。十三年無孑遺者，言十三年表又當死，民當移詣冀州也。[1]

【注】
[1] 干寶《搜神記》曰："是時華容有女子忽啼呼云：'[荊州將]有大喪！'[四四]言語過差，縣以為妖言，繫獄百餘日，忽於獄中哭曰：'劉荊州今日死。'華容去州數（日）[百里]，[四五]即遣馬吏驗視，[而劉]表果死。[四六]縣乃出之。續又歌吟曰：'不意李立為貴人。'後無幾，曹公平荊州，以涿郡李立，字建賢，為荊州刺史。"

順帝陽嘉元年十月中，望都蒲陰狼殺童兒九十七人。時李固對策，引京房《易傳》曰"君將無道，害將及人，去之深山[以]全身，[四七]厥（災）[妖]狼食人"。[四八]陛下覺寤，比求隱滯，故狼災息。[1]

【注】

〔1〕《東觀書》曰："中山相朱遂到官，不出奉祠北嶽。詔曰：'災暴緣類，符驗不虛，政失厥中，狼災為應，至乃殘食孩幼，朝廷愍悼，思惟咎徵，博訪其故。山嶽尊靈，國所望秩，而遂比不奉祠，怠慢廢典，不務懇惻，淫刑放濫，害加孕婦，毒流未生，感和致災。其詳思改救，追復所失。有不遵憲，舉正以聞。'"

靈帝建寧中，群狼數十頭入晉陽南城門齧人。〔1〕

【注】

〔1〕袁山松《書》曰："光和三年正月，虎見平樂觀，又見憲陵上，齧衛士。蔡邕封事曰：'政有苛暴，則虎狼食人。'"

【校勘記】

〔一〕方儲對策　《校補》謂方儲《對策》蓋本儲所箸書名，因對策而論次成編者，非皆臨時條對之辭也。按：《校補》說是，今加書名號。

〔二〕隅中至日跌為日之中　按：殿本"跌"作"昳"。《校補》謂案《周禮·司市》疏"昳者，差昳之言也"。《左氏》昭五年傳疏"日昳謂蹉跌而下也"。是差昳即是蹉跌，昳跌固通作矣。

〔三〕明主知其然　按："主"原譌"王"，下"則王道備也"之"王"字原譌"主"，並逕改正。

〔四〕荊遂坐復謀反自殺也　按："復"原譌"後"，逕據汲本、殿本改正。

〔五〕苗稼更生　按："苗"原譌"昔"，逕改正。

〔六〕安帝元（年）〔初〕四年秋郡國十淫雨傷稼　《校補》謂"元年"乃"元初"之譌，各本皆失正。蓋譌沿上和帝永元十年、十三年、十四年、十五年迭舉之例，不覺其譌。然自孝武建元以下，史無書元不著年號者。況安帝屢改元，不書年號，何以辨之？且據本書《安紀》，亦惟元初四年秋七月京師及郡國十雨水，而由元初元年秋上溯永初元年秋，皆無此異，是其為譌亦顯而易見也。今據改。

〔七〕共誣（曰）〔白〕勃海王悝謀反　據汲本改。

〔八〕皆幘而衣婦人衣繡擁髻　按：《集解》引錢大昕説，謂《光武紀》作"繡䙌"。又引惠棟説，謂"髻"依《續漢書》當作"褔"。

〔九〕乃拜故司徒韓寅為司隸校尉　按：殿本《考證》謂"寅"當作"演"。

〔一〇〕四牡彭彭　按：《校補》引柳從辰説，謂今《毛詩·大明》卒章作"駟騵彭彭"。

〔一一〕袁山松〔書〕曰　據汲本補。

〔一二〕后父禁為（平）陽〔平〕侯　據《集解》引錢大昕説改。

〔一三〕視之得玉鉤玦各一　按：《集解》引惠棟説，謂"視"《東觀記》作"掘"。

〔一四〕〔玦〕周五寸四分　據《東觀記》及《宋書·符瑞志》補。

〔一五〕靈帝光和元年南宮平城門内屋武庫屋及外東垣屋前後頓壞　按：《集解》引惠棟説，謂《靈帝紀》以為熹平六年二月事。

〔一六〕南北三十餘閒　按：《集解》引洪亮吉説，謂案《靈帝紀》注引此志又云"四十餘閒"，未知誰誤。

〔一七〕獻帝初平二年三月長安宣平城門外屋無故自壞　按：《校補》謂本書《獻紀》書長安宣平城門外屋自壞事在初平四年三月。

〔一八〕袁山松〔書〕曰　據汲本補。

〔一九〕厥罰恒陽　按：殿本"陽"作"暘"。

〔二〇〕金性從刑　按：今《尚書大傳》引鄭注"刑"作"形"。

〔二一〕無故（治）〔冶〕之不銷　據汲本改。

〔二二〕從（人）〔火〕而更　據《集解》引惠棟説改。

〔二三〕故常陽也　按：殿本"陽"作"暘"。下"則常陽從之"，同。

〔二四〕今專（王）〔主〕事　據汲本、殿本改。

〔二五〕王者孰惟其祥　按：汲本、殿本"惟"作"推"。

〔二六〕上疏云久旱　按：此下有脱文。

〔二七〕侍御史孔子豐　汲本、殿本"孔子豐"作"孔豐"。按：孔豐字子豐，太常孔臧之後也。

〔二八〕（牧）〔收〕令下獄抵罪　據汲本、殿本改。

〔二九〕（丹）〔雒〕陽郡國二十二並旱　《校補》謂案《古今注》京師皆稱雒陽，此"丹陽"乃"雒陽"之譌，各本皆未正。今據改。

〔三〇〕安帝永初六年夏旱　按：此"安帝"二字原誤作注文，與下注"古今注曰"云云六十字並雜入上條注文下，今據《校補》説移正。

〔三一〕三年郡國八　按：殿本"八"下有"旱"字。

〔三二〕三年夏旱　按：《校補》謂劉昭補注之例，非引他書，則云"臣昭案"，亦有省言"案"者。若既不引書，又不言案，則明是轉寫脱誤。"三年夏旱"上當有"臣昭案本紀"五字。

〔三三〕沖帝永（嘉）〔熹〕元年夏旱　《集解》引何焯説，謂"嘉"當作"熹"。今據改。

〔三四〕太尉李固勸太后（及）兄梁冀立嗣帝　《校補》謂"太后及兄"不成文，且固時不能親言於太后，《固傳》亦無固親勸太后立長君事，當作"太后兄"，去"及"字。今據删。

〔三五〕平陽蘇騰　按：《集解》引惠棟説，謂案《水經注》，蘇騰河南平縣人，非平陽也。《蔡邕集》作"平原"，尤誤。

〔三六〕固是日幽斃于獄　按：張森楷《校勘記》謂案本紀，固以本初元年免官，建和元年下獄死，而云"是日"，非也。

〔三七〕慊慊常苦不足　按：汲本、殿本"苦"作"若"。

〔三八〕河内牢川詣闕上書　按：《集解》引錢大昕説，謂"牢川"《黨錮傳》作"牢修"。

〔三九〕釂復釂者京都飲酒相強之辭也　按：王先謙謂既云飲酒相強之詞，則"釂"當為"釄"，言飲酒盡也。此自漢世俗傳，以雙聲致誤。其正字須知，否則不可通矣。

〔四〇〕朝廷（必）〔少〕長思其功效　據汲本、殿本改。

〔四一〕無俟〔明〕河閒之縣為驗　據汲本、殿本補。按："河"原譌"何"，逕改正。

〔四二〕及劉表為牧〔民〕又豐樂　據《集解》引惠棟説補。

〔四三〕至此逮八九年　《集解》引惠棟説，謂"此"字衍，"逮"為"建"之譌，脱"安"字。張森楷《校勘記》謂案八安字形不近，且是釋上"八九年"文，"八"字不當去，疑"八"上有"安"字，誤奪。按：如惠説，當作"至建安九年"；如張説，當作"至建安八九年"。張説較長。

〔四四〕〔荊州將〕有大喪　據《集解》引惠棟説補。

〔四五〕華容去州數（日）〔百里〕　據《集解》引惠棟説改。

〔四六〕〔而劉〕表果死　據《集解》引惠棟説補。

〔四七〕去之深山〔以〕全身　據《集解》引惠棟説補。

〔四八〕厥（災）〔妖〕狼食人　據《集解》引惠棟説改。

後漢書志第十四

五行二

災火　草妖　羽蟲孽　羊禍

《五行傳》曰："棄法律，逐功臣，殺太子，以妾為妻，則火不炎上。"謂火失其性而為災也。又曰："視之不明，是謂不悊。厥咎舒，〔一〕厥罰常燠，厥極疾。時則有草妖，時則有蠃蟲之孽，時則有羊禍，時則有赤眚、赤祥，惟水沴火。"蠃蟲，劉歆傳以為羽蟲。

【注】

〔1〕鄭玄注《尚書大傳》曰："東井主法令也。"

〔2〕鄭玄曰："功臣制法律者也。或曰，喙主尚食、七星主衣裳，張為食廚，翼主天倡。經曰：'帝曰：臣作朕股肱耳目，予欲左右有民，汝翼。予欲觀古人之象，日、月、星辰、山、龍、華蟲，作繢宗彝，藻、火、粉、米、黼、黻，絺繡，以五采章施于五色作服，汝明。予欲聞六律、五聲、八音，在治忽，以出納五言，汝聽。'是則食與服樂，臣之所用為大功也。七星北有酒旗，南有天廚，翼南有器府。"

〔3〕鄭玄曰："五行火生土，天文以參繼東井，四時以秋代夏，殺太子之象也。《春秋傳》曰：'夫千乘之主，將廢正而立不正，必殺正也。'"

〔4〕鄭玄曰："軒轅為后妃，屬南宮。其大星女主之位。女御在前，妾為妻之象也。"

〔5〕鄭玄曰："君行此四者，為逆天南宮之政。南宮於地為火，火性炎上，然行人所用烹飪者也，無故因見作熱，燔熾為害，是為火不炎上。其他變異，皆屬沴。"《春秋考異郵》曰："火者，陽之精也。人合天氣五行陰陽，極陰反陽，極陽生陰，故應人行以災不祥，在所以感之，萌應轉旋，從逆殊心也。"

〔6〕鄭玄曰："視，瞭也。君視不明，則是不能瞭其事也。"《洪範》曰："視曰明。"

〔7〕讖曰："君舒怠，臣下有倦，白黑不別，賢不肖並，不能憂民急，氣為之舒緩，草不搖。"鄭玄曰："君臣不瞭則舒緩矣。"

〔8〕鄭玄曰："視曰火，火主夏。夏氣長，長氣失，故常燠。"

〔9〕鄭玄曰："長氣失，故於人為疾。"

〔10〕鄭玄曰："草，視之物可見者，莫衆於草。"

〔11〕鄭玄曰："蠶螟蟲之類。蟲之生於火而藏於秋者也。"

〔12〕鄭玄曰："羊畜之遠視者也，屬視。"

建武中，漁陽太守彭寵被徵。書至，明日潞縣火，災起城中，飛出城外，燔千餘家，殺人。京房《易傳》曰："上不儉，下不節，盛火數起，燔宮室。"儒說火以明為德而主禮。時寵與幽州牧朱浮有隙，疑浮見浸譖，故意狐疑，其妻勸無應徵，遂反叛攻浮，卒誅滅。

【注】
〔1〕《古今注》曰："建武六年十二月，雒陽市火。二十四年正月戊子，雷雨霹靂，火災高廟北門。明帝永平元年六月己亥，桂陽見火飛來，燒城寺。章帝建初元年十二月，北宮火燒壽安殿，延及右掖門。元和三年六月丙午，雷雨，火燒北宮朱爵西闕。"

和帝永元八年十二月丁巳，南宮宣室殿火。是時和帝幸北宮，竇太后在南宮。明年，竇太后崩。

十三年八月己亥，北宮盛饌門閤火。是時和帝幸鄧貴人，陰后寵衰怨恨，上有欲廢之意。明年，會得陰后挾偽道事，遂廢遷于桐宮，以憂死，立鄧貴人為皇后。

十五年六月辛酉，漢中城固南城門災。此孝和皇帝將絕世之象也。其後二年，宮車晏駕，殤帝及平原王皆早夭折，和帝世絕。

安帝永初二年四月甲寅，漢陽（河）〔阿〕陽城中失火，〔一〕燒殺三千五百七十人。先是和帝崩，有皇子二人，皇子勝長，鄧皇后貪殤帝少，欲自養長立之。延平元年，殤帝崩。勝有厥疾不篤，群臣咸欲立之，太后以前既不立勝，遂更立清河王子，是為安帝。司空周章等心不（掩）〔厭〕服，〔二〕謀欲誅鄧氏，廢太后、安帝，而更立勝。元年十一月，事覺，章等被誅。其後涼州叛羌為害大甚，涼州諸郡寄治馮翊、扶風界。及太后崩，鄧氏被誅。

【注】

〔1〕《古今注》曰："永初元年十二月，河南郡縣火，燒殺百五人。二年，河南郡縣又失火，燒五百八十四人。"

四年三月戊子，杜陵園火。

元初四年二月壬戌，武庫火。是時羌叛，大為寇害，發天下兵以攻禦之，積十餘年未已，天下厭苦兵役。

【注】

〔1〕《東觀書》曰："燒兵物百（一）〔二〕十五種，〔四〕直千萬以上。"

延光元年八月戊子，陽陵園寢殿火。凡災發於先陵，此太子將廢之象也。若曰：不當廢太子以自翦，如火不當害先陵之寢也。明年，上以讒言廢皇太子為濟陰王。後二年，宮車晏駕。中黃門孫程等十九人起兵殿省，誅賊臣，立濟陰王。

四年秋七月乙丑，漁陽城門樓災。

順帝永建三年七月丁酉，茂陵園寢災。

【注】
〔1〕《古今注》曰："二年五月戊辰，守宮失火，燒宮藏財物盡。四年，河南郡縣失火，燒人六畜。"

陽嘉元年，恭陵廡災，及東西莫府火。太尉李固以為奢僭所致。陵之初造，禍及枯骨，規廣治之尤飾。又上欲更造宮室，益臺觀，故火起莫府，燒材木。

【注】
〔1〕《古今注》曰"十二月，河南郡國火燒廬舍，殺人"也。

永和元年十月丁未，〔五〕承福殿火。先是爵號阿母宋娥為山陽君；后父梁商本國侯，又多益商封；商長子冀當繼商爵，以商生在，復更封冀為襄邑侯；追號后母為開封君：皆過差非禮。

【注】
〔1〕臣昭案《楊厚傳》是災。
〔2〕《古今注》曰："六年十二月，雒陽酒市失火，燒肆，殺人。"

漢安元年三月甲午，雒陽劉漢等百九十七家為火所燒，後四年，宮車比三晏駕，建和元年君位乃定。

【注】
〔1〕《東觀書》曰："其九十家不自存，詔賜錢廩穀。"《古今注》曰："火或從室屋間物中，不知所從起，數月乃止。十二月，雒陽失火。"

桓帝建和二年五月癸丑，北宮掖庭中德陽殿火，及左掖門。先是梁太后兄冀挾姦枉，以故太尉李固、杜喬正直，恐害其事，令人誣奏固、喬而誅滅之。是後梁太后崩，而梁氏誅滅。

延熹四年正月辛酉，南宮嘉德殿火。戊子，丙署火。二月壬辰，武庫火。五月丁卯，原陵長壽門火。先是亳后因賤人得幸，〔六〕號貴人，為后。上以后母宣為長安君，封其兄弟，愛寵隆崇，〔七〕又多封無功者。去年春，白馬令李雲坐直諫死。至此彗除心、尾，火連作。

五年正月壬午，南宮丙署火。四月乙丑，恭北陵東闕火。戊辰，虎賁掖門火。五月，康陵園寢火。甲申，中藏府承祿署火。七月己未，南宮承善闥内火。

六年四月辛亥，康陵東署火。七月甲申，平陵園寢火。

八年二月己酉，南宮嘉德署、黃龍、千秋萬歲殿皆火。四月甲寅，安陵園寢火。閏月，南宮長秋、和歡殿後鉤盾、掖庭朔平署各火。十一月壬子，德陽前殿西閣及黃門北寺火，殺人。

【注】

〔1〕袁山松《書》曰："是時連月有火災，諸（官）〔宮〕寺或一日再發。〔八〕又夜有訛言，擊鼓相驚。陳蕃、劉（智）〔矩、劉〕茂上疏諫〔九〕曰：'古之火皆君弱臣強，極陰之變也。前始春而獄刑慘，故火不炎上。前入春節連寒，木冰，暴風折樹，又八九州郡並言隕霜殺菽。《春秋》晉執季孫行父，木為之冰。夫氣弘則景星見，化錯則五星開，日月蝕。災為已然，異為方來，恐卒有變，必於三朝，唯善政可以已之。願察臣前言，不棄愚忠，則元元幸甚。'書奏不省。"

九年三月癸巳，京都夜有火光轉行，民相驚譟。

【注】

〔1〕袁山松《書》曰："是時宦豎專朝，鉤黨事起，上尋無嗣，陳蕃、竇

武為曹節等所害，天下無復紀綱。"

靈帝熹平四年五月，延陵園災。
光和四年閏月辛酉，北宮東掖庭永巷署災。

【注】
〔1〕陳蕃諫云："楚女悲而西宮災，不御宮女，怨之所致也。"

五年五月庚申，德陽前殿西北入門內永樂太后宮署火。〔一〇〕
中平二年二月己酉，南宮雲臺災。庚戌，樂（城）〔成〕門災，〔一一〕延及北闕，〔度〕道西燒嘉德、和歡殿。〔一二〕案雲臺之災自上起，榱題數百，同時並然，若就縣華鐙，其日燒盡，延及白虎、威興門、尚書、符節、蘭臺。夫雲臺者，乃周家之所造也，圖書、術籍、珍玩、寶怪皆所藏在也。京房《易傳》曰："君不思道，厥妖火燒宮。"是時黃巾作慝，變亂天常，七州二十八郡同時俱發，命將出眾，雖頗有所禽，然宛、廣宗、曲陽尚未破壞，役起負海，杼柚空懸，百姓死傷已過半矣。而靈帝曾不克己復禮，虐侈滋甚，尺一雨布，驟騎電激，官非其人，政以賄成，內嬖鴻都，並受封爵。京都為之語曰："今茲諸侯歲也。"天戒若曰：放賢賞淫，何以舊典為？故焚其臺門祕府也。其後三年，靈帝暴崩，續以董卓之亂，火三日不絕，京都為丘墟矣。

【注】
〔1〕南宮中門。
〔2〕《魏志》曰："魏明帝青龍二年，崇華殿災，詔問太史令高堂隆：'此何咎？於禮寧有祈禳之義乎？'對曰：'夫災變之發，皆所以明教誡也，唯率禮修德可以勝之。《易傳》曰："上不儉，下不節，孽火燒其室。"又曰："君高其臺，天火為災。"此人君苟飾宮室，不知百姓空竭，故天應之以旱，火從高殿起也。上天降監，故譴告陛下，陛下宜增崇人道，以荅天意。昔太戊有桑

穀生於朝，武丁有雊雉登於鼎，皆聞災恐懼，側身修德，三年之後，遠夷朝貢，故號曰中宗、高宗。此則前代之明鑒也。今案舊占，災火之發，皆以臺榭宮室為誡。然今宮室之所以充廣者，實由宮人猥多之故，宜簡擇留其淑懿，如周之制，罷省其餘。此則祖己之所以訓高宗，高宗之所以享遠號也。'詔問隆：'吾聞漢武帝時柏梁災，而起宮殿以厭之，其義云何？'對曰：'臣聞西京柏梁既災，越巫陳方，建章是營，以厭火祥，乃夷越之巫所為，非聖賢之明訓也。《五行志》曰："柏梁災，其後有江充巫蠱衛太子事。"如志之言，越巫建章無所厭也。孔子曰："災者，修類應行，精祲相感，以戒人君。"是以聖主覿災責躬，退以修德，以消復之。今宜罷散民役，宮室之制務從約節，內足以待風雨，外足以講禮儀，清掃所災之處，不敢於此有所立作，蓂莆嘉禾，必生此地，以報陛下虔恭之德。疲民之力，竭民之財，實非所以致符瑞而懷遠人也。'"臣昭曰：高堂隆之言災，其得天心乎！雖與本志所明不同，靈帝之時有焉，故載其言，廣災異也。

獻帝初平元年八月，霸橋災。其後三年，董卓見殺。

【注】

〔1〕臣昭案：《劉焉傳》，興平元年，天火燒其城府輜重，延及民家，館邑無餘也。

庶徵之恒燠，《漢書》以冬溫應之。中興以來，亦有冬溫，而記不錄云。

【注】

〔1〕《越絕》范蠡曰："春燠而不生者，王者德不完也。夏寒而不長者，臣下不奉主令也。秋暑而復榮者，百官刑不斷也。冬溫而泄者，發府庫賞無功也。此四者，邦之禁也。"《管子》曰："臣乘君威，則陰侵陽，盛夏雪降，冬不冰也。"

安帝元初三年，有瓜異本共生，（一）[八]瓜同蔕，〔一三〕時以為嘉瓜。或以為瓜者外延，離本而實，女子外屬之象也。是時閻皇后初立，後閻后與外親耿寶等共譖太子，廢為濟陰王，更外迎濟北王子犢立之，草妖也。

【注】
〔1〕《古今注》曰："和帝永元七年三月，江夏縣民舍柱生兩枝，其一長尺五寸，分為八枝，其一長尺六寸，分為五枝，皆青也。"

桓帝延熹九年，雒陽城局竹柏葉有傷者。占曰："天子凶。"
靈帝熹平三年，右校別作中有兩梓樹，皆高四尺所，其一株宿夕暴長，長丈餘，大一圍，作胡人狀，頭目鬢鬚髮備具。京房《易傳》曰："王德衰，下人將起，則有木生人狀。"

【注】
〔1〕臣昭以木生人狀，下人將起，京房之占雖以證驗，貌類胡人，猶未辨了。董卓之亂，實擁胡兵，傕、汜之時，充斥尤甚，遂窺閒宮嬪，剽虐百姓。鮮卑之徒，踐藉畿封，胡之害深，亦已毒矣。

五年十月壬午，御所居殿後槐樹，皆六七圍，自拔，倒豎根在上。

【注】
〔1〕臣昭曰："槐是三公之象，貴之也。靈帝授位，不以德進，貪愚是升，清賢斯黜，槐之倒植，豈以斯乎？"

中平元年夏，東郡，陳留濟陽、長垣，濟陰冤句、離狐縣界，有草生，其莖靡纍腫大如手指，狀似鳩雀龍蛇鳥獸之形，五色各如其狀，毛羽頭目足翅皆具。近草妖也。是歲黃巾賊始起。皇后兄何進，異父兄朱苗,皆為將軍,〔一四〕領兵。後苗封濟陽侯,進、苗遂秉威權,持國柄,漢遂微弱,自此始焉。

【注】

〔1〕《風俗通》曰:"西及城皇陽武城郭路邊。"

〔2〕《風俗通》曰:"亦作人狀,操持兵弩,萬萬備具,非但仿佛,類良熟然也。"

〔3〕應劭曰:"關東義兵先起於宋、衛之郊,東郡太守橋瑁負衆怙亂,陵蔑同盟,忿嫉同類,以殞厥命。陳留、濟陰迎助,謂為離德,棄好即戎,吏民殲之。草妖之興,豈不或信!"

中平中,長安城西北六七里空樹中,有人面生鬢。

【注】

〔1〕《魏志》曰:"建安二十五年正月,曹公在雒陽,起建始殿,伐濯龍樹而血出。又掘徙梨,〔一五〕根傷而血出。曹公惡之,遂寢疾,是月薨。"

獻帝興平元年九月,桑復生椹,可食。

【注】

〔1〕臣昭曰:桑重生椹,誠是木異,必在濟民,安知非瑞乎?時蒼生死敗,周、秦殲盡,餓魂餒鬼,不可勝言,食此重椹,大拯危命,雖連理附枝,亦不能及。若以為怪,則建武野穀旅生,麻菽尤盛,復是草妖邪?

安帝延光三年二月戊子,有五色大鳥集濟南臺,十月,又集新豐,時以為鳳皇。或以為鳳皇陽明之應,故非明主,則隱不見。凡五色大鳥似鳳者,多羽蟲之孽。是時安帝信中常侍樊豐、江京、阿母王聖及外屬耿寶等讒言，免太尉楊震，廢太子為濟陰王，不悊之異也。章帝末，號鳳皇百四十九見。時直臣何敞以為羽孽似鳳，翱翔殿屋，不察也。記者以為其後章帝崩，以為驗。案宣帝、明帝時，五色鳥群翔殿屋，賈逵以為胡降徵也。帝多善政，雖有過，不及至衰缺，末年胡降二十萬口，（爾）〔是〕其驗也。〔一六〕帝之時，羌胡外叛，讒慝內興，羽孽之時也。《樂叶圖徵》說五鳳皆五色，為瑞者一，為孽者四。

【注】

〔1〕臣昭曰：已論之於《敞傳》。

〔2〕《叶圖徵》曰："似鳳有四，並為妖：一曰鷫鸘，鳩喙，圓目，身義戴信嬰禮膺仁負智，至則旱役之感也；二曰發明，烏喙，大頸，大翼，〔一七〕大脛，身仁戴智嬰義膺信負禮，至則喪之感也；三曰焦明，長喙，疏翼，圓尾，身義戴信嬰仁膺智負禮，至則水之感也；四曰幽昌，兌目，小頭，大身，細足，脛若鱗葉，身智戴信負禮膺仁，至則旱之感也。"《國語》曰："周之興也，鷙鷙鳴岐。"《說文》曰："五方神鳥：東方曰發明，南方曰焦明，西方曰鷫鸘，北方曰幽昌，中央曰鳳皇。"

桓帝元嘉元年十一月，五色大鳥見濟陰己氏。時以為鳳皇。此時政治衰缺，梁冀秉政阿枉，上幸亳后，皆羽孽時也。

【注】

〔1〕臣昭案：魏朗對策，桓帝時雊入太常、宗正府。朗說見本傳注。

靈帝光和四年秋，五色大鳥見于新城，眾鳥隨之，時以為鳳皇。時靈帝不恤政事，常侍、黃門專權，羽孽之時也。眾鳥之性，見非常班駁，好聚觀之，至於小爵希見梟者，覷見猶聚。

中平三年八月中，懷陵上有萬餘爵，先極悲鳴，已因亂鬥相殺，皆斷頭，懸著樹枝枳棘。到六年，靈帝崩，大將軍何進以內寵外嬖，積惡日久，欲悉糾黜，以隆更始冘政，而太后持疑，事久不決。進從中出，於省內見殺，因是有司盪滌虔劉，後禄而尊厚者無餘矣。〔一八〕夫陵者，高大之象也。天戒若曰：諸懷爵禄而尊厚者，還自相害至滅亡也。

【注】
〔1〕《古今注》曰："建武九年，六郡八縣鼠食稼。"《張璠紀》曰："初平元年三月，獻帝初入未央宮，翟雉飛入未央宮，獲之。"《獻帝春秋》曰："建安七年，五色大鳥集魏郡，衆鳥數千隨之。"《魏志》曰："二十三年，禿鶖集鄴宮文昌殿後池。"

桓帝建和三年秋七月，北地廉雨肉似羊肋，或大如手。近赤祥也。是時梁太后攝政，兄梁冀專權，枉誅漢良臣故太尉李固、杜喬，天下冤之。其後梁氏誅滅。

【注】
〔1〕《説文》曰："肋，脅骨也。"

【校勘記】
〔一〕厥咎舒　按：《集解》引惠棟説，謂"舒"一作"荼"。
〔二〕漢陽（河）〔阿〕陽城中失火　據《集解》引錢大昕説改。
〔三〕司空周章等心不（掩）〔厭〕服　據汲本、殿本改。
〔四〕燒兵物百（一）〔二〕十五種　據汲本、殿本改，與聚珍版《東觀記》合。
〔五〕永和元年十月丁未　按：《校補》謂紀作"丁亥"。
〔六〕先是亳后因賤人得幸　按：《集解》引錢大昕説，謂桓帝鄧皇后初冒姓梁氏，帝惡梁氏，改姓為薄。而《李雲傳》云"立掖庭民女亳氏為皇后"，此志亦云"亳后"，蓋古文亳與薄通。

〔七〕愛寵隆崇　按:《校補》謂案文"愛"當作"爵"。

〔八〕諸(官)[宮]寺或一日再三發　據汲本、殿本改。

〔九〕陳蕃劉(智)[矩劉]茂上疏諫　按:時無劉智茂其人。《集解》引惠棟説,謂當是劉矩、劉茂。矩為司徒,茂為司空,陳蕃時為太尉也。今據改。

〔一〇〕永樂太后宮署火　按:《校補》謂本書《靈紀》"火"作"災",章懷注引志亦作"災",疑此作"火"誤。

〔一一〕中平二年二月己酉南宮雲臺災庚戌樂(城)[成]門災　按:本書《靈紀》書"二月己酉,南宮大災"。章懷注引志云"時燒靈臺殿、樂成殿"。何焯以為此"雲臺"似當為"靈臺"。惠棟謂《御覽》八百三十三卷正作"靈臺"。《校補》則謂靈臺在北郊,與南宮雲臺無涉,紀注引《續志》文有誤,《御覽》文字轉鈔多謬,更不足證。惟"樂城"之"城",應從章懷注作"成"。志注既明言南宮中門,而紀注以為樂成殿,蓋門係於殿,以殿言,則知是宮中之門,非城門,或紀注"殿"下原有"門"字,轉寫脱去耳。今據改。

〔一二〕延及北闕[度]道西燒嘉德和歡殿　《集解》引惠棟説,謂"闕"下《御覽》有"度"字。按:《靈紀》章懷注引亦有"度"字,今據補。

〔一三〕(一)[八]瓜同蔕　《集解》引惠棟説,謂《符瑞志》云"東平陵有瓜異處共生,八瓜同蔕"。"一"當作"八"。今據改。

〔一四〕皇后兄何進異父兄朱苗皆為將軍　按:《集解》引錢大昕説,謂案《靈帝紀》及《何后紀》皆稱何苗,苗本姓朱,惟見于此。此稱異父兄,而前卷稱同母弟,亦小異。

〔一五〕又掘徙梨　按:"徙"原譌"徒",逕改正。

〔一六〕(爾)[是]其驗也　據汲本、殿本改。

〔一七〕大翼　原作"翼大",逕據汲本、殿本乙正。

〔一八〕後禄而尊厚者無餘矣　按:《校補》謂據下文,"後"當作"懷"。

後漢書志第十五

五行三

大水　水變色　大寒　雹　冬雷
山鳴　魚孽　蝗

《五行傳》曰："簡宗廟，不禱祠，[1] 廢祭祀，[2] 逆天時，[3] 則水不潤下。"[4] 謂水失其性而為災也。[5] 又曰："聽之不聰，是謂不謀。[6] 厥咎急，[7] 厥罰恒寒，[8] 厥極貧。[9] 時則有鼓妖，[10] 時則有魚孽，[11] 時則有豕禍，[12] 時則有耳痾，[13] 時則有黑眚、黑祥，惟火沴水。"魚孽，劉歆傳以為介蟲之孽，謂蝗屬也。[14]

【注】

[1] 鄭玄注曰："虛、危為宗廟。"

[2] 鄭玄曰："牽牛主祭祀之牲。"

[3] 鄭玄曰："月在星紀，周以為正，月在玄枵，殷以為正，皆不得四時之正，逆天時之象也。《春秋》定十五年'夏五月辛（卯）[亥]郊',[一]譏運卜三正，以至失時，是其類也。"

[4] 鄭玄曰："君行此四者，為逆天北宮之政也。北宮於地為水。水性浸潤下流，人所用灌溉者也。無故源流竭絕，川澤以涸，是為不潤下。其他變異皆屬沴。"

[5] 《太公六韜》曰："人主好破壞名山，壅塞大川，決通名水，則歲多大

水,五穀不成也。"

〔6〕鄭玄曰:"君聽不聰,則是不能謀其事也。"《洪範》曰:"聰作謀。"孔安國曰:"所謀必成當。"馬融曰:"上聰則下進其謀。"

〔7〕鄭玄曰:"君臣不謀則急矣。"《易傳》曰:"誅罰絕理,不云下也;顓事有知,不云謀也。"

〔8〕鄭玄曰:"聽曰水,水主冬,冬氣藏,藏氣失,故常寒。"

〔9〕鄭玄曰:"藏氣失,故於人為貧。"

〔10〕鄭玄曰:"鼓聽之應也。"

〔11〕鄭玄曰:"魚,蟲之生水而游於水者也。"

〔12〕鄭玄曰:"豕,畜之居閑衛而聽者也,屬聽。"

〔13〕鄭玄曰:"聽氣失之病。"

〔14〕《月令章句》:"介者,甲也。謂龜蟹之屬也。"《古今注》曰:"光武建武四年,東郡以北傷水。〔二〕七年六月戊辰,雒水盛,溢至津城門,帝自行水,弘農都尉治(折)〔析〕為水所漂殺,〔三〕民溺,傷稼,壞廬舍。二十四年六月丙申,沛國睢水逆流,一日一夜止。章帝建初八年六月癸巳,東昏城下池水變赤如血。"臣昭案:諸史光武之時,郡國亦嘗有水災,而志不載。本紀"八年秋大水",又云"是歲大水",今據杜林之傳,列之孝和之前。《東觀書》曰:"建武八年閒,郡國比大水,〔四〕涌泉盈溢。杜林以為倉卒時兵擅權作威,張氏雖皆降散,猶尚有遺脫,長吏制御無術,令得復熾,元元侵陵之所致也。上疏曰:'臣聞先王無二道,明聖用而治。見惡如農夫之務去草焉,芟夷蘊崇之,絕其本根,勿使能殖,畏其易也。古今通道,傳其法於有根。〔五〕狼子野心,奔馬善驚。成王深知其終卒之患,故以殷氏六族分伯禽,〔六〕七族分康叔,懷姓九宗分唐叔,撿押其姦宄,又遷其餘於成周,舊地雜俗,旦夕拘錄,所以挫其強御之力,詘其驕恣之節也。及漢初興,上稽舊章,合符重規,徙齊諸田,楚昭、屈、景,燕、趙、韓、魏之後,以稍弱六國強宗。邑里無營利之家,〔七〕野澤無兼并之民,萬里之統,海內賴安。後輒因衰麤之痛,脅以送終之義,故遂相率而陪園陵,無反顧之心。追觀往法,〔八〕政皆神道設教,強幹弱枝,本支百世之要也。是以皆永享康寧之福,〔九〕無怵惕之憂,繼嗣承業,恭己而治,蓋此助

也。其被災害民輕薄無累重者，兩府遣吏護送饒穀之郡。或懼死亡，卒為傭賃，亦所以消散其口救，〔一〇〕贍全其性命也。昔魯隱有賢行，將致國於桓公，乃留連貪位，不能早退。況草創兵長，卒無德能，直以擾亂，乘時擅權，作威玉食，（狙）〔狙〕猱之意，〔一一〕徼幸之望，曼延無足，〔一二〕張步之計是也。小民負縣官不過身死，負兵家滅門殄世。陛下昭然獨見成敗之端，或屬諸侯官府，元元少得舉首仰視，而尚遺脫，二千石失制御之道，令得復昌熾從橫。〔一三〕比年大雨，水潦暴長，涌泉盈溢，災壞城郭官寺，吏民廬舍，潰徙離處，〔一四〕潰成坑坎。臣聞水，陰類也。《易》卦"地上有水比"，言性不相害，〔一五〕故曰樂也。而猥相毀墊淪失，常敗百姓安居。殆陰下相為蠹賊，有小大勝負不齊，均不得其所，侵陵之象也。《詩》云："畏天之威，于時保之。"唯陛下留神明察，往來懼思，天下幸甚。'"謝承《書》曰："陳宣子興，沛國蕭人也。剛猛性毅，博學，明《魯詩》。遭王莽簒位，隱處不仕。光武即位，徵拜諫議大夫。建武十年，雒水出造津，城門校尉欲奏塞之，宣曰：'昔周公卜雒以安宗廟，為萬世基，水不當入城門。如為災異，人主過而不可辭，塞之無益。昔東郡金堤大決，水欲沒郡，令、吏、民散走；太守王尊亡身勑以住立不動，水應時自消。尊人臣，尚修正弭災，〔一六〕豈況朝廷中興聖主，天所挺授，水必不入。'言未絕，水去。上善其言。後乘輿出，宣列引在前，行遲，乘輿欲驅，鉤宣車蓋使疾行，御者墮車下。宣前諫曰：'王者承天統地，動有法度，車則和鸞，步則佩玉，動靜應天。昔孝文時，邊方有獻千里馬者，還而不受。陛下宜上稽唐虞，下以文帝為法。'上納其言，遂徐行按轡。遷為河堤謁者，以病免，卒於家。"

和帝永元元年七月，郡國九大水，傷稼。[1]京房《易傳》曰："顓事有知，誅罰絕理，厥災水。其水也，（而）〔雨〕殺人，〔一七〕隕霜，大風，天黃。飢而不損，茲謂泰，厥水水殺人。辟遏有德，茲謂狂，厥水水流殺人，已水則地生蟲。歸獄不解，茲謂追非，厥水寒殺人。追誅不解，茲謂不理，厥水五穀不收。大敗不解，茲謂皆陰，厥水流入國邑，隕霜殺穀。"[2]是時和帝幼，竇太后攝政，其兄竇憲幹事，及憲諸弟皆貴顯，並作威虐虐，嘗所怨恨，輒任客殺之。其後竇氏誅滅。[3]

【注】
[1]《穀梁傳》曰："高下有水災曰大水。"
[2]《春秋考異郵》曰"陰盛臣逆，民悲情發，則水出河決"也。
[3]《東觀書》曰："十年五月丁巳，京師大雨，南山水流出至東郊，壞民廬舍。"

十二年六月，潁川大水，傷稼。是時和帝幸鄧貴人，陰有欲廢陰后之意，陰后亦懷恚怨。一曰，先是恭懷皇后葬禮有闕，竇太后崩後，乃改殯梁后，葬西陵，徵舅三人皆為列侯，位特進，賞賜累千金。[1]

【注】
[1]《廣州先賢傳》曰："和帝時策問陰陽不和，或水或旱，方正鬱林布衣養奮，字叔高，對曰：'天有陰陽，陰陽有四時，四時有政令。春夏則予惠布施寬仁，秋冬則剛猛盛威行刑。賞罰殺生各應其時，則陰陽和，四時調，風雨時，五穀升。今則不然，長吏多不奉行時令，為政舉事干逆天氣，上不卹下，下不忠上，百姓困乏而不卹哀，衆怨鬱積，故陰陽不和，風雨不時，災害緣類。水者陰盛，小人居位，依公營私，讒言誦上。雨漫溢者，五穀有不升而賦稅不為減，百姓虛竭，家有愁心也。'"

殤帝延平元年五月，郡國三十七大水，[一八]傷稼。董仲舒曰："水者，陰氣盛也。"是時帝在襁抱，鄧太后專政。[1]

【注】
[1]臣昭案：本紀是年九月，六州大水。袁山松《書》曰："六州河、濟、渭、雒、洧水盛長，泛溢傷秋稼。"

安帝永初元年冬十月辛酉，河南新城山水虣出，突壞民田，壞處泉水出，深三丈。是時司空周章等以鄧太后不立皇太子勝[一九]而立清河王子，故謀欲廢置。十一月，事覺，章等被誅。是年郡國四十一水出，漂沒民人。[1]《讖》曰："水者，純陰之精也。陰氣盛洋溢者，小人專制擅權，妒疾賢者，[二〇]依公結私，侵乘君子，小人席勝，失懷得志，故涌水為災。"

【注】
〔1〕謝沈《書》曰："死者以千數。"

　　二年，大水。[1]

【注】
〔1〕臣昭案：本紀京師及郡國四十（有）[大]水。[二一]《周嘉傳》是夏旱，嘉收葬客死骸骨，[二二]應時澍雨，歲乃豐稔，則水不為災也。

　　三年，大水。[1]

【注】
〔1〕臣昭案：本紀京師及郡國四十一雨水。

　　四年，大水。[1]

【注】
〔1〕臣昭案：本紀云三郡。

　　五年，大水。[1]

【注】
〔1〕臣昭案：本紀郡國八。

六年，河東池水變色，皆赤如血。[1]是時鄧太后猶專政。[2]

【注】
〔1〕水變。占曰："水化為血者，好任殘賊，殺戮不辜，延及親戚，水當為血。"
〔2〕《古今注》曰："元初二年，潁川襄城（臨）[流]水化為血，[不流]。"[二三]《京房占》曰："流水化為血，兵且起，以日辰占與其色。"《博物記》曰："江河水赤。占曰，泣血道路，涉蘇於何以處。"[二四]

延光三年，大水，流殺民人，傷苗稼。是時安帝信江京、樊豐及阿母王聖等讒言，免太尉楊震，廢皇太子。[1]

【注】
〔1〕臣昭案：《左雄傳》順帝永建四年，司冀二州大水，傷禾稼。《楊厚傳》永和元年夏，雒陽暴水，殺（十）[千]餘人。[二五]

質帝本初元年五月，海水溢樂安、北海，溺殺人物。是時帝幼，梁太后專政。[1]

【注】
〔1〕《春秋漢含孳》曰："九卿阿黨，擠排正直，驕奢僭害，則江河潰決。"方儲《對策》曰："民悲怨則陰類強，河決海溢，地動土涌。"

桓帝建和二年七月，京師大水。去年冬，梁冀枉殺故太尉李固、杜喬。

三年八月,京都大水。是時梁太后猶專政。

永興元年秋,河水溢,漂害人物。[1]

【注】

[1]臣昭案:《朱穆傳》云"漂害數(千)[十]萬戶"。[二六]京房《占》曰:"江河溢者,天有制度,地有里數,懷容水澤,[二七]浸溉萬物。"今溢者,明在位者不勝任也,三公之禍不能容也,率執法者利刑罰,不用常法。

二年六月,彭城泗水增長,逆流。[1]

【注】

[1]《梁冀別傳》曰:"冀之專政,天為見異,眾災並湊,蝗蟲滋生,河水逆流,五星失次,太白經天,[二八]人民疾疫,出入六年,羌戎叛戾,盜賊略平[民],[二九]皆冀所致。"《敦煌實錄》張衡對策曰:"水者,五行之首,滯而逆流者,人君之恩不能下及而教逆也。"《潛潭巴》曰:"水逆者,反命也,宜修德以應之。"

永壽元年六月,雒水溢至津陽城門,漂流人物。[1]是時梁皇后兄冀秉政,疾害忠直,威權震主。後遂誅滅。

【注】

[1]臣昭案:本紀又南陽大水。

延熹八年四月,濟北[河]水清。[三〇]九年四月,濟陰、東郡、濟北、平原河水清。襄楷上言:"河者諸侯之象,清者陽明之徵,豈獨諸侯有規京都計邪?"其明年,宮車晏駕,徵解犢亭侯為漢嗣,即尊位,是為孝靈皇帝。

永康元年八月，六州大水，勃海海溢，没殺人。是時桓帝奢侈淫祀，其十一月崩，無嗣。

靈帝建寧四年二月，河水清。[1]五月，山水大出，漂壞廬舍五百餘家。[2]

【注】
[1]袁山松《書》曰："禱于龍塢。"
[2]袁山松《書》曰是河東水暴出也。

熹平二年六月，東萊、北海海水溢出，漂没人物。
三年秋，雒水出。
四年夏，郡國三水，[三一]傷害秋稼。
光和六年秋，金城河溢，水出二十餘里。
中平五年，郡國六水大出。[1][三二]

【注】
[1]臣昭案：袁山松《書》曰"山陽、梁、沛、彭城、下邳、東海、琅邪"，則是七郡。

獻帝建安二年九月，漢水流，害民人。是時天下大亂。[1]

【注】
[1]袁山松《書》曰："曹操專政。十七年七月，大水，洧水溢。"

十八年六月，大水。[1]

【注】
[1]《獻帝起居注》曰："七月，大水，上親避正殿；八月、以雨不止，且

還殿。"

二十四年八月，漢水溢流，害民人。[1]

【注】
[1]袁山松《書》曰"明年禪位于魏"也。

庶徵之恆寒。

靈帝光和六年冬，大寒，北海、東萊、琅邪井中冰厚尺餘。[1]

【注】
[1]袁山松《書》曰："是時群賊起，天下始亂。《讖》曰：'寒者，小人暴虐，專權居位，無道有位，適罰無法，又殺無罪，其寒必暴殺。'"

獻帝初平四年六月，寒風如冬時。[1]

【注】
[1]袁山松《書》曰："時帝流遷失政。"養奮對策曰："當溫而寒，刑罰慘也。"

和帝永元五年六月，郡國三雨雹，大如雞子。[1][三三]是時和帝用酷吏周紆為司隸校尉，刑誅深刻。[2]

【注】
[1]《春秋考異郵》曰："陰氣之專精凝合生雹。雹之為言合也。以妾為妻，大尊重，九女之妃闕而不御，坐不離前，無由相去之心，同輿參馴，房祍之

内，[三四]歡欣之樂，專政夫人，施而不博，[三五]陰精凝而見(滅)[成]。"[三六]《易讖》曰："凡雹者，過由人君惡聞其過，抑賢不揚，[三七]內與邪人通，取財利，蔽賢，施之，並當雨不雨，故反雹下也。"

[2]《古今注》曰："光武建武十年十月戊辰，樂浪、上谷雨雹，傷稼。十二年，河南平陽雨雹，大如杯，壞敗吏民廬舍。十五年十二月乙卯，鉅鹿雨雹，傷稼。永平三年八月，郡國十二雨雹，傷稼。十年，郡國十八或雨雹，蝗。"《易緯》曰："夏雹者，治道煩苛，繇役急促，教令數變，無有常法。不救為兵，強臣逆謀，蝗蟲傷穀。救之，舉賢良，爵有功，務寬大，無誅罰，則災除。"

安帝永初元年，雨雹。二年，雨雹，大如雞子。三年，雨雹，[三八]大如鴈子，傷稼。劉向以為雹，陰脅陽也。是時鄧太后以陰專陽政。

元初四年六月戊辰，郡國三雨雹，大如杅杯[三九]及雞子，殺六畜。[1]

【注】
[1]《古今注》曰："樂安雹如杅，殺人。"京房《占》曰："夏雨雹，天下兵大作。"

延光元年四月，郡國二十一雨雹，大如雞子，傷稼。是時安帝信讒，無辜死者多。[1]

【注】
[1]臣昭案：《尹敏傳》是歲河西大雨雹，如斗。安帝見孔季彥，問其故，[四〇]對曰"此皆陰乘陽之徵也。今貴臣擅權，母后黨盛，陛下宜修聖德，慮此二者"也。

三年，雨雹，大如雞子。[1]

【注】
〔1〕《古今注》曰:"順帝永建五年,郡國十二雨雹。〔四一〕六年,郡國十二雨雹,傷秋稼。"

桓帝延熹四年五月己卯,京都雨雹,大如雞子。是時桓帝誅殺過差,又寵小人。

七年五月己丑,京都雨雹。是時皇后鄧氏僭侈,驕恣專幸。明年廢,以憂死,其家皆誅。

靈帝建寧二年四月,雨雹。

四年五月,河東雨雹。

光和四年六月,雨雹,大如雞子。是時常侍、黃門用權。

中平二年四月庚戌,雨雹,傷稼。

獻帝初平四年六月,右扶風雹如斗。〔1〕

【注】
〔1〕袁山松《書》曰:"雹殺人。前後雨雹,此最為大,時天下潰亂。"

和帝元興元年冬十一月壬午,郡國四冬雷。是時皇子數不遂,皆隱之民閒。是歲,宮車晏駕,殤帝生百餘日,立以為君;帝兄有疾,封為平原王,卒,皆夭無嗣。〔1〕

【注】
〔1〕《古今注》曰:"光武建武七年,遼東冬雷,〔四二〕草木實。"

殤帝延平元年九月乙亥,陳留雷,有石隕地四。〔1〕

【注】

〔1〕臣昭案:《天文志》末已載石隕,未解此篇所以重記。石(以)[與]雷隕俱者,[四三]九月雷未為異,桓帝亦有此隕,後不兼載,於是為(長)[常]。[四四]《古今注》曰:"章帝建初四年五月戊寅,潁陰石從天墜,大如鐵鑕,色黑,始下時聲如雷。"

安帝永初六年十月丙戌,郡六冬雷。[1]

【注】

〔1〕京房《占》曰:"天冬雷,地必震。"又曰:"教令擾。"又曰:"雷以十一月起黃鍾,二月大聲,八月闔藏。此以春夏殺無辜,不須冬刑致災。蟄蟲出行,不救之,則冬溫風,以其來年疾病。其救也,恤幼孤,[四五]振不足,議獄刑,貰謫罰,災則消矣。"《古今注》曰:"明帝永平七年十月丙子,越巂雷。"

七年十月戊子,郡國三冬雷。
元初元年十月癸巳,郡國三冬雷。
三年十月辛亥,汝南、樂浪冬雷。
四年十月辛酉,郡國五冬雷。
六年十月丙子,郡國五冬雷。
永寧元年十月,郡國七冬雷。
建光元年十月,郡國七冬雷。
延光四年,郡國十九冬雷。是時太后攝政,[四六]上無所與。太后既崩,阿母王聖及皇后兄閻顯兄弟更秉威權,上遂不親萬機,從容寬仁任臣下。[1]

【注】

〔1〕《古今注》曰:"順帝永和四年四月戊午,雷震擊高廟、世祖廟外槐

樹。"

桓帝建和三年六月乙卯，雷震憲陵寢屋。先是梁太后聽兄冀枉殺李固、杜喬。

靈帝熹平六年冬十月，東萊冬雷。〔四七〕

中平四年十二月晦，雨水，大雷電，雹。

獻帝初平三年五月丙申，無雲而雷。

四年五月癸酉，無雲而雷。

建安七八年中，長沙醴陵縣有大山常大鳴如牛吼聲，積數年。後豫章賊攻沒醴陵縣，殺略吏民。〔1〕

【注】

〔1〕干寶曰："《論語摘輔像》曰：'山（亡）〔土〕崩，〔四八〕川閉塞，漂淪移，山鼓哭，閉衡夷，庶桀合，兵王作。' 時天下尚亂，豪桀並爭：曹操事二袁於河北；孫吳創基於江外；劉表阻亂眾於襄陽，南招零、桂，北割漢川，又以黃祖為爪牙，而祖與孫氏為深讎，兵革歲交。十年，曹操破袁譚於南皮；十一年，走袁尚於遼東。十三年，吳禽黃祖。是歲，劉表死。曹操略荊州，逐劉備於當陽。十四年，吳破曹操於赤壁。是三雄者，卒共參分天下，成帝王之業，是所謂'庶桀合，兵王作'者也。十六年，劉備入蜀，與吳再爭荊州，於時戰爭四分五裂之地，荊州為劇，故山鳴之異作其域也。"

靈帝熹平二年，東萊海出大魚二枚，長八九丈，高二丈餘。明年，中山王暢、任城王博並薨。〔1〕

【注】
〔一〕京房《易傳》曰："海出巨魚，邪人進，賢人疏。"臣昭謂此占符靈帝之世，巨魚之出，於是為徵，寧獨二王之妖也！

和帝永元四年，蝗。〔一〕

【注】
〔一〕臣昭案：本紀光武建武六年詔稱"往歲水旱蝗蟲為災。"《古今注》曰："建武二十二年三月，京師、郡國十九蝗。二十三年，京師、郡國十八大蝗，旱，草木盡。二十八年三月，郡國八十蝗。〔四九〕二十九年四月，武威、酒泉、清河、京兆、魏郡、弘農蝗。三十年六月，郡國十二大蝗。三十一年，郡國大蝗。中元元年三月，郡國十六大蝗。永平四年十二月，酒泉大蝗，從塞外入。"謝承《書》曰："永平十五年，蝗起泰山，彌行兗、豫。"謝沈《書》鍾離意《讜起北宮表》云："未數年，豫章遭蝗，穀不收。民飢死，縣數千百人。"

八年五月，河內、陳留蝗。九月，京都蝗。九年，蝗從夏至秋。先是西羌數反，遣將軍將北軍五校征之。

安帝永初四年夏，蝗。是時西羌寇亂，軍衆征距，連十餘年。〔一〕

【注】
〔一〕《讖》曰："主失禮煩苛，則旱之，魚螺變為蝗蟲。"

五年夏，九州蝗。〔一〕

【注】
〔一〕京房《占》曰："天生萬物百穀，以給民用。天地之性人為貴。今蝗

蟲四起，此為國多邪人，朝無忠臣，蟲與民爭食，居位食祿如蟲矣。不救，致兵起；其救也，舉有道置於位，命諸侯試明經，此消災也。"

六年三月，去蝗處復蝗子生。[1]

【注】
[1]《古今注》曰："郡國四十八蝗。"

七年夏，蝗。
元初元年夏，郡國五蝗。
二年夏，郡國二十蝗。
延光元年六月，郡國蝗。
順帝永建五年，郡國十二蝗。是時鮮卑寇朔方，用衆征之。
永和元年秋七月，偃師蝗。去年冬，烏桓寇沙南，用衆征之。
桓帝永興元年七月，郡國三十二蝗。是時梁冀秉政無謀憲，[五〇]苟貪權作虐。[1]

【注】
[1]《春秋考異郵》曰："貪擾生蝗。"

二年六月，京都蝗。
永壽三年六月，京都蝗。
延熹元年五月，京都蝗。[1]

【注】
[1]臣昭案：劉歆傳"皆逆天時，聽不聰之禍也"。[五一]養奮對策曰："佞邪以不正食祿饗所致。"謝沈《書》曰"九年，揚州六郡連水、旱、蝗害"也。

靈帝熹平六年夏，七州蝗。先是鮮卑前後三十餘犯塞，是歲護烏桓校尉夏育、破鮮卑中郎將田晏、使匈奴中郎將臧旻將南單于以下，三道並出討鮮卑。大司農經用不足，殷斂郡國，以給軍糧。三將無功，還者少半。

光和元年詔策問曰："連年蝗蟲至冬踊，其咎焉在？"蔡邕對曰："臣聞《易傳》曰：'大作不時，天降災，厥咎蝗蟲來。'《河圖祕徵篇》曰：'帝貪則政暴而吏酷，酷則誅深必殺，主蝗蟲。'蝗蟲，貪苛之所致也。"是時百官遷徙，皆私上禮西園以為府。[1]

【注】

〔1〕蔡邕對曰："蝗蟲出，息不急之作，省賦斂之費，進清仁，黜貪虐，分損承安，（居）〔屈〕省別藏，[五二]以贍國用，則其救也。《易》曰'得臣無家'，言有天下者何私家之有！"

獻帝興平元年夏，大蝗。是時天下大亂。
建安二年五月，蝗。

【校勘記】

〔一〕夏五月辛（卯）〔亥〕郊　據汲本、殿本改。
〔二〕東郡以北傷水　按："東"原譌"來"，逕改正。
〔三〕弘農都尉治（折）〔析〕為水所漂殺　據《集解》本改。按：《校補》謂據《前書·地理志音義》正。又《校補》引錢大昭說，謂《前志》弘農有析縣，《續志》析屬南陽，然《前志》弘農無都尉，析下亦不言都尉治，建武六年已省諸郡都尉，不應弘農獨存。且本紀但云"是夏連雨水"，亦無車駕親往行水之事。疑《古今注》誤。又按："所"原譌"沂"，逕改正。
〔四〕建武八年閒郡國比大水　按：汲本、殿本"比"皆作"七"。
〔五〕傳其法於有根　按："根"疑當作"漢"，然各本皆作"根"，聚珍本《東觀記》亦作"根"，惟嚴可均輯《全後漢文》作"漢"，殆嚴氏以意改也。

〔六〕故以殷氏六族分伯禽　按:《左傳》"氏"作"民"。《校補》謂"殷氏"與下"懷姓"對文,自屬傳本之異。

〔七〕邑里無營利之家　按:"營"原譌"管",逕改正。

〔八〕追觀往法　按:"觀"原譌"即",逕改正。

〔九〕是以皆永享康寧之福　按:"以皆"原譌倒,逕乙正。

〔一〇〕亦所以消散其口救　按:"救"疑"數"之譌。

〔一一〕(狃)〔狙〕猱之意　據何焯校改。

〔一二〕曼延無足　按:《校補》謂案文"足"當作"定"。

〔一三〕令得復昌熾從橫　按:"令"原譌"合",逕改正。

〔一四〕潰徙離處　按:"徙"原譌"從",逕改正。

〔一五〕言性不相害　按:"相"原譌"用",逕改正。

〔一六〕尚修正弭災　殿本"正"作"政"。按:正政通。

〔一七〕其水也(而)〔雨〕殺人　《校補》謂以《前志》校之,"而"乃"雨"之譌,各本皆未正。今據改。

〔一八〕郡國三十七大水　按:《校補》謂紀"大水"作"雨水"。

〔一九〕不立皇太子勝　按:張森楷《校勘記》謂皇子勝未嘗為太子,"太"字衍,下卷大風條同訛。

〔二〇〕妒疾賢者　按:"妒"原譌"治",逕據汲本、殿本改正。

〔二一〕京師及郡國四十(有)〔大〕水　《校補》謂"有"乃"大"之譌,本紀可證,各本皆失正。今據改。

〔二二〕嘉收葬客死骸骨　《集解》引惠棟說,謂案范書《周嘉傳》,乃嘉弟暢也,注所據乃司馬《書》。按:《校補》謂詳觀此注,實即約舉本書《獨行傳》《周嘉傳》文,"收葬"上"嘉"字蓋本是"因"字,後人妄改,未見本傳耳。既係約舉,原不必定詳收葬者何人。惠氏《補注》因此一字之疑,遂謂注所據為司馬《書》。然注先舉本紀,即范《書》本紀也;次舉《周嘉傳》,又未別言,是本傳也。

〔二三〕(臨)〔流〕水化為血〔不流〕　"臨"汲本、殿本作"流"。今據改。又《集解》引惠棟説，謂"血"下脱"不流"二字。今據補。

〔二四〕占曰泣血道路涉蘇於何以處　按："占"殿本作"名"。"何"汲本作"河"。《校補》謂"涉蘇於何以處"，亦屬誤文，不可强通。

〔二五〕殺（十）〔千〕餘人　據汲本、殿本改。

〔二六〕漂害數（千）〔十〕萬户　《校補》引錢大昭説，謂《朱穆傳》《桓帝紀》並云數十萬户，"千"當作"十"。今據改。

〔二七〕懷容水澤　按："懷"原譌"壞"，逕改正。

〔二八〕太白經天　按："經"原譌"絶"，逕據汲本、殿本改正。

〔二九〕盜賊略平〔民〕　《校補》謂案文"平"下當有"民"字，或亦唐人因避諱去之。今據補。

〔三〇〕濟北〔河〕水清　《集解》引錢大昕説謂"濟北"下脱"河"字。又《校補》引錢大昭説，謂據本紀作"濟陰、東郡、濟北河水清"，是"濟北"上亦脱四字。今按：紀志所記，容有不同；"濟北"下則明脱"河"字，今補。

〔三一〕四年夏郡國三水　按：《校補》謂紀作"七大水"。

〔三二〕中平五年郡國六水大出　按：《集解》引惠棟説，謂帝紀作"七大水"。

〔三三〕和帝永元五年六月郡國三雨雹大如雞子　按：聚珍本《東觀記》作"郡國大雨雹，大如雁子"。

〔三四〕房衽之内　按："衽"原作"任"，逕依汲本、殿本改。

〔三五〕施而不博　按："博"原譌"傳"，逕改正。

〔三六〕陰精凝而見（滅）〔成〕　據汲本、殿本改。

〔三七〕抑賢不揚　按："揚"原譌"易"，逕改正。

〔三八〕三年雨雹　按：《集解》引惠棟説，謂紀作"京師及郡國四十一雨水雹"。

〔三九〕大如杅杯　按：《集解》引惠棟説，謂"杅杯"《東觀記》作"芋魁"。

〔四〇〕尹敏傳是歲河西大雨雹如斗安帝見孔季彥問其故　按：《集解》引錢大昕説，謂季彥事今在《孔僖傳》，或司馬彪《書》以季彥附《尹敏傳》。《校補》謂此注引季彥事，亦明為范書《孔僖傳》文，當由尹敏同列《儒林傳》，遂至誤載。

〔四一〕順帝永建五年郡國十二雨雹　按：汲本、殿本"五"作"三"。

〔四二〕光武建武七年遼東冬雷　按：汲本、殿本"七"作"十"。

〔四三〕石（以）〔與〕雷隕俱者　據汲本、殿本改。

〔四四〕於是為（長）〔常〕　據汲本、殿本改。

〔四五〕恤幼孤　按："恤"原譌"率"，逕據汲本、殿本改正。

〔四六〕延光四年郡國十九冬雷是時太后攝政　按：和熹崩于建光元年，安得延光四年復言太后攝政？"是時"疑是"先是"之誤。

〔四七〕東萊冬雷　按：汲本、殿本"冬"作"大"。

〔四八〕山（亡）〔土〕崩　據汲本、殿本改。

〔四九〕二十八年三月郡國八十蝗　按：《校補》謂光武時郡國九十三，如八十蝗，蝗幾徧全國矣。桓、靈之末，無此奇災，況中興盛時，何宜有此。"八十"蓋是"十八"誤倒。

〔五〇〕是時梁冀秉政無謀憲　按：《校補》謂"憲"疑是"慮"之譌。

〔五一〕聽不聰之禍也　按：汲本、殿本"禍"作"過"。

〔五二〕（居）〔屈〕省別藏　據汲本、殿本改。

後漢書志第十六

五行四

地震　山崩　地陷　大風拔樹　螟　牛疫

《五行傳》曰:"治宮室,飾臺榭,內淫亂,犯親戚,侮父兄,則稼穡不成。"謂土失其性而為災也。又曰:"思心不容,是謂不聖。厥咎霧,厥罰恆風,厥極凶短折。時則有脂夜之妖,時則有華孽,時則有牛禍,時則有心腹之痾,時則有黃眚、黃祥,惟金、水、木、火沴土。"華孽,劉歆傳為臝蟲之孽,謂螟屬也。

世祖建武二十二年九月,郡國四十二地震,南陽尤甚,地裂壓殺人。其後武谿蠻夷反,為寇害,至南郡,發荊州諸郡兵,遣武威將軍劉尚擊之,為夷所圍,復發兵赴之,尚遂為所沒。

章帝建初元年三月甲(申)[寅],〔一〕山陽、東平地震。

和帝永元四年六月丙辰,郡國十三地震。《春秋漢含孳》曰:"女主盛,臣制命,則地動坼,畔震起,山崩淪。"是時竇太后攝政,兄竇憲專權,將以是受禍也。後五日,詔收憲印綬,兄弟就國,逼迫皆自殺。

五年二月戊午,隴西地震。儒說民安土者也,將大動,行大震。九月,匈奴單于於除(難)鞬叛,〔二〕遣使發邊郡兵討之。

七年九月癸卯,京都地震。儒說奄官無陽施,猶婦人也。是時和帝與中常侍鄭衆謀奪竇氏權,德之,因任用之,及幸常侍蔡倫,二人始並用權。

九年三月庚辰,隴西地震。閏月,塞外羌犯塞,殺略吏民,使征西將軍劉尚擊之。〔三〕

安帝永初元年,郡國十八地震。李固曰:"地者陰也,法當安静。今乃越陰之職,專陽之政,故應以震動。"是時鄧太后攝政專事,訖建光中,太后崩,安帝乃得制政,於是陰類並勝,西羌亂夏,連十餘年。

二年,郡國十二地震。

三年十二月辛酉,郡國九地震。

四年三月癸巳,郡國四地震。〔四〕

五年正月丙戌,郡國十地震。

七年正月壬寅,二月丙午,郡國十八地震。〔五〕

元初元年,郡國十五地震。

二年十一月庚申,郡國十地震。

三年二月,郡國十地震。十一月癸卯,郡國九地震。

四年,郡國十三地震。

五年,郡國十四地震。

六年二月乙巳,京都、郡國四十二地震,或地坼裂,涌水,壞敗城郭、〔六〕民室屋,壓人。冬,郡國八地震。

永寧元年,郡國二十三地震。

建光元年九月己丑,〔七〕郡國三十五地震,或地坼裂,壞城郭室屋,壓殺人。是時安帝不能明察,信宮人及阿母聖等讒(云)[言],〔八〕破壞鄧太后家,於是專聽信聖及宦者,中常侍江京、樊豐等皆得用權。〔九〕

延光元年七月癸卯,京都、郡國十三地震。九月戊申,郡國二十七地震。

二年,京都、郡國三十二地震。〔一〇〕

三年,京都、郡國二十三地震。是時以讒免太尉楊震,廢太子。

四年十[一]月丁巳,〔一一〕京都、郡國十六地震。時安帝既崩,閻太后攝政，兄弟閻顯等並用事，〔一二〕遂斥安帝子，更徵諸國王子，未至，中黃門遂誅顯兄弟。

順帝永建三年正月丙子，京都、漢陽地震。漢陽屋壞殺人，地坼涌水出。是時順帝阿母宋娥及中常侍張昉等用權。

陽嘉二年四月己亥，京都地震。是時爵號宋娥為山陽君。

四年十二月甲寅，京都地震。

永和二年四月（庚）[丙]申，〔一三〕京都地震。是時宋娥構姦誣罔，五月事覺，收印綬，歸田里。十一月丁卯，京都地震。是時太尉王龔以中常侍張昉等專弄國權，欲奏誅之，時龔宗親有以楊震行事諫之止云。

三年二月乙亥，京都、金城、隴西地震裂，城郭、室屋多壞，壓殺人。閏月己酉，京都地震。十月，西羌二千餘騎入金城塞，為涼州害。

四年三月乙亥，京都地震。

五年二月戊申，京都地震。

建康元年正月，涼州（都）[部]郡六，地震。〔一四〕從去年九月以來至四月，凡百八十（日）[地]震，〔一五〕山谷坼裂，壞敗城寺，傷害人物。三月，護羌校尉趙沖為叛胡所殺。九月丙午，京都地震。是時順帝崩，梁太后攝政，欲為順帝作陵，制度奢廣，多壞吏民冢。尚書欒巴諫事，〔一六〕太后怒，癸卯，詔書收巴下獄，欲殺之。丙午地震，於是太后乃出巴，免為庶人。

桓帝建和元年四月庚寅，京都地震。九月丁卯，京都地震。是時梁太后攝政，兄冀持權。至和平元年，太后崩，然冀猶秉政專事，至延熹二年，乃誅滅。

三年九月己卯，地震，庚寅又震。

元嘉元年十一月辛巳，京都地震。

二年正月丙辰，京都地震。十月乙亥，京都地震。

永興二年二月癸卯，京都地震。

永壽二年十二月，京都地震。

延熹四年，京都、右扶風、涼州地震。

五年五月乙亥，京都地震。是時桓帝與中常侍單超等謀誅除梁冀，聽之，〔一七〕並使用事專權。又鄧皇后本小人，性行無恆，苟有顏色，立以為后，後卒坐執左道廢，以憂死。

八年九月丁未，京都地震。

靈帝建寧四年二月癸卯，地震。是時中常侍曹節、王甫等皆專權。

熹平二年六月，地震。

六年十月辛丑，地震。

光和元年二月辛未，〔一八〕地震。四月丙辰，地震。靈帝時宦者專恣。

二年三月，京兆地震。

三年自秋至明年春，酒泉表氏地八十餘動，〔一九〕涌水出，城中官寺民舍皆頓，縣易處，更築城郭。

獻帝初平二年六月丙戌，地震。

興平元年六月丁丑，地震。

和帝永元元年七月，會稽南山崩。會稽，南方大名山也。京房《易傳》曰："山崩，陰乘陽，弱勝強也。"劉向以為山陽，君也；水陰，民也；君道崩壞，百姓失所也。劉歆以為崩猶（地）〔弛〕也。〔二〇〕是時竇太后攝政，兄竇憲專權。

七年七月，趙國易陽地裂。京房《易傳》曰："地裂者，臣下分離，不肯相從也。"是時南單于眾乖離，漢軍追討。

十二年夏，閏四月戊辰，南郡秭歸山高四百丈，崩填谿，殺百餘人。明年冬，（至）〔巫〕蠻夷反，〔二一〕遣使募荊州吏民萬餘人擊之。

元興元年五月癸酉，右扶風雍地裂。是後西羌大寇涼州。

殤帝延平元年五月壬辰，河東（恒）〔垣〕山崩。〔二二〕是時鄧太后專政。秋八月，殤帝崩。

安帝永初元年六月丁巳，河東楊地陷，東西百四十步，南北百二十步，深三丈五尺。

六年六月壬辰，豫章員谿原山崩，各六十三所。

元初元年三月己卯，〔二三〕日南地坼，長百八十二里。其後三年正月，蒼梧、鬱林、合浦盜賊群起，劫略吏民。〔二四〕

二年六月，河南雒陽新城地裂。

延光二年七月，丹陽山崩四十七所。

三年六月庚午，巴郡閬中山崩。

四年十月丙午，蜀郡越嶲山崩，殺四百餘人。丙午，天子會日也。是時閻太后攝政。其十一月，中黃門孫程等殺江京，立順帝，誅閻后兄弟，明年，閻后崩。

順帝陽嘉二年六月丁丑，雒陽宣德亭地坼，長八十五丈，近郊地。時李固對策，以為"陰類專恣，將有分離之象，所以附郊城者，（事）〔是〕上帝示象以誡陛下也"。〔二五〕是時宋娥及中常侍各用權分爭，後中常侍張逵、蘧政與大將軍梁商爭權，為商作飛語，欲陷之。

桓帝建和元年四月，郡國六地裂，水涌出，井溢，壞寺屋，殺人。時梁太后攝政，兄冀枉殺李固、杜喬。

三年，郡國五山崩。

和平元年七月，廣漢梓潼山崩。

永興二年六月，東海朐山崩。冬十二月，泰山、琅邪盜賊群起。

永壽三年七月，河東地裂，時梁皇后兄冀秉政，桓帝欲自由，內患之。

延熹元年七月乙巳，〔二六〕左馮翊雲陽地裂。

三年五月（戊申）〔甲戌〕，〔二七〕漢中山崩。是時上寵恣中常侍單超等。

四年六月庚子，泰山、博尤來山判解。〔二八〕

八年六月丙辰，緱氏地裂。

永康元年五月丙午，〔二九〕雒陽高平永壽亭、〔1〕上黨泫氏地各裂。是時朝臣患中常侍王甫等專恣。冬，桓帝崩。明年，竇氏等欲誅常侍、黃門,〔三〇〕不果,更為所誅。

【注】
〔1〕工玄反。

靈帝建寧四年五月,河東地裂十二處,裂合長十里百七十步,廣者三十餘步,深不見底。

和帝永元五年五月戊寅,南陽大風,拔樹木。
安帝永初元年,大風拔樹。是時鄧太后攝政,以清河王子年少,號精耳,〔三一〕故立之,是為安帝。不立皇太子勝,以為安帝賢,必當德鄧氏也;後安帝親讒,廢免鄧氏,令郡縣迫切,死者八九人,家至破壞。此為骰霧也,是後西羌亦大亂涼州十有餘年。
二年六月,京都及郡國四十大風拔樹。
三年五月癸酉,京都大風,拔南郊道梓樹九十六枚。
七年八月丙寅,京都大風拔樹。
元初二年二月癸亥,京都大風拔樹。
六年夏四月,沛國、勃海大風,拔樹三萬餘枚。
延光二年三月丙申,河東、潁川大風拔樹。六月壬午,郡國十一大風拔樹。是時安帝親讒,曲直不分。
三年,京都及郡國三十六大風拔樹。
靈帝建寧二年四月癸巳,京都大風雨雹,拔郊道樹十圍已上百餘枚。其後晨迎氣黃郊,〔三二〕道於雒水西橋,逢暴風雨,道鹵簿車或發蓋,百官霑濡,還不至郊,使有司行禮。迎氣西郊,亦壹如此。
中平五年六月丙寅,大風拔樹。
獻帝初平四年六月,右扶風大風,發屋拔木。

中興以來,脂夜之妖無錄者。

章帝七八年間,郡縣大螟傷稼,語在《魯恭傳》,而紀不錄也。是時章帝用竇皇后譖,害宋、梁二貴人,廢皇太子。

靈帝熹平四年六月,弘農、三輔螟蟲為害。是時靈帝用中常侍曹節等讒言,禁錮海内清英之士,謂之黨人。

中平二年七月,三輔螟蟲為害。

明帝永平十八年,牛疫死。是歲遣竇固等征西域,置都護、戊己校尉。固等適還而西域叛,殺都護陳睦、戊己校尉關寵。於是大怒,〔三三〕欲復發興討,會秋明帝崩,是思心不容也。

章帝建初四年冬,京都牛大疫。是時竇皇后以宋貴人子為太子,寵幸,令人求伺貴人過隙,以讒毀之。章帝不知竇太后不善,〔三四〕厥咎霜也。或曰,是年六月馬太后崩,土功非時興故也。

【校勘記】

〔一〕章帝建初元年三月甲(申)〔寅〕 《校補》謂帝紀作"甲寅"。按:是年三月癸卯朔,無甲申,今依帝紀改。

〔二〕匈奴單于於除(難)鞬叛 《集解》引錢大昕說,謂"難"字衍。又引惠棟說,謂紀無"難"字。今據刪。

〔三〕使征西將軍劉尚擊之 按:《集解》引錢大昕說,謂此又一劉尚,乃南陽宗室,襲封朝陽侯者。又引周壽昌說,謂袁《紀》作"執金吾劉尚"。非建武二十二年之武威將軍,彼前以擊夷而敗沒矣。本紀作"行征西將軍",此無"行"字。

〔四〕郡國四地震 按:《集解》引洪亮吉說,謂《安紀》"四"作"九"。

〔五〕七年正月壬寅二月丙午郡國十八地震 錢大昭云本紀但有二月丙午

之事,此"正月壬寅"四字疑衍。按:《校補》謂當衍者乃"二月丙午"四字。是年四月丙申晦,日有食之,紀、志並同。四月晦為丙申,則二月不得有丙午。紀本有誤,而此志"二月丙午"四字,疑後人據紀妄增也。

〔六〕壞敗城郭　按:汲本、殿本"壞敗"作"敗壞"。

〔七〕建光元年九月己丑　按:《集解》引洪亮吉說,謂《安紀》作"十一月己丑"。

〔八〕信宮人及阿母聖等讒(云)〔言〕　據何焯校改。

〔九〕皆得用權　《校補》引錢大昭說,謂"用"閩本作"擅"。今案:殿本亦作"擅"。

〔一〇〕京都郡國三十二地震　按:《集解》引錢大昕說,謂《安帝紀》無"十二"字。

〔一一〕四年十〔一〕月丁巳　《集解》引錢大昕說,謂《順帝紀》作"十一月"。按:延光四年十月乙酉朔,無丁巳,今依紀改。

〔一二〕兄弟閻顯等並用事　按:"兄弟"原作"弟兄",逕乙正。

〔一三〕永和二年四月(庚)〔丙〕申　《集解》引錢大昕說,謂《順帝紀》作"丙申"。按:是年四月戊寅朔,無庚申,今從帝紀改。

〔一四〕涼州(都)〔部〕郡六地震　據《集解》引陳景雲說改。

〔一五〕凡百八十(日)〔地〕震　《集解》引洪亮吉說,謂"日"字衍。又引惠棟說,謂紀云"地百八十震",非百八十日也。按:《校補》謂"日"乃"地"之譌。言震不言地,則無以明其確為地震,故紀亦必云"地百八十震"也。今據《校補》說改。

〔一六〕尚書欒巴諫事　按:《集解》王先謙謂"事"疑"爭"之誤。

〔一七〕聽之　按:疑當作"德之",與上文和帝永元七年"和帝與中常侍鄭眾謀奪竇氏權,德之"同。

〔一八〕光和元年二月辛未　按:《集解》引錢大昕說,謂《靈帝紀》作"己未"。

〔一九〕酒泉表氏地八十餘動　按:《集解》引惠棟說,謂"氏"紀作"是",古字通。

〔二〇〕劉歆以為崩猶（地）〔弛〕也　《校補》謂"地"乃"弛"之譌，《前志》引劉歆說"崩，弛崩也"可證，各本皆失正。今據改。

〔二一〕明年冬（至）〔巫〕蠻夷反　《校補》謂據紀"至"乃"巫"之譌。今據改。

〔二二〕河東（恒）〔垣〕山崩　《集解》引洪亮吉說，謂恒山在上曲陽，不屬河東，應如《殤紀》作"垣山"為是。今據改。

〔二三〕元初元年三月己卯　《校補》謂紀作"二月己卯"。按：是年二月壬辰朔，無己卯，紀譌。

〔二四〕劫略吏民　按："吏民"原作"民吏"，逕據汲本、殿本乙正。

〔二五〕（事）〔是〕上帝示象以誡陛下也　據汲本、殿本改。

〔二六〕延熹元年七月乙巳　按：《集解》引洪亮吉說，謂案《桓紀》作"己巳"，下云"甲子，太尉黃瓊免"，則宜以《續志》"乙巳"為是。

〔二七〕三年五月（戊申）〔甲戌〕　《集解》引洪亮吉說，謂《桓紀》"戊申"作"甲戌"。按：是年五月甲子朔，有甲戌，無戊申，今據紀改。

〔二八〕泰山博尤來山判解　按：《校補》謂紀作"岱山及博尤來山並頹裂"。就志言之，泰山郡名，博縣名，尤來山名，判解是從中分裂，特指尤來一山。自紀言之，則岱山亦言山，與尤來山並頹裂，明是兩山矣。

〔二九〕永康元年五月丙午　按：《集解》引洪亮吉說，謂《桓紀》作"丙申"。

〔三〇〕竇氏等欲誅常侍黃門　按："氏"疑當作"武"。

〔三一〕以清河王子年少號精耳　《校補》謂"精耳"疑當作"精敏"。今按："耳"疑"聰"字之譌，聰字脫其右半，遂成"耳"字也。

〔三二〕其後晨迎氣黃郊　按：汲本、殿本"黃"作"東"，譌，此與《禮儀志》合。

〔三三〕於是大怒　按："於是"下疑脫"帝"字。

〔三四〕章帝不知竇太后不善　按：張森楷《校勘記》謂竇后在章帝世不應稱太后，"太"疑當作"皇"。

後漢書志第十七

五行五

射妖　龍蛇孽　馬禍　人痾
人化　死復生　疫　投蜺

《五行傳》曰："皇之不極，是謂不建。[1]厥咎眊，[2]厥罰恒陰，[3]厥極弱。[4]時則有射妖，[5]時則有龍蛇之孽，[6]時則有馬禍，[7]時則有下人伐上之痾，[8]時則有日月亂行，星辰逆行。"[9]皇，君也。極，中也。眊，不明也。説云：此沴天也。不言沴天者，至尊之辭也。《春秋》"王師敗績"，以自敗為文。

【注】

〔1〕《尚書大傳》"皇"作"王"。鄭玄曰："王，君也。不名體而言王者，五事象五行，則王極象天也。[一]天變化為陰為陽，覆成五行。經曰：'曆象日月星辰，敬授民時。'《論語》曰：'為政以德，譬如北辰。'是則天之道於人政也。[二]孔子説《春秋》曰：'政以不由王出，不得為政。'則王君出政之號也。極，中也。建，立也。王象天，以情性覆成五事，為中和之政也。王政不中和，則是不能立其事也。"《古文尚書》："皇極，皇建其有極。"孔安國曰："大中之道，大立其有中，謂行九疇之義。"馬融對策曰："大中之道，在天為北辰，在地為人君。"

〔2〕《尚書大傳》作"瞀"。鄭玄曰："瞀與思心之咎同耳，故〔子駿〕傳

曰眊。〔三〕眊，亂也。君臣不立，則上下亂矣。"《字林》曰："目少精曰眊。"

〔3〕鄭玄曰："王極象天，天陰養萬物，陰氣失，〔四〕故常陰。"

〔4〕鄭玄曰："天為剛德，剛氣失，故於人為弱。《易》說亢龍之行曰：'貴而無位，高而無民，賢人在下位而無輔。'此之謂弱。或云懦，不（敬）[毅]也。"〔五〕

〔5〕鄭玄曰："射，王極之度也。射人將發矢，必先於此儀之，發則中於彼矣。君將出政，亦先於朝廷度之，出則應於民心。射，其象也。"

〔6〕鄭玄曰："龍，蟲之生於淵，行[於]無形，〔六〕遊於天者也，屬天。蛇，龍之類也，或曰龍無角者曰蛇。"

〔7〕鄭玄曰："天行健。馬，畜之疾行者也，屬王極。"

〔8〕鄭玄曰："夏侯勝說'伐'宜為'代'，〔七〕書亦或作'代'。陰陽之神曰精氣，情性之神曰魂魄，君行不由常，侈張無度，則是魂魄傷也，王極氣失之病也。天於不中之人，恒耆其[味，厚其]毒，〔八〕增以為病，將以開賢代之也，《春秋傳》所謂'奪伯有魄'者是也。不名病者，病不著於身體也。"

〔9〕鄭玄曰："亂謂薄食鬭並見，逆謂[贏]縮反明，經天守舍之類也。"〔九〕《太公六韜》曰："人主好武事兵革，則日月薄蝕，太白失行。"

恒陰，中興以來無錄者。[1]

【注】

[1]臣昭案：本傳陽嘉二年，郎顗上書云："正月以來，陰闇連日。久陰不雨，亂氣也。得賢不用，猶久陰不雨也。"

靈帝光和中，雒陽男子夜龍以弓箭射北闕，吏收考問，辭"居貧負責，無所聊生，因買弓箭以射"。近射妖也。[1]其後車騎將軍何苗，與兄大將軍進部兵還相猜疑，對相攻擊，戰於闕下。苗死兵敗，殺數千人，雒陽宮室內人燒盡。[2]

【注】

〔1〕《風俗通》曰:"龍從兄陽求臘錢,龍假取繁數,頗厭患之,陽與錢千,龍意不滿,欲破陽家,因持弓矢射玄武東闕,三發,吏士呵縛首服。因是遣中常侍、尚書、御史中丞、直事御史、謁者、衛尉、司隸、河南尹、雒陽令悉會發所。劭時為太尉議曹掾,白公鄧盛:'夫禮設闕觀,所以飾門,章於至尊,懸諸象魏,示民禮法也。故車過者下,步過者趨。今龍乃敢射闕,意慢事醜,次於大逆。宜遣主者參問變狀。'公曰:'府不主盜賊,當與諸府相候。'劭曰:'丞相邴吉以為道路死傷,既往之事,京兆、長安職所窮逐,而住車問牛喘吐舌者,豈輕人而貴畜哉,頗念陰陽不和,必有所害。掾史爾乃悦服,《漢書》嘉其達大體。令龍所犯,然中外奔波,邴吉防患大豫,〔一〇〕況於已形昭晰者哉!明公既處宰相大任,加掌兵戎之職,凡在荒裔,謂之大事,何有近目下而致逆節之萌者?〔一一〕孔子攝魯司寇,非常卿也。折僭溢之端,消纖介之漸,從政三月,惡人走境,邑門不闔,外收強齊侵地,內虧三桓之威。區區小國,尚於趣舍,大漢之朝,焉可無乎?明公恬然謂非己。〔一二〕《詩》云:"儀刑文王,萬國作孚。"當為人制法,何必取法於人!'於是公意大悟,遣令史謝,申以鈴下規應掾自行之,還具條奏。時靈帝詔報,惡惡止其身,龍以重論之,陽不坐。"

〔2〕應劭曰:"龍者陽類,君之象也。夜者,不明之應也。此其象也。"

安帝延光三年,濟南言黃龍見歷城,琅邪言黃龍見諸。是時安帝聽讒,免太尉楊震,震自殺。又帝獨有一子,以為太子,信讒廢之。是皇不中,故有龍孽,是時多用佞媚,故以為瑞應。明年正月,東郡又言黃龍二見濮陽。

桓帝[1]延熹七年六月壬子,河內野王山上有龍死,長可數十丈。[2]襄楷以為夫龍者為帝王瑞,《易》論大人。天鳳中,黃山宮有死龍,漢兵誅莽而世祖復興,此易代之徵也。至建安二十五年,魏文帝代漢。[3]

【注】

〔1〕干寶《搜神記》曰："桓帝即位，有大蛇見德陽殿上，雒陽市令淳于翼曰：'蛇有鱗，甲兵之象也。見於省中，將有椒房大臣受甲兵之誅也。'乃棄官遁去。到延熹二年，誅大將軍梁冀，捕治宗屬，揚兵京師"也。

〔2〕袁山松《書》曰："長可百餘丈。"

〔3〕臣昭曰：夫屈申躍見，變化無方，非顯死之體，橫強之畜。《易》況大聖，實類君道。野王之異，豈桓帝將崩之表乎？妖等占殊，其例斯衆。苟欲附會以同天鳳，則帝涉三主，年踰五十，此為迂闊，將恐非徵矣。

永康元年八月，巴郡言黃龍見。時吏傅堅以郡欲上言，內白事以為走卒戲語，不可。太守不聽。嘗見堅語云："時民以天熱，欲就池浴，見池水濁，因戲相恐'此中有黃龍'，語遂行人閒。聞郡，欲以為美，故言。"時史以書帝紀。桓帝時政治衰缺，而在所多言瑞應，皆此類也。又先儒言：瑞興非時，則為妖孽，而民訛言生龍語，皆龍孽也。

熹平元年四月甲午，青蛇見御坐上。〔一三〕是時靈帝委任宦者，王室微弱。〔1〕

【注】

〔1〕楊賜諫曰："皇極不建，則有龍蛇之孽。《詩》云：'惟虺惟蛇，女子之祥。'宜抑皇甫之權，割豔妻之愛，則蛇變可消者也。"案《張奐傳》，建寧二年夏，青蛇見御坐軒前。奐上疏："陳蕃、竇氏未被明宥，〔一四〕妖眚之來，皆為此也。"《敦煌實錄》曰："蛇長六尺，夜於御前當軒而見。"

更始二年二月，發雒陽，欲入長安，司直李松奉引，車奔，觸北宮鐵柱門，三馬皆死。馬禍也。時更始失道，將亡。

桓帝延熹五年四月，驚馬與逸象突入宮殿。近馬禍也。是時桓帝政衰缺。

靈帝光和元年，司徒長史馮巡馬生人。[1]京房《易傳》曰："上亡天子，諸侯相伐，厥妖馬生人。"後馮巡遷甘陵相，黃巾初起，為所殘殺，而國家亦四面受敵。其後關東州郡各舉義兵，卒相攻伐，天子西移，王政隔塞。其占與京房同。

【注】

[1]《風俗通》曰："巡馬生胡子，問養馬胡蒼頭，乃好此馬以生子。"[一五]

光和中，雒陽水西橋民馬逸走，遂齧殺人。是時公卿大臣及左右數有被誅者。

安帝永初元年十一月戊子，民轉相驚走，棄什物，去廬舍。

靈帝建寧三年春，河內婦食夫，河南夫食婦。[1]

【注】

[1]臣昭曰：案此二食，夫妻不同，在河南北，每見死異，斯豈怪妖復有徵乎？河者，經天亘地之水也。河內，河之陽也。夫婦參配陰陽，判合成體。今以夫之尊，在河之陽，而陰承體卑，吞食尊陽，將非君道昏弱，無居剛之德，遂為陰細之人所能消毀乎？河南，河之陰。河視諸侯，夫亦惟家之主，而自食正內之人。時宋皇后將立，而靈帝一聽閹官，[一六]無所厝心。夫以宮房之愛惡，亦不全中懷抱，宋后終廢，王甫挾姦，陰中列侯，實應厥位。天戒若曰，徒隨嬖豎之意，[一七]夫噉其妻乎？

熹平二年六月，雒陽民訛言虎賁寺東壁中有黃人，形容鬢眉良是，觀者數萬，省內悉出，道路斷絕。[1]到中平元年二月，張角兄弟起兵冀

州,自號黃天,三十六方,四面出和,將帥星布,吏士外屬,因其疲餒,牽而勝之。〔2〕

【注】

〔1〕應劭時為郎。《風俗通》曰:"劭故往視之,何在其有人也!走漏汙處,膩赭流灕,壁有他剝數寸曲折耳。劭又通之曰:季夏土黃,中行用事,又在壁中,壁亦土也。以見於虎賁寺者,虎賁國之祕兵,扞難禦侮。必(是)〔示〕於東,〔一八〕東者動也,言當出師行將,天下搖動也。天之以類告人,甚於影響也。"

〔2〕《物理論》曰:"黃巾被服純黃,不將尺兵,肩長衣,翔行舒步,所至郡縣無不從,是曰天大黃也。"

光和元年五月壬午,何人白衣欲入德陽門,辭"我梁伯夏,教我上殿為天子"。中黃門桓賢〔一九〕等呼門吏僕射,欲收縛何人,吏未到,須臾還走,求索不得,不知姓名。時蔡邕以成帝時男子王褒絳衣入宮,上前殿非常室,曰"天帝令我居此",後王莽篡位。今此與成帝時相似而有異,被服不同,又未入雲龍門而覺,稱梁伯夏,皆輕於言。以往況今,將有狂狡之人,欲為王氏之謀,其事不成。其後張角稱黃天作亂,竟破壞。〔1〕

【注】

〔1〕《風俗通》曰:"光和四年四月,南宮中黃門寺有一男子,長九尺,服白衣。中黃門解步呵問:'汝何等人?白衣妄入宮掖。'曰:'我梁伯夏後,天使我為天子。'步欲前收取,因忽不見。劭曰:《尚書》、《春秋左傳》曰,伯益佐禹治水,封於梁。飂叔安有裔子曰董父,實甚好龍,龍多歸之,帝舜嘉之,賜姓董氏。董氏之祖,與梁同焉。到光熹元年,董卓自外入,因閒乘釁,廢帝殺后,百官總己,號令自由,殺戮決前,威重於主。梁本安定,而卓隴西人,俱涼州也。天戒若曰,卓不當專制奪矯,如白衣無宜蘭入宮也。〔二〇〕白衣見黃

門寺，及卓之末，中黃門誅滅之際，事類如此，可謂無乎？"袁山松曰："案張角一時狡亂，不足致此大妖，斯乃曹氏滅漢之徵也。"案劭所述，與志或有不同，年月舛異，故俱載焉。臣昭注曰：檢觀前通，各有未直。尋梁即魏地之名，伯夏明於中夏，非溥天之稱，以內臣孫（夫）〔未〕得稱王，〔二〕徵驗有應，有若符契。復云"伯夏教我為天子"，後曹公曰"若天命在吾，吾為周文王矣"，此乃魏文帝受我成策而陟帝位也。《風俗通》云"見中黃門寺曹騰之家"，尤見其證。

二年，雒陽上西門外女子生兒，兩頭，異肩共胸，俱前向，以為不祥，墮地棄之。自此之後，朝廷霧亂，〔二〕政在私門，上下無別，二頭之象。後董卓戮太后，被以不孝之名，放廢天子，後復害之。漢元以來，禍莫踰此。

四年，魏郡男子張博送鐵盧詣太官，博上書室殿山居屋後宮禁，落屋謹呼。上收縛考問，辭"忽不自覺知"。〔1〕

【注】
〔1〕臣昭曰：魏人入宮，既奪漢之徵，至後宮而謹呼，終亦禍廢母后。

中平元年六月壬申，雒陽男子劉倉居上西門外，妻生男，兩頭共身。

靈帝時，江夏黃氏之母，浴而化為黿，入于深淵，其後時出見。初浴簪一銀釵，及見，猶在其首。〔1〕

【注】
〔1〕臣昭曰：黃者，代漢之色。女人，臣妾之體。化為黿，黿者元也。入于深淵，水實制火。夫君德尊陽，利見九五，飛在于天，乃備光盛。俯等龜黿，

有愧潛躍；首從戴釵，卑弱未盡。後帝者（三）〔王〕，〔二三〕不專權極，天德雖謝，蜀猶傍纘。推求斯異，女為曉著矣。

獻帝初平中，長沙有人姓桓氏，死，棺斂月餘，其母聞棺中聲，發之，遂生。占曰：「至陰為陽，下人為上。」其後曹公由庶士起。

建安四年二月，武陵充縣女子李娥，年六十餘，物故，以其家杉木槥斂，瘞於城外數里上，已十四日，有行聞其冢中有聲，〔二四〕便語其家。家往視聞聲，便發出，遂活。〔1〕

【注】

〔1〕干寶《搜神記》曰：「武陵充縣女子李娥，年六十餘，病死，埋於城外，已十四日。娥比舍有蔡仲，聞娥富，謂殯當有金寶，盜發冢剖棺。斧數下，娥於棺中言曰：『蔡仲，汝護我頭。』驚遽，便出走。會為吏所見，遂收治，依法當棄市。娥兒聞，來迎出娥將去。武陵太守聞娥死復生，召見問事狀。娥對曰：『聞謬為司命所召，〔二五〕到得遣出，過西門，適見外兄劉伯文，為相勞問，涕泣悲哀。娥語曰："伯文，一日誤見召，今得遣歸，〔二六〕既不知道，又不能獨行，為我得一伴不？又我見召在此，已十餘日，形體又當見埋藏，歸當那得自出？"伯文曰："當為問之。"即遣門卒與户曹相問："司命一日誤召武陵大女李娥，今得遣還。娥在此積日，尸喪又當殯斂，當作何等得出？又女弱獨行，豈當有伴邪？是吾外妹，幸為便安之。"荅曰："今武陵西男民李黑，亦得遣還，便可為伴。"輒令黑過，勑娥比舍蔡仲，令發出娥也。於是娥遂得出，與伯文別。伯文曰："書一封以與兒佗。"娥遂與黑俱歸，事狀如此。』太守慨然嘆曰：『天下事真不可知也！』乃表以為『蔡仲雖發冢，為鬼神所使，雖欲無發，勢不得已。宜加寬宥。』詔書報可。太守欲驗語虛實，即遣馬吏於西界推問李黑得之。黑語協，乃致伯文書與佗。佗識其紙，乃是父亡時送箱中文書也。表文字猶在也，而書不可曉。乃請費長房讀之，曰：『告佗：當從府君出案行，當以八月八日日中時，武陵城南溝水畔頓，汝是時必往。』到期，悉將大

小於城南待之。須臾果至,但聞人馬隱隱之聲,詣溝水,便聞有呼聲曰:'佗來!汝得我所寄李娥書不邪?'曰:'即得之,故來至此。'伯文以次呼家中大小問之,悲傷斷絶。曰:'死生異路,不能數得汝消息。吾亡後,兒孫乃爾許人!'〔二七〕良久謂佗曰:'來春大病,與此一丸藥,以塗門户,則辟來年妖厲矣。'言訖忽去,竟不得見其形。至前春,武陵果大病,白日見鬼,唯伯文之家,鬼不敢向。費長房視藥曰:'此方相腦也。'"《博物記》曰:"漢末關中大亂,有發前漢宮人冢者,宮人猶活。既出,平復如舊。魏郭后愛念之,録置宮内,常在左右。問漢時宮中事,説之了了,皆有次緒。郭后崩,哭泣哀過,遂死。漢末,發范明友奴冢,奴猶活。明友,霍光女婿。説光家事,廢立之際,多與《漢書》相應。此奴常(且)〔遊〕走居民間,無(正)〔止〕住處,〔二八〕遂不知所在。"

七年,越巂有男化為女子。時周群上言,哀帝時亦有此異,將有易代之事。至二十五年,獻帝封于山陽。

建安中,女子生男,兩頭共身。

安帝元初六年夏四月,會稽大疫。[1]

【注】

[1]《公羊傳》曰:"大災者何?大瘠也。大瘠者何?痾也。"何休曰:"民疾疫也,邪亂之氣所生。"《古今注》曰:"光武建武十三年,揚徐部大疾疫,會稽江左甚。"案傳,鍾離意為督郵,建武十四年會稽大疫。案此則頻歲也。《古今注》曰:"二十六年,郡國七大疫。"

延光四年冬,京都大疫。[1]

【注】

〔1〕張衡明年上封事："臣竊見京師為害兼所及，民多病死，〔二九〕（上并狠）死有滅戶。〔三〇〕人人恐懼，朝廷燋心，以為至憂。臣官在於考變禳災，思（在）[任]防救，〔三一〕未知所由，夙夜征營。臣聞國之大事在祀，祀莫大於郊天奉祖。方今道路流言，僉曰'孝安皇帝南巡路崩，從駕左右行惡之臣欲徵諸國王子，故不發喪，衣車還宮，（優）[偽]遣大臣，〔三二〕並禱請命'。臣處外官，不知其審，然尊靈見罔，豈能無怨！且凡（夫私）[大祀]小有不蠲，〔三三〕猶為譴讁，況以大穢，用禮郊廟？孔子曰：'曾謂泰山不如林放乎！'天地明察，降禍見災，乃其理也。又閒者，有司正以冬至之後，奏開恭陵神道。陛下至[孝]，〔三四〕不忍距逆，或發冢移尸。《月令》：'仲冬土事無作，慎無發蓋，及起大眾，以固而閉。地氣上泄，是謂發天地之房，諸蟄則死，[民必]疾疫，〔三五〕又隨以喪。'厲氣未息，恐其殆此二（年）[事]，〔三六〕欲使知過改悔。《五行傳》曰：'六沴作見，若時共禦，帝用不差，神則不怒，五福乃降，〔三七〕用章于下。'臣愚以為可使公卿處議，所以陳術改過，取媚神祇，自求多福也。"

桓帝元嘉元年正月，京都大疫。二月，九江、廬江又疫。
延熹四年正月，大疫。〔1〕

【注】

〔1〕《太公六韜》曰："人主好重賦役，大宮室，多臺遊，則民多病溫也。"〔三八〕

靈帝建寧四年三月，大疫。
熹平二年正月，大疫。
光和二年春，大疫。
五年二月，大疫。
中平二年正月，大疫。

獻帝建安二十二年，大疫。[1]

【注】
[1]魏文帝書與吳質曰："昔年疾疫，親故多離其災。"魏陳思王常說疫氣云："家家有彊尸之痛，室室有號泣之哀，或闔門而殪，或舉族而喪者。"

靈帝光和元年六月丁丑，有黑氣墮北宮溫明殿東庭中，黑如車蓋，起奮訊，身五色，有頭，體長十餘丈，形貌似龍。上問蔡邕，對曰："所謂天投蜺者也。不見足尾，不得稱龍。《易傳》曰：'蜺之比無德，以色親也。'《潛潭巴》曰：'虹出，后妃陰脅王者。'又曰：'五色迭至，照于宮殿，有兵革之事。'《演孔圖》曰：'天子外苦兵，威內奪，臣無忠，則天投蜺。'[1]變不空生，占不空言。"[2]先是立皇后何氏，皇后每齋，當謁祖廟，輒有變異不得謁。中平元年，黃巾賊張角等立三十六方，起兵燒郡國，山東七州處處應角。遣兵外討角等，內使皇后二兄為大將統兵。其年，宮車晏駕，皇后攝政，二兄秉權。譴讓帝母永樂后，令自殺。陰呼并州牧董卓欲共誅中官，中官逆殺大將軍進，兵相攻討，京都戰者塞道。皇太后母子遂為太尉卓等所廢黜，皆死。天下之敗，兵先興於宮省，外延海內，二三十歲，其殃禍起自何氏。[3]

【注】
[1]案邕《集》稱曰："《演孔圖》曰：'蜺者，斗之精也。失度投蜺見態，主惑於毀譽。'《合誠圖》曰：'天子外苦兵者也。'"

[2]邕對又曰："意者陛下樞機之內，衽席之上，獨有以色見進，陵尊踰制，以昭變象。若群臣有所毀譽，聖意低迴，未知誰是。兵戎未息，威權漸移，忠言不聞，則虹蜺所在生也。抑內寵，任中正，決毀譽，分直邪，各得其所；勒守衞，整武備，威權之機不以假人，則其救也。"

[3]袁山松《書》曰："是年七月，虹晝見御坐玉堂後殿前庭中，色青赤

也。"

【校勘記】

〔一〕則王極象天也　《校補》引柳從辰説，謂今《尚書大傳》此下有"人法天，元氣純，則不可以一體而言之也"，凡十六字。

〔二〕譬如北辰是則天之道於人政也　今《大傳》"道"作"通"。按：《校補》引柳從辰説，謂則天之道於人政，所謂"唯天爲大，唯堯則之"，則即法也。此正譬如之義。作"通"誤。

〔三〕故［子駿］傳曰眊　據《文獻通考》補。按：皮錫瑞《尚書大傳疏證》引陳壽祺説，謂鄭注引劉子駿《五行傳》以眊釋瞀，《續漢志》此注脱"子駿"二字。

〔四〕陰氣失　按：今《大傳》"陰"作"養"。

〔五〕懦不（敬）［毅］也　據今《大傳》鄭注改。按：陳壽祺謂《續漢志》引此注"毅"作"敬"，誤。

〔六〕行［於］無形　據今《大傳》鄭注補。

〔七〕夏侯勝説伐宜爲代　按：王先謙謂《前書‧夏侯勝傳》作"伐"，鄭説未詳所出。

〔八〕恒奢其［味厚其］毒　據今《大傳》鄭注補。按：《通考‧郊祀考》亦有此三字。

〔九〕逆謂［嬴］縮反明經天守舍之類也　《校補》引柳從辰説，謂據《大傳》鄭注，"縮"上脱"嬴"字。今據補。

〔一〇〕令龍所犯然中外奔波邠吉防患大豫　汲本、殿本"令"作"今"，"大"作"太"。按：文有脱譌，不可强通。

〔一一〕何有近目下而致逆節之萌者　按："目下"疑"日下"之譌，日下謂京都也。

〔一二〕明公恬然謂非已　按："已"下疑脱一字。

〔一三〕熹平元年四月甲午青蛇見御坐上　按：《集解》引錢大昕説，謂青蛇事《張奂傳》作"建寧二年"，《謝弼傳》同，此志及《楊賜傳》並作"熹平元年",非也。或云當作"建寧元年",然蕃、武之被害在建寧元年九月,而奐、弼之言災異俱有誅陳、竇事,則非建寧元年之夏可知。從張、謝《傳》是。

〔一四〕陳蕃竇氏未被明宥　按:本書《張奐傳》作"武、蕃忠貞,未被明宥"。又汲本、殿本"氏"作"武"。

〔一五〕乃好此馬以生子　汲本、局本"好"作"奸"。按:好與奸形近,疑作"奸"是。

〔一六〕而靈帝一聽閹官　按:汲本、殿本"官"作"宦"。

〔一七〕徒隨嬖豎之意　按:殿本"嬖"作"閹"。

〔一八〕必(是)〔示〕於東　據汲本、殿本改。

〔一九〕中黃門桓賢　按:殿本"桓"作"相",疑形近而譌。袁《紀》作"桓覽",賢覽亦形似易譌。

〔二〇〕如白衣無宜蘭入宮也　殿本"蘭"作"闌"。按:闌蘭古通作。

〔二一〕以内臣孫(夫)〔未〕得稱王　按:"夫"字不可解,何焯以北宋殘本校,"夫"作"未",當是。今據改。

〔二二〕朝廷霧亂　按:汲本"霧"作"瞀"。

〔二三〕後帝者(三)〔王〕　據汲本、殿本改。

〔二四〕冢中有聲　按:《集解》引惠棟説,謂北宋本"有"下有"人"字。

〔二五〕聞謬為司命所召　按:《校補》謂案文"聞"當是"閒"。

〔二六〕今得遣歸　按:"今"原譌"令",逕改正。

〔二七〕兒孫乃爾許人　按:《校補》謂案文"人"當是"大"。

〔二八〕此奴常(且)〔遊〕走居民閒無(正)〔止〕住處　據汲本、殿本改。

〔二九〕臣竊見京師為害兼所及民多病死　按:《校補》謂"害兼"二字當作"厲氣"。

〔三〇〕(上并猥)死有滅戶　據汲本、殿本刪。

〔三一〕思(在)〔任〕防救　據汲本、殿本改。

〔三二〕（優）〔僞〕遣大臣　據殿本、《集解》本改。按：錢大昭云閩本作"僞"。又按：《閻后紀》云"僞云帝疾甚，詐遣司徒劉喜詣郊廟社稷告天請命"，則作"僞"者是也。

〔三三〕且凡（夫私）〔大祀〕小有不蠲　《校補》謂案文"夫私"二字當作"大祀"。今據改。

〔三四〕陛下至〔孝〕　據汲本、殿本補。

〔三五〕〔民必〕疾疫　據汲本、殿本補。

〔三六〕恐其殆此二（年）〔事〕　《校補》謂案文"年"當作"事"。今據改。

〔三七〕五福乃降　按：汲本、殿本"五"作"萬"。

〔三八〕則民多病溫也　按汲本、殿本"溫"作"瘟"。

後漢書志第十八

五行六

日蝕　日抱　日赤無光　日黃珥
日中黑　虹貫日　月蝕非其月

光武帝[1]建武二年正月甲子朔，日有蝕之。在危八度。[2][一]《日蝕說》曰："日者，太陽之精，人君之象。君道有虧，為陰所乘，故蝕。蝕者，陽不克也。"其候雜說，《漢書·五行志》著之必矣。[3]儒說諸侯專權，則其應多在日所宿之國。[4]諸象附從，則多為王者事。人君改修其德，則咎害除。[5]是時世祖初興，天下賊亂未除。虛、危，齊也。[二]賊張步擁兵據齊，上遣伏隆諭步，許降，旋復叛稱王，至五年中乃破。

【注】

[1]《古今注》曰："建武元年正月庚午朔，日有蝕之。"即更始三年。

[2]杜預曰："曆家之說，謂日光以望時遙奪月光，故月蝕。日月同會，月奄日，故日蝕。蝕有上下者，行有高下。日光輪存而中食者，相奄密，故日光溢出。皆既者，正相當而相奄閒疏也。然聖人不言月食日，而以自蝕為文，闕於所不見。"《春秋潛潭巴》云："甲子蝕，有兵敵強。"[3]臣昭案：《春秋緯》六旬之蝕，各以甲子為說，此偏舉一隅，未為通證，故於事驗不盡相符。今依日例注，以廣其候耳。京房《占》曰："北夷侵，忠臣有謀，後大水在東方。"

〔3〕《春秋緯》曰："日之將蝕，則斗第二星變色，微赤不明，七日而蝕。"

〔4〕《春秋漢含孳》曰："臣子謀，日乃蝕。"《孝經鉤命決》曰："失義不德，白虎不出禁，或逆枉矢射，〔四〕山崩日蝕。"《管子》曰："日掌陽，月掌陰，星掌和。陽為德，陰為刑，〔五〕和為事。是故日蝕，則失德之國惡之；月蝕，則失刑之國惡之；彗星見，則失和之國惡之。是故聖王日蝕則修德，月蝕則修刑，彗星見則修和。"

〔5〕《孝經鉤命決》曰："日蝕修孝，山崩理惑。"

三年五月乙卯晦，日有蝕之，〔1〕在柳十四度。柳，河南也。時世祖在雒陽，赤眉降賊樊崇謀作亂，其七月發覺，皆伏誅。〔2〕

【注】

〔1〕《潛潭巴》曰："乙卯蝕，雷不行，雪殺草不長，姦人入宮。"〔六〕

〔2〕《古今注》曰："四年五月乙卯晦，日有蝕之。"〔七〕

六年九月丙寅晦，日有蝕之。〔1〕史官不見，郡以聞。〔2〕在尾八度。〔3〕

【注】

〔1〕《潛潭巴》曰："丙寅蝕，久旱，多有徵。"〔八〕京房曰："有小旱災。"

〔2〕本紀"都尉訏以聞"。〔九〕

〔3〕朱浮上疏，以郡縣數代，群陽騷動所致，見《浮傳》。

七年三月癸亥晦，日有蝕之，〔1〕在畢五度。畢為邊兵。秋，隗囂反，侵安定。冬，盧芳所置朔方、雲中太守各舉郡降。〔2〕

【注】

〔1〕《潛潭巴》曰:"癸亥日蝕,天人崩。"〔一〇〕鄭興曰:"頃年日蝕,每多在晦,[皆月]行疾也。〔一一〕君亢急,臣下促迫。"

〔2〕《古今注》曰:"九年七月丁酉,十一年六月癸丑,十二月辛亥,並日有蝕之。"〔一二〕

十六年三月辛丑晦,日有蝕之,[1]在昴七度。昴為獄事。時諸郡太守坐度田不實,世祖怒,殺十餘人,然後深悔之。

【注】

〔1〕《潛潭巴》曰:"辛丑蝕,主疑(王)[臣]。"〔一三〕

十七年二月乙未晦,日有蝕之,[1]在胃九度。胃為廩倉。時諸郡新坐租之後,天下憂怖,以穀為言,故示象。或曰:胃,供養之官也。其十月,廢郭皇后,詔曰"不可以奉供養"。

【注】

〔1〕《潛潭巴》曰:"乙未蝕,天下多邪氣,鬱鬱蒼蒼。"京房曰:"君責衆庶暴害之。"

二十二年五月乙未晦,日有蝕之,在柳七度,京都宿也。柳為上倉,祭祀穀也。近輿鬼,輿鬼為宗廟。十九年中,有司奏請立近帝四廟以祭之,有詔"廟處所未定,且就高廟袷祭之"。至此三年,遂不立廟。有簡墮心,奉祖宗之道有闕,故示象也。

二十五年三月戊申晦,日有蝕之,[1]在畢十五度。畢為邊兵。其冬十月,以武谿蠻夷為寇害,伏波將軍馬援將兵擊之。[2]

【注】

〔1〕《潛潭巴》曰："戊申蝕，地動搖，侵兵強。[一四]一曰：主兵弱，諸侯(爭)[強]。"[一五]

〔2〕《古今注》曰："二十六年二月戊子，日有蝕之，[一六]盡。"

二十九年二月丁巳朔，日有蝕之，[1]在東壁五度。東壁為文章，一名娵訾之口。先是皇子諸王各招來文章談說之士，去年中，有人上奏："諸王所招待者，或真偽雜，受刑罰者子孫，宜可分別。"於是上怒，詔捕諸王客，皆被以苛法，死者甚多。世祖不早為明設刑禁，一時治之過差，故天示象。世祖於是改悔，遣使悉理侵枉也。

【注】

〔1〕《潛潭巴》曰："丁巳蝕，下有敗兵。"[一七]

三十一年五月癸酉晦，日有蝕之，[1]在柳五度，京都宿也。自二十一年示象至此十年，後二年，宮車晏駕。

【注】

〔1〕《潛潭巴》曰："癸酉蝕，連陰不解，淫雨毀山，有兵。"[一八]

中元元年十一月甲子晦，日有蝕之，在斗二十度。斗為廟，主爵祿。儒說十一月甲子，時王日也，又為星紀，主爵祿，其占重。[一九]

明帝永平三年八月壬申晦，日有蝕之，[1]在氐二度。氐為宿宫。是時明帝作北宫。[2]

【注】

〔1〕《潛潭巴》曰："壬申蝕，水(滅)[盛]，陽潰陰欲翔。"[二〇]

〔2〕《古今注》曰："四年八月丙寅，時加未，日有蝕之。五年二月乙未

朔，日有蝕之，京師候者不覺，河南尹、郡國三十一上。六年六月庚辰晦，日有蝕之，[二一]時雒陽候者不見。"

八年十月[1]壬寅晦，日有蝕之，既，[2]在斗十一度。斗，吳也。廣陵於天文屬吳。後二年，廣陵王荊坐謀反自殺。

【注】
[1]《古今注》曰十二月。[二二]
[2]《潛潭巴》曰："壬寅蝕，天下苦兵，大臣驕橫。"[二三]

十三年十月[1]甲辰晦，日有蝕之，[2][二四]在尾十七度。[3]

【注】
[1]《古今注》曰閏八月。
[2]《潛潭巴》曰："甲辰蝕，四騎脅大水。"[二五]
[3]京房《占》曰："主后壽命絕，[二六]後有大水。"

十六年五月戊午晦，日有蝕之，[1][二七]在柳十五度。儒說五月戊午，猶十一月甲子也，又宿在京都，其占重。後二歲，宮車晏駕。

【注】
[1]《潛潭巴》曰："戊午蝕，久旱穀不傷。"

十八年十一月甲辰晦，日有蝕之，在斗二十一度。是時明帝既崩，馬太后制爵祿，故陽不勝。

章帝建初五年二月庚辰朔，日有蝕之，[1]在東壁八度。例在前建武二十九年。是時群臣爭經，多相非毀者。[2]

【注】

〔1〕《潛潭巴》曰："庚辰蝕，彗星東至，有寇兵。"〔二八〕

〔2〕又別占云："庚辰蝕，大旱。"

六年六月辛未晦，日有蝕之，〔1〕在翼六度。翼主遠客。冬，東平王蒼等來朝，明年正月，蒼薨。〔2〕

【注】

〔1〕《潛潭巴》曰："辛未蝕，大水。"〔二九〕

〔2〕《古今注》曰："元和元年九月乙未，日有蝕之。"

（元）[章]和元年八月乙未晦，日有蝕之。〔三〇〕史官不見，佗官以聞。日在氐四度。〔1〕

【注】

〔1〕《星占》曰："天下災，期三年。"

和帝永元二年二月壬午，日有蝕之。〔1〕史官不見，涿郡以聞。日在奎八度。〔2〕

【注】

〔1〕《潛潭巴》曰："壬午蝕，久雨，旬望。"

〔2〕京房《占》曰："三公與諸侯相賊，弱其君王，天應而日蝕。三公失國，後旱且水。"臣昭以為三公宰輔之位，即竇憲。

四年六月戊戌朔，日有蝕之，〔1〕在七星二度，主衣裳。又曰行近軒轅，在左角，為太后族。是月十九日，〔2〕上免太后兄弟竇憲等官，遣就國，選嚴能相，於國蹙迫自殺。

【注】

〔1〕《潛潭巴》曰:"戊戌蝕,有土殃,〔三一〕主后死,天下諒陰。"京房《占》曰:"婚嫁家欲戮。"

〔2〕案本紀:庚申幸北宫,詔捕憲等。庚申是二十三日。

七年四月辛亥朔,日有蝕之,〔1〕在觜觿,為葆旅,主收斂。儒説葆旅宫中之象,收斂貪妬之象。是歲鄧貴人始入。明年三月,陰皇后立,鄧貴人有寵,陰后妬忌之,後遂坐廢。一曰是將入參,參、伐為斬刈。明年七月,越騎校尉馮柱捕斬匈奴温禺犢王烏居戰。

【注】

〔1〕《潛潭巴》曰:"辛亥蝕,子為雄。"〔三二〕

十二年秋七月辛亥朔,日有蝕之,在翼八度,荆州宿也。明年冬,南郡蠻夷反為寇。

十五年四月甲子晦,日有蝕之,在東井二十二度。東井,主酒食之宿也。婦人之職,無非無儀,〔三三〕酒食是議。去年冬,鄧皇后立,有丈夫之性,與知外事,故天示象。是年水,雨傷稼。

安帝永初元年三月二日癸酉,日有蝕之,在胃二度。胃主廩倉。是時鄧太后專政,去年大水傷稼,倉廩為虚。〔1〕

【注】

〔1〕《古今注》曰:"三年三月,日有蝕之。"〔三四〕

五年正月庚辰朔,日有蝕之,在虚八度。正月,王者統事之正日也。虚,空名也。是時鄧太后攝政,安帝不得行事,俱不得其正,若王者位虚,故於正月陽不克,示象也。於是陰預乘陽,故夷狄並為寇害,西邊諸郡皆至虚空。

七年四月丙申晦，日有蝕之，[1]在東井一度。

【注】
[1]《潛潭巴》曰："丙申蝕，諸侯相攻。"[三五]京房《占》曰："君臣暴虐，臣下橫恣，上下相賊，後有地動。"

元初元年十月戊子朔，日有蝕之，[1][三六]在尾十度。尾為後宮，繼嗣之宮也。是時上甚幸閻貴人，將立，故示不善，將為繼嗣禍也。明年四月，遂立為后。後遂與江京、耿寶等共譖太子廢之。

【注】
[1]《潛潭巴》曰："戊子蝕，宮室內婬，雌必成雄。"[三七]京房《占》曰："妻欲害夫，九族夷滅，後有大水。"

二年九月壬午晦，日有蝕之，在心四度。心為王者，明久失位也。
三年三月二日辛亥，日有蝕之，在婁五度。史官不見，遼東以聞。
四年二月乙（亥）[巳]朔，[三八]日有蝕之，[1]在奎九度。史官不見，七郡以聞。奎主武庫兵。其[月]十（月）八日[三九]壬戌，武庫火，燒兵器也。

【注】
[1]《潛潭巴》曰："乙亥蝕，東國（發）兵。"[四〇]京房《占》曰："諸侯上侵以自益，近臣盜竊以為積，天子未知，日為之蝕。"

五年八月丙申朔，日有蝕之，在翼十八度。史官不見，張掖以聞。[1]

【注】

〔1〕《潛潭巴》曰:"丙申蝕,夷狄內攘。"〔四一〕《石氏占》曰:"王者失禮,宗廟不親,其歲旱。"

六年十二月戊午朔,日有蝕之,幾盡,地如昏狀。[1]在須女十一度,女主惡之。後二歲三月,鄧太后崩。[2]

【注】

〔1〕《古今注》曰:"星盡見。"《春秋緯》曰:"日蝕既,君行無常,公輔不修德,夷狄彊侵,萬事錯。"
〔2〕《李氏家書》,司空李郃上書曰:"陛下祇畏天威,懼天變,克己責躬,博訪群下。咎皆在臣,力小任重,招致咎徵。去〔年〕二月,京師地震,〔四二〕今月戊午日蝕。夫至尊莫過乎天,天之變莫大乎日蝕,地之戒莫重乎震動。今一歲之中,大異兩見,日蝕之變,既為尤深,地動之戒,搖宮最醜。日者陽精,君之象也。戊者土主,任在中宮。午者火德,漢之所承。地道安靜,法當(坤)〔由〕陽,〔四三〕今乃專恣,搖動宮闕。禍在蕭牆之內,臣恐宮中必有陰謀其陽,下圖其上,造為逆也。災變終不虛生,推原二異,日辰行度,甚為較明,譬猶指掌。宜察宮闕之內,如有所疑,急摧破其謀,無令得成。修政恐懼,以荅天意。十月辛卯,日有蝕之,周家所忌,乃為亡徵,是時妃后用事,七子朝令。戊午之災,近相似類。宜貶退諸后兄弟群從內外之寵,求賢良,徵逸士,下德令,施恩惠,澤及山海。"時度遼將軍遵多興師重賦出塞妄攻之事,上深納其言。建光元年,鄧〔太〕后崩。〔四四〕上收考中人趙任等,辭言地震日蝕,任〔在〕中(官)〔宮〕,〔四五〕竟有廢〔立〕之謀,〔四六〕郃乃自知其言驗也。

永寧元年七月乙酉朔,日有蝕之,[1]〔四七〕在張十五度。史官不見,酒泉以聞。[2]

【注】

〔1〕《潛潭巴》曰："乙酉蝕，仁義不明，賢人消。"〔四八〕京房《占》曰："君弱臣強，司馬將兵，反征其王。"

〔2〕石氏《占》曰："日蝕張，王者失禮。"

延光三年九月庚（寅）[申]晦，〔四九〕日有食之，〔1〕在氐十五度。氐為宿宮。宮，中宮也。時上聽中常侍江京、樊豐及阿母王聖等讒言，廢皇太子。

【注】

〔1〕京房《占》曰："骨肉相賊，後有水。"

四年三月戊午朔，日有蝕之，在胃十二度。隴西、酒泉、朔方各以狀上，史官不覺。〔1〕

【注】

〔1〕案《馬融集》，是時融為許令，〔五〇〕其四月庚申，自縣上書曰："伏讀詔書，陛下深惟禹、湯罪己之義，歸咎自責。寅畏天戒，詳延百僚，博問公卿，知變所自，審得厥故，修復往術，以荅天命。臣子遠近，莫不延頸企踵，苟有隙空一介之知，事願自效，貢納聖聽。臣伏見日蝕之占，自昔典籍'十月之交'，《春秋》傳記、《漢注》所載，史官占候，群臣密對，陛下所觀覽，左右所諷誦，可謂詳悉備矣。雖復廣問，（陷）[昭]在前志，〔五一〕無以復加。乃者弗氣干參，〔五二〕臣前得敦朴之（人）[徵]，〔五三〕後三年二月，對策北宮端門。以為參者西方之位，其於分野，并州是也，殆謂西戎、北狄。〔五四〕其後種羌叛庚，烏桓犯上郡，并、涼動兵，驗略效[矣]。〔五五〕今復見大異，申誡重（諱）[譴]，〔五六〕於此二城，海內莫見。三月一日，合辰在婁。婁又西方之宿，眾占顯明者。羌及烏桓有悔過之辭，將吏策勳之名。〔五七〕臣恐受任典牧者，苟脫目前，皆粗圖（身）[伸]一時之權，〔五八〕不顧為國百世之利。論者美近功，忽其

遠，則各相（不大）〔美其〕疢病。〔五九〕伏惟天象不虛。《老子》曰：'圖難於其易也，為大於其細也。'消災復異，宜在於今。《詩》曰：'日月告凶，不用其行。四國無政，不用其良。'《傳》曰：'國無政，不用善，則自取謫于日月之災，故政不可不慎也。務三而已：一曰擇人，二曰安民，三曰從時。'臣融伏惟方今有道之世，漢典設張，侯甸采衛，司民之吏，案繩循墨，雖有殿最，所差無幾。其陷罪辟，身自取禍，百姓未被其大傷。至邊郡牧御失和，吉之與凶，敗之與成，優劣相懸，不誠不可。審擇其人，上以應天變，下以安民隸。竊見列將子孫，生長京師，食仰租奉，不知稼穡之艱，又希遭阨困，故能果毅輕財，施與孤弱，〔六〇〕以獲死生之用，此其所長也。不拘法禁，奢泰無度，功勞足以宣威，踰濫足以傷化，此其所短也。州郡之士，出自貧苦，長於撿押，雖專賞罰，不敢越溢，此其所長也。拘文守法，遭遇非常，狐疑無斷，〔六一〕畏首畏尾，威恩纖薄，外內離心，士卒不附，此其所短也。必得將兼有二長之才，無二短之累，參以吏事，任以兵法。有此數姿，然後能折衝厭難，致其功實，轉災為福。孔子曰：'十室之邑，必有忠信如丘者焉。'以天下之大，四海之衆，云無若人，臣以為誣矣。宜特選詳譽，審得其真，鎮守二方，以應用良擇人之義，以塞大異也。"

順帝永建二年七月甲戌朔，日有蝕之，〔1〕在翼九度。

【注】

〔1〕《潛潭巴》曰："甲戌蝕，草木不滋，王命不行。"〔六二〕京房《占》曰："近臣欲戮，身及戮辱，後小旱。"

陽嘉四年閏月丁亥朔，日有蝕之，〔1〕在角五度。史官不見，零陵以聞。〔2〕

【注】

〔1〕《潛潭巴》曰："丁亥蝕，匿謀滿玉堂。"京房《占》曰："君臣無

別。"

〔2〕案張衡為太史令,表奏云:"今年三月朔方覺日蝕,此郡懼有兵患。臣愚以為可勑北邊須塞郡縣,明烽火,遠斥候,深藏固閉,無令穀畜外露。"不詳是何年三月。

永和三年十二月戊戌朔,日有蝕之,在須女十一度。史官不見,會稽以聞。明年,中常侍張逵等謀譖皇后父梁商欲作亂,推考,逵等伏誅也。

五年五月己丑晦,日有蝕之,〔1〕在東井三十三度。東井,三輔宿。又近輿鬼,輿鬼為宗廟。其秋,西羌為寇,至三輔陵園。

【注】

〔1〕《潛潭巴》曰:"日蝕己丑,天下唱之。"〔六三〕

六年九月辛亥晦,日有蝕之,在尾十一度。尾主後宮,繼嗣之宮也。以為繼嗣不興之象。

桓帝建和元年正月辛亥朔,日有蝕之,在營室三度。史官不見,郡國以聞。是時梁太后攝政。

三年四月丁卯晦,日有蝕之,〔1〕在東井二十三度。例在永元十五年。東井主法,梁太后又聽兄冀枉殺公卿,犯天法也。明年,太后崩。

【注】

〔1〕《潛潭巴》曰:"丁卯蝕,有旱有兵。"〔六四〕京房《占》曰:"諸侯欲戮,後有裸蟲之殃。"

元嘉二年七月二日庚辰,日有蝕之,〔六五〕在翼四度。史官不見,廣陵以聞。〔1〕翼主倡樂。時上好樂過。〔2〕

【注】

〔1〕京房《占》曰："庚辰蝕，君易賢以剛，卒以自傷，後有水。"

〔2〕阮籍《樂論》曰："桓帝聞琴，悽愴傷心，[六六]倚扆而悲，慷慨長息曰：'善乎哉！為琴若此，一而足矣。'"

永興二年九月丁卯朔，日有蝕之，在角五度。角，鄭宿也。十一月，泰山盜賊群起，劫殺長吏。泰山於天文屬鄭。

永壽三年閏月庚辰晦，日有蝕之，在七星二度。史官不見，郡國以聞。例在永元四年。後二歲，梁皇后崩，冀兄弟被誅。

延熹元年五月甲戌晦，日有蝕之，在柳七度，京都宿也。[1]

【注】

〔1〕《梁冀別傳》曰："常侍徐璜白言：'臣切見道術家常言，漢死在戌亥。今太歲在丙戌，五月甲戌，日蝕柳宿。朱雀，漢家之貴國，宿分周地，今京師是也。史官上占，去重見輕。'璜召太史陳援[六七]詰問，乃以實對。冀怨援不為隱諱，使人陰求其短，發摘上聞。上以亡失候儀不肅，有司奏收殺獄中。"

八年正月丙申晦，日有蝕之，在營室十三度。營室之中，女主象也。其二月癸亥，鄧皇后坐酖，上送暴室，令自殺，家屬被誅。吕太后崩時亦然。

九年正月辛卯朔，[六八]日有蝕之，[1]在營室三度。史官不見，郡國以聞。谷永以為三朝尊者惡之。其明年，宫車晏駕。

【注】

〔1〕《潛潭巴》曰："辛卯蝕，臣代其主。"[六九]

永康元年五月壬子晦，日有蝕之，[1]在輿鬼一度。儒說壬子淳水日，而陽不克，將有水害。其八月，六州大水，勃海（盜賊）〔海

溢]。〔七〇〕

【注】
〔1〕《潛潭巴》曰："壬子蝕，妃后專恣，女謀主。"〔七一〕

靈帝建寧元年五月丁未朔，日有蝕之。〔1〕冬十月甲辰晦，日有蝕之。

【注】
〔1〕《潛潭巴》曰："丁未蝕，王者崩。"

二年十月戊戌晦，日有蝕之。右扶風以聞。
三年三月丙寅晦，日有蝕之。〔七二〕梁相以聞。
四年三月辛酉朔，日有蝕之。〔1〕

【注】
〔1〕《潛潭巴》曰："辛酉蝕，女謀主。"〔七三〕谷永上書：〔七四〕"飲酒無節，君臣不別，姦邪欲起。"《傳》曰："酒無節，茲謂荒，厥異日蝕，厥咎亡。"靈帝好為商估，飲於宮人之肆也。

熹平二年十二月癸酉晦，日有蝕之，〔七五〕在虛二度。是時中常侍曹節、王甫等專權。〔1〕

【注】
〔1〕蔡邕上書曰："四年正月朔，日體微傷，群臣服赤幘，赴宮門之中，無救，乃各罷歸。天有大異，〔七六〕隱而不宣求御過，是已事之甚者。"

六年十月癸丑朔，日有蝕之。趙相以聞。〔1〕

【注】
〔1〕谷永上書:"賦斂滋重,不顧黎民,百姓虛竭,則日蝕,將有潰叛之變。"

光和元年二月辛亥朔,日有蝕之。〔七七〕十月丙子晦,日有蝕之,在箕四度。箕為後宮口舌。是月,上聽讒廢宋皇后。〔1〕

【注】
〔1〕案:本傳盧植上書,丙子蝕自巳過午,既蝕之後,雲霧晻曖,陳八事以諫。蔡邕對問曰:"詔問踐阼以來,災眚屢見,頻歲日蝕、地動、風雨不時,疫癘流行,勁風折樹,河、雒盛溢。臣聞陽微則日蝕,陰盛則地震,思亂則風,貌失則雨,視闇則疾,簡宗廟,(上)〔水〕不潤下,〔七八〕川流滿溢。明君臣,正上下,抑陰尊陽,修五事於聖躬,致精慮於共御,其救之也。"〔七九〕

二年四月甲戌朔,日有蝕之。
四年九月庚寅朔,日有蝕之,〔1〕在角六度。

【注】
〔1〕《潛潭巴》曰:"庚寅蝕,將相誅,大水,多死傷。"

中平三年五月壬辰晦,日有蝕之。〔1〕

【注】
〔1〕《潛潭巴》曰:"壬辰蝕,河決海〔溢〕,久霧連陰。"〔八〇〕

六年四月丙午朔,日有蝕之。其月洆辰,宮車晏駕。
獻帝初平四年正月甲寅朔,日有蝕之,在營室四度。〔1〕是時李傕、郭汜專政。〔2〕

【注】

〔1〕《潛潭巴》曰:"甲寅蝕,雷電擊殺,骨肉相攻。"〔八一〕

〔2〕袁宏《紀》曰:"未蝕八刻,太史令王立奏曰:'日晷過度,無有變也。'於是朝臣皆賀。帝密令尚書候焉,未晡一刻而蝕。尚書賈詡奏曰:'立伺候不明,疑誤上下;太尉周忠,職所典掌,請皆治罪。'詔曰:'天道遠,事驗難明,且災異應政而至,雖探道知機,焉能無失,而欲歸咎史官,益重朕之不德也。'弗從。於是避正殿,寢兵,不聽事五日。"

興平元年六月乙巳晦,日有蝕之。
建安五年九月庚午朔,日有蝕之。〔1〕

【注】

〔1〕《潛潭巴》曰:"庚午蝕,後火燒官兵。"〔八二〕

六年(十月癸未)〔二月丁卯〕朔,〔八三〕日有蝕之。
十三年十月癸未朔,日有蝕之,〔1〕在尾十二度。

【注】

〔1〕《潛潭巴》曰:"癸未蝕,仁義不明。"

十五年二月乙巳朔,日有蝕之。
十七年六月庚寅晦,日有蝕之。
二十一年五月己亥朔,日有蝕之。〔1〕

【注】

〔1〕《潛潭巴》曰:"己亥蝕,小人用事,君子繫。"

二十四年二月壬子晦,日有蝕之。

凡漢中興十二世，百九十六年，日蝕七十二：朔三十二，晦三十七，月二日三。

光武建武七年四月丙寅，日有暈抱，白虹貫暈，在畢八度。[1]畢為邊兵。秋，隗囂反，侵安定。[2]

【注】

[1]《古今注》曰："時日加卯，西面東面有抱，須臾成暈，中有兩鉤，（征）[在]南北面，[八四]有白虹貫暈，在西北南面，有背在景，加巳皆解也。"

[2]《皇德傳史》[八五]曰："白虹貫，下破軍，晉分也。"《古今注》曰："章帝建初元年正月壬申，白虹貫日。五年七月甲寅，夜白虹出乙丑地西北曲入。七年四月丙寅，日加卯，西面有抱，須臾成暈，有白虹貫日。殤帝延平元年六月丁未，日暈上有半暈，暈中外有僑，背兩珥。十二月丙寅，日暈再重，中有背僑。順帝永建二年正月戊午，白虹貫日。三年正月丁酉，日有白虹貫交暈中。六年正月丁卯，日暈兩珥，白虹貫珥中。永和六年正月己卯，暈兩珥，中赤外青，白虹貫暈中。"案《郎顗傳》，陽嘉二年正月乙卯，白虹貫日。又《唐檀傳》，永建五年，白虹貫日，檀上便宜三事，陳其咎徵。《春秋元命苞》曰："陰陽之氣，聚為雲氣，立為虹蜺，離為倍僑，分為抱珥。"《考異郵》曰："臣謀反，偏刺日。"[八六]巫咸《占》曰："臣不知則日月僑。"如淳曰："蝃蝀謂之虹，雌謂之蜺，向外曰倍，刺日曰僑，在傍如半環向日曰抱，在傍直對曰珥。"孟康曰："僑如僑也。"宋均曰："黃氣抱日，輔臣納忠。"

靈帝時，日數出東方，正赤如血，無光，高二丈餘乃有景。且入西方，去地二丈，亦如之。[1]其占曰，事天不謹，則日月赤。是時月出入去地二三丈，皆赤如血者數矣。[2]

【注】

〔1〕京房《占》曰:"國有佞讒,朝有殘臣,則日不光,闇冥不明。"孟康曰:"日月無光曰薄。"

〔2〕《春秋感精符》曰:"日無光,主勢奪,群臣以讒術。色赤如炭,以急見伐,又兵馬發。"《禮斗威儀》曰:"日月赤,君喜怒無常,輕殺不辜,戮於無罪,不事天地,忽於鬼神。時則天雨,〔八七〕土風常起,日蝕無光,地動雷降。其時不救,兵從外來,為賊戮而不葬。"京房《占》曰:"日無故旦夕無光,天下變枯,社稷移(亡)〔主〕。"〔八八〕

光和四年二月己巳,黃氣抱日,黃白珥在其表。〔1〕

【注】

〔1〕《春秋感精符》曰:"日朝珥則有喪孽。"又云:"日已出,若其入,而雲皆赤黃,名曰日空,不出三年,必有移民而去者也。"

中平四年三月丙申,黑氣大如瓜,在日中。〔1〕

【注】

〔1〕《春秋感精符》曰:"日黑則水淫溢。"

五年正月,日色赤黃,中有黑氣如飛鵲,數月乃銷。

六年二月乙未,白虹貫日。〔1〕

【注】

〔1〕《春秋感精符》曰："虹貫日，天下悉極，文法大擾，百官殘賊，酷法橫殺，下多相告，刑用及族，世多深刻，獄多怨宿，吏皆慘毒。"又曰："國多死孽，天子命絕，大臣為禍，主將見殺。"《星占》曰："虹蜺主內婬，土精填星之變。"《易讖》曰："聰明蔽塞，政在臣下，婚戚干朝，君不覺悟，虹蜺貫日。"

獻帝初平元年二月壬辰，白虹貫日。[1]

【注】

〔1〕袁山松《書》曰："三年十月丁卯，日有重兩倍。"《吳書》載韓馥與袁術書曰："凶出於代郡。"

桓帝永壽三年十二月壬戌，月蝕非其月。[1]

【注】

〔1〕《古今注》曰："光武建武八年三月庚子夜，月暈五重，紫微青黃似虹，有黑氣如雲，月星不見，丙夜乃解。中元元年十一月甲辰，月中星齒，往往出入。"

延熹八年正月辛巳，月蝕非其月。[1]

【注】

〔1〕袁山松《書》曰："興平二年十二月，月在太微端門中重暈二珥，兩白氣廣八九寸，貫月東西南北。"

贊曰：皇極惟建，五事剋端。罰咎入沴，逆亂浸干。火下水騰，木弱金酸。妖豈或妄，氣炎以觀。

【校勘記】
〔一〕在危八度　按：《校補》引錢大昭說，謂《後漢紀》作"十度"。
〔二〕虛危齊也　按：《集解》引惠棟說，謂"也"一作"地"。
〔三〕有兵敵強　按：《集解》引錢大昕說，謂《開元占經》引作"有兵狄強起"。
〔四〕或逆枉矢射　按："矢"原譌"失"，逕改正。
〔五〕陰為刑　按："刑"原譌"則"，逕改正。
〔六〕雷不行雪殺草不長姦人入宮　按：《集解》引錢大昕說，謂《占經》作"雷不行，霜不殺草，長人入宮"。
〔七〕四年五月乙卯晦日有蝕之　按：依當時行用之曆，後簡稱時曆。建武四年五月庚戌晦，非乙卯。今推是年六月合朔在庚戌晨夜，日蝕不能見。《古今注》誤。
〔八〕丙寅蝕久旱多有徵　按：《集解》引錢大昕說，謂《占經》作"丙寅日蝕，蟲，久旱，多水徵"。
〔九〕本紀都尉詡以聞　按：《校補》謂此本紀當是《續漢書》本紀。
〔一〇〕天人崩　按：《集解》引錢大昕說，謂《占經》引作"大人崩，王者憂之"。
〔一一〕〔皆月〕行疾也　據《集解》引惠棟說補。
〔一二〕九年七月丁酉十一年六月癸丑十二月辛亥並日有蝕之　按：依時曆，建武九年七月辛亥朔，無丁酉。今推是年八月合朔己卯，即時曆七月晦，日蝕可見。十一年六月己亥朔，癸丑非朔日。今推是年七月合朔戊辰，即時曆六月晦晨夜，日蝕不能見。又是年十二月丁酉朔，辛亥亦非朔日。今推是月合朔丙申，時曆十一月晦，日蝕可見。此處《古今注》皆誤。
〔一三〕主疑（王）〔臣〕　按："主疑王"不詞，《集解》引錢大昕說，謂《占經》引作"主疑臣，三公有免黜者"。今據改。
〔一四〕地動搖侵兵強　按：《集解》引錢大昕說，謂《占經》引作"地動搖，宮室摧，侵兵強"。
〔一五〕主兵弱諸侯（爭）〔強〕　據汲本、殿本改。

〔一六〕二十六年二月戊子日有蝕之　按：依時曆，建武二十六年二月甲辰朔，無戊子。今推是年二、三月均無日蝕，《古今注》誤。

〔一七〕下有敗兵　按：《集解》引錢大昕說，謂《占經》引"敗"作"聚"。

〔一八〕淫雨毀山有兵　按：《集解》引錢大昕說，謂《占經》"毀山"作"數出"。又按：《校補》謂《占經》"兵"下有"起"字。

〔一九〕其占重　按：《集解》引惠棟說，謂此下當有闕文。下永平十六年，日蝕，儒說其占重，後二歲，宮車晏駕。此條下當云"明年，宮車晏駕"。或蒙三十一年之占，不重出也？

〔二〇〕水（滅）〔盛〕陽潰陰欲翔　《集解》引錢大昕說，謂《占經》"滅"作"盛"，是。今據改。

〔二一〕六年六月庚辰晦日有蝕之　按：依時曆，永平六年丁巳朔，丙戌晦，庚辰二十四日。今推是年七月合朔丙戌，即時曆六月晦晨夜，日蝕不能見，《古今注》誤。

〔二二〕古今注曰十二月　按：志文作"八年十月壬寅晦"，《明帝紀》同。今推永平八年十月壬寅晦日蝕，與志、紀合，《古今注》譌。

〔二三〕天下苦兵大臣驕橫　按：《集解》引錢大昕說，謂《占經》作"天下苦兵大起"。

〔二四〕十三年十月甲辰晦日有蝕之　《明帝紀》作"十月壬辰晦"，注引《古今注》作"閏八月"。按：依時曆，是年閏七月，十月甲辰為朔，非晦，亦無壬辰。今推是年八月合朔甲辰，即時曆閏七月晦，日蝕可見。紀、志與《古今注》皆譌。

〔二五〕四騎脅大水　按：《集解》引錢大昕說，謂《占經》無"大水"二字，"脅"作"爵"。

〔二六〕主后壽命絶　按："主"原譌"王"，逕改正。

〔二七〕日有蝕之　"蝕"原作"食"，以前後皆作"蝕"，今改歸一律。

〔二八〕彗星東至有寇兵　按：《集解》引錢大昕說，謂《占經》作"彗星東出，有寇兵，旱"。

〔二九〕辛未蝕大水　按：《集解》引錢大昕説，謂《占經》"大水"下有"湯湯"二字。

〔三〇〕（元）〔章〕和元年八月乙未晦日有蝕之　《校補》引錢大昭説，謂"元和"當作"章和"，閩本亦失正。按：推章和元年八月乙未晦日蝕，《章帝紀》亦書於章和元年，錢説是，今據改。

〔三一〕有土殃　按：《集解》引錢大昕説，謂《占經》引無"土"字。

〔三二〕子爲雄　按：王先謙謂《占經》引"雄"下有"近臣憂"三字。

〔三三〕無非無儀　殿本"儀"作"議"。按：此與《毛詩》合。《校補》引柳從辰説，謂《列女傳》引《詩》正作"議"，蓋本《魯詩》。

〔三四〕三年三月日有蝕之　按：今推是年三月合朔辛卯，無日蝕，《古今注》誤。

〔三五〕丙申蝕諸侯相攻　《集解》引錢大昕説，謂《占經》引作"丙申日蝕，諸侯相攻，夷狄內侵，旱"。案本書注例，日名同者不更注，乃此引"諸侯相攻"句，後元初五年八月丙申朔下引"夷狄內擾"句，同日異占，不可曉。今按：《校補》謂錢氏以後注引"夷狄內擾"句為即"夷狄內侵"之異文，其説亦誤。蓋注所引《潛潭巴》丙申占驗，本闕"夷狄內侵旱"五字，説另詳後。

〔三六〕元初元年十月戊子朔日有蝕之　《集解》引惠棟説，謂本紀三月癸酉朔日蝕。今按：元初元年三月合朔壬戌，無日蝕，紀誤。

〔三七〕雌必成雄　按：《集解》引錢大昕説，謂《占經》引作"必成雄，有憂"。

〔三八〕四年二月乙（亥）〔巳〕朔　《集解》引洪亮吉説，謂案《安紀》作"乙巳"，下云乙卯、壬戌，則日辰當以本紀為是。又引周壽昌説，謂下云"其月十八日壬戌，武庫火"，與紀同。計乙巳朔至壬戌正十八日，若是乙亥朔，則下不得有壬戌，宜從本紀。今按：推是年二月合朔乙巳，日蝕可見，洪、周説是，今據改。又按：劉注引《春秋諱潛潭巴》"乙亥"云云，足證所見本原作"乙亥"。

〔三九〕其〔月〕十（月）八日　據《集解》引周壽昌説改，與《安紀》合，説詳上。

〔四〇〕乙亥蝕東國（發）兵　《集解》引錢大昕說，謂《占經》引作"乙亥日蝕，陽不明，冬無水，東國兵"。按：張森楷《校勘記》謂"東國"下無"發"字是，若有"發"字則與乙巳占同，非也。今據張說刪"發"字。

〔四一〕潛潭巴曰丙申蝕夷狄內攘　按：《校補》謂案《占經》作"庚申日蝕，夷狄內攘"，是"丙申蝕"乃"庚申蝕"之誤。而此引"潛潭巴曰"十一字應在後"延光三年九月庚申晦日有蝕之"下，因"庚申"誤為"庚寅"，故注文亦誤移於此。錢大昕氏偶忘"夷狄內攘"四字本為庚申蝕占驗，故雖知前注所引《潛潭巴》丙申蝕占驗有誤，而仍不免誤說也。

〔四二〕去〔年〕二月京師地震　據汲本、殿本補。

〔四三〕法當（坤）〔由〕陽　據汲本、殿本改。按："法當坤陽"不可解，由有從義，當不誤，今據改。

〔四四〕建光元年鄧〔太〕后崩　據汲本補。按："元年"汲本、殿本並譌"二年"。

〔四五〕辭言地震日蝕任〔在〕中（官）〔宮〕　汲本、殿本作"辭言地震日蝕在中宮"。按：上文言"戊者土主，任在中宮"，足證原本"任"下脫"在"字，"宮"誤"官"，而汲本、殿本則"在"上脫一"任"字也。今據以改正。

〔四六〕竟有廢〔立〕之謀　據汲本、殿本補。

〔四七〕永寧元年七月乙酉朔日有蝕之　《安帝紀》同。按：今推是年七月合朔乙酉，無日蝕。

〔四八〕賢人消　按：《集解》引錢大昕說，謂《占經》引"消"上有"退"字。

〔四九〕延光三年九月庚（寅）〔申〕晦　《集解》引洪亮吉說，謂案《安紀》作"庚申"，上云丁酉、乙巳，則日辰當以本紀為是。今據改。

〔五〇〕案馬融集是時融為許令　按："馬"原譌"焉"，"時"原譌"蝕"，逕改正。

〔五一〕（陷）〔昭〕在前志　據張森楷《校勘記》改。

〔五二〕茀氣干參　按："干"原譌"于"，逕改正。

〔五三〕臣前得敦樸之（人）〔徵〕　《校補》謂"人"當作"徵"，今據改。按：融於順帝陽嘉二年以敦樸徵。

〔五四〕殆謂西戎北狄　按："北"原譌"此"，逕改正。

〔五五〕驗略效〔矣〕　據汲本、殿本補。

〔五六〕申誡重（諱）〔譴〕　據汲本、殿本改。

〔五七〕將吏策勳之名　按："勳"原譌"動"，逕據汲本、殿本改正。

〔五八〕皆粗圖（身）〔伸〕一時之權　據《校補》說改。

〔五九〕則各相（不大）〔美其〕疢病　據《校補》說改。

〔六〇〕施與孤弱　按："孤"原譌"不"，逕據汲本、殿本改正。

〔六一〕狐疑無斷　按："狐"原譌"孤"，逕據汲本、殿本改正。

〔六二〕王命不行　按：《集解》引錢大昕說，謂《占經》"王命"作"主命"。

〔六三〕日蝕己丑天下唱之　按：錢大昕《考異》謂《占經》引作"己丑日蝕，臣伐其主，天下皆亡"。又按："日蝕己丑"汲本作"己丑蝕"。

〔六四〕有旱有兵　按：《集解》引錢大昕說，謂《占經》"旱"上無"有"字。

〔六五〕元嘉二年七月二日庚辰日有蝕之　《桓帝紀》同。按今推是年七月合朔己卯，無日蝕。

〔六六〕悽愴傷心　按："悽"原譌"連"，逕改正。

〔六七〕太史陳援　按：《集解》引惠棟說，謂《梁冀傳》"援"作"授"。

〔六八〕九年正月辛卯朔　按：《集解》引洪亮吉說，謂案《桓紀》作"辛亥"，下云己酉，則日辰當以《續志》為是。

〔六九〕臣代其主　按：殿本"代"作"伐"，與《占經》合。《校補》謂桓帝崩，靈帝由外藩入繼而代其位，則作"代"亦自可通。

〔七〇〕勃海（盜賊）〔海溢〕　按：《集解》引惠棟說，謂"盜賊"誤，案紀云"勃海海溢"也。今據改。

〔七一〕壬子蝕妃后專恣女謀主　按：《集解》引錢大昕說，謂《占經》作"壬子日蝕，女謀王，女主憂"。

〔七二〕三年三月丙寅晦日有蝕之　《靈帝紀》同。按今推是年四月合朔丁卯晨夜，日蝕不能見。

〔七三〕辛酉蝕女謀主　按:《集解》引錢大昕説,謂《占經》作"辛酉日蝕,女謁且興,姦邪欲起"。

〔七四〕谷永上書　按:"谷"原譌"公",逕改正。

〔七五〕熹平二年十二月癸酉晦日有蝕之　《靈帝紀》同。按:是年十二月乙巳朔,晦為甲戌而非癸酉。今推三年正月合朔甲戌,即時曆上年十二月晦,日蝕可見,紀、志俱譌。

〔七六〕天有大異　按:"天"原作"夫",逕據汲本、殿本改正。

〔七七〕光和元年二月辛亥朔日有蝕之　《靈帝紀》同。按:今推是年二月合朔辛亥,無日蝕,紀、志俱譌。

〔七八〕簡宗廟(上)〔水〕不潤下　據汲本、殿本改。按:"簡宗廟"下疑脱一"則"字。

〔七九〕其救之也　按:海原閣校刊本《蔡中郎集》作"則其救也"。

〔八〇〕河決海〔溢〕久霧連陰　《集解》引錢大昕説,謂《占經》作"河決海溢,久霧連陰"。今按:"河決海"不成語,據錢説補一"溢"字。

〔八一〕雷電擊殺骨肉相攻　按:《集解》引錢大昕説,謂《占經》作"雷擊殺人,骨肉爭功"。

〔八二〕後火燒官兵　按:《集解》引錢大昕説,謂《占經》作"火燒後宫"。

〔八三〕六年(十月癸未)〔二月丁卯〕朔　《獻帝紀》作"三月丁卯"。《集解》引洪亮吉説,謂"十月癸未"應作"三月丁卯",此因下文十三年而誤。今按:建安六年三月丁酉朔,無丁卯,十月甲子朔,非癸未,推是年二月合朔丁卯,八月合朔甲子,即時曆七月晦,均有日蝕可見。足證志月日俱誤,《獻帝紀》"三月"則為"二月"之譌,今據以改正。

〔八四〕(征)〔在〕南北面　據汲本、殿本改。

〔八五〕皇德傳史　按:汲本"皇"作"星"。

〔八六〕偏刺日　按:汲本作"徧周日",殿本作"徧刺日"。

〔八七〕時則天雨　按:汲本、殿本"天"作"大"。

〔八八〕社稷移(亡)〔主〕　據汲本、殿本改。

後漢書志第十九

郡國一

河南　河內　河東　弘農　京兆　馮翊　扶風

右司隸

《漢書・地理志》記天下郡縣本末，及山川奇異，風俗所由，至矣。今但錄中興以來郡縣改異，及《春秋》、三史會同征伐地名，[1]以為《郡國志》。[2]凡《前志》有縣名，今所不載者，皆世祖所并省也。前無今有者，後所置也。凡縣名先書者，郡所治也。[3]

【注】

[1]臣昭案：志猶有遺闕，今衆書所載，不可悉記。其《春秋土地》，通儒所據而未備者，皆先列焉。

[2]本志唯郡縣名為大書，其山川地名悉為細注，今進為大字。[一]新注證發，[二]臣劉昭採集。

[3]《帝王世記》[三]曰："自天地設闢，未有經界之制。三皇尚矣。諸子稱神農之王天下也，地東西九十萬里，南北八十五萬里。及黃帝受命，始作舟車，以濟不通。乃推分星次，以定律度。自斗十一度[四]至婺女七度，一名須女，曰星紀之次，於辰在丑，謂之赤奮若，於律為黃鍾，斗建在子，今吳、越分野。自婺女八度[五]至危十六度，[六]曰玄枵之次，一名天黿，於辰在子，謂

之困敦，於律為大吕，斗建在丑，今齊分野。自危十七度〔七〕至奎四度，曰豕韋之次，一名娵訾，於辰在亥，謂之大淵獻，於律為太蔟，斗建在寅，今衛分野。自奎五度〔八〕至胃六度，曰降婁之次，於辰在戌，謂之閹茂，於律為夾鍾，斗建在卯，今魯分野。自胃七度〔九〕至畢十一度，曰大梁之次，於辰在酉，謂之作噩，於律為姑洗，斗建在辰，今趙分野。自畢十二度〔一○〕至東井十五度，曰實沈之次，於辰在申，謂之涒灘，於律為中吕，斗建在巳，今晉、魏分野。自井十六度〔一一〕至柳八度，曰鶉首之次，於辰在未，謂之叶洽，於律為蕤賓，斗建在午，今秦分野。自柳九度〔一二〕至張十七度，〔一三〕曰鶉火之次，於辰在午，謂之敦牂，一名大律，於律為林鍾，斗建在未，〔一四〕今周分野。自張十八度〔一五〕至軫十一度，曰鶉尾之次，於辰在巳，謂之大荒落，於律為夷則，斗建在申，今楚分野。自軫十二度〔一六〕至氐四度，曰壽星之次，於辰在辰，謂之執徐，於律為南吕，斗建在酉，今韓分野。〔一七〕自氐五度〔一八〕至尾九度，曰大火之次，於辰在卯，謂之單閼，於律為無射，斗建在戌，今宋分野。自尾十度〔一九〕至斗十度〔二○〕百三十五分而終，曰析木之次，於辰在寅，謂之攝提格，於律為應鍾，斗建在亥，今燕分野。凡天有十二次，日月之所躔也；地有十二分，王侯之所國也。故四方方七宿，四七二十八宿，合百八十二星。東方蒼龍三十二星，七十五度；北方玄武三十五星，九十八度（四分度之一）；〔二一〕西方白虎五十一星，八十度；南方朱雀六十四星，百一十二度。周天三百六十五度四分度之一。一度二千九百三十二里，分為十二次，一次三十度三十二分度之十四，各以附其七宿閒。距周天積百七萬九百一十三里，徑三十五萬六千九百七十一里。陽道左行，故太歲右轉，凡中外官常明者百二十四，可名者三百二十，合二千五百星。微星之數，凡萬一千五百二十星，萬物所受，咸系命焉。此黃帝創制之大略也。而佗說稱日月所照三十五萬里。考諸子所載，神農之地，過日月之表，近為虛誕。及少昊氏之衰，九黎亂德，其制無聞矣。洎顓頊之所建，帝嚳受定，則孔子稱其地北至幽陵，南暨交阯，西蹈流沙，東極蟠木，日月所照，莫不底焉，是以建萬國而制九州。至堯遭洪水，分為十二州，今《虞書》是也。及禹平水土，還為九州，今《禹貢》是也。是以其時九州之地，凡二千四百三十萬八千二十四頃，定墾者九百（一）〔三〕十萬

(八)〔六〕千二十四頃,〔二二〕不墾者千五百萬二千頃,〔二三〕民口千三百五十五萬三千九百二十三人。至于塗山之會,諸侯承唐虞之盛,執玉帛亦有萬國。是以《山海經》稱禹使大章步自東極,〔二四〕至于西垂,二億三萬三千五百里七十一步。〔二五〕又使豎亥步〔自〕南極,(北)盡於北垂,〔二六〕二億三萬三千五百里七十五步。四海之內,則東西二萬八千里,南北二萬六千里,出水者〔二七〕八千里,受水者八千里,〔經〕名山五千三百五十,(經)六萬四千五十六里。〔二八〕出銅之山四百六十七,出鐵之山三千六百九。〔二九〕以供財用,儉則有餘,奢則不足。以男女耕織,不奪其時,故公家有三十年之積,私家有九年之儲。及夏之衰,棄稷弗務,有窮之亂,少康中興,乃復禹迹。孔甲之至桀行暴,諸侯相兼,逮湯受命,其能存者三千餘國,方於塗山,十損其七。民離毒政,將亦如之。殷因於夏,六百餘載,其間損益,書策不存,無以考之。又遭紂亂,至周剋商,制五等之封,凡千七百七十三國,又減湯時千三百矣。民眾之損,將亦如之。及周公相成王,致治刑錯,民口千三百七十一萬四千九百二十三人,多禹十六萬一千人,周之極盛也。其後七十餘歲,天下無事,民彌以息。及昭王南征不反,穆王失荒,加以幽、厲之亂,平王東遷,三十餘載,至齊桓公二年,〔三〇〕周莊王之十三年,五千里內,非天王九儐之御,自世子公侯以下至於庶民,凡千一百八十四萬七千人,除有土老疾,定受田者九百萬四千人。其後諸侯相并,當春秋時,尚有千二百國。二百四十二年之中,殺君三十六,亡國五十二,諸侯奔走不得保社稷者,不可勝數。至于戰國,存者十餘。於是從橫短長之說,相奪於時,殘民詐力之兵,動以萬計。故崤有匹馬之禍,宋有易子之急,晉陽之(國)〔圍〕,〔三一〕縣釜而炊,長平之戰,血流漂鹵。周之列國,唯有燕、衛、秦、楚而已。齊及三晉,皆以篡亂,南面稱王。衛雖得存,不絕若綫。然考蘇、張之說,計秦及山東六國,戎卒尚存五百餘萬,推民口數,尚當千餘萬。及秦兼諸侯,置三十六郡,其所殺傷,三分居二;猶以餘力,行參夷之刑,收太半之賦,北築長城四十餘萬,南戍五嶺五十餘萬,阿房、驪山七十餘萬,十餘年間,百姓死沒,相踵于路。陳、項又肆其餘烈,故新安之坑,二十餘萬,彭城之戰,睢水不流。至漢祖定天下,民之死傷,亦數百萬。是以平城之卒,不過三十萬,〔三二〕方之六國,五損其二。自孝惠至文、景,與民休息，六十餘歲，民衆大增，是以太倉有不食之粟，都内有朽貫之錢。武帝乘其資畜，[三三]軍征三十餘歲，地廣萬里，天下之衆亦減半矣。及霍光秉政，乃務省役，至于孝平，六世相承，雖時征行，不足大害，民户又息。元始二年，郡、國百三，縣、邑千（四）[五]百八十七，[三四]地東西九千三百二里，南北萬三千三百六十八里，定墾田八百二十七萬五百三十六頃，民户千三百二十三萬三千六百一十二，[三五]口五千九百一十九萬四千九百七十八人，[三六]多周成王四千五百四十八萬五十五人，漢之極盛也。及王莽篡位，續以更始、赤眉之亂，至光武中興，百姓虚耗，十有二存。中元二年，民户四百二十七萬千六百三十四，口（三）[二]千一百萬七千八百二十人。[三七]永平、建初之際，天下無事，務在養民，迄于孝和，民户滋殖。及孝安永初、元初之閒，兵飢之苦，民人復損。至于孝桓，頗增於前。永壽二年，户千六百七萬九千六，口五千六萬六千八百五十六人，墾田亦多，單師屢征。及靈帝遭黄巾，獻帝即位而董卓興亂，大焚宮廟，劫御西遷，京師蕭條，豪桀並爭，郭汜、李傕之屬，殘害又甚，是以興平、建安之際，海内凶荒，天子奔流，白骨盈野，故陝津之難，以箕撮指，安邑之東，后裘不完，遂有寇戎，雄雌未定，割剥庶民，三十餘年。及魏武皇帝剋平天下，文帝（授）[受]禪，[三八]人衆之損，萬有一存。景元四年，與蜀通計民户九十四萬三千四百二十三，口五百三十七萬二千八百九十一人。又案正始五年，揚威將軍朱照日所上吳之所領兵户凡十三萬二千，推其民數，不能多蜀矣。昔漢永和五年，南陽户五十餘萬，汝南户四十餘萬，方之於今，三帝鼎足，不踰二郡，加有食禄復除之民，凶年飢疾之難，見可供役，裁若一郡。以一郡之人，供三帝之用，斯亦勤矣。自禹至今二千餘載，六代損益，備於茲焉。"臣昭案：《謐記》云春秋時有千二百國，未知所出。班固云周之始，爵五而土三，蓋千八百國。轉相吞滅，數百年閒，列國耗盡，至春秋時，尚有數十。[三九]

河南尹秦三川郡，高帝更名。世祖都雒陽，建武十五年改曰河南尹。[1]二十一城，永和五年户二十萬八千四百八十六，口百一萬八百二十七。

【注】

〔1〕應劭《漢官》曰："尹，正也。郡府聽事壁諸尹畫贊，〔四○〕肇自建武，訖于陽嘉，注其清濁進退，所謂不隱過，不虛譽，甚得述事之實。後人是瞻，足以勸懼，雖《春秋》采毫毛之善，罰纖釐之惡，〔四一〕不避王公，無以過此，尤著明也。"

雒陽[1]周時號成周。[2]有狄泉，在城中。[3]有唐聚。[4]有上程聚。[5]有士鄉聚。[6]有褚氏聚。[7]有榮錡澗。[8]有前亭。[9]有圉鄉。[10]有大解城。[11] 河南[12]周公時所城雒邑也，春秋時謂之王城。[13]東城門名鼎門，[14]北城門名乾祭。[15]又有甘城，[16]有䣕鄉。[17] 梁故國，伯翳後。[18]有霍陽山。[19]有注城。[20] 滎陽[四二]有鴻溝水。[21]有廣武城。[22]有虢亭，虢叔國。有隕城。[23]有薄亭。有敖亭。[24]有（費）[滎]澤。[25][四三] 卷[26]有長城，經陽武到密。[27]有垣雝城，或曰古衡雍。[28]有扈城亭。[29] 原武 陽武[30] 中牟[31]有圃田澤。[32]有清口水。[33]有管城。[34]有曲遇聚。[35]有蔡亭。 開封[36] 菀陵有棐林。[37]有制澤。[38]有瑣侯亭。[39] 平陰 穀城[四四]瀍水出。[40]有函谷關。[41] 緱氏[42]有鄔聚。[43]有轘轅關。[44] 鞏[45]有尋谷水。[46]有東訾聚，今名訾城。[47]有坎埳聚。[48]有黃亭。有湟水。[49]有明谿泉。[50] 成皋[51][四五]有旃然水。[52]有瓶丘聚。有漫水。有汜水。[53] 京[54] 密[55]有大騩山。[56]有梅山。[57]有陘山。[58] 新城[59][四六]有高都城。[60]有廣成聚。[61]有鄤聚，古鄤氏，今名蠻中。[62][四七] 匽師[63][四八]有尸鄉，[64]春秋時曰尸氏。[65] 新鄭《詩》鄭國，祝融墟。[66] 平

【注】

〔1〕摯虞曰："古之周南，今之雒陽。"《魏氏春秋》曰："有委粟山，在陰鄉，魏時營為圓丘。"《皇覽》曰："縣東北山萇弘冢，縣北芒山道西呂不韋

冢。"

〔2〕《公羊傳》曰:"成周者何?東周也。"何休曰:"周道始成,王之所都也。"《帝王世記》曰:"城東西六里十一步,南北九里一百步。"《晉元康地道記》曰:"城內南北九里七十步,東西六里十步,為地三百(里)[頃]〔四九〕一十二畝有三十六步。城東北隅周威烈王冢。"

〔3〕《左傳》僖二十九年"盟于狄泉",杜預曰城內太倉西南池水。或曰本在城外,定元年城成周乃繞之。案:此水晉時在東(官)[宮]西北。〔五〇〕《帝王世記》曰:"狄泉本殷之墓地,在成周東北,今城中有殷王冢是也。又太倉中大冢,周景王也。"

〔4〕《左傳》昭二十三年"尹辛敗劉師于唐"。

〔5〕古程國,《史記》曰重黎之後,伯休甫之國也。〔五一〕關中更有程地。《帝王世記》曰"文王居程,徙都豐",故此加為上程。

〔6〕馮異斬武勃(也)[地]。〔五二〕

〔7〕《左傳》昭二十六年"王宿褚氏",杜預曰縣南有褚氏亭。

〔8〕《左傳》周景王"崩于榮錡氏",杜預曰鞏縣西。

〔9〕杜預曰縣西南有泉亭。即泉戎也。〔五三〕

〔10〕《左傳》昭二十二年單氏"伐東圉",〔五四〕杜預曰縣東南有圉鄉。又西南有戎城,伊雒之戎。

〔11〕《左傳》昭二十三年晉師次于解,〔五五〕杜預曰縣西南有大解、小解。

〔12〕《帝王世記》曰:"城西有郟鄏陌,太康畋于有雒之表,今河之南。"本傳有(員)[負]犢山。〔五六〕

〔13〕鄭玄《詩譜》曰:"周公攝政五年,成王宅雒邑,使邵公先相宅,既成,謂之王城。"《博物記》曰:"王城方七百二十丈,郛方(七)[一]十里,〔五七〕南望雒水,北至陝山。"《地道記》曰去雒城四十里。《左傳》定八年"單子伐穀城",杜預曰在縣西。

〔14〕《帝王世記》曰:"東南門九鼎所從入。"又曰:"武王定鼎雒陽西南,雒水北鼎中觀是也。"

〔15〕《左傳》昭二十四年"士伯立於乾祭"。《皇覽》曰:"城西南柏亭西

周山上周靈王冢，民祠之不絕。"

〔16〕杜預曰縣西南有甘泉。

〔17〕《左傳》昭二十三年尹辛攻蒯。《晉地道記》曰："在縣西南，有蒯亭。"

〔18〕有陽人聚。《史記》曰："秦滅東周，不絕其祀，以陽人地〔賜周君〕。"〔五八〕

〔19〕《左傳》哀四年"楚為一昔之期，襲梁及霍"。

〔20〕《史記》曰魏文侯（四）〔三〕十二年敗秦于注。〔五九〕《博物記》曰："梁伯好土功，今梁多有城。"

〔21〕文穎曰："於滎陽下引河東南為鴻溝，〔六〇〕即官度水也。"

〔22〕《西征記》曰："有三皇山，或謂三室山。山上有二城，東者曰東廣武，西者曰西廣武，各在山一頭，相去二百餘步，其閒隔深澗，漢祖與項籍語處。"

〔23〕《左傳》文（三）〔二〕年"盟于垂隴"。〔六一〕

〔24〕周宣王狩于敖。《左傳》宣十二年"晉師在敖、鄗之間"。秦立為敖倉。

〔25〕《左傳》宣十二年楚潘黨逐魏錡及滎，杜預曰縣東滎澤也。

〔26〕《左傳》成十年晉鄭盟脩澤，杜預曰縣東有脩武亭。

〔27〕《史記》蘇秦說襄王曰："大王之地，西有長城之界。"

〔28〕《史記》无忌謂魏王曰"王有鄭地，得垣雍"者也。杜預曰即是衡雍。又今縣所治城。

〔29〕《左傳》莊二十三年"盟于扈"，杜預曰在縣西北。

〔30〕有武彊城。《史記》曰曹參攻武彊。秦始皇東遊至陽武博浪沙中，為盜所驚。

〔31〕《左傳》宣元年諸侯救鄭，遇于北林，杜預曰縣西南有林亭，在鄭北。

〔32〕《左傳》曰原圃。《爾雅》十藪，鄭有圃田。

〔33〕《左傳》閔二年遇于清，〔六二〕杜預曰縣有清陽亭。

［34］杜預曰管國也，在京縣東北。《漢書音義》曰："故管叔邑。"

［35］《前書》曹參破楊熊。

［36］《左傳》哀十四年"逢澤有介麋"，杜預曰在縣東北，遠，疑[非]。〔六三〕徐廣曰逢池也。

［37］《左傳》宣元年諸侯會于棐林，杜預曰縣東[南]有林鄉。〔六四〕徐齊民《北征記》曰："縣東南有大隧澗，鄭莊公所闕。又大城東臨濮水，水東溱水注于洧，城西臨洧水。"

［38］《左傳》(宣)[成]十[六]年諸侯遷於制田，〔六五〕杜預曰縣東有制(城)[澤]。〔六六〕

［39］《左傳》襄十一年諸侯之師次于瑣，杜預曰縣西有瑣侯亭。

［40］《博物記》曰："出潛亭山。"

［41］《西征記》曰："函谷左右絶岸十丈，中容車而已。"

［42］《左傳》曰呂相絶秦伯，"殄滅我費、滑"，杜預曰滑國都於費，今緱氏縣。案本紀，縣有百坯山。干寶《搜神記》曰："縣有延壽城。"

［43］《左傳》王取鄔、劉，杜預曰鄔在縣西南。

［44］瓚曰："險道名，在縣東南。"

［45］鞏伯國。《左傳》曰"商湯有景亳之命"，杜預曰縣西南有湯亭。《帝王世紀》曰："湯亭[在]偃師。"〔六七〕又曰："夏太康五弟，須于雒汭，在縣東北三十里。"

［46］《左傳》昭二十三年王師、晉師圍郊中。《史記》(曰)張儀[曰]〔六八〕"下兵三川，塞什谷之口"，徐廣曰縣有尋口。

［47］《左傳》昭二十三年"單子取訾"，杜預曰在縣西南。《晉地道記》曰在縣之東。

［48］《左(氏)[傳]》，〔六九〕周襄王出，國人納之坎埳，杜預曰在縣東。《地道記》在南。〔七〇〕

［49］《左傳》昭二十二年"王子猛居于皇"，〔七一〕杜預曰有黃亭，在縣西(北)[南]。〔七二〕

［50］《左傳》昭二十(三)[二]年〔七三〕"賈辛軍于谿泉"。

［51］《史記》曰，成皋北門名（王）[玉]門。〔七四〕《左傳》"破燕師于北制"，杜預曰"北制，一名虎牢"，亦即此縣也。《穆天子傳》曰："七萃之士，生搏虎而獻天子，命為柙，而畜之東虢，是曰虎牢。"《左傳》曰鄭子皮勞晉韓宣子于索氏，杜預曰縣東有大索城。《尚書‧禹貢》"至于大伾"，張揖云成皋縣山。又有旋門阪，縣西南十里，見《東京賦》（曰）。〔七五〕

［52］《左傳》襄十八年楚伐鄭，次旃然。

［53］《左傳》曰周襄王處鄭地氾。〔七六〕

［54］鄭共叔所居，《左傳》云"謂之京城大叔"。應劭曰："有索亭。楚漢戰京、索。"《北征記》又有索水。

［55］春秋時曰新城，《傳》曰新密。僖六年諸侯圍新城，杜預曰一名密縣。〔七七〕

［56］《山海經》曰："大騩之山，其陰多鐵，多美堊。〔七八〕有草焉，狀如蓍而毛，青華而白實，其名曰（莨）[䒽]，〔七九〕服者不夭。"

［57］《左傳》曰襄十八年楚伐鄭，右迴梅山，在縣西北。〔八〇〕

［58］《史記》魏襄王六年伐楚，敗之陘山。秦破魏華陽，地亦在縣。杜預遺令曰："山上有冢，或曰子產，邪東北向新鄭城，不忘本也。"

［59］《左傳》曰文十七年周敗戎于邧垂，杜預曰縣北有垂亭。《史記》秦遷西周公於𢠸狐，徐廣曰"與陽人聚相近，在雒陽南百五十里梁、新城之間"。

［60］《史記》蘇代說韓相國以高都與周者。

［61］有廣成苑。

［62］《左傳》昭十六年楚殺鄬子，〔八一〕杜預曰縣東南有蠻城。又祭遵獲張滿也。

［63］《帝王世記》曰："帝嚳所都，殷盤庚復南亳，是為西亳。"《皇覽》曰"北有皋繇祠"，又曰"有湯亭，有湯祠"。

［64］《帝王世記》曰："尸鄉在縣西二十里。"

［65］《左傳》昭二十六年劉人敗子朝之師于尸氏。《前書》田橫自殺處。

［66］皇甫謐曰："古有熊國，黃帝之所都。"

河內郡高帝置。雒陽北百二十里。十八城,户十五萬九千七百七十,口八十萬一千五百五十八。

懷有隰城。[1][八二] **河陽**[2]有湛城。 **軹**[3]有原鄉。[4]有湨梁。[5] **波**有絺城。[6] **沁水**[7] **野王**有太行山。[8]有射犬聚。[9]有邗城。[10] **温**蘇子所都。濟水出,王莽時大旱,遂枯絕。[11] **州** **平臯**有邢丘,故邢國,周公子所封。[12]有李城。[13] **山陽**邑。有雍城。[14]有蔡城。[15] **武德** **獲嘉**侯國。 **脩武**故南陽,秦始皇更名。有南陽城,[16]陽樊、攢茅田。[17]有小脩武聚。[18]有隤城。[19] **共**本國。淇水出。[20]有汎亭。[21] **汲**[22] **朝歌**[23]紂所都居,[24]南有牧野,[25]北有邶國,南有寧鄉。[26] **蕩陰**有羑里城。[27] **林慮**故隆慮,殤帝改。有鐵。[28]

【注】

〔1〕《左傳》曰王取鄭隰城,[八三]杜預曰在縣西南。《傳》又曰郤至與周爭鄇田,杜預曰縣西南有鄇人亭。

〔2〕《左傳》曰王與鄭盟,杜預曰縣南孟津。

〔3〕《左傳》曰王以蘇忿生田向與鄭,杜預曰縣西北地名向上。

〔4〕《左傳》曰王與鄭原,杜預曰沁水西北有原城。

〔5〕《左傳》曰襄十六年諸侯會湨梁。

〔6〕《左傳》曰王與鄭絺,杜預曰在野王縣西南。

〔7〕《山海經》曰沁水出井陘東。

〔8〕《山海經》曰:"其上有金玉,下有碧。有獸焉,其狀如麢而四角,馬尾而有距,其名曰驛還。"酈食其說曰"杜太行之道",韋昭曰在縣北。

〔9〕世祖破青犢也。

〔10〕《史記》曰紂以文王、九侯、鄂侯為三公,徐廣曰"鄂"一作"邘"。武王子封在縣西北。

〔11〕《皇覽》曰:"縣郭東濟水南有虢公冢。"

〔12〕臣瓚曰:"丘名也,非國,在襄國西。"

〔13〕《史記》曰邯鄲李同却秦兵，趙封其父李侯，徐廣曰即此城。

〔14〕杜預曰古雍國，在縣西。

〔15〕蔡叔邑此，猶鄭管城之類乎？

〔16〕《左傳》僖四年晉文公圍南陽。〔八四〕《史記》曰："白起攻韓南陽，太行道絕之。"《山海經》曰："太行之山，〔八五〕清水出焉。"郭璞曰："脩武縣北黑山亦出清水。"

〔17〕服虔曰："樊仲山之所居，故名陽樊。"杜預曰縣西北有（贊）[攢]城。〔八六〕《左傳》曰定元年魏獻子田大陸，杜預曰西北吳澤也。

〔18〕《春秋》曰寧。《史記》曰高祖得韓信軍小脩武，晉灼曰在城東。

〔19〕《左傳》隱十一年"以隤與鄭"。

〔20〕《前志》注曰水出北山。《博物記》曰："有奧水，流入淇水，有綠竹草。"

〔21〕凡伯邑。

〔22〕《晉地道記》曰有銅關。

〔23〕有鹿腹山。

〔24〕《帝王世紀》曰紂糟丘、酒池、肉林在城西。《前書》注曰鹿臺在城中。

〔25〕去縣十七里。

〔26〕《史記》无忌說魏安僖王曰"通韓上黨於共寧"，徐廣曰有寧鄉。《左傳》曰襄二十三年"救晉，次雍榆"，杜預曰縣東有雍城是也。

〔27〕韋昭曰："羑音酉。文王所拘處。"

〔28〕徐廣曰："洹水所出。〔八七〕蘇秦合諸侯盟處。"班叔皮《遊居賦》亦曰"漱余馬乎洹泉，嗟西伯於牖城"。

河東郡秦置，雒陽西北五百里。[1] 二十城，戶九萬三千五百四十三，口五十七萬八百三。

【注】

〔1〕《博物記》曰："有山澤近鹽。沃土之民不才，漢興少有名人，大衣冠三世皆衰絕也。"〔八八〕

安邑[1]有鐵，有鹽池。[2] 楊有高梁亭。[3] 平陽侯國。[4]有鐵。堯都此。[5] 臨汾[6]有董亭。[7] 汾陰[8]有介山。[9] 蒲坂[八九]有雷首山。[10]有沙丘亭。[11] 大陽有吳山，上有虞城，[12]有下陽城，[13]有茅津。[14]有顛軨坂。[15] 解[16]有桑泉城。[17]有臼城。[18]有解城。[19]有瑕城。[20] 皮氏有耿鄉。[21]有鐵。有冀亭。[22] 聞喜邑，[23]本曲沃。[24]有董池陂，古董澤。[25]有稷山亭。[26]有涑水。[27]有洮水。 絳邑，[28]有翼城。[29] 永安故彘，[30]陽嘉二年更名。[31]有霍大山。[32] 河北《詩》魏國。有韓亭。 猗氏[33] 垣有王屋山，沇水出。[34][九〇]有壺丘亭。[35]有邵亭。[36] 襄陵[37] 北屈[38]有壺口山。[39]有采桑津。[40] 蒲子[41] 濩澤侯國。有（祁）[析]城山。[42][九一] 端氏[43]

【注】

〔1〕《帝王世紀》曰："縣西有鳴條陌。湯伐桀，戰昆吾亭。《左傳》昆吾與桀同日亡。"《地道記》[巫]咸山在南。[九二]

〔2〕《前志》曰池在縣西南。《魏都賦》注曰在猗氏六十四里。楊佺期《雒陽記》曰："河東鹽池長七十里，廣七里，水氣紫色。有別御鹽，四面刻如印齒文章，字妙不可述。"

〔3〕《左傳》曰僖（九）[二十四]年晉懷公死高梁，[九三]杜預曰在縣西南。《地道記》有梁城，去縣五十里，叔嚮邑也。

〔4〕《左傳》曰成七年諸侯盟馬陵，杜預曰衛地也，平陽東南地名馬陵。[九四]又說在魏郡元城。

〔5〕《晉地道記》曰有堯城。

〔6〕《博物記》曰有賈鄉，賈伯邑。

〔7〕《左傳》曰晉改蒐于董，杜預曰縣有董亭。〔九五〕

〔8〕《博物記》曰："古之綸，少康邑。"〔九六〕

〔9〕縣西北有狐谷亭。郭璞《爾雅》注曰："縣有水口，如車輪許，潰沸涌出，其深無限，名之為瀵。"

〔10〕《史記》曰趙盾田首山，息桑下，有餓人衹彌明。縣南二十里有歷山，舜所耕處。又伯夷、叔齊隱於首陽山，馬融曰在蒲坂華山之北，河曲之中。

〔11〕《左傳》曰文十二年秦晉戰河曲，杜預曰在縣南。湯伐桀，孔安國曰河曲之南。

〔12〕杜預曰虞國也。《帝王世記》曰："舜嬪于虞，虞城是也。"亦謂吳城，《史記》秦昭王伐魏取吳城，即此城也。《皇覽》曰："盜跖冢臨河〔曲〕。"〔九七〕《博物記》曰傅巖在縣北。

〔13〕虢邑，《左傳》僖二年虞、晉所滅。縣東北三十里。

〔14〕《左傳》曰"秦伐晉，遂自茅津濟"，杜預曰在縣西。南有茅亭，即茅戎。

〔15〕《左傳》曰"入自顛軨"。《博物記》曰在縣鹽池東，吳城之北，今之吳坂。杜預曰在縣東北。

〔16〕《左傳》曰咎犯與秦晉大夫盟於郇，杜預曰縣西北有郇城。《博物記》曰有智邑。

〔17〕《左傳》僖二十四年晉文公入桑泉，杜預曰在縣西二十里。〔九八〕

〔18〕《左傳》曰晉文公入取臼衰者也。杜預曰在縣東南。《博物記》曰："白季邑。縣西北卑耳山。縣西南齊桓公西伐所登。"

〔19〕《左傳》僖十五年晉侯賂秦，內及解梁城。

〔20〕《左傳》文十二年秦侵晉及瑕，杜預曰猗氏縣東北有瑕城。〔九九〕

〔21〕《尚書》祖乙徙耿。《左傳》閔元年晉滅耿，杜預曰縣東南有耿鄉。《博物記》曰有耿城。

〔22〕《左傳》僖二年，晉荀息曰"冀為不道"，杜預曰國，在縣東北。《史記》蘇代說燕王曰："下南陽，封冀。"

〔23〕《博物記》曰縣治涷之川。《史記》曰伐韓到乾河。郭璞曰:"縣東北有乾河口,但有故溝處,無復水。"《左傳》曰僖三十一年"晉蒐清原",杜預曰在縣北。

〔24〕曲沃在縣東北數里,與晉相去六七百里。見《毛詩譜》注。

〔25〕《左傳》曰"改蒐于董","董澤之蒲"。

〔26〕縣西五十里。《左傳》曰宣十五年"晉侯治兵于稷"。

〔27〕《左傳》呂相絶秦,曰"伐我涷川"。

〔28〕縣西有絳邑城,杜預曰故絳也。

〔29〕《左傳》隱五年曲沃伐翼,杜預曰在縣東八十里。〔一〇〇〕

〔30〕《史記》曰周穆王封造父趙城,徐廣曰在永安。《博物記》曰有呂鄉,呂甥邑也。

〔31〕杜預曰縣東北有巍城。

〔32〕《爾雅》曰:"西南之美者,有霍山之多珠玉焉。"《左傳》曰閔元年晉滅霍,杜預曰"縣東北有霍大山"。《史記》曰原過受神人書,稱"余霍大山山陽侯天吏也"。又蚩廉於山得石椁,〔一〇一〕仍葬也。

〔33〕《地道記》曰:"《左傳》文十三年'詹嘉處瑕',在縣東北。"

〔34〕《史記》曰:"魏武侯二年,城王垣。"《博物記》曰:"山在東,狀如垣。"

〔35〕《左傳》襄元年晉討宋五大夫,實諸瓠丘,杜預曰縣東南有壺丘亭。

〔36〕《博物記》曰:"縣東九十里有郫邵之阨,賈季迎公子樂于陳,趙孟殺諸郫邵。"

〔37〕《晉地道記》曰晉武公〔自〕曲沃徙此。〔一〇二〕

〔38〕《左傳》曰"二屈",杜預曰"二"當為"北"。《傳》曰"屈産之乘",有駿馬。

〔39〕《禹貢》曰:"壺口治梁及岐。"

〔40〕《左傳》僖八年晉敗狄于采桑,杜預曰縣西南有采桑津。

〔41〕《左傳》曰晉文公居蒲城,杜預曰今蒲子縣。

〔42〕《前志》曰在縣西南。

[43]《史記》曰，趙、韓、魏分晉，封晉端氏。

弘農郡武帝置。其二縣，建武十五年屬。雒陽西南四百五十里。九城，户四萬六千八百一十五，口十九萬九千一百一十三。

弘農故秦函谷關，[1] 燭水出。[2] 有枯樅山。[3] 有桃丘聚，故桃林。[4] 有務鄉。[5][一〇三] 有曹陽亭。[6] **陝**[7]本號仲國。[8] 有焦城。[9] 有陝陌。[10] **黽池**穀水出。[11] 有二崤。 **新安**澗水出。[12] **宜陽**[13] **陸渾**西有虢略地。[14] **盧氏**有熊耳山，[15] 伊水、清水出。[16] **湖**故屬京兆。[17] 有閺鄉。[18] **華陰**故屬京兆。[19] 有太華山。[20]

【注】

[1]《左傳》曰"虢公敗戎于桑田"，杜預曰在縣東北桑田亭。[一〇四]

[2]《前志》出（衡）[筍]（山）嶺下谷。[一〇五]

[3]本傳赤眉立盆子於鄭北，《古今注》曰在此山下。

[4]《左傳》曰守桃林之塞，《博物記》曰在湖縣休與之山。

[5]赤眉破李松處。

[6]《史記》曰，章邯殺周章于曹陽，晉灼曰縣東十三里。又獻帝東歸敗處，曹公改曰好陽。

[7]《史記》曰："自陝以西，邵公主之；自陝以東，周公主之。"

[8]杜預曰虢都上陽，在縣東[南]，[一〇六]有虢城。

[9]故焦國，《史記》曰武王封神農之後於焦。

[10]《博物記》："二伯所分。"

[11]《前志》曰出穀陽谷。

[12]《博物記》曰："西漢水出新安入雒。"又有孝水，見潘岳《西征賦》。

[13]有金門山，山竹為律管。

〔14〕《左傳》僖十五年晉侯賂秦，東盡虢略，杜預曰從河曲南行，而東盡故虢。〔一〇七〕

〔15〕《山海經》曰："其上多漆，其下多椶。浮豪之水出焉，西北流注于雒，其中多美玉，多人魚。"

〔16〕《晉地道記》："伊東北入雒。"

〔17〕《前志》有鼎湖。

〔18〕《皇覽》曰："戾太子南出，葬在閺鄉南。"秦又改曰寧秦。〔一〇八〕

〔19〕《史記》曰魏文侯三十六年齊侵陰晉。《前志》曰高帝改曰華陰。《吕氏春秋》九藪云"秦之陽華"，高誘曰"或在華陰西"。誘又曰"桃林縣西長城是也"。《晉地道記》曰"潼關是也"。

〔20〕《左傳》晉賂秦，南及華山。《山海經》曰："太華之山，削成而四方，其高五千仞，其廣十里，鳥獸莫居。有蛇焉，名曰肥遺，〔一〇九〕六足四翼，見則天下大旱。"武王放馬牛於桃林墟，孔安國曰在華山東。《晉地道記》山在縣西南。

京兆尹秦內史，武帝改。其四縣，建武十五年屬。雒陽西九百五十里。[1]十城，戶五萬三千二百九十九，口二十八萬五千五百七十四。

【注】

〔1〕《決錄注》曰："京，大也。天子曰兆民。"

長安高帝所都。[1]鎬在上林苑中。[2]有細柳聚。[3]有蘭池。[4]有曲郵。[5]有杜郵。[6] **霸陵**有枳道亭。[7]有長門亭。[8] **杜陵**[9]鄠在西南。[10] **鄭**[11] **新豐**有驪山，[12]東有鴻門亭[13]及戲亭。[14]有（嚴）[酇]城。[一一〇]藍田出美玉。[15] **長陵**故屬馮翊。[16] **商**故屬弘農。[17] **上雒**侯國。有冢領山，雒水出。故屬弘農。[18]有菟和山。[19]有蒼野聚。[20] **陽陵**故屬馮翊。

【注】

〔1〕《漢舊儀》曰："長安城方（亦）[六]十三里，〔一一〕經緯各長十五里，十二城門，九百七十三頃。城中皆屬長安令。"辛氏《三秦記》曰："長安地皆黑壤，城中今赤如火，堅如石。父老所傳，盡鑿龍首山為城。"《皇覽》曰："衛思后葬城東南桐（松）[柏]園，〔一二〕今千人聚是。"

〔2〕孟康曰："長安西南有鎬池。秦始皇江神反璧曰：'為吾遺鎬池君。'"《古史考》曰："武王遷鎬，長安豐亭鎬池也。"《皇覽》曰："文王、周公冢皆在鎬聚東杜中。"

〔3〕《前書》周亞夫所屯處。

〔4〕《史記》曰秦始皇微行夜出，逢盜蘭池。《三秦記》曰："始皇引渭水為長池，東西二百里，南北三十里，刻石為鯨魚二百丈。"

〔5〕《前書》高帝征黥布，張良送至曲郵。

〔6〕《史記》曰白起死處。《三秦記》曰："長安城西有九嵕山，西有杜山。"杜預曰："畢國在西北。"

〔7〕《前書》秦王子嬰降於軹道旁，《地道記》曰霸水西。

〔8〕《前書》文帝出長門，若見五人於道北，立五帝壇。

〔9〕杜預曰古唐杜氏也。

〔10〕杜預曰："在鄠縣東。"《決錄注》曰："鎬在酆水東，酆在鎬水西，相去二十五里。"

〔11〕《史記》殺商君鄭黽池。鄭桓公封於此。《黃圖》云："下邽縣並鄭，桓帝西巡復之。"

〔12〕杜預曰："古驪戎國。"韋昭曰："戎來居此山，故號驪戎。"《三秦記》曰："始皇墓在山北，有始皇祠。不齋戒往，即疾風暴雨。人理欲上，則杳冥失道。縣西有白鹿原，周平王時白鹿出。"案《關中圖》，縣南有新豐原，白鹿在霸陵。

〔13〕《前書》高帝見項羽處，孟康曰"在縣東七十里，舊大道北下坂口名"。《關中記》云始皇陵北十餘里有謝聚。

〔14〕周幽王死處，蘇林曰縣東南四十里。

〔15〕《三秦記》曰:"有川,方三十里,其水北流。出玉、銅、鐵、石。"《地道記》有虎候山。

〔16〕蔡邕作《樊陵頌》云:"前漢戶五萬,口有十七萬,王莽後十不存一。永初元年,羌戎作虐。至光和,領戶不盈四千。園陵藩衛粢盛之供,百役出焉。民用匱乏,不堪其事。"

〔17〕《帝王世記》曰:"契所封也。"《左傳》哀四年"將通於少習",杜預曰少習,縣東之武關。

〔18〕《山海經》曰雒水出(護)〔謹〕舉之山。〔一一三〕案(衆)《〔史〕記》云〔一一四〕雒水出熊耳。《山海經》曰雒出王城南,至相谷西,東北流,去虎牢城西四十里,注河口,謂之雒汭。

〔19〕《左傳》哀四年,楚司馬軍于菟和。

〔20〕《左傳》曰(昭)〔哀〕四年楚(左)〔右〕師軍蒼野,〔一一五〕杜預曰在縣南。〔一一六〕

左馮翊秦屬內史,武帝分,改名。雒陽西六百八十八里。[1]十三城,戶三萬七千九十,口十四萬五千一百九十五。[2]

【注】

[1]《決錄注》曰:"馮,馮也。翊,明也。"

[2]潘岳《關中記》曰:"三輔舊治長安城中,長吏各在其縣治民。光武東都之後,扶風出治槐里,馮翊出治高陵。"

　　　　高陵　池陽[1]　雲陽[2]　祋祤永元九年復。　頻陽　萬年[3]　蓮勺　重泉　臨晉本大荔。有河水祠。有芮鄉。[4]有王城。[5]　郃陽永平二年復。　夏陽有梁山、[6]龍門山。[7]　衙[8]　粟邑永元九年復。

【注】

〔1〕《爾雅》十藪，周有焦穫，郭璞曰縣瓠中是也。《地道記》"有巀辥山，在北。有鬼谷，生三所氏"。案：《史記》鬼谷在潁川陽城，與《地記》不同。

〔2〕有荆山。《帝王世記》曰："禹鑄鼎於荆山，在馮翊懷德之南，今其下荆渠也。"

〔3〕《帝王世記》曰"秦獻公都櫟陽"是也。

〔4〕古芮國，與虞相讓者。

〔5〕《史記》曰秦厲恭公伐大荔，取其王城，即此城也。《左傳》晉陰飴甥與秦伯盟王城，杜預曰後改為武鄉，在縣東。

〔6〕《詩》云："弈弈梁山。"在縣西北。《公羊傳》曰河上之山也。杜預曰古梁國。〔一七〕《史記》曰本少梁。《爾雅》曰梁山，晉望也。

〔7〕《書》曰導河積石，歷龍門。太史公曰"遷生龍門"，韋昭曰在縣北。《博物記》曰："有韓原，韓武子采邑。"

〔8〕《左傳》文二年晉敗秦于彭衙。《皇覽》曰："有蒼頡冢，在利陽亭南，墳高六丈。"

右扶風秦屬内史，武帝分，改名。[1] 十五城，户萬七千三百五十二，口九萬三千九十一。

【注】

〔1〕《決録》曰："扶風，化也。"

槐里周曰犬丘，[1]高帝改。　**安陵**[2]　**平陵**　**茂陵**　**鄠**[3]豐水出。[4]有甘亭。[5]　**郿**有邵亭。[6]　**武功**永平八年復。有太一山，本終南。垂山，本敦物。[7]有斜谷。[8]　**陳倉**[9]　**汧**[10]有吳嶽山，[11]本名汧，汧水出。有回城，名回中。[12]　**渝麋**侯國。　**雍**[13]有鐵。[14]　**栒邑**有豳鄉。[15]　**美陽**有岐山，[16]有周城。[17]

漆有漆水。[18] 有鐵。[19]　**杜陽**永和二年復。[20]

【注】

〔1〕又名廢丘，周懿王、章邯所都。

〔2〕《皇覽》曰："縣西北畢陌，秦武王冢。"

〔3〕古扈國。

〔4〕《左傳》曰"康有酆宮之朝"，杜預曰有靈臺，康王於是朝諸侯。

〔5〕《帝王世記》曰在縣南。夏啓伐扈，大戰于甘。又南山有王季冢。

〔6〕《史記》曰封棄於邰，徐廣曰今斄鄉。又案《王忳傳》，郿之斄亭，為冤鬼報戮故亭長者也。秦是榮縣，後省。《帝王世記》曰："秦出公徙平陽。"《新論》曰："邰在漆縣，其民有會日，以相與夜中市，如不為，則有災咎。"

〔7〕《前志》在縣東。

〔8〕《西征賦》注曰："褒斜谷，在長安西南。南口褒，北口斜，長百七十里。其水南流。"

〔9〕《三秦記》曰："秦武公都雍，陳倉城是也。有石鼓山。將有兵，此山則鳴。"

〔10〕《爾雅》(曰)十藪，[一八]秦有楊紆，郭璞曰在縣西。

〔11〕郭璞曰："別名吳山，《周禮》所謂嶽山者。"

〔12〕來歙開道處。

〔13〕《左傳》邵穆公采邑，《史記》有鴻冢。

〔14〕《帝王世記》曰秦德公徙都。

〔15〕鄭玄《詩譜》曰："豳者，公劉自邰而出，所徙戎狄之地名。"又有劉邑。

〔16〕《左傳》椒舉曰："成王有岐陽之蒐。"《山海經》曰："其上多白金，其下多鐵，城水出焉，東南流注于江。"

〔17〕杜預曰城在縣西北。《帝王世記》曰："周太王所徙，南有周原。"

〔18〕《山海經》曰："(翰)[瀚]次之山，漆水出焉。"郭璞曰："漆水出岐山。《詩》云'自土沮、漆'。"《地道記》曰水在縣西。《皇覽》曰："有師

曠冢，名師曠山。"

〔19〕杜預曰豳國在東北。《帝王世記》曰有豳亭。

〔20〕《詩譜》曰："周原者，岐山陽，地屬杜陽，地形險阻而原田肥美。"

右司隸校尉部，郡七，縣、邑、侯國百六。[1]

【注】

[1]《漢（書）舊儀》[一九]曰："司隸治所，故孝武廟。"《魏（志）略》曰：[二〇]"曹公分關中置漢興郡，（國）[用]游楚為太守。"[二一]《獻帝起居注》曰："中平六年，省扶風都尉置漢安郡，鎮雍、渝麋、杜陽、陳倉、汧五縣也。"

【校勘記】

〔一〕其山川地名悉為細注今進為大字　按：細注既進為大字，則山川地名與郡縣名同為大字，殊欠分曉，今郡縣名悉用黑體字以別之。

〔二〕新注證發　汲本"新"作"細"。錢大昭謂閩本亦作"新"。

〔三〕帝王世記　按：別本"記"皆作"紀"，今悉依原本。

〔四〕自斗十一度　按：《集解》引惠棟說，謂費直《周易分野》壽星起斗十度，蔡邕《月令章句》壽星起斗六度，陳卓云斗十二度。

〔五〕自婺女八度　按：惠棟謂費直起女六度，蔡邕起女二度。

〔六〕至危十六度　按：惠棟謂陳卓云十五度。

〔七〕自危十七度　按：惠棟謂費直起危十四度，蔡邕起危十度，陳卓云十六度。

〔八〕自奎五度　按：惠棟謂費直起奎二度，蔡邕起奎八度。

〔九〕自胃七度　按：惠棟謂費直起婁十度，蔡邕起胃一度。

〔一〇〕自畢十二度　按：惠棟謂費直起畢九度，蔡邕起畢六度。

〔一一〕自井十六度　按：惠棟謂費直起井十二度，蔡邕起井十度。

〔一二〕自柳九度　按：惠棟謂費直起柳五度，蔡邕起柳三度。

〔一三〕至張十七度　按：惠棟謂陳卓云十六度。

〔一四〕斗建在未　按："斗"原譌"中"，逕改正。

〔一五〕自張十八度　按：惠棟謂費直起張十三度，蔡邕起張十二度，陳卓起張十七度。

〔一六〕自軫十二度　按：惠棟謂費直起軫七度，蔡邕起軫六度。

〔一七〕今韓分野　惠棟謂陳卓云鄭之分野，鄭玄案堪輿書，壽星，鄭也，作"韓"者誤。按：王先謙謂韓滅鄭，故亦稱鄭，《竹書》可證，惠以"韓"為誤字，非。

〔一八〕自氐五度　按：惠棟謂費直起氐十一度，蔡邕起亢八度。

〔一九〕自尾十度　按：惠棟謂費直起尾九度，蔡邕起尾四度。

〔二〇〕至斗十度　汲本、殿本"十"作"七"。　按：惠棟謂陳卓云斗十一度。

〔二一〕北方玄武三十五星九十八度（四分度之一）　按：殿本《考證》齊召南謂蒼龍、玄武、白虎、朱雀各言星度之數，下言周天三百六十五度四分度之一，不應於北方星度獨言四分度之一也，"四分度之一"五字自是衍文。今據刪。

〔二二〕定墾者九百（一）〔三〕十萬（八）〔六〕千二十四頃　據殿本改。按：以下不墾者之數合計九州之地數，殿本是。

〔二三〕不墾者千五百萬二千頃　按："千"原譌"午"，逕改正。

〔二四〕是以山海經稱禹使大章步自東極至于西垂　按：惠棟謂"垂"一作"極"，下"北垂"同。又按：惠棟謂自"禹使大章"至下"二億三萬三千五百里七十五步"，《山海經》無此文，《淮南子·墜形訓》有之。

〔二五〕二億三萬三千五百里七十一步　惠棟《補注》本"三千"作"二千"，注云"二"一作"三"。汲本、殿本及惠棟《補注》本"五百里"皆作"三百里"。今按：《淮南子·墜形訓》作"二億三萬三千五百里七十五步。"

〔二六〕又使豎亥步〔自〕南極（北）盡於北垂　王先謙謂以上文例之，"南極"上奪一"自"字，"北"字衍。今據刪補。按：《淮南子》作"步自北極,至于南極"。

〔二七〕出水者　按:惠棟謂一作"出水之山者"。

〔二八〕[經]名山五千三百五十(經)六萬四千五十六里　惠棟謂"經"字當在"名山"上。今據改。

〔二九〕出鐵之山三千六百九　按:惠棟謂自"東西二萬八千里"至此,皆《山海經·中山經》之文,彼文"九"下有"十"字。

〔三〇〕平王東遷三十餘載至齊桓公二年　張森楷《校勘記》謂案東遷至齊桓公二年七十九年,非三十餘載,文有訛。今案:"三"疑"七"之譌。

〔三一〕晉陽之(國)[圍]　據殿本改。

〔三二〕不過三十萬　按:"三"字原譌"二",逕改正。

〔三三〕武帝乘其資畜　按:汲本、殿本"乘"作"承"。

〔三四〕縣邑千(四)[五]百八十七　殿本《考證》齊召南謂按《前漢書·地理志》,縣、邑千三百一十四,道三十二,侯國二百四十一,然則合計千五百八十七也,本文"四百"應是"五百"之訛。今據改。

〔三五〕民户千三百二十三萬三千六百一十二　按:《前志》作"千二百二十三萬三千六十二"。

〔三六〕口五千九百一十九萬四千九百七十八人　按:《前志》作"五千九百五十九萬四千九百七十八"。

〔三七〕口(三)[二]千一百萬七千八百二十人　據汲本、殿本改。按:惠棟《補注》引李心傳說,謂西漢户口至盛之時,率以十户為四十八口有奇,東漢户口率以十户為五十二口。此上云"民户四百二十七萬千六百三十四",以十户為五十二口計之,祇二千一百萬餘,則原作"三千一百萬",訛也。

〔三八〕文帝(授)[受]禪　據殿本改。

〔三九〕尚有數十　按:"十"字原空白,據汲本、殿本補。

〔四〇〕郡府聽事壁諸尹畫贊　按:"郡"字原空白,據汲本、殿本補。"畫"原譌"盡",逕改正。

〔四一〕罰纖釐之惡　按:汲本、殿本"罰"作"貶","釐"作"介"。

〔四二〕熒陽　汲本、殿本"熒"作"榮"。按:段玉裁謂熒澤、熒陽,古無作"滎"者,淺人任意竄易,以為水名當作"滎",不知沛水名熒,自有本義,於絕小水之義無涉也。

〔四三〕有(費)〔熒〕澤 《集解》引惠棟說,謂"費澤"無攷,案注及《濟水注》當作"熒澤"。今據改。

〔四四〕穀城 《前志》作"穀成"。按:《集解》引惠棟說,謂古字通以"城"為"成",見《劉寬碑》陰及《韓勅別碑》。

〔四五〕成皋 汲本"皋"作"睪",殿本作"皐",注同。按:《集解》引錢大昕說,謂"睪"當作"皋",字形相涉而譌。《校補》引柳從辰說,謂睪為皋之或體字,作"睪"者,蓋偶譌缺一筆,未可概指為譌。黃山謂睪亦可通"皋"。

〔四六〕新城 按:《集解》引惠棟說,謂《前志》"城"作"成",古字通。

〔四七〕今名蠻中 《集解》引惠棟說,謂《說文》"新城蠻中",古蠻䜌字或相通。按:黃山謂欒䜌相通,蓋古本名欒中,故《說文》作"䜌中"耳,非蠻䜌字相通也。說詳《校補》。

〔四八〕匽師 按:《集解》引惠棟說,謂《前書》"匽"作"偃"。

〔四九〕為地三百(里)〔頃〕 據汲本、殿本改。

〔五〇〕在東(官)〔宮〕西北 據汲本、殿本改。

〔五一〕伯休甫之國也 按:"甫"原譌"川",逕改正。

〔五二〕馮異斬武勃(也)〔地〕 據汲本、殿本改。

〔五三〕即泉戎也 按:殿本"戎"作"城"。

〔五四〕單氏伐東圉 按:"圉"原譌"圍",逕改正。

〔五五〕昭二十三年晉師次于解 按:依《左傳》"三"當作"二","晉"當作"王"。

〔五六〕本傳有(員)〔負〕犢山 《集解》引馬與龍說,謂本書《劉昆傳》,昆避難河南負犢山中,彼注云"《郡國志》河南郡有負犢山"。作"員"者,形近致訛,李賢所見本尚不誤。今據改。按:"本"原譌"才",逕改正。

〔五七〕郭方(七)〔一〕十里 據汲本、殿本改。

〔五八〕以陽人地〔賜周君〕　據殿本《考證》齊召南説補，與《史記·秦本紀》合。

〔五九〕魏文侯（四）〔三〕十二年敗秦于注　按：魏文侯立三十八年卒，無四十二年。敗秦于注，乃三十二年事。各本皆未正，今據《史記》改。

〔六〇〕於滎陽下引河東南為鴻溝　汲本、殿本"滎"作"榮"。按：滎陽之"滎"本從火，作"榮"者後人妄改，見前"滎陽"條校記。

〔六一〕左傳文（三）〔二〕年盟于垂隴　據汲本、殿本改。

〔六二〕左傳閔二年遇于清　"二"原作"一"，逕據汲本、殿本改。按：《左傳》閔二年無此文。

〔六三〕在縣東北遠疑〔非〕　據殿本補，與杜注合。

〔六四〕縣東〔南〕有林鄉　惠棟謂諸本皆脱"南"字。今據補，與杜注合。

〔六五〕左傳（宣）〔成〕十〔六〕年諸侯遷於制田　《集解》引惠棟説，謂諸侯遷制田，成十六年事，注誤。今據改。

〔六六〕縣東有制（城）〔澤〕　據《集解》引惠棟説改，與杜注合。

〔六七〕湯亭〔在〕偃師　據《集解》引惠棟説補。

〔六八〕史記（曰）張儀〔曰〕　按：注所引乃張儀説秦惠王之辭，"曰"字當在"張儀"下，今乙正。

〔六九〕左（氏）〔傳〕　王先謙謂"氏"例當作"傳"，此駁文。今據改。

〔七〇〕地道記在南　按：《集解》引惠棟説，謂依《水經注》"南"當作"西"。

〔七一〕左傳昭二十二年王子猛居于皇　按："二十二年"原譌"一十二年"，逕改正。

〔七二〕在縣西（北）〔南〕　《集解》引惠棟説，謂"西北"今《左傳》注云"西南"。今據改。

〔七三〕昭二十（三）〔二〕年　惠棟謂"三"當作"二"。今據改，與《左傳》合。

〔七四〕成皋北門名（王）〔玉〕門　據殿本改。按：《前書》及《通鑑》並作"玉"。

〔七五〕見東京賦（曰）　汲本"曰"作"云"。按文此字當衍，殿本無，今據删。

〔七六〕周襄王處鄭地汜　按：《集解》引錢大昕説，謂襄王所處在潁川之襄城，注文重出，當去此存彼。

〔七七〕一名密縣　按：今《左傳》杜注作"新鄭，鄭新密，今滎陽密縣"。惠棟云注文有脱誤。

〔七八〕多美堊　按：《集解》引惠棟説，謂今《山海經》云"多美玉青堊"。

〔七九〕其名曰（㲈）〔獂〕　據汲本、殿本改。

〔八〇〕在縣西北　按："在"上當脱"杜預曰"三字。又按：《左傳》杜注"西北"作"東北"。

〔八一〕楚殺鄩子　《校補》引柳從辰説，謂今《左》昭十六年經傳"鄩"均作"蠻"，注誤。

〔八二〕有絺城　按：《集解》引惠棟説，謂"絺"《説文》作"郗"。

〔八三〕王取鄭隰城　按："取"疑"與"之誤。《左》隱十一年王以蘇忿生田與鄭，有隰郕，杜注"在懷縣西南"。僖二十五年《傳》"隰郕"作"隰城"。

〔八四〕左傳僖四年晉文公圍南陽　按：注有誤。僖四年重耳方出亡，安有所謂"晉文公圍南陽"事？

〔八五〕太行之山　按："行"原譌"時"，逕改正。

〔八六〕縣西北有（贊）〔攅〕城　據汲本、殿本改。

〔八七〕洹水所出　按：《校補》引柳從辰説，謂《水經》"洹水出上黨泫氏縣"，注云"出洹山，在長子縣也"。又"東過隆慮縣北"，注云"縣北有隆慮山"。是隆慮非即洹水所出。

〔八八〕少有名人大衣冠三世皆衰絶也　按：張森楷《校勘記》謂"大衣冠"不詞，疑"大"下有"族"字，"衣冠"屬下為句。

〔八九〕蒲坂　按：《前志》"坂"作"反"。

〔九〇〕兖水出　《集解》引惠棟説，謂"兖"當作"沇"。又引錢大昕説，謂兖即沇字，古人從水字或横寫，沇作兖，亦是以立水為横水，隸省為六爾。兖州本以沇水得名，非兩字也。按：《説文》"沇"下段注云，古文作㕣，小篆作沇，隸變作兖，此同義而古今異形。

〔九一〕有（祁）〔析〕城山　據殿本改。按：錢大昕謂"祁"當作"析"。

〔九二〕〔巫〕咸山在南　王先謙謂"咸"上脱"巫"字，班志可證。今據補。

〔九三〕僖（九）〔二十四〕年晉懷公死高梁　殿本《考證》齊召南謂注引《左傳》紀年多訛，晉文公入國而後殺懷公於高梁，是僖二十四年事。今據改。

〔九四〕衛地也平陽東南地名馬陵　按：注引杜注有誤。《春秋》成七年杜注作"馬陵，衛地。陽平元城有地名馬陵"。又按：王先謙謂"衛"當作"魏"。

〔九五〕縣有董亭　按：《校補》謂今《左傳》注作"汾陰縣有董亭"。考《晉志》無汾陰縣，此或據魏舊言之，而其時亭地已改隸汾陰耳。

〔九六〕古之綸少康邑　按：《集解》引惠棟説，謂案梁國虞縣有綸城，少康邑，注失考。

〔九七〕盗跖冢臨河〔曲〕　《集解》引惠棟説，謂案《皇覽》，冢臨河曲，直宏農華陰山潼鄉，注脱"曲"字也。今據補。

〔九八〕在縣西二十里　按今《左傳》杜注作"在河東解縣西"，不言"二十里"。

〔九九〕杜預曰猗氏縣東北有瑕城　按：今《左傳》僖十二年無此注。僖三十年"許君焦、瑕"，杜注"晉河外五城之二邑"，即此，然不云"猗氏縣東北"也。

〔一〇〇〕在縣東八十里　按：《左傳》杜注云"在平陽絳邑縣東"，不言"八十里"。

〔一〇一〕得石椁　按：汲本、殿本"椁"作"棺"。

〔一〇二〕晉武公〔自〕曲沃徙此　據《集解》引馬與龍説補。按：馬與龍謂注"曲沃"上脱"自"字。《漢書·地理志》"河東郡絳,晉武公自曲沃徙此"。注《地道記》説蓋即本班志,當在前"絳邑"下,不知何以置此。《地道記》不應若是之誤,劉昭亦不應誤引若是,當由後人傳寫誤脱,因妄竄耳。

〔一〇三〕有務鄉　《集解》引錢大昕説,謂《劉聖公傳》作"蓩鄉",音莫老反。

〔一〇四〕按:殿本《考證》齊召南謂此注錯簡,當在下"陝有陝陌"之下。杜預《左傳》注云"桑田,虢地,在弘農陝縣東北"。蓋舊志陝有桑田亭,而劉昭引此文為注也。又按:注"桑田亭"原譌"桑里亭",逕改正。

〔一〇五〕出(衡)〔衘〕(山)嶺下谷　按:《前志》"衡"作"衘",《水經·河水注》及《開山圖》亦作"衘"。《集解》引錢大昕説,謂"衡"當作"衘"。又《前書補注》引段玉裁説,謂"嶺"誤析為"山領",古"嶺"祇作"領"字。王先謙謂段云"山"字衍,是。今據以改删。

〔一〇六〕虢都上陽在縣東〔南〕　按:《左傳》僖五年"晉侯圍上陽",杜注"上陽,虢國都,在弘農陝縣東南"。今據補。

〔一〇七〕從河曲南行而東盡故虢　按:今《左傳》杜注作"從河南而東盡虢界也"。

〔一〇八〕秦又改曰寧秦　按:齊召南謂此注六字亦錯簡,當在下華陰注"高帝改曰華陰"之上,證以《前志》自明。

〔一〇九〕名曰肥遺　殿本"遺"作"𧔥",與今《山海經》合。按:《校補》謂𧔥後起字,疑本通作"遺"。

〔一一〇〕有(嚴)〔掫〕城　按:《集解》引洪頤煊説,謂本書劉玄傳注引《續志》作"掫城","嚴"是"掫"字之訛。今據改。

〔一一一〕長安城方(亦)〔六〕十三里　據《校補》引錢大昭説改。按:《史記·吕后紀》索隱引亦作"六十三里"。

〔一一二〕葬城東南桐(松)〔柏〕園　據《集解》引惠棟説改。

〔一一三〕雒水出(護)〔謢〕舉之山　《集解》引惠棟説,謂"護舉"《山海經》作"謢舉"。《校補》引柳從辰説,謂《水經》亦作"謢舉"。今據改。

〔一一四〕(衆)〔史〕記云　據汲本、殿本改。

〔一一五〕左傳曰（昭）〔哀〕四年楚（左）〔右〕師軍蒼野　據《左傳》改。

〔一一六〕杜預曰在縣南　按：今《左傳》杜注云"在上雒縣"，不言"南"。

〔一一七〕杜預曰古梁國　按：《左傳》文公十年，晉伐秦，取少梁，杜注"少梁，馮翊夏陽縣"。與此異。

〔一一八〕爾雅（曰）十藪　按文"曰"字當衍，今删。

〔一一九〕漢（書）舊儀　按："書"字衍，今删。

〔一二〇〕魏（志）〔略〕曰　《集解》引陳景雲説，謂今本《魏志》無此文，疑出《魏略》，"志"字偶誤。按：游楚事見《魏志·張既傳》注，正引《魏略》，今據改。

〔一二一〕（國）〔用〕游楚為太守　《集解》引錢大昕説，謂"國"當作"以"。今按：何焯以宋殘本校，"國"作"用"，國用形近易誤，今從何校改。

後漢書志第二十

郡國二

潁川　汝南　梁國　沛國　陳國　魯國
右豫州

魏郡　鉅鹿　常山　中山　安平　河閒　清河
趙國　勃海
右冀州

潁川郡秦置。雒陽東南五百里。十七城，戶二十六萬三千四百四十，口百四十三萬六千五百一十三。

陽翟禹所都。[1]有鈞臺。[2]有高氏亭。[3]有雍氏城。[4]　**襄**有養陰里。　**襄城**[5]有西不羹。[6]有氾城。[7][一]有汾丘。[8]有魚齒山。[9]　**昆陽**有湛水。[10]　**定陵**有東不羹。[11]　**舞陽**邑。　**郾**　**臨潁**[二]　**潁陽**　**潁陰**[12]有狐宗鄉，或曰古狐人亭。有岸亭。[13]　**許**[14]　**新汲**[15]　**鄢陵**[三]春秋時曰鄢。[16]　**長社**有長葛城。[17]有向鄉。[18]有蜀城，有蜀津。[19]　**陽城**[20]有嵩高山，[21]洧水、潁水出。[22]有鐵。有負黍聚。[23]　**父城**有應鄉[24]。　**輪氏**[四]建初四年置。[五]

【注】

〔1〕《汲冢書》："禹都陽城。"《古史考》曰"鄭厲公入櫟"，即此也。《晉地道記》曰去雒陽二百八十六里，屬河南。

〔2〕《左傳》曰"夏啓有鈞臺之享"，杜預曰有鈞臺陂。《帝王世記》云在縣西。

〔3〕《左傳》成十七年衛侵鄭，至高氏，杜預曰縣西南。

〔4〕《左傳》襄十八年楚伐鄭，侵雍梁，杜預曰在縣東北。《史記》齊湣王十二年攻魏，楚圍雍氏。

〔5〕《左傳》定四年"盟皋鼬"，杜預曰縣東南有城皋亭。

〔6〕杜預曰有不羹城。

〔7〕杜預曰在縣南。周襄王所處。

〔8〕《左傳》襄十八年楚治兵於汾，杜預曰縣東北有汾丘城。

〔9〕《左傳》謂魚陵，杜預曰魚齒山也，在犨縣北。

〔10〕《左傳》襄十六年，楚公子格與晉戰於湛阪。

〔11〕杜預曰縣西北有不羹亭。《地道記》曰："高陵山，汝水所出。"〔六〕

〔12〕《左傳》文九年楚伐鄭，師於狼淵，杜預曰縣西有狼陂。獻帝遣御史大夫張音奉皇帝璽綬策書，禪帝位於魏，是文帝繼王位，〔七〕南巡在潁陰，有司乃為壇於潁陰。庚午，登壇，魏相國華歆跪受璽綬，以進於王。王既受畢，降壇視燎，成禮而反。《帝王世記》云："魏文皇帝登禪于曲蠡之繁陽亭，為縣曰繁昌，亦《禹貢》豫州之域，今許之封內，今潁川繁昌是也。"《北征記》曰："城在許之南七十里。東有臺，高七丈，方五十步，臺南有壇高二丈，方三十步，即受終之壇也。"案《北征記》云是外黃縣繁昌城，非也。

〔13〕《史記》魏哀王五年秦伐魏，走犀首岸門，徐廣曰岸亭。〔八〕

〔14〕《左傳》莊二十八年楚伐鄭，鄭奔桐丘，杜預曰縣東北有桐丘城。獻帝徙都，改許昌。〔九〕

〔15〕《左傳》文元年衛孔達侵鄭，伐緜訾及匡，杜預曰縣東北有匡城。成十七年伐（齊）〔鄭〕至曲洧，〔一〇〕杜預曰縣治曲洧，城臨洧水。

〔16〕春秋鄭共叔所保，故曰"克段於鄢"。〔一一〕又成十六年晉敗楚於鄢

陵。李奇曰:"六國曰安陵。"

〔17〕《左傳》隱五年宋伐鄭,圍長葛。縣本名長葛。《地道記》曰:"社中樹暴長,漢改名。"

〔18〕《左傳》襄十一年諸侯師于向,杜預曰在縣東北。

〔19〕《史記》曰魏惠王元年韓、趙合軍伐魏蜀澤。〔一二〕

〔20〕《帝王世記》曰:"陽城有啓母冢。"

〔21〕《山海經》謂為太室之山。《禹貢》有外方山,鄭玄《毛詩譜》云外方之山即嵩也。《孟子》曰"益避禹之子於箕山之陰",注云嵩高之北。

〔22〕《晉地道記》曰:"潁水出陽乾山。"

〔23〕《史記》曰周敬王十九年鄭伐負黍。〔一三〕馮敬通賦"遇許由於負黍(山)"〔一四〕也。

〔24〕杜預曰應國在西南。《史記》曰客謂周最,以應為秦王太后養地。

汝南郡高帝置。雒陽東南六百五十里。三十七城,户四十萬四千四百四十八,口二百一十萬七百八十八。

平輿有沈亭,故國,姬姓。[1] **新陽**侯國。 **西平**有鐵。有柏亭,故柏國。 **上蔡**本蔡國。 **南頓**本頓國。 **汝陰**本胡國。[2] **汝陽** **新息**[侯]國。〔一五〕 **北宜春** **灈强**〔一六〕侯國。 **濯陽** **期思**有蔣鄉,故蔣國。 **陽安**[有]道亭,故國。[3]〔一七〕 **項**[4] **西華** **細陽** **安城**侯國。有武城亭。 **吴房**有棠谿亭。[5] **鮦陽**侯國。[6] **慎陽**〔一八〕 **慎** **新蔡**有大吕亭。[7] **安陽**侯國。〔一九〕有江亭,故國,嬴姓。 **富波**侯國,永元中復。 **宜禄**永元中復。 **朗陵**侯國。[8] **弋陽**侯國。有黄亭,故黄國,嬴姓。 **召陵**[9]有陘亭。[10]有安陵鄉。 **征羌**侯國。有安陵亭。[11] **思善**侯國。 **宋公國**,周名鄋丘,漢改為新郪,章帝建初四年徙宋公於此。有繁陽亭。[12] **襃信**侯國。有賴亭,故國。[13] **原鹿**侯國。[14] **定潁**侯國。 **固始**侯國。故寢也,光武中興更名。有寢丘。[15] **山桑**侯國,故屬沛。有下城父聚。有垂惠聚。[16] **城父**故屬沛,春秋時曰夷。[17]有章華臺。[18]

【注】

〔1〕有(摯)[摯]亭,見《說文》。[二〇]

〔2〕杜預曰縣西北有胡城。《地道記》有陶丘鄉。《詩》所謂"汝墳"。

〔3〕杜預曰在縣南。袁山松《書》有朔山。《魏氏春秋》曰:"初平三年,分二縣置陽安都尉。"

〔4〕故國,《左傳》僖十七年魯所滅。《地道記》曰有公路城,袁術所築。

〔5〕《左傳》曰房國,楚靈王所滅。又楚封吳王夫概於棠谿。《地道記》有吳城。

〔6〕《皇覽》曰:"縣有葛陂鄉,[二一]城東北有楚武王冢,民謂之楚王岑。[二二]永平中,葛陂城北祝里社下於土中得銅鼎,而銘曰'楚武王之冢'。民傳言秦、項、赤眉之時欲發之,輒頹壞[填]厭,[二三]不得發。"

〔7〕《地道記》曰故呂侯國。《左傳》昭四年吳伐楚,入櫟,杜預曰縣東北有櫟亭。

〔8〕《左傳》成六年楚拒晉桑隧,杜預曰縣東有桑里亭。[二四]

〔9〕《左傳》昭十三年楚蔡公與子干、子晢盟于鄧,杜預曰縣西南有鄧城。

〔10〕《左傳》僖四年齊伐楚,次陘,杜預曰在縣南。蘇秦說韓宣惠王曰:"南有陘山。"

〔11〕《史記》无忌說魏安僖王[二五]曰:"王之使者出,過而惡安陵氏於秦。"《博物記》曰故安陵君也。

〔12〕《左傳》襄四年楚師繁陽,杜預曰鮦陽南有繁陽亭。[二六]

〔13〕《史記》楚封王孫勝白公。[二七]杜預曰褒信縣有白亭。[二八]

〔14〕《春秋左氏傳》僖二十一年宋盟鹿上,杜預曰原鹿縣也。

〔15〕《史記》曰楚莊王封孫叔敖子,又蒙恬破楚軍。

〔16〕蘇茂奔垂惠,王劉紆。

〔17〕夷屬陳，《左傳》僖二十三年楚所取。有乾谿，在縣南。

〔18〕杜預曰："章華宮在華容縣城内。"

梁國 秦碭郡，高帝改。其三縣，元和元年屬。雒陽東南八百五十里。九城，户八萬三千三百，口四十三萬一千二百八十三。

下邑〔1〕 **睢陽**〔2〕本宋國閼伯墟。有盧門亭。〔3〕有魚門。〔4〕有陽梁聚。〔5〕 **虞**有空桐地，有桐地，有桐亭。〔6〕有綸城，少康邑。碭山出文石。〔7〕 **蒙**〔8〕有蒙澤。〔9〕 **穀熟**〔二九〕有新城。〔10〕有邔亭。〔11〕 **鄢**〔三〇〕故屬陳留。〔12〕 **寧陵**故屬陳留。有葛鄉，故葛伯國。〔13〕 **薄**故屬山陽，〔湯〕所都。〔14〕〔三一〕

【注】

〔1〕《左傳》哀七年築黍丘，杜預曰縣西南有黍丘亭。

〔2〕《北征記》曰："城周三十七里，南臨濊水，凡二十四門。"《地道記》曰："梁孝王築城十二里，小鼓唱節柝下而和之，稱《睢陽曲》。"

〔3〕《左傳》桓十四年宋伐鄭，"取太宮之椽，為盧門之椽"。昭二十一年敗吴鴻口，杜預曰縣東〔南〕有鴻口亭。《地道記》曰："昭二十一年'禦諸橫'，橫亭在縣南。"

〔4〕《左傳》僖二十二年邾人懸公胄於魚門。〔三二〕

〔5〕《左傳》襄十二年楚伐宋，師楊梁，杜預曰有梁亭。〔三三〕僖二十八年楚子玉夢河神謂己曰"吾賜汝孟諸之麋"，杜預曰在縣東北。《爾雅》十藪，宋有孟諸。

〔6〕《左傳》哀二十六年，宋景公死空桐。

〔7〕《史記》曰高祖隱於芒、碭山澤巖石之間。有陳勝墓。

〔8〕《帝王世紀》曰有北亳，即景亳，湯所盟處。

〔9〕《左傳》宋萬殺宋閔公於蒙澤。〔三四〕僖二年齊侯盟貫，杜預曰縣西北有貰城，貰字與貫字相似。

〔10〕《左傳》曰文十四年諸侯會新城。《帝王世紀》有南亳。

〔11〕古邾國。

〔12〕《左傳》成十六年會沙隨，杜預曰縣北有沙隨亭。

〔13〕（《左傳》）〔杜預〕曰在縣東北。〔三五〕

〔14〕杜預曰蒙縣西北有薄城。〔三六〕中有湯冢。《左傳》宋公子御說奔亳。其西又有微子冢。

沛國秦泗（川）〔水〕郡，〔三七〕高帝改。雒陽東南千二百里。二十一城，户二十萬四百九十五，口二十五萬一千三百九十三。

相[1]　**蕭**本國。[2]　**沛**有泗水亭。[3]　**豐**[4]西有大澤，高祖斬白蛇於此。有枌榆亭。[5]　**鄲**[6]有鄢聚。[7]　**穀陽**　**譙**[8]刺史治。[9]　**洨**有垓下聚。[10]　**蘄**有大澤鄉，陳涉起此。[11]　**銍**　**郸**　**建平**　**臨睢**故芒，光武更名。　**竹邑**侯國，故竹。　**公丘**本（膠）〔滕〕國。[12]〔三八〕　**龍亢**[13]　**向**本國。　**符離**　**虹**[14]〔三九〕　**太丘**　**杼秋**故屬梁國，有澶淵聚。[15]

【注】

[1]《左傳》桓十五年會於袤，杜預曰在縣西南。一名犖。

[2]《北征記》："城周十四里，南臨汴水。"

[3]亭有高祖碑，班固為文，見《固集》。《地道記》有許城。《左傳》定八年，鄭伐許。〔四〇〕

[4]《地道記》曰："去國二百六十，州六百，雒千二十五里。"

[5]案：《前志》注"枌榆社在縣東北十五里"。或鄉名，高祖里社。戴延之《西征記》曰："縣西北有漢祖廟，為亭長所處。"

[6]《左傳》昭四年吳伐楚入棘，杜預曰縣東北有棘亭。襄元年鄭侵宋，取犬丘，杜預曰縣東北有犬丘城。《帝王世紀》曰"曹騰封費亭侯，縣有費亭是也"。

〔7〕《左傳》曰"冀為不道，伐鄍三門"，服虔曰鄍，晉別都，杜預曰是虞邑，地處闕，則非此鄍矣。《博物記》曰："諸侯會于鄍亭。"

〔8〕平陽邑，《左傳》僖二十三年楚所取。乾谿在南。

〔9〕《漢官》曰去雒陽千二十里。

〔10〕高祖破項羽也。

〔11〕《史記》曰高祖擊黥布於會甄，徐廣曰在縣西。

〔12〕杜預曰在縣東南。

〔13〕《地道記》曰《左傳》隱二年入向城，在縣東南。

〔14〕《地道記》云《左傳》昭八年"大蒐於紅"。

〔15〕《左傳》襄二十年"盟於澶淵"。〔四一〕

陳國 高帝置為淮陽，章和二年改。雒陽東南七百里。九城，户十一萬二千六百五十三，口百五十四萬七千五百七十二。〔四二〕

陳〔1〕　陽夏有固陵聚。〔2〕　寧平　苦春秋時曰相。有賴鄉。〔3〕　柘　新平　扶樂　武平〔4〕　長平故屬汝南。〔5〕有辰亭。〔6〕有赭丘城。

【注】

〔1〕《帝王世記》曰："庖犧氏所都，舜後所封。"《左傳》僖元年會於柽，杜預曰縣西北有柽城。《爾雅》曰："丘上有丘曰宛丘。"陳有株邑，蓋朱襄之地。《博物記》曰："邛地在縣北，防亭在焉。《詩》曰：'（卭）〔邛〕有旨苕，〔四三〕防有鵲巢。'"

〔2〕《史記》高祖五年（楚）〔追〕項籍至固陵，〔四四〕晉灼《漢書》注云〔四五〕汝南固始縣。〔四六〕

〔3〕伏滔《北征記》曰："有老子廟，廟中有九井，水相通。"《古史考》曰："有曲仁里，老子里也。"《地道記》曰："城南三十里有平城。"

〔4〕《左傳》成十六年，諸侯侵陳鳴鹿，杜預曰縣西南有鹿邑。

〔5〕《左傳》宋華氏戰于鬼閻,杜預曰縣西北有閻亭。
〔6〕《左傳》宣十一年盟辰陵,杜預曰縣東南有辰亭。

魯國 秦薛郡,高后改。本屬徐州,光武改屬豫州。六城,户七萬八千四百四十七,口四十一萬一千五百九十。

　　魯國,〔古〕奄國。[1]〔四七〕有大庭氏庫。[2]有鐵。有闕里,孔子所居。[3]有牛首亭。[4]有五父衢。[5] **騶** 本邾國。[6] **蕃** 有南梁水。[7] **薛** 本國,[8]六國時曰徐州。[9]〔四八〕 **卞** 有盜泉。有鄪鄉城。[10] **汶陽**[11]

【注】

〔1〕《帝王世記》曰:"黃帝生於壽丘,〔四九〕在魯東門之北。少昊自窮桑登帝位,窮桑在魯北,後徙曲阜。"應劭曰:"曲阜在魯城中,委曲長七八里。"《左傳》曰伯禽封少昊之墟。僖二十九年介葛盧舍于昌衍,杜預曰縣東南有昌平城。《皇覽》曰:"奄里伯公冢在城内祥舍中,民傳言魯五德奄里伯公葬其宅。"

〔2〕杜預曰:"大庭氏,古國名,在城内,魯於其處作庫。"

〔3〕《漢晉春秋》曰:"鍾離意相魯,見仲尼廟頹毀,會諸生於廟中,慨然歎曰:'蔽芾甘棠,勿翦勿伐,況見聖人廟乎!'遂躬留治之。周觀輿服之在焉,自仲尼以來,莫之開也。意發視之,得古文策書,曰'亂吾書,董仲舒。'[五〇]治吾堂,鍾離意。璧有七,〔五一〕張伯盗一。'意尋案未了。而卒張伯者治中庭,治地得六璧,上之。意曰:'此有七,何以不遂?'伯懼,探璧懷中。魯咸以為神。"《意別傳》曰:"意省堂有孔子小車乘,皆朽敗,意自耀俸雇漆膠之直,請魯民治之,及護几席(嗣)〔劍〕履。〔五二〕後得甕中素書,曰'護吾履,鍾離意'。"又《禮記》瞿相之圃亦在城中西南,近孔子廟。而仲尼墓在魯城門北便之外泗水上,去城一里。葬地蓋一頃,墓墳南北十步,東西十三步,高一丈二尺。墓前有瓴甓為祠壇,方六尺,與地平。塋中異木以百數,

魯人莫能識也。《皇覽》曰："孔子本無祠堂，塋中不生荊棘及刺人草。伯魚冢在孔子冢東，與孔子冢併，〔五三〕大小相望。子思冢在孔子冢南。"案：今墓書孫在祖前，謂此為驕孫祔。

〔4〕《左傳》曰桓十四年宋伐鄭，取牛首。〔五四〕

〔5〕《地道記》曰在城東。

〔6〕有驪山，高五里，秦始皇刻石焉。劉薈《驪山記》〔五五〕曰："邾城在山南，去山二里。城東門外有韋賢墓，北有繹山。《左傳》文十三年邾遷於繹。郭璞曰繹山純石，積構連屬。城北有牙山，牙山北有唐口山，唐口山北有陽山。城北有孟軻冢焉。"

〔7〕《左傳》襄四年戰狐台，杜預曰縣東南有目台亭。

〔8〕《地道記》曰："夏車正奚仲所封，冢在城南二十里山上。"《皇覽》曰："靖郭君冢在城中東南陬。孟嘗君冢在城中向門東北邊。"

〔9〕《史記》曰齊宣王九年與魏襄王會徐州而相王。

〔10〕《左傳》文公七年城郚，杜預曰縣南有郚鄉城。〔五六〕隱元年盟于蔑，杜預曰蔑，地名，縣南有姑城。襄十七年齊圍桃，杜預曰縣東南有桃墟。

〔11〕《左傳》桓十二年盟曲池，杜預曰縣北有曲水亭。《地道記》"臨淄縣西南門曰曲門，其側有池"。案：魯桓與杞、莒盟，不往齊地，《地道》為妄。

右豫州刺史部，郡、國六，縣、邑、〔公〕、侯國九十九。〔五七〕

魏郡高帝置。雒陽東北七百里。〔1〕十五城，戶十二萬九千三百一十，口六十九萬五千六百六。

【注】

〔1〕《魏志》曰："建安十七年，割河內之蕩陰、朝歌、林慮，東郡之衛國、頓丘、東武陽、發干，鉅鹿之廮陶、曲（陽）〔周〕，〔五八〕南和、（廣平之）廣平、任（城），〔五九〕趙國之襄國、邯鄲、易陽，以益魏郡。十八年，分置東西

都尉。"

鄴[1]有故大河。有滏水。[2]有汙水,有汙城。[3]有平陽城。[4]有武城。[5]有九侯城。 **繁陽** **內黃**[6]清河水出。有羛陽聚。[7]有黃澤。[8] **魏** **元城**[9]〔五鹿〕墟,故沙鹿,[10]〔六〇〕有沙亭。[11] **黎陽**[12] **陰安邑。** **館陶** **清淵** **平恩** **沙侯國。**[13] **斥丘**有葛。[14] **武安**有鐵。[15] **曲梁侯國,**[16]故屬廣平。有雞澤。[17] **梁期**[六一]

【注】

〔1〕《帝王世紀》曰:"縣西南有上司馬,殷太甲常居焉。"《魏都賦》注曰:"縣西北有鼓山,時時自鳴,鳴則兵。"又交谷水在縣南。案:本傳有西唐山。又鄴北太行山,西北去,亦不知山所極處,亦如東海不知水所窮盡也。

〔2〕《魏都賦》曰:"北臨漳、滏,則冬夏異沼。"注云:"水經鄴西北。滏水熱,故名滏口。"

〔3〕《史記》曰項羽破秦軍汙水上。

〔4〕《史記》曰靳歙別下平陽。

〔5〕徐廣曰一作"鬼侯"。與文王為紂三公。

〔6〕《左傳》襄十九年會于柯,杜預曰縣東北有柯城。昭九年荀盈卒于戲陽,杜預曰縣北有戲陽城。

〔7〕世祖破五校處。

〔8〕《前志》曰在縣西。[六二]

〔9〕《左傳》成七年會馬陵,杜預曰縣東南有地名馬陵。《史記》曰龐涓死處。

〔10〕《左傳》:"沙鹿崩。"《穀梁傳》曰:"林屬於山曰鹿。沙,山名也。"

〔11〕《左傳》定七年盟于沙(亭),杜預曰〔沙亭〕在縣東南。[六三]七年盟于瑣,[六四]《晉地道記》曰縣南有瑣陽城。

〔12〕《左傳》定十四年會于牽，杜預曰縣東北有牽城。

〔13〕《魏都賦》注曰有龍山。

〔14〕杜預曰有乾侯。魯昭公所處。

〔15〕即臺孝威隱于縣山。

〔16〕《左傳》宣十五年敗赤狄于曲梁。

〔17〕《左傳》襄三年諸侯會雞澤，杜預曰在縣西南。

鉅鹿郡秦置。建武十三年省廣平國，以其縣屬。雒陽北千一百里。十五城，戶十萬九千五百一十七，口六十萬二千九十六。

廮陶有薄落亭。　鉅鹿故大鹿，有大陸澤。〔1〕　楊氏　鄡〔六五〕　下曲陽有鼓聚，故翟鼓子國。〔2〕有昔陽亭。〔3〕　任　南和　廣平　斥章　廣宗　曲周　列人　廣年　平鄉　南䜌

【注】

〔1〕有廣阿澤。《呂氏春秋》九藪趙之鉅鹿，高誘注云廣阿澤也，《山海經》曰大陸之水。《史記》紂盈鉅橋之粟。許慎云："鉅鹿之大橋也。"鉅鹿南有棘原，章邯所軍處。《前書》曰沙丘臺在縣東北七十里。

〔2〕杜預曰縣西南有肥累城。古肥國，白狄別種。

〔3〕《左傳》昭十二年晉荀吳入昔陽，杜預曰沽縣東有昔陽城。（取）〔肥〕故都也。〔六六〕

常山國高帝置。建武十三年省真定國，以其縣屬。十三城，戶九萬七千五百，口六十三萬一千一百八十四。

元氏〔1〕　高邑故鄗，光武更名。刺史治。〔2〕有千秋亭、五成陌，〔3〕光武即位於此矣。　都鄉侯國。有鐵。　南行唐有石臼谷。　房子贊皇山，〔4〕濟水所出。〔5〕　平棘有塞。　欒城〔6〕　九門〔7〕

靈壽衛水出。　**蒲吾**[8]　**井陘**　**真定**　**上艾**故屬太原。

【注】

〔1〕《晉地道記》有石塞、三公塞。

〔2〕《漢官》曰去雒陽一千里。

〔3〕縣南七里。

〔4〕在縣西南六十里。

〔5〕《晉地道記》有礫塞、中谷塞。

〔6〕[在平棘]縣西北四十里。[六七]

〔7〕《史記》趙武靈王出九門，如野臺以望齊、中山之境。碣石山，《戰國策》云在縣界。

〔8〕《史記》番吾君。杜預曰晉之蒲邑也。《古今注》曰："永平十年，作常山呼沱河蒲吾渠，通漕船也。"

中山國高祖置。雒陽北一千四百里。十三城，戶九萬七千四百一十二，口六十五萬八千一百九十五。

盧奴　**北平**有鐵。　（母）[毋]**極**[六八]　**新市**有鮮虞亭，故國，子姓。[1]　**望都**[2]　**唐**有中人亭，[3]有左人鄉。[4]　**安國**　**安憙**本安險，章帝更名。　**漢昌**本苦陘，章帝更名。　**蠡吾**侯國，故屬涿。　**上曲陽**故屬常山。恒山在西北。[5]　**蒲陰**本曲逆，章帝更名。有陽城。[6]　**廣昌**故屬代郡。

【注】

〔1〕杜預曰白狄別種。

〔2〕《左傳》晉伐鮮虞及中人，杜預曰縣西北有中人城。《晉地道記》有馬安關。[六九]

〔3〕《博物記》曰："堂關在中人西北百里，[七〇]中人在縣西四十里。"

《列子》曰:"趙襄子使新稺穆子攻翟,取左人、中人。"

〔4〕《帝王世紀》曰:"堯封唐。堯山在北,唐水西入河,南有望都山,即堯母慶都所居,相去五十里。都山一名豆山。"《博物記》曰:"左人,唐西北四十里。"

〔5〕有泉水,干吉得神書。《晉地道記》:"自縣北行四百二十五里,恒多山坂,名飛狐口。"

〔6〕《晉地道記》曰:"有陽安關。〔七一〕陽城。蒲陽山,蒲水出也。"

安平國故信都,高帝置。明帝名樂成,延光元年改。雒陽北二千里。十三城,戶九萬一千四百四十,口六十五萬五千一百一十八。

信都有絳水、呼沱河。 **阜城**故昌城。〔七二〕 **南宮 扶柳 下博 武邑 觀津**〔1〕 經西有漳水,津名薄落津。〔2〕 **堂陽**故屬鉅鹿。 **武遂**故屬河閒。 **饒陽**故名饒,屬涿。有無蔞亭。〔3〕 **安平**故屬涿。 **南深**(國)〔澤〕故屬涿。〔七三〕

【注】

〔1〕本清河下縣。《決錄注》曰:"孝文竇皇后父隱身漁釣,墜淵而卒。景帝立,后為太后,遣使者更填父所墜淵而葬,起大墳于縣城南,民號曰竇氏青山。"

〔2〕《史記》曰,趙武靈王曰:"吾國東有河、薄落之水。"

〔3〕馮異進豆粥光武。案:志有解犢侯,靈帝封。

河閒國文帝置,世祖省屬信都,和帝永元(三)〔二〕年復故。〔七四〕雒陽北二千五百里。十一城,戶九萬三千七百五十四,口六十三萬四千四百二十一。

樂成 弓高 易故屬涿。 **武垣**故屬涿。 **中水**故屬涿。 **鄭**故屬涿。 **高陽**故屬涿。有葛城。 **文安**故屬勃海。 **束州**故屬勃海。　**成平**故屬勃海。　**東平舒**故屬勃海。

清河國高帝置。桓帝建和二年改為甘陵。雒陽北千二百八十里。七城，戶十二萬三千九百六十四，口七十六萬四百一十八。
　　甘陵故厝，安帝更名。　**貝丘**　**東武（成）[城]**〔七五〕　**鄃**　**靈**和帝永元九年復。〔1〕　**繹幕**　**廣川**故屬信都。有棘津城。〔2〕

【注】
〔1〕《地道記》曰有鳴犢河。
〔2〕太公呂尚困於棘津城，琅邪海曲，非此城也。案：永初元年鄧太后分置廣川王國，後王薨，國除。太后崩，還益清河。

趙國秦邯鄲郡，高帝改名。雒陽北千一百里。五城，戶三萬二千七百一十九，口十八萬八千三百八十一。
　　邯鄲〔1〕有叢臺。〔2〕　**易陽**〔3〕　**襄國**本邢國，秦為信都，項羽更名。有檀臺。〔4〕有蘇人亭。　**柏人**　**中丘**〔5〕〔七六〕

【注】
〔1〕張華曰："趙奢冢在邯鄲西山上，謂之馬服山。"
〔2〕有洪波臺。
〔3〕《魏都賦》曰："溫泉毖涌而自浪。"注曰："溫泉在易陽，世以治疾，洗百病。"
〔4〕《史記》曰趙成侯，魏獻榮椽，因以為檀臺。
〔5〕《晉地道記》曰有石門塞、燒梁關。

勃海郡高帝置。雒陽北千六百里。八城,户十三萬二千三百八十九,口百一十萬六千五百。

　　南皮　**高城**侯國。[七七]　**重合**侯國。　**浮陽**侯國。　**東光**[1]　**章武**　**陽信**延光元年復。　**脩**故屬信都。

【注】
[1]有胡蘇亭。胡蘇河之名見《爾雅》。

右冀州刺史部,郡、國九,縣、邑、侯國百。

【校勘記】
[一]有汜城　按:"汜"原譌"汜",逕改正。
[二]臨潁　按:《集解》引錢大昕說,謂和帝女封臨潁公主,志似脫"邑"字。桓帝時,邊韶為臨潁侯相,蓋公主之子襲封為侯也。
[三]隝陵　按:《前志》"隝"作"傿"。
[四]輪氏　按:《前志》作"綸氏"。
[五]建初四年置　殿本《考證》齊召南謂按前志潁川郡有綸氏,疑縣不自建初置也。今按:《漢書補注》王先謙謂"置"疑"復"之誤。
[六]高陵山汝水所出　按:張森楷《校勘記》謂案前志,潁川、汝南俱有定陵,此定陵下但云"有東不羹",其高陵云云在汝南定陵下,今於此處注之,非是。
[七]是文帝繼王位　按:張森楷《校勘記》謂案上下文義,"是"字頗不相屬,疑當作"時",否則下有"時"字脫去。
[八]徐廣曰岸亭　《集解》引惠棟說,謂當作"岸門亭",諸本缺"門"字。今按:《史記·魏世家》裴駰集解引作"岸亭",小司馬索隱引作"岸門亭"。
[九]獻帝徙都改許昌　按:《集解》引周壽昌說,謂考獻帝改都許在建安二年八月,改許縣為許昌縣在魏文帝黃初二年,非獻帝徙都時改名也。注誤。

〔一〇〕成十七年伐(齊)〔鄭〕至曲洧　按：據《左傳》"齊"當作"鄭"，各本皆未正，今改。

〔一一〕克段於鄢　按："段"原譌"叚"，逕改正。

〔一二〕伐魏蜀澤　按：殿本《考證》謂《魏世家》作"濁澤"，《六國年表》又作"涿澤"。

〔一三〕史記曰周敬王十九年鄭伐負黍　按：殿本《考證》齊召南謂按《周本紀》無此文。年表是周威烈王十九年鄭敗韓於負黍，時鄭繻公十六年，韓景侯二年也。又按："伐"原譌"代"，逕改正。

〔一四〕遇許由於負黍(山)　據《集解》引惠棟説刪。

〔一五〕新息〔侯〕國　《集解》引錢大昕説，謂"國"上當有"侯"字，馬援所封。今據補。按：《集解》又引馬與龍説，謂光武封朱浮為侯，在馬援前，見浮傳。

〔一六〕灈強　按：《集解》引惠棟説，謂《説文》"灈"作"澭"，云"澭水出陽城　少室山，東入潁"。

〔一七〕〔有〕道亭故國　張森楷《校勘記》謂"道"上當有"有"字，各本皆脱，蓋道是國，道亭非國也。按：張説是，今據補。

〔一八〕安城侯國　按：《前志》作"安成"。錢大昕謂銚期封安成侯，即此安城也。光武又封劉賜為安成侯。

〔一九〕慎陽　《集解》引惠棟説，謂《索隱》、《路史》引司馬《志》皆作"滇陽"。《前志》作"慎陽"，闞駰云合作"滇"。今按：《前書》師古注謂"慎"字本作"滇"，音真，後誤為"慎"耳。

〔二〇〕有(摯)〔挚〕亭見説文　《集解》引錢大昕説，謂"摯"當作"挚"。《説文》"汝南平輿縣有挚亭"，讀若晉。今據改。

〔二一〕縣有葛陂鄉　按：《集解》引惠棟説，謂"葛陂"一作"葛陵"。

〔二二〕民謂之楚王岑　按：《集解》引惠棟説，謂《水經·汝水注》作"楚王琴"，云楚人謂冢曰琴也。

〔二三〕輒頽壞〔填〕厭　《集解》引惠棟説，謂諸本脱"填"字。今據補。

〔二四〕縣東有桑里亭　按：今杜注云"朗陵縣東南有桑里"，不言"亭"。

〔二五〕无忌說魏安僖王　按："无"原譌"元"，逕改正。

〔二六〕鮦陽南有繁陽亭　按：今杜注云"繁陽，楚地，在汝南鮦陽縣南"，不言"亭"。

〔二七〕史記楚封王孫勝白公　按：下引杜注，"史記"疑"左傳"之誤。杜注見《左》哀十六年。

〔二八〕褒信縣有白亭　按：《左傳》哀十六年杜注"褒信縣"下有"西南"二字。

〔二九〕穀熟　按：《集解》引惠棟說，謂"熟"當作"孰"。

〔三〇〕鄢　按：《前志》作"傿"。

〔三一〕薄故屬山陽〔湯〕所都　殿本《考證》齊召南謂案"山陽"下脫"湯"字。薄與亳通，《前書》臣瓚注"薄，湯所都"是也。今據改。

〔三二〕邾人懸公胄於魚門　按：殿本《考證》齊召南謂睢陽宋國，不應有邾城門事。此亦錯簡，當在"魯國驛本邾國"下。

〔三三〕杜預曰有梁亭　按：今杜注云"睢陽縣東有地名揚梁"。

〔三四〕左傳宋萬殺宋閔公於蒙澤　按：柳從辰云《左傳》"殺"作"弒"，無"宋"字。《校補》謂今案注引《左傳》文往往有增損字句處，章懷注亦然。"弒"多改"殺"，則有所避忌也。

〔三五〕（左傳）〔杜預〕曰在縣東北　《集解》王先謙謂"左傳"二字應作"杜預"，見桓十三年注，諸本皆誤。今據改。

〔三六〕杜預曰蒙縣西北有薄城　按：杜注見莊十二年，"薄"作"亳"。

〔三七〕秦泗（川）〔水〕郡　殿本《考證》謂"川"何焯校本改"水"。《集解》引惠棟說，謂"川"當作"水"。今據改。

〔三八〕公丘本（膠）〔滕〕國　據殿本改。按：《前志》亦云"故滕國"。

〔三九〕虹　按：汲本作"紅"。《前志》作"叿"，音貢。

〔四〇〕左傳定八年鄭伐許　按：定八年無鄭伐許事，疑有誤。

〔四一〕襄二十年盟於澶淵　按：《集解》引錢大昕說，謂《春秋》之澶淵，杜云在頓丘縣南，劉昭以杼秋之澶淵當之，非也。

〔四二〕户十一萬二千六百五十三口百五十四萬七千五百七十二　張森楷《校勘記》謂每户十三四人，户少口多，毋乃不倫？今按：惠棟《補注》前引李心傳云，西漢户口至盛之時，率以十户為四十八口有奇，東漢户口率以十户為五十二口，此必有誤。

〔四三〕（卭）〔邛〕有旨苔　據《集解》本改。

〔四四〕（楚）〔追〕項籍至固陵　據汲本、殿本改。

〔四五〕晉灼漢書注云　按："灼"原譌"卿"，逕據汲本、殿本改正。

〔四六〕汝南固始縣　按：《集解》引惠棟說，謂《前志》淮陽有固始縣，云"汝南"者，非也。

〔四七〕魯國〔古〕奄國　據殿本補。按：汲本亦脱"古"字，王先謙謂大注"奄國"上缺"古"字，各本皆有。

〔四八〕六國時曰徐州　按：此"徐"非《禹貢》徐州之"徐"。司馬貞謂"徐"字從"人"，《說文》作"邻"，並音舒。何焯校本定作"俆"。說詳《補注》。

〔四九〕黄帝生於壽丘　按："生"原譌"主"，逕據汲本、殿本改正。

〔五〇〕亂吾書董仲舒　按：《校補》謂本書《鍾離意傳》章懷注引《意別傳》"亂"作"修"，未詳孰是。

〔五一〕璧有七　按：此"璧"字及下兩"璧"字原皆譌"壁"，逕改正。

〔五二〕及護几席（嗣）〔劒〕履　據汲本、殿本改。

〔五三〕與孔子冢併　汲本、殿本"併"作"近"。按：併，相並也，作"併"義長。

〔五四〕宋伐鄭取牛首　按：《集解》引錢大昕說，謂《左傳》之牛首，杜元凱以為鄭邑，劉昭以魯之牛首亭當之，非也。

〔五五〕劉薈驪山記　按：汲本"薈"作"會"。

〔五六〕縣南有鄐鄉城　按：今杜注作"有鄐城"，無"鄉"字。

〔五七〕縣邑〔公〕侯國九十九　《校補》引錢大昭說，謂兖州作"縣、邑、公、侯國八十"，以有東郡　衛公國也。今豫州汝南郡有宋公國，則此"侯"上亦當有"公"字。今據補。

〔五八〕鉅鹿之廮陶曲（陽）〔周〕　《集解》引馬與龍說，謂"陽"當作"周"，諸本皆誤。今據改。

〔五九〕（廣平之）廣平任（城）　錢大昭謂閩本無"廣平之"三字，據建武十三年省廣平國入鉅鹿，則不得云"廣平之廣平"。今據刪。又《集解》引馬與龍說，謂謝鍾英云任城屬東平，任縣屬鉅鹿，志衍"城"字。今據刪。

〔六〇〕〔五鹿〕墟故沙鹿　《集解》引惠棟說，謂《水經·河水注》引《郡國志》，云"五鹿墟故沙鹿，有沙亭"。案《前書·元后傳》云"元城東有五鹿之墟，即沙鹿地也"。應脫"五鹿"二字。今據補。

〔六一〕梁期　按：《集解》引惠棟說，謂《史記》作"梁淇"。

〔六二〕前志曰在縣西　《前書·地理志》魏郡內黃注："應劭曰，今黃澤在西。"按文"前志"當作"應劭"。

〔六三〕盟于沙（亭）杜預曰〔沙亭〕在縣東南　《集解》引惠棟說，謂《左傳》云"盟于沙"，衍"亭"字。杜注云"沙亭在縣東南"，脫"沙亭"二字。今據以刪補。

〔六四〕七年盟于瑣　按：杜注云"瑣即沙也"。

〔六五〕鄡　案：《集解》引惠棟說，謂《前志》作"䣜"，古字通。

〔六六〕（取）〔肥〕故都也　據殿本改。

〔六七〕〔在平棘〕縣西北四十里　按：汲本、殿本作"在縣西四十里"。《集解》引惠棟說，謂哀四年，國夏伐晉，取欒，杜預云"欒城在平棘縣西北"。此脫"在平棘"三字。今據補。

〔六八〕（母）〔毋〕極　據殿本改。按：《校補》謂作"母"者誤，《通典》作"無極"，可證。

〔六九〕晉地道記有馬安關　按：《集解》引惠棟說，謂《水經·滱水注》引《地道記》作"馬溺關"，又引《中山記》，云"人渡馬溺，是山之要害也"。

〔七〇〕堂關在中人西北百里　按：汲本、殿本"堂"作"唐"。

〔七一〕有陽安關　按："關"原譌"闕"，逕改正。

〔七二〕阜城故昌城　按：《集解》引錢大昕說，謂《前志》昌城縣屬信都郡，而勃海郡卻有阜城縣。又引惠棟説，謂《宋書·州郡志》云前漢勃海有阜城縣，《續志》云故昌城，信都有昌城，未詳孰是。

〔七三〕南深（國）〔澤〕故屬涿　據殿本改。按：《集解》引錢大昕説，謂"國"當作"澤"。案《前志》，涿郡、中山皆有深澤縣，而涿郡加"南"字，《續志》有南深澤，無深澤。

〔七四〕和帝永元（三）〔二〕年復故　據殿本改。按：《集解》引洪亮吉説，謂"三年"應作"二年"。

〔七五〕東武（成）〔城〕　據汲本、殿本改。

〔七六〕中丘　按：《集解》引錢大昕説，謂當云"故屬常山"。

〔七七〕高城侯國　按：《前志》作"高成"。

後漢書志第二十一

郡國三

陳留　東郡　東平　任城　泰山　濟北　山陽　濟陰

右兗州

東海　琅邪　彭城　廣陵　下邳

右徐州

陳留郡武帝置。雒陽東五百三十里。十七城，户十七萬七千五百二十九，口八十六萬九千四百三十三。

陳留有鳴鴈亭。[1]　**浚儀**本大梁。[2]　**尉氏**[3]　**雍丘**本杞國。[4]　**襄邑**有滑亭。[5]有承匡城。[6]　**外黃**[7]有葵丘聚，齊桓公會此。城中有曲棘里。[8]有繁陽城。　**小黃**[9]　**東昏**[10]　**濟陽**[11]　**平丘**有臨濟亭，田儋死此。有匡。[12]有黃池亭。[13]　**封丘**[14]有桐牢亭，或曰古蟲牢。[15]　**酸棗**[16]　**長垣**侯國。有匡城。[17]有蒲城。[18]有祭城。[19]　**己吾**有大棘鄉。[20]〔一〕有首鄉。[21]　**考城**故菑，[22]章帝更名。故屬梁。[23]　**圉**故屬淮陽。有高陽亭。[24]　**扶溝**故屬淮陽。

【注】

〔1〕《左傳》成十六年衛伐鄭鳴鴈，杜預曰在［雍丘］縣西北。[二]《陳留志》曰："有桐陵亭，古桐丘。"

〔2〕《帝王世記》曰："禹避商均浚儀。"《晉地道記》："儀封人，此縣也。"《通俗文》曰"渠在浚儀，曰莨蕩"也。

〔3〕《陳留志》曰："有陵樹鄉，北有澤，澤有天子苑囿，有秦樂廐，漢諸帝以馴養猛獸。"

〔4〕《陳留志》曰："城內有神井，能興霧雹。"案：徐齊民《北征記》曰："有呂祿臺，高七丈。有酈生祠。"曹植《禹廟讚》曰："有禹祠，植移于其城，城本名杞城。"

〔5〕《左傳》莊三年次于滑，杜預曰在縣西北。

〔6〕《地道記》曰在縣西。《左傳》文十一年會晉郤缺于承匡。有桐門亭，有黃門亭。襄元年會鄫，杜預曰縣東南有鄫城。

〔7〕《左傳》"惠公季年，敗宋師于黃"，杜預曰宋邑，縣東有黃城。

〔8〕《左傳》昭二十五年"宋公佐卒曲棘"。

〔9〕《漢舊儀》曰："高祖母起兵時死縣北，為作陵廟於小黃。"

〔10〕《陳留志》曰："故户牖鄉有陳平祠。"

〔11〕有武父鄉。《左傳》桓十二年"盟于武父"，杜預曰縣東北有武父城。縣東南有戎城。[三]縣都鄉有行宮，光武生。

〔12〕匡人之亭，曹公破袁術處。

〔13〕《陳留志》云："黃亭在封丘。"《左傳》哀十三年盟黃池，杜預曰在［封邱］縣南。[四]《傳》曰"吳囚子服景伯以還，及户牖"，然即黃池在户牖西。或以為外黃縣東溝，非也。

〔14〕《博物記》有狄溝，即敗狄于長丘是也。

〔15〕《左傳》成五年諸侯會蟲牢。《陳留志》："有鞠亭，古鞠居。"

〔16〕《左傳》鄭太叔至于廪延，杜預曰縣北有延津。襄五年會城棣，杜預曰縣西南有棣城。東有地烏巢，曹公破袁紹處。《陳留志》曰："城內有韓王故宮闕。"

〔17〕《陳留志》曰："孔子（囚）〔圍〕此。"〔五〕《北征記》城周三里。《左傳》僖十五年會牡丘，次于匡，杜預曰匡在縣西南。昭十三年會平丘，杜預曰縣西南有平丘城。

〔18〕《左傳》成九年會于蒲，杜預曰在縣西南。《史記》曰孔子自匡過蒲。《陳留志》云"有子路祠。"

〔19〕杜預曰鄭祭封人仲邑。《陳留志》曰："有蘧伯玉墓及祠。"又西南有宛亭。《左傳》僖二十八年衛人盟宛濮，杜預曰近濮水。

〔20〕《左傳》宣二年鄭破宋師大棘，杜預曰在襄邑縣南。

〔21〕《左傳》（桓八）〔僖五〕年齊侯（師）〔會〕于首止，〔六〕杜預曰在襄邑東南，有首（止城）〔鄉〕。〔七〕

〔22〕《陳留志》曰："古戴國地名。"杜預曰："戴在外黃東南。"《爾雅》曰："木立死曰菑。"《呂氏春秋》："草鬱即為菑。"

〔23〕《陳留志》曰："有箕子祠。有穀亭。古句瀆之丘。"案本傳有蒲亭。

〔24〕《陳留志》曰："有萬人聚，王邑破翟義積尸處。"《前書》"今高陽"。文穎曰："高陽，聚邑名，在縣西。"

東郡秦置。去雒陽八百餘里。十五城，戶十三萬六千八十八，口六十萬三千三百九十三。

濮陽古昆吾國，[1]春秋時曰濮。有鹹城，或曰古鹹國。[2]有清丘。[3]有鉏城。　**燕**本南燕國。有雍鄉。[4]有胙城，古胙國。有平陽亭。[5]有瓦亭。[6]有桃城。[7]　**白馬**有韋鄉。[8]　**頓丘**[9]　**東阿**[10]有清亭。[11]　**東武陽**濕水出。[八]　**范**有秦亭。[12]　**臨邑**有（沛）〔沛〕廟。[九]　**博平**　**聊城**有夷儀聚。[13]有聶（戚）〔城〕。[14][一〇]　**發干**　**樂平**侯國。故清，章帝更名。　**陽平**侯國。有莘亭。[15]有岡成城。[16][一一]　**衛公國**。本觀故國，姚姓，光武更名。有河牧城。[17]有竿城。[18]　**穀城**春秋時小穀。[19]有寪下聚。[20]

【注】

[1] 杜預曰古衛也。《帝王世記》曰："顓頊自窮桑徙商丘。"《左傳》曰"衛，顓頊之墟"，杜預曰帝丘，昆吾氏因之，故曰昆吾之墟，縣城內有顓頊冢。《皇覽》曰："冢在城門外廣陽里中。"《博物記》曰："桑中在其中。"

[2]《左傳》僖十三年同會于鹹。

[3]《左傳》曰宣十二年盟清丘，杜預曰縣東南。

[4] 謝沈《書》曰，赤眉攻雍鄉。

[5]《左傳》哀十六年"衛侯飲孔悝酒於平陽"。

[6]《左傳》曰定八年會于瓦，杜預曰縣東北。

[7]《史記》曰春申君說秦曰"王又舉甲拔桃入邢"是也。

[8] 杜預曰："縣東南有韋城。古冢韋氏之國。"

[9]（白虎通）[《皇覽》]曰"帝嚳冢在城[南]臺陰野[中]"是也。[一二]

[10]《左傳》桓十年會于桃丘，杜預曰縣東南有桃城。襄十四年孫林父敗衛侯于阿澤，杜預曰縣西南大澤。《魏志》有渠丘山。

[11]《左傳》隱四年"遇于清"是也。

[12]《左傳》莊三十一年"築臺于秦"。《地道記》在縣西北。

[13]《左傳》僖元年"邢遷于夷儀"。

[14]《左傳》曰"聊攝以東"。

[15] 杜預注《傳》曰衛作新臺在縣北。[一三]衛殺公子伋之地，故曰"待諸莘"。

[16] 秦封蔡澤為岡成君，未詳。

[17]《左傳》文元年會于戚，鄭救晉中行氏，晉敗鄭鐵，[一四]杜預曰戚城南有鐵丘。

[18]《前書》故發干（縣）[城]。[一五]

[19]《左傳》莊三十二年"城小穀"，杜預曰城中有管仲井。又《傳》曰埋長狄榮如首於周首之北門，杜預曰縣東北有周首亭。

〔20〕《左傳》僖二十六年追齊師至酅，杜預曰縣西有地名酅下。《皇覽》曰："縣東十五里有項羽冢。"

東平國故梁，景帝分為濟東國，宣帝改。雒陽東九百七十五里。〔一六〕七城，戶七萬九千一十二，口四十四萬八千二百七十。

　　無鹽本宿國，任姓。〔1〕有章城。〔2〕　**東平陸**六國時曰平陸。有闞亭。〔3〕〔一七〕有堂陽亭。〔4〕　**富成**〔一八〕　**章**　**壽張**春秋曰良，漢曰壽良，光武改曰壽張。有堂聚，故聚屬東郡。〔5〕　**須昌**故屬東郡。〔6〕有致密城，古中都。有陽穀城。〔7〕　**寧陽**故屬泰山。

【注】

　〔1〕《左傳》昭二十五年臧會奔郈，杜預曰縣東南有郈鄉亭。〔一九〕

　〔2〕古國。《左傳》莊三十年，齊取鄣。

　〔3〕《左傳》桓十一年會于闞，杜預曰在須昌縣東南。有闞城，《博物記》云即此亭是。

　〔4〕故縣，後省。〔二〇〕

　〔5〕《地道記》曰："有蚩尤祠，狗城。"〔二一〕《皇覽》曰："蚩尤冢在縣闞〔鄉〕城中，〔二二〕高七丈。"

　〔6〕杜預曰："須句，古國，在西北。"

　〔7〕《左傳》僖三年會陽穀，杜預曰在縣北。

任城國章帝元和元年，分東平為任城。雒陽東千一百里。三城，戶三萬六千四百四十二，口十九萬四千一百五十六。

　　任城本任國。有桃聚。〔1〕　**亢父**〔2〕　**樊**

【注】

〔1〕光武破龐萌於桃鄉。

〔2〕《左傳》襄十三年"取邿",杜預曰縣有邿亭。哀六年"城邾瑕",杜預曰縣北有邾瑕城。〔二三〕

泰山郡高帝置。雒陽東千四百里。十二城,户八千九百二十九,口四十三萬七千三百一十七。〔二四〕

奉高有明堂,武帝造。〔1〕 **博**有泰山廟。岱山在西北。有龜山。〔2〕有龍鄉城。〔3〕 **梁甫**〔二五〕侯國。有菟裘聚。〔4〕 **鉅平**侯國。有亭禪山。〔5〕〔二六〕有陽關亭。〔6〕 **嬴**有鐵。 **山茌**〔二七〕侯國。 **萊蕪**有原山,潘水出。〔7〕〔二八〕 **蓋**沂水出。〔8〕 **南武陽**侯國。有顓臾城。 **南城**〔二九〕故屬東海。有東陽城。〔9〕 **費**侯國,〔10〕故屬東海。有祊亭。〔11〕有台亭。〔12〕 **牟**故國。

【注】

〔1〕《前書》曰在縣西南四里。《左傳》昭八年"大蒐于紅,至于商、衛"。紅亭在縣西北,杜預曰接宋、衛也。

〔2〕《左傳》定十年齊歸龜陰之田,杜預曰田在山北。《琴操》孔子作《龜山之操》。

〔3〕《左傳》成二年齊圍龍,杜預曰在縣西南。《史記》作"隆"。又楚有蜀之役,杜預曰縣西北有蜀亭。

〔4〕《左傳》隱公"使營菟裘,吾將老焉",杜預曰縣南有菟裘城。

〔5〕即古所禪亭亭者也。

〔6〕《左傳》襄十七年"師自陽關"。桓六年會于成,杜預曰縣東南。成城即孟孫之邑。

〔7〕杜預曰汶水出。

〔8〕《左傳》會于防,杜預曰在縣東南,有防城。〔三〇〕

〔9〕《呂氏春秋》夏孔甲遊田于東陽蕢山。《左傳》哀八年"克東陽"。襄十九年城武城，杜預曰南城縣。〔三一〕哀十四年司馬［牛］葬丘輿，〔三二〕杜預曰縣西北有輿城。

〔10〕曹騰封費是鄭縣費亭，非此國。

〔11〕《左傳》隱八年鄭歸祊，杜預曰在縣東南。閔二年莒人歸共仲及密，杜預曰縣有密如亭。

〔12〕《左傳》襄十二年莒圍台，杜預曰縣南有台亭。

濟北國和帝永元二年，分泰山置。〔1〕雒陽東千一百五十里。五城，户四萬五千六百八十九，口二十三萬五千八百九十七。

【注】

〔1〕臣昭案：濟北，前漢之舊國，此是經并泰山復分。

盧〔1〕有平陰城。有防門。〔2〕有光里。有景茲山。〔3〕〔三三〕有敖山。〔4〕有清亭。〔5〕有長城至東海。〔6〕　**蛇丘**有遂鄉。〔7〕有下讙亭。〔8〕有鑄鄉城。〔9〕　**成**〔三四〕本國。〔10〕　**茌平**本屬東郡。　**剛**。〔11〕

【注】

〔1〕《左傳》隱三年齊鄭尋盧之盟，杜預曰今縣故城。有邿山，在縣北。成二年封銳司徒女石窌，杜預曰縣東有地名石窌。

〔2〕《左傳》襄十八年齊禦晉平陰，塹防門，杜預曰在縣北。〔三五〕又齊登巫山以望晉師，杜預曰在縣東北。

〔3〕杜預曰在縣東南。〔三六〕

〔4〕《左傳》曰"先君獻、武廢二山"，即敖山、具山。

〔5〕《左傳》哀十［一］年，齊伐魯及清是也。

〔6〕《史記》蘇代說燕王曰"齊有長城、巨防"。巨防即防門。

〔7〕古遂國,《左傳》莊十三年齊人滅遂。

〔8〕《左傳》桓三年送姜氏于讙。

〔9〕周武王未及下車,封堯後於鑄。《左傳》有棘地,成公三年叔孫僑如所圍。杜預曰汶水北地有棘鄉。《東觀書》有芳陘山。

〔10〕《左傳》"衛師入郕",杜預曰東平剛父縣西南有郕鄉。〔三七〕

〔11〕《左傳》哀八年齊取闡,杜預曰在縣北,有闡鄉。

山陽郡故梁,景帝分置。雒陽東八百一十里。十城,户十萬九千八百九十八,口六十萬六千九十一。

　　昌邑刺史治。有梁丘城。〔1〕有甲父亭。〔2〕 **東緡**春秋時曰緡。〔3〕 **鉅野**〔4〕有大野澤。〔5〕 **高平**侯國。故橐,〔三八〕章帝更名。〔6〕有茅鄉城。〔7〕 **湖陸**故湖陵,章帝更名。〔8〕 **南平陽**侯國。有漆亭。〔9〕有閭丘亭。〔10〕 **方與**有武唐亭,〔11〕魯侯觀魚臺。〔12〕有泥母亭,或曰古甯母。〔13〕 **瑕丘**　**金鄉**〔14〕　**防東**

【注】

〔1〕《左傳》莊三十二年遇于梁丘,杜預曰梁丘鄉在縣西南。

〔2〕杜預曰甲父,古國名,在縣東南。《左傳》隱十年"取防",杜預曰縣西有防城。

〔3〕《左傳》僖二十三年齊圍緡。

〔4〕《左傳》桓七年"焚咸丘",杜預曰縣西有咸亭。

〔5〕《春秋》西狩獲麟之所。《爾雅》十藪,魯有大野。杜預曰縣西南有(郰)〔郳〕亭。〔三九〕定十三年齊伐晉之所。

〔6〕《前漢志》莽改曰高平,章帝復莽此號。《左傳》隱(九)〔元〕年費伯城郎,〔四〇〕杜預曰縣東南有郁郎亭。

〔7〕杜預曰茅鄉在昌邑西南。

〔8〕《前漢志》王莽改曰湖陸,章帝復其號。《博物記》曰苟水出。〔四一〕

《地道記》縣西有費亭城,魏武帝初所封。

〔9〕《左傳》城漆。

〔10〕《左傳》襄二十一年"邾庶其以漆、閭丘來奔",杜預曰縣東北有漆鄉,西北有顯閭亭。哀七年囚邾子負瑕,〔四二〕杜預曰縣西北有瑕丘城。

〔11〕《左傳》桓二年盟于唐,杜預曰在西南。〔四三〕

〔12〕《春秋》經隱五年矢魚于棠。

〔13〕《左傳》僖七年盟甯母,杜預曰在縣東。三十一年臧文仲宿重館,杜預曰縣西北有重鄉城。

〔14〕《晉地道記》曰:"縣多山,所治名金山。山北有鑿石為冢,深十餘丈,隧長三十丈,傍却入為堂三方,云得白兔不葬,更葬南山,鑿而得金,故曰金山。故冢今在。或云漢昌邑所作,或云秦時。"

濟陰郡故梁,景帝分置。雒陽東八百里。十一城,戶十三萬三千七百一十五,口六十五萬七千五百五十四。

定陶本曹國,〔1〕古陶,堯所居。〔2〕有三鬷亭。〔3〕 **冤句**有煑棗城。〔4〕 **成陽**有堯冢、靈臺,有雷澤。〔5〕 **乘氏**侯國。〔6〕有泗水。有鹿城鄉。 **句陽**有垂亭。〔7〕 **鄄城** **離狐**故屬東郡。 **廩丘**故屬東郡。有高魚城。有運城。〔8〕 **單父**侯國,故屬山陽。 **成武**故屬山陽。〔9〕有郜城。〔10〕 **己氏**故屬梁。〔11〕

【注】

〔1〕郭璞曰:"城中有陶丘。"《皇覽》曰:"伯樂冢縣東南一里所,高四五丈。"

〔2〕《帝王世記》曰:"舜陶河濱,縣西南陶丘亭是。"

〔3〕湯伐三鬷,孔安國曰今定陶。

〔4〕《史記》蘇秦說魏襄王曰:"大王之地,東有淮、潁、煑棗。"

〔5〕《禹貢》曰:"雷夏既澤。"《帝王世記》曰:"舜耕歷山,漁雷澤,

濟陰有歷山。"

〔6〕《博物記》曰古乘丘。

〔7〕《左傳》隱八年遇于垂。《史記》无忌說魏安僖王曰："文臺墮，垂都焚。"徐廣曰："縣有垂亭。"

〔8〕《左傳》襄二十六年"齊烏餘以廩丘奔晉"，杜預曰今縣故城是。又"襲衛羊角取之"，杜預曰今縣所治城。又襲我高魚，杜預曰在縣東北。

〔9〕《左傳》隱七年"戎執凡伯於楚丘"，〔四四〕杜預曰在縣西南。

〔10〕《左傳》隱十年"取郜"，杜預曰縣東南有郜城。《地道記》有秅城。

〔11〕《皇覽》曰有平和鄉，〔四五〕鄉有伊尹冢。

右兗州刺史部，郡、國八，縣、邑、公、侯國八十。

東海郡高帝置。雒陽東千五百里。十三城，戶十四萬八千七百八十四，口七十萬六千四百一十六。

  郯本國，刺史治。〔1〕 **蘭陵**有次室亭。〔2〕 **戚** **朐**〔3〕有鐵。有伊盧鄉。〔4〕〔四六〕 **襄賁** **昌慮**有藍鄉。〔5〕 **承** **陰平** **利城**〔四七〕 **合**（城）〔鄉〕〔6〕〔四八〕 **祝其**有羽山。〔7〕春秋時曰祝其，夾谷地。〔8〕 **厚丘**〔9〕 **贛榆**本屬琅邪，建初五年復。〔10〕

【注】

〔1〕《博物記》曰："有勇（王）〔士〕亭，即勇士（萬）〔菑〕丘欣。"〔四九〕

〔2〕《地道記》曰："故魯次室邑。"《列女傳》有漆室之女，或作"次室"。

〔3〕《山海經》曰："都州在海中，〔五〇〕一曰郁州。"郭璞曰："在縣界。世俗傳此山在蒼梧徙來，上皆有南方樹木。"《博物記》："縣東北海邊植石，秦所立之東門。"

〔4〕《史記》曰,鍾離眛(冢)〔家〕在伊盧。〔五一〕

〔5〕《左傳》昭三十一年邾黑肱以濫來奔,杜預曰縣所治,城東北有鄆城。鄆,小邾國也。〔五二〕

〔6〕潺水自此南至湖陸。

〔7〕嶧鯀之山。杜預曰在縣西南。《博物記》曰:"東北獨居山,西南有淵水,即羽泉也,〔五三〕俗謂此山為懲父山。"

〔8〕《左傳》定十年會齊侯夾谷,孔子相。

〔9〕《左傳》成九年"城中城",杜預曰在縣西南,有中鄉城。〔五四〕

〔10〕《左傳》"齊伐莒,莒子奔紀鄣",杜預曰縣東北有紀城。《地道記》曰:"海中去岸百五十步,〔五五〕有秦始皇碑,長一丈八尺,廣五尺,厚八尺三寸;一行十二字。〔五六〕潮水至加其上三丈,〔五七〕去則三尺見也。"

琅邪國秦置。〔五八〕建武中省城陽國,以其縣屬。〔1〕雒陽東一千五百里。十三城,戶二萬八百四,口五十七萬九百六十七。〔五九〕

【注】

〔1〕案本紀,永壽元年置,都尉治。

開陽〔1〕故屬東海,建初五年屬。 **東武** **琅邪**〔2〕 **東莞**有鄆亭。〔3〕有邳鄉。有公來山,或曰古浮來。〔4〕 **西海**〔5〕〔六〇〕 **諸**〔6〕莒本國,故屬城陽。〔7〕有鐵。有崢嶸谷。〔六一〕 **東安**故屬城陽。**陽都**故屬城陽。有牟臺。〔8〕 **臨沂**故屬東海。有叢亭。〔9〕 **即丘**侯國,故屬東海,春秋曰祝丘。 **繒**〔六二〕侯國,故屬東海。有概亭。〔10〕 **姑幕**〔11〕

【注】

〔1〕杜預曰古鄅。《左傳》哀三年城啓陽,杜預曰開陽。

〔2〕《山海經》云有琅邪臺，在勃海間，琅邪之東。郭璞曰："琅邪臨海邊，有山嶕嶢特起，狀如高臺。此即琅邪臺。"齊景公曰："吾循海而南，放乎琅邪。"《越絕》曰："句踐徙琅邪，起觀臺，臺周七里，以望東海。"《史記》曰秦始皇徙黔首三萬戶琅邪臺下。傳有勞山。

〔3〕《左傳》曰"公處郓"。

〔4〕《左傳》隱八年盟浮來，杜預曰邳來山之閒，號曰邳來。〔六三〕莊九年鮑叔受管仲，及堂阜而脫之。杜預曰："東莞蒙陰縣西北有夷吾亭，或曰鮑叔解夷吾縛於此，因以為名。"即古堂阜也，東莞後為（名）〔郡〕。〔六四〕

〔5〕《東觀書》曰有勝山。《博物記》："太公呂望所出，今有東呂鄉。又釣於棘津，其浦今存。"

〔6〕《左傳》莊二十九年"城諸"，杜預曰諸縣在城陽郡。又隱四年"莒人伐杞，取牟婁"，杜預曰縣東北有婁鄉。

〔7〕《左傳》成八年申公巫臣會渠丘公，杜預曰縣有蘧丘里。〔六五〕

〔8〕《左傳》宣元年會于平州，杜預曰在縣西。〔六六〕

〔9〕《左傳》隱六年盟于艾，杜預曰縣東南有艾山。〔六七〕七年"城中丘"，杜預曰縣東北有中丘亭。〔六八〕《博物記》曰："縣東界次睢有大叢社，民謂之食人社，即次睢之社。"

〔10〕《左傳》莊九年盟于蔇，杜預曰在縣北。

〔11〕《左傳》昭五年"莒牟夷以牟婁及防茲來奔"，杜預曰縣東北有茲亭。《博物記》曰淮水入。城東南五里有公冶長墓。

彭城國高祖置為楚，章帝改。雒陽東千二百二十里。八城，戶八萬六千一百七十，口四十九萬三千二十七。

彭城[1]有鐵。　**武原**　**傅陽**有柤水。[2]〔六九〕　**呂**　**留**[3]　**梧**　**菑丘**　**廣戚**故屬沛（國）。〔七〇〕

【注】

〔1〕古大彭邑。《北征記》城西二十里有山，山有楚元王墓。伏滔《北征記》曰："城北六里有山，臨泗，有宋桓魋石槨，皆青石，隱起龜龍鱗鳳之象。"

〔2〕《左傳》襄十年滅偪陽，杜預曰即此縣也。

〔3〕《西征記》曰城中有張良廟。

廣陵郡景帝置為江都，武帝更名。建武中省泗水國，〔七一〕以其縣屬。雒陽東一千六百四十里。十一城，戶八萬三千九百七，口四十一萬百九十。

廣陵〔1〕有東陵亭。〔2〕 **江都**有江水祠。 **高郵 平安 凌**故屬泗水。 **東陽**故屬臨淮。有長洲澤，吳王濞太倉在此。〔3〕 **射陽**故屬臨淮。〔4〕 **鹽瀆**故屬臨淮。 **輿侯國**，故屬臨淮。 **堂邑**〔七二〕故屬臨淮。有鐵。春秋時曰堂。 **海西**故屬東海。

【注】

〔1〕吳王濞所都，城周十四里半。

〔2〕《博物記》曰："女子杜姜，左道通神，縣以為妖，閉獄桎梏，卒變形莫知所極。以狀上，因以其處為廟祠，號曰東陵聖母。"

〔3〕縣多麋。《博物記》曰："千千為群，掘食草根，其處成泥，名曰麋畯。民人隨此畯種稻，不耕而穫，其收百倍。"又扶海洲上有草名蒒，其實食之如大麥，從七月稔熟，民斂穫至冬乃訖，名曰自然穀，或曰禹餘糧。

〔4〕有梁湖。《地道記》曰有博支湖。

下邳國武帝置為臨淮郡，永平十五年更為下邳國。雒陽東千四百里。十七城，戶十三萬六千三百八十九，口六十一萬一千八十三。

下邳本屬東海。〔1〕葛嶧山，本嶧陽山。〔2〕有鐵。 **徐**本國。有樓亭，或曰古葛林。[3] 僮侯國。 睢陵 下相 淮陰[4] 淮浦 盱台[七三] 高山 潘旌[七四] 淮陵 取慮有蒲姑陂。[5] 東成 曲陽侯國，故屬東海。 司吾侯國，故屬東海。 良成故屬東海。春秋時曰良。[6] 夏丘故屬沛。

【注】
〔1〕戴延之《西征記》曰：「有沂水，自城西西南注泗，別下迴城南，亦注泗。舊有橋處，張良與黃石公會此橋。」
〔2〕山出名桐，伏滔《北征記》曰今槃根往往而存。
〔3〕杜預曰在僮縣東南。伏滔《北征記》曰：「縣北有大冢，徐君墓，延陵解劍之處。」
〔4〕下鄉有南昌亭，韓信寄食處。
〔5〕《左傳》昭十六年齊師至蒲隧，杜預曰縣東有蒲姑陂。[七五]
〔6〕《左傳》昭十三年晉會吳於良。

右徐州刺史部，郡、國五，縣、邑、侯國六十二。[1]

【注】
〔1〕《魏氏春秋》曰：「初平三年，分琅邪、東海為城陽、（新）〔利〕城、昌慮郡。[七六]建安十一年，省昌慮并東海。」

【校勘記】
〔一〕有大棘鄉有首鄉 按：殿本《考證》齊召南謂大注此二鄉皆應在上文襄邑「有承匡城」之下。大棘、首鄉皆襄邑地，非己吾地也，不知何以脫入於此。
〔二〕杜預曰在〔雍丘〕縣西北 《左傳》杜注作「在陳留雍丘縣西北」。按：晉泰始元年封魏廢帝為陳留王，治小黃，省陳留入之，晉無陳留縣，此「雍丘」二字不可省，今據補。

〔三〕縣東南有戎城　按：此亦杜注，見隱二年。

〔四〕在〔封邱〕縣南　《集解》引惠棟説，謂案杜注在封邱縣南，注脱"封邱"二字。今據補。

〔五〕孔子（囚）〔圍〕此　按：《校補》謂"囚"當是"圍"之譌。今據改。

〔六〕（桓八）〔僖五〕年齊侯（師）〔會〕于首止　據殿本《考證》齊召南説改。

〔七〕有首（止城）〔鄉〕　據殿本《考證》齊召南説改。

〔八〕濕水出　按：《集解》引惠棟説，謂《前志》及《水經》皆作"漯"。《説文》作"濕"，從水㬎聲。

〔九〕有（沛）〔沛〕廟　按：《前志》作"沛"。《集解》引惠棟説，謂案《風俗通》云"濟出常山房子贊皇山，東入沮，廟在東郡臨邑縣"，則是濟瀆之廟也。《尚書》古文"濟"作"沛"，當從"沛"。今據改。

〔一〇〕有聶（戚）〔城〕　《集解》引惠棟説，謂京相璠云"聊城縣東北三十里有故攝城"，當作"聶城"。今據改。

〔一一〕有岡成城　按：《集解》引惠棟説，謂《水經注》引作"岡成亭"。

〔一二〕（白虎通）〔皇覽〕曰帝嚳冢在城〔南〕臺陰野〔中〕是也　按：《集解》引惠棟説，謂"在城"下諸本脱"南"字，"野"下脱"中"字。語見《皇覽》，云"白虎通"者誤也。今據改。

〔一三〕杜預注傳曰衛作新臺在縣北　按："新臺"疑"莘亭"之譌。《左》桓十六年"公使諸齊使盜待諸莘，將殺之"，杜注"莘，衛地，陽平縣西北有莘亭"。

〔一四〕晉敗鄭鐵　按：晉敗鄭鐵乃哀二年事，注繫文元年下，疑有脱誤。

〔一五〕前書故發干（縣）〔城〕　據汲本改。按：《校補》謂不曰"前志"而曰"前書"，則固非指《前志》之發干，蓋《前志》之發干所治已非故地，而竿城即前漢故發干城，其地至後漢已併入於衛也。如即《前志》之發干城，則既言"前",不必改言"故"矣。《前書·衛青傳》封青子登為發干侯,或即在此。是則故發干乃侯國城,一作"縣",非也。

〔一六〕雒陽東九百七十五里　按:汲本作"六百七十二里"。

〔一七〕有闞亭　按:《校補》謂《前志》東平陸,應劭云"古厥國,今有厥亭是",與此言有闞亭,即《春秋》"會于闞"之闞不符,未詳孰是。

〔一八〕富成　按:《前志》作"富城"。

〔一九〕杜預曰縣東南有郈鄉亭　按:今杜注云"郈在東平無鹽縣東南",不言"郈鄉亭"。

〔二〇〕故縣後省　按:《集解》引洪頤煊說,謂《前志》堂陽屬鉅鹿郡,東漢省,與此絕遠,注誤證。

〔二一〕狗城　按:《前志》東郡壽良縣有朐城。此作"狗城","狗"與"朐"疑形近而誤,當從《前志》。

〔二二〕蚩尤冢在縣闞〔鄉〕城中　《集解》引惠棟說,謂注"闞鄉城中",諸本脫"鄉"字。今據補。

〔二三〕杜預曰縣北有邿瑕城　按:今杜注作"邿婁城"。

〔二四〕十二城戶八千九百二十九口四十三萬七千三百一十七　按:張森楷《校勘記》謂十二城而祇八千餘戶,城不及八百戶,太少。八千餘戶而有四十三萬餘口,太多。以李心傳東漢戶口率十戶為五十二口準之,"八千"之"千"當作"萬",各本並誤。又按:"口四十三萬七千三百一十七"末"七"字,汲本作"一"。

〔二五〕梁甫　按:《前志》作"梁父"。

〔二六〕有亭禪山　按:《前志》"禪"作"亭",當從《前志》。

〔二七〕山茌　按:各本"山"字皆連上為句。錢大昕謂"山"字當連下句,山茌,縣名也。又王先謙謂《前志》作"茬",《通鑑》胡注後漢改曰山茌。又按:《集解》引惠棟說,謂此與濟北之茌平,皆當作"茌"。

〔二八〕潘水出　按:《集解》引惠棟說,謂潘水無攷,或淄水之誤,《前志》作"甾"。

〔二九〕南城　按:《前志》作"南成"。

〔三〇〕杜預曰在縣東南有防城　按：隱九年經"公會齊侯于防"，杜注"防，魯地，在琅邪華縣東南"。

〔三一〕杜預曰南城縣　今杜注"南城"作"南武城"。按：南城《晉志》作"南武城"。

〔三二〕司馬〔牛〕葬丘輿　《集解》引惠棟說，謂諸本脫"牛"字。今據補。

〔三三〕有景茲山　按：《左傳》"景"作"京"。

〔三四〕成　《集解》引錢大昕說，謂《前志》泰山郡有式縣，無成縣。按：《前志補注》引李賡芸說，謂《前志》泰山郡有式無成，後漢分置濟北，有成而皆無式，蓋東都省式置成也。

〔三五〕杜預曰在縣北　按：今杜注作"平陰城在濟北　盧縣東北，其城南有防，防有門"。

〔三六〕杜預曰在縣東南　按：今杜注作"在平陰城東南"，此"縣"字疑當作"城"。

〔三七〕東平剛父縣西南有邲鄉　按：《集解》引羅苹說，謂郡有剛縣，晉為東平國之剛平，無剛父。

〔三八〕故橐　汲本、殿本"橐"作"蠡"。按：《集解》引惠棟說，謂《前志》作"橐"，《州郡志》作"橐"，案《東平王傳》亦作"橐"。

〔三九〕縣西南有（郳）〔郳〕亭　據汲本、殿本改。按：《集解》引惠棟說，謂郳古郳字。

〔四〇〕左傳隱（九）〔元〕年費伯城郎　據《左傳》改。按：九年亦書"城郎"，但無杜注。

〔四一〕苟水出　按：張森楷《校勘記》謂諸書無苟水，《前志》引《禹貢》"通于河"，"河"當作"菏"。菏苟形近，此蓋亦"菏水出"之誤。

〔四二〕哀七年囚邾子負瑕　按：《集解》引惠棟說，謂當注"瑕丘"下。

〔四三〕左傳桓二年盟于唐杜預曰在西南　按：隱二年經"公及戎盟于唐"，杜注"高平方與縣北有武唐亭"。劉昭注引經傳及杜注多刪節，若此注則有脫誤矣。

〔四四〕戎執凡伯於楚丘　按：《春秋》經"執"作"伐"，傳亦云"戎伐之於楚丘"。

〔四五〕有平和鄉　按：《集解》引惠棟説，謂《皇覽》作"平利"。

〔四六〕伊盧鄉　按：《集解》引惠棟説，謂《史記》作"盧"，韋昭曰今盧中縣。

〔四七〕利城　按：《前志》作"利成"。

〔四八〕合（城）〔鄉〕　《集解》引錢大昕説，謂《前志》有合鄉，無合城，《晉書·地理志》東海亦祇有合鄉縣，此"城"字必"鄉"之訛。又引惠棟説，謂案《前志》及《水經·泗水注》皆作"合鄉"。又引馬與龍説，謂《泗水注》潮水出東海合鄉縣，漢安帝永初七年封馬光子朗為侯國，亦見《馬防傳》。今據改。

〔四九〕有勇（王）〔士〕亭即勇士（萬）〔蕾〕丘欣　殿本"萬"作"蕾"，王先謙謂作"蕾"是，"王"乃"士"之訛。今據改。

〔五〇〕都州在海中　按："州"原作"洲"，逕據汲本、殿本改，與今《山海經》合。

〔五一〕鍾離昧（冢）〔家〕在伊盧　據殿本改，與《史記·淮陰侯列傳》合。

〔五二〕左傳昭三十一年至郳小邾國也　按：昭三十一年經"黑肱以濫來奔"，杜預注"黑肱，邾大夫；濫，東海昌慮縣"。又莊五年經"郳犂來來朝"，杜注"東海昌慮縣東北有郳城；黎來，名"。《釋文》"郳，五今反，國名，後為小邾"。此注節引杜注錯亂，驟睹之幾不可解。

〔五三〕即羽泉也　按：《校補》謂"羽泉"當作"羽淵"，見《左傳》，此回改未盡者。

〔五四〕在縣西南有中鄉城　按：今杜注云"在東海廩丘縣西南"，不言有中鄉城。

〔五五〕海中去岸百五十步　按：汲本、殿本"五"作"九"。

〔五六〕一行十二字　按：汲本、殿本"二"作"三"。

〔五七〕潮水至加其上三丈　按：何焯校本"丈"改"尺"。

〔五八〕琅邪國秦置　按：殿本《考證》齊召南謂此注不明，郡與國亦略有別，秦置琅邪郡，前漢因之，光武改為國，省城陽國來屬，此其始末也。"秦置"之下當有"郡"字。

〔五九〕十三城户二萬八百四口五十七萬九百六十七　按：張森楷《校勘記》謂若如此文，則一城祇千餘户，太少，一户凡三十口，太多，殊不近情，疑"户"下脱去一"十"字。

〔六〇〕西海　按：《集解》引錢大昕説，謂《前志》無西海，蓋"海曲"之譌。《劉盆子傳》"琅邪海曲有吕母"，注"海曲，縣名，故城在密州莒縣東"。又引惠棟説，謂何焯云疑"海曲"之譌。

〔六一〕有崢嶸谷　按：《集解》引惠棟説，謂《説文》作"崝嶸"，徐鍇云俗作"崢"，非。

〔六二〕繒　按：《集解》引惠棟説，謂《春秋傳》僖十四年，鄫子來朝，杜預云"今鄫縣"，陸氏云本或作"繒"。又按：《校補》謂《穀梁》"鄫"皆作"繒"。

〔六三〕邳來山之間號曰邳來　殿本《考證》謂案杜注原文云"邳鄉西有公來山，號曰邳來間"。今案：杜注"邳鄉"上有"縣北有"三字，劉注錯謬，《攷證》引亦不全。

〔六四〕東莞後為（名）〔郡〕　據《集解》引惠棟説改。

〔六五〕縣有蘧丘里　按：今杜注云"莒縣有蘧里"，無"丘"字。

〔六六〕杜預曰在縣西　按：今杜注云"在泰山牟縣西"，不云在陽都西。

〔六七〕縣東南有艾山　按：《集解》引惠棟説，謂案杜氏注云"泰山牟縣東南有艾山"，不云在臨沂，未詳。

〔六八〕縣東北有中丘亭　按：今杜注云"中丘在琅邪臨沂縣東北"，不言亭。

〔六九〕有柤水　按：《集解》引惠棟説，謂"柤"一作"祖"。京相璠云縣西北有祖水溝，去偪陽八十里。

〔七〇〕故屬沛（國）　《集解》引惠棟説，謂"國"字衍，《前志》為沛郡也。今據删。

〔七一〕建武中省泗水國　按："省"原譌"有"，逕據汲本、殿本改正。

〔七二〕堂邑　按：《集解》引惠棟說，謂《玉篇》"堂"作"鄧"。

〔七三〕盱台　按：《前志》"台"作"貽"。

〔七四〕潘旌　按：《前志》"潘"作"播"。

〔七五〕縣東有蒲姑陂　按：今杜注"姑"作"如"。

〔七六〕初平三年分琅邪東海為城陽（新）〔利〕城昌慮郡　《集解》引馬與龍說，謂徐州無新城郡，"新"當作"利"，形近而訛。今據改。按：錢大昕謂、《魏志·太祖紀》，建安三年分琅邪、東海、北海為城陽、利城、昌慮郡，以《臧霸傳》考之，蓋禽呂布後所置，《魏氏春秋》以為初平三年分者，誤。

後漢書志第二十二

郡國四

濟南　平原　樂安　北海　東萊　齊國
右青州

南陽　南郡　江夏　零陵　桂陽　武陵　長沙
右荊州

九江　丹陽　廬江　會稽　吳郡　豫章
右揚州

濟南國故齊，文帝分。雒陽東千八百里。十城，戶七萬八千五百四十四，口四十五萬三千三百八。

　　東平陵有鐵。有譚城。[1]有天山。　著　於陵[2]　臺　菅　有賴亭。[3]　**土鼓**　梁鄒　鄒平　東朝陽[4]　歷城有鐵。有巨里聚。[5]

【注】

〔1〕故譚國。

〔2〕杜預曰縣西北有于亭。陳桓子以封齊公子周。

〔3〕《左傳》哀六年公如賴。〔一〕

〔4〕杜預曰縣西有崔城。〔二〕

〔5〕耿弇破費敢處。《皇覽》曰："太甲有冢,在歷山上。"

平原郡高帝置。雒陽北一千三百里。九城,〔三〕户十五萬五千五百八十八,口百萬二千六百五十八。

　　平原〔1〕　**高唐**濕水出。〔四〕　**般**　**鬲**侯國。夏時有鬲君,滅浞立少康。〔2〕　**祝阿**春秋時曰祝柯。〔3〕有野井亭。〔4〕　**樂陵**　**濕陰**〔五〕　**安德**侯國。　**厭次**本富平,明帝更名。

【注】

〔1〕《地道記》曰有篤馬河。

〔2〕《魏都賦》注曰縣有蓋節淵。《三齊記》曰："城南有蒲臺,高八十尺,秦始皇所頓處。在臺下縈蒲繫馬,今蒲猶縈者。"

〔3〕《左傳》哀十年"取犂及轅",杜預曰縣西有轅城。〔六〕故縣,省。

〔4〕《左傳》昭二十五年"齊侯唁公于野井",杜預曰在縣東。

樂安國高帝西平昌置,〔七〕為千乘,永元七年更名。雒陽東千五百二十里。九城,户七萬四千四百,口四十二萬四千七十五。

　　臨濟本狄,安帝更名。〔1〕　**千乘**　**高菀**〔八〕　**樂安**　**博昌**有薄姑城。〔2〕〔九〕有貝中聚。〔3〕有時水。〔4〕　**蓼城**侯國。〔5〕　**利**故屬齊。益侯國,故屬北海。　**壽光**故屬北海。有灌亭。〔6〕

【注】

〔1〕《地道記》曰:"狄伐衛懿公。"

〔2〕古薄姑氏,〔一〇〕杜預曰薄姑地。

〔3〕《左傳》齊侯田于貝丘,杜預曰縣南有地名貝(中)〔丘〕。〔一一〕

〔4〕《左傳》莊九年"戰于乾時",杜預曰時水在縣界,岐流,旱則竭涸,故曰乾時。

〔5〕杜預曰縣東北有攝城。〔一二〕

〔6〕古灌國。

北海國景帝置。〔一三〕建武十三年(有)〔省〕菑川、高密、膠東三國,〔一四〕以其縣屬。十八城,户十五萬八千六百四十一,口八十五萬三千六百四。

劇有紀亭,古紀國。 **營陵** **平壽**有斟城。〔1〕有寒亭,古寒國,浞封此。 **都昌**〔2〕 **安丘**有渠丘亭。〔3〕 **淳于**永元九年復。有密鄉。〔4〕 **平昌**侯國,故屬琅邪。有蕢鄉。〔5〕 **朱虚**侯國,故屬琅邪,永初元年屬。〔6〕 **東安平**故屬菑川。六國時曰安平。有酅亭。〔7〕 **高密**侯國。 **昌安**侯國,安帝復。 **夷安**侯國,安帝復。 **膠東**侯國。 **即墨**侯國。有棠鄉。〔8〕 **壯武**安帝復。〔9〕 **下密**安帝復。 (拒)〔**挺**〕〔10〕〔一五〕 **觀陽**

【注】

〔1〕杜預曰有斟亭。古斟國,故縣,後省。

〔2〕《左傳》莊元年齊遷紀之鄑城。《地道記》曰鄑城在縣西。

〔3〕《地道記》曰有渠丘城。

〔4〕《左傳》隱二年紀莒盟密。故密鄉,在縣東北,後省。

〔5〕《左傳》昭五年"莒牟夷以牟婁及防、茲來奔",杜預曰縣西南有防亭。

〔6〕《左傳》莊元年齊遷紀郱,杜預曰朱虚縣東南有郱城。《鄭志》曰:

"有小泰山，公玉帶曰岐伯令黄帝封東泰山，即此山也。"

〔7〕故兆。〔一六〕《左傳》莊三年"紀季以鄑入於齊"。《地道紀》有羌頭山。

〔8〕《左傳》襄六年圍棠，杜預曰棠國也。〔一七〕

〔9〕故夷國。《左傳》隱元年紀伐夷。

〔10〕《地道記》曰："〔奚〕養澤在西，〔一八〕幽州藪。有萊山，萊王祠。"

東萊郡高帝置。雒陽東三千一百二十八里。〔一九〕十三城，户十萬四千二百九十七，口四十八萬四千三百九十三。

黃〔1〕 **牟平** 愬侯國。〔2〕〔二〇〕 **曲成**侯國。〔3〕 **掖**〔二一〕侯國。有過鄉。〔4〕 **當利**侯國。 **東牟**侯國。 **昌陽** **盧鄉** **長廣**故屬琅邪。 **黔陬**侯國，故屬琅邪。有介亭。〔5〕 **葛盧**有尤涉亭。 **不**（期）〔**其**〕〔二二〕侯國，故屬琅邪。〔6〕

【注】

〔1〕《地道記》曰："縣東二百三十里至海中，連岑有土道，秦始皇登此山，列二碑，〔二三〕東二百三十里有始皇、漢武帝二碑。"

〔2〕《地道記》曰有百枝萊君祠。《三齊記》曰："南有蹲犬山，山似犬蹲，有神，劉寵出西都，經此山，山犬吠之，寵曰'山神謂我人也'。"

〔3〕《前書》禱萬里沙，在縣。

〔4〕故過國。

〔5〕《左傳》襄二十四年"伐莒，侵介根"，杜預曰縣東北計基城。號介國。

〔6〕《三齊記》曰："鄭玄教授不（期）〔其〕山，山下生草大如薤，葉長一尺餘，堅刃異常，土人名曰康成書帶。"

齊國秦置。[二四]雒陽東千八百里。六城,户六萬四千四百一十五,口四十九萬一千七百六十五。

臨菑[二五]本齊,刺史治。[1] **西安**有棘里亭。[2]有蘧丘里,古渠丘。[3] **昌國** **臨朐**有三亭,古邢邑。[二六] **廣** **般陽**故屬濟南。

【注】

[1]《爾雅》十藪,齊有海隅,郭璞曰海濱廣斥。《左傳》齊戍葵丘,杜預曰在縣西。《皇覽》曰:"吕尚冢在縣城南,去縣十餘里,在齊桓公冢南。菑水南桓公冢西北有晏嬰冢。"《孟子》注曰:"南小山,曰牛山。"《博物記》曰縣西有袁婁。

[2]杜預曰在縣東。陳桓子封子山。

[3]《左傳》莊元年齊所徙,杜預曰在縣東南。應劭曰伯氏邑也。《地道記》曰有石高山。

右青州刺史部,郡、國六,縣六十五。

南陽郡秦置。雒陽南七百里。三十七城,户五十二萬八千五百五十一,口二百四十三萬九千六百一十八。

宛本申伯國。[1]有南就聚。有瓜里津。[2]有夕陽聚。[3]有東武亭。 **冠軍邑**。 **葉**有長山,曰方城。[4][二七]有卷城。[5] **新野**有東鄉,故新都。[6]有黃郵聚。[7] **章陵**故舂陵,世祖更名。[8]有上唐鄉。[9] **西鄂**[10] **雉**[11] **魯陽**有魯山。[12]有牛蘭累亭。[13] **犨** **堵陽** **博望** **舞陰邑**。 **比陽** **復陽**侯國。有杏聚。 **平氏**桐柏大復山,淮水出。[14]有宜秋聚。[15] **棘陽**[16]有藍鄉。[17]有黃淳聚。[18] **湖陽邑**。[19] **隨**[20]西有斷蛇丘。[21] **育陽邑**。有小長安。[22]有東陽聚。[23] **涅陽**[二八] **陰** **酇** **鄧**有鄾聚。[24] 山都侯國。 酈侯國。[25] 穰 朝陽[26] 蔡陽侯國。[27] 安衆侯國。[28] 筑陽侯國。有涉都鄉。[29] 武當有和成聚。[30][二九] 順陽侯國，故博山。有須聚。 成都 襄鄉 南鄉 丹水故屬弘農。[31]有章密鄉。[三〇]有三戶亭。[32] 析故屬弘農，故楚白羽邑。[33]有武關，在縣西。[34]有豐鄉城。[35]

【注】

〔1〕《荊州記》曰："郡城周三十六里。"《博物記》有申亭。《南都賦》注曰有玉池、澤陂。

〔2〕《東觀書》鄧奉拒光武瓜里。

〔3〕袁山松《書》曰："賈復從擊鄧奉，追至夕陽聚。"

〔4〕杜預曰方城山在縣南。屈完曰"楚國方城以為城"。[三一]《皇覽》曰："縣西北去城三里葉公諸梁冢，近縣祠之，曰葉君丘。"

〔5〕《左傳》昭二十五年楚子使季然郭卷。

〔6〕王莽封也。

〔7〕吳漢破秦豐地。[三二]

〔8〕《古今注》曰："建武十八年，使中郎將耿遵築城。"

〔9〕《前志》曰故唐國。下江兵，荊州軍。

〔10〕有精山，朱儁破孫夏。《山海經》曰："有豐山，神耕父處之，常遊清泠之淵，出入有光，見即其國為敗。有九鍾焉，是知霜鳴。"郭璞曰："清泠水在西鄂縣山上，神來時水赤光耀，今有屋祠也。霜降則鍾鳴，故言知也。物有自然感應，而不可為也。"《南都賦》注："耕父，旱鬼也。"《皇覽》曰王子朝冢在縣西。

〔11〕《博物記》曰湍水出。[三三]

〔12〕《前志》曰古魯縣。《南都賦》注："有堯山，封劉累，立堯祠。"

〔13〕謝沈《書》云牛蘭山也。

〔14〕《前書》曰在縣南。《荊州記》曰："桐柏淮源涌發，其中潛流三十里，東出大復山南，山南有淮源廟。"《博物記》曰："有陽山，出紫草。"

〔15〕伯升見下江兵。

〔16〕《荊州記》曰東北百里有謝城。

〔17〕伯升襲甄阜（也）〔處〕。[三四]

〔18〕又伯升攻梁丘賜。杜預曰蓼國在東南。《前志》蓼國湖陽是。

〔19〕《荊州記》曰："樊重母畏雷，為石室避之，悉以文石為階，今存。"

〔20〕古隨國。

〔21〕即銜珠之蛇也。杜預曰有賴亭。《左傳》僖十五年齊伐厲，在縣北。《帝王世記》曰："神農氏起列山，謂列山氏，今隨厲鄉是也。"《荊州記》曰："縣北界有重山，山有一穴，云是神農所生。又有周迴一頃二十畝地，外有兩重塹，中有九井。相傳神農既育，九井自穿，汲一井則衆井動，即此地為神農社，年常祠之。"

〔22〕漢軍為甄阜所破處。

〔23〕朱祐破張成處。

〔24〕《左傳》桓九年楚師圍鄾。

〔25〕《荊州記》曰："縣北八里有菊水，其源旁悉芳菊，水極甘馨。又有三十家，不復穿井，仰飲此水，上壽百二十三十，[三五]中壽百餘，七十者猶以為夭。漢司空王暢、太傅袁隗為南陽令，縣月送三十餘石，飲食澡浴悉用之。太尉胡廣父患風羸，南陽恒汲飲此水，疾遂瘳。此菊莖短花大，[三六]食之甘美，異於餘菊。廣又收其實，種之京師，遂處處傳植之。"

〔26〕《南都賦》陂澤有鉗盧，注曰在縣。

〔27〕《襄陽耆舊傳》曰："有松子亭，下有神陂，中多魚，人捕不可得。"《南都賦》所稱。

〔28〕《博物記》曰："有土魯山，出紫石英。"

〔29〕杜預曰穀國在縣北。《博物記》曰今穀亭。《荊州記》曰："縣北四里有開林山，西北有巀山。"

〔30〕《荊州記》曰："縣有女思山，南二百里。有武當。"

〔31〕南鄉、丹水二縣有商城，張儀與楚商於之地。

[32]《左傳》哀四年晉執蠻子畀楚師。

[33]《左傳》昭十八年"許遷于白羽。"

[34]《南都賦》曰武關在其西,文穎曰去縣百七十里。

[35]《左傳》哀四年"司馬起豐、析"。《荊州記》曰:"縣有龍淵,深不測。縣北有馬頭山。"

南郡 秦置。雒陽南一千五百里。十七城,戶十六萬二千五百七十,口七十四萬七千六百四。

江陵[1] 有津鄉。[2] **巫** 西有白帝城。[3] **秭歸** 本(歸)國。[4][三七] **中盧**[三八] 侯國。[5] **編** 有藍口聚。[6] **當陽**[7] **華容** 侯國。雲夢澤在南。[8] **襄陽** 有阿頭山。[9] **邔** 侯國。有犁丘城。[10] **宜城** 侯國。[11] **鄀**[三九] 侯國,永平元年復。[12] **臨沮** 侯國。有荊山。[13] **枝江** 侯國。本羅國。有丹陽聚。[14] **夷道**[15] **夷陵** 有荊門,[16] 虎牙山。[17] **州陵**[18] **很山**[四〇] 故屬武陵。

【注】

〔1〕《史記》曰楚熊渠立長子康為句亶王,張瑩曰今江陵也。《皇覽》曰:"孫叔敖冢在城中白土里。"

〔2〕《左傳》莊十九年楚子大敗於津。《荊州記》曰:"縣東三里餘有三湖,湖東有水,名萇谷,[四一] 又西北有小城名曰冶父,《左傳》曰:'莫敖縊于荒谷,群帥囚于冶父。'縣北十餘里有紀南城,楚王所都。東南有郢城,子囊所城。"《史記》蘇秦說楚威王:"楚東有夏州。"《左傳》楚莊伐陳,鄉取一人以歸,謂之夏州。今夏口城有洲,名夏口。

〔3〕郭璞曰有巫山。

〔4〕杜預曰夔國。《荊州記》曰:"縣北一百里有屈平故宅,方七頃,累石為屋基,今其地名樂平。宅東北六十里有女須廟。"

〔5〕《襄陽耆舊傳》曰:"古盧戎也。縣西山中有一道,漢時常有數百匹馬

出其中，馬形皆小，似巴、滇馬。三國時陸遜攻襄陽，又值（比）〔此〕穴中有數十匹馬出，〔四二〕遜載還建業。蜀使來，有五部兵家滇池者，識其馬色，云亡父所乘，對之流涕。"《荊州記》云："是析縣馬頭山。又縣南十五里有疎水，東流注沔。水中有物如馬，甲如鮮鯉，〔四三〕〔射〕不可入。〔四四〕七八月中好在磧上自曝，膝頭似虎掌爪。小兒不知，欲取弄戲，便殺人。或曰，生得者，摘其鼻，厭可小，小便名為木盧。"〔四五〕

〔6〕下江兵所據。《左傳》鬭緡以權叛，楚遷於那處，杜預曰：縣東南有那口城。

〔7〕杜預曰縣東〔南〕有權城。〔四六〕楚武王所剋。《荊州記》曰："縣東南有麥城，城東有廬城，〔四七〕沮水西有磨城，伍子胥造此二城以攻麥城。"

〔8〕杜預曰州國在縣東〔南〕。〔四八〕枝江縣有雲夢城，江夏安陸縣東南有雲夢城，或曰華容縣東南亦有雲夢。巴丘湖，江南之雲夢也。《爾雅》十藪，楚有雲夢，郭璞曰巴丘湖是也。

〔9〕岑彭破張楊。《襄陽耆舊傳》曰："縣西九里有（萬）〔方〕山，〔四九〕父老傳云交甫所見游女處，此山之下曲隈是也。"《荊州記》曰："襄陽舊楚之北津，從襄陽渡江，經南陽，出方關，是周、鄭、晉、衛之道，其東津經江夏，出平皋關，〔五〇〕是通陳、蔡、齊、宋之道。"

〔10〕朱祐禽秦豐蘇嶺山。

〔11〕杜預曰縣西舊羅國，後徙枝江。

〔12〕《左傳》楚文王伐黃，還及湫，杜預曰縣東南有湫城。

〔13〕《山海經》曰："其陽多鐵，其陰多赤金，其（東）〔中〕多牛。"〔五一〕《荊州記》曰："西北三十里有清谿，谿北即荊山，首曰景山，即卞和抱璞之處。"《南都賦》注曰："漢水至荊山，東別流，為滄浪之水。"

〔14〕《史記》曰秦、齊破楚屈匄，遂取丹陽。

〔15〕《荊州記》曰縣西北有宜陽山，東南有羊腸山。

〔16〕岑彭破田戎處。

〔17〕《荊州記》曰："荊門，江南；虎牙，江北。虎牙有文如齒牙，荊門上合下開。"

〔18〕《史記》楚考烈王納州于秦。

江夏郡高帝置。雒陽南千五百里。十四城，戶五萬八千四百三十四，口二十六萬五千四百六十四。

西陵　西陽　軑〔五二〕侯國。〔1〕　鄳〔2〕　竟陵侯國。有鄖鄉。〔3〕（立）〔有〕章山，〔五三〕本內方。〔4〕　雲杜〔5〕　沙羨　邾〔6〕　下雉　蘄春侯國。　鄂　平春侯國。　南新市侯國。〔7〕　安陸

【注】
〔1〕杜預曰："古邔國，在東南，有邔城。"
〔2〕《史記》曰无忌說魏安僖王曰"秦不敢攻冥阸之塞"，徐廣云即此縣也。
〔3〕《左傳》桓十一年"鄖人軍蒲騷"。
〔4〕《荊州記》曰："山高三十丈，周迴百餘里。"縣東有（申）〔曰〕水。〔五四〕《左傳》楚公子比為王次魚陂，杜預曰在縣西北。〔五五〕
〔5〕杜預曰縣東南有鄖城，故國。
〔6〕《地道記》曰："楚滅邾，徙其君此城。"
〔7〕案本傳有離鄉聚、綠林。

零陵郡武帝置。雒陽南三千三百里。十三城，戶二十一萬二千二百八十四，口百萬一千五百七十八。

泉陵　零陵陽朔山，〔五六〕湘水出。〔1〕　營道南有九疑山。〔2〕　營浦〔3〕　泠道〔4〕　洮陽　都梁有路山。　夫夷侯國（故屬長沙）。〔五七〕　始安侯國。〔5〕　重安侯國，故鍾武，永建三年更名。　湘鄉　昭陽侯國。〔6〕　烝陽〔五八〕侯國，故屬長沙。

【注】

〔1〕羅含《湘中記》曰："有營水，有洮水，有灌水，有祁水，有宜水，有(春)[春]水，〔五九〕有烝水，有耒水，有米水，有渌水，有連水，有(倒)[瀏]水，有(僞)[潙]水，〔六〇〕有(伯)[汨]水，〔六一〕有資水，皆注湘。"

〔2〕舜之所葬。郭璞《山海經》注曰："其山九豀皆相似，故曰九疑。"《湘州營陽郡記》曰："山下有舜祠，故老相傳，舜登九疑。"

〔3〕《營陽郡記》曰："縣南三里餘有舜南巡止宿處，今立廟。"

〔4〕有(春)[春]陵鄉。〔六二〕

〔5〕《始安郡記》曰縣東有駁樂山，東有遼山。

〔6〕《荆州記》，縣東有余水，傍有漁父廟。

桂陽郡 高帝置。上領山。在雒陽南三千九百里。〔六三〕十一城，戶十三萬五千二十九，口五十萬一千四百三。

郴 有客嶺山。[1] **便** **耒陽** 有鐵。 **陰山** **南平** **臨武** **桂陽** **含洭** **湞陽** 有苓領山。[2] **曲江**[3] **漢寧** 永和元年置。

【注】

〔1〕《湘中記》曰："項籍徙義帝於郴而害之，今有義陵祠。又縣南十數里有馬嶺山，山有仙人蘇耽壇。"《荆州記》曰："城南六里縣西北有温泉，其下流有數十畝田，常十二月下種，明年三月新穀便登，一年三熟。"

〔2〕《始興郡記》有吳山。

〔3〕《始興郡記》縣北有臨沅山。

武陵郡 秦昭王置，名黔中郡，高帝五年更名。雒陽南二千一百里。[1]十二城，戶四萬六千六百七十二，口二十五萬九百一十三。

【注】
〔1〕《先賢傳》曰："晉代太守趙厥[六四]問主簿潘京曰：'貴郡何以名武陵？'京曰：'鄙郡本名義陵，在辰陽縣界，與夷相接，為所攻破，光武時移東出，遂得見全，先識易號。《傳》曰"止戈為武，高平曰陵"，於是改名焉。'"臣昭案：《前書》本名武陵，不知此對何據而出。《荊州記》曰："郡社中木麖樹，是光武種至今也。"

臨沅[1]　漢壽故索，陽嘉三年更名，刺史治。[2]　孱陵[3]　零陽　充　沅陵先有壺頭山。[4]　辰陽　酉陽　遷陵　鐔成　沅南建武二十六年置。　作唐

【注】
〔1〕《荊州記》曰："縣南臨沅水，水源出牂柯且蘭縣，至郡界分為五谿，故云五谿蠻。"
〔2〕《漢官儀》曰去雒陽三千里。[六五]
〔3〕《魏氏春秋》曰："劉備在荊州所都，改曰公安。"
〔4〕馬援軍度處。有松梁山，山有石，開處數十丈，其上名曰天門。

長沙郡秦置。雒陽南二千八百里。[六六]十三城，戶二十五萬五千八百五十四，口百五萬九千三百七十二。

臨湘　攸[六七]　茶陵[六八]　安城[六九]　酃[1]　湘南侯國。衡山在東南。[2]　連道　昭陵　益陽[3]　下雋　羅[4]　醴陵[5]　容陵

【注】
〔1〕《荊州記》曰："有酃湖，周迴三里。取湖水為酒，酒極甘美。"《湘東記》曰："縣西南母山，周迴四百里。"

〔2〕郭璞曰:"山別名岣嶁。"《湘中記》曰:"衡山有玉牒,禹案其文以治水。遥望衡山如陣雲,沿湘千里,九向九背,迺不復見。"

〔3〕《荆州記》曰:"縣南十里有平岡,岡有金井數百,淺者四五尺,深者不測。俗傳云有金人以杖撞地,輒便成井。"

〔4〕《帝王世記》曰:"有黃陵亭。"(洞)《[湘]中記》〔七〇〕亦云二妃之神。劉表為之立碑。

〔5〕《荆州記》曰:"縣東四十里有大山,山有三石室,室中有石牀石臼。父老相傳,昔有道士學仙此室,即合金沙之臼。"

右荆州刺史部,郡七,縣、邑、侯國百一十七。〔1〕

【注】

〔1〕《魏氏春秋》:"建安二十四年,吳分巫、秭歸為固陵郡。二十五年,分南郡之巫、秭歸、夷陵、臨沮並房陵、上庸、西城七縣為新城郡。"

九江郡秦置。雒陽東一千五百里。十四城,户八萬九千四百三十六,口四十三萬二千四百二十六。

陰陵　壽春〔1〕　浚遒〔2〕〔七一〕　成德　西曲陽〔七二〕　合肥侯國。　歷陽侯國,刺史治。　當塗有馬丘聚,徐鳳反於此。〔3〕　全椒　鍾離侯國。　阜陵　下蔡故屬沛。〔4〕　平阿故屬沛。有塗山。〔5〕　義成故屬沛。

【注】

〔1〕《漢官》云刺史治,去雒陽千三百里,〔七三〕與志不同。

〔2〕《左傳》哀十二年會吳于橐皋,杜預曰在縣東南。案《宋均傳》,縣有唐后二山。〔七四〕

〔3〕《帝王世記》曰:"禹會諸侯塗山。"《皇覽》曰:"楚大夫子思冢在

縣東山鄉西，去縣四十里。子思造芍陂。"

〔4〕《左傳》成七年吳入州來，杜預曰下蔡縣。

〔5〕應劭云山在當塗。《左傳》"穆有塗山之會"。

丹陽郡〔七五〕秦鄣郡，武帝更名。雒陽東二千一百六十里。建安十三年，孫權分新都郡。十六城，戶十三萬六千五百一十八，口六十三萬五百四十五。
　　　宛陵　溧陽　丹陽〔七六〕**故鄣**〔1〕**於潛**〔七七〕**涇　歙**〔2〕
黝〔3〕〔七八〕　**陵陽**〔4〕　**蕪湖**中江在西。〔5〕　**秣陵**〔6〕南有牛渚。
湖熟〔七九〕侯國。　**句容　江乘　春穀　石城**

【注】

〔1〕秦鄣郡所治。〔八〇〕《吳興記》曰："中平〔二〕年，〔八一〕分縣南置安吉縣。光和末，張角亂，此鄉守險助國，漢嘉之，故立縣。中平二年，又分立原鄉縣。"

〔2〕《山海經》曰三天子鄣山在閩西海北，郭璞曰在縣東，今謂之玉山。〔八二〕《魏氏春秋》有安勒烏邪山。

〔3〕《魏氏春秋》有林歷山。

〔4〕陵陽子明得仙於此縣山，故以為名。

〔5〕《左傳》襄三年楚子伐吳，剋鳩茲，杜預曰在縣之東。

〔6〕其地本名金陵，秦始皇改。建安十六年，孫權改曰建業。十七年，城石頭。

廬江郡文帝分淮南置。建武十〔三〕年省六安國，〔八三〕以其縣屬。雒陽東一千七百里。十四城，戶十萬一千三百九十二，口四十二萬四千六百八十三。
　　　舒有桐鄉。〔1〕　**雩婁**侯國。　**尋陽**〔2〕南有九江，東合為大江。〔3〕 潛〔4〕 臨湖侯國。 龍舒侯國。 襄安 晥〔八四〕有鐵。 居巢侯國。〔5〕 六安〔八五〕國。〔6〕 蓼侯國。 安豐有大別山。〔7〕 陽泉侯國。〔8〕 安風侯國。

【注】

〔1〕古桐國。《左傳》昭五年吳敗楚鵲岸，杜預曰縣有鵲尾渚。

〔2〕有置馬亭，劉勳士衆散處。

〔3〕釋慧遠《廬山記略》曰："山在尋陽南，南濱宮亭湖，北對小江，山去小江三十餘里。有匡俗先生者，出殷周之際，隱遯潛居其下，受道於仙人而共嶺，時謂所止爲仙人之廬而命焉。其山大嶺凡七重，圓基，周迴垂五百里。其南嶺臨宮亭湖，下有神廟。七嶺會同，莫升之者。東南有香爐山，其上氛氳若香煙。西南中石門前有雙闕，壁立千餘仞，而瀑布流焉。其中鳥獸草木之美，靈藥芳林之奇，所稱名代。"《豫章舊志》："匡俗字君平，夏禹之苗裔也。"

〔4〕《左傳》曰昭三十一年"吳人侵楚伐夷，侵潛、六，楚沈尹戌帥師救潛"是也。潛有天柱山。

〔5〕《皇覽》曰："范增冢在郭東。又庭中亞父井，吏民皆祭亞父於居巢庭上，長吏初（親）〔視〕事，〔八六〕皆祭而後從政，後更造祠於東。"《廣志》曰有二大湖。

〔6〕《皇覽》曰皋陶冢在縣。

〔7〕《左傳》昭二十三年吳敗諸侯之師于雞父，杜預曰縣南有雞備亭。〔八七〕

〔8〕《廣志》曰有陽泉湖。

會稽郡秦置。本治吳，立郡吳，〔八八〕乃移山陰。雒陽東三千八百里。十四城，户十二萬三千九十，口四十八萬一千一百九十六。

山陰〔1〕會稽山在南，上有禹冢。〔2〕有浙江。〔3〕 **鄮** **烏傷**〔4〕 **諸暨**〔5〕 **餘暨**〔6〕 **太末**〔7〕〔八九〕 **上虞**〔8〕 **剡** **餘姚** **句章**〔9〕

鄞　**章安**故(治)〔冶〕，閩越地，光武更名。〔10〕〔九〇〕　**永寧**永和三年以章安縣東甌鄉為縣。　**東部侯國**。〔九一〕

【注】

〔1〕《越絕》曰："句踐小城山陰是也。稷山者，句踐(濟戎)〔齋戒〕臺。"〔九二〕《吳越春秋》曰："句踐築城已成，怪山自至。怪山者，琅耶海中山也。一夕自來，故名怪山。"

〔2〕《山海經》曰："會稽之山四方，上多金玉，下多(瑛)〔珉〕石。"〔九三〕郭璞曰有禹井。《越絕》曰有重山，〔九四〕句踐葬大夫種。

〔3〕郭璞注《山海經》曰江出歙縣玉山。〔九五〕

〔4〕《越絕》曰："有常山，古聖所采藥，高且神。"《英雄交爭記》曰："初平三年，分縣南鄉為長山縣。"

〔5〕《越絕》曰，興平二年分立吳寧縣。

〔6〕《越絕》曰西施之所出。謝承《書》有涉屋山。〔九六〕《魏都賦》注有蕭山，潘水出焉。〔九七〕

〔7〕《左傳》謂姑蔑。初平三年，分立新安縣。建安四年，孫氏分立豐安縣。二十三年，立遂昌縣。〔九八〕《東陽記》："縣龍丘山有九石，特秀林表，色丹白，遠望盡如蓮花。龍丘(長)〔萇〕隱居於此，〔九九〕因以為名。其峰際復有巖穴，外如懲牖，中有石林。〔一〇〇〕巖前有一桃樹，其實甚甘，非山中自有，莫知誰植。"

〔8〕漢末分南鄉立始寧縣。

〔9〕《山海經》曰："餘句之山，〔一〇一〕無草木，多金玉。"郭璞曰："山在餘姚南，句章北，故二縣因以為名。"句踐欲遷吳王於甬東，韋昭曰縣東洲。

〔10〕《晉(元)〔太〕康記》曰本鄞縣南之迴浦鄉，〔一〇二〕章帝章和元年立。未詳。

吳郡順帝分會稽置。雒陽東三千二百里。十三城，〔一〇三〕戶十六萬四千一百六十四,口七十萬七百八十二。

吳本國。﹝1﹞震澤在西,後名具區澤。﹝2﹞ 海鹽﹝3﹞ 烏程﹝4﹞ 餘杭﹝5﹞ 毗陵季札所居。北江在北﹝6﹞。 丹徒﹝7﹞ 曲阿 由拳﹝8﹞ 安﹝9﹞﹝一〇四﹞ 富春 陽羨邑。﹝10﹞ 無錫侯國。﹝11﹞ 婁﹝一〇五﹞

【注】

﹝1﹞《越絕》曰:"吳大城,闔閭所造,周四十七里二百一十步二尺。又有伍子胥城,居巢城。昌門外闔閭冢﹝一〇六﹞虎丘。穹隆,赤松子所取赤石脂也,去縣二十里。有(鹿)〔麋〕湖,﹝一〇七﹞欐谿城。又石城,闔閭置美〔人〕山。﹝一〇八﹞虞山,巫咸山。"﹝一〇九﹞《皇覽》曰:"縣東門外孫武冢。又要離冢,縣西南。"

﹝2﹞《爾雅》十藪,吳越之間有具區,郭璞曰縣南太湖也。中有包山,山下有洞庭,穴道潛行水底,去無所不通,號為地脉。《越絕書》曰"湖周三萬六千頃"。又有大雷山,小雷山,周處《風土記》曰舜漁澤之所。臣昭案:此僻在成陽是也。又吳伐越,敗之夫椒,杜預曰太湖中椒山是也。

﹝3﹞案今計偕簿,縣之故治,順帝時陷而為湖,﹝一一〇﹞今謂為當湖。大旱湖竭,城郭之處可識。

﹝4﹞《左傳》襄三年楚伐吳至於衡山,杜預曰在縣南。或云丹陽縣之橫山,去鳩茲不遠,子重所至也。《吳興記》曰:"縣西北(其)〔卞〕山有項籍祠。﹝一一一﹞興平二年,太守許貢奏分縣為永縣。"

﹝5﹞顧夷曰:"秦始皇至會稽經此,立為縣。"《史記》曰,始皇臨浙江,水波惡,乃西百二十里,從狹中渡。徐廣曰餘杭也。臣昭案:始皇所過乃在錢塘、富春,豈近餘杭之界乎?

﹝6﹞《越絕》曰:"縣南城,(在荒)〔古淹〕地。上湖中冢者,季子冢也。﹝一一二﹞名延陵墟。"《皇覽》曰暨陽鄉。

﹝7﹞《春秋》曰朱方。

﹝8﹞《左傳》曰越敗吳於檇李,杜預曰縣南醉李城也。干寶《搜神記》曰:

"秦始皇東巡，望氣者云'五百年後，江東有天子氣'。始皇至，令囚徒十萬人掘汙其地，表以惡名，故改之曰由拳縣。"

〔9〕《越絕》曰："有西岑冢，越王孫開所立，以備春申君，使其子守之，子死遂葬城中。"

〔10〕郭璞曰："縣有張公山，洞密有二堂。"

〔11〕《史記》曰："春申君城故吳墟，以自為都邑。"城在無錫。《皇覽》曰："吳王太伯冢〔一一三〕在吳縣北梅里聚，去城十里。太伯始所居地名句吳。"臣昭案：無錫縣東皇山有太伯冢，民世修敬焉。去墓十里有舊宅、井猶存。臣昭以為即宅為置廟，不如《皇覽》所說也。《越絕》曰："縣西龍尾陵道，春申君初封吳所造。"臣昭案：今見在，自是山名，非築陵道。

豫章郡高帝置。雒陽南二千七百里。二十一城，户四十萬六千四百九十六，口百六十六萬八千九百六。〔1〕

【注】

〔1〕《豫章記》曰："新吳、上蔡、永脩縣，〔一一四〕並中平[中]立。〔一一五〕豫章縣，建安立。上蔡民分徙此地，立名上蔡。"

南昌〔1〕 建城〔2〕〔一一六〕 新淦 宜春 廬陵〔3〕 贛有豫章水。 雩都 南野〔一一七〕有臺領山。 南城 鄱陽有鄱水。黄金采。〔4〕 歷陵有傅易山。 餘汗 鄡陽 彭澤彭蠡澤在西。 柴桑 艾〔5〕 海昏侯國。〔6〕 平都侯國，故安平。 石陽 臨汝永元八年置。 建昌永元十六年分海昏置。

【注】

〔1〕《豫章記》曰："江、淮唯此縣及吳、臨湘三縣是令。"

〔2〕此地立名上蔡者。〔一一八〕《豫章記》曰："縣有葛鄉，有石炭二頃，可

燃以爨。"

〔3〕興平元年,孫策分立廬陵郡。

〔4〕建安十五年,孫權分立鄱陽郡,治縣。

〔5〕《左傳》哀二十年吳公子慶忌所居。

〔6〕在昌邑城。《豫章記》曰:"城東十三里,縣列江邊,名慨口,出豫章大江之口也。昌邑王每乘流東望,輒憤慨而還,故謂之慨口。"

右揚州刺史部,郡六,縣、邑、侯國九十二。

【校勘記】

〔一〕左傳哀六年公如賴　按:《集解》引錢大昕説,謂案《左傳》云"使胡姬以安孺子如賴",此云"公",誤也。

〔二〕縣西有崔城　按:襄二十七年杜注云"朝陽縣西北有崔氏城"。

〔三〕平原郡九城　按:錢大昕謂"九"當作"十"。説見下。

〔四〕濕水出　按:《集解》引惠棟説,謂《前志》及《水經注》"濕"作"漯",《説文》從水㬎聲。

〔五〕濕陰　按:《集解》引惠棟説,謂《前志》亦作"漯陰",説見上。杜預注《左傳》,又作"隰"也。

〔六〕杜預曰縣西有轅城　按:《集解》引惠棟説,謂案《地理志》轅縣屬平原,《水經》作"援",酈元引杜預《釋地》,云轅即援也,濟南祝阿縣有援城。

〔七〕高帝西平昌置　按:《集解》引錢大昕説,謂案文當云"高帝置",不應有"西平昌"三字,其為衍字無疑。後讀《宦者傳》,彭愷為西平昌侯,注云西平昌縣屬平原郡,乃悟此三字當屬上文平原郡,而平原郡九城當為十城,因此三字錯入樂安注中,校書者遂改"十"為"九",以合見成之數耳。又按:張森楷謂錢説致確,但《前志》平原有平昌縣,當即此西平昌,漏未引及。

〔八〕高菀　殿本"菀"作"苑"。按:《前志》作"宛",菀、苑、宛三字古通作。

〔九〕有薄姑城　按：《集解》引惠棟説，謂《尚書大傳》作"蒲姑"。

〔一〇〕古薄姑氏　按：汲本作"左傳姑氏"。惠棟謂當作"古薄姑氏"，"蒲姑"諸本皆訛作"薄姑"，或脱"蒲"字。

〔一一〕縣南有地名貝（中）〔丘〕　據殿本改，與杜注合。

〔一二〕杜預曰縣東北有攝城　按：《集解》引洪頤煊説，謂《左》昭二十年傳"聊、攝以東"，杜注"聊、攝，齊西界也，平原聊城縣東北有攝城"。蓼城非聊城，注誤證。

〔一三〕景帝置　按：張森楷《校勘記》謂案《前志》為北海郡，故注云"景帝置"，此國為世祖所立，不得依用其文，當云"景帝置郡"，下接"建武"云云，乃為可通。

〔一四〕（有）〔省〕菑川高密膠東三國　按：《校補》謂"有"乃"省"之譌，各本皆未正。今據改。

〔一五〕（拒）〔挺〕　《集解》引錢大昕説，謂"拒"當作"挺"。《宋書·州郡志》注挺令，前漢屬膠東，後漢屬北海。或以琅邪之柜當之，琅邪之柜從木不從手，志不言故屬琅邪，字形偏旁亦異，故知非也。王先謙謂錢説是，今據改。

〔一六〕故兆　按：《集解》引陳景雲説，謂注"故兆"未詳，疑"故紀邑"之訛。

〔一七〕杜預曰棠國也　按：殿本《考證》齊召南謂案《左傳》注原文"棠，萊邑也。北海即墨縣有棠鄉"。此作"棠國也"，非是。

〔一八〕地道記曰〔奚〕養澤在西　據《集解》引錢大昕説補。按：錢氏謂注所引《地道記》，即《前志》琅邪長廣注文，"養澤"上當有"奚"字。後漢長廣改屬東萊，劉氏不注於東萊之長廣，而注於北海之拒，未詳其故。

〔一九〕雒陽東三千一百二十八里　按：汲本、殿本"一"作"二"。

〔二〇〕惁侯國　張森楷《校勘記》謂案《説文》，從心之"惁"是河南密縣亭，從巾之"幐"是東萊縣，則此當從巾而從心，誤也。今按：張説是。《前志》作"幐"，王先謙謂《説文》"幐布出東萊，從巾弦聲"，是作"幐"為正，縣蓋以布得名也。

〔二一〕掖　按：《集解》引惠棟説，謂《前志》作"夜"，夜音亦，又音掖。

〔二二〕不(期)〔其〕　按：《前志》作"不其"，惠棟、齊召南皆謂作"不期"誤，今據改。注同。

〔二三〕列二碑　按：汲本、殿本"列"作"刻"。

〔二四〕秦置　按：張森楷《校勘記》謂齊古建國，非秦置，秦置齊郡耳。《前志》亦是齊郡。此當詳其沿革之由，第云"秦置"，殊疏。或"置"下有"郡"字，誤奪去。

〔二五〕臨蓄　按：《前志》作"臨淄"。

〔二六〕有三亭古邢邑　按：《校補》引錢大昭説，謂"三"字誤，或是"邢"字。

〔二七〕有長山曰方城　按：《前志》作"有長城號曰方城"。惠棟《補注》引《水經注》、《晉志》及盛宏之《荆州記》，證"長山"當作"長城"。

〔二八〕涅陽　按：《集解》引錢大昕説，謂安帝妹涅陽公主食邑，當有"邑"字。

〔二九〕有和成聚　按：汲本、殿本"成"作"城"。

〔三〇〕有章密鄉　按：《集解》引惠棟説，謂《前志》及《水經·丹水注》皆作"密陽鄉"。

〔三一〕杜預曰方城山在縣南屈完曰楚國方城以為城　按：殿本《考證》謂推尋文義，當云"《左傳》屈完曰'楚國方城以為城'，杜預曰方城山在縣南"。今此文誤倒。

〔三二〕吴漢破秦豐地　按："地"原譌"也"。逕據汲本、殿本改正。

〔三三〕博物記曰滍水出　按：《校補》引柳從辰説，謂此引《博物記》疑當在"魯陽"下。《説文》滍水出南陽魯陽堯山，東北入汝。澧水出南陽雉衡山，東入汝。《前志》亦云魯陽有魯山，滍水所出，東北至定陵入汝。雉衡山澧水所出，東至郾入汝。《水經》説同。明此注誤。

〔三四〕伯升襲甄阜(也)〔處〕　據汲本、殿本改。按："也"疑為"地"字之譌。

〔三五〕上壽百二十三十　按：汲本無"三十"二字。

〔三六〕此菊莖短花大　按：汲本、殿本"花"作"葩"。

〔三七〕秭歸本（歸）國　據汲本刪。按：殿本《考證》謂推尋文義，"國"上衍一"歸"字，注杜預曰夔國，非歸國明矣。

〔三八〕中盧　按：殿本"盧"作"廬"。

〔三九〕郡　按：《前志》作"若"。

〔四〇〕佷山　汲本、殿本"佷"作"恨"。按：《前志》作"佷"，惠棟謂《宋書·州郡志》作"很"。

〔四一〕湖東有水名萇谷　按：汲本、殿本"萇"作"長"。

〔四二〕又值（比）〔此〕穴中有數十匹馬出　據汲本、殿本改。

〔四三〕甲如鮮鯉　按：汲本"鮮"作"鮫"。王先謙謂《水經·沔水注》作"鮫"。

〔四四〕〔射〕不可入　何焯據宋殘本校，補一"射"字。今據補。

〔四五〕摘其鼻厭可小小便名為木盧　按：《水經·沔水注》作"摘其皋厭可小小使名為水虎者也"。王先謙謂"厭字屬下，即厭勝之厭"。又按：何焯據殘宋本校，改"木"為"水"。

〔四六〕縣東〔南〕有權城　惠棟《補注》依杜注增"南"字，今據補。

〔四七〕城東有廬城　按：汲本"廬"作"盧"。王先謙謂《水經·沮水注》作"驢"，諺云"東驢西磨，麥城自破"。

〔四八〕州國在縣東〔南〕　惠棟《補注》依杜注增"南"字，今據補。

〔四九〕縣西九里有（萬）〔方〕山　據汲本、殿本改。按：疑"方"原譌"万"，傳寫譌為"萬"也。

〔五〇〕出平皋關　按：汲本、殿本"皋"作"澤"。

〔五一〕其（東）〔中〕多牛　據殿本、《集解》本改。按：今《山海經》作"其中多犛牛"。

〔五二〕軑　原譌"軟"，逕據《集解》本改。按：《前志》作"軑"，孟康曰音汰。《補注》引周壽昌曰："《說文》軑，車輨也，從車大聲。今從犬者，誤。"

〔五三〕（立）〔有〕章山　《集解》引惠棟説，謂案《前志》及《晉志》，"立"字衍。《校補》謂"立"當作"有"，涉下"章"字而譌。今據改。

〔五四〕縣東有（申）〔臼〕水　《集解》引錢大昭説，謂"申"當作"臼"，《左傳》定五年，"涉于成臼"，杜注"竟陵縣有臼水，出聊屈山，西南入漢"。今據改。

〔五五〕杜預曰在縣西北　按：今杜注作"竟陵縣西北有甘魚陂"。

〔五六〕陽朔山　按：《校補》謂案《前志》作"陽海山"，《説文》同。《水經注》謂陽海山即陽朔山。

〔五七〕夫夷侯國（故屬長沙）　《集解》引惠棟説，謂案《前志》，夫夷本屬零陵，長沙無是縣，此四字衍文。今據刪。

〔五八〕烝陽　按：《集解》引惠棟説，謂《前志》作"承陽"，承音烝。

〔五九〕有（春）〔舂〕水　據《校補》引柳從辰説改。

〔六〇〕有（倒）〔瀏〕水有（偽）〔溈〕水　據《校補》引柳從辰説改。

〔六一〕有（伯）〔汨〕水　據《集解》本改。　按：汲本、殿本譌"泊"。

〔六二〕有（春）〔舂〕陵鄉　據汲本、殿本改。

〔六三〕高帝置上領山在雒陽南三千九百里　按：張森楷《校勘記》謂"上領山"三字于上下文皆不屬，不知何縣下山脱擅于此，俟詳攷之。

〔六四〕晉代太守趙厥　按：《集解》引錢大昕説，謂《晉書》"厥"作"廞"。又引周壽昌説，謂《延江水注》引《先賢傳》同，惟"趙厥"作"趙偉"。

〔六五〕去雒陽三千里　按：汲本、殿本"三"作"二"。

〔六六〕雒陽南二千八百里　按：汲本"二"作"三"。

〔六七〕攸　《前志》作"收"。按：攸，孟康音收，《前志》因譌"收"，詳《漢書補注》。

〔六八〕茶陵　汲本、殿本"茶"作"荼"。今按《前志》，殿本作"荼陵"，《補注》本據汲本作"茶陵"。王先謙據《説文》，謂荼與茶通。

〔六九〕安城　按：《集解》引惠棟説，謂《前志》及《州郡志》皆作"安成"。王先謙謂城成通作。

〔七〇〕(洞)〔湘〕中記　據汲本、殿本改。

〔七一〕浚遒　按：《集解》引惠棟說，謂"浚"一作"逡"。

〔七二〕西曲陽　按：《前志》作"曲陽"，惠棟謂下邳有曲陽，故加"西"。

〔七三〕去雒陽千三百里　按：汲本"三"作"二"。

〔七四〕有唐后二山　按：《集解》引惠棟說，謂《風俗通》作"唐居山"。

〔七五〕丹陽郡　殿本《考證》謂"陽"當作"楊"。今按：《前志》作"揚"。《補注》引宋祁說，謂當作"陽"。又引王鳴盛說，謂"揚"字從手，其屬縣丹陽則從自，而南監本俱作"陽"，《晉志》或作"揚"，或作"陽"，而屬縣則作"楊"，且注云"丹楊山，多赤柳，在西"，然則縣名從木甚明，而郡亦當以此得名，凡從手從自，皆傳寫誤也。

〔七六〕丹陽　《集解》引惠棟說，謂案《晉志》"陽"當作"楊"。今按：《前志》作"陽"。

〔七七〕於潛　按：《前志》"潛"作"朁"，音潛。

〔七八〕黝　按：《集解》引惠棟說，謂一作"黟"，見《說文》。

〔七九〕湖熟　按：《前志》作"湖孰"。

〔八〇〕秦郵郡所治　按：《集解》引惠棟說，謂"秦"當作"故"。

〔八一〕中平〔二〕年　《集解》引惠棟說，謂沈約、歐陽忞皆云中平二年，諸本脫"二"字。今據補。

〔八二〕今謂之玉山　殿本作"今謂之三王山"。按：今《山海經》郭注亦作"三王山"，然歙縣玉山並見會稽郡注，則作"玉山"為是，何焯校本亦作"玉山"，殿本殆據今《山海經》改也。

〔八三〕建武十〔三〕年省六安國　殿本《考證》齊召南謂應作"十三年"。後章帝元和二年，復改廬江為六安國，至章和二年，和帝即位，復省六安入廬江，此注未明。今據齊說，補一"三"字。

〔八四〕睆　《前志》作"皖"，殿本作"皖"。按：睆睆皖並通。

〔八五〕六安　按：《前志》六，屬六安國，無"安"字。

〔八六〕長吏初(親)〔視〕事　據汲本、殿本改。

〔八七〕縣南有雞備亭　殿本《考證》謂何焯校本"備"改"人"。今按：

今杜注亦作"備",何氏殆據殘宋本改也。

〔八八〕立郡吳　殿本《考證》謂當改"吳立郡"。今按:《校補》謂立郡吳,謂縣升為郡也,改之於説反窒。

〔八九〕太末　按:《前志》"太"作"大",孟康曰"大音如闥"。

〔九○〕章安故(治)〔冶〕閩越地光武更名　殿本"治"作"冶",王先謙謂作"冶"是,今據改。今按:《通鑑》胡注引洪氏《隸釋》,謂中有脱文,當作"章安故回浦,章帝更名,東侯官故冶,閩越地,光武更名",於文乃足。此郡之末有"東部侯國"四字,却是衍文。説詳《通鑑》漢獻帝建安元年注。又按:《集解》引惠棟説,謂"閩越地"《宋書·州郡志》作"閩中地"。又按:《集解》引錢大昕説,謂案《鄭宏傳》,舊交阯七郡,貢獻轉運皆從東冶汎海而至。所云東冶,即會稽之冶縣。宏以章帝建初八年為大司農,其時尚稱東冶,則非光武更名明矣。

〔九一〕東部侯國　《集解》引錢大昕説,謂案《宋書·州郡志》侯官,前漢無,後漢曰東侯官,屬會稽。此"東部侯國"當即"東侯官"之譌,漢時未見有封東部侯者也。今按:錢説是,然此四字却是衍文,説見上。

〔九二〕稷山者句踐(濟戎)〔齋戒〕臺　殿本"者"作"有"。汲本、殿本"濟戎臺"皆作"齋戒臺"。按:《越絶書》作"齋戒臺",寶慶《會稽縣志》云"稷山在縣東五十三里,亦名齋臺山",則以作"齋戒"為是,今據汲本、殿本改。

〔九三〕下多(瑛)〔玞〕石　據殿本改。按:今《山海經》作"玞",注云"砆武,大石似玉"。

〔九四〕有重山　按:今本《越絶書》"重"作"種"。

〔九五〕江出歙縣玉山　按:今《山海經》郭注云"按《地理志》,浙江出新安黟縣南蠻中,東入海,今錢唐浙江是也。黟即歙也"。

〔九六〕有涉屋山　按:汲本、殿本"屋"作"皇"。

〔九七〕潘水出焉　汲本、殿本"潘"作"潛"。按:《前書補注》王先謙謂潛水即潘水也。

〔九八〕建安四年孫氏分立豐安縣二十三年立遂昌縣　按:《集解》引錢大

昕説，謂《宋書・州郡志》與此異，未知孰是。

〔九九〕龍丘（長）〔萇〕隱居於此　殿本《考證》謂"長"當作"萇"。按：《集解》引馬與龍云，龍丘萇見《任延傳》。今據改。

〔一〇〇〕中有石林　按：汲本"林"作"牀"。

〔一〇一〕餘句之山　按：《集解》引惠棟説，謂依《山海經》當作"句餘"。

〔一〇二〕晉（元）〔太〕康記曰本鄞縣南之迴浦鄉　錢大昕謂"元康"當作"太康"，今據改。《集解》引錢大昕説，謂攷班志冶與回浦本是二縣，意者東漢初嘗省迴浦入鄞縣，故有"回浦鄉"之稱。今按：洪氏《隸釋》謂鄞及回浦皆西漢縣名，謂西漢割郡而置縣，或未可知。至章帝時，回浦已非鄉矣。太康所紀，亦誤也。説詳《通鑑》漢獻帝建安元年胡注引。

〔一〇三〕十三城　按：據錢大昕考證，當作"十二城"，詳下安縣條校勘記。

〔一〇四〕安　按：《集解》引錢大昕説，謂《前漢》、《晉》、《宋志》皆無此縣，本志又不言何年所置，前無所承，後無所併，疑即"婁"之訛，因"婁"脱其半而為"安"，校者不能是正，疑有脱漏，又增"婁"於"無錫"後，並改"十二"城為"十三"。

〔一〇五〕婁　殿本《考證》謂監本脱此一縣，依宋本添。按：前安縣即婁縣之誤，後人不曉，增此一縣，説見上。

〔一〇六〕昌門外闔閭冢　按：殿本"昌"作"闔"，與今本《越絶書》合。

〔一〇七〕有（鹿）〔麋〕湖　據殿本改，與今本《越絶書》合。

〔一〇八〕又石城闔閭置美〔人〕山　《集解》引惠棟説，謂"美山"無攷，案《越紐録》曰"石城，闔閭置美人山"，脱"人"字也。今據補。

〔一〇九〕虞山巫咸山　按："巫咸山"之"山"，疑當作"出"。今本《越絶書》作"虞山者，巫咸所出也"。《寰宇記》九十一作"巫咸所居"。

〔一一〇〕順帝時陷而為湖　按：《集解》引洪亮吉説，謂《水經注》"順帝"作"安帝"。

〔一一一〕(其)〔下〕山有項籍祠　據何焯校本改。

〔一一二〕縣南城(在荒)〔古淹〕地上湖中冢者季子冢也　汲本"在荒地"作"在荒連"，此據殿本改。按：今《越絶書》云"毗陵縣南城，故古淹君地也"。又云"毗陵上湖中冢者，延陵季子冢也，去縣七十里，上湖通上洲"。殿本殆據《越絶書》改也。

〔一一三〕吳王太伯冢　按：張森楷《校勘記》謂太伯非吳王，疑此文有衍誤。

〔一一四〕永脩縣　按：汲本"脩"作"修"。

〔一一五〕並中平〔中〕立　《集解》引惠棟説，謂諸本脱"中"字。今據補。

〔一一六〕建城　按：《前志》作"建成"。

〔一一七〕南野　按：《前志》作"南壄"。

〔一一八〕此地立名上蔡者　按：殿本《考證》齊召南謂案上文豫章郡户口下分注"《豫章記》曰"一條三十二字，應在此文之下。徧檢本志，引書必有所指。上文《豫章記》言"上蔡民分徙此地"，即"此地立名上蔡者"之注解也。不知何以將"豫章記"一條移置於前，後人遂無糾正者。

後漢書志第二十三

郡國五

漢中　巴郡　廣漢　蜀郡　犍為　牂柯　越嶲
益州　永昌　廣漢屬國　蜀郡屬國　犍為屬國
　　　　　　右益州

隴西　漢陽　武都　金城　安定　北地　武威
張掖　酒泉　敦煌　張掖屬國　張掖居延屬國
　　　　　　右涼州

上黨　太原　上郡　西河　五原　雲中　定襄
　　　　　鴈門　朔方
　　　　　　右并州

涿郡　廣陽　代郡　上谷　漁陽　右北平

遼西　遼東　玄菟　樂浪　遼東屬國

右幽州

南海　蒼梧　鬱林　合浦　交趾　九真　日南

右交州

漢中郡秦置。雒陽西千九百九十里。九城,户五萬七千三百四十四,口二十六萬七千四百二。

南鄭[1]　**成固**嬀墟在西北。[2]　**西城**[3]　**襃中**[4]　**沔陽**有鐵。[5]　**安陽**　**錫**[一]有錫,春秋時曰錫穴。[6]　**上庸**本庸國。　**房陵**[7]

【注】

[1]《華陽國志》曰:"有池水,從旱山來。"

[2]《前書》云在西城。《帝王世紀》亦云姚墟在西北,有舜祠。

[3]《巴漢志》云漢末以為西城郡。

[4]《華陽國志》曰有唐公(防)[房]祠。[二]

[5]《華陽國志》曰有定軍山。《博物記》曰縣北有丙穴。《巴漢志》曰:"縣有度水,水有二原,一曰清檢,二曰濁檢。"

[6]《左傳》文十一年,楚伐麇,至于錫穴。[三]

[7]《巴漢志》曰:"建安十三年別屬新城郡。有維山,維水所出,東入瀘。"

巴郡秦置。雒陽西三千七百里。[1]十四城,户三十一萬六百九十一,口百八萬六千四十九。

【注】

〔1〕譙周《巴記》曰："初平（六）[元]年,〔四〕趙穎分巴為二郡,〔五〕欲得巴舊名,故郡以墊江為治,安漢以下為永寧郡。〔六〕建安六年,劉（綽）[璋]分巴,〔七〕以永寧為巴東郡,以墊江為巴西郡。"《蜀都賦》注云："銅梁山在巴東。"干寶《搜神記》曰："有澤水,民謂神龍,不可鳴鼓其傍,即使大雨。"《蜀都賦》曰："潛龍蟠於沮澤,應鳴鼓而興雨。"

　　江州〔1〕　宕渠有鐵。　朐忍〔2〕　閬中〔3〕　魚復〔4〕扞水有扞關。〔5〕　臨江　枳〔6〕　涪陵出丹。〔7〕　墊江　安漢　平都〔8〕　充國永元二年分閬中置。〔9〕　宣漢〔10〕　漢昌永元中置。〔11〕

【注】

〔1〕杜預曰巴國也。有塗山,禹娶塗山。《華陽國志》曰："帝禹之廟銘存焉。有清水穴,巴人以此為粉,則膏（暉）[澤]鮮芳,〔八〕貢粉京師,因名粉水。"

〔2〕《巴漢志》曰："山有大小石城（勢者）。"〔九〕

〔3〕案本傳有俞水。《巴漢志》曰："有彭池、大澤、名山、靈臺,見《孔子內讖》。"

〔4〕古庸國,《左傳》文十[六]年〔一〇〕魚人逐楚師是也。

〔5〕《史記》曰,楚肅王為扞關以拒蜀。

〔6〕《史記》蘇代曰："楚得枳而國亡。"《華陽國志》有明月峽、廣德嶼者是也。

〔7〕《巴記》曰："靈帝分涪陵置永寧縣。"《巴漢志》曰："涪陵,巴郡之南鄙,從枳南入折丹涪水,本與楚商於之地接。〔一一〕漢時赤（田）[甲]軍常取其民。"〔一二〕

〔8〕《巴記》曰："和帝分枳置。"

〔9〕《巴記》曰："初平四年,復分為南充國縣。"

〔10〕《巴漢記》曰："和帝分宕渠之東置。"

〔11〕《巴記》曰："分宕渠之北而置之。"

廣漢郡高帝置。雒陽西三千里。十一城,户十三萬九千八百六十五,口五十萬九千四百三十八。

雒（州）刺史治。〔一三〕 新都[1] 緜竹[2] 什邡〔一四〕 涪[3] 梓潼[4] 白水 葭萌[6] 郪 廣漢有沈水。 德陽[7]

【注】

〔1〕《華陽國志》曰："有金堂山,水通巴（漢）。"〔一五〕
〔2〕《地道記》曰："有紫巖山,緜水之所出焉。"
〔3〕《巴漢志》曰："孱水出孱山。"
〔4〕《地道記》"五婦山,馳水出"。建安二十二年,劉備以為郡。
〔5〕《山海經》曰白水出蜀而東南入江,郭璞曰今在縣。
〔6〕《華陽國志》："有水通于漢川,有金銀礦,民洗取之。"
〔7〕《華陽國志》曰："有劍閣道,三十里,至險。"

蜀郡秦置。雒陽西三千一百里。十一城,户三十萬四百五十二,口百三十五萬四百七十六。

成都[1] 郫 江原 繁 廣都[2] 臨邛[3]有鐵。 湔氐道[4]岷山在西徼外。[5] 汶江道[6]〔一六〕 八陵〔一七〕 廣柔[7] 緜虒道[8]〔一八〕

【注】

〔1〕《蜀都賦》注曰："武帝元鼎二年,立成都郭十八門。"
〔2〕任豫《益州記》曰："縣有望川源,鑿石二十里,引取郫江水灌廣都田,云後漢所穿鑿者。"

〔3〕《博物記》曰:"有火井,深二三丈,在縣南百里。以竹木投取火,後人以火燭投井中,火即滅絕,不復然。"《蜀都賦》注曰:"火井欲出其火,先以家火投之,須臾許隆隆如雷聲,爛然通天,光耀十里,以竹筒盛之,接其光而無炭也。取井火還,煮井水,一斛水得四五斗鹽,家火煮之,不過二三斗鹽耳。"

〔4〕《蜀王本紀》曰:"縣前有兩石對如闕,號曰彭門。"

〔5〕《山海經》曰:"岷山,江水出焉,東北注于海。中多良龜,其上多金玉,其下多白珉,其獸多犀、象、夔。"郭璞曰:"今蜀山中有大牛,重數千斤,曰夔。"《蜀都賦》注曰:"岷山特多藥,其椒特多好者,絕異於天下之好者。"

〔6〕《華陽國志》曰:"湔水、馳水出焉,多冰寒,盛夏凝凍不釋。孝安延光三年復立之以為郡。"

〔7〕《帝王世記》曰禹生石紐。縣有石紐邑。《華陽國志》曰:"夷人營其地,方百里,不敢居牧。有過,逃其野中不敢追,云畏禹神;能藏三年,為人所得,則共原之,云禹神靈祐之。"

〔8〕《華陽國志》曰:"有玉壘山,出璧玉,湔水所出。"

犍為郡武帝置。雒陽西三千二百七十里。劉璋分立江陽郡。九城,户十三萬七千七百一十三,口四十一萬一千三百七十八。

武陽有彭亡聚。[1]　**資中**　**牛鞞**　**南安**[2]有魚(泣)[涪]津。[3][一九]　**僰道**[4]　**江陽**[5]　(荷)[符]節[二〇]　**南廣**　**漢安**

【注】

〔1〕岑彭死處。《南中志》曰:"縣南二十里彭望山。"《益州記》曰:"縣有王喬仙處。王喬祠今在縣,下有彭祖冢,上有彭祖祠。"

〔2〕《蜀都賦》注曰:"縣之南有五𡽹山,一山而五里,在越巂界。"[二一]

〔3〕《蜀都賦》注曰:"魚符津數百步,在縣北三十里。縣臨大江,岸便山

嶺相連，經益州郡，有道廣四五尺，深或百丈，斬鑿之跡今存，昔唐蒙所造。"《博物記》："縣西百里有牙門山。"《華陽國志》曰："縣西有熊耳峽，南有峨眉山，去縣八十餘里。"

〔4〕《華陽國志》曰："治馬湖江會，水通越嶲。舊本有僰人。有荔枝、薑蒟。有〔蜀〕王（岳）〔兵〕蘭。〔二二〕李冰燒之崖有五色，赤白映水玄黃。〔二三〕魚從楚來，至此而止，畏崖映其水故也。"

〔5〕《華陽國志》曰："江、雒會，有方〔山〕蘭祀，〔二四〕江中有大闕小闕。"《蜀都賦》注云："沱、潛既道，從縣南流至漢嘉縣入大穴，中通剛山下，因南潛出，今名復出水是也。"

牂牁郡 武帝置。雒陽西五千七百里。十六城，戶三萬一千五百二十三，口二十六萬七千二百五十三。

故且蘭〔1〕　平夷　鐔〔2〕　毋斂　談指出丹。〔3〕　夜郎出雄黃、雌黃。〔4〕　同並　談槀　漏江　毋單　宛溫〔5〕　鐔封〔6〕　漏臥　句町〔7〕　進乘〔二五〕　西隨〔8〕

【注】

〔1〕《地道記》曰："有（沈）〔沅〕水。"〔二六〕

〔2〕《地道記》曰："不狼山，鐔水所出。"

〔3〕《南中志》曰："有不津江，江有瘴氣。"

〔4〕案本傳有竹王三郎祠。

〔5〕《南中志》曰："縣北三百里有盤江，廣數百步，深十餘丈。此江有毒氣。"

〔6〕《華陽國志》曰："有溫水。"

〔7〕案本傳有桄榔木。《地道記》有文衆水。〔二七〕

〔8〕《地道記》曰："麋水，西受徼外，東至麋泠，〔二八〕入尚龍谿。"

越巂郡武帝置。雒陽西四千八百里。十四城,户十三萬一百二十,口六十二萬三千四百一十八。

邛都南山出銅。[1]　遂久[2]　靈關道[3]　臺登[二九]出鐵。[4]　青蛉有禺同山,俗謂有金馬碧雞。[5]　卑水[6]　三縫[7][三〇]　會無出鐵。[8]　定莋[9]　闡[10][三一]　蘇示　大莋　莋秦　姑復[11]

【注】

[1]《南中志》曰:"縣東南數里有水名邛廣都河,從廣二十里,深百餘丈,有魚長一二丈,頭特大,遥視如戴鐵釜狀。"《華陽國志》曰:"河有噂儁山,又有温水穴,[三二]冬夏常熱。"

[2]《華陽國志》曰:"有繩水。"《廣志》曰:"有縹碧石,有緑碧。"

[3]《華陽國志》曰:"有銅山,又有利慈。"

[4]《華陽國志》曰:"有孫水,一曰白沙江。山有砮,火燒成鐵。"

[5]《華陽國志》曰:"有鹽官。濮水出。"

[6]《華陽國志》曰:"水通馬湖。"

[7]《華陽國志》曰:"通道寧州,度瀘得[蜻]蛉縣。[三三]有長谷石時坪,中有石豬,子母數千頭,長老傳言夷昔牧豬於此,一朝豬化為石,迄今夷不敢往牧。"

[8]郭璞曰,《山海經》稱縣東山出碧,亦玉類。《華陽國志》曰:"故濮人邑也。今有濮人冢,冢不閉户,其中多珠,人不可取,取之不祥。有(元)[天]馬河。[三四](元)[天]馬日行千里。縣有(元)[天]馬祠。民居家馬牧山下,或産駿駒,云(元)[天]馬子也。今(其)有(元)[天]馬逕,[三五]厥迹存焉。河中有銅船,[三六]今在,祠以羊[三七]可取也。河中見(子)[存]。[三八]土地特産好(羣)[犀]牛。[三九]東山出青碧。"

[9]《華陽國志》:"縣在郡西。度瀘水,賓岡徼白摩沙夷有鹽坑,積薪,以齊水灌而後焚之,成白鹽,漢末夷等皆錮之。"

[10]《華陽國志》曰:"故邛人邑,治邛都城。"

[11]《地道記》:鹽池澤在南。

益州郡武帝置。故滇王國。雒陽西五千六百里。諸葛亮表有耽文山、澤山、司彌瘥山、蔞山、辟龍山，此等並皆未詳所在縣。十七城，户二萬九千三十六，口十一萬八百二。

滇池出鐵。有池澤。[1]北有黑水祠。[2] **勝休**[3][四〇] **俞元**裝山[四一]出銅。[4] **律高**石室山出錫。盤町山出銀、鉛。 **贲古**采山出銅、錫。[5]羊山出銀、鉛。[6] （母掇）[**毋棳**][7][四二] **建伶** **穀昌** **牧靡**[8][四三] **味** **昆澤** **同瀨**[9][四四] **同勞** **雙柏**出銀。 **連然** **梇棟**[10][四五] **秦臧**

【注】

[1]澤在縣西，見《前書》。《南中志》曰：“池周二百五十里。”

[2]《華陽國志》曰水是溫泉。又有白蝟山，（淮）[惟]有蝟。[四六]

[3]《南中志》曰：“有大河，從廣百四十里，深數十丈。”《地道記》曰：“水東至（母掇）[毋棳]，[四七]入橋水。”

[4]《華陽國志》在河中洲上。

[5]《前書》曰在縣北。

[6]在縣西。《地道記》曰：“南烏山，出錫。”

[7]《地道記》曰：“有橋水，出橋山。”

[8]李奇曰：“靡音麻。”出升麻。

[9]《地道記》曰：“銅虜山，米水所出。”[四八]

[10]《地道記》：“連山，無血水所出。”

永昌郡明帝永平[十]二年分[四九]益州置。雒陽西七千二百六十里。[1]八城，户二十三萬一千八百九十七，口百八十九萬七千三百四十四。[五〇]

【注】

[1]《廣志》曰：“永昌一郡，見龍之燿，日月相屬。”

不韋出鐵。[1]　　**嶲唐**[2]　　**比蘇**　　**楪榆**[3][五一]　　**邪龍**　　**雲南**[4]　　**哀牢**永平中置，故牢王國。　　**博南**永平中置。南界出金。[5]

【注】

[1]《華陽國志》曰："孝武置不韋縣，徙南越相呂嘉子孫宗族居之，因名不韋，以章其先人之惡。"

[2]本西南夷，《史記》曰古為嶲、昆明。《古今注》曰："永平十年置益州西部都尉，治嶲唐，鎮尉哀牢人楪榆蠻夷。"《華陽國志》曰："有（同）[周]水從徼外來。"[五二]

[3]有河。《廣志》曰："有弔鳥山，縣西北八十里，在阜山，眾鳥千百群共會，鳴呼啁哳，每歲七月、八月晦望至，集六日則止，歲凡六至。雉雀來弔，特悲。其方人夜然火伺取，無噪不食者以為義鳥，則不取也。俗言鳳皇死於此山，故眾鳥來弔。"《地道記》有澤，在縣東。

[4]《南中志》曰："縣西高山相連，有大泉水，周旋萬步，名馮河。縣西北百數十里有山，眾山之中特高大，狀如扶風太一，鬱然高峻，與雲氣相連結，因視之不見。其山固陰沍寒，雖五月盛暑不熱。"《廣志》曰："五月霜雪皓然。"

[5]《華陽國志》曰："西山高三十里，越[山]得蘭滄水，[五三]有金沙，洗取融為金。有光珠穴。"《廣志》曰："有虎魄生地中，其上及旁不生草，深者四五八九尺，大者如斛，削去外皮，中成虎魄如升，初如桃膠凝堅成也。"

廣漢屬國（都尉）[五四]故北部都尉，屬（蜀）[廣漢]郡，[五五]安帝時以為屬國都尉，別領三城。戶三萬七千一百一十，口二十萬五千六百五十二。

　　陰平道　　**甸氐道**[1]　　**剛氐道**[2]

【注】

〔1〕《華陽國志》曰："有白水,出徼外,入漢。"
〔2〕《華陽國志》曰："涪水所出,有金銀鑛。"

蜀郡屬國故屬西部都尉,延光元年以為屬國都尉,別領四城。户十一萬一千五百六十八,口四十七萬五千六百二十九。

漢嘉故青衣,陽嘉二年改。有蒙山。[1] **嚴道**有邛僰九折坂者,邛(刻)[郵]置。[2][五六] **徙**[3] **旄牛**[4]

【注】

〔1〕《華陽國志》曰："有洙水,[五七]從邛來出岷江,[五八]又從岷山西來入江,合郡下青衣江入大江,土地多山。"《蜀都賦》曰"廓靈關而為門",注曰山名也。地在縣南。

〔2〕《山海經》曰"崍山,江水出焉",郭璞曰"中江所出也"。《華陽國志》曰："道至險,有長嶺若棟,八渡之難,楊母閣之峻,昔楊氏倡造作閣,故名焉。邛崍山本名邛莋,故邛人、莋人界也。巖阻峻,迴曲九折,乃至山上,凝冰夏結,冬則劇寒,王陽行部至此退。"

〔3〕《華陽國志》曰："出丹砂、雄雌黄、空青、青碧。"

〔4〕《華陽國志》曰："旄,地也,在邛崍山表。邛人自蜀入,度此山甚險難,南人毒之,故名邛崍。有鮮水、若水,一名洲江。"

犍為屬國故郡南部都尉,永初元年以為屬國都尉,別領二城。户七千九百三十八,口三萬七千一百八十七。

朱提[1]山出銀、銅。[2] **漢陽**

【注】

〔1〕《南中志》曰:"縣有大淵池水,名千頃池。西南二里有堂狼山,〔五九〕多毒草,盛夏之月,飛鳥過之,不能得去。"《蜀都賦》注曰:"有靈池在縣南數十里,周四十七里。"

〔2〕案《前書》,朱提銀重以八兩為一流,直一千五百八十,他銀一流直一千。《南中志》曰:"舊有銀窟數處。"諸葛亮書云:"漢嘉金,朱提銀,採之不足以自食。"

右益州刺史部,郡、國十二,縣、道〔一〕百一十八。〔1〕〔六〇〕

【注】

〔1〕本梁州。袁山松《書》曰:"建安二十年復置漢寧郡,漢中之安陽、西城郡,分錫、上庸為上庸郡,置都尉。"

隴西郡 秦置。雒陽西二千二百二十里。十一城,戶五千六百二十八,口二萬九千六百三十七。

狄道 安故 氐道 養水出此。〔1〕 首陽 有鳥鼠同穴山,〔2〕渭水出。〔3〕 大夏 襄武 有五雞聚。 臨洮 有西頃山。〔4〕 枹罕 故屬金城。 白石 故屬金城。 鄣 河關 故屬金城。積石山在西南,河水出。

【注】

〔1〕《巴漢志》曰:"漢水二源,東源出縣之養山,名養。"《南都賦》注曰:"漢水源出隴西,經武都至武關山,歷南陽界,出沔口入江。"《巴漢志》曰:"西漢,隴西嶓冢山,會白水經葭萌入漢。始源曰沔,故曰漢沔。"

〔2〕《爾雅》曰:"其鳥為鵌,其鼠為鼵,如人家鼠而短尾。鵌似雞而小,黃黑色。穴地入三四尺,鼠在內,鳥在外。"孔安國《尚書傳》曰:"共為雌

雄。"張氏《地理記》云不為牝牡。《山海經》曰："山多白虎、白玉。"

〔3〕《地道記》曰："有三危,三苗所處。"

〔4〕《前志》曰在縣西。本傳(縣)馬防築索西城。〔六一〕

漢陽郡武帝置,為天水,永平十七年更名。在雒陽西二千里。〔1〕十三城,户二萬七千四百二十三,口十三萬一百三十八。

【注】

〔1〕《秦州記》曰:〔六二〕"中平五年,分置南安郡。"《獻帝起居注》曰:"初平四年十二月,已分漢陽、上郡為永陽,〔六三〕以鄉亭為屬縣。"

冀〔1〕有朱圉山。〔2〕有緹群山。有雒門聚。〔3〕〔六四〕 **望恒**〔六五〕 **阿陽** **略陽**〔六六〕有街泉亭。〔4〕 **勇士** **成紀**〔5〕 **隴**(州)〔六七〕刺史治。〔6〕有大坂名隴坻。〔7〕獂坻聚有秦亭。〔8〕 **獂道**〔9〕 **蘭干** **平襄** **顯親** **上邽**故屬隴西。〔10〕 **西**故屬隴西。有嶓冢山,西漢水。〔11〕

【注】

〔1〕《史記》曰:"秦武公伐冀戎,縣。"

〔2〕《前志》曰在縣南。

〔3〕來歙破隗囂處。

〔4〕街(水)〔泉〕故縣,省。〔六八〕

〔5〕《帝王世記》曰:"庖犧氏生於成紀。"

〔6〕《漢官》云:"去雒陽二千一百里。"

〔7〕《三秦記》:"其坂九迴,不知高幾許,欲上者七日乃越。高處可容百餘家,清水四注下。"郭仲產《秦州記》曰:"隴山東西百八十里。登山嶺,東望秦川四五百里,極目泯然。山東人行役升此而顧瞻者,〔六九〕莫不悲思。故歌曰:'隴頭流水,分離四下。念我行役,飄然曠野。登高遠望,涕零雙墮。'度

汧、隴，無蠶桑，八月乃麥，五月乃凍解。"

〔8〕秦之先封起於此。

〔9〕《史記》秦孝公西斬戎王。

〔10〕《秦州記》曰："縣北有利山，川中平地有土堆，高五丈，生細竹，翠茂殊常。二楊樹大數十圍，百姓祀之。"

〔11〕《史記》曰："申命和仲居西土。"徐廣曰："今之西縣。"鄭玄曰："西在隴西〔之〕西，〔七〇〕今謂之（人）〔八〕充山。"〔七一〕

武都郡武帝置。雒陽西一千九百六十里。七城，户二萬一百二，口八萬一千七百二十八。

下辨〔1〕〔七二〕 武都道〔2〕〔七三〕 上禄 故道〔3〕 河池〔4〕 沮沮水出東狼谷。〔七四〕 羌道〔七五〕

【注】

〔1〕有赤亭。

〔2〕《華陽國志》曰："有天池澤。"〔七六〕

〔3〕干寶《搜神記》曰："有（奴）〔怒〕特祠，〔七七〕秦置旄頭騎起此。"

〔4〕《地道記》曰："有泉街水。"

金城郡昭帝置。雒陽西二千八百里。十城，户三千八百五十八，口萬八千九百四十七。

允吾〔1〕 浩亹〔2〕 令居 枝陽 金城 榆中 臨羌有昆崙山。 破羌 安夷 允街

【注】

〔1〕《西羌傳》有唐谷。秦州有牢北山，傍有三窟。

〔2〕有雒都谷，馬武破羌處。

安定郡武帝置。雒陽西千七百里。八城，戶六千九十四，口二萬九千六十。

臨涇〔1〕 **高平**有第一城。〔2〕 **朝那**〔3〕 **烏枝**〔七八〕有瓦亭，〔4〕出薄落谷。〔5〕〔七九〕 **三水**〔6〕 **陰盤**〔7〕〔八〇〕 **彭陽 鶉觚**〔八一〕故屬北地。

【注】
〔1〕謝承《書》曰"宣仲為長史，民扳留，改曰宜民"，見《李固傳》，而志無此改，豈承之妄乎？
〔2〕高峻所據。
〔3〕有湫淵，方四十里，停不流，冬夏不增減，不生草木。郭璞注《山海經》曰："涇水出縣西（丹）〔开〕頭山，〔八二〕入渭。"
〔4〕牛邯軍處。
〔5〕本傳有龍池山，《地道記》曰烏水出。
〔6〕有左谷，〔八三〕盧芳所居。
〔7〕舊有陰密縣，未詳所并。杜預曰："定安陰密縣，古密須國。"《史記》曰，秦遷白起于陰密。《山海經》曰："溫水出崆峒山，在臨汾南入河，華陽北。"郭璞曰："水常煖。"

北地郡秦置。雒陽西千一百里。六城，戶三千一百二十二，口萬八千六百三十七。

富平 泥陽有五柞亭。〔1〕 **弋居**有鐵。 **廉**〔2〕 **參戀**故屬安定。〔3〕 **靈州**

【注】

〔1〕《地道記》曰："泥水出郁郅北蠻中。"
〔2〕《前志》卑移山在西北。
〔3〕有青山。謝沈《書》："屬國降羌胡數千人，居山田畜。"

武威郡故匈奴休屠王地，武帝置。雒陽西三千五百里。十四城，户萬四十二，〔八四〕口三萬四千二百二十六。

姑臧〔1〕 張掖 武威 休屠 揃次 鸞鳥 樸劓 媼圍 宣威 倉松〔2〕〔八五〕 鸇陰〔八六〕故屬安定。 租厲〔八七〕故屬安定。 顯美故屬張掖。 左騎千人官。〔八八〕

【注】

〔1〕《地道記》："南山，谷水所出。"
〔2〕《地道記》曰："南山，松陝水所出。"

張掖郡故匈奴昆邪王地，武帝置。雒陽西四千二百里。獻帝分置西郡。八城，户六千五百五十二，口二萬六千四十。

觻得 昭武 刪丹弱水出。 氐池 屋蘭 日勒 驪靬 番和

酒泉郡武帝置。雒陽西四千七百里。九城，户萬二千七百六。〔八九〕

福祿〔九〇〕 表氏〔九一〕 樂涫 玉門 會水 沙頭〔九二〕 安彌故曰（綏）[綏]彌。〔九三〕 乾齊 延壽〔1〕

【注】

〔1〕《博物記》曰："縣南有山，石出泉水，大如筥篾，注地為溝。其水有

肥，如煮肉泊，羡羡永永，如不凝膏，然之極明，不可食，縣人謂之石漆。"

敦煌郡武帝置。雒陽西五千里。〔1〕六城，戶七百四十八，口二萬九千一百七十。〔九四〕

【注】
〔1〕《耆舊記》曰："國當乾位，地列艮墟，水有縣泉之神，山有鳴沙之異，川無蛇虺，澤無兕虎，華戎所交，一都會也。"

敦煌古瓜州，出美瓜。　**冥安**　**效穀**　**拼泉**〔九五〕　**廣至**　**龍勒**有玉門關。

張掖屬國武帝置屬國都尉，以主蠻夷降者。安帝時，別領五城。〔九六〕戶四千六百五十六，口萬六千九百五十二。
候官　**左騎**　**千人**　**司馬官**　**千人官**。

張掖居延屬國故郡都尉，安帝別領一（郡）〔城〕。〔九七〕戶一千五百六十，口四千七百三十三。〔九八〕
居延有居延澤，古流沙。〔1〕

【注】
〔1〕獻帝建安末，立為西海郡。〔九九〕

右涼州刺史部，郡（國）十二，〔一〇〇〕縣、道、候官九十八。〔1〕

【注】
〔1〕袁山松《書》曰:"興平元年,分安定鶉觚、右扶風之漆置新平郡。"

上黨郡秦置。雒陽北千五百里。十三城,户二萬六千二百二十二,口十二萬七千四百三。

長子〔1〕 **屯留**絳水出。〔2〕 **銅鞮**〔3〕 **沾**〔4〕 **涅**有閼與聚。〔5〕 **襄垣**〔6〕 **壺關**有黎亭,故黎國。〔7〕 **泫氏**有長平亭。〔8〕 **高都**〔9〕 **潞**本國。〔10〕 **猗氏**〔11〕〔一〇一〕 **陽阿**侯國。 **穀遠**〔12〕

【注】
〔1〕《山海經》曰:"有發鳩之山,(章)[漳]水出焉。"〔一〇二〕《上黨記》曰:"關城,都尉所治。令狐徵君隱城東山中,去郡六十里,即壺關三老〔一〇三〕令狐茂上書訟戾太子者也,茂即葬其山。"

〔2〕《上黨記》曰:"有鹿谷山,濁漳所出。有余吾城,在縣西北三十里。"

〔3〕《上黨記》曰:"晉別宮墟關猶存,有北城,去晉宮二十里,羊舌所邑。"《左傳》成九年晉執鄭伯於此。

〔4〕《山海經》曰:"有少山,其上有金玉,其下有銅。"郭璞云在沾。

〔5〕《史記》曰,趙奢破秦兵閼與。《山海經》云:"謁戾之山有金玉,沁水出焉,南流注于河。"郭璞曰在涅。

〔6〕《上黨記》曰:"邑帶山林,茂松生焉。"

〔7〕文王戡黎即此也。《上黨記》曰:"東山在城東南,晉申生所伐,今名平睪。"

〔8〕《史記》曰,白起破趙長平。《上黨記》曰:"城在郡南山中百二十里。"

〔9〕《前志》曰有天井關。《戰國策》曰桀居天井,即天門也。《博物記》

曰："縣南地名即垂。"

〔10〕《左傳》哀四年齊伐晉壺口，杜預曰："(路)[潞]縣東有壺口關。"〔一〇四〕《上黨記》曰："潞，濁漳也。縣城臨潞。晉荀林父伐曲梁，在城西十里，今名石梁。又東北八十里有黎城，臨壺口關，至建安十一年，從洶河口鑿入潞河，名泉州梁，以通于海。"

〔11〕《漢書音義》縣出鶡。

〔12〕《上黨記》曰："有羊頭山，沁水所出。"

太原郡秦置。〔一〇五〕十六城，户三萬九百二，口二十萬一百二十四。

晉陽本唐國。〔1〕有龍山，晉水所出。〔2〕刺史治。〔3〕 **界休**有界山，有緜上聚。〔4〕有千畝聚。〔5〕 **榆次**〔6〕有鑿壺。〔7〕〔一〇六〕 **中都**〔8〕 **于離** **茲氏** **狼孟** **鄔**〔9〕 **盂**〔10〕 **平陶** **京陵**春秋時九京。〔11〕 **陽曲** **大陵**有鐵。〔12〕 **祁** **慮虒** **陽邑**有箕城。〔13〕

【注】

〔1〕《毛詩譜》曰堯始都於此，後遷河東平陽。

〔2〕《山海經》曰："有懸甕之山，其上多玉，其下多銅，其獸多閭麋，晉水出焉，東南注汾。"郭璞曰在縣。《左傳》曰："遷實沈于大夏。"賈逵曰："陶唐之胤劉累也。"杜元凱曰："今晉陽縣。"

〔3〕《漢官》曰："南有梗陽城，中行獻子見巫皋。"

〔4〕《左傳》曰晉文公以緜上為介之推田。界山，推焚死之山，〔一〇七〕故太原俗有寒食。

〔5〕《左傳》曰"晉為千畝之戰"，在縣南。

〔6〕《左傳》謂塗水。〔一〇八〕

〔7〕《史記》曰，韓魏殺智伯，埋於鑿壺之下。

〔8〕《左傳》昭二年執陳無宇於中都，杜預曰界休縣南中都城是也。〔一〇九〕

〔9〕《史記》韓信破夏説於鄔[東]，〔一一〇〕徐廣曰音於庶反。

〔10〕晉大夫（孟）〔盂〕丙邑。〔一一〕

〔11〕《禮記》曰趙武從先大夫於九京，鄭玄曰"晉卿大夫之墓地。'京'，字之誤，當為'九原'"。

〔12〕《史記》曰趙肅侯游大陸，出於鹿門。即大陵。

〔13〕《左傳》僖三十三年晉敗狄于箕。

上郡 秦置。十城，户五千一百六十九，口二萬八千五百九十九。

膚施　白土　漆垣　奢延　雕陰〔一二〕　楨林　定陽　高奴　龜茲屬國　候官

西河郡 武帝置。雒陽北千二百里也。十三城，户五千六百九十八，口二萬八百三十八。

離石　平定　美稷　樂街　中陽　皋狼　平周　平陸　益蘭〔一三〕　圜陰　藺　圜陽　廣衍

五原郡 秦置為九原，武帝更名。十城，户四千六百六十七，口二萬二千九百五十七。

九原　五原　臨沃　（父）〔文〕國〔一四〕　河（除）〔陰〕〔一五〕　武都　宜梁　曼柏　成宜　西安陽北有陰山。〔1〕

【注】

〔1〕徐廣曰："陰山在河南，陽山在河北。"《史記》曰，蒙恬築長城臨洮，延袤萬里餘，度河據陽山。

雲中郡秦置。十一城,户五千三百五十一,口二萬六千四百三十。

　　雲中　咸陽　箕陵〔一六〕　沙陵　沙南[1]　北輿　武泉　原陽　定襄故屬定襄。　成樂故屬定襄。　武進故屬定襄。

【注】

〔1〕案:烏桓有蘭池城,烏桓之圍耿曄處。

定襄郡高帝置。五城,户三千一百五十三,口萬三千五百七十一。

　　善無故屬鴈門。　桐過　武成〔一七〕　駱　中陵故屬鴈門。

鴈門郡秦置。雒陽北千五百里。十四城,户三萬一千八百六十二,口二十四萬九千。〔一八〕

　　陰館[1]　繁時　樓煩　武州[2]　汪陶〔一九〕　劇陽　崞平城[3]　埒　馬邑[4]　鹵城故屬代郡。[5]　廣武故屬太原。有夏屋山。[6]〔二〇〕　原平故屬太原。[7]　彊陰

【注】

〔1〕《史記》曰漢蘇意軍句注,應劭曰山險名也,在縣。《爾雅》八陵西隃鴈門是也。郭璞曰即鴈門山。《山海經》曰,鴈門山者,鴈飛出於其閒。

〔2〕《前書》武帝誘匈奴入武州塞。

〔3〕《前書》高帝被圍白登,服虔曰去縣七里。

〔4〕干寶《搜神記》曰:"昔秦人築城於武州塞内以備胡,城成而崩者數矣。有馬馳走一地,周旋反覆,父老異之,因依以築城,城乃不崩,遂名之為馬邑。"

〔5〕《山海經》曰:"(秦)〔泰〕戲之山,〔二一〕無草木,多金玉,呼沱之水出焉。"郭璞曰,今呼沱河〔出〕縣武夫山。〔二二〕《周禮》:"并州,其川

呼沱。"《魏志》曰："建安十年鑿渠自呼沱入汾，名平虜渠。"

〔6〕《史記》曰，趙襄子北登夏屋山，以銅斗殺代王。郭璞曰，《爾雅》山中有獸，形如菟，相負共行，土俗名之蟨。

〔7〕《古史考》曰："趙衰居原，今原平縣。"

朔方郡武帝置。六城，戶千九百八十七，口七千八百四十三。
　　臨戎　三封　朔方　沃野　廣牧　大城〔一二三〕故屬西河。
右并州刺史部，郡九，縣、邑、侯國九十八。〔1〕

【注】

〔1〕《古今注》曰："建武十一年十月，西河上郡屬（魏）。"〔一二四〕《魏志》曰："建安二十年省雲中、定襄、五原、朔方，置一縣領其民，合以為新興郡。"

涿郡高帝置。雒陽東北千八百里。七城，戶十萬二千二百一十八，口六十三萬三千七百五十四。
　　涿　遒侯國。〔1〕　**故安**易水出，濡水出。〔2〕　**范陽**侯國。　**良鄉　北新城**〔一二五〕有汾水門。〔3〕　**方城**故屬廣陽。有臨鄉。〔4〕有督[亢]亭。〔5〕〔一二六〕

【注】

〔1〕《史記》漢武帝至鳴澤，服虔曰在縣北界。

〔2〕案本紀，永元十五年復置縣鐵官。

〔3〕《史記》曰，趙與燕汾門。

〔4〕故縣，後省。惠文王與燕臨樂。

〔5〕劉向《別錄》曰："督亢，膏腴之地。"《史記》荊軻奉督亢圖入秦。

廣陽郡高帝置，為燕國，昭帝更名為郡。〔一二七〕世祖省并上谷，永(平)〔元〕八年復。〔一二八〕五城，戶四萬四千五百五十，口二十八萬六百。

薊本燕國。刺史治。[1]　**廣陽**　**昌平**故屬上谷。　**軍都**故屬上谷。　**安次**故屬勃海。

【注】
[1]《漢官》曰："雒陽東北二千里。"

代郡秦置。雒陽東北二千五百里。[1]十一城，戶二萬一百二十三，口十二萬六千一百八十八。

【注】
[1]《古今注》曰："建武二十七年七月屬幽州。"

高柳　**桑乾**　**道人**　**當城**　**馬城**　**班氏**　**狋氏**　**北平邑**〔一二九〕永元八年復。　**東安陽**　**平舒**　**代**[1]

【注】
[1]干寶《搜神記》曰："代城始築，立板幹，一旦亡西南板，四五十里於澤中自立，結葦為外門，因就營築焉，故其城周圓三十五丈，為九門，故城處呼之以為東城。"

上谷郡秦置。雒陽東北三千二百里。八城，戶萬三百五十二，口五萬一千二百四。

沮陽　**潘**永元十一年復。　**甯**〔一三〇〕　**廣甯**　**居庸**　**雊瞀**　**涿鹿**[1]　**下落**〔一三一〕

【注】

〔1〕《帝王世記》曰："黃帝所都，有蚩尤城、阪泉地、黃帝祠。"《世本》云在（鼓）〔彭〕城南，〔一三二〕張晏曰在上谷。于瓚〔一三三〕案《禮·五帝位》云黃帝與赤帝戰于阪泉之野，不在涿鹿，是伐蚩尤之地。

漁陽郡秦置。雒陽東北二千里。九城，戶六萬八千四百五十六，口四十三萬五千七百四十。

　　　漁陽有鐵。〔一三四〕　狐奴　潞〔一三五〕　雍奴　泉州有鐵。〔一三六〕　平谷　安樂　傂奚〔一三七〕獷平

右北平郡秦置。雒陽東北二千三百里。四城，戶九千一百七十，口五萬三千四百七十五。

　　　土垠〔一三八〕　徐無　俊靡〔一一三九〕　無終

遼西郡秦置。雒陽東北三千三百里。五城，戶萬四千一百五十，口八萬一千七百一十四。

　　　陽樂　海陽　令支有孤竹城。〔1〕〔一四〇〕　肥如　臨渝〔2〕

【注】

〔1〕伯夷、叔齊本國。

〔2〕《山海經》曰："碣石之山，（綱）〔繩〕水出焉，〔一四一〕其上有玉，其下多青碧。"《水經》曰在縣南。郭璞曰："或曰在右北平驪（城）〔成〕縣〔一四二〕海邊山也。"

遼東郡秦置。雒陽東北三千六百里。[1] 十一城,户六萬四千一百五十八,口八萬一千七百一十四。[一四三]

【注】
[1] 案本紀,和帝永元十六年郡復置西部都尉官。

　　襄平　新昌　無慮[一四四]　望平　候城[一四五]　安市　平郭有鐵。　西安平[1]　汶[一四六]　番汗　沓氏

【注】
[1]《魏氏春秋》曰:"縣北有小水,南流入海,句驪別種,因名之小水貊。"

玄菟郡武帝置。雒陽東北四千里。六城,户一千五百九十四,口四萬三千一百六十三。[一四七]

　　高句驪遼山,遼水出。[1]　西蓋(鳥)[馬][一四八]　上殷台　高顯故屬遼東。　候城故屬遼東。[一四九]　遼陽故屬遼東。[2]

【注】
[1]《山海經》曰:"遼水出白平東。"郭璞曰:"出塞外(衞)[衞]白平山。[一五〇] 遼山,小遼水所出。"
[2]《東觀書》安帝即位之年,分三縣來屬。

樂浪郡武帝置。雒陽東北五千里。十八城,户六萬一千四百九十二,口二十五萬七千五十。

　　朝鮮　訥邯　浿水　含資　占蟬[一五一]　遂城[一五二]　增地

帶方　駟望　海冥　列口[1]　長岑　屯有　昭明　鏤方　提奚　渾彌　樂都

【注】
〔1〕郭璞注《山海經》曰："列，水名。列水在遼東。"

遼東屬國[一五三]故邯鄉，西部都尉，安帝時以為屬國都尉，別領六城。雒陽東北三千二百六十里。
　　昌遼故天遼，[一五四]屬遼西。[1]　**賓徒**[一五五]故屬遼西。　**徒河**故屬遼西。　**無慮**[一五六]有醫無慮山。[一五七]　**險瀆**[2]　**房**

【注】
〔1〕何法盛《晉書》有青城山。
〔2〕《史記》曰，王險，衛滿所都。

右幽州刺史部，郡、國十一，縣、邑、侯國九十。

南海郡武帝置。雒陽南七千一百里。七城，户七萬一千四百七十七，口二十五萬二百八十二。[一五八]
　　番禺[1]　**博羅**[2][一五九]　**中宿**　**龍川**　**四會**　**揭陽**　**增城**有勞領山。

【注】
〔1〕《山海經》（注）[一六〇]"桂林八樹，在賁禺東"，郭璞云今番禺。
〔2〕有羅浮山，自會稽浮往博（羅）山，[一六一]故置博羅縣。

蒼梧郡武帝置。雒陽南六千四百一十里。〔一六二〕十一城,户十一萬一千三百九十五,口四十六萬六千九百七十五。

　　廣信〔1〕　謝沐　高要　封陽　臨賀　端谿　馮乘　富川　荔浦　猛陵〔2〕　鄣平〔3〕

【注】
〔1〕《漢官》曰:"刺史治,去雒陽九千里。"
〔2〕《地道記》曰:"龍山,合水所出。"
〔3〕永平十四年置。

鬱林郡秦桂林郡,武帝更名。雒陽南六千五百里。十一城。〔一六三〕

　　布山　安廣　阿林　廣鬱　中溜〔一六四〕　桂林　潭中　臨塵　定周　增食　領方

合浦郡武帝置。雒陽南九千一百九十一里。五城,户二萬三千一百二十一,口八萬六千六百一十七。

　　合浦　徐聞〔1〕　高涼〔2〕　臨元〔一六五〕　朱崖〔一六六〕

【注】
〔1〕《交州記》曰:"出大吴公,皮以冠鼓。"
〔2〕建安二十五年,孫權立高梁郡。

交趾郡武帝置,即安陽王國。雒陽南萬一千里。十二城。

　　龍編〔1〕　羸陬〔2〕〔一六七〕　(定)安［定〕〔3〕〔一六八〕　苟漏〔4〕　麊泠〔一六九〕　曲陽〔一七〇〕　北帶稽徐　西于　朱䳒　封谿建武十九

年置。[5] **望海**建武十九年置。

【注】

〔1〕《交州記》曰："縣西帶江，有仙山數百里，有三湖，有注、沆二水。"〔一七一〕

〔2〕《地道記》曰："南越侯織在此。"

〔3〕《交州記》曰："越人鑄銅為船，在江潮退時見。"

〔4〕《交州記》曰："有潛水牛上岸共鬭，角軟，還復出。"〔一七二〕

〔5〕《交州記》曰："有隄防龍門，水深百尋，大魚登此門化成龍，不得過，曝鰓點額，血流此水，恒如丹池。有秦潛江，出嘔山，分為九十九，流三百餘里，共會於一口。"

九真郡武帝置。雒陽南萬一千五百八十里。五城，户四萬六千五百一十三，口二十萬九千八百九十四。

胥浦 **居風**[1] **咸懽**〔一七三〕 **無功**〔一七四〕 **無編**

【注】

〔1〕《交州記》曰："有山出金牛，往往夜見，光曜十里。山有風門，常有風。"

日南郡秦象郡，武帝更名。雒陽南萬三千四百里。五城，户萬八千二百六十三，口十萬六百七十六。

西卷〔一七五〕 **朱吾**[1] **盧容**[2] **象林**[3] **比景**[4]

【注】

〔1〕《交州記》曰："其民依海際居，不食米，止資魚。"

〔2〕《交州記》曰:"有採金浦。"

〔3〕今之林邑國。

〔4〕《博物記》曰:"日南出野女,群行不見夫,其狀皛且白,裸袒無衣襦。"

右交州刺史部,郡七,縣五十六。[1]

【注】

〔1〕王範《交廣春秋》曰:"交州治嬴陵縣,元封五年移治蒼梧廣信縣,建安十五年治番禺縣。詔書以州邊遠,使持節,并七郡皆授鼓吹,以重威鎮。"

《漢書·地理志》承秦三十六郡,縣邑數百,後稍分析,至于孝平,凡郡、國百三,縣、邑、道、侯國千五百八十七。世祖中興,惟官多役煩,乃命并合,省郡、國十,縣、邑、道、侯國四百餘所[1]。至明帝置郡一,章帝置郡、國二,和帝置三,安帝又命屬國別領比郡者六,又所省縣漸復分置,至于孝順,凡郡、國百五,縣、邑、道、侯國千一百八十,[2]民户九百六十九萬八千六百三十,口四千九百一十五萬二百二十。[3]

【注】

〔1〕應劭《漢官》曰:"世祖中興,海內人民可得而數,裁十二三。邊陲蕭條,靡有孑遺,鄣塞破壞,亭隊絕滅。建武二十一年,始遣中郎將馬援、謁者,分築烽候,堡壁稍興,立郡縣十餘萬戶,或空置太守、令、長,招還人民。上笑曰:'今邊無人而設長吏治之,難如春秋素王矣。'乃建立三營,屯田殖穀,弛刑謫徒以充實之。"

〔2〕《東觀書》曰:"永興元年,鄉三千六百八十二,[一七六]亭萬二千四百四十二。"[一七七]

〔3〕應劭《漢官儀》曰："永和中，户至千七十八萬，口五千三百八十六萬九千五百八十八。"又《帝王世記》，永嘉（二）〔元〕年〔一七八〕户則多九十七萬八千七百七十一，口七百二十一萬六千六百三十六。應載極盛之時，而所殊甚衆，舍永嘉多，取永和少，良不可解。皇甫謐校覈精審，復非謬記，未詳孰是。豈此是順朝時書，後史即為本乎？伏无忌所記，每帝崩，輒最户口及墾田大數，今列于後，以見滋減之差焉。　光武中元二年，户四百二十七萬九千六百三十四，口二千一百萬七千八百二十。　明帝永平十八年，户五百八十六萬五百七十三，口三千四百一十二萬五千二十一。　章帝章和二年，户七百四十五萬六千七百八十四，口四千三百三十五萬六千三百六十七。和帝元興元年，户九百二十三萬七千一百一十二，口五千三百二十五萬六千二百二十九，墾田七百三十二萬一百七十頃八十畝百四十步。　安帝延光四年，户九百六十四萬七千八百三十八，口四千八百六十九萬七百八十九，〔一七九〕墾田六百九十四萬二千八百九十二頃一十三畝八十五步。　順帝建康元年，户九百九十四萬六千九百一十九，口四千九百七十三萬五百五十，墾田六百八十九萬六千二百七十一頃五十六畝一百九十四步。　沖帝永嘉元年，户九百九十三萬七千六百八十，口四千九百五十二萬四千一百八十三，墾田六百九十五萬七千六百七十六頃二十畝百八步。　質帝本初元年，户九百三十四萬八千二百二十七，口四千七百五十六萬六千七百七十二，墾田六百九十三萬一百二十三頃三十八畝。

贊曰：衆安后載，政洽區分；侯罷守列，民無常君。稱號遷隔，封割糾紛；略存減益，多證前聞。

【校勘記】

〔一〕錫　按：《前志》作"錫"，應劭曰音陽。王先謙《補注》謂應劭後漢人，時尚有此縣，應音必不誤，當以作"錫"為正。二八八五頁第十四行同。

〔二〕有唐公（防）〔房〕祠　《集解》引錢大昕說，謂"防"當作"房"，漢人隸書"房"或作"历",因譌為自旁。今據改。

〔三〕至于錫穴　按:《左傳》"錫"作"鍚"。

〔四〕初平(六)〔元〕年　惠棟《補注》謂初平無六年,當依《華陽國志》作"初平元年"。今據改。

〔五〕趙穎分巴為二郡　《三國志‧劉焉傳》"趙穎"作"趙韙"。張森楷《校勘記》謂案沈約所引譙周《巴記》元文及《通鑑》並作"韙",疑"穎"字誤。

〔六〕故郡以墊江為治安漢以下為永寧郡　按:錢大昕《考異》謂案《華陽國志》,趙穎建議以墊江以上為巴郡,治安漢,江州至臨江為永寧郡,是安漢、墊江同在巴郡之內,而安漢且為郡治,穎為安漢人,故欲移巴郡之名於安漢也。此文似有誤。

〔七〕劉(綽)〔璋〕分巴　據殿本改。按:殿本亦有作"綽"者,故《考證》齊召南謂"劉綽"當作"劉璋",璋分巴東、巴西二郡,《蜀志》可考。

〔八〕則膏(暉)〔澤〕鮮芳　據汲本、殿本改。

〔九〕山有大小石城(勢者)　據《集解》引惠棟說刪。

〔一〇〕左傳文十〔六〕年　據殿本《考證》補。

〔一一〕從枳南入折丹涪水本與楚商於之地接　殿本"水"上有"陵"字,"與"上無"本"字。《考證》齊召南謂按析、丹水皆縣名,與涪陵相接,注當云"從枳南入析、丹水、涪陵,與商於之地接"。"析"譌作"折","丹涪陵水"又倒其字,遂不可解。今按:《集解》引馬與龍說,謂析、丹水二縣屬南陽郡,與商於地接,然與涪陵南北懸隔,又非可從枳南入也。商於未嘗屬楚。今考《華陽國志》,涪陵,巴之南郡,從枳縣南入,泝舟涪水,秦司馬錯由之以取黔中。據此,疑注"折"當作"泝","丹"當作"舟","商於"當改"黔中",於地望方合。

〔一二〕漢時赤(田)〔甲〕軍　《集解》引惠棟說,謂"赤田"當依《華陽國志》作"赤甲"。今據改。

〔一三〕(州)刺史治　殿本《考證》齊召南謂各州刺史治例無"州"字,此"州"字衍。今據刪。

〔一四〕什邡　按：《前志》作"汁方"，《功臣表》作"汁防"，《晉志》又作"什方"，諸本不一。

〔一五〕水通巴（漢）　《集解》引惠棟説，謂案《華陽國志》云水通于巴，注衍"漢"字。今據删。

〔一六〕汶江道　按：《前志》無"道"字。

〔一七〕八陵　按：《集解》引錢大昕説，謂《前志》有蠶陵，無八陵，《晉志》亦作"蠶陵"。又引惠棟説，謂靈帝以汶江、蠶陵、廣柔三縣置汶山郡，"八陵"當作"蠶陵"。

〔一八〕緜虒道　按：《前志》無"道"字。

〔一九〕有魚（泣）〔涪〕津　《集解》引錢大昭説，謂"泣"當作"涪"。《吴漢傳》漢與公孫述將魏黨、公孫永戰於魚涪津，注云在南安縣，北臨大江。《蜀都賦》注作"魚符津"，符涪聲相近也。今據改。

〔二〇〕（荷）〔符〕節　《集解》引錢大昕説，謂《前志》有符，無荷節，疑"荷"乃"符"之譌，而衍一"節"字也。今按：符節長王士，見《蜀志·楊戲傳》，是東漢改名符節，三國蜀因之，"節"字當非衍文，荷與符則形近而譌也。今改"荷"字，不删"節"字。

〔二一〕縣之南有五屼山一山而五里在越巂界　按：《集解》引惠棟説，謂今《蜀都賦》注曰"一山有五重，在縣南"也。

〔二二〕有〔蜀〕王（岳）〔兵〕蘭　《集解》引惠棟説，謂《江水注》云"縣有蜀王兵蘭"，蘭與闌古字通。今據惠説補改。按：《華陽國志》亦云"棘道有故蜀王兵蘭"。

〔二三〕李冰燒之崖有五色赤白映水玄黄　按："燒"上疑脱"所"字。今《華陽國志》作"其崖嶄峻不可鑿，乃積薪燒之，故其處懸崖有赤白五色"。又云"李冰所燒之崖有五色，赤白映水玄黄"。

〔二四〕有方〔山〕蘭祀　《集解》引惠棟説，謂各本脱"山"字。今據補。

〔二五〕進乘　按：《前志》作"進桑"，《水經·葉榆水注》亦作"進桑"。

〔二六〕有(沈)〔沅〕水　據王先謙説改。按：《水經注》"沅水出牂牁且蘭縣"。

〔二七〕有文衆水　按：王先謙謂《班志》、酈《注》並作"文象水"。

〔二八〕東至糜泠　按：殿本、《集解》本"糜"作"麓"。

〔二九〕臺登　按：《補注》引何焯説，謂《前志》臺登，應劭云今曰臺高，則"登"當作"高"也。

〔三〇〕三縫　《前志》作"三絳"。按：《華陽國志》作"三縫"。

〔三一〕闌　按：《前志》作"闌"。《補注》王先謙謂"闌"《續志》及《華陽國志》作"闡"，案《宋志》沈黎郡領蘭縣，漢舊縣作"闌"，然則作"闌"是也。

〔三二〕又有温水穴　按：《集解》引惠棟説，謂"温水"一作"温泉"。

〔三三〕度瀘得〔蜻〕蛉縣　《集解》引惠棟説，謂今《華陽國志》云蜻蛉縣。今據補。

〔三四〕有(元)〔天〕馬河　《集解》引惠棟説，謂"元馬河"《華陽國志》及《水經注》皆作"天馬河"。隸書天字有似元者，見《無極山碑》。今據改，下同。

〔三五〕今(其)有(元)〔天〕馬逕　《集解》引惠棟説，謂"其"字衍。今據删。按：《華陽國志》無"其"字。

〔三六〕河中有銅船　《校補》引柳從辰説，謂《華陽國志》廖寅本"船"作"胎"，蓋據《水經注》作"胎銅"校改。惟《交州記》"越人鑄銅為船，在江潮退時見"，此"銅船"似不誤，故惠氏正誤亦不及"船"字也。黄山謂就下文"可取"言，似又不當作"船"。

〔三七〕今在祠以羊　按：惠棟《補注》謂一作"今以羊祠之"，案下文又云"河中見存"，文不應重出，當有舛誤。

〔三八〕河中見(子)〔存〕　惠棟《補注》謂"子"字誤，今《華陽國志》作"存"。今據改。

〔三九〕土地特産好(群)〔犀〕牛　惠棟《補注》謂今《華陽國志》云"土地特産犀牛"也。按：犀與群形近而譌，今據改。

〔四〇〕勝休　按：惠棟《補注》謂沈約作"騰休"，《晉志》作"滕休"。

〔四一〕裝山　按：《集解》引惠棟說，謂《前志》作"懷山"。

〔四二〕（母掇）〔毋掇〕　據《前志》改。按：殿本作"毋"，不誤。又按：《集解》引錢大昕說，謂《說文》掇從木，此從手，誤，《前志》亦作"掇"。

〔四三〕牧靡　按：《集解》引惠棟說，謂《前志》作"收靡"，《華陽國志》作"升麻"，云出好升麻，《晉書》作"牧麻"，按靡與麻古字通，《山海經》有"壽麻之國"，《呂覽》作"壽靡"是也。又按：《漢書補注》引段玉裁說，云收升牧三字同紐。

〔四四〕同瀨　按：《前志》作"銅瀨"。

〔四五〕梇棟　按：《前志》作"弄棟"。

〔四六〕（淮）〔惟〕有蝟　《集解》引惠棟說，謂《華國陽志》曰"山無石，惟有蝟"，"淮"當作"惟"。今據改。按：《御覽》九百十二引"惟有"作"而多"。

〔四七〕水東至（母掇）〔毋掇〕　據《前志》改，詳前"毋掇"條校記。

〔四八〕銅虜山米水所出　按：《集解》引錢大昕說，謂《前志》云"談虜山，迷水所出"。銅談聲相近，米即迷也，縣蓋以山得名。瀨虜聲亦相近。

〔四九〕明帝永平〔十〕二年　殿本《考證》齊召南謂按本書，永平十二年以益州徼外夷哀牢王內附，置永昌郡，是"二年"上脫"十"字。今據補。

〔五〇〕户二十三萬一千八百九十七口百八十九萬七千三百四十四　按：張森楷《校勘記》謂永昌僻郡，而户口繁庶如此，且以除法計之，每十户過八十餘口，逾恒率矣，疑口數有譌。

〔五一〕楪榆　按：《前志》作"葉榆"。

〔五二〕有（同）〔周〕水從徼外來　據《前志》及《華陽國志》改。按：王先謙謂同周形近而誤，錢坫以為今怒江也。

〔五三〕越〔山〕得蘭滄水　據《華陽國志》補。

〔五四〕廣漢屬國（都尉）　據《集解》引錢大昕說刪。

〔五五〕屬（蜀）〔廣漢〕郡　殿本《考證》齊召南謂注"蜀郡"應是"廣

漢郡"之訛。陰平、甸氐、剛氐三道舊屬廣漢，陰平道即廣漢北部都尉治也，《前書》可證。今據改。

〔五六〕有邛僰九折坂者邛（刻）〔郵〕置　《集解》引惠棟說，謂案《司馬相如傳》"嚴道邛郵"，徐廣云"嚴道有邛僰九折坂，又有邛郵"。"刻"當作"郵"。又引洪頤煊說，謂《前書·淮南厲王傳》注，張晏曰"邛郵，置名也"。"刻"是"郵"之誤。今據改。

〔五七〕有洙水　按：《集解》引惠棟說，謂"洙水"《華陽國志》作"沫水"，音妹，又音末。

〔五八〕從邛來出岷江　按：《校補》引柳從辰說，謂《華陽國志》"來"作"崍"。

〔五九〕有堂狼山　按：《集解》引惠棟說，謂《華陽國志》作"堂蜋山"。

〔六〇〕縣道〔一〕百一十八　據汲本、殿本補。

〔六一〕本傳（縣）馬防築索西城　據殿本《考證》删。

〔六二〕秦州記曰　按："州"原作"川"，逕據汲本、殿本改。

〔六三〕已分漢陽上郡為永陽　按：《集解》引馬與龍說，謂上郡與漢陽地望懸隔，不得並以分郡，此注有誤。疑"上郡"為"上邽"之譌，"已"字為"郡"字之譌，當云"分漢陽上邽為永陽郡"。觀注言以鄉亭為屬縣，必以縣為郡明矣。

〔六四〕有雒門聚　按：《集解》引惠棟說，謂《來歙傳》"雒門"皆作"落門"，縣有落門山，故名。

〔六五〕望恒　按：《前志》作"望垣"。此作"望恒"，蓋恒與垣形近而譌。

〔六六〕略陽　按：《前志》作"略陽道"。

〔六七〕隴（州）　《集解》引惠棟說，謂"州"字衍。今據删。

〔六八〕街（水）〔泉〕故縣省　據殿本《考證》改。

〔六九〕山東人行役升此而顧瞻者　按："役"原譌"投"，逕改正。

〔七〇〕西在隴西〔之〕西　據《集解》引惠棟說補。

〔七一〕今謂之（人）〔八〕充山　據汲本、殿本改。按：《集解》引惠棟説，謂"八充山"一作"兌山"，見裴駰《史記》注，北宋本作"人充山"，誤。

〔七二〕下辨　《前志》"辨"下有"道"字。按：《集解》引惠棟説，謂洪适云《李翕碑》題名有下辨道長任詩，則志闕一"道"字。又按：本書《光武紀》作"下辯"，辨辯古字通。

〔七三〕武都道　《前志》無"道"字。按："下辨道"作"下辨"，"武都"作"武都道"，疑上下誤寫。

〔七四〕沔水出東狼谷　《集解》引惠棟説，謂《前志》云"沮水"，《華陽國志》云"河池水"。今按：《水經注》"沔水一名沮水"，《華陽國志》作"河池水"，誤。

〔七五〕羌道　按：《前志》屬隴西。《集解》引錢大昕説，謂下脱"故屬隴西"四字。

〔七六〕有天池澤　汲本、殿本"天"作"大"。按：廖刻《華陽國志》顧校謂"天池"原譌"天地"。又按：《前志》云"天池大澤"，王先謙謂即仇池。

〔七七〕有（奴）〔怒〕特祠　《集解》引惠棟説，謂注"奴特"《史記》注及魏文帝《列異傳》皆作"怒特"。今據改。

〔七八〕烏枝　《集解》引錢大昕説，謂《前志》作"烏氏"，師古讀氏為枝，《梁統傳》亦作"烏氏"。又引惠棟説，謂《史記》、《漢書》作"烏氏"，音枝，本傳亦作"氏"，作"枝"者非也。

〔七九〕有瓦亭出薄落谷　殿本"出"作"山"。惠棟《補注》出"有瓦亭山"四字，云一作"出"，誤。今按：瓦亭非山名，注文在"瓦亭"下可證也，惠説誤。疑"出薄落谷"四字乃側注，當在注文"烏水出"下。

〔八〇〕陰盤　按：《前志》作"陰槃"。

〔八一〕鶉觚　按：《前志》作"鶉孤"。

〔八二〕涇水出縣西（丹）〔开〕頭山　殿本《考證》齊召南謂"丹頭"當作"开頭"，各本俱誤。《集解》引惠棟説，謂依《前志》及《山海經》，皆作"开頭"，傳寫誤作"丹"也。今據改。

〔八三〕有左谷　《集解》引惠棟説，謂《盧芳傳》注引《續漢志》曰"三水有左右谷"。今按：此三字疑是正文，當連正文"三水"下。

〔八四〕户萬四十二　按：汲本、殿本"四十二"作"四十三"。

〔八五〕倉松　殿本"倉"作"蒼"。按：《前志》亦作"蒼"。

〔八六〕鸇陰　按：《前志》作"鶉陰"。

〔八七〕租厲　按：《集解》引惠棟説，謂《前書‧武紀》及志皆作"祖厲"，案《司農夫人碑》，其字作"祖"，今誤"租"。

〔八八〕左騎千人官　按：《集解》引錢大昕説，謂此蓋别居一城，并姑臧等十三縣數之為十四也。至張掖屬國則領五城，以左騎、千人各一城，與此互異。又王先謙謂李兆洛云今地闕。

〔八九〕户萬二千七百六　按：張森楷《校勘記》謂此下當有口數，脱去。

〔九〇〕福禄　《集解》引錢大昕説，謂《前志》作"禄福"。《魏志‧龐淯傳》及皇甫謐《列女傳》載龐娥事，云"禄福趙君安之女"，又云"禄福長尹嘉"，《曹全碑》亦云"拜酒泉禄福長"，則知作"福禄"者誤也。又引惠棟説，謂《晉志》亦作"福禄"，誤。今按：《漢書補注》引吴卓信説，謂漢魏之閒猶稱"禄福"，其改為"福禄"，當自晉始。又按：本書《列女傳》云"福禄長尹嘉"，則其誤不自《續志》始也。

〔九一〕表氏　按：《集解》引錢大昕説，謂《前志》作"表是"，是氏古通用也。

〔九二〕沙頭　按：《前志》作"池頭"。

〔九三〕故曰（綏）〔緌〕彌　《前志》作"綏彌"，王先謙謂"緌"乃"綏"之譌。今據改。

〔九四〕户七百四十八口二萬九千一百七十　按：張森楷《校勘記》謂此户數有譌誤，否則户有四十許人，太不近情矣。

〔九五〕拚泉　按：《前志》作"淵泉"。

〔九六〕别領五城　按：殿本《考證》齊召南謂按下有候官、左騎、千人、司馬官、千人官，皆官名，非城名也。《前志》張掖領十城，《後志》領八城，其居延別為居延屬國，顯美改屬武威郡，未知張掖屬國所領之五城為何名也。又《集解》引錢大昕說，謂張掖屬國別領五城，以志考之，惟有候官、左騎、千人、司馬官、千人官，而不領縣，以左騎、千人各一城，又別有千人官一城，與候官、司馬官為五城，與武威郡之左騎千人官為一城者互異。

〔九七〕安帝別領一（郡）〔城〕　殿本《考證》謂"郡"字何焯校本改作"城"。今據改。

〔九八〕口四千七百三十三　按：殿本"三十三"作"三十二"。

〔九九〕獻帝建安末立為西海郡　按：《集解》引錢大昕說，謂案《獻帝起居注》，建安十八年復《禹貢》九州，雍州部已有西海郡，是立郡不在建安末也。

〔一〇〇〕郡（國）十二　據汲本刪。

〔一〇一〕猗氏　《前志》作"陭氏"。按：《集解》引洪亮吉說，謂應如《前志》作"陭"，與河東所屬者有別。又按：《說文》"陭，上黨陭氏阪也，從邑奇聲"，則當以"陭"為正。

〔一〇二〕（章）〔漳〕水出焉　據惠棟《補注》改。

〔一〇三〕壺關三老　按："三"原譌"二"，逕改正。

〔一〇四〕（路）〔潞〕縣東有壺口關　據汲本、殿本改。按：今《左傳》杜注亦譌"路"。

〔一〇五〕秦置　按：下脫洛陽北里數，下上郡、五原郡、雲中郡、定襄郡、朔方郡同。

〔一〇六〕有鑿壺　《集解》引惠棟說，謂《史記》、《戰國策》、《水經·汾水注》皆作"鑿臺"。今按：壺與臺疑形近而譌。

〔一〇七〕界山推焚死之山　按：殿本"界"作"介"。

〔一〇八〕左傳謂塗水　按：注有脫誤，當云"《左傳》知徐吾為塗水大夫，杜預曰榆次有塗水鄉"。

〔一〇九〕杜預曰界休縣南中都城是也　按：《左傳》杜注作"界休縣東南"。

〔一一〇〕韓信破夏說於鄔〔東〕　據《集解》引惠棟說改。

〔一一一〕晉大夫（孟）〔盂〕丙邑　據汲本改。按：《前志》亦作"盂丙"，《補注》引段玉裁說，謂"孟"或作"盂"，《廣韻》《左傳》晉有盂丙"，則是以邑為氏。王先謙謂作"盂"是。並引顧炎武說，謂以其為盂大夫而謂之盂丙，猶魏大夫之為魏壽餘。

〔一一二〕雕陰　按：《前志》有"道"字。

〔一一三〕益蘭　按：《前志》作"益闌"。

〔一一四〕（父）〔文〕國　據殿本改。按：《前志》作"文國"，王先謙謂《續志》後漢因，"文"或譌"父"。

〔一一五〕河（除）〔陰〕　據殿本改。按：《前志》作"河陰"。《集解》引錢大昕說，謂當作"河陰"。

〔一一六〕箕陵　《集解》引惠棟說，謂何焯云《前志》有楨陵，無箕陵。今按：李兆洛以箕陵即前漢楨陵縣地。

〔一一七〕武成　按：《前志》作"武城"。

〔一一八〕戶三萬一千八百六十二口二十四萬九千　按：張森楷《校勘記》謂案大計，此十戶幾八十口矣，疑"三"當為"五"字。

〔一一九〕汪陶　《前志》作"湴陶"。按："湴"即"汪"之本字。

〔一二〇〕有夏屋山　按：《前志》作"賈屋山"。《補注》引錢坫說，謂夏屋即賈屋，如淮陽國陽夏縣，應劭、如淳音夏為賈是矣。

〔一二一〕（秦）〔泰〕戲之山　據汲本、殿本改，與今《山海經》合。

〔一二二〕今呼沱河〔出〕縣武夫山　《集解》引惠棟說，謂諸本脫"出"字。今據補。

〔一二三〕大城　按：《前志》作"大成"。殿本《考證》謂何焯校本"城"字去土旁。

〔一二四〕建武十一年十月西河上郡屬（魏）　《集解》引錢大昕說，謂"魏"字譌。按《光武記》，建武十一年省朔方牧，并并州，此西河上郡必朔方刺史所部，至此始屬并州耳。班史馮野王為上郡太守，朔方刺史蕭育奏封事薦之，是上郡屬朔方部之證也。注文當有脫漏，又因下引《魏志》而衍一"魏"字耳。今據錢說，刪一"魏"字，但注文有脫漏，"西河上郡屬"亦不成句。

〔一二五〕北新城　《集解》引錢大昕説，謂當云"故屬中山"。今按：《前志》中山國北新成，王先謙謂志末論十二國分域，北新成屬涿郡。

〔一二六〕有督［亢］亭　按：《集解》王先謙謂據《水經‧巨馬水注》引，此"督"下奪"亢"字。今據補。

〔一二七〕昭帝更名為郡　按：殿本《考證》齊召南謂下缺"宣帝復為國"五字，蓋本始元年更為廣陽國，至光武始入上谷郡耳。

〔一二八〕永（平）［元］八年復　錢大昕《考異》謂據《和帝紀》，永元八年九月復，此"永平"當為"永元"之譌。殿本《考證》齊召南説同。今據改。

〔一二九〕北平邑　《前志》無"北"字。按：《集解》引錢大昕説，謂章帝女平邑公主，章懷注"平邑屬代郡"。

〔一三〇〕甯　《前志》作"寧"，惠棟謂古書寧與甯通。又按："甯"原作"寗"，即甯之俗寫。下"廣甯"同。

〔一三一〕下落　按：惠棟《補注》本作"下洛"，王先謙《漢書補注》謂《水經‧灅水注》"落"作"洛"。

〔一三二〕在（鼓）［彭］城南　《集解》引惠棟説，謂《前書‧刑法志》云黃帝有涿鹿之戰，鄭德云在彭城南，小顏云彭城者上谷別有彭城，非宋之彭城也。"鼓"當作"彭"。今據改。

〔一三三〕于瓚　按：惠棟《補注》本作"干瓚"，云《漢書》注有"臣瓚"，莫知姓氏，酈元謂之薛瓚，或謂之傅瓚，劉孝標、姚察皆曰干瓚，未詳孰是。

〔一三四〕漁陽有鐵　按：《前書》作"有鐵官"。

〔一三五〕潞　按：《前志》作"路"。

〔一三六〕泉州有鐵　按：《前志》作"有鹽官"。

〔一三七〕俾奚　按：《前志》作"犀奚"，《補注》引王念孫説，謂"犀"當作"厗"。

〔一三八〕土垠　按："土"原譌"上"，逕據殿本、《集解》本改正。

〔一三九〕俊靡　按：《集解》引惠棟説，謂依《説文》"俊"當作"浚"。又《校補》引錢大昭説，謂《耿弇傳》作"浚靡"。

〔一四〇〕有孤竹城　按：《集解》引惠棟説，謂《爾雅》作"觚竹"，四荒之一也。

〔一四一〕(綱)〔繩〕水出焉　汲本、殿本作"緇水"，《集解》引惠棟説，謂"緇"一作"繩"。今據改，與《山海經》合。

〔一四二〕右北平驪(城)〔成〕縣　據《集解》本改。按：《前志》作"驪成"。

〔一四三〕户六萬四千一百五十八口八萬一千七百一十四　按：張森楷《校勘記》謂案如此文，則户不能二口矣，非情理也，疑"八萬"上有脱漏。

〔一四四〕無慮　《集解》引錢大昕説，謂此下當有"有醫無慮山"五字。今按：後遼東屬國"無慮"下"有醫巫慮山"五字當移此。

〔一四五〕候城　按：《集解》引錢大昕説，謂玄菟郡有候城，云故屬遼東，則此"候城"為衍文矣。王先謙謂錢説是。

〔一四六〕汶　《前志》作"文"。按：殿本《考證》謂何焯校本減去氵。

〔一四七〕户一千五百九十四口四萬三千一百六十三　按：張森楷《校勘記》謂案如此文，則户幾四十許人矣，亦非情理也，疑"一千"之"千"字當為"萬"字。

〔一四八〕西蓋(鳥)〔馬〕　據殿本《考證》齊召南説改。按：《前志》作"西蓋馬"，縣以蓋馬山得名，"馬"作"鳥"，乃形近而譌。

〔一四九〕候城故屬遼東　按：殿本《考證》齊召南引顧炎武説，謂候城改屬玄菟，而遼東復出一候城，無慮改屬遼東屬國，而遼東復出一無慮，必有一焉宜删者，然則天下郡國少二城矣。

〔一五〇〕出塞外(衙)〔衞〕白平山　按：汲本、殿本"衙"作"御"，殿本《考證》謂"御"當作"衙"，此正作"衙"，與《考證》説合，然王先謙謂《考證》之"衙"字當作"衞"，《山海經》、《水經》並作"衞"，今據改。又按：《集解》引惠棟説，謂案今《山海經》云"遼水出衞皋東"，衞皋山名，轉寫既久，因析"皋"為"白平"，復誤"衞"為"衙"，遂令此字義無所附。

桑欽《水經》亦作"白平"。

〔一五一〕占蟬　按：《前志》作"黏蟬"。

〔一五二〕遂城　按：《前志》作"遂成"。

〔一五三〕遼東屬國　按：殿本《考證》杭世駿謂案此郡獨無户口。

〔一五四〕昌遼故天遼　《集解》引惠棟説，謂案闞駰《十三州志》云遼東屬國都尉治昌黎道，又《前志》遼西郡交黎縣，應劭云今昌黎，然則"昌遼"當作"昌黎"，"天遼"當作"交黎"。又《通鑑》注云昌黎，漢交黎縣，屬遼西，後漢屬遼東屬國都尉，則知胡氏所見本尚未舛謬也。又引錢大昕説，謂黎遼聲相近，故"昌黎"亦作"昌遼"，猶"烏氏"為"烏枝"，"庰奚"為"僾奚"也。

〔一五五〕賓徒　按：《前志》"徒"作"從"，《補注》王先謙謂作"從"誤。

〔一五六〕無慮　按：無慮已見前遼東郡，此當作"扶黎"，後人傳寫之誤。説詳惠棟《補注》。

〔一五七〕有醫無慮山　按：此五字當移於前遼東郡"無慮"之下。説詳前。

〔一五八〕户七萬一千四百七十七口二十五萬二百八十二　按：張森楷《校勘記》謂"二十"之"二"當作"三"，乃合李心傳東漢户約五口之率，若如此文，則户不能四口矣，非情理也。

〔一五九〕博羅　按：《集解》引惠棟説，謂沈約云"博羅"，二漢皆作"傅"字，《晉太康地志》作"博"。案此則班、馬本書皆作"傅羅"，後人誤為"博"也。

〔一六〇〕山海經（注）　按：下所引乃《山海經·海內南經》正文，"注"字衍，今刪。

〔一六一〕自會稽浮往博（羅）山　《集解》引惠棟説，謂何焯云"羅"字衍。今據刪。

〔一六二〕雒陽南六千四百一十里　按：張森楷《校勘記》謂案蒼梧去雒陽較南海遠，上南海云七千一百里，此祇六千餘里，殊非事實，且郡首縣廣信，是廣信即郡治也,廣信下注云去雒陽九千里,則非六千餘里矣。"六"字疑誤。下鬱林同。

〔一六三〕鬱林郡十一城　按:《集解》引馬與龍説,謂此郡與交趾及幽州之遼東屬國,皆闕户口之數。

〔一六四〕中溜　按:《前志》作"中留"。

〔一六五〕臨元　《前志》作"臨允"。按:《漢書補注》王先謙謂"元"乃"允"字之譌。

〔一六六〕朱崖　按:《前志》作"朱盧"。

〔一六七〕贏陵　殿本《考證》謂"贏"應作"嬴",《前書》孟康曰贏音連,則作"嬴"字非也。今按:《漢書補注》王先謙謂《地道記》作"贏陵",蓋後人因孟音而製"嬴"字,《廣韻》載之,皆誤。

〔一六八〕(定)安〔定〕　據殿本改。按:《前志》作"安定",王先謙《補注》謂《續志》後漢因,或誤"定安"。

〔一六九〕麓泠　《集解》引惠棟説,謂"麓"《説文》作"䉈",從米尼聲。按:《漢書補注》引王鳴盛説,亦謂作"䉈"是。

〔一七〇〕曲陽　《前志》作"曲易"。按:易陽古今字。

〔一七一〕有注沅二水　按:汲本、殿本"沅"作"沉"。

〔一七二〕角軟還復出　按:張森楷《校勘記》謂案上言上岸共鬬,已是出矣,不當云復出,疑是"入"字之誤。

〔一七三〕咸懽　《前志》作"咸驩"。按:驩懽古今字。

〔一七四〕無功　按:《前志》作"無切"。

〔一七五〕西卷　按:《前志》作"西捲"。

〔一七六〕鄉三千六百八十二　按:汲本、殿本"八十二"作"八十一"。

〔一七七〕亭萬二千四百四十二　汲本、殿本"四十二"作"四十三"。按:聚珍本《東觀漢記》亦作"三"。

〔一七八〕永嘉(二)〔元〕年　《集解》引何焯説,謂永嘉無二年,"二"當作"元"。今據改。

〔一七九〕口四千八百六十九萬七百八十九　按:張森楷《校勘記》謂案

和帝之世，口五千三百餘萬，户祇九百二十餘萬，此户已九百六十餘萬，而口祇四千餘萬，反更少之，殊非情理，疑"四"是"五"之訛。下順帝口數同。

後漢書志第二十四

百官一

太傅　太尉　司徒　司空　將軍

漢之初興，承繼大亂，兵不及戢，法度草創，略依秦制，後嗣因循。至景帝，感吳楚之難，始抑損諸侯王。及至武帝，多所改作，然而奢廣，民用匱乏。世祖中興，務從節約，并官省職，費減億計，所以補復殘缺，及身未改，而四海從風，中國安樂者也。

昔周公作《周官》，分職著明，法度相持，王室雖微，猶能久存。今其遺書，所以觀周室牧民之德既至，又其有益來事之範，殆未有所窮也。故新汲令王隆作《小學漢官篇》，諸文倜說，較略不究。[1]唯班固著《百官公卿表》，記漢承秦置官本末，訖于王莽，差有條貫；然皆孝武奢廣之事，又職分未悉。世祖節約之制，宜為常憲，故依其官簿，粗注職分，以為《百官志》。[2]凡置官之本，及中興所省，無因復見者，既在《漢書‧百官表》，不復悉載。

【注】

〔1〕案：胡廣注隆此篇，其論之注曰："前安帝時，越騎校尉劉千秋校[一]書東觀，好事者樊長孫與書曰：'漢家禮儀，叔孫通等所草創，皆隨律令在理官，藏於几閣，無記錄者，久令二代之業，闇而不彰。誠宜撰次，依擬《周禮》，定位分職，各有條序，令人無愚智，入朝不惑。君以公族元老，正丁其

任，焉可以已！'劉君甚然其言，與邑子通人郎中張平子參議未定，而劉君遷為宗正、衛尉，平子為尚書郎、太史令，各務其職，未暇恤也。至順帝時，平子為侍中典校書，方作《周官解說》，乃欲以（漢）〔漸〕次述漢事，[二]會復遷河閒相，遂莫能立也。述作之功，獨不易矣。既感斯言，顧見故新汲令王文山《小學》為《漢官篇》，略道公卿外內之職，旁及四夷，博物條暢，多所發明，足以知舊制儀品。蓋法有成易，而道有因革，是以聊集所宜，為作詁解，[三]各隨其下，綴續後事，令世施行，庶明厥旨，廣前後憤盈之念，增助來哲多聞之覽焉。"

〔2〕臣昭曰：本志既久是注曰百官簿，今昭又採異同，俱為細字，如或相冒，兼應注本注，尤須分顯，故凡是舊注，通為大書，稱"本注曰"，以表其異。

太傅，上公一人。[1]本注曰：掌以善導，無常職。世祖以卓茂為太傅，薨，因省。其後每帝初即位，輒置太傅錄尚書事，薨，輒省。[2]

【注】

〔1〕《大戴記》曰："傅，傅之德義也。"應劭《漢官儀》曰："傅者，覆也。"賈生曰："天子不喻於先聖之德，不知君民之道，不見禮義之正，《詩》《書》無宗，學業不法，此太師之責也，古者齊太公職之。天子不惠於庶民，不禮於大臣，不中於折獄，無經於百官，不哀於喪，不敬於祭，不戒於齊，不信於事，此太傅之責也，古者周公職之。天子處位不端，受業不敬，言語不敘，音聲不中，進退升降不以禮，俯仰周旋無節，此太保之責也，古者燕召公職之。天子燕業反其學，左右之習詭其師，荅諸侯，遇大臣，不知文雅之辭，已語之適，[四]簡聞小誦，不博不習，此少師之責也。天子居處出入不以禮，衣服冠帶不以制，御器列側不以度，采服從好不以章，忿悅不以義，與奪不以節，此少傅之責也。天子居處燕私，安而易，樂而耽，飲食不時，醉飽不節，寢起早晏無常，玩好器弄無制，此少保之責也。此古天子自輔弼之禮也，自為天子而賢

智維之,故能慮無失計,舉無過事,終身得中。"

〔2〕胡廣注曰:"猶古冢宰總己之義也。"案:靈帝之初,以陳蕃為太傅,蕃誅,以胡廣代,始不止一人也。董卓在長安,又自尊為太師,位在太傅上。應劭《漢官儀》曰:"太師,古官也。平帝元年,孔光以太傅見,授詔,太師無朝,十日一賜餐,賜靈壽杖,省中施坐置几。太師入省中用杖,自是而闕。"〔五〕又《漢官》云:"太傅長史一人,秩千石,掾屬二十四人,令史、御屬二十二人。"荀綽《晉百官表注》曰:"漢太傅置掾屬十人,御屬一人,令史十二人,置長史,與漢異。"

太尉,公一人。〔1〕本注曰:掌四方兵事功課,歲盡即奏其殿最而行賞罰。凡郊祀之事,掌亞獻;大喪則告謚南郊。凡國有大造大疑,則與司徒、司空通而論之。國有過事,則與二公通諫爭之。世祖即位,為大司馬。〔2〕建武二十七年,改為太尉。〔3〕

【注】

〔1〕應劭曰:"自上安下曰尉,武官悉以為稱。"《前書》曰"秦官",鄭玄注《月令》亦曰"秦官"。《尚書中候》云舜為太尉,束晳據非秦官,以此追難玄焉。臣昭曰:緯候衆書,宗貴神詭,出沒隱顯,動挾誕怪。該覈陰陽,徵迎起伏,或有先徵,時能後驗,故守寄構思,雜稱曉輔,通儒達好,時略文滯。公輸、益州,具於張衡之詰;無口漢輔,炳乎尹敏之諷。圖讖紛偽,其俗多矣。太尉官實司天,虞舜作宰,璇衡賦政,將是據後位以書前,非唐官之實號乎?太尉所職,即舜所掌,遂以同掌追稱太尉,乃《中候》之妄,蓋非官之為謬。康成淵博,自注《中候》,裁及注《禮》而忘舜位,豈其實哉!此是不發譏於《中候》,而正之於《月令》也。廣微之誚,未探碩意。《說苑》曰〔六〕"當堯之時,舜為司徒"。《新論》曰"昔堯試於大麓者,領錄天子事,如今尚書官矣"。《古史考》曰"舜居百揆,總領百事"。說者以百揆堯初別置,於周更名冢宰,斯其然矣。

〔2〕《漢官儀》曰："元狩六年罷太尉,〔七〕法周制置司馬。時議者以為漢軍有官候、千人、司馬,故加'大'為大司馬,所以別異大小司馬之號。"

〔3〕蔡質《漢儀》曰："府開闕,王莽初起大司馬,後篡盜神器,故遂貶去其闕。"《漢官儀》曰："張衡云:'明帝以[為]司馬、司空府[已榮],欲(復)更[治]太尉府。〔八〕時公趙憙也。西曹掾安衆鄭均,素好名節,以為朝廷新造北宮,整飭官寺,旱魃為虐,民不堪命,曾無殷湯六事,周宣雲漢之辭。今府本館陶公主第舍,員職既少,自足相受。〔九〕憙表陳之,即[見]聽許。〔一〇〕其冬,[帝]臨辟雍,〔一一〕歷二府,光觀壯麗,而太尉[府]獨卑陋(云)。〔一二〕顯宗東顧歎息曰:"椎牛縱酒,勿令乞兒為宰。"時憙子世為侍中,驂乘,歸具白之,憙以為恨,頻譴責均,均自劾去,道發病亡。'"《古今注》曰"永平十五年,更作太尉、司徒、司空府開陽城門內",與此不同。臣昭案:劉虞為大司馬,而與太尉並置焉。

長史一人,千石。〔1〕本注曰:署諸曹事。

【注】
〔1〕盧植《禮》注曰:"如周小宰。"

掾史屬二十四人。本注曰:《漢舊注》東西曹掾比四百石,餘掾比三百石,屬比二百石,故曰公府掾,比古元士三命者也。或曰,漢初掾史辟,皆上言之,故有秩比命士。其所不言,則為百石屬。其後皆自辟除,故通為百石云。〔1〕西曹主府史署用。東曹主二千石長吏遷除及軍吏。戶曹主民戶、祠祀、農桑。奏曹主奏議事。辭曹主辭訟事。法曹主郵驛科程事。尉曹主卒徒轉運事。賊曹主盜賊事。決曹主罪法事。兵曹主兵事。金曹主貨幣、鹽、鐵事。倉曹主倉穀事。黃閣主簿錄省衆事。〔2〕

【注】
〔1〕《漢書音義》曰:"正曰掾,副曰屬。"

〔2〕應劭《漢官儀》曰:"世祖詔:'方今選舉,賢佞朱紫錯用。丞相故事,四科取士。一曰德行高妙,志節清白;二曰學通行修,經中博士;三曰明達法令,足以決疑,能案章覆問,文中御史;四曰剛毅多略,遭事不惑,明足以決,才任三輔令:皆有孝悌廉公之行。自今以後,審四科辟召,及刺史、二千石察茂才尤異孝廉之吏,務盡實覈,選擇英俊、賢行、廉絜、平端於縣邑,務授試以職。有非其人,臨計過署,不便習官事,書疏不端正,不如詔書,有司奏罪名,并正舉者。'又舊河隄謁者,世祖改以三府掾屬為謁者領之,遷超御史中丞、刺史,或為小郡。監察黎陽謁者,世祖以幽、并州兵騎定天下,〔一三〕故於黎陽立營,以謁者監之,兵騎千人,復除甚重。謁者任輕,多放情態,順帝改用公解府掾有清名威重者,遷超牧守焉。"《漢官目錄》曰:"建武十二年八月乙未詔書,三公舉茂才各一人,廉吏各二人;光禄歲舉茂才四行各一人,察廉吏三人;中二千石歲察廉吏各一人,廷尉、大司農各二人;將兵將軍歲察廉吏各二人;監察御史、司隸、州牧歲舉茂才各一人。"

令史及御屬二十三人。本注曰:《漢舊注》公令史百石,自中興以後,注不説石數。御屬主為公御。[1]閣下令史主閣下威儀事。記室令史主上章表報書記。門令史主府門。其餘令史,各典曹文書。[2]

【注】
〔1〕荀綽《晉百官表注》曰:"御屬如録事也。"
〔2〕應劭《漢官儀》有官騎三十人。〔一四〕

司徒,公一人。[1]本注曰:掌人民事。凡教民孝悌、遜順、謙儉,養生送死之事,則議其制,建其度。凡四方民事功課,歲盡則奏其殿最而行賞罰。凡郊祀之事,掌省牲視濯,大喪則掌奉安梓宮。凡國有大疑大事,與太尉同。世祖即位,為大司徒,[2]建武二十七年,去"大"。[3]

【注】

〔1〕孔安國曰："主徒衆，教以禮義。"

〔2〕《漢官儀》曰："王莽時，議以漢無司徒官，故定三公之號曰大司馬、大司徒、大司空。世祖即位，因而不改。"蔡質《漢儀》曰："司徒府與蒼龍闕對，厭於尊者，不敢號府。"應劭曰："此不然。丞相舊位在長安時，府有四出門，隨時聽事，明帝本欲依之，迫於太尉、司空，但為東西門耳。國每有大議，天子車駕親幸其殿。殿西王侯以下更衣併存。每歲州郡聽採長吏臧否，民所疾苦，還條奏之，是為之舉謠言者也。頃者舉謠言者，掾屬令史都會殿上，主者大言某州郡行狀云何，善者同聲稱之，不善者各爾銜枚。大較皆取無名勢，其中或有愛憎微裁黜陟之闇昧也。若乃中山祝恬，踐周、召之列，當軸處中，忘謇諤之節，憚首尾之譏，縣囊捉撮，〔一五〕無能清澄，其與申屠須責鄧通，〔一六〕王嘉封還詔書，邈矣乎！"《周禮》有外朝，干寶注曰："《禮》，司徒府中有百官朝會殿，天子與丞相決大事，是外朝之存者。"

〔3〕《漢舊儀》曰："哀帝元壽二年，以丞相為大司徒。郡國守長史上計〔一七〕事竟，遣公出庭，〔一八〕上親問百姓所疾苦。記室掾史〔一九〕一人大音讀敕畢，遣敕曰：'詔書殿下禁吏無苛暴。丞史歸告二千石，〔二〇〕順民所疾苦。急去殘賊，審擇良吏，無任苛刻。治獄決訟，務得其中。明詔憂百姓困於衣食，二千石帥勸農桑，思稱厚恩，有以賑贍之，無煩撓奪民時。〔二一〕今日公卿以下，〔二二〕務飭儉恪，奢侈過制以益甚，二千石身帥〔二三〕有以化之。民冗食者請謹以法，〔二四〕養視疾病，致醫藥務治之。詔書無飾廚養，〔二五〕至今未變，又更過度，〔二六〕甚不稱。歸告二千石，務省約如法。且案不改者，長吏以［聞］。〔二七〕官寺鄉亭漏敗，牆垣阤壞不治，〔二八〕無辦護者，〔二九〕不勝任，〔三〇〕先自劾不應法。歸告二千石聽。'〔三一〕十年，更名相國。"〔三二〕案獻帝初，董卓自太尉進為相國，而司徒不省。及建安末，曹公為丞相，郗慮為御史大夫，則罷三公官。荀綽《晉百官表注》曰："漢丞相府門無蘭，〔三三〕不設鈴，不警鼓，言其深大闊遠，無節限也。"

長史一人，千石。掾屬三十一人。[1]令史及御屬三十六人。本注

曰：世祖即位，以武帝故事，置司直，居丞相府，助督錄諸州，建武十八年省也。〔2〕〔三四〕

【注】

〔1〕《漢官目錄》曰三十人。

〔2〕（漢）《[獻]帝起居注》曰：〔三五〕"建安八年十二月，復置司直，不屬司徒，掌督中都官，不領諸州。九年十一月，〔三六〕詔司直比司隸校尉，坐同席在上，假傳置，從事三人，書佐四人。"

司空，公一人。〔1〕本注曰：掌水土事。凡營城起邑、浚溝洫、修墳防之事，則議其利，建其功。凡四方水土功課，歲盡則奏其殿最而行賞罰。凡郊祀之事，掌掃除樂器，大喪則掌將校復土。凡國有大造大疑，諫爭，與太尉同。〔2〕世祖即位，為大司空，〔3〕建武二十七年，去"大"。〔4〕

【注】

〔1〕馬融曰："掌營城郭，主司空土以居民。"

〔2〕《韓詩外傳》曰："三公之得者何？曰司馬、司空、司徒也。司馬主天，司空主土，司徒主人。故陰陽不和，四時不節，星辰失度，災變非常，則責之司馬。山陵崩阤，川谷不通，五穀不植，草木不茂，則責之司空。君臣不正，人道不和，國多盜賊，民怨其上，則責之司徒。故三公典其職，憂其分，舉其辨，明其得，此之謂三公之事。"

〔3〕應劭《漢官儀》曰："綏和元年，罷御史大夫官，法周制，初置司空。議者又以縣道官獄司空，故覆加'大'，為大司空，亦所以別大小之文。"

〔4〕《漢舊儀》曰："御史大夫勑上計丞長史曰：'詔書殿下布告郡國：臣下承宣無狀，多不究，百姓不蒙恩被化，守長史到郡，〔三七〕與二千石同力為民興利除害，務有以安之，稱詔書。郡國有茂才不顯者言[上]。〔三八〕殘民貪污煩

擾之吏，百姓所苦，務勿任用。方察不稱者，刑罰務於得中，惡惡止其身。選舉民佟過度，務有以化之。問今歲善惡孰與往年，對上。問今年盜賊孰與往年，得無有群輩大賊，對上。'"臣昭案：獻帝建安十三年，又罷司空，置御史大夫。御史大夫郗慮，慮免，不得補。荀綽《晉百官表注》曰："獻帝置御史大夫，職如司空，不領侍御史。"

屬長史一人，千石。掾屬二十九人。[1]令史及御屬四十二人。

【注】
〔1〕《漢官目錄》云二十四人。

將軍，不常置。本注曰：掌征伐背叛。比公者四：第一大將軍，次驃騎將軍，次車騎將軍，次衛將軍。又有前、後、左、右將軍。[1]

【注】
〔1〕蔡質《漢儀》曰："漢興，置大將軍、驃騎，位次丞相，車騎、衛將軍、左、右、前、後，皆金紫，位次上卿。典京師兵衛，四夷屯警。"

初，武帝以衛青數征伐有功，以為大將軍，欲尊寵之。以古尊官唯有三公，皆將軍始自秦、晉，[三九]以為卿號，故置大司馬官號以冠之。其後霍光、王鳳等皆然。成帝綏和元年，賜大司馬印綬，罷將軍官。世祖中興，吳漢以大將軍為大司馬，景丹為驃騎大將軍，位在公下，及前、後、左、右雜號將軍眾多，皆主征伐，事訖皆罷。[1]明帝初即位，以弟東平王蒼有賢才，以為驃騎將軍；以王故，位在公上，數年後罷。章帝即位，西羌反，故以舅馬防行車騎將軍征之，還後罷。和帝即位，以舅竇憲為車騎將軍，征匈奴，位在公下；還復有功，遷大將軍，位在公上；復征西羌，還免官，罷。安帝即位，西羌寇亂，復以舅鄧騭為車騎將軍征之，還遷大將軍，位如憲，數年復罷。自安帝政治衰缺，始以嫡舅耿寶為大將軍，常在京都。順帝即位，又以皇后父、兄、弟相繼為大將軍，如三公焉。[2]

【注】
〔1〕《魏略》曰："曹公置都護軍中尉，置護軍將軍，亦皆比二千石，旋軍並止罷。"
〔2〕《梁冀別傳》曰："元嘉二年，又加冀禮儀。大將軍朝，到端門若龍門，謁者將引。增掾屬、舍人、令史、官騎、鼓吹各十人。"

長史、司馬皆一人，千石。[1]本注曰：司馬主兵，如太尉。從事中郎二人，六百石。本注曰：職參謀議。[2]掾屬二十九人。[3]令史及御屬三十一人。本注曰：此皆府員職也。又賜官騎三十人，及鼓吹。[4]

【注】
〔1〕《東觀書》曰："竇憲作大將軍，置長史、司馬員吏官屬，位次太傅。"
〔2〕《東觀書》曰："大將軍出征，置中護軍一人。"
〔3〕案本傳，東平王作驃騎，掾史四十人。[四〇]
〔4〕應劭《漢官儀》曰："鼓吹二十人，非常員。舍人十人。"

其領軍皆有部曲。大將軍營五部，部校尉一人，比二千石；軍司馬一人，比千石。部下有曲，曲有軍候一人，比六百石。曲下有（純）〔屯〕，（純）〔屯〕長一人，[四一]比二百石。其不置校尉部，但軍司馬一人。又有軍假司馬、假候，皆為副貳。其別營領屬為別部司馬，其兵多少各隨時宜。門有門候。其餘將軍，置以征伐，無員職，亦有部曲、司馬、軍候以領兵。其職吏部集各一人，總知營事。兵曹掾史主兵事器械。稟假掾史主稟假禁司。又置外刺、刺姦，主罪法。

明帝初置度遼將軍，以衛南單于衆新降有二心者，後數有不安，遂為常守。[1]

【注】

[1] 應劭《漢官儀》曰："度遼將軍，孝武皇帝初用范明友。明帝（十）[永平]八年，[四二]行度遼將軍事；安帝元初元年，置真。銀印青綬，秩二千石。長史、司馬六百石。"《東觀書》云司馬二人。

【校勘記】

[一] 劉千秋　按：《集解》引惠棟説，謂劉千秋即劉珍。《文苑傳》云珍字秋孫，疑傳誤。

[二] 乃欲以（漢）[漸]次述漢事　《校補》引柳從辰説，謂孫星衍輯《漢官解詁》，"以漢"作"以漸"，是。今據改。

[三] 為作詁解　按：《校補》引柳從辰説，謂孫輯本"詁解"作"解詁"。

[四] 已語之適　按："語"當作"諾"，已諾猶言然否或許與不許也。今賈誼《新書·傅職篇》正作"不知已諾之適"。《大戴禮》作"不知已諾之正"。汲本、殿本作"言語之道"，乃後人臆改。

[五] 自是而闕　按："自是而"下有闕文。孫星衍校輯《漢官儀》，此"闕"字代之以□，云今本本作"闕"，乃校者所記，而後來誤入正文也。今據孫校，"闕"字用小一號字排。

[六] 説菀曰　汲本、殿本"菀"作"苑"。按：菀苑通。

[七] 元狩六年罷太尉　按：《校補》謂案《前書·百官公卿表》，太尉武帝建元二年省，元狩四年初置大司馬，《漢官儀》誤也。又按：下文"官候"應"候官"，見前2890頁。

[八] 明帝以[為]司馬司空府[已榮]欲（復）更[治]太尉府　據《御覽》卷二百七《職官部》五引補删。

[九] 員職既少自足相受　按：汲本、殿本"受"作"容"，孫輯本同。

《御覽》"既"作"鮮","受"作"授"。

〔一〇〕即〔見〕聽許　據《御覽》補。

〔一一〕〔帝〕臨辟雍　據《御覽》補。

〔一二〕而太尉〔府〕獨卑陋（云）　按：汲本、殿本"太尉"下有"府"字，"卑陋"下無"云"字，孫輯本同，《御覽》同。今據以補刪。

〔一三〕世祖以幽并州兵騎定天下　按：《竇憲傳注》引作"光武中興，以幽、冀、并州兵騎克定天下"。

〔一四〕有官騎三十人　《校補》引柳從辰說，謂孫輯本作"二十二人"。今按：孫云輯自《續漢志補注》，則所據本不同。

〔一五〕縣囊捉撮　《集解》引惠棟說，謂"捉"當作"括"，《淮南子》"燭營指天"，高誘注"燭營讀曰括撮，傴僂之象，喻容悅之臣"。

〔一六〕其與申屠須責鄧通　《校補》引陳景雲說，謂"須"當作"顯"，或作"頓"。按：黃山云當據《嘉傳》作"坐責"為是，不必於字之形似求之。

〔一七〕郡國守長史上計　按：孫星衍輯《漢舊儀》"守"下有"丞"字。

〔一八〕遣公出庭　按：孫輯《漢舊儀》"公"作"君侯"，"出"下有"坐"字。

〔一九〕記室掾史　按：孫輯《漢舊儀》"史"作"吏"。

〔二〇〕丞史歸告二千石　按：孫輯《漢舊儀》"史"上有"長"字。

〔二一〕無煩撓奪民時　按：孫輯《漢舊儀》"撓"作"擾"。

〔二二〕今日公卿以下　按：孫輯《漢舊儀》無"今日"二字。

〔二三〕奢侈過制度以益甚二千石身帥　按：孫輯《漢舊儀》"奢"上有"今俗"二字，"以"上有"曰"字，"身"上有"務以"二字。

〔二四〕請謹以法　汲本、殿本"謹"作"諭"。按：孫輯《漢舊儀》亦作"諭"，云本作"謹"，從《續漢志補注》引改。

〔二五〕無飾廚養　按：孫輯《漢舊儀》作"無飾廚傳增養食"。

〔二六〕又更過度　按：孫輯《漢舊儀》作"或更尤過度"。

〔二七〕長吏以〔聞〕　據汲本、殿本補。

〔二八〕牆垣阤壞不治　孫輯《漢舊儀》"不"作"所"。按：如依孫輯本改"不"為"所",則"所治"二字應連下讀。

〔二九〕無辦護者　汲本、殿本"辦"作"辨"。按：孫輯本作"辦"。

〔三〇〕不勝任　按：孫輯《漢舊儀》"勝"作"稱"。

〔三一〕歸告二千石聽　按：孫輯《漢舊儀》"聽"上有"勿"字。

〔三二〕十年更名相國　按：《校補》引陳景雲說，謂"十年"上有脫文。

〔三三〕漢丞相府門無蘭　汲本、殿本"蘭"作"闌"。按：闌蘭通。

〔三四〕建武十八年省也　按：《集解》引周壽昌說，謂《光武紀》十一年夏四月省大司徒司直官，《獻帝紀》注亦作十一年，"八"字誤。

〔三五〕（漢）〔獻〕帝起居注曰　據汲本、殿本改。

〔三六〕九年十一月　按：汲本、殿本作"十二月"。

〔三七〕守長史到郡　按：孫輯《漢舊儀》"守"下有"丞"字。

〔三八〕郡國有茂才不顯者言〔上〕　據孫輯《漢舊儀》補。

〔三九〕以古尊官唯有三公皆將軍始自秦晉　按：沈家本謂"皆"字疑誤。

〔四〇〕案本傳東平王作驃騎掾史四十人　按：《校補》謂范書《東平王傳》文不載驃騎掾史，劉昭所引蓋是《續漢書》本傳文。

〔四一〕曲下有（純）〔屯〕（純）〔屯〕長一人　據汲本、殿本改。按：純屯二字古每不分，亦猶"屯留"之作"純留"矣。

〔四二〕明帝（十）〔永平〕八年　《校補》引柳從辰說，謂據紀，事在永平八年，故志以為明帝初，"十"字衍。黃山謂案史無紀年不著年號者，蓋注實闕"永"字，"平"字亦殘其半，遂譌為"十"字也。今據黃說改。

後漢書志第二十五

百官二

太常　光禄勳　衛尉　太僕　廷尉　大鴻臚

太常，卿一人，中二千石。〔1〕本注曰：掌禮儀祭祀。每祭祀，先奏其禮儀；及行事，常贊天子。〔2〕〔一〕每選試博士，奏其能否。大射、養老、大喪，皆奏其禮儀。每月前晦，察行陵廟。〔3〕丞一人，比千石。〔4〕本注曰：掌凡行禮及祭祀小事，總署曹事。〔5〕其署曹掾史，隨事為員，諸卿皆然。

【注】

〔1〕盧植《禮》注曰："如大樂正。"

〔2〕《漢舊儀》曰："贊饗一人，秩六百石，掌贊天子。"〔一〕

〔3〕《漢官》曰："員吏八十五人，其十二人四科，十五人佐，五人假佐，十三人百石，十五人騎吏，九人學事，十六人守學事。"臣昭曰：凡《漢官》所載列職人數，今悉以注，雖頗為繁，蓋《周禮》列官，陳人役（放）〔於〕前，〔二〕以為民極，寔觀國制，此則宏模不可闕者也。

〔4〕盧植《禮》注曰："如小樂正。"

〔5〕《漢舊儀》曰："丞舉廟中非法者。"

太史令一人，六百石。本注曰：掌天時、星曆。凡歲將終，奏新年曆。凡國祭祀、喪、娶之事，掌奏良日及時節禁忌。凡國有瑞應、災異，掌記之。[1]丞一人。明堂及靈臺丞一人，二百石。本注曰：二丞，掌守明堂、靈臺。靈臺掌候日月星氣，皆屬太史。[2]

【注】

〔1〕《漢官》(儀)曰：[三]"太史待詔三十七人，其六人治曆，三人龜卜，三人廬宅，四人日時，三人《易》筮，二人典禳，九人籍氏、許氏、典昌氏，各三人，嘉法、請雨、解事各二人，醫一人。"[四]

〔2〕《漢官》曰："靈臺待詔四十(二)[一]人，[五]其十四人候星，二人候日，三人候風，十二人候氣，三人候晷景，七人候鍾律。一人舍人。"

博士祭酒一人，六百石。[六]本僕射，中興轉為祭酒。[1]博士十四人，比六百石。本注曰：《易》四，施、孟、梁丘、京氏。《尚書》三，歐陽、大小夏侯氏。《詩》三，魯、齊、韓氏。《禮》二，大小戴氏。《春秋》二，《公羊》嚴、顏氏。[七]掌教弟子。國有疑事，掌承問對。本四百石，宣帝增秩。[2]

【注】

〔1〕胡廣曰："官名祭酒，皆一位之元長者也。古禮，賓客得主人饌，則老者一人舉酒以祭於地，舊說以為示有先。"

〔2〕本紀桓帝延熹二年，置祕書監。

太祝令一人，六百石。本注曰：凡國祭祀，掌讀祝，及迎送神。[1]丞一人。本注曰：掌祝小神事。

【注】

〔1〕《漢舊儀》曰："廟祭，太祝令主席酒。"《漢官》曰："員吏四十一人，其二人百石，二人斗食，二十二人佐，二人學事，四人守學事，九人有秩。

百五十人祝人，宰二百四十二人，屠者六十人。"

太宰令一人，六百石。本注曰：掌宰工鼎俎饌具之物。凡國祭祀，掌陳饌具。[1]丞一人。

【注】
[1]《漢官》曰："明堂丞一人，二百石。員吏四十二人，其二人百石，二人斗食，二十三人佐，九人有秩，二人學事，四人守學事。宰二百四十二人，屠者七十三人，衛士一十五人。"

大（子）[予]樂令[八]一人，六百石。本注曰：掌伎樂。凡國祭祀，掌請奏樂，及大饗用樂，掌其陳序。[1]丞一人。[2]

【注】
[1]《漢官》曰："員吏二十五人，其二人百石，二人斗食，七人佐，十人學事，四人守學事。樂人八佾舞三百八十人。"盧植《禮》注曰："大（子）[予]令如古大胥。漢大樂律，卑者之子不得舞宗廟之酎。除吏二千石到六百石，及關內侯到五大夫子，取適子高五尺已上，年十二到三十，顏色和，身體修治者，以為舞人。"
[2]盧植《禮》注曰："大樂丞如古小胥。"

高廟令一人，六百石。本注曰：守廟，掌案行掃除。無丞。[1]

【注】
[1]《漢官》曰："員吏四人，衛士一十五人。"

世祖廟令一人，六百石。本注曰：如高廟。[1]

【注】
〔1〕《漢官》曰："員吏六人，衛士二十人。"

先帝陵，每陵園令各一人，六百石。本注曰：掌守陵園，案行掃除。丞及校長各一人。本注曰：校長，主兵戎盜賊事。[1]

【注】
〔1〕應劭《漢官名秩》曰："丞皆選孝廉郎年少薄伐者，遷補府長史、都官令、候、司馬。"

先帝陵，每陵食官令各一人，六百石。本注曰：掌望晦時節祭祀。[1]

【注】
〔1〕《漢官》曰："每陵食監一人，秩六百石。監丞一人，三百石。中黃門八人，從官二人。"案：食監即是食官令號。

右屬太常。本注曰：有祠祀令一人，後轉屬少府。有太卜令，六百石，後省并太史。中興以來，省前凡十官。[1]

【注】
〔1〕案《前書》，十官者，太宰、均官、都水、雍太祝、五畤各一尉也。《東觀書》曰："章帝又置祀令、丞，延平元年省。"

光祿勳，卿一人，中二千石。本注曰：掌宿衛宮殿門戶，典謁署郎更直執戟，宿衛門戶，考其德行而進退之。[1] 郊祀之事，掌三獻。[2] 丞一人，比千石。

【注】

〔1〕胡廣曰:"勳猶閽也,《易》曰'為閽寺'。(官)[宦]寺,主殿宮門户之職。"〔九〕

〔2〕《漢官》曰:"員吏四十四人,其十人四科,三人百石,一人斗食,二人佐,六人騎吏,八人學事,十三人守學事,一人官醫。衛士八十一人。"

五官中郎將一人,比二千石。本注曰:主五官郎。[1] 五官中郎,比六百石。本注曰:無員。[2] 五官侍郎,比四百石。本注曰:無員。五官郎中,比三百石。本注曰:無員。凡郎官皆主更直執戟,宿衛諸殿門,出充車騎。唯議郎不在直中。[3]

【注】

〔1〕蔡質《漢儀》曰:"中郎解,其府對太學。"

〔2〕郎年五十以屬五官,故曰六百石。

〔3〕蔡質《漢儀》曰:"三署郎見光祿勳,執板拜;見五官左右將,執板不拜。於三公諸卿無敬。"

左中郎將,比二千石。本注曰:主左署郎。[1] 中郎,比六百石。侍郎,比四百石。郎中,比三百石。[2] 本注曰:皆無員。

【注】

〔1〕蔡質《漢儀》曰:"(郎)中[郎]解,其府(府)次五官[府]。"〔一〇〕

〔2〕三郎。

右中郎將,比二千石。本注曰:主右署郎。中郎,比六百石。侍郎,比四百石。郎中,比三百石。本注曰:皆無員。[1]

【注】
〔1〕三郎，並無員。

虎賁中郎將，比二千石。本注曰：主虎賁宿衞。[1]左右僕射、左右陛長各一人，比六百石。本注曰：僕射，主虎賁郎習射。陛長，主直虎賁，朝會在殿中。[2]虎賁中郎，比六百石。虎賁侍郎，比四百石。虎賁郎中，比三百石。[3]節從虎賁，比二百石。[4]本注曰：皆無員。掌宿衞侍從。自節從虎賁久者轉遷，才能差高至中郎。

【注】
〔1〕《前書》武帝置期門，平帝更名虎賁。蔡質《漢儀》曰："主虎賁千五百人，無常員，多至千人。戴鶡冠，次右將府。"又虎賁舊作"虎奔"，言如虎之奔也，王莽以古有勇士孟賁，故名焉。孔安國曰"若虎賁獸"，言其甚猛。
〔2〕《漢官》曰："陛長，墨綬銅印。"
〔3〕荀綽《晉百官表注》曰："虎賁諸郎，皆父死子代，漢制也。"
〔4〕四郎。

羽林中郎將，比二千石。本注曰：主羽林郎。[1]羽林郎，比三百石。本注曰：無員。掌宿衞侍從。常選漢陽、隴西、安定、北地、上郡、西河凡六郡良家補。本武帝以便馬從獵，還宿殿陛巖下室中，故號巖郎。[2]

【注】
〔1〕案：漢末又有四中郎將，皆帥師征伐，不知何時置。董卓為東中郎將，[一]盧植為北中郎將，獻帝以曹（操）[植]為南中郎將。
〔2〕《前書》曰初置名建章營騎，後更名。出補三百石丞、尉。荀綽《晉百官表注》曰："言其嚴厲整銳也。"[二]案此則為嚴郎，與志不同。蔡質《漢

儀》曰:"羽林郎百(一)[二]十八人,〔一三〕無常員,府次虎賁府。"

羽林左監一人,六百石。本注曰:主羽林左騎。[1]丞一人。

【注】
[1]《漢官》曰:"孝廉郎作,主羽林九百人。二監官屬史吏,皆自出羽林中,有材者作。"

羽林右監一人,六百石。本注曰:主羽林右騎。丞一人。
奉車都尉,比二千石。本注曰:無員。[1]掌御乘輿車。

【注】
[1]《漢官》曰三人。

駙馬都尉,比二千石。本注曰:無員。[1]掌駙馬。

【注】
[1]《漢官》曰五人。

騎都尉,比二千石。本注曰:無員。[1]本監羽林騎。

【注】
[1]《漢官》曰一十人。

光祿大夫,比二千石。本注曰:無員。[1]凡大夫、議郎皆掌顧問應對,無常事,唯詔令所使。〔一四〕凡諸國嗣之喪,則光祿大夫掌弔。

【注】
〔1〕《漢官》曰三人。

太中大夫，千石。本注曰：無員。[1]

【注】
〔1〕《漢官》曰："二十人，秩比二千石。"

中散大夫，六百石。本注曰：無員。[1]

【注】
〔1〕《漢官》曰："三十人，秩比二千石。"

諫議大夫，六百石。本注曰：無員。[1]

【注】
〔1〕胡廣曰："光祿大夫，本為中大夫，武帝元狩五年置諫大夫為光祿大夫，世祖中興，以為諫議大夫。又有太中、中散大夫。此四等於古皆為天子之下大夫，視列國之上卿。"《漢官》曰三十人。

議郎，六百石。本注曰：無員。[1]

【注】
〔1〕《漢官》曰："五十人，無常員。"

謁者僕射一人，比千石。本注曰：為謁者臺率，主謁者，天子出，奉引。古重習武，有主射以督録之，故曰僕射。[1]常侍謁者五人，比六百石。本注曰：主殿上時節威儀。[2]謁者三十人。其給事謁者，四百石。其灌謁者郎中，比三百石。本注曰：掌賓贊受事，及上章報問。將、大夫以下之喪，掌使弔。本員七十人，中興但三十人。[3] 初為灌謁者，滿歲為給事謁者。[4]

【注】
〔1〕蔡質《漢儀》曰："見尚書令，對揖無敬。謁者見，執板拜之。"
〔2〕《漢官》曰："謁者三十人，其二人公府掾，六百石（特）[持] 使也。"[一五]
〔3〕荀綽《晉百官表注》曰："漢皆用孝廉年五十，威容嚴恪能賓者為之。明帝詔曰：'謁者乃堯之尊官，所以試舜賓于四門，四門穆穆者也。'昔燕太子使荊軻劫始皇，變起兩楹之間，其後謁者持匕首刺腋，高祖偃武行文，故易之以板。"
〔4〕蔡質《漢儀》曰："出府丞、長史、陵令，皆選儀容端正，任奉使者。"

　　右屬光祿勳。本注曰：職屬光祿者，自五官將至羽林右監，凡七署。自奉車都尉至謁者，以文屬焉。舊有左右曹，秩以二千石，上殿中，主受尚書奏事，平省之。世祖省，使小黃門郎受事，車駕出，給黃門郎兼。有請室令，車駕出，在前請所幸，徼車迎白，示重慎。中興但以郎兼，事訖罷，又省車、戶、騎凡三將，[1] 及羽林令。

【注】
〔1〕如淳曰："主車曰車郎，主戶衛曰戶郎。"

　　衛尉，卿一人，中二千石。本注曰：掌宮門衛士，宮中徼循事。[1] 丞一人，比千石。

【注】
〔1〕《漢官》曰："員吏四十一人，其九人四科，二人二百石，文學三人百石，十二人斗食，二人佐，十二人學事，一人官醫。衛士六十人。"

公車司馬令一人，六百石。本注曰：掌宮南闕門，凡吏民上章，四方貢獻，及徵詣公車者。[1]丞、尉各一人。本注曰：丞選曉諱，掌知非法。尉主闕門兵禁，戒非常。[2]〔一六〕

【注】
〔1〕《獻帝起居注》曰："建安八年，議郎衛林為公車司馬令，位隨將、大夫。舊公車令與都官、長史位從將、大夫，自林始。"
〔2〕胡廣曰："諸門部各陳屯夾道，其旁當兵，以示威武，交戟，以遮妄出入者。"

南宮衛士令一人，六百石。本注曰：掌南宮衛士。[1]丞一人。

【注】
〔1〕《漢官》曰："員吏九十五人，衛士五百三十七人。"

北宮衛士令一人，六百石。本注曰：掌北宮衛士。[1]丞一人。

【注】
〔1〕《漢官》曰："員吏七十二人，衛士四百七十一人。"〔一七〕

左右都候各一人，六百石。[1]本注曰：主劍戟士，徼循宮，及天子有所收考。[2]丞各一人。

【注】

〔1〕《周禮》司寤氏有夜士,干寶注曰:"今都候之屬。"

〔2〕《漢官》曰:"右都候員吏二十二人,衛士四百一十六人。左都候員吏二十八人,衛士三百八十三人。"蔡質《漢儀》曰:"宮中諸有劾奏罪,左都候執戟戲車縛送付詔獄,在官大小各付所屬。〔一八〕以馬皮覆。〔一九〕見尚書令、尚書僕射、尚書皆執板拜,見丞、郎皆揖。"

宮掖門,每門司馬一人,比千石。本注曰:南宮南屯司馬,主平城門;〔1〕(北)宮門蒼龍司馬,主東門;〔2〕〔二〇〕玄武司馬,主玄武門;〔3〕北屯司馬,主北門;〔4〕北宮朱爵司馬,主南掖門;〔5〕東明司馬,主東門;〔6〕朔平司馬,主北門:〔7〕凡七門。〔8〕凡居宮中者,皆有口籍於門之所屬。宮名兩字,為鐵印文符,案省符乃内之。〔9〕若外人以事當入,本(宮)〔官〕長史為封棨傳;〔二一〕其有官位,出入令御者言其官。

【注】

〔1〕《漢官》曰:"員吏九人,衛士百二人。"《古今注》曰建武十三年九月,初開此門。

〔2〕案《雒陽宮門名》為蒼龍闕門。《漢官》曰:"員吏六人,衛士四十人。"

〔3〕《漢官》曰:"員吏二人,衛士三十八人。"

〔4〕《漢官》曰:"員吏二人,衛士三十八人。"

〔5〕《漢官》曰:"員吏四人,衛士百二十四人。"《古今注》曰:"永平二年十一月,初作北宮朱爵南司馬門。"

〔6〕《漢官》曰:"員吏十三人,衛士百八十人。"

〔7〕《漢官》曰:"員吏五人,衛士百一十七人。"

〔8〕《漢官》曰:"凡員吏皆隊長佐。"

〔9〕胡廣曰:"符用木,長(可)〔尺〕二寸,〔二二〕鐵印以符之。"

右屬衛尉。本注曰：中興省旅賁令，衛士一人丞。[1]

【注】
[1]《漢官目錄》曰："右三卿，太尉所部。"

太僕，卿一人，中二千石。本注曰：掌車馬。天子每出，奏駕上鹵簿用；大駕則執馭。[1]丞一人，比千石。

【注】
[1]《漢官》曰："員吏七十人，其七人四科，一人二百石，文學八人百石，六人斗食，七人佐，六人騎吏，三人假佐，三十一人學事，一人官醫。"

考工令一人，六百石。本注曰：主作兵器弓弩刀鎧之屬，成則傳執金吾入武庫，及主織綬諸雜工。[1]左右丞各一人。

【注】
[1]《漢官》曰："員吏百九人。"

車府令一人，六百石。本注曰：主乘輿諸車。[1]丞一人。

【注】
[1]《漢官》曰："員吏二十四人。"

未央廄令一人，六百石。本注曰：主乘輿及殿中諸馬。[1]長樂廄丞一人。[2]

【注】
〔1〕《漢官》曰："員吏七十人，卒騶二十人。"
〔2〕《漢官》曰："員吏十五人，卒騶二十人。苜蓿菀官田所一人守之。"

　　右屬太僕。本注曰：舊有六廄，皆六百石令，[1]中興省約，但置一廄。後置左駿令、廄，[二三]別主乘輿御馬，後或并省。又有牧師菀，皆令官，主養馬，分在河西六郡界中，中興皆省，唯漢陽有流馬菀，但以羽林郎監領。[2]

【注】
〔1〕《前書》曰，有大廄、未央、家馬三令，各五丞一尉。又車府、路軨、騎馬、駿馬四令丞。晉灼曰："六廄名也，主馬萬匹。"
〔2〕《古今注》曰："漢安元年七月，置承華廄令，秩六百石。"

　　廷尉，卿一人，中二千石。[1]本注曰：掌平獄，奏當所應。凡郡國讞疑罪，皆處當以報。[2]正、左監各一人。[3]左平一人，六百石。本注曰：掌平決詔獄。

【注】
〔1〕應劭曰："兵獄同制，故稱廷尉。"
〔2〕胡廣曰："讞，質也。"《漢官》曰："員吏百四十人，其十一人四科，十六人二百石廷（史）[吏]，[二四]文學十六人百石，十三人獄史，二十七人佐，二十六人騎吏，三十人假佐，一人官醫。"
〔3〕前漢有左右監平，世祖省右而猶曰左。

　　右屬廷尉。本注曰：孝武帝以下，置中都官獄二十六所，各令長名，世祖中興皆省，唯廷尉及雒陽有詔獄。[1]

【注】

〔1〕蔡質《漢儀》曰：[二五]"正月旦，百官朝賀，光祿勳劉嘉、廷尉趙世各辭不能朝，高賜舉奏：'皆以被病篤困，空文武之位，闕上卿之贊，既無忠信斷金之用，而有敗禮傷化之尤，不謹不敬！請廷尉治嘉罪，河南尹治世罪。'議以世掌廷尉，故轉屬他官。"

大鴻臚，卿一人，中二千石。[1]本注曰：掌諸侯及四方歸義蠻夷。其郊廟行禮，贊導，請行事，既可，以命群司。諸王入朝，當郊迎，典其禮儀。及郡國上計，匯四方來，亦屬焉。[2]皇子拜王，贊授印綬。及拜諸侯、諸侯嗣子及四方夷狄封者，臺下鴻臚召拜之。王薨則使弔之，及拜王嗣。丞一人，比千石。

【注】

〔1〕《周禮》"象胥"，干寶注曰今鴻臚。
〔2〕《漢官》曰："員吏五十五人，其六人四科，二人二百石，文學六人百石，一人斗食，十四人佐，六人騎吏，十五人學事，五人官醫。"永元十年，大匠應順上言："百郡計吏，觀國之光，而舍逆旅，崎嶇私館，直裝衣物，敝朽暴露，朝會邈遠，事不肅給。昔［晉］，霸國盟主耳，舍諸侯於隸人，[二六]子產以為大譏。況今四海之大，而（百）［可］無乎？"[二七]和帝嘉納其言，即創業焉。

大行令一人，六百石。本注曰：主諸郎。[1]丞一人。治禮郎四十七人。[2]

【注】

〔1〕《漢官》曰："員吏四十人。"
〔2〕《漢官》曰："其四人四科，五人二百石，文學五人百石，九人斗食，

六人佐，六人學事，十二人守學事。"《東觀書》曰："主齋祠儐贊九賓。又有公室，主調中都官斗食以下，功次相補。"案盧植《禮》注曰："大行郎亦如謁者，兼舉形貌。"

　　右屬大鴻臚。本注曰：承秦有典屬國，別主四方夷狄朝貢侍子，成帝時省并大鴻臚。中興省驛官、別火二令、丞，〔1〕〔二八〕及郡邸長、丞，但令郎治郡邸。〔2〕

【注】
　〔1〕如淳曰："《漢儀注》：'別火，獄令官，主治改火事。'"
　〔2〕《漢官目錄》曰："右三官，司徒所部。"

【校勘記】
　〔一〕常贊天子　按：《集解》引惠棟説，謂"常"依注及袁山松《百官志》當作"掌"。
　〔二〕陳人役（放）〔於〕前　據汲本、殿本改。
　〔三〕漢官（儀）曰　據汲本刪。
　〔四〕醫一人　汲本、殿本"一"作"二"。按：醫一人，正符三十七人之數。又按：上"三人《易》筮"，惠棟云北宋本"三"作"二"。若依北宋本，則"醫一人"當作"醫二人"，方符三十七人之數。
　〔五〕靈臺待詔四十（二）〔一〕人　《校補》引柳從辰説，謂"四十二"孫輯本作"四十一"，是。今按：舍人一人不在待詔之列，是"四十二"當作"四十一"也。今據改。
　〔六〕博士祭酒一人六百石本僕射　按：《集解》引錢大昕説，謂"本僕射"上當有"本注曰"三字。
　〔七〕春秋二公羊嚴顏氏　按：錢大昭《續漢書辨疑》謂"公羊"二字疑衍，《徐防傳》注引《漢官儀》亦無"公羊"。
　〔八〕大（子）〔予〕樂令　按：汲本、殿本"大"譌"太"。《集解》引錢大昕説，謂"太子"當為"大予"。《明帝紀》永平三年改大樂為大予樂，注引《漢官儀》云大予樂令一人，秩六百石。又引惠棟説，謂"子"依北宋本當作"予"，注同。今據改。

〔九〕（官）〔宦〕寺主殿宮門户之職　據汲本改。按：孫輯《漢官解詁》無"宦寺"二字。

〔一〇〕（郎）中〔郎〕解其府（府）次五官〔府〕　按："中郎"二字譌倒，據汲本、殿本乙。又孫星衍謂"府次五官"當作"次五官府"，譌倒。今據改。

〔一一〕獻帝以曹（操）〔植〕為南中郎將　《校補》引陳景雲説，謂"操"當作"植"，見《魏志》植傳。今據改。

〔一二〕言其嚴厲整鋭也　按："鋭"原譌"説"，逕改正。

〔一三〕羽林郎百（一）〔二〕十八人　汲本"一"作"二"，孫輯本同。今據改。

〔一四〕唯詔令所使　按：汲本、殿本"令"作"命"。

〔一五〕六百石（特）〔持〕使也　據汲本、殿本改。

〔一六〕戒非常　按："常"原譌"掌"，逕據汲本、殿本改。

〔一七〕衛士四百七十一人　按：汲本、殿本"七十一"作"七十二"。

〔一八〕在官大小各付所屬　按：汲本"官"作"候"，《通典》注引作"宮"，未詳孰是。

〔一九〕以馬皮覆　汲本、殿本"皮"作"被"。《校補》謂"以馬被覆"四字不知何指，《通典》注省。今按：蓋以宮中之人，故以馬皮覆之，不欲人見。各本"皮"譌"被"，遂令人不知何指矣。

〔二〇〕（北）宮門蒼龍司馬主東門　據汲本刪。按：《校補》謂北宮三門，另列在後，此皆南宮門，不應有"北"字。

〔二一〕若外人以事當入本（宮）〔官〕長史為封榮傳　據殿本改。按：《校補》謂外人謂無官位者，受本官所遣，當封榮傳為信也。作"官"是。

〔二二〕長（可）〔尺〕二寸　據汲本、殿本改。

〔二三〕後置左駿令廄　按：《校補》引錢大昭説，謂"令廄"二字當乙。

黄山謂今案承上"但置一廄"言,重在廄,疑令、廄本同時置,兼言之也。

〔二四〕十六人二百石廷(史)〔吏〕　據汲本、殿本改。按:孫輯《漢官》作"吏"。

〔二五〕蔡質漢儀曰　按:"質"原譌"賀",逕改正。

〔二六〕昔〔晉〕霸國盟主耳舍諸侯於隸人　按:事見《左》襄三十一年,此脫"晉"字,遂不知所指矣。今依何焯校本補一"晉"字。

〔二七〕而(百)〔可〕無乎　據汲本改。

〔二八〕中興省驛官別火二令丞　按:沈家本謂"驛"當作"譯"。

後漢書志第二十六

百官三

宗正　大司農　少府

宗正，卿一人，中二千石。本注曰：掌序録王國嫡庶之次，及諸宗室親屬遠近，郡國歲因計上宗室名籍。若有犯法當髡以上，先上諸宗正，宗正以聞，乃報決。[1]丞一人，比千石。

【注】

〔1〕胡廣曰："又歲一治諸王世譜差序秩第。"《漢官》曰："員吏四十一人，其六人四科，一人二百石，四人百石，三人佐，六人騎吏，二人法家，十八人學事，一人官醫。"

諸公主，每主家令一人，六百石。丞一人，三百石。本注曰：其餘屬吏增減無常。[1]

【注】

〔1〕《漢官》曰："主簿一人，秩六百石。僕一人，秩六百石。私府長一人，秩六百石。家丞一人，三百石。直吏三人，從官二人。"〔一〕《東觀書》曰："其主薨無子，置傅一人守其家。"

右屬宗正。本注曰：中興省都司空令、丞。[1]

【注】
[1]如淳曰："主罪人。"

大司農，卿一人，中二千石。本注曰：掌諸錢穀金帛諸貨幣。郡國四時上月旦見錢穀簿，其逋未畢，各具別之。邊郡諸官請調度者，皆為報給，損多益寡，取相給足。[1]丞一人，比千石。部丞一人，六百石。本注曰：部丞主帑藏。[2]

【注】
[1]《漢(書)[官]》曰：[二]"員吏百六十四人，其十八人四科，九人斗食，十六人二百石，文學二十人百石，二十五人佐，七十五人學事，一人官醫。"
[2]《古今注》曰"建初七年七月，為大司農置丞一人，秩千石，別主帑藏"，則部丞應是而秩不同。應劭《漢官秩》亦云二千石。[三]

太倉令一人，六百石。本注曰：主受郡國傳漕穀。[1]丞一人。

【注】
[1]《漢官》曰："員吏九十九人。"

平準令一人，六百石。本注曰：掌知物賈，主練染，作采色。[1]丞一人。

【注】
[1]《漢官》曰："員吏百九十人。"

導官令〔四〕一人，六百石。本注曰：主舂御米，及作乾糒。導，擇也。〔1〕丞一人。

【注】
〔1〕《漢官》曰："員吏百一十二人。"

右屬大司農。本注曰：郡國鹽官、鐵官本屬司農，中興皆屬郡縣。〔1〕又有廩犧令，六百石，掌祭祀犧牲鴈鶩之屬。〔2〕及雒陽市長、〔3〕滎陽敖倉官，中興皆屬河南尹。餘均輸等皆省。〔4〕

【注】
〔1〕《魏志》曰："曹公置典農中郎將，秩二千石。典農都尉，秩六百石，或四百石。典農校尉，秩比二千石。所主如中郎。部分別而少，為校尉丞。"
〔2〕《漢官》曰："丞一人，三百石。員吏四十人，其十一人斗食，十七人佐，七人學事，五人守學事，皆河南屬縣給吏者。"
〔3〕《漢官》曰："市長一人，秩四百石。丞一人，二百石，明法補。員吏三十六人，十三人百石嗇夫，十一人斗食，十二人佐。又有機櫂丞，三百石，別治中水官，主水渠，在馬市東，有員吏六人。"
〔4〕均輸者，《前書》孟康注曰："謂諸當所有輸於官者，皆令輸其土地所饒，平其所在時賈，官更於他處貨之。輸者既便，而官有利。"《鹽鐵論》："大夫曰：'往者郡國諸侯，各以其物貢輸，往來煩雜，物多苦惡，或不償其費，故郡置輸官以相給運，而便遠方之貢，故曰均輸。開委府于京師，以籠貨物，賤則買，貴則賣，是以縣官不失實，商賈無所利，故曰平準。準平則民不失職，〔五〕均輸則民不勞，故平準、均輸，所以平萬物而便百姓也。'文學曰：'古之賦稅於民也，因其所工，不求所拙。農人納其穫，工女效其織。今釋其所有，責其所無，百姓賤買貨物以便上求。閒者郡國或令民作布絮，吏留難與之為市。吏之所入非獨齊、陶之縑，蜀、漢之布也，亦民閒之所為耳。行姦賣平，農民重苦，必苦女工繭稅，〔六〕未見輸之均也。縣官猥發，閉門擅市，

即萬民並收。並收則物騰躍,騰躍則商賈利。自市則吏容姦,豪吏富商,積貨儲物,以待其急,輕賈姦吏,收以取貴,未見準之平也。蓋古之均輸,所以齊勞逸而便貢輸,非以為利而賈萬物也。'"王隆《小學·漢官篇》曰:"調均報度,輸漕委輸。"胡廣注曰:"邊郡諸官請調者,皆為調均報給之也。以水通輸曰漕。委,積也。郡國所積聚金帛貨賄,隨時輸送諸司農,曰委輸,以供國用。"《前書》又有都內籍田令、丞,斡官、鐵市兩長、丞,〔七〕郡國諸倉農監六十五官長、丞,皆屬之。

少府,卿一人,中二千石。本注曰:掌中服御諸物,衣服寶貨珍膳之屬。〔一〕丞一人,比千石。

【注】
〔一〕《漢官》曰:"員吏三十四人,其一人四科,一人二百石,五人百石,四人斗（石）[食],〔八〕三人佐,六人騎吏,十三人學事,一人官醫。少者小也,小故稱少府。王者以租稅為公用,山澤陂池之稅以供王之私用。古皆作小府"。《漢官儀》曰:"田租、芻藁以給經用,凶年,山澤魚鹽市稅少府以給私用也。"

太醫令一人,六百石。本注曰:掌諸醫。〔一〕藥丞、方丞各一人。本注曰:藥丞主藥。方丞主藥方。

【注】
〔一〕《漢官》曰:"員醫二百九十三人,員吏十九人。"

太官令一人,六百石。本注曰:掌御飲食。〔一〕左丞、甘丞、湯官丞、果丞各一人。本注曰:左丞主飲食。甘丞主膳具。湯官丞主酒。果丞主果。〔二〕

【注】

〔1〕《漢官》曰："員吏六十九人，衛士三十八人。"荀綽《晉百官表注》曰"漢制，太官令秩千石。丞四人，秩四百石"，不與志同。

〔2〕荀綽云："甘丞掌諸甘肥。果丞別在外諸果菜茹。"

守宮令一人，六百石。本注曰：主御紙筆墨，及尚書財用諸物及封泥。〔1〕丞一人。〔2〕

【注】

〔1〕《漢官》曰："員吏六十九人。"

〔2〕《漢官》曰："外官丞二百石，公府吏府也。"

上林苑令一人，〔九〕六百石。本注曰：主苑中禽獸。頗有民居，皆主之。捕得其獸送太官。〔1〕丞、尉各一人。

【注】

〔1〕《漢官》曰："員吏五十八人。"案桓帝又置鴻德苑令。

侍中，比二千石。〔1〕本注曰：無員。〔一〇〕掌侍左右，贊導衆事，顧問應對。法駕出，則多識者一人參乘，餘皆騎在乘輿車後。本有僕射一人，中興轉為祭酒，或置或否。〔2〕

【注】

〔1〕《漢官秩》云千石。《周禮》"太僕"，干寶注曰："若漢侍中。"

〔2〕蔡質《漢儀》曰："侍中、常伯，選舊儒高德，博學淵懿。仰占俯視，切問近對，喻旨公卿，上殿稱制，參乘佩璽秉劍。員本八人，陪見舊在尚書令、僕射下，尚書上；今官出入禁中，更在尚書下。司隸校尉見侍中，執板揖，河南尹亦如之。又侍中舊與中官俱止禁中，武帝時，侍中莽何羅挾刃謀逆，由是

侍中出禁外，有事乃入，畢即出。王莽秉政，侍中復入，與中官共止。章帝元和中，侍中郭舉與後宮通，拔佩刀驚上，舉伏誅，侍中由是復出外。"

中常侍，千石。本注曰：宦者，無員。後增秩比二千石。掌侍左右，從入內宮，贊導內眾事，顧問應對給事。〔一〕

黃門侍郎，〔一二〕六百石。本注曰：無員。掌侍從左右，給事中，關通中外。及諸王朝見於殿上，〔一三〕引王就坐。[1]

【注】

[1]《漢舊儀》曰："黃門郎屬黃門令，日暮入對青瑣門拜，名曰夕郎。"《宮閣簿》青瑣門在南宮。衛（瓘）〔權〕注《吳都賦》曰："青瑣，戶邊青鏤也。一曰天子門內有眉，格再重，裏青畫曰瑣。"《獻帝起居注》曰："帝初即位，初置侍中、給事黃門侍郎，員各六人，出入禁中，近侍帷幄，省尚書事。改給事黃門侍郎為侍中侍郎，去給事黃門之號，旋復復故。舊侍中、黃門侍郎以在中宮者，不與近密交政。誅黃門後，侍中、侍郎出入禁闥，機事頗露，由是王允乃奏比尚書，不得出入，不通賓客，自此始也。"又曰："諸奄人官，悉以議郎、郎中稱，秩如故。諸署令兩梁冠，陛殿上，得召都官從事已下。"

小黃門，六百石。[本注曰]：宦者，無員。〔一四〕掌侍左右，受尚書事。上在內宮，關通中外，及中宮已下眾事。諸公主及王太妃等有疾苦，則使問之。

黃門令一人，六百石。[1]本注曰：宦者。主省中諸宦者。[2]丞、從丞各一人。本注曰：宦者。從丞主出入從。

【注】

[1]董巴曰："禁門曰黃闥，以中人主之，故號曰黃門令。"

[2]《漢官》曰："員吏十八人。"

黄門署長、畫室署長、玉堂署長各一人。丙署長七人。皆四百石，黄綬。〔一五〕本注曰：宦者。各主中宫别處。

中黄門冗從僕射一人，六百石。本注曰：宦者。主中黄門冗從。居則宿衞，直守門户；出則騎從，夾乘輿車。

中黄門，比百石。本注曰：宦者，無員。後增比三百石。掌給事禁中。

掖庭令一人，六百石。本注曰：宦者。掌後宫貴人采女事。[1]左右丞、暴室丞各一人。本注曰：宦者。暴室丞主中婦人疾病者，就此室治；其皇后、貴人有罪，亦就此室。

【注】

[1]《漢官》曰："吏從官百六十七人，待詔五人，員吏十人。"

永巷令一人，六百石。本注曰：宦者。典官婢侍使。[1]〔一六〕丞一人。本注曰：宦者。[2]

【注】

[1]《漢官》曰："員吏六人，吏從官三十四人。"
[2]《漢官》曰："右丞一人，暴室一人。"

御府令一人，六百石。本注曰：宦者。典官婢作中衣服及補浣之屬[1]。丞、織室丞各一人。本注曰：宦者。[2]

【注】

[1]《漢官》曰："員吏七人，吏從官三十人。"
[2]《漢官》曰："右丞一人。"

祠祀令一人，六百石。本注曰：典中諸小祠祀。[1]丞一人。本注曰：宦者。

【注】
〔1〕《漢官》曰："從官吏八人，騶僕射一人，家巫八人。"

鉤盾令一人，六百石。本注曰：宦者。典諸近池苑囿遊觀之處。〔1〕丞、永安丞各一人，三百石。本注曰：宦者。永安，北宮東北別小宮名，有園觀。苑中丞、果丞、鴻池丞、南園丞各一人，二百石。本注曰：苑中丞主苑中離宮。果丞主果園。鴻池，池名，在雒陽東二十里。南園在雒水南。〔2〕濯龍監、〔3〕直里監各一人，四百石。本注曰：濯龍亦園名，近北宮。直里亦園名也，在雒陽城西南角。

【注】
〔1〕《漢官》曰："吏從官四十人，員吏四十八人。"
〔2〕《漢官》曰："又有署一人，胡熟監一人。"案本紀，桓帝又置顯陽苑丞。
〔3〕應劭《漢官秩》曰："秩六百石。"

中藏府令一人，六百石。本注曰：掌中幣帛金銀諸貨物。〔1〕丞一人。

【注】
〔1〕《漢官》曰："員吏十三人，吏從官六人。"

內者令一人，六百石。本注曰：掌［宮］中布張諸（衣）［褻］物。〔1〕〔一七〕左右丞各一人。

【注】
〔1〕《漢官》曰："從官錄事一人，〔一八〕員吏十九人。"

尚方令一人，六百石。本注曰：掌上手工作御刀劍諸好器物。[1]丞一人。

【注】
〔1〕《漢官》曰："員吏十三人，吏從官六人。"

　　尚書令一人，千石。本注曰：承秦所置，[1]武帝用宦者，更為中書謁者令，成帝用士人，復故。掌凡選署及奏下尚書曹文書眾事。[2]〔一九〕

【注】
〔1〕荀綽《晉百官表注》曰："唐、虞官也。《詩》云'仲山甫王之喉舌'，蓋謂此人。"
〔2〕蔡質《漢儀》曰："故公為之者，朝會（不）[下]陛奏事，〔二〇〕增秩二千石，故自佩銅印墨綬。"

　　尚書僕射一人，六百石。本注曰：署尚書事，令不在則奏下眾事。[1]

【注】
〔1〕蔡質《漢儀》曰："僕射主封門，掌授廩假錢穀。凡三公、列卿、將、大夫、五營校尉行復道中，遇尚書僕射、左右丞郎、御史中丞、侍御史，皆避車豫相迴避。衛士傳不得迕臺官，臺官過後乃得去。"臣昭案：獻帝分置左、右僕射，建安四年以榮邵為尚書左僕射是也。《獻帝起居注》曰："邵卒官，贈執金吾。"

　　尚書六人，六百石。本注曰：成帝初置尚書四人，[1]〔二一〕分為四曹：[2]常侍曹尚書主公卿事；[3]二千石曹尚書主郡國二千石事；[4]民曹尚書主凡吏上書事；[5]客曹尚書主外國夷狄事。[6]世祖承遵，後分二千石曹，又分客曹為南主客曹、北主客曹，〔7〕凡六曹。〔8〕左右丞各一人，〔二二〕四百石。本注曰：掌錄文書期會。左丞主吏民章報及騶伯史。〔9〕右丞假署印綬，及紙筆墨諸財用庫藏。〔10〕侍郎三十六人，〔二三〕四百石。本注曰：一曹有六人，主作文書起草。〔11〕令史十八人，二百石。本注曰：曹有三，主書。後增劇曹三人，合二十一人。〔12〕

【注】

〔1〕韋昭曰："尚，奉也。"

〔2〕《漢舊儀》曰："初置五曹，有三公曹，主斷獄。"蔡質《漢儀》曰："典天下歲盡集課事。三公尚書二人，典三公文書。吏曹尚書典選舉齋祀，屬三公曹。靈帝末，梁鵠為選部尚書。"

〔3〕蔡質《漢儀》曰："主常侍黃門御史事，世祖改曰吏曹。"

〔4〕《漢舊儀》曰："亦云主刺史。"蔡質《漢儀》曰："掌中（郎）[都]官水火、盜賊、辭訟、罪告。"〔二四〕

〔5〕蔡質《漢舊儀》曰："典繕治功作，監池、苑、囿、盜賊事。"

〔6〕《尚書》："龍作納言，出入帝命。"應劭曰："今尚書官，王之喉舌。"

〔7〕蔡質《漢儀》曰："天子出獵，駕，御府曹郎屬之。"

〔8〕《周禮·天官》有司會，鄭玄曰"若今尚書"。

〔9〕蔡質《漢儀》曰："總典臺中綱紀，無所不統。"

〔10〕蔡質《漢儀》曰："右丞與僕射對掌授廩假錢穀，與左丞無所不統。凡中宮漏夜盡，鼓鳴則起，鍾鳴則息。衛士甲乙徼相傳，甲夜畢，傳乙夜，相傳盡五更。衛士傳言五更，未明三刻後，雞鳴，衛士踵丞郎趨嚴上臺，不畜宮中雞，汝南出《雞鳴》，衛士候朱爵門外，專傳《雞鳴》於宮中。"應劭曰："楚歌，今《雞鳴歌》也。"《晉太康地道記》曰："後漢固始、鮦陽、公安、細陽四縣衛士，習此曲於闕下歌之，今《雞鳴》是也。"

〔11〕蔡質《漢儀》曰："尚書郎初從三署詣臺試，初上臺稱守尚書郎，中歲滿稱尚書郎，三年稱侍郎。客曹郎主治羌胡事，劇遷二千石或刺史，其公遷

為縣令，秩滿自占縣去，詔書賜錢三萬與三臺祖餞，餘官則否。治嚴一月，準謁公卿陵廟乃發。御史中丞遇尚書丞、郎，避車執板住揖，丞、郎坐車舉手禮之，車過遠乃去。尚書言左右丞，敢告知如詔書律令。郎見左右丞，對揖無敬，稱曰左右君。丞、郎見尚書，執板對揖，稱曰明時。見令、僕射，執板拜，朝賀對揖。"

〔12〕《古今注》曰："永元三年七月，增尚書令史員。功滿未嘗犯禁者，以補小縣，墨綬。"蔡質曰："皆選蘭臺、符節上稱簡精練有吏能為之。"《決錄注》曰："故事尚書郎以令史久缺補之，世祖始改用孝廉為郎，以孝廉丁邯補焉。邯稱病不就。詔問：'實病？羞為郎乎？'對曰：'臣實不病，恥以孝廉為令史職耳！'世祖怒曰：'虎賁滅頭杖之數十。'詔問：'欲為郎不？'邯曰：'能殺臣者陛下，不能為郎者臣。'中詔遣出，竟不為郎。邯字叔春，京兆陽陵人也。有高節，正直不撓，後拜汾陰令，治有名迹，遷漢中太守。妻弟為公孫述將，收妻送南鄭獄，免冠徒跣自陳。詔曰：'漢中太守妻乃繫南鄭獄，誰當搔其背垢者？懸牛頭，賣馬脯，盜跖行，孔子語。以邯服罪，且邯一妻，冠履勿謝。'治有異，卒於官。"

符節令一人，六百石。本注曰：為符節臺率，主符節事。凡遣使掌授節。尚符璽郎中四人。本注曰：舊二人在中，主璽及虎符、竹符之半者。〔1〕符節令史，二百石。本注曰：掌書。〔2〕

【注】

〔1〕《漢官》曰："當得明法律郎。"《周禮》掌節有虎節、龍節，皆金也。干寶注曰：〔二五〕"漢之銅虎符，則其制也。"《周禮》又曰："以英蕩輔之。"〔二六〕干寶曰："英，刻書也。蕩，竹箭也。刻而書其所使之事，以助三節之信，則漢之竹使符者，亦取則於故事也。"

〔2〕《魏氏春秋》曰："中平六年，始復節上赤葆。"

御史中丞一人，千石。本注曰：御史大夫之丞也。舊別監御史在殿中,密舉非法。[1]及御史大夫轉為司空,因別留中,為御史臺率,[2]後又屬少府。治書侍御史二人,六百石。本注曰:掌選明法律者為之。凡天下諸讞疑事,掌以法律當其是非。[3]侍御史十五人,六百石。本注曰:掌察舉非法,受公卿群吏奏事,有違失舉劾之。凡郊廟之祠及大朝會、大封拜,則(一)[二]人監威儀,〔二七〕有違失則劾奏。[4]

【注】

〔1〕《周禮》:"[小宰]掌建邦之宮刑,〔二八〕以主治王宮之政令。"干寶注曰:"若御史中丞。"

〔2〕《風俗通》曰:"尚書、御史臺,皆以官蒼頭為吏,主賦舍,〔二九〕凡守其門戶。"蔡質《漢儀》曰:"丞,故二千石為之,或選侍御史高第,〔三〇〕執憲中司,朝會獨坐,內掌蘭臺,督諸州刺史,糾察百寮,出為二千石。"《魏志》曰:"建安置御史大夫,不領中丞,置長史一人。"

〔3〕蔡質《漢儀》曰:"選御史高第補之。"胡廣曰:"孝宣感路溫舒言,秋季後請讞。時帝幸宣室,齋居而決事,令侍御史二人治書,御史起此。〔三一〕後因別置,冠法冠,秩百石,有印綬,與符節郎共平廷尉奏事,罪當輕重。"荀綽《晉百官表注》曰:"惠帝以後,無所平治,備位而已。"

〔4〕蔡質《漢儀》曰:"其二人者更直。執法省中者,皆糾察百官,督州郡。公法府掾屬高第補之。初稱守,滿歲拜真,出治劇為刺史、二千石,平遷補令。見中丞,執板揖。"

蘭臺令史,六百石。本注曰:掌奏及印工文書。

右屬少府。本注曰:職屬少府者,自太醫、上林凡四官。自侍中至御史,皆以文屬焉。承秦,凡山澤陂池之稅,名曰禁錢,屬少府。世祖改屬司農,考工轉屬太僕,都水屬郡國。孝武帝初置水衡都尉,秩比二千石,別主上林苑有離宮燕休之處,世祖省之,并其職於少府。每立秋貙劉之日,輒暫置水衡都尉,事訖乃罷之。少府本六丞,省五。又省湯官、織室令,置丞。又省上林十池監,胞人長丞,宦者、昆臺、[1]佽飛[2]三令，二十一丞。又省水衡屬官令、長、丞、尉二十餘人。章和以下，中官稍廣，加嘗藥、太官、御者、鉤盾、尚方、考工、別作監，皆六百石，宦者為之，轉為兼副，或省，故錄本官。[3]

【注】

〔1〕昆臺本名甘泉居室，武帝改。
〔2〕佽飛本名左弋，武帝改。
〔3〕蔡質《漢儀》曰："少府符著出見都官從事，持板。都官從事入少府見符著，持板。"《漢官目錄》曰："右三卿，司空所部。"

【校勘記】

〔一〕從官二人　按：汲本"二"作"三"，孫輯本《漢官》同。
〔二〕漢(書)[官]曰　《校補》引柳從辰說，謂"書"當作"官"，諸本皆未正。今據改。
〔三〕亦云二千石　按：此承上文"秩千石"而言，"二"字疑衍。
〔四〕導官令　《宋書·百官志》"導官令"下引司馬相如《封禪書》"導一莖六穗於庖"，《史記·司馬相如傳》"導"作"䆃"。按：《說文》云"䆃，䆃米也，從禾道聲。司馬相如曰'䆃一莖六穗'也"。是"導官令"之"導"當從禾作"䆃"。
〔五〕準平則民不失職　按：《校補》謂"準平"殿本注作"平準"，與今本《鹽鐵論》合。
〔六〕必苦女工繭稅　按：《校補》謂"繭稅"今本《鹽鐵論》作"再稅"。
〔七〕榦官鐵市兩長丞　汲本、殿本"榦"作"幹"。按：《漢書·百官表》作"榦"，注如淳曰："榦音筦，或作'幹'，幹，主也。"
〔八〕四人斗(石)[食]　據汲本、殿本改。
〔九〕上林苑令一人　按：此與下"主苑中禽獸"兩"苑"字，原皆作"菀"，菀苑本通，然以下"苑中丞"等之"苑"，皆不作"菀"，今改歸一律。注同。

〔一〇〕本注曰無員　按：《集解》引錢大昕說，謂案《朱穆傳》，言漢家舊典，置侍中、中常侍各一人，黃門侍郎一人。《宦者傳》永平中始置員數，中常侍四人，小黃門十人，自明帝迄乎延平，其員稍增，中常侍至有十人，小黃門二十人。此志於侍中、中常侍、黃門侍郎、小黃門皆云無員，亦未深考耳。

〔一一〕顧問應對給事　按："給事"二字應移入下行"黃門侍郎"上，說詳下。

〔一二〕黃門侍郎　按：沈家本謂應作"給事黃門侍郎"。"給事"二字誤在前一行之末。《宋志》云"漢東京曰給事黃門侍郎"，此其證也。隋煬帝時始去"給事"之名，見《隋志》。

〔一三〕朝見於殿上　按：汲本、殿本"上"作"中"。

〔一四〕[本注曰]宦者無員　據殿本補。

〔一五〕皆四百石黃綬　按：《集解》引錢大昕說，謂"黃綬"二字疑衍，公卿以下綬制已見《輿服志》，不應單出此條。

〔一六〕典官婢侍使　按：《校補》謂"侍使"當依《周禮·酒人》注作"侍史"。

〔一七〕掌[宮]中布張諸(衣)[褻]物　據《漢書·宣帝紀》注引《續漢書志》補改。按：《集解》引惠棟說，謂《黃圖》引《續漢書》曰"掌宮中步帳褻物"，《宣帝紀》亦引作"褻物"，誤作"衣"也。《校補》引錢大昕說，謂《宣帝紀》注亦引作"掌宮中"，知志文"掌"下亦脫"宮"字。

〔一八〕從官錄事一人　按：汲本、殿本"錄事"作"祿士"，孫輯《漢官》同。

〔一九〕奏下尚書曹文書衆事　按：汲本無"曹"字。

〔二〇〕朝會(不)[下]陛奏事　《集解》引惠棟說，謂以《漢官儀》、《漢官典職》校之，乃下陛奏事，"下"訛"不"。今據改。

〔二一〕成帝初置尚書四人　按：《集解》引惠棟說，謂"成帝"當作"武帝"。應劭《漢官儀》云尚書四員，武帝置，成帝加一為五。有三公曹，主斷獄。世祖分為六曹，并一令一僕，謂之八座。又引李祖楙說，謂《前書》成帝建武四年，初置尚書五人，中以一人為僕射。注云四人，別僕射言。

〔二二〕左右丞各一人　按：左右丞與下侍郎原皆提行，《校補》謂左右丞、侍郎皆尚書官屬，不應提行。今從之。

〔二三〕侍郎三十六人　按：《集解》引惠棟説，謂一作"三十五人"，一作"三十四人"。

〔二四〕掌中（郎）〔都〕官水火盗賊辭訟罪眚　按：《集解》本據《通典》改"郎"爲"都"，今從之。

〔二五〕干寶注曰　按："干"原作"于"，逕據《集解》本改，下同。

〔二六〕以英蕩輔之　按："蕩"《周禮》作"簜"。

〔二七〕則（一）〔二〕人監威儀　據汲本、殿本改。

〔二八〕周禮〔小宰〕掌建邦之宫刑　據《集解》引惠棟説補。

〔二九〕主賦舍　按：汲本"賦"作"賊"。

〔三〇〕或選侍御史高第　按：汲本、殿本"選"作"遷"，疑誤，下注引《漢儀》"選御史高第補之"，可證。

〔三一〕令侍御史二人治書御史起此　按："御史起此"上疑脱"治書"二字。

後漢書志第二十七

百官四

執金吾　太子太傅　大長秋　太子少傅　將作大匠
城門校尉　北軍中候　司隸校尉

執金吾一人，中二千石。〔1〕本注曰：掌宮外戒司非常水火之事。〔2〕月三繞行宮外，及主兵器。吾猶禦也。〔3〕丞一人，比千石。〔4〕緹騎二百人。本注曰：無秩，比吏食奉。〔5〕〔一〕

【注】

〔1〕《漢官秩》云比二千石。

〔2〕胡廣曰："衛尉巡行宮中，則金吾徼於外，相為表裏，以擒姦討猾。"

〔3〕應劭曰："執金革以禦非常。"《漢官》曰："員吏二十九人，其十人四科，一人二百石，文學三人百石，二人斗食，十三人佐學事，主緹騎。"

〔4〕《漢官秩》云六百石。

〔5〕《漢官》曰："執金吾緹騎二百人，[持戟]五百二十人，〔二〕輿服導從，光滿道路，群僚之中，斯最壯矣。世祖歎曰：'仕宦當作執金吾。'"

武庫令一人，六百石。本注曰：主兵器。丞一人。
右屬執金吾。本注曰：本有式道、左右中候三人，六百石。車駕出，掌在前清道，還持麾至宮門，宮門乃開。中興但一人，又不常置，每出，以郎兼式道候，事已罷，不復屬執金吾。又省中壘、寺互、都船令、丞、尉及左右京輔都尉。

太子太傅一人，中二千石。本注曰：職掌輔導太子。禮如師，不領官屬。[1]

【注】
〔1〕荀綽《晉百官表注》曰："唐、虞官。"

大長秋一人，二千石。本注曰：承秦將行，宦者。景帝更為大長秋，或用士人。中興常用宦者，職掌奉宣中宮命。凡給賜宗親，及宗親當謁見者關通之，中宮出則從。[1]丞一人，六百石。本注曰：宦者。

【注】
〔1〕張晏曰："皇后卿。"

中宮僕一人，千石。本注曰：宦者。主馭。本注曰：太僕，秩二千石，中興省"太"，減秩千石，以屬長秋。
中宮謁者令一人，六百石。本注曰：宦者。中宮謁者三人，四百石。本注曰：宦者。主報中章。
中宮尚書五人，六百石。本注曰：宦者。主中文書。
中宮私府令一人，六百石。本注曰：宦者。主中藏幣帛諸物，裁衣被補浣者皆主之。[1]丞一人。本注曰：宦者。

【注】
〔1〕丁孚《漢儀》曰："中宮藏府令，秩千石，儀比御府令。"

中宮永巷令一人，六百石。本注曰：宦者。主宮人。丞一人。本注曰：宦者。
中宮黃門冗從僕射一人，六百石。本注曰：宦者。主中黃門冗從。〔1〕

【注】
〔1〕丁孚《漢儀》曰："給事中宮侍郎六人，比尚書郎，宦者為之。給事黃門四人，比黃門侍郎。給事羽林郎一人，比羽林將虎賁官騎下。"

中宮署令一人，六百石。本注曰：宦者。主中宮請署天子數。女騎六人，丞、復道丞各一人。本注曰：宦者。復道丞主中閣道。
中宮藥長一人，四百石。本注曰：宦者。
右屬大長秋。本注曰：承秦，有詹事一人，位在長秋上，亦宦者，主中諸官。成帝省之，以其職并長秋。是後皇后當法駕出，則中謁、中宦者職吏權兼詹事奉引，訖罷。宦者誅後，尚書選兼職吏一人奉引云。其中長信、長樂宮者，置少府一人，職如長秋，及餘吏皆以宮名為號，員數秩次如中宮。〔1〕本注曰：帝祖母稱長信宮，故有長信少府，長樂少府，位在長秋上，及職吏皆宦者，秩次如中宮。長樂又有衛尉，僕為太僕，皆二千石，在少府上。〔2〕其崩則省，不常置。

【注】
〔1〕長樂五官史，朱瑀之類是也。
〔2〕丁孚《漢儀》曰："丞，六百石。"

太子少傅，二千石。本注曰：亦以輔導為職，悉主太子官屬。[1]

【注】
[1]《漢官》曰："員吏十二人。"〔三〕

太子率更令一人，千石。本注曰：主庶子、舍人更直，職似光祿。〔四〕
太子庶子，四百石。本注曰：無員，如三署中郎。
太子舍人，二百石。本注曰：無員，更直宿衛，如三署郎中。[1]

【注】
[1]《漢官》曰："十三人，選良家子孫。"

太子家令一人，千石。本注曰：主倉穀飲食，職似司農、少府。
太子倉令一人，六百石。本注曰：主倉穀。
太子食官令一人，六百石。本注曰：主飲食。
太子僕一人，千石。本注曰：主車馬，職如太僕。
太子廄長一人，四百石。本注曰：主車馬。
太子門大夫，六百石。[1]本注曰：《舊注》云職比郎將。舊有左右戶將，別主左右戶直郎，建武以來省之。

【注】
[1]《漢官》曰："門大夫二人，選四府掾屬。"

太子中庶子，六百石。本注曰：員五人，職如侍中。
太子洗馬，〔五〕比六百石。本注曰：《舊注》云員十六人，職如謁者。太子出，則當直者在前導威儀。[1]〔六〕

【注】

〔1〕《漢官》曰："選郎中補也。"

太子中盾一人，四百石。本注曰：主周衛徼循。
太子衛率一人，四百石。本注曰：主門衛士。
右屬太子少傅。本注曰：凡初即位，未有太子，官屬皆罷，唯舍人不省，領屬少府。

將作大匠一人，二千石。[1]本注曰：承秦，曰將作少府，景帝改為將作大匠。掌修作宗廟、路寢、宮室、陵園木土之功，并樹桐梓之類列于道側。[2]丞一人，六百石。

【注】

〔1〕蔡質《漢儀》曰："位次河南尹，光武中元二年省，謁者領之，章帝建初元年復置。"
〔2〕《漢官篇》曰"樹栗、漆、梓、桐"，[七]胡廣曰："古者列樹以表道，並以為林囿。四者皆木名，治宮室並主之。"《毛詩傳》曰："椅，梓屬也。"陸（機）[璣][八]《草木疏》曰："梓實桐皮曰椅，今（民）[人]云梧桐是也。[九]梓，今人所謂梓楸者是也。"

左校令一人，六百石。本注曰：掌左工徒。丞一人。[1]

【注】

〔1〕安帝復也。

右校令一人，六百石。本注曰：掌右工徒。丞一人。[1]

【注】
〔1〕安帝復也。

右屬將作大匠。[1]

【注】
〔1〕《前書》曰屬官又有左、右中候，(右)〔石〕庫、〔一〇〕東園主章、左右前後中校七令丞，成帝省。

城門校尉一人，比二千石。本注曰：掌雒陽城門十二所。[1]

【注】
〔1〕《周禮》："司門。"干寶注曰："如今校尉。"

司馬一人，千石。本注曰：主兵。城門每門候一人，[1] 六百石。[2] 本注曰：雒陽城十二門，其正南一門曰平城門，[3] 北宮門，屬衛尉。其餘上西門，[4] 雍門，[5] 廣陽門，[6] 津門，[7] 小苑門，開陽門，[8] 秏門，[9]〔一一〕中東門，[10] 上東門，[11] 穀門，[12] 夏門，[13] 凡十二門。[14]

【注】
〔1〕《周禮》每門下士二人。干寶曰："如今門候。"
〔2〕蔡質《漢儀》曰："門候見校尉，執板不拜。"
〔3〕《漢官秩》曰："平城門為宮門，不置候，置屯司馬，秩千石。"李尤銘曰："平城司午，厥位處中。"《古今注》曰："建武十四年九月開平城門。"
〔4〕應劭《漢官》曰："上西所以不純白者，漢家初成，故丹〔漆〕鏤之。"〔一二〕李尤銘曰："上西在季，位月惟戌。"

〔5〕銘曰:"雍門處中,位月在酉。"
〔6〕銘曰:"廣陽位孟,厥月在申。"
〔7〕銘曰:"津名自定,位季月未。"〔一三〕
〔8〕應劭《漢官》曰:"開陽門始成未有名,宿昔有一柱來在樓上,琅邪開陽縣上言,縣南城門一柱飛去。光武皇帝使來識視,憮然,遂堅縛之,刻記其年月,因以名焉。"銘曰:"開陽在孟,位月惟巳。"
〔9〕銘曰:"秏門值季,月位在辰。"〔一四〕
〔10〕銘曰:"中東處仲,月位當卯。"〔一五〕
〔11〕銘曰:"上東少陽,厥位在寅。"
〔12〕銘曰:"穀門北中,位當于子。"
〔13〕銘曰:"夏門值孟,位月在亥。"
〔14〕蔡質《漢儀》曰:"雒陽二十四街,街一亭;十二城門,門一亭。"

右屬城門校尉。

北軍中候一人,六百石。本注曰:掌監五營。[1]

【注】

〔1〕《漢官》曰:"員吏七人,候自得辟召,通大鴻臚一人,斗食。"

屯騎校尉一人,比二千石。本注曰:掌宿衞兵。[1] 司馬一人,千石。[2]

【注】

〔1〕《漢官》曰:"員吏百二十八人,領士七百人。"
〔2〕蔡質《漢儀》曰:"五營司馬見校尉,執板不拜。"

越騎校尉一人，比二千石。[1]本注曰：掌宿衞兵。[2]司馬一人，千石。

【注】
[1] 如淳曰："越人内附以為騎也。"晉灼曰："取其才力超越也。"案紀，光武改青巾（右）[左]校尉[一六]為越騎校尉。臣昭曰：越人非善騎所出，晉灼為允。
[2] 蔡質《漢儀》亦曰掌越騎。《漢官》曰："員吏百二十七人，領士七百人。"

步兵校尉一人，比二千石。[1]本注曰：掌宿衞兵。[2]司馬一人，千石。

【注】
[1] 初置掌上林苑門屯兵，見《前書》。
[2]《漢官》曰："員吏七十三人，領士七百人。"

長水校尉一人，比二千石。[1]本注曰：掌宿衞兵。[2]司馬、胡騎司馬各一人，千石。本注曰：掌宿衞，主烏桓騎。

【注】
[1] 如淳曰："長水，胡名也。"韋昭曰："長水校尉典胡騎，廄近長水，（胡）[故]以為名。"[一七]長水蓋[關]中小水名。[一八]
[2] 蔡質《漢儀》曰："主長水、宣曲胡騎。"《漢官》曰："員吏百五十七人，烏桓胡騎七百三十六人。"

射聲校尉一人，比二千石。[1]本注曰：掌宿衞兵。[2]司馬一人，千石。

【注】

〔1〕服虔曰:"工射也。冥寞中聞聲則射中之,故以為名。"

〔2〕蔡質《漢儀》曰:"掌待詔射聲士。"《漢官》曰:"員吏百二十九人,領士七百人。"

右屬北軍中候。本注曰:舊有中壘校尉,領北軍營壘之事。有胡騎、虎賁校尉,皆武帝置。中興省中壘,但置中候,以監五營。胡騎并長水。虎賁主輕車,并射聲。〔1〕

【注】

〔1〕案大駕鹵簿,五校在前,各有鼓吹一部。

凡中二千石,丞比千石。真二千石,丞、長史六百石。比二千石,丞比六百石。令、相千石,丞、尉四百石;其六百石,丞、尉三百石。長、相四百石及三百石,丞、尉皆二百石。諸侯、公主家丞,秩皆比百石。諸邊鄣塞尉、諸陵校尉長,皆二百石。有常例者不署秩。

司隸校尉一人,比二千石。[1]本注曰:孝武帝初置,[2]持節,掌察舉百官以下,及京師近郡犯法者。[3]元帝去節,成帝省,建武中復置,并領一州。[4]從事史十二人。本注曰:都官從事,主察舉百官犯法者。[5]功曹從事,主州選署及衆事。別駕從事,校尉行部則奉引,錄衆事。簿曹從事,主財穀簿書。其有軍事,則置兵曹從事,主兵事。其餘部郡國從事,每郡國各一人,主督促文書,察舉非法,皆州自辟除,故通為百石云。假佐二十五人。本注曰:主簿錄閣下事,省文書。門亭長主州正。門功曹書佐主選用。《孝經》師主監試經。《月令》師主時節祠祀。律令師主平法律。簿曹書佐主簿書。其餘都官書佐及每郡國,各有典郡書佐一人,各主一郡文書,以郡吏補,歲滿一更。司隸所部郡七。

【注】

〔1〕蔡質《漢儀》曰："職在典京師，外部諸郡，無所不糾。封侯、外戚、三公以下，無尊卑。入宮，開中道稱使者。每會，後到先去。"

〔2〕荀綽《晉百官表注》曰："司隸校尉，周官也。征和中，陽石公主巫蠱之獄起，乃依周置司隸。"臣昭曰：周無司隸，豈即司寇乎？

〔3〕《前書》曰："置從中都官徒千二百人，捕巫蠱，督大姦猾，後罷其兵。"

〔4〕蔡質《漢儀》曰："司隸詣臺廷議，處九卿上，朝賀處公卿下陪卿上。初除，謁大將軍、三公，通謁持板揖。公儀、朝賀無敬。臺召入宮對。見尚書持板，朝賀揖。"

〔5〕蔡質《漢儀》曰："都官主雒陽百官朝會，與三府掾同。"《博物記》曰："中興以來，都官從事多出之河內，捶擊貴戚。"

河南尹一人，主京都，特奉朝請。其京兆尹、左馮翊、右扶風三人，漢初都長安，皆秩中二千石，謂之三輔。中興都雒陽，更以河南郡為尹，以三輔陵廟所在，不改其號，但減其秩。其餘弘農、河內、河東三郡。其置尹，馮翊、扶風及太守丞奉之本位，在《地理志》。

【校勘記】

〔一〕無秩比吏食奉　按："吏"原譌"史"，逕據汲本、殿本改正。

〔二〕[持戟]五百二十人　據《北堂書鈔》設官部引應劭《漢官儀》補。按：五百即伍伯。《集解》引李祖楙說，謂《古今注》云五百，一伍之伯也。五人曰伍，五長曰伯，一曰戶伯。又《校補》謂《宦者傳》注引韋昭《辨釋名》，說五百義與《古今注》異。

〔三〕員吏十二人　按：汲本、殿本"十二"作"十三"，孫輯《漢官》同。

〔四〕太子率更令至職似光祿　按：《御覽》二百四十七引作"率更令秩千石，與庶子舍人更直，職似光祿勳，郎將屯衛之士"。《校補》

謂此《御覽》所據本異也。《通典》亦作"似光禄勳",多"勳"字。

〔五〕太子洗馬　按:《集解》引李祖楙説,謂《前書》"洗"作"先"。

〔六〕太子出則當直者在前導威儀　按:《御覽》二百四十六引"者"作"一人"二字。

〔七〕樹栗漆梓桐　按:汲本、殿本作"樹栗、椅、桐、梓"。

〔八〕陸(機)〔璣〕　據汲本、殿本改。

〔九〕今(民)〔人〕云梧桐是也　張森楷《校勘記》謂"民"當作"人",疑是後人轉改唐本而誤者,觀下文猶稱"今人"可見。按:張説是,今據改。

〔一〇〕(右)〔石〕庫　據《前志》改。

〔一一〕秏門　按:《御覽》一八三引李尤《旄城門銘》作"旄門"。沈家本謂門不當以秏名,作"旄"是。

〔一二〕故丹〔漆〕鏤之　據《集解》引惠棟説補。

〔一三〕位季月未　按:"未"原譌"木",逕改正。

〔一四〕秏門值季月位在辰　按:《御覽》一八三引作"旄門直季,位月在辰"。

〔一五〕中東處仲月位當卯　按:《御覽》引作"東處仲月,厥位當卯"。

〔一六〕青巾(右)〔左〕校尉　《集解》引惠棟説,謂"右"當作"左",青巾左校尉建武九年置,十五年改也。今據改。

〔一七〕殿近長水(胡)〔故〕以為名　據汲本、殿本改。

〔一八〕長水蓋〔關〕中小水名　《集解》引惠棟説,謂沈約引《辨釋名》云蓋關中小水名也。王先謙謂韋注"中"上奪"關"字。今據補。

後漢書志第二十八

百官五

州郡　縣鄉　亭里　匈奴中郎將　烏桓校尉　護羌校尉　王國　宋衞國　列侯　關內侯　四夷國　百官奉

外十二州,〔一〕每州刺史一人,六百石。本注曰:秦有監御史,監諸郡,漢興省之,但遣丞相史分刺諸州,無常官。孝武帝初置刺史十三人,秩六百石。[1]成帝更為牧,秩二千石。建武十八年,復為刺史,十二人各主一州,其一州屬司隸校尉。[2]諸州常以八月巡行所部郡國,[3]錄囚徒,[4]考殿最。[5]初歲盡詣京都奏事,[6]中興但因計吏。[7]

【注】

[1]《古今注》曰:"常以春分行部,郡國各遣一吏迎界上。"諸書不同也。

[2]蔡質《漢儀》曰:"詔書舊典,刺史班宣,周行郡國,省察治政,〔二〕黜陟能否,斷理冤獄,以六條問事,非條所問,即不省。一條,強宗豪右,田宅踰制,以強陵弱,以眾暴寡。二條,二千石不奉詔書,遵承典制,倍公向私,旁詔守利,侵漁百姓,聚斂為姦。三條,二千石不卹疑獄,風厲殺人,怒則任刑,喜則任賞,[三]煩擾苛暴,[四]剝戮黎元,[五]為百姓所疾,山崩石裂,妖祥訛言。四條,二千石選署不平,苟阿所愛,蔽賢寵頑。五條,二千石子弟怙恃

榮勢,〔六〕請託所監。六條,二千石違公下比,阿附豪強,通行貨賂,割損政令。諸州刺史初除,比諸持板揖不拜。"〔七〕《獻帝起居注》曰:"建安十八年三月庚寅,省州并郡,復《禹貢》之九州。冀州得魏郡、安平、鉅鹿、河閒、清河、博陵、常山、趙國、勃海、甘陵、平原、太原、上黨、西河、定襄、鴈門、雲中、五原、朔方、河東、河內、涿郡、漁陽、廣陽、右北平、上谷、代郡、遼東、遼東屬國、遼西、玄菟、樂浪,凡三十二郡。省司隸校尉,以司隸部分屬豫州、冀州、雍州。省涼州刺史,以并雍州部,郡得弘農、京兆、左馮翊、右扶風、上郡、安定、隴西、漢陽、北地、武都、武威、金城、西平、西郡、張掖、張掖屬國、酒泉、敦煌、西海、漢興、永陽、東安南,〔八〕凡二十二郡。省交州,以其郡屬荊州。荊州得交州之蒼梧、南海、九真、交趾、日南,與其舊所部南陽、章陵、南郡、江夏、武陵、長沙、零陵、桂陽,凡十三[郡]。〔九〕益州本部郡有廣漢、漢中、巴郡、犍為、蜀郡、牂牁、越巂、益州、永昌、犍為屬國、蜀郡屬國、廣漢屬國,今并得交州之鬱林、合浦,凡十四[郡]。〔一〇〕豫州部郡本有潁川、陳國、汝南、沛國、梁國、魯國,今并得河南、滎陽都尉,凡八郡。徐州部郡得下邳、廣陵、彭城、東海、琅邪、利城、城陽、東莞,凡八郡。青州得齊國、北海、東萊、濟南、樂安,凡五郡。"《獻帝春秋》曰:"孫權以步騭行交州刺史。"《東觀書》曰:"交趾刺史,持節。"

〔3〕胡廣注曰:"巡謂驛馬也。縣次傳駕之,以走疾,猶古言附遽。"

〔4〕胡廣曰:"縣邑囚徒,皆閱錄視,參考辭狀,實其真偽。有侵冤者,即時平理也。"

〔5〕胡廣曰:"課第長吏不稱職者為殿,舉免之。其有治能者為最。察上尤異州,又狀州中吏民茂才異等,歲舉一人。"

〔6〕胡廣曰:"所察有條應繩異者,輒覆問之,不茹柔吐剛也。歲盡,齎所狀納京師,名奏事,差其遠近,各有常會。"

〔7〕胡廣曰:"不復自詣京師,其所道皆如舊典。"《東觀書》曰:"和帝初,張酺上言:'臣聞王者法天,熒惑奏事太微,故州牧刺史入奏事,所以通下問知外事也。數十年以來,重其道歸煩撓,故時止勿奏事,今因以為故事。

臣愚以為刺史視事滿歲，可令奏事如舊典，問州中風俗，恐好惡過所道，事所聞見，考課眾職，下章所告，及所自舉有意者賞異之，其尤無狀，逆詔書，行罪法，冀勑戒其餘，令各敬慎所職，於以衰滅貪邪便佞。'"《韓詩外傳》曰："王者必立牧，方三人，所以使闚遠牧眾也。遠方之民，有飢寒而不得衣食，獄訟而冤失，職賢而不舉者，入告天子。天子於其君之朝也，揖而進之曰：'意朕之政教，有不得爾者邪？如何乃有飢寒而不得衣食，獄訟而冤失，職賢而不舉？'然後其君退而與其卿大夫謀之。遠方之民聞，皆曰'誠天子也'。夫我居之辟，見我之近也；我居之幽，見我之明也。可欺乎哉！可欺乎哉！故牧者所以開四目，通四聰。"

皆有從事史、假佐。本注曰：員職略與司隸同，無都官從事，其功曹從事為治中從事。

豫州部郡國六，冀州部九，兗州部八，徐州部五，青州部六，荊州部七，揚州部六，益州部十二，涼州部十二，并州部九，幽州部十一，交州部七，凡九十八。其二十七王國相，其七十一郡太守。其屬國都尉。屬國，分郡離遠縣置之，如郡差小，置本郡名。世祖并省郡縣四百餘所，後世稍復增之。[1]

【注】

〔1〕臣昭曰：昔在先代，列爵殊等，九服不同，畿荒制異。雖連帥相司，牧伯分長，而封疆置限，兼庸有數，如身之使臂，手之使指，故能高卑相固，遠近維緝，群后克穆，共康兆庶。爰及周衰，稍競吞廣，邦國侵爭，遞懷貪略，猶歷數百年，乃能成其并一，豈非樹之有本，使其然乎？秦兼天下，開設郡縣，孤立獨王，即以顛亡。漢祖因循，雖不頓革，[一]分置子弟，終龕諸呂之難，漸剖列郡，以減大都之權。後嚴安之徒，猶忼慨發憤，謂千里之威，即古之強國，慮非安本無窮之計也。孝武之末，始置刺史，監糾非法，不過六條，傳車周流，匪有定鎮，秩裁數百，威望輕寡，得有察舉之勤，未生陵犯之釁。成帝改牧，其萌始大，既非識治之主，故無取焉爾。世祖中興，監乎政本，復

約其職，還遵舊制，斷親奏事，省入惜煩，漸得自重之路。因茲以降，彌於歲年，母后當朝，多以弱守，六合危動，四海潰弊，財盡力竭，綱維撓毀，而八方不能內侵，諸侯莫敢入伐，豈非幹強枝弱，控制素重之所致乎？至孝靈在位，橫流既及，劉焉徼偽，自為身謀，非有憂國之心，專懷狼據之策，抗論昏世，薦議愚主，盛稱宜重牧伯，謂足鎮壓萬里，挾姦樹箄，苟罔一時，豈可永為國本，長期勝術哉？夫聖主御世，〔一二〕莫不大庇生民，承其休謀，傳其典制。猶云事久獘生，無或通貫，故變改正服，革異質文，分爵三五，參差不一。況在豎駭之君，挾姦詐之臣，共所創置，焉可仍因？〔一三〕大建尊州之規，竟無一日之治。故焉牧益土，造帝服於岷、峨；袁紹取冀，下制書於燕、朔；劉表荊南，郊天祀地；魏祖據兗，遂構皇業：漢之殄滅，禍源乎此。及臻後代，任寄彌廣，委之邦宰之命，授之斧鉞之重，假之都督之威，開之征討之略。晉太康之初，武帝亦疑其然，乃詔曰："上古及中代，或置州牧，或置刺史，置監御史，皆總綱紀，而不賦政，治民之事，任之諸侯郡守。昔漢末四海分崩，因以吳、蜀自擅，自是刺史內親民事，外領兵馬，此一時之宜爾。今賴宗廟之靈，士大夫之力，江表平定，天下合之為一，當韜戢干戈，與天下休息。諸州無事者罷其兵，刺史分職，皆如漢氏故事，出頒詔條，入奏事京城。二千石專治民之重，監司清峻於上，此經久之體也。其便省州牧。"晉武帝又見其獘矣，雖有其言，不卒其事，後嗣續繼，牧鎮愈重，據地分爭，竟覆天下。昔王畿之大，不過千里，州之所司，廣袤兼遠。爭強虎視之辰，遷鼎革終之日，未嘗不藉蕃兵之權，挾董司之力，逼迫伺隙，陵奪沖幼。其甚者臣主揚兵，骨肉戰野，昆弟梟懸，伯叔屠裂。末壯披心，尾大不掉，既用此始，亦病以終。傾軵愈襲，莫或途改，致雒京有銜璧之痛，秦臺有不守之酷。胡、羌遞興，氐、鮮更起，摩滅群黎，流禍百世。堅冰所漸，兼緣茲蠹。嗚呼！後之聖王，必不久滯斯迹，靈長之終，當有神筭。不然，則雄捍反拒之事，懼甚於此心，憑強作害之謀，方盛於後意。

凡州所監都為京都，置尹一人，〔一四〕二千石，丞一人。每郡置太守一人，二千石，丞一人。郡當邊戍者，丞為長史。[1]王國之相亦如之。

每屬國置都尉一人,比二千石,丞一人。本注曰:凡郡國皆掌治民,進賢勸功,決訟檢姦。常以春行所主縣,勸民農桑,振救乏絕。秋冬遣無害吏案訊諸囚,平其罪法,論課殿最。[2]歲盡遣吏上計。[3]并舉孝廉,郡口二十萬舉一人。[尉一人],典兵禁,備盜賊,[一五]景帝更名都尉。武帝又置三輔都尉各一人,譏出入。邊郡置農都尉,主屯田殖穀。又置屬國都尉,主蠻夷降者。中興建武六年,[4]省諸郡都尉,并職太守,無都試之役。省關都尉,唯邊郡往往置都尉及屬國都尉,稍有分縣,治民比郡。安帝以羌犯法,三輔有陵園之守,[一六]乃復置右扶風都尉,京兆虎牙都尉。[5]皆置諸曹掾史。[6]本注曰:諸曹略如公府曹,無東西曹。[7]有功曹史,主選署功勞。有五官掾,署功曹及諸曹事。其監屬縣,有五部督郵,曹掾一人。正門有亭長一人。主記室史,主錄記書,催期會。無令史。閤下及諸曹各有書佐,幹主文書。[8]

【注】

〔1〕《古今注》曰:"建武六年三月,令郡太守、諸侯相病,丞、長史行事。十四年,罷邊郡太守丞,長史領丞職。"

〔2〕案《律》有無害都吏,如今言公平吏。《漢書音義》曰:"文無所枉害。"蕭何以文無害為沛主吏掾。

〔3〕盧植《禮注》曰:"計斷九月,因秦以十月為正故。"

〔4〕《古今注》曰:"六年八月,省都尉官。"應劭曰:"每有劇(職)[賊],[一七]郡臨時置都尉,事訖罷之。"

〔5〕應劭《漢官》曰:"蓋天生五材,民並用之,廢一不可,誰能去兵?兵之設尚矣。《易》稱'弦木為弧,剡木為矢,弧矢之利,以威天下'。《春秋》'三時務農,一時講武'。《詩》美公劉'匪居匪康,入耕出戰,乃裹餱糧,[一八]干戈載(錫)[揚],[一九]四方莫當'。自郡國罷材官騎士之後,官無警備,實啓寇心。一方有難,三面救之,發興雷震,煙蒸電激,一切取辦,黔首囂然。不及講其射御,用其戒誓,一旦驅之以即強敵,猶鳩鵲捕鷹鸇,豚羊弋豺虎,是以每戰常負,王旅不振。張角懷挾妖偽,遷邅搖蕩,八州并發,煙炎絳天,牧

守梟裂,流血成川。爾乃遠徵三邊殊俗之兵,非我族類,忿鷙縱橫,多僵良善,以為己功,財貨糞土。哀夫民氓遷流之咎,見出在茲,不教而戰,是謂棄之,跡其禍敗,豈虛也哉!春秋家不藏甲,所以一國威抑私力也。今雖四海殘壞,王命未洽,可折衝壓難,若指於掌,故置右扶風。"〔二○〕

〔6〕《新論》曰:"王莽時置西海郡,令其吏皆百石親事。"一曰為四百石,二歲而遷補。

〔7〕蔡質《漢儀》曰:"河南(府)〔尹〕掾出考案,〔二一〕與從事同。"

〔8〕《漢官》曰:"河南尹員吏九百二十七人,十二人百石。諸縣有秩三十五人,官屬掾史五人,四部督郵(史)〔吏〕部掾〔二二〕二十六人,案獄仁恕三人,監津渠漕水掾二十五人,百石卒吏二百五十人,文學守助掾六十人,書佐五十人,(循)〔脩〕行二百三十人,〔二三〕幹小史二百三十一人。"

屬官,每縣、邑、道,大者置令一人,千石;其次置長,四百石;小者置長,三百石;侯國之相,秩次亦如之。[1]本注曰:皆掌治民,顯善勸義,禁姦罰惡,理訟平賊,恤民時務,秋冬集課,上計於所屬郡國。[2]

【注】

[1]應劭《漢官》曰:"《前書百官表》云,萬戶以上為令,萬戶以下為長。三邊始孝武皇帝所開,縣戶數百而或為令。荊揚江南七郡,唯有臨湘、南昌、吳三令爾。及南陽穰中,土沃民稠,四五萬戶而為長。桓帝時,以(江)〔汝〕南陽安為女公主邑,〔二四〕改號為令,主薨復復其故。若此為繫其本。俗說令長以水土為之,及秩高下,皆無明文。班固通儒,述一代之書,斯近其真。"

[2]胡廣曰:"秋冬歲盡,各計縣戶口墾田,錢穀入出,盜賊多少,上其集簿。丞尉以下,歲詣郡,課校其功。功多尤為最者,於廷尉勞勉之,以勸其後。負多尤為殿者,於後曹別責,以糾怠慢也。諸對辭窮尤困,收主者,掾史關白太守,使取法,丞尉縛責,以明下轉相督勑,為民除害也。明帝詔書不得

僇辱黃綬，以別小人吏也。"

凡縣主蠻夷曰道。公主所食湯沐曰(國)[邑]。[二五]縣萬户以上為令，不滿為長。侯國為相。皆秦制也。[1]丞各一人。尉大縣二人，小縣一人。本注曰：丞署文書，典知倉獄。尉主盜賊。凡有賊發，主名不立，則推索行尋，案察姦宄，以起端緒。[2]各署諸曹掾史。本注曰：諸曹略如郡員，五官為廷掾，監鄉五部，春夏為勸農掾，秋冬為制度掾。[3]

【注】
〔1〕《史記》秦併天下，夷郡縣，銷兵刃，[二六]示不復用。
〔2〕應劭《漢官》曰："大縣丞左右尉，所謂命卿三人。小縣一尉一丞，命卿二人。"
〔3〕《漢官》曰："雒陽令秩千石，丞三人四百石，孝廉左尉四百石，孝廉右尉四百石。員吏七百九十六人，十三人四百石。鄉有秩、獄史五十六人，[二七]佐史、鄉佐七十七人，斗食、令史、嗇夫、假五十人，官掾史、幹小史二百五十人，書佐九十人，(循)[脩]行二百六十人。"

鄉置有秩、三老、游徼。本注曰：有秩，郡所署，秩百石，[1]掌一鄉人；[2]其鄉小者，縣置嗇夫一人。[3]皆主知民善惡，為役先後，知民貧富，為賦多少，平其差品。三老掌教化。凡有孝子順孫，貞女義婦，讓財救患，及學士為民法式者，皆扁表其門，以興善行。游徼掌徼循，禁司姦盜。又有鄉佐，屬鄉，主民收賦稅。[4]

【注】
〔1〕《漢官》曰："鄉户五千，則置有秩。"
〔2〕《風俗通》曰："秩則田閒大夫，言其官裁有秩耳。"

〔3〕《風俗通》曰:"嗇者,省也。夫,賦也。言消息百姓,均其役賦。"
〔4〕《風俗通》曰:"國家制度,大率十里一鄉。"〔二八〕

亭有亭長,以禁盜賊。本注曰:亭長,主求捕盜賊,承望都尉。[1]

【注】
〔1〕《漢官儀》曰:"民年二十三為正,一歲以為衛士,一歲為材官騎士,習射御騎馳戰陣。八月,太守、都尉、令、長、相、丞、尉會都試,課殿最。水家為樓船,亦習戰射行船。(過)[邊]郡太守〔二九〕各將萬騎,行障塞烽火追虜。置長史一人,丞一人,治兵民。當兵行長領。置部尉、千人、司馬、候、農都尉,皆不治民,不給衛士。材官、樓船年五十六老衰,乃得免為民就田。應合選為亭長。亭長課徼巡。尉、游徼、亭長皆習設備五兵。五兵:弓弩、戟、楯、刀劍、甲鎧。鼓吏赤幘行縢,帶劍佩刀,持楯被甲,設矛戟,習射。設十里一亭,亭長、亭候;五里一郵,郵閒相去二里半,司姦盜。亭長持二尺板以劾賊,索繩以收執賊。"《風俗通》曰:"漢家因秦,大率十里一亭。亭,留也,蓋行旅宿會之所館。亭史舊名負弩,改為長,或謂亭父。"

里有里魁,民有什伍,善惡以告。本注曰:里魁掌一里百家。什主十家,伍主五家,以相檢察。民有善事惡事,以告監官。[1]

【注】
〔1〕《風俗通》曰:"《周禮》五家為鄰,四鄰為里。里者,止也。里有司,司五十家,共居止,同事舊欣,通其所也。"

邊縣有障塞尉。本注曰:掌禁備羌夷犯塞。[1]其郡有鹽官、鐵官、工官、都水官者,隨事廣狹置令、長及丞,秩次皆如縣、道,無分土,給均本吏。本注曰:凡郡縣出鹽多者置鹽官,主鹽稅。出鐵多者置鐵官，主鼓鑄。[2]有工多者置工官，主工稅物。有水池及魚利多者置水官，主平水收漁稅。在所諸縣均差吏更給之，置吏隨事，不具縣員。

【注】

[1]《太公陰符》曰："武王問太公：'願聞治亂之要。'太公曰：'其本在吏。'武王曰：'吏者治也，所以為治，其亂者何？'太公曰：'故吏重罪有十。'武王問'吏之重罪'。太公曰：'一、吏苛刻；二、吏不平；三、吏貪污；四、吏以威力迫脅於民；五、吏與史合姦；六、吏與人亡情；七、吏作盜賊，使人為耳目；[三○]八、吏賤買賣貴於民；[三一]九、吏增易於民；十、吏振懼於民。夫治者有三罪，則國亂而民愁；盡有之，則民流亡而君失其國。'武王曰：'民亦有罪乎？'太公曰：'民有十大於此，除者則國治而民安。'武王曰：'十大何如？'太公曰：'民勝吏，厚大臣，一大也。民宗強，侵陵群下，二大也。民甚富，傾國家，三大也。民尊親其君，天下歸慕，四大也。眾暴寡，五大也。民有百里之譽，千里之交，六大也。民以吏威為權，七大也。恩行於吏，八大也。民服信，以少為多，奪人田宅，贅人妻子，九大也。民之基業畜產為人所苦，十大也。所謂一家害一里，一里害諸侯，諸侯害天下。'武王曰：'絕吏之罪，塞民之大，奈何？'太公曰：'察民之暴吏，明其賞，審其誅，則吏不敢犯罪，民不敢大也。'武王曰：'是民吏相伺，上下不和而結其讎。'太公曰：'為君守成，為吏守職，為民守事。如此，各居其道則國治，國治則都治，都治則里治，里治則家治，家治則善惡分明，善惡分明則國無事，國無事則吏民外不懷怨，內不徼事。'"

[2]胡廣曰："鹽官掊坑而得鹽，或有鑿井煮海水而以得之者。鑄銅為器械，當鑄冶之時，扇熾其火，謂之鼓鑄。"

使匈奴中郎將一人，比二千石。本注曰：主護南單于。置從事二人，有事隨事增之，掾隨事為員。護羌、烏桓校尉所置亦然。[1]

【注】

〔1〕應劭《漢官》曰:"擁節,屯中步南,設官府掾(吏)[史]。〔三二〕單于歲遣侍子來朝,謁者常送迎焉,得賂弓馬氈罽他物百餘萬。謁者事訖,還具表付帑藏,詔書勑自受。"

護烏桓校尉一人,比二千石。本注曰:主烏桓胡。〔1〕

【注】

〔1〕應劭《漢官》曰:"擁節。長史一人,司馬二人,皆六百石。并領鮮卑。客賜質子,歲時胡市焉。"〔三三〕《晉書》曰:"漢置東夷校尉,以撫鮮卑。"

護羌校尉一人,比二千石。本注曰:主西羌。〔1〕

【注】

〔1〕應劭《漢官》曰:"擁節。長史、司馬二人,皆六百石。"

皇子封王,其郡為國,每置傅一人,相一人,皆二千石。本注曰:傅主導王以善,禮如師,不臣也。相如太守。有長史,如郡丞。

漢初立諸王,因項羽所立諸王之制,地既廣大,且至千里。又其官職傅為太傅,相為丞相,又有御史大夫及諸卿,皆秩二千石,百官皆如朝廷。國家唯為置丞相,其御史大夫以下皆自置之。〔1〕至景帝時,吳、楚七國恃其國大,遂以作亂,幾危漢室。及其誅滅,景帝懲之,遂令諸王不得治民,令內史主治民,改丞相曰相,省御史大夫、廷尉、少府、宗正、博士官。武帝改漢內史、中尉、郎中令之名,〔2〕而王國如故,員職皆朝廷為署，不得自置。至(漢)成帝省內史治民，[三四]更令相治民，[3]太傅但曰傅。[4]

【注】

〔1〕胡廣曰："後漢妾數無限別，乃制設正適，曰妃，取小夫人不得過四十人。"

〔2〕《前書》曰："改漢內史為京兆尹，中尉為執金吾，郎中令為光祿勳。"

〔3〕《漢舊儀》曰："大司空何武奏罷內史，相如太守，中尉如都尉，參職。是後中尉爭權，與王相奏，常不和也。"

〔4〕臣昭曰：觀夫高祖之創業也，豈直鴻勳碩德，大庇群生，蕩其毒虐，厝之和泰而已哉！至於謀深慮久，封建子弟，蕃維盤固，規謀弘遠。及於三趙不終，燕靈夭絕，齊、代、淮、楚皆為外重，故宋昌曰"外畏齊、楚、淮南"，斯非效與？事過則獘，孰或通之？全國之難，誠固財物之富，[三五]作衛之益，亦既得之於前矣，故賜以几杖，用息姦謀。嗣隟局下，怨生有以，逮連師構亂，兵交梁闕，禦侮摧寇，肇自密戚。景帝遂削蕃國之權，刻骨肉之援，封為君而不聽治其民，置為主而稍賤其臣，矯枉過甚，遂臻于此。呂、霍之危朝，后族愈貴於來寵，吳、楚之叛奔，侯王恒藉以受銷，故賈誼欲衆建以少其力，列虛以侯其生，此乃達觀深識，監于親陪之要者也。冢嗣必傳萬里之地，分支欲使動搖不得，於經維遠筭，且已礙矣。復哀平之際，劉氏偏於四海，宗正著錄，遂以萬數。及乎後漢，彌循前迹，光武十子，並列畿外近郡，孝明八國，不能開庇遠民。國近則不可以大，不大則不足為強，此所以本枝之援，終以少固。若使漢分兩越置二三親國，剖吳、楚樹數四列蕃，割遼海而分皇枝，開隴蜀而王子弟，使主尊顯，依漢初之貴，民無定限，許滋養之富；若有昏虐之嗣，可得廢而不得削，必傳劉氏。民信所奉，發其侵伐兼并之釁，峻其他族篡殺之科，制其入貢輕重之法，疏其來朝往復之數。君君臣臣，永許百世之期，一國之民，長無遷動之志，四方得志，聽離官列封，懷賢抱智，隨所適樂土。強弱相侔，遠近相推，舉其大歸，略其小滯，與其畫一，班之海內。天子之朝，自非異姓

僭奪，不得興勤王之師。諸蕃國，自非雜互篡主，不降討伐之詔。犬牙相經，共為嚴國，雖王莽善盜，將何因而敢竊，曹操雄勇，亦安能以得士。斯無俟極聖然克行，明賢粗識亦足立。故父子首足也，昆弟四支也，當使筋骨髓血，動靜足以相勝，長短大小，幹用足以相衞。豈有割脛致腹，取骨肉以增頭，剖背露骨，剝膏腴以裨領，而謂顱顙魁岸，可得比壽松、喬，喉咽擁腫，必能長生久視哉？漢氏得之微，猶能四百載，魏人失之甚，不滿數十年。爰自晉世，矯枉太過，入列皇朝，非簡賢之授，唯親是貴，無愚智之辨。不能勝衣冠，早據公相之尊，童蒙幼子，迺登槐嶽之位。職應論道，而未離保母之養，續侯賦政，而服二三尺衣。英賢大度，稟彼昏稚，高才碩儒，恭承貌識。公餗覆而不憂，美錦碎而愈裁。兼授若流，迴遷競路，才駑任重，功尠釁多。曉比名於公旦，夕同罪於盜跖，襃稱無位，可以充德，貶退刑輗，不足以塞咎。（或）〔威〕力強濟，〔三六〕聲實隆重，嫌猜畏逼，身受其斃。覆滅分體，若梟仇寇，（齋）〔齎〕粉同氣，〔三七〕有過他逆。忠貞之士，橫羅其凶，〔三八〕志節之人，狼狽其禍。閼伯、實沈，繼踵史筆，顯思顯甫，比有國書。趙倫以（惷）〔憃〕愚排天，〔三九〕齊攸以賢明謝世，枉鬱殄夷，冤孫就盡，不可勝載矣。豈周、漢之君多孝悌之性，晉、宋之主稟豺狼之情，蓋事勢使之然也。朝行斯術，夕窮崩亂，未能革悛，來事愈甚。蒼生為此將盡矣，四海為此構蹶矣！聖帝英君，欲反斯敗，必當更開同姓之國，置不增之約，罷皇胤入宮之禍，守盟牲礪河之篤，乃可還嶮墜之路，反乎全安之轍也。

中尉一人，比二千石。本注曰：職如郡都尉，主盜賊。[1]郎中令一人，僕一人，皆千石。本注曰：郎中令掌王大夫、郎中宿衞，官如光祿勳。自省少府，職皆并焉。僕主車及馭，如太僕。本（注）曰太僕，〔四〇〕比二千石，武帝改，但曰僕，又皆減其秩。治書，比六百石。本注曰：治書本尚書更名。大夫，比六百石。本注曰：無員。掌奉王使至京都，奉璧賀正月，及使諸國。本皆持節，後去節。謁者，比四百石。本注曰：掌冠長冠。本員十六人，後減。〔四一〕禮樂長。本注曰：主樂人。衞士長。本注曰：主衞士。醫工長。本注曰：主醫藥。永巷長。本注曰：

宦者，主宮中婢使。祠祀長。本注曰：主祠祀。皆比四百石。[2]郎中，二百石。本注曰：無員。

【注】
〔1〕《東觀書》曰："其紹封削紲者，中尉、內史官屬亦以率減。"
〔2〕自禮樂長至此，皆四百石。

衛公、宋公。本注曰：建武二年，封周後姬常為周承休公；[四二]五年，封殷後孔安為殷紹嘉公。十三年，改常為衛公，安為宋公，以為漢賓，在三公上。[1]

【注】
〔1〕《五經通義》："二王之後不考功，有誅無絕。"鄭玄曰："王者存二代而封及五，郊天用天子禮以祭其始祖，行其正朔，此謂通三統也。三恪者，敬其先聖，封其後而已，無殊異者也。"

列侯，所食縣為侯國。本注曰：承秦爵二十等，為徹侯，金印紫綬，以賞有功。功大者食縣，小者食鄉、亭，得臣其所食吏民。後避武帝諱，為列侯。武帝元朔二年，令諸王得推恩分衆子土，國家為封，亦為列侯。舊列侯奉朝請在長安者，位次三公。中興以來，唯以功德賜位特進者，次車騎將軍；[1]賜位朝侯，次五校尉；賜位侍祠侯，次大夫。其餘以肺附及公主子孫奉墳墓於京都者，亦隨時見會，位在博士、議郎下。[2]

【注】
〔1〕胡廣《漢制度》曰："功德優盛，朝廷所敬異者，賜特進，在三公下，

不在車騎下。"

〔2〕胡廣《制度》曰:"是為猥諸侯。"

諸王封者受茅土,歸以立社稷,禮也。[1]列土、特進、朝侯賀正月執璧云。

【注】
〔1〕胡廣曰:"諸王受封,皆受茅土,歸立社稷。本朝為宮室,自有制度。至於列侯歸國者,不受茅土,不立宮室,各隨貧富,裁制黎庶,以守其寵。"

每國置相一人,其秩各如本縣。本注曰:主治民,如令、長,不臣也。但納租于侯,以户數為限。其家臣,置家丞、庶子各一人。本注曰:主侍侯,使理家事。列侯舊有行人、洗馬、門大夫,凡五官。中興以來,食邑千戶已上置家丞、庶子各一人,不滿千戶不置家丞,又悉省行人、洗馬、門大夫。

關內侯,[1]承秦賜爵十九等,為關內侯,無土,寄食在所縣,民租多少,各有户數為限。[2]

【注】
〔1〕如淳曰:"列侯出關就國,侯但爵身,其有家累者與之關內之邑,食其租稅也。"《古今注》曰:"建武六年,初令關內侯食邑者俸月二十五斛。"
〔2〕荀綽《晉百官表注》曰:"時六國未平,將帥皆家關中,故以為號。"劉劭《爵制》曰:"《春秋傳》有庶長鮑。商君為政,備其法品為十八級,合關內侯、列侯凡二十等,其制因古義。古者天子寄軍政於六卿,居則以田,警則以戰,所謂入使治之,出使長之,素信者與衆相得也。故啟伐有扈,乃召六卿,大夫之在軍為將者也。及周之六卿,亦以居軍,在國也則以比長、閭胥、族師、

黨正、州長、卿大夫為稱，其在軍也則以卒伍、司馬、將軍為號，所以異在國之名也。秦依古制，其在軍賜爵為等級，其帥人皆更卒也，有功賜爵，則在軍吏之例。自一爵以上至不更四等，皆士也。大夫以上至五大夫五等，比大夫也。九等，依九命之義也。自左庶長以上至大庶長，九卿之義也。關內侯者，依古圻內子男之義也。秦都山西，以關內為王畿，故曰關內侯也。列侯者，依古列國諸侯之義也。然則卿大夫士下之品，皆放古，比朝之制而異其名，亦所以殊軍國也。古者以車戰，兵車一乘，步卒七十二人，分翼左右。車，大夫在左，御者處中，勇士居右，凡七十五人。一爵曰公士者，步卒之有爵為公士者。二爵曰上造。造，成也。古者成士升於司徒曰造士，雖依此名，皆步卒也。三爵曰簪裊，御駟馬者。要裊，古之名馬也。駕駟馬者其形似簪，故曰簪裊也。四爵曰不更。不更者，為車右，不復與凡更卒同也。五爵曰大夫。大夫者，在車左者也。六爵為官大夫，七爵為公大夫，八爵為公乘，九爵為五大夫，皆軍吏也。吏民爵不得過公乘者，得貰與子若同產。然則公乘者，軍吏之爵最高者也。雖非臨戰，得公卒車，故曰公乘也。十爵為左庶長，十一爵為右庶長，十二爵為左更，十三爵為中更，十四爵為右更，十五爵為少上造，十六爵為大上造，十七爵為駟車庶長，十八爵為大庶長，十九爵為關內侯，二十爵為列侯。自左庶長已上至大庶長，皆卿大夫，皆軍將也。所將皆庶人、更卒也，故以庶更為名。大庶長即大將軍也，左右庶長即左右偏裨將軍也。"《古今注》曰："成帝鴻嘉三年，令吏民得買爵，級千錢。"

四夷國王，率眾王，歸義侯，邑君，邑長，皆有丞，比郡、縣。

百官受奉例：[1]大將軍、三公奉，月三百五十斛。中二千石奉，月百八十斛。二千石奉，月百二十斛。比二千石奉，月百斛。千石奉，月八十斛。六百石奉，月七十斛。比六百石奉，月五十斛。四百石奉，月四十五斛。比四百石奉，月四十斛。三百石奉，月四十斛。比三百石奉，月三十七斛。二百石奉，月三十斛。比二百石奉，月二十七斛。一百石奉，月十六斛。斗食奉，月十一斛。[2]佐史奉，月八斛。[3]凡諸受奉，皆半錢半穀。[4]

【注】

〔1〕《古今注》曰，建武二十六年四月戊戌，增吏奉如此，志例以明也。

〔2〕《漢書音義》曰："斗食禄，日以斗為計。"

〔3〕《古今注》曰："永和三年，初與河南尹及雒陽員吏四百二十七人奉，月四十五斛。"臣昭曰：此言豈其妄乎？若人人奉四十五斛，則四百石秩為太優而無品，若共進奉者人不過一斗，亦非義理。

〔4〕荀綽《晉百官表注》曰："漢延平中，中二千石奉錢九千，〔四三〕米七十二斛。真二千石月錢六千五百，米三十六斛。比二千石月錢五千，米三十四斛。一千石月錢四千，米三十斛。六百石月錢三千五百，米二十一斛。四百石月錢二千五百，米十五斛。三百石月錢二千，米十二斛。二百石月錢一千，米九斛。百石月錢八百，米四斛八斗。"《獻帝起居注》曰："帝在長安，詔書以三輔地不滿千里，而軍師用度非一，公卿已下不得奏除。其若公田，以秩石為率，賦（輿）〔與〕令各自收其租稅。"〔四四〕

贊曰：帝道淵默，冢帥修德。寡以御衆，分職乃克。不置不監，無驕無忒。程是師徒，寧民康國。

【校勘記】

〔一〕外十二州　按：汲本、殿本"十"下有"有"字。

〔二〕省察治政　按：《前表》顏注引"治政"作"治狀"。孫星衍輯本同，孫云《光武紀》注引"治狀"作"政教"。

〔三〕喜則任賞　按：《前表》顏注引"任"作"淫"，孫輯本同。

〔四〕煩擾苛暴　按：《前表》顏注引"苛"作"刻"，《通典》注同。

〔五〕剝戮黎元　按：《前表》顏注引"戮"作"截"，《通典》注同。

〔六〕怙恃榮勢　按:《前表》顏注引"怙恃"作"恃怙",孫輯本同,《通典》注同。

〔七〕比諸持板揖不拜　按:孫云"諸"下當有脫文。

〔八〕東安南　按:《集解》引錢大昕說,謂東安南郡無可攷。《秦中記》中平五年分漢陽置南安郡,《晉志》南安郡領豲道、新興、中陶三縣。疑此本作"南安",而衍"東"字耳。

〔九〕凡十三〔郡〕　據汲本、殿本補。

〔一〇〕凡十四〔郡〕　據汲本、殿本補。

〔一一〕雖不頓革　按:"頓"原譌"頰",逕改正。

〔一二〕夫聖主御世　按:"主"原作"王",逕據汲本、殿本改。

〔一三〕共所創置焉可仍因　汲本、殿本"置"下有"哉"字。今按:"共"疑當作"其","其"既譌"共",後人遂於"置"下增一"哉"字。

〔一四〕凡州所監都為京都置尹一人　《集解》引錢大昕說,謂"都"為"部"字之譌,又顛倒其文,"凡州所監都為"當作"凡州所監為部",此六字乃注文,"京都置尹一人",則志正文也。黃山《校補》則謂"都"為"郡"字之譌,凡郡為京師則置尹,兩漢皆如此。按:錢、黃兩說似均未諦,姑仍其舊。

〔一五〕〔尉一人〕典兵禁備盜賊　王先謙謂"典"上疑當有"尉一人"三字而奪之。今據何焯校本補"尉一人"三字。

〔一六〕安帝以羌犯法三輔有陵園之守　按:"法"字疑衍,"三輔"二字疑當屬上讀,本書《西羌傳》可證。

〔一七〕每有劇(職)〔賊〕　據汲本改。按:《校補》謂都尉本以備盜賊,作"職"非也。觀《順帝紀》置太山、琅邪都尉,即是因有劇賊置。

〔一八〕乃裹餱糧　按"餱"原作"糇",逕改正。

〔一九〕干戈載(鍚)〔揚〕　據汲本、殿本改。按:"載"當作"戢"。

〔二〇〕故置右扶風　按:孫星衍謂此下當脫文。

〔二一〕河南(府)〔尹〕掾出考案　據汲本、殿本改。

〔二二〕四部督郵(史)〔吏〕部掾　據汲本、殿本改。

〔二三〕(循)〔脩〕行二百三十人　《集解》引惠棟說,謂據《北海相景君碑》陰及王允《論衡》,"循行"當作"脩行"無疑。今據改。下同。

〔二四〕以(江)〔汝〕南陽安為女公主邑　《集解》引惠棟説,謂"江"當作"汝",陽安,汝南縣也。今據改。

〔二五〕公主所食湯沐曰(國)〔邑〕　據《集解》引錢大昕説改。按:《前表》列侯所食縣曰國,皇后公主所食曰邑。

〔二六〕銷兵刃　按:"銷"原譌"鑄",逕據汲本、殿本改正。

〔二七〕鄉有秩獄史五十六人　按:汲本"史"作"吏"。

〔二八〕大率十里一鄉　按:《校補》謂此當是"十里一亭,十亭一鄉",注有脱誤。

〔二九〕(過)〔邊〕郡太守　據殿本《考證》改。按:孫校本《漢官舊儀》亦作"邊"。

〔三〇〕六吏與人亡情七吏作盜賊使人為耳目　按:《校補》謂以上二"人"字亦當是"民"字。唐時功令,習《後漢書》者兼習八志,"民"字并經避改,此亦回改未盡者。

〔三一〕吏賤買賣貴於民　按:《集解》引惠棟説,謂"賣貴"當作"貴賣"。

〔三二〕設官府掾(吏)〔史〕　據汲本、殿本改。

〔三三〕客賜質子歲時胡市焉　汲本、殿本"焉"作"馬"。按:本書《烏桓傳》云"於是始復置烏桓校尉於上谷甯城,開營府,并領鮮卑,賞賜質子,歲時互市焉",則"客"當作"賞","胡"當作"互","焉"字不謁。

〔三四〕至(漢)成帝省內史治民　按:"成帝"上不當有"漢"字,今删。

〔三五〕全國之難誠固財物之富　按:"全國之難"以下文有脱誤。"固"疑"因"字之譌。

〔三六〕(或)〔威〕力強濟　據汲本改。

〔三七〕(齋)〔齏〕粉同氣　據汲本改。

〔三八〕橫羅其凶　按:汲本、殿本作"罹"。"羅""罹"字通。

〔三九〕趙倫以(焘)〔惷〕愚排天　據《集解》本改。

〔四〇〕本（注）曰太僕　《集解》引錢大昕説，謂"注"字衍。此言王國之僕其初亦稱太僕，武帝時始去"太"字耳。今據删。

〔四一〕本注曰掌冠長冠本員十六人後減　《集解》引錢大昕説，謂此句疑有脱誤。漢朝謁者掌賓贊受事及上章報問，則王國之謁者所掌亦宜如之。或云掌官長别是一官，如禮樂長、衛士長之類，則員不得若是之多也。《校補》據《輿服志》"唯長冠諸王國謁者以爲常服"，謂"掌"當作"常"。今按：凡"本注曰"云云，皆説明其職掌，改"掌"爲"常"，於例不合，《校補》之説亦未諦也。

〔四二〕封周後姬常爲周承休公　按：《集解》引惠棟説，"姬常"當作"姬武"。參見《光武帝紀下》校勘記二〇。

〔四三〕中二千石奉錢九千　按：殿本"奉"作"舉"。《校補》謂此注下文皆以月計，似"奉""舉"皆"月"之譌，否則"奉"下脱"月"字。

〔四四〕賦（輿）〔與〕令各自收其租税　據汲本、殿本改。

後漢書志第二十九

輿服上

玉輅　乘輿　金根　安車　立車　耕車　戎車
獵車　輧車　青蓋車　綠車　皁蓋車　夫人安車
大駕　法駕　小駕　輕車　大使車　小使車　載車
導從車(卒)〔一〕　車馬飾

《書》曰："明試以功，[1]車服以庸。"〔2〕言昔者聖人興天下之大利，除天下之大害，躬親其事，身履其勤，憂之勞之，不避寒暑，使天下之民物，各得安其性命，無夭昏暴陵之災。是以天下之民，敬而愛之，若親父母；則而養之，若仰日月。夫愛之者欲其長久，不憚力役，相與起作宮室，上棟下宇，以雍覆之，欲其長久也；敬之者欲其尊嚴，不憚勞煩，相與起作輿輪旌旗章表，以尊嚴之。斯愛之至，敬之極也。苟心愛敬，雖報之至，情由未盡。或殺身以為之，盡其情也；弈世以祀之，明其功也。是以流光與天地比長。後世聖人，知恤民之憂思深大者，必饗其樂；勤仁毓物使不夭折者，必受其福。故為之制禮以節之，使夫上仁繼天統物，不伐其功，民物安逸，若道自然，莫知所謝。《老子》曰："聖人不仁，以百姓為芻狗。"此之謂也。

【注】

〔1〕孔安國曰："效試其居國為政，〔二〕以差其功。"

〔2〕孔安國曰：“賜以車服，以旌其德，用所任也。”又一通：“諸侯四朝，各使陳進治化之言，明試其言，以要其功。功成則錫車服，以表顯其能用。”

夫禮服之興也，所以報功章德，尊仁尚賢。故禮尊［尊］貴貴，〔三〕不得相踰，所以為禮也。非其人不得服其服，所以順禮也。順則上下有序，德薄者退，德盛者縟。故聖人處乎天子之位，服玉藻邃延，日月升龍，山車金根飾，黃屋左纛，所以副其德，章其功也。賢仁佐聖，封國（愛）［受］民，〔四〕黼黻文繡，降龍路車，所以顯其仁，光其能也。及其季末，聖人不得其位，賢者隱伏，是以天子微弱，諸侯脅矣。於此相貴以等，〔五〕相讓以貨，相賂以利，天下之禮亂矣。至周夷王下堂而迎諸侯，此天子失禮，微弱之始也。自是諸侯宮縣樂食，祭以白牡，擊玉磬，朱干設錫，冕而儛《大武》。〔1〕〔六〕大夫臺門旅樹反坫，繡黼丹朱中衣，鏤簋朱紘，此大夫之僭諸侯禮也。〔2〕《詩》刺“彼己之子，不稱其服”，傷其敗化。《易》譏“負且乘，致寇至”，言小人乘君子器，盜思奪之矣。自是禮制大亂，兵革並作；上下無法，諸侯陪臣，山粢藻稅。降及戰國，奢僭益熾，削滅禮籍，蓋惡有害己之語。競修奇麗之服，飾以輿馬，文罽玉纓，象鑣金鞶，以相夸上。爭錐刀之利，殺人若刈草然，其宗祀亦旋夷滅。榮利在己，雖死不悔。及秦并天下，攬其輿服，上選以供御，其次以錫百官。漢興，文學既缺，時亦草創，承秦之制，後稍改定，參稽《六經》，近於雅正。孔子曰：“其或繼周者，行夏之正，乘殷之輅，服周之冕，樂則《韶》《舞》。”故撰《輿服》著之于篇，以觀古今損益之義云。

【注】

〔1〕鄭玄注《禮記》曰：“此皆天子之禮也。宮縣，四面縣也。干，盾也。錫，傅其背如龜也。《武》，《萬舞》也。白牡，大路，殷天子之禮也。白牡，殷牲。”

〔2〕鄭玄曰："此皆諸侯之禮也。旅，道也。屏謂之樹，樹所以蔽行道。管氏樹塞門，塞猶蔽也。《禮》，天子外屏，諸侯內屏，大夫以簾，士以帷。反坫，反爵之坫也，蓋在樽南。兩君相見，主君既獻，於〔此〕反爵焉。〔七〕繡黼丹朱以為中衣領緣也。繡讀為綃。綃，繒名也。《詩》云：'素衣朱綃。'又曰：'素衣朱襮。'襮，黼領也。鏤簋謂刻而飾之也。大夫刻之為龜耳，諸侯飾以象，天子飾以玉。朱紘，天子冕之紘也。諸侯青組，大夫士當緇組，紘纁邊。"

上古聖人，見轉蓬始知為輪。輪行可載，因物知生，復為之輿。輿輪相乘，流運罔極，任重致遠，天下獲其利。後世聖人觀於天，視斗周旋，魁方杓曲，〔1〕以攜龍、角為帝車，於是迺曲其輈，乘牛駕馬，登險赴難，周覽八極。故《易》《震》乘《乾》，謂之《大壯》，言器莫能有上之者也。〔2〕自是以來，世加其飾。至奚仲為夏車正，建其斿旐，尊卑上下，各有等級。〔3〕周室大備，官有六職，百工與居一焉。〔4〕一器而群工致巧者，車最多，是故具物以時，六材皆良。〔5〕輿方法地，蓋圓象天；三十輻以象日月；〔6〕蓋弓二十八以象列星；龍旂九斿，七仞齊軫，〔7〕以象大火；〔8〕鳥旟七斿，五仞齊較，〔9〕以象鶉火；〔10〕熊旗六斿，五仞齊肩，以象參、伐；〔11〕龜旐四斿，四仞齊首，以象營室；〔12〕弧旌枉矢，以象弧也。〔13〕此諸侯以下之所建者也。〔14〕

【注】

〔1〕《春秋緯》曰："瑤光第一至第四為魁，第五至第七為杓，合為斗。"

〔2〕《孝經援神契》曰："斗曲杓橈，象成車。房為龍馬，華蓋覆鉤。天理入魁，〔八〕神不獨居，故驂駕陪乘，以道踟蹰。"宋均注曰："房星既體蒼龍，又象駕駟馬，故兼言之也。覆鉤，既覆且鉤曲似蓋也。天理入魁，又似御陪乘。"

〔3〕《世本》云："奚仲始作車。"《古史考》曰："黃帝作車，引重致遠，其後少昊時駕牛，禹時奚仲駕馬。"臣昭案：服牛乘馬，以利天下，其所起遠

矣，豈奚仲為始？《世本》之誤，《史考》所説是也。

〔4〕《周禮》曰："審曲面勢，以飭五材，以辨民器，謂之百工。"

〔5〕鄭玄曰："取幹以冬，取角以秋，絲漆以夏，筋膠未聞。"自此至弧旌枉矢，皆出《周禮》，"鄭玄曰"即是《周禮》注。

〔6〕鄭玄曰："輪象日月者，以其運行也。日月三十日而合宿。"

〔7〕鄭玄曰："軫謂車後橫木。"

〔8〕鄭玄曰："交龍為旂，諸侯之所建也。大火，蒼龍宿之心，其屬有尾，尾九星。"

〔9〕鄭玄曰："較者，車高欄木也。"

〔10〕鄭玄曰："鳥隼為旟，州里之所建。鶉火，朱鳥宿之柳，其屬有七星。"

〔11〕鄭玄曰："熊虎為旗，師都之所建。伐屬白虎宿，與參連體而六星。"

〔12〕鄭玄曰："龜蛇為旐，縣鄙之所建。營室，玄武宿，與東壁連體而四星。"

〔13〕鄭玄曰："《覲禮》曰'侯氏載龍旂弧韣'，則旌旗之屬皆有弧也。弧以張繒之幅，有衣謂之韣，又為設矢，象弧星有矢也。妖星有枉矢者，蛇行有尾，因此云枉矢，蓋畫之。"玄注《禮含文嘉》曰："蓋旗有九名：日月為常，交龍為旂，通帛為旜，雜帛為物，熊虎為旗，鳥隼為旟，龜蛇為旐，（奎）〔全〕羽為旞，〔九〕析羽為旌。"盧植注《禮記》曰："有鈴曰旂。"干寶注《周禮》曰："枉矢象妖星，非其義也。枉蓋應為柱直，謂柱矢於弧。"

〔14〕《白虎通》曰："居車中，不內顧也。仰即觀天，俯即察地，前聞和鸞之聲，旁見四方之運，此車教之道。《論語》曰：'升車必正立，執綏，車中不內顧。'所以有和鸞以正威儀，節行舒疾也。鸞者在衡，和者在軾，馬動則鸞鳴，鸞鳴則和應。其聲鳴曰和敬。〔一〇〕舒則不鳴，疾則失音，明得其和也。故《詩》云'和鸞雍雍，萬福攸同'。《魯訓》曰：'和，設軾者也。鸞，設衡者也。'"許慎曰"《詩》云八鸞鎗鎗"，則一馬二鸞也。又曰"輶車鸞鑣"，知非衡也。《毛詩傳》曰："在軾曰和，在鑣曰鸞。"杜預注《左傳》亦云"鸞在鑣，

和在衡"。傅玄《乘輿馬賦》注曰："鸞在馬勒鑣。"干寶《周禮》注曰："和鸞皆以金為鈴。"《史記》曰："前有錯衡，所以養目也。步中《武》《象》，驟中《韶》（護）〔濩〕，〔一一〕所以養耳也。龍旂九斿，所以養信也。寢咒持虎，蛟韅彌龍，所以養威也。故大路之馬，必信至教順然後乘之，所以養安也。"

天子（五）〔玉〕路，[1]〔一二〕以玉為飾，[2]（錫）〔錫〕樊纓十有再就，[3]〔一三〕建太常，十有二斿，九仞曳地，[4]日月升龍，象天明也。[5]夷王以下，周室衰弱，諸侯大路。秦并天下，閱三代之禮，或曰殷瑞山車，金根之色。[6]漢承秦制，御為乘輿，所謂孔子乘殷之路者也。〔一四〕

【注】

[1]《周禮》王之五路，一曰玉路，二曰金路，三曰象路，四曰革路，五曰木路。《釋名》曰："天子所乘曰路，路亦軍事也，謂之路，言行路也。"

[2]《古文尚書》曰："大路在賓階面，綴路在阼階面。"孔安國曰："大路，玉；綴路，金也。"服虔曰："大路，總名也，如今駕駟高車矣。尊卑俱乘之，其采飾有差。"鄭玄曰："王在焉曰路，以玉飾諸末也。"傅玄《乘輿馬賦》注曰："玉路，重較也。"《韻集》曰："軛前橫木曰輅。"〔一五〕

[3]鄭玄曰："（錫）〔錫〕面當盧刻金為之，〔一六〕所謂鏤（錫）〔錫〕也。樊讀如鞶帶之鞶，謂今馬大帶也。"鄭眾曰："纓謂當胸。《士喪禮》曰：'馬纓三就，以削革為之。'三就，三重三帀也。"鄭玄曰："纓，今馬鞅。玉路之樊及纓，皆以五采罽飾之。十二就，就，成也。"杜預曰："纓在馬膺前，如索帬。"《乘輿馬賦》注曰："繁纓飾以旄尾，金塗十二重。"

[4]鄭眾曰："太常九旗之畫日月者。"鄭玄曰："七尺為仞，天子之旗高六丈三尺。"

[5]崔駰《東巡頌》曰："登天靈之威路，駕太一之象車。"

[6]殷人以為大路，於是始皇作金根之車。殷曰（乘）〔桑〕根，〔一七〕秦改曰金根。《乘輿馬賦》注曰："金根，以金為飾。"

乘輿、金根、安車、立車,〔1〕輪皆朱班重牙,〔2〕貳轂兩轄,〔3〕金薄繆龍,〔一八〕為輿倚較,〔4〕文虎伏軾,〔5〕龍首銜軛,左右吉陽筩,鸞雀立衡,〔6〕櫨文畫輈,羽蓋華蚤,〔7〕建大旂,〔一九〕十有二斿,畫日月升龍,駕六馬,〔8〕象鑣鏤(錫)[钖],〔二〇〕金(鋄)[錽]方釳,〔二一〕插翟尾,〔9〕朱兼樊纓,赤罽易茸,金就十有二,左纛以氂牛尾為之,在左騑馬軶上,大如斗,〔10〕是為德車。五時車,安、立亦皆如之。各如方色,馬亦如之。白馬者,朱其髦尾為朱鬣云。所御駕六,餘皆駕四,後從為副車。〔11〕

【注】

〔1〕蔡邕曰:"五安五立。"徐廣曰:"立乘曰高車,坐乘曰安車。"

〔2〕《周禮》曰:"牙也者,以為固抱也。"鄭衆曰:"牙謂輪輮也,世閒或謂之輞。"

〔3〕蔡邕曰:"轂外復有一轂抱轄,其外乃復設轄,抱銅置其中。"〔二二〕《東京賦》曰:"重輪貳轄,疏轂飛軨。"

〔4〕徐廣曰:"繆,交錯之形也。較在箱上。"《說文》曰:"櫨文畫蕃。"蕃,箱也。《通俗文》曰:"車箱為較。"

〔5〕《魏都賦》注曰:"軾,車橫覆膝,人所馮止者也。"〔二三〕

〔6〕徐廣曰:"置金鳥於衡上。"〔二四〕

〔7〕徐廣曰:"翠羽蓋黃裏,所謂黃屋車也。金華施橑末,有二十八枚,即蓋弓也。"《東京賦》曰:"樹翠羽之高蓋。"薛綜曰:"樹翠羽為蓋,如雲龍矣。金作華形,莖皆低曲。"

〔8〕《東京賦》云:"六玄虯之奕奕。"

〔9〕《獨斷》曰:"金(鋄)[錽]者,馬冠也。高廣各五寸,上如(三)[玉]華形,〔二五〕在馬髦前。方釳,鐵也。廣數寸,在馬(鋄)[錽]後。〔二六〕後有三孔,插翟尾其中。"薛綜曰:"釳中央[低],兩頭高,〔二七〕如山形,而貫中翟尾結著之。"顏延之《幼誥》曰:"釳,乘輿馬頭上防釳,角所以防罔羅,釳以翟尾鐵翩象之也。"徐廣曰:"金為馬(义)[文]髦。"〔二八〕

〔10〕徐廣曰:"馬在中曰服,在外曰騑。"騑亦名驂。蔡邕曰:"在最後左騑馬頭上。"

〔11〕《古文尚書》曰:"予臨兆民,懍乎若朽索之馭六馬。"《逸禮·王度記》曰:"天子駕六馬,諸侯駕四,〔二九〕大夫三,士二,庶人一。"《周禮》四馬為乘。《毛詩》天子至大夫同駕四,士駕二。《易》京氏、《春秋》公羊説皆云天子駕六。許慎以為天子駕六,諸侯及卿駕四,大夫駕三,士駕二,庶人駕一。《史記》曰,秦始皇以水數制乘六馬。鄭玄以為天子四馬,《周禮》乘馬有四圉,各養一馬也。諸侯亦四馬,《顧命》,時諸侯皆獻乘黃朱,乘亦四馬也。今帝者駕六,此自漢制,與古異耳。蔡邕《表志》曰:"以文義不著之故,俗人多失其名。五時副車曰五帝車,鸞旗曰雞翹,耕根曰三蓋,其比非一也。"

耕車,其飾皆如之。有三蓋。一曰芝車,置耒耜之箙,〔三○〕上親耕所乘也。[1]

【注】

[1]《新論》桓譚謂揚雄曰:"君之為黃門郎,居殿中,數見輿輦,玉蚤、華芝及鳳皇、三蓋之屬,皆玄黃五色,飾以金玉、翠羽、珠絡、錦繡、茵席者也。"《東京賦》曰:"立戈迤戛,農輿路木。"薛綜曰:"戈,句孑戟。戛,長矛。置車上者邪柱之。迤,邪也。是謂戈路。農輿三蓋,所謂耕根車也。東耕于藉,乘馬無飾,故稱木也。"賀循曰:"漢儀,親耕青衣幘。"《東京賦》説親耕,亦云"鸞路蒼龍"。賀循曰:"車必有鸞,而春獨鸞路者,鸞鳳類而色青,故以名春路也。"《賦》又曰:"介御閒以剗耜。"薛綜曰:"耜,耒金也。廣五寸,著耒耜而載之。天子車參乘,帝在左,御在中,介處右,以耒置御之右。"

戎車,其飾皆如之。蕃以矛麾金鼓羽析幢翳,輈青甲弩之箙。[1]

【注】
〔1〕《漢制度》曰："戎，立車，以征伐。"《周官》"其矢箙"。《通俗文》曰："箭箙謂之步乂。"干寶亦曰："今謂之步乂。"鄭玄注《既夕》曰："服，車箱也。"顏延之《幼誥》云："弩，矢也。"

獵車，其飾皆如之。重輞縵輪，繆龍繞之。一曰闟豬車，親校獵乘之。〔1〕

【注】
〔1〕魏文帝改曰闟虎車。

太皇太后、皇太后〔三一〕法駕，皆御金根，〔1〕加交（路）［絡］帳裳。〔2〕〔三二〕非法駕，則乘紫罽軿車，〔3〕雲幰文畫輈，黃金塗五末、〔4〕蓋蚤。左右騑，駕三馬。長公主赤罽軿車。大貴人、貴人、公主、王妃、封君油畫軿車。大貴人加節畫輈。皆右騑而已。

【注】
〔1〕重翟羽蓋者也。
〔2〕徐廣曰："青交（路）［絡］，〔三三〕青帷裳。"
〔3〕《字林》曰："軿車有衣蔽，無後轅者謂之輜也。"《釋名》："軿，屏也。四屏蔽，婦人乘牛車也。有邸曰輜，無邸曰軿。"《傅子》曰："周曰輜車，即輦也。"
〔4〕徐廣曰："未詳。疑謂前一轅及衡端轂頭也。"

皇太子、皇子皆安車，朱班輪，〔三四〕青蓋，金華蚤，黑櫨文，畫轓义輈，金塗五末。皇子為王，錫以乘之，故曰王青蓋車。[1]皇孫[則]緑車以從。[三五]皆左右騑，駕三。[2]公、列侯安車，朱班輪，倚鹿較，伏熊軾，皁繒蓋，黑轓，右騑。[3]

【注】
〔1〕徐廣曰："旂旗九斿，畫降龍。"魏武帝令問東平王：[三六]"有金路何意？為是特賜非？"侍中鄭稱對曰："天子五路，金以封同姓，諸侯得乘金路，與天子同。此自得有，非特賜也。"
〔2〕《獨斷》曰："緑車名曰皇孫車，天子有孫乘之。"
〔3〕車有轓者謂之軒。

中二千石、二千石皆皁蓋，朱兩轓。其千石、六百石，朱左轓。轓長六尺，下屈廣八寸，上業廣尺二寸，九文，十二初，後謙一寸，[三七]若月初生，示不敢自滿也。[1]景帝中元五年，始詔六百石以上施車轓，得銅五末，軛有吉陽筩。中二千石以上右騑，三百石以上皁布蓋，千石以上皁繒覆蓋，二百石以下白布蓋，皆有四維杠衣。賈人不得乘馬車。除吏赤畫杠，[三八]其餘皆青云。[2]

【注】
〔1〕案本傳，舊典，傳車驂駕乘赤帷裳，唯郭賀為（冀）[荆]州，[三九]勑去襜帷。謝承《書》曰："孔恂字巨卿，新淦人。州別駕從事車前舊有屏星，如刺史車曲翳儀式。是時刺史行部，發去日晏，刺史怒，欲去別駕車屏星。恂諫曰：'明使君傳車自發晚，而欲徹去屏星，毀國舊儀，此不可行。別駕可去，屏星不可省。'即投傳去。刺史追辭謝請，不肯還，於是遂不去屏星。"《説文》曰："車當謂之屏星。"
〔2〕《古今注》曰："武帝天漢四年，令諸侯王大國朱輪，特虎居前，（虛）[左]兕右麋。[四〇]小國朱輪畫，特熊居前，寢麋居左右，卿車者也。"

公、列侯、中二千石、二千石夫人，會朝若蠶，〔四一〕各乘其夫之安車，右騑，加交（路）〔絡〕帷裳，〔四二〕皆皁。非公會，不得乘朝車，得乘漆布輜軿車，銅五末。

乘輿大駕，公卿奉引，太僕御，大將軍參乘。屬車八十一乘，[1]備千乘萬騎。西都行祠天郊，甘泉備之。官有其注，名曰甘泉鹵簿。[2]東都唯大行乃大駕。大駕，太僕校駕；法駕，黃門令校駕。

【注】
〔1〕薛綜曰："屬之言相連屬也，皆在後，為三行。"
〔2〕蔡邕《表志》曰："國家舊章，而幽僻藏蔽，莫之得見。"

乘輿法駕，（八）〔公〕卿不在鹵簿中。〔四三〕河南尹、執金吾、雒陽令奉引，奉車郎御，〔四四〕侍中參乘。屬車（四）〔三〕十六乘。〔四五〕前驅有九斿雲䍐，[1]鳳皇闟戟，[2]皮軒鸞旗，[3]皆大夫載。[4]鸞旗者，編羽旄，列繫幢旁。[5]民或謂之雞翹，非也。[6]後有金鉦黃鉞，[7]黃門鼓車。

【注】
〔1〕徐廣曰："斿車有九乘。"前史不記形也。武王剋紂，百夫荷罕旗以先驅。《東京賦》曰："雲䍐九斿。"薛綜曰："旌旗名。"
〔2〕薛綜曰："闟之言函也，取四戟函車邊。"
〔3〕應劭《漢官鹵簿圖》曰："乘輿大駕，則御鳳皇車，以金根為列。"〔四六〕
〔4〕胡廣曰："皮軒，以虎皮為軒。"郭璞曰："皮軒革車"，或曰即《曲禮》"前有士師，則載虎皮"。

〔5〕胡廣曰："建蓋在中。"
〔6〕胡廣曰："鸞旗，以銅作鸞鳥車衡上。"與本志不同。
〔7〕《說文》曰："鉞，大斧也。"《司馬法》曰："夏執玄鉞，殷執白戚，周杖黃鉞。"

古者諸侯貳車九乘。秦滅九國，兼其車服，故大駕屬車八十一乘，法駕半之。屬車皆皁蓋赤裏，（木）[朱]轓，〔四七〕戈矛弩箙，尚書、御史所載。最後一車懸豹尾，〔1〕豹尾以前比省中。〔2〕

【注】
〔1〕薛綜曰："侍御史載之。"
〔2〕《小學漢官篇》曰："豹尾過後，罷屯解圍。"胡廣曰："施於道路，豹尾之内為省中，故須過後，屯圍乃得解，皆所以戒不虞也。《淮南子》曰'軍正執豹皮，所以制正其衆'，《禮記》'前載虎皮'，亦此之義類。"

行祠天郊以法駕，祠地、明堂省什三，祠宗廟尤省，謂之小駕。每出，太僕奉駕上鹵簿，中常侍、小黃門副；尚書主者，郎令史副；侍御史，蘭臺令史副。皆執注，以督整車騎，謂之護駕。春秋上陵，尤省於小駕，直事尚書一人從，其餘令以下，皆先行後罷。

輕車，古之戰車也。洞朱輪輿，〔四八〕不巾不蓋，建矛戟幢麾，〔四九〕轠輜弩服。〔1〕藏在武庫。大駕、法駕出，射聲校尉、司馬（史）[吏]士〔五〇〕載，以次屬車，在鹵簿中。諸車有矛戟，其飾幡旌旗幟皆五采，制度從《周禮》。吳孫《兵法》〔五一〕云："有巾有蓋，謂之武剛車。"武剛車者，為先驅。又為屬車輕車，為後殿焉。

【注】
〔1〕徐廣曰："置弩於軾上，駕兩馬也。"

大使車，立乘，駕駟，赤帷。持節者，重導從：賊曹車、斧車、督車、功曹車皆兩；大車，伍伯璪弩十二人；辟車四人；〔1〕〔五二〕從車四乘。無節，單導從，減半。

【注】
〔1〕《周禮·滌狼氏》〔五三〕干寶注曰："今卒辟車之屬。"

小使車，不立乘，有騑，赤屏泥油，重絳帷。導無斧車。
近小使車，蘭輿赤轂，白蓋赤帷。從騎四十人。此謂追捕考案，有所勅取者之所乘也。
諸使車皆朱班輪，四輻，赤衡軛。其送葬，白堊已下，洒車而後還。公、卿、中二千石、二千石，郊廟、明堂、祠陵，法出，皆大車，立乘，駕駟。他出，乘安車。

大行載車，其飾如金根車，加施組連璧交絡四角，金龍首銜璧，垂五采，析羽流蘇前後，雲氣畫帷裳，櫨文畫曲輈，長懸車等。〔五四〕太僕御，駕六布施馬。布施馬者，淳白駱馬也，以黑藥灼其身為虎文。既下，馬斥賣，車藏城北祕宮，皆不得入城門。當用，太僕考工乃内飾治，禮吉凶不相干也。

公卿以下至縣三百石長導從，置門下五吏、賊曹、督盜賊功曹，皆帶劍，三車導；〔五五〕主簿、主記，兩車為從。縣令以上，加導斧車。公乘安車,則前後并馬立乘。〔五六〕長安、雒陽令及王國都縣加前後兵車,亭長,〔1〕設右騑,駕兩。璅弩車前伍伯,公八人,中二千石、二千石、六百石皆四人,自四百石以下至二百石皆二人。黃綬,武官伍伯,文官辟車。鈴下、侍閤、門蘭、部署、街里走卒,皆有程品,多少隨所典領。驛馬三十里一置,〔2〕卒皆赤幘絳韝云。

【注】
〔1〕《篹要》,雒陽亭長,車前吹管。
〔2〕臣昭案:東晉猶有郵驛共置,承受傍郡縣文書。有郵有驛,行傳以相付。縣置屋二區。有承驛吏,皆條所受書,每月言上州郡。〔五七〕《風俗通》曰:"今吏郵書掾、府督郵,職掌此。"

古者軍出,師旅皆從;秦省其卒,取其師旅之名焉。公以下至二千石,騎吏四人,千石以下至三百石,縣長二人,皆帶劍,持棨戟為前列,揵弓韣九鞬。〔1〕諸侯王法駕,官屬傅相以下,皆備鹵簿,似京都官騎,張弓帶鞬,遮迣出入稱(課)促。〔五八〕列侯,家丞、庶子導從。若會耕祠,主縣假給辟車鮮明卒,備其威儀。導從事畢,皆罷所假。

【注】
〔1〕《通俗文》曰:"弓鞴謂之鞬。"

諸車之文:乘輿,倚龍伏虎,樠文畫輈,龍首鸞衡,重牙班輪,升龍飛軨。〔1〕皇太子、諸侯王,倚虎伏鹿,〔五九〕樠文畫輈幡,吉陽筩,朱班輪,鹿文飛軨,旂旗九斿降龍。公、列侯,倚鹿伏熊,黑幡,朱班輪,鹿文飛軨,九斿降龍。卿,朱兩幡,〔六〇〕五斿降龍。二千石以下各從科品。諸幡車以上,軛皆有吉陽筩。

【注】
〔1〕薛綜曰:"飛軨,以緹油廣八寸,長注地,畫左蒼龍右白虎,繫軸頭。二千石亦然,但無畫耳。"盧植《禮記》注曰:"軨,轄頭[靶]也。"〔六一〕《楚辭》云"倚結軨兮太息",〔六二〕王逸注曰"重較也"。〔六三〕李尤《小車銘》曰:"軨之嗛虛,疏達開通。"案二家之言,不如綜注所記。

諸馬之文:案乘輿,金(鍐)[錽]方釳,〔六四〕插翟象鑣,〔1〕龍畫緫,沬升龍,赤扇汗,〔2〕青兩翅,鸞尾。駙馬,左右赤珥流蘇,飛鳥節,赤膺兼。皇太子或亦如之。王、公、列侯、鏤(鍚义)[鍚文]髦,〔六五〕朱鑣朱鹿,朱文,絳扇汗,青翅鸞尾。卿以下有騑者,緹扇汗,青翅尾,當盧(义)[文]髦,上下皆通。中二千石以上及使者,乃有騑駕云。

【注】
〔1〕《爾雅》注曰:"鑣,馬勒旁鐵也。"此用象牙。
〔2〕《詩》云:"朱幩鑣鑣。"《毛傳》曰:"人君以朱纏鑣扇汗,且以為鑣飾。"

【校勘記】
〔一〕導從車　按:"車"原作"卒",據汲本、殿本改。
〔二〕效試其居國為政　按:汲本、殿本"效"作"攷"。汲本"居"作"君"。
〔三〕故禮尊[尊]貴貴　據汲本、殿本補。
〔四〕封國(愛)[受]民　據汲本改。
〔五〕於此相貴以等　按:汲本、殿本"此"作"是"。
〔六〕冕而儛大武　按:《集解》引黃山説,謂此下應有"此諸侯之僭天子禮也"一句。志本據《禮郊特牲》為説,彼文作"諸侯之僭禮也",與下"大夫之僭禮也"一律,此亦當與下"此大夫之僭諸侯禮也"一律,明有奪誤。

〔七〕於〔此〕反爵焉　據汲本、殿本補。

〔八〕天理人魁　按：汲本、殿本"理"作"罡"，下同。又按：《古微書》"入"作"八"。

〔九〕（奎）〔全〕羽為旞　據汲本、殿本改。

〔一〇〕其聲鳴曰和敬　按："和"下疑脱"和則"二字。《大戴禮・保傅篇》作"聲曰和，和則敬"，是其證。

〔一一〕驂中韶（護）〔濩〕　據汲本、殿本改。

〔一二〕天子（五）〔玉〕路　《集解》引黄山説，謂"五路"乃"玉路"之譌。《周禮・巾車》鄭注，玉路以玉飾諸末，金路以金飾諸末，象路以象飾諸末，革路鞔之以革而漆之，無他飾，木路不鞔以革，漆之而已。今作"天子五路"，下接"以玉為飾"，不可通。此涉注文"五"字而譌也。各本皆失正。今據改。

〔一三〕（錫）〔鍚〕樊纓十有再就　據汲本改，與《周禮》合。

〔一四〕所謂孔子乘殷之路者也　按：殿本"所謂"二字在"孔子"二字下，"路"作"輅"。

〔一五〕軾前横木曰輅　按：汲本、殿本"輅"作"路"。

〔一六〕（錫）〔鍚〕面當盧刻金為之　據汲本改，與《周禮・巾車》鄭注合。

〔一七〕殷曰（乘）〔桑〕根　《集解》引惠棟説，謂《禮記》"大輅，殷輅也"。鄭玄云"大輅，木輅也。漢祭天乘殷之輅，今謂之桑根車"。然則"乘"當作"桑"也。今據改。

〔一八〕金薄繆龍　按：《集解》引惠棟説，謂"繆"《禮書》作"璆"。

〔一九〕建大旂　按：《集解》引惠棟説，謂"旂"徐廣作"常"。

〔二〇〕象鑣鏤（錫）〔鍚〕　據汲本改。

〔二一〕金（鍐）〔錽〕方釳　據《文選・東京賦》及李善注引《獨斷》改，注同。按：盧文弨校《獨斷》謂錽，亡犯切，馬頭飾也，舊譌從變。段注《説文》引此文亦作"錽"。

〔二二〕轂外復有一轂抱轄至抱銅置其中　《集解》引惠棟説，謂二"抱"

字皆當作"施",《禮志》可證。今按：邕說見《獨斷》，今《獨斷》"抱"作"施"，"轄"作"牽"。

〔二三〕人所憑止者也　按："止"原譌"上"，逕改正。

〔二四〕置金鳥於衡上　按：殿本"鳥"作"烏"。

〔二五〕上如（三）〔玉〕華形　汲本、殿本作"三"作"五"。《集解》引惠棟說，謂《文選》注引"五華"作"玉華"。按：今《獨斷》亦作"玉華"，"三"與"五"疑皆形近而譌，今據改。又按："上"原譌"七"，逕改正。

〔二六〕在馬（鑣）〔鍐〕後　殿本《考證》謂"鍐"當作"騣"。按：今本《獨斷》作"騣"，盧校改為"鍐"，今從盧校改。

〔二七〕鈒中央〔低〕兩頭高　《集解》引陳景雲說，謂"中央"下脫"低"字，見《文選》注。今據補。

〔二八〕金為馬（乂）〔文〕髦　據汲本、殿本改。按：殿本《考證》謂"馬文髦"一本作"馬文尾"，何焯校本作"馬又髦"。《集解》引惠棟說，謂"文"北宋本作"乂"。《校補》引柳從辰說，謂《晉輿服志》"金鍐以鐵為之，以金為文旄"，則作"又"作"乂"皆非。黃山謂柳說是。《通典》亦載以黃金為文髦，作"文"自不誤。"髦"之作"尾"，亦形近而譌。

〔二九〕諸侯駕四　按：《集解》引惠棟說，謂案《王度記》曰"諸侯駕五，卿駕四"也。

〔三〇〕置轙耒耜之箙　按：黃山謂"之"乃"弩"字之訛，當以"置轙耒耜弩箙"為文，耒耜與弩箙皆逼置車中，即《月令》所謂介御閒也。

〔三一〕太皇太后皇太后　按：《集解》引陳景雲說，謂當有"皇后"二字。

〔三二〕加交（路）〔絡〕帳裳　《集解》引陳景雲說，謂"路"當作"絡"，《劉盆子傳》引此文正作"絡"。王先謙謂陳說是，後大行載車仍作"絡"，不誤。今據改。

〔三三〕青交（路）〔絡〕　據陳景雲說改。

〔三四〕朱班輪　按：《集解》引惠棟說，謂"班"一作"斑"。

〔三五〕皇孫〔則〕綠車以從　按：本書《安帝紀》李注引作"至皇孫則

綠車"。《集解》引黃山說，謂"則"字直貫"以從"為句，李注引志省"以從"二字，此文乃並刪"則"字，非也。今據補。

〔三六〕魏武帝令問東平王　按：汲本無"令"字。

〔三七〕後謙一寸　按：殿本"一"作"二"。

〔三八〕除吏赤畫杠　按：《集解》引惠棟說，謂徐廣《車服注》"畫"作"蓋"。

〔三九〕郭賀為（冀）〔荊〕州　按：郭賀拜荊州刺史，見本書《蔡茂傳》。《校補》謂注誤，當據傳改，今從之。

〔四〇〕（虛）〔左〕兕右麋　據汲本、殿本改。

〔四一〕會朝若矗　按：《集解》引惠棟說，謂"朝"一作"廟"。

〔四二〕加交（路）〔絡〕帷裳　據陳景雲說改。按：本書《劉盆子傳》李注引正作"絡"。

〔四三〕（八）〔公〕卿不在鹵簿中　《校補》引錢大昭說，謂"八卿"《獨斷》作"公卿"，《儒林傳》注作"公"，脫"卿"字。今據改。

〔四四〕奉車郎御　按：《百官志》奉車無郎，"郎"字疑譌。《集解》引惠棟說，謂《百官春秋》云奉車都尉執響。

〔四五〕屬車（四）〔三〕十六乘　《集解》引惠棟說，謂"四"《宋志》作"三"。又引錢大昕說，謂當作"三十六乘"。按：今《獨斷》亦作"三十六乘"，盧校云《續漢·輿服志》作"四十六乘"，誤。今據改。

〔四六〕以金根為列　按：《集解》引惠棟說，謂"列"當作"副"。

〔四七〕（木）〔朱〕轓　按：《集解》引惠棟說，謂北宋本"木"作"朱"。今據改。

〔四八〕洞朱輪輿　按：《集解》引惠棟說，謂"洞"顏師古注引作"彫"。

〔四九〕建矛戟幢麾轙輒弩服　按：《集解》引惠棟、黃山說，謂《前書·張安世傳》顏注引"建"作"菑"，"轙"作"珥"，無"輒箙"二字。又按：汲本"服"作"箙"。

〔五〇〕司馬（史）〔吏〕士　據汲本、殿本改。

〔五一〕吳孫兵法　殿本"吳孫"作"孫吳"。按：《校補》謂本書《皇甫規傳》"勤明吳孫，未若奉法"，是作"吳孫"不誤也。惟章懷注以為指吳起、孫武，而《通典》注則作孫子《兵法》，而不及吳起。夫二子不共為書，其書又不皆言武剛車制，志文何為並舉？疑"吳孫"云者，專指吳孫武也。

〔五二〕辟車四人　按：《集解》引惠棟說，謂"車"北宋本作"居"。

〔五三〕周禮滌狼氏　按：殿本"滌"作"條"，與今本《周禮》合。

〔五四〕長懸車等　按：《集解》引惠棟說，謂"懸"徐廣作"輿"。

〔五五〕三車導　按：汲本、殿本"導"上有"從"字。

〔五六〕則前後并馬立乘　按：殿本"後"作"從"。

〔五七〕每月言上州郡　按：殿本"言"作"吉"。

〔五八〕出入稱（課）促　《集解》引陳景雲說，謂"課"字衍。"促"一作"娖"。《中山簡王傳》"官騎百人，稱娖前行"，注"稱娖猶整齊也"。今據刪。

〔五九〕皇太子諸侯王倚虎伏鹿　按：《校補》引柳從辰說，謂下既有列侯，則此"侯"字當衍。

〔六〇〕朱兩轓　按：汲本、殿本"轓"作"輪"。

〔六一〕軨轄頭［靻］也　《集解》引黃山說，謂《曲禮》"僕展軨效駕"，《釋文》引盧注"軨，轄頭靻也"，此奪"靻"字。今據補。

〔六二〕倚結軨兮太息　按：《楚辭》"太息"上有"長"字，此脫。

〔六三〕重較也　汲本"較"作"軨"。按：今本《楚辭》王逸注作"伏車重軾而涕泣也"。

〔六四〕金（鍐）［錣］方釳　按："鍐"當作"錣"，前已出校記。

〔六五〕鏤（錫义）［錫文］髦　按："錫"當作"錫"，"义"當作"文"，前已出校記。下"當盧（义）［文］髦"，同。

後漢書志第三十

輿服下

冕冠 長冠 委貌冠 皮弁冠 爵弁冠 通天冠 遠遊冠 高山冠 進賢冠 法冠 武冠 建華冠 方山冠 巧士冠 却非冠 却敵冠 樊噲冠 術氏冠 鶡冠 幘 佩 刀 印 黄赤綬 赤綬 綠綬 紫綬 青綬 黑綬 黃綬 青紺綸 后夫人服

上古穴居而野處，衣毛而冒皮，未有制度。後世聖人易之以絲麻，觀翬翟之文，榮華之色，乃染帛以效之，始作五采，成以為服。見鳥獸有冠角頤胡之制，遂作冠冕纓蕤，[一]以為首飾。凡十二章。故《易》曰："庖犧氏之王天下也，仰觀象於天，俯觀法於地，觀鳥獸之文，與地之宜，近取諸身，遠取諸物，於是始作八卦，以通神明之德，以類萬物之情。"黃帝堯舜垂衣裳而天下治，蓋取諸乾巛。乾巛有文，故上衣玄，下裳黃。日月星辰，山龍華蟲，[1]作繢宗彝，[2]藻火粉米，[3]黼黻絺繡，[4]以五采章施于五色作服。[5]天子備章，[6]公自山以下，侯伯自華蟲以下，子男自藻火以下，卿大夫自粉米以下。至周而變之，以三辰為旂旗。王祭上帝，則大裘而冕；[7]公侯卿大夫之服用九章以下。[8]秦以戰國即天子位，滅去禮學，郊祀之服皆以袀玄。漢承秦故。至世祖踐祚，都于土中，始修三雍，正兆七郊。顯宗遂就大業，初服旒冕，衣裳文章，赤舄絇屨，以祠天地，養三老五更於三雍，于時致治平矣。

【注】

〔1〕孔安國注《尚書》曰："華，象草華；蟲，雉也。"

〔2〕《古文尚書》"繢"作"會"。孔安國曰："以五采成此畫焉。"宗廟彝樽，亦以山、龍、華蟲為飾。

〔3〕孔安國曰："藻，水草有文者。火為火字，粉若粟（米）[冰]，〔二〕米若聚米。"

〔4〕孔安國曰："黼若斧形。黻為兩己相背。葛之精者曰絺。五色備曰繡。"杜預注《左傳》曰："白與黑謂之黼，黑與青謂之黻。"

〔5〕孔安國曰："以五采明施于五色，作尊卑之服。"

〔6〕鄭玄《周禮》注曰："此古天子冕服十二章。"

〔7〕鄭眾曰："大裘，羔裘。服以祀天，示質也。"

〔8〕鄭玄曰："華蟲，五色之蟲。《周禮》繢人職曰'鳥獸蛇雜四時五色之位以章之'，謂是也。王者相變，至周而以日月星辰畫於旌旗，所謂三辰旂旗，昭其明也。而冕服九章，初一曰龍，次二曰山，次三曰華蟲，次四曰火，次五曰宗彝，皆畫以為繢；次六曰藻，次七曰粉米，次八曰黼，次九曰黻，皆絺以為繡。則袞之衣五章，裳四章，凡九也。鷩畫以雉，謂華蟲也。其衣三章，裳四章，凡七也。毳畫虎蜼，謂宗彝也。其衣三章，裳二章，凡五也。絺刺粉米無畫也。其衣一章，裳二章，〔三〕凡三也。"《法言》曰："聖人文質者也，車服以彰，藻色以明之，聲音以揚之，《詩》《書》以光之。籩豆不陳，玉帛不分，琴瑟不鏗，鍾鼓不耺，吾無以見乎聖也！"

天子、三公、九卿、特進侯、侍祠侯，祀天地明堂，皆冠旒冕，衣裳玄上纁下。[1]乘輿備文，日月星辰十二章，三公、諸侯用山龍九章，九卿以下用華蟲七章，皆備五采，大佩，赤舄絇屨，以承大祭。百官執事者，冠長冠，皆衹服。五嶽、四瀆、山川、宗廟、社稷諸沾秩祠，皆袀玄長冠，五郊各如方色云。百官不執事，各服常冠袀玄以從。

【注】

〔1〕《東觀書》曰:"永平二年正月,公卿議春南北郊,東平王蒼議曰:'孔子曰:"行夏之時,乘殷之路,服周之冕。"為漢制法。高皇帝始受命創業,制長冠以入宗廟。光武受命中興,建明堂,立辟雍。陛下以聖明奉遵,以禮服龍袞,祭五帝。禮缺樂崩,久無祭天地冕服之制。(接)〔按〕尊事神(禮)〔祇〕,〔四〕絜齋盛服,敬之至也。日月星辰,山龍華藻,天王袞冕十有二旒,以則天數;旂有龍章日月,以備其文。今祭明堂宗廟,圓以法天,方以則地,服以華文,象其物宜,以降神〔明〕,〔五〕肅雍備思,博其類也。天地之禮,冕冠裳衣,宜如明堂之制。'"

冕冠,垂旒,前後邃延,〔1〕玉藻。〔2〕孝明皇帝永平二年,初詔有司采《周官》、《禮記》、《尚書‧皋陶篇》,乘輿服從歐陽氏說,公卿以下從大小夏侯氏說。冕皆廣七寸,長尺二寸,前圓後方,朱綠裏,玄上,前垂四寸,後垂三寸,係白玉珠為十二旒,以其綬采色為組纓。〔3〕三公諸侯七旒,青玉為珠;卿大夫五旒,黑玉為珠。〔4〕皆有前無後,各以其綬采色為組纓,旁垂黈纊。〔5〕郊天地,宗祀,明堂,則冠之。〔6〕衣裳玉佩備章采,乘輿刺(史)〔繡〕,〔六〕公侯九卿以下皆織成,陳留襄邑獻之云。

【注】

〔1〕邃,垂也。延,冕上覆。

〔2〕《周禮》曰:"五采繅十有二就,皆五采玉,十有二,玉笄朱紘。"鄭玄注曰:"繅,雜文之名也。合五采絲為之繩,垂於延之前後,各十二,所謂邃延也。就,成也。繩之每一帀而貫五采玉,十有二旒則十二玉也。每就閒蓋一寸。朱紘,以朱組為紘也。紘一條屬兩端於武,此為袞衣之冕。十二旒則用玉二百八十八。鷩衣之冕,繅九旒,用玉二百一十六。毳衣之冕,七旒,用玉百六十八。絺衣之冕,五旒,用玉百二十。玄衣之冕,三旒,用玉七十二。"

〔3〕《說文》曰:"組,綬屬也,小者以為冕纓焉。"《禮記》曰"玄冠朱組(綬)[纓],〔七〕天子之服"是也。

〔4〕《獨斷》曰"三公諸侯九旒,卿七旒",與此不同。

〔5〕呂忱曰:"黈,黃色也。黃絲為之。"《禮緯》曰:"旒垂目,纊塞耳,王者示不聽讒,不視非也。"薛綜曰:"以珩玉為充耳也。《詩》云:'充耳琇瑩。'毛萇傳曰:'充耳謂之瑱。天子玉瑱。琇瑩,美石也。諸侯以石。'"

〔6〕蔡邕曰:"鄙人不識,謂之平天冠。"

長冠,一曰齋冠,高七寸,廣三寸,促漆纚為之,制如板,以竹為裏。初,高祖微時,以竹皮為之,謂之劉氏冠,楚冠制也。民謂之鵲尾冠,非也。祀宗廟諸祀則冠之。皆服袀玄,[1]絳緣領袖為中衣,絳絝韤,示其赤心奉神也。五郊,衣幘絝韤各如其色。此冠高祖所造,故以為祭服,尊敬之至也。

【注】
〔1〕《獨斷》曰:"袀,紺繒也。"《吳都賦》[注]曰:〔八〕"袀,皁服也。"

委貌冠、皮弁冠同制,〔九〕長七寸,高四寸,制如覆杯,前高廣,後卑銳,所謂夏之(母)[毋]追,〔一〇〕殷之章甫者也。委貌以皁絹為之,〔一一〕皮弁以鹿皮為之。行大射禮於辟雍,公卿諸侯大夫行禮者,冠委貌,衣玄端素裳。[1]執事者冠皮弁,衣緇麻衣,皁領袖,下素裳,所謂皮弁素積者也。[2]

【注】
〔1〕鄭眾《周禮》傳曰:"衣有襦裳者為端。"鄭玄曰:"謂之端,取其正

也。正者,士之衣。袂皆二尺二寸而屬幅,是廣袤等也。其袪尺二寸。大夫以上侈之。侈之者,蓋半而益一焉。半而益一,則其袂三尺三寸,袪尺八寸。"

〔2〕皮弁,質也。石渠論玄冠朝服。戴聖曰:"玄冠,委貌也。朝服布上素下,緇帛帶,素韠韍。"《白虎通》曰:"三王共皮弁素積。素積者,積素以為裳也,言要中辟積也。"

爵弁,一名冕。廣八寸,長尺二寸,如爵形,前小後大,繒其上似爵頭色,有收持笄,所謂夏收殷冔者也。〔1〕祠天地五郊明堂,《雲翹舞》樂人服之。《禮》曰:"朱干玉戚,〔2〕冕而舞《大夏》。"此之謂也。

【注】
〔1〕《獨斷》曰:"殷黑而微白,前大而後小;夏純黑,亦前小而後大,皆以三十六升漆布為之。《詩》云:'常服黼冔。'《書》曰:'王與大夫盡弁。'上古皆以布,中古以絲。孔子曰:'麻冕,禮也,今也純,儉。'"
〔2〕鄭玄曰:"朱干,赤大盾也。戚,斧也。"

通天冠,高九寸,正豎,頂少邪却,乃直下為鐵卷梁,前有山,展筩為述,〔一二〕乘輿所常服。〔1〕服衣,深衣制,有袍,隨五時色。袍者,或曰周公抱成王宴居,故施袍。《禮記》"孔子衣逢掖之衣"。縫掖其袖,合而縫大之,近今袍者也。今下至賤更小史,皆通制袍,單衣,皁緣領袖中衣,為朝服云。

【注】
〔1〕《獨斷》曰:"漢受之秦,禮無文。"

遠遊冠，制如通天，有展筩橫之於前，無山述，諸王所服也。[1]

【注】
[1]《獨斷》曰："禮無文。"

高山冠，一曰側注。制如通天，[頂]不邪却，[一三]直豎，無山述展筩，[1]中外官、謁者、僕射所服。太傅胡廣説曰：[一四]"高山冠，蓋齊王冠也。秦滅齊，以其君冠賜近臣謁者服之。"[2]

【注】
[1]《獨斷》曰："鐵為卷梁，高九寸。"《漢書音義》曰："其體側立而曲注。"
[2]《史記》酈生初見高祖，儒衣而冠側注。《漢舊儀》曰："乘輿冠高山冠，飛月之纓，幘耳赤，丹紈裏衣，帶七尺斬蛇劍，履虎尾絇履。"案此則亦通于天子。

進賢冠，古緇布冠也，文儒者之服也。前高七寸，後高三寸，長八寸。公侯三梁，[1]中二千石以下至博士兩梁，自博士以下至小史私學弟子，皆一梁。宗室劉氏亦兩梁冠，示加服也。[2]

【注】
[1]胡廣曰："車駕巡狩幸其國者，侯衣玄端之衣，冠九旒之冕，其盛法服以就位也。今列侯自不奉朝請侍祠祭者，不得服此，皆常三梁冠，皁單衣，其歸國流黄衣皁云。"《晉公卿禮秩》曰："太傅、司空、司徒著進賢三梁冠，黑介幘。"
[2]《獨斷》曰："漢制禮無文。"荀綽《晉百官表注》曰："建光中，尚

書陳忠以為'令史質堪上言,太官宜著兩梁,尚書孟(希)[布]奏,〔一五〕太官職在鼎俎,不列陛位,堪欲令比大夫兩梁冠,不宜許。臣伏惟太官令職在典掌王饔,統六清之飲,列八珍之饌,正百品之羞,納四方之貢,所奉尤重,用思又勤。明詔慎口實之御,防有敗之姦,增崇其選。侍御史主捕案,太醫令奉方藥供養,符節令掌幡信金虎,故位從大夫,車有韜韐,冠有兩梁,所以殊親疏,別内外也。太官令以供養言之,為最親近,以職事言之,為最煩多,令又高選,又執法比太醫令,科同服等,而冠二人殊,名實不副。〔一六〕又博士秩卑,以其傳先王之訓,故尊而異之,令服大夫之冕。猶此言之,兩梁冠非必列於陛位也。建初中,太官令兩梁冠。《春秋》之義,大於復古。如堪言合典,可施行。克厭帝心,即聽用之'。"《獻帝起居注》曰:"中平六年,令三府長史兩梁冠,五時衣袍,事位從千石、六百石。"

　　法冠,一曰柱後。〔1〕高五寸,以纚為展筩,〔2〕鐵柱卷,〔3〕執法者服之,侍御史、廷尉正監平也。或謂之獬豸冠。獬豸神羊,能別曲直,楚王嘗獲之,故以為冠。〔4〕胡廣說曰:"《春秋左氏傳》有南冠而縶者,則楚冠也。秦滅楚,以其君服賜執法近臣御史服之。"

【注】
〔1〕《獨斷》曰:"柱後惠文。"
〔2〕《前書》注曰:"纚,今之縰。"《通俗文》:"幘裏曰纚。"
〔3〕荀綽《晉百官表注》曰:"鐵柱,言其厲直不曲橈。"
〔4〕《異物志》曰:"東北荒中有獸名獬豸,一角,性忠,見人鬭,則觸不直者;聞人論,則咋不正者。楚執法者所服也。今冠兩角,非象也。"臣昭曰:或謂獬豸迺非定名,在兩角未足斷正,安不存其豎飾,令兩為冠乎?

　　武冠,〔1〕一曰武弁大冠,諸武官冠之。〔2〕侍中、中常侍加黄金璫,附蟬為文，貂尾為飾，謂之"趙惠文冠"。[3]胡廣説曰："趙武靈王效胡服，以金璫飾首，前插貂尾，為貴職。秦滅趙，以其君冠賜近臣。"[4]建武時，匈奴內屬，世祖賜南單于衣服，以中常侍惠文冠，中黃門童子佩刀云。

【注】

〔1〕一云古緇布冠之象也。或曰繁冠。

〔2〕《晉公卿禮秩》曰："大司馬、將軍、尉、驃騎、車騎、衛軍、諸大將軍開府從公者，著武冠，平上幘。"

〔3〕又名騶騏冠。

〔4〕應劭《漢官》曰："説者以金取堅剛，百鍊不耗。蟬居高飲絜，口在掖下。貂內勁捍而外溫潤。"此因物生義也。徐廣曰："趙武靈王胡服有此，秦即趙而用之。"[一七]説者蟬取其清高，飲露而不食，貂紫蔚（采）〔柔〕潤，[一八]而毛采不彰灼，故於義亦取。胡廣又曰："意謂北方寒涼，本以貂皮暖領，附施於冠，因遂變成首飾。"

建華冠，以鐵為柱卷，貫大銅珠九枚，制似縷鹿。[1]記曰："知天者冠述，知地者履絇。"《春秋左傳》曰："鄭子臧好鷸冠。"前圓，以為此則是也。[2]天地、五郊、明堂，《育命舞》樂人服之。

【注】

〔1〕《獨斷》曰："其狀若婦人縷鹿。"薛綜曰："下輪大，上輪小。"

〔2〕《説文》曰："鷸，知天將雨鳥也。"

方山冠，似進賢，[一九]以五采縠為之。祠宗廟，《大予》、《八佾》、《四時》、《五行》樂人服之，冠衣各如其行方之色而舞焉。

巧士冠，［前］高七寸，〔二〇〕要後相通，直豎。不常服，唯郊天，黃門從官四人冠之，〔二一〕在鹵簿中，次乘輿車前，以備宦者四星云。[1]

【注】
〔1〕《獨斷》曰："禮無文。"

却非冠，制似長冠，下促。宮殿門吏僕射冠之。負赤幡，青翅燕尾，諸僕射幡皆如之。[1]

【注】
〔1〕《獨斷》曰："禮無文。"

却敵冠，前高四寸，通長四寸，後高三寸，制似進賢，衛士服之。[1]

【注】
〔1〕《獨斷》曰："禮無文。"

樊噲冠，漢將樊噲造次所冠，以入項羽軍。廣九寸，高七寸，前後出各四寸，制似冕。司馬殿門大難衛士服之。或曰，樊噲常持鐵楯，聞項羽有意殺漢王，噲裂裳以裹楯，冠之入軍門，立漢王旁，視項羽。

術氏冠，前圓，吳制，差池邐迤四重。趙武靈王好服之。今不施用，官有其圖注。[1]

【注】
〔1〕《淮南子》曰楚莊王所（復）〔服〕雛冠者是。〔二二〕蔡邕曰："其説未聞。"

諸冠皆有纓蕤，執事及武吏皆縮纓，垂五寸。

武冠，俗謂之大冠，環纓無蕤，以青系為緄，加雙鶡尾，豎左右，為鶡冠云。[1]五官、左右虎賁、羽林、五中郎將、羽林左右監皆冠鶡冠，紗縠單衣。〔二三〕虎賁將虎文絝，白虎文劍佩刀。虎賁武騎皆鶡冠，虎文單衣。襄邑歲獻織成虎文云。鶡者，勇雉也，其鬬對一死乃止，故趙武靈王以表武士，秦施之焉。[2]〔二四〕

【注】
〔1〕《莊子》曰"縵胡之纓，武士之服"〔二五〕是也。
〔2〕徐廣曰："鶡似黑雉，出於上黨。"荀綽《晉百官表注》曰："冠插兩鶡，鶡鳥之暴疏者也。每所攫撮，應爪摧衂，天子武騎故以冠焉。"傅玄賦注曰："羽騎，騎者戴鶡。"

安帝立皇太子，太子謁高祖廟、世祖廟，門大夫從，冠兩梁進賢；洗馬冠高山。罷廟，侍御史任方奏請非乘從時，皆冠一梁，不宜以為常服。事下有司。尚書陳忠奏："門大夫職如諫大夫，洗馬職如謁者，故皆服其服，先帝之舊也。方言可寢。"奏可。謁者，古者一名洗馬。[1]

【注】
〔1〕《古今注》曰："建武十三年，初令令長皆小冠。"《獨斷》曰："公卿侍中尚書衣皁而朝者曰朝臣。諸營校尉將大夫以下，不為朝臣。"

古者有冠無幘，其戴也，加首有頍，所以安物。故《詩》曰"有頍者弁"，此之謂也。三代之世，法制滋彰，下至戰國，文武並用。秦雄諸侯，乃加其武將首飾為絳袙，以表貴賤，其後稍稍作顏題。漢興，續其顏，却摞之，施巾連題，却覆之，今喪幘是其制也。名之曰幘。幘者，賾也，頭首嚴賾也。至孝文乃高顏題，續之為耳，崇其巾為屋，合後施收，上下群臣貴賤皆服之。文者長耳，武者短耳，稱其冠也。尚書幘收，方三寸，名曰納言，示以忠正，顯近職也。迎氣五郊，各如其色，從章服也。皁衣群吏春服青幘，立夏乃止，助微順氣，尊其方也。武吏常赤幘，成其威也。未冠童子幘無屋者，示未成人也。入學小童幘也句卷屋者，〔二六〕示尚幼少，未遠冒也。喪幘却摞，反本禮也。升數如冠，與冠偕也。期喪起耳有收，素幘亦如之，禮輕重有制，變除從漸，文也。〔1〕

【注】

〔1〕《獨斷》曰："幘，古者卑賤執事不冠者之所服也。董仲舒《止雨書》曰'執事者皆赤幘'，知不冠者之所服也。元帝額有壯髮，不欲使人見，始進幘服之，群臣皆隨焉。然尚無巾，故言'王莽禿，幘施屋'。冠進賢者宜長耳，冠惠文者宜短耳，各隨其宜。"《漢舊儀》曰："凡齋，紺幘；耕，青幘；秋貙劉，服緗幘。"〔二七〕

　　古者君臣佩玉，尊卑有度；上有韍，〔1〕貴賤有殊。佩，所以章德，服之衷也。韍，所以執事，禮之共也。故禮有其度，威儀之制，三代同之。五霸迭興，戰兵不息，佩非戰器，韍非兵旗，於是解去韍佩，〔二八〕留其係璲，〔2〕〔二九〕以為章表。故《詩》曰"鞙鞙佩璲"，此之謂也。〔3〕韍佩既廢，秦乃以采組連結於璲，光明章表，轉相結受，〔三〇〕故謂之綬。漢承秦制，用而弗改，故加之以雙印佩刀之飾。至孝明皇帝，乃為大佩，衝牙雙瑀璜，皆以白玉。〔4〕乘輿落以白珠，〔三一〕公卿諸侯以采絲，其〔玉〕視冕旒,〔三二〕為祭服云。

【注】

〔1〕徐廣曰:"韍如(巾)〔今〕蔽膝。"〔三三〕

〔2〕徐廣曰:"今名璲為綖。"

〔3〕鞙鞙,佩玉貌。璲,瑞也。鄭玄《箋》曰:"佩璲者,以瑞玉為佩,佩之鞙鞙然。"

〔4〕《詩》云:"雜佩以贈之。"毛萇曰:"珩、璜、琚、瑀,衝牙之類。"《月令章句》曰:"佩上有雙衡,下有雙璜,琚瑀以雜之,衝牙蠙珠以納其間。"《玉藻》曰:"右徵角,左宮羽,進則揖之,退則揚之,然後玉鏘鳴焉。"《纂要》曰:"琚瑀所以納間,在玉之間,今白珠也。"

佩刀,乘輿黃金通身貂錯,半鮫魚鱗,金漆錯,雌黃室,五色罽隱室華。諸侯王黃金錯,環挾半鮫,黑室。公卿百官皆純黑,不半鮫。小黃門雌黃室,中黃門朱室,童子皆虎爪文,虎賁黃室虎文,其將白虎文,皆以白珠鮫為鐎口之飾。〔1〕乘輿者,加翡翠山,紆嬰其側。〔2〕

【注】

〔1〕《通俗文》曰:"刀鋒曰鐎。"

〔2〕《左傳》曰:"藻繂鞸鞛。"杜預曰:"鞸,佩刀削上飾。鞛,下飾也。"鄭玄《詩箋》曰:"既爵命賞賜,而加賜容刀有飾,顯其能制斷也。"《春秋繁露》曰:"劍之在左,青龍之象也。刀之在右,白虎之象也。韍之在前,朱鳥之象也。冠之在首,玄武之象也。四者,人之盛飾也。"臣昭案:自天子至于庶人,咸皆帶劍。劍之與刀,形制不同,名稱各異,故蕭何劍履上殿,不稱為刀,而此志言不及劍,如為未備。

佩雙印，長寸二分，方六分。乘輿、諸侯王、公、列侯以白玉，中二千石以下至四百石皆以黑犀，二百石以至私學弟子皆以象牙。上合絲，乘輿以縢貫白珠，赤罽蕤，諸侯王以下以綔赤絲蕤，縢綔各如其印質。刻書文曰："正月剛卯既決，〔三四〕靈殳四方，赤青白黃，四色是當。帝令祝融，以教夔龍，庶疫剛癉，莫我敢當。疾日嚴卯，帝令夔化，慎爾周伏，〔三五〕化茲靈殳。既正既直，既觚既方，庶疫剛癉，莫我敢當。"凡六十六字。[1]

【注】
[1]《前書》注云："以正月卯日作。"

乘輿黃赤綬，四采，〔三六〕黃赤（紺）縹［紺］，〔三七〕淳黃圭，長［二］丈九尺九寸，〔三八〕五百首。[1]

【注】
[1]《漢舊儀》曰："璽皆白玉螭虎紐，文曰'皇帝行璽'、'皇帝之璽'、'皇帝信璽'、'天子行璽'、'天子之璽'、'天子信璽'，凡六璽。皇帝行璽，凡封之璽賜諸侯王書；信璽，發兵徵大臣；天子行璽，策拜外國，事天地鬼神。璽皆以武都紫泥封，青囊白素裏，兩端無縫，尺一板中約署。皇帝帶綬，黃地六采，不佩璽。璽以金銀縢組，侍中組負以從。秦以前民皆佩綬，金、玉、銀、銅、犀、象為方寸璽，各服所好。奉璽書使者乘馳傳。其驛騎也，三騎行，晝夜千里為程。"《吳書》曰："漢室之亂，天子北詣河上，六璽不自隨，掌璽者投井中。孫堅北討董卓，頓軍城南，官署有井，每旦有五色氣從井出。堅使人浚得傳國璽。其文曰'受命于天，既壽永昌'。方圍四寸，上有紐文槃五龍，璘七寸管，龍上一角缺。"《獻帝起居注》曰："時六璽不自隨，及還，於閣上得。"《晉陽秋》曰："冉閔大將軍蔣幹以傳國璽付河南太守戴施，施獻之，百僚皆賀。璽光照洞徹，上蟠螭文隱起，書曰'（旻）［昊］天之命，〔三九〕"。秦舊

璽也。"徐廣曰："傳國璽文曰'受天之命，皇帝壽昌'。"

諸侯王赤綬，[1]四采，赤黄縹紺，淳赤圭，長二丈一尺，三百首。[2][四〇]

【注】
[1]徐廣曰："太子及諸王金印，龜紐，纁朱綬。"
[2]荀綽《晉百官表注》曰："皇太子朱綬，三百二十首。"

太皇太后、皇太后，其綬皆與乘輿同，皇后亦如之。
長公主、天子貴人與諸侯王同綬者，加特也。

諸國貴人、相國皆綠綬，三采，綠紫紺，淳綠圭，長二丈一尺，二百四十首。[1]

【注】
[1]《前書》曰："相國、丞相皆秦官，金印紫綬。高帝相國綠綬。"徐廣曰："金印綠綟綬。"綟音戾，草名也。以染似綠，又云似紫。紫綬名綟綬，[綟]音瓜，[四一]其色青紫。綟字亦（鳌）[鰲]，[四二]音同也，傳寫者誤作"鰲"。公加殊禮，皆服之。何承天云："綟音媧。青紫色綬。綟，紫色也。"

公、侯、將軍紫綬，二采，紫白，淳紫圭，長丈七尺，百八十首。[1]公主封君服紫綬。

【注】

〔1〕《前書》曰:"太尉金印紫綬。御史大夫位上卿,銀印青綬,成帝更名大司空,金印紫綬。將軍亦金印。"《漢官儀》曰:"馬防為車騎將軍,銀印青綬,在卿上,絕席。和帝以竇憲為車騎將軍,始加金紫,次司空。"

九卿、中二千石、二千石青綬,三采,青白紅,淳青圭,長丈七尺,百二十首。〔1〕自青綬以上,綟皆長三尺二寸,與綬同采而首半之。綟者,古佩璲也。〔四三〕佩綬相迎受,〔四四〕故曰綟。紫綬以上,綟綬之閒得施玉環鐍云。〔2〕〔四五〕

【注】

〔1〕一號青綳綬。
〔2〕《通俗文》曰:"缺環曰鐍。"《漢舊儀》曰"其斷獄者印為章"也。

千石、六百石黑綬,三采,青赤紺,淳青圭,長丈六尺,八十首。四百石、三百石長同。〔1〕

【注】

〔1〕《漢官》曰:"尚書僕射,銅印青綬。"

四百石、三百石、二百石黃綬,[一采],淳黃圭,(一采)長丈五尺,六十首。〔四六〕自黑綬以下,綟綬皆長三尺,與綬同采而首半之。

百石青紺(綟)[綬],〔四七〕一采,宛轉繆織[圭],長丈二

尺。[1][四八]

【注】
[1]丁孚《漢儀》載太僕、太中大夫襄言："乘輿綬，黃地冒白羽，青絳綠五采，四百首，長二丈三尺。詔所下王綬，冒亦五采，上下無差。諸王綬四采，絳地冒白羽，青黃去（綠）[緣]，[四九]二百六十首，長二丈一尺。[五〇]公主綬如王。侯，絳地，紺縹三采，百二十首，長丈八尺。[五一]二千石綬，羽青地，[五二]桃華縹三采，百二十首，長丈八尺。黑綬，羽青地，絳二采，八十首，長一丈七尺。黃綬一采，八十首，長丈七尺。以為常式。民織綬不如式，沒入官，犯者為不敬。二千石綬以上，禁民無得織以粉組。"皇太后詔可，王綬如所下。

凡先合單紡為一系，四系為一扶，五扶為一首，五首成一文，文采淳為一圭。首多者系細，少者系麤，皆廣尺六寸。[1]

【注】
[1]《東觀書》曰："建武元年，復設諸侯王金璽綟綬，公侯金印紫綬。九卿、執金吾、河南尹秩皆中二千石，大長秋、將作大匠、度遼諸將軍、郡太守、國傅相皆秩二千石，校尉、中郎將、諸郡都尉、諸國行相、中尉、內史、中護軍、司直秩皆二千石，以上皆銀印青綬。中外官尚書令、御史中丞、治書侍御史、公將軍長史、中二千石丞、正、平、諸司馬、中宮王家僕、雒陽令秩皆千石，尚書、中謁者、謁者、黃門冗從、四僕射、諸都監、中外諸都官令、都候、司農部丞、郡國長史、丞、候、司馬、千人秩皆六百石，家令、侍、僕秩皆六百石，雒陽市長秩四百石，主家長秩皆四百石，以上皆銅印黑綬。諸署長楫櫂丞秩三百石，諸秩千石者，其丞、尉皆秩四百石，秩六百石者，丞、尉秩三百石，四百石者，其丞、尉秩二百石，[五三]縣國丞、尉亦如之，縣、國三百石長相，丞、尉亦二百石，明堂、靈臺丞、諸陵校長秩二百石，丞、尉、校長以上皆銅印黃綬。縣國守宮令、相或千石或六百石，長相或四百石或三百石，

長相皆以銅印黃綬。而有秩者侍中、中常侍、光祿大夫秩皆二千石,太中大夫秩皆比二千石,尚書、諫議大夫、侍御史、博士皆六百石,議郎、中謁者秩皆比六百石,小黃門、黃門侍郎、中黃門秩皆比四百石,郎中秩皆比三百石,太子舍人秩二百石。"

太皇太后、皇太后入廟服,紺上皁下,蠶,青上縹下,皆深衣制,[1]隱領袖緣以絛。翦氂蔮,簪珥。珥,耳璫垂珠也。簪以瑇瑁為擿,[五四]長一尺,端為華勝,上為鳳皇爵,以翡翠為毛羽,下有白珠,垂黃金鑷。左右一橫簪之,以安蔮結。諸簪珥皆同制,其擿有等級焉。

【注】
〔1〕徐廣曰:"即單衣。"

皇后謁廟服,紺上皁下,蠶,青上縹下,皆深衣制,隱領袖緣以絛。假結,步搖,簪珥。步搖以黃金為山題,貫白珠為桂枝相繆,一爵九華,[五五]熊、虎、赤羆、天鹿、辟邪、南山豐大特六獸,《詩》所謂"副笄六珈"者。[1]諸爵獸皆以翡翠為毛羽。金題,白珠璫繞,以翡翠為華云。

【注】
〔1〕《毛詩傳》曰:"副者,后夫人之首飾,編髮為之。笄,衡笄也。珈,笄飾之最盛者,所以別尊卑。"鄭玄曰:"珈之言加也。副既笄而加飾,如今步搖上飾,古之制所未聞。"

貴人助蠶服,純縹上下,深衣制。大手結,墨瑇瑁,又加簪珥。長公主見會衣服,加步搖,公主大手結,皆有簪珥,衣服同制。自公主封君以上皆帶綬,以采組為緄帶,各如其綬色。黃金辟邪,首為帶鐍,飾以白珠。

公、卿、列侯、中二千石、二千石夫人，紺繒蔮，黃金龍首銜白珠，魚須擿，長一尺，為簪珥。入廟佐祭者皁絹上下，助蠶者縹絹上下，皆深衣制，緣。〔五六〕自二千石夫人以上至皇后，皆以蠶衣為朝服。

公主、貴人、妃以上，嫁娶得服錦綺羅縠繒，采十二色，重緣袍。特進、列侯以上錦繒，采十二色。六百石以上重練，采九色，禁丹紫紺。三百石以上五色采，青絳黃紅綠。二百石以上四采，青黃紅綠。賈人，緗縹而已。〔1〕

【注】
〔1〕《博物記》曰："交州南有蟲，長減一寸，形似白英，不知其名，視之無色，在陰地多緗色，則赤黃之色也。"

公、列侯以下皆單緣襈，制文繡為祭服。自皇后以下，皆不得服諸古麗圭襂閨緣加上之服。〔1〕建武、永平禁絕之，建初、永元又復中重，〔五七〕於是世莫能有制其裁者，乃遂絕矣。〔2〕

【注】
〔1〕司馬相如《大人賦》曰："垂旬始以為襂。"〔五八〕注云："葆下旒也。"則襂之容如旌旒也。
〔2〕蔡邕《表志》曰："永平初，詔書下車服制度，中宮皇太子親服重繒厚練，浣已復御，率下以儉化起機。諸侯王以下至于士庶，嫁娶被服，各有秩品。〔五九〕當傳萬世，揚光聖德。臣以為宜集舊事儀注本奏，以成志也。"

凡冠衣諸服，旒冕、長冠、委貌、皮弁、爵弁、建華、方山、巧士，衣裳文繡，赤舄，服絇履，大佩，皆為祭服，其餘悉為常用朝服。唯長冠，諸王國謁者以為常朝服云。宗廟以下，祠祀皆冠長冠，皁繒袍單衣，絳緣領袖中衣，〔六〇〕絳絝〔六一〕絑，五郊各從其色焉。

贊曰：車輅各庸，旌旂異局。冠服致美，佩紛璽玉。敬敬報情，尊尊下欲。孰夸華文，匪豪麗縟。

【校勘記】

〔一〕遂作冠冕纓緌 按：《集解》引惠棟説，謂"緌"北宋本作"綏"。

〔二〕粉若粟（米）〔冰〕 《集解》引李良裘説，按孔《傳》本作"粉若粟冰"，作"米"，譌也。此志北宋本亦作"粟冰"。今據改。

〔三〕裳二章 按："二"原譌"一"，逕據汲本、殿本改正。

〔四〕（接）〔按〕尊事神（禮）〔祇〕 據汲本、殿本改。按：聚珍本《東觀漢紀》同。《通典》卷六十一引作"接尊事神"，無"禮"字。

〔五〕以降神〔明〕 據汲本、殿本及《通典》補。

〔六〕乘輿刺（史）〔繡〕 《校補》謂案對下"織成"言，"刺史"蓋"刺繡"之譌。《書·益稷》鄭注"刺者為繡"。《前書·賈誼傳》"美者黼繡，是古天子之服"，師古注"繡者，刺為眾文"。今作"刺史"，列乘輿上，公侯下，明誤。今據改。

〔七〕玄冠朱組（綏）〔纓〕 據汲本改，與今《禮記》合。

〔八〕吳都賦〔注〕曰 按：下所引乃《文選·吳都賦》注文，明脱一"注"字，今補。

〔九〕委貌冠皮弁冠同制 按：《集解》引惠棟説，謂北宋本作"委貌與皮弁冠同制"。

〔一〇〕夏之（母）〔毋〕追 據《集解》本改。按：《校補》引柳從辰説，謂《白虎通》"毋追，言其追大也"。字一作"無"，《周禮》追師鄭注作"牟"，《釋名》同。

〔一一〕委貌以皁絹為之 按：《集解》引惠棟説，謂"絹"一作"繒"。

〔一二〕展筩為述 按：《集解》引惠棟説，謂此下脱"筩綏犀簪導"五字。

〔一三〕〔頂〕不邪却 《集解》引惠棟説，謂"不"上宜從董巴《輿服志》及《三禮圖》增"頂"字。今據補。

〔一四〕太傅胡廣説曰　按:《集解》引惠棟説,謂"胡廣"上脱"南郡"二字。

〔一五〕尚書孟(希)〔布〕奏　《集解》引惠棟説,謂"希"當作"布",漢隸帬即布字,故誤作"希"也。今據改。按:尚書孟布見本書《陳忠傳》。

〔一六〕名實不副　按:"副"原譌"嗣",逕據汲本、殿本改正。

〔一七〕秦即趙而用之　按:"趙"原譌"漢",逕據汲本、殿本改正。

〔一八〕貂紫蔚(采)〔柔〕潤　據殿本、《集解》本改。

〔一九〕方山冠似進賢　按:《集解》引惠棟説,謂下脱"前高七寸後高三寸纓長八寸"十二字,當從《三禮圖》增。

〔二〇〕巧士冠〔前〕高七寸　《集解》引惠棟説,謂"高"上脱"前"字。今據補。

〔二一〕黄門從官四人冠之　按:《集解》引惠棟説,謂"官"北宋本作"宦者"。

〔二二〕楚莊王所(復)〔服〕獬冠者是　據殿本改。按:殿本《考證》謂"服"字監本誤作"復",依宋本改。

〔二三〕紗縠單衣　《集解》引惠棟説,謂"紗"上脱"著"字。

〔二四〕秦施之焉　按:殿本"之焉"作"安焉"。惠棟云"安焉"一作"用之"。

〔二五〕縵胡之纓武士之服　按:《集解》引黄山説,謂今《莊子·説劍篇》無"武士之服"四字。

〔二六〕入學小童幘也句卷屋者　按:殿本《考證》謂"也"疑作"施"。

〔二七〕服緗幘　按:汲本、殿本"緗"作"緋"。

〔二八〕解去韍佩　按:"韍"原譌"紱",逕據汲本、殿本改正。下"韍佩既廢"同。

〔二九〕留其係璲　按:《北堂書鈔》儀飾部引董巴《輿服志》"係璲"作"絲縫",《初學記》二十六、《御覽》六百八十二引董《志》作"絲襚"。下"連結於璲"同。

〔三〇〕轉相結受　按:《御覽》引《董巴志》"受"作"授"。

〔三一〕乘輿落以白珠　《御覽》六百九十二引董巴《輿服志》"落"作"絡"。按：落絡通。

〔三二〕其〔玉〕視冕旒　《校補》引柳從辰說，謂《御覽》六百九十二引董巴《輿服志》作"其玉視冕旒"，此脫"玉"字。今據補。

〔三三〕如（巾）〔今〕蔽膝　據殿本改。按：《集解》引惠棟說，謂"巾"當作"今"。

〔三四〕正月剛卯既決　按："決"當依《前書·莽傳》注作"央"，與下"靈殳四方"叶韻。

〔三五〕慎爾周伏　按：《前書》注"周"作"固"。

〔三六〕乘輿黃赤綬四采　《集解》引惠棟說，謂"四"當依董巴《輿服志》作"五"。今按：《北堂書鈔》服飾部及宋本《御覽》六百八十二引董《志》並作"四"，惟《初學記》二十六引董《志》作"五"。下云"黃赤縹紺"，明祇四采，不當作"五"。

〔三七〕黃赤（紺）縹〔紺〕　《集解》引惠棟說，謂"紺縹"當從董《志》作"縹紺"。今據以乙正。

〔三八〕長〔二〕丈九尺九寸　《集解》引惠棟說，謂"丈"上當從《三禮圖》增"二"字。今據補。按：《北堂書鈔》、《初學記》及《御覽》引董《志》，並作"長二丈九尺"。

〔三九〕（旻）〔昊〕天之命　據汲本、殿本改。按：《北堂書鈔》服飾部引《晉陽秋》亦作"旻"，王石華校改"旻"為"昊"。

〔四〇〕長二丈一尺三百首　《集解》引惠棟說，謂董《志》"一"作"八"，《博物志》仍作"一"。今按：《北堂書鈔》服飾部引應劭《漢官》作"長二丈一尺"。

〔四一〕紫綬名綢綬〔綢〕音瓜　據汲本補。按：汲本脫"綬"字，殿本"綬"下脫"綢"字。

〔四二〕緺字亦（鰲）〔鰲〕　據汲本改。按："亦"下當脫"作"字。

〔四三〕古佩璲也　《集解》引惠棟說，謂"璲"北宋本作"襚"。今按：《御覽》六百八十二引董《志》亦作"襚"。

〔四四〕佩綬相迎受　按：《集解》引惠棟說，謂董《志》"綬"作"襚"。

〔四五〕縌綬之閒得施玉環鐍云　《集解》引惠棟說，謂"鐍"北宋本作"玦"。今按：《御覽》六百八十二引董《志》亦作"玦"。

〔四六〕黃綬〔一采〕淳黃圭（一采）長丈五尺六十首　《集解》引惠棟說，謂董巴《輿服志》曰"皆黃綬，一采，淳黃圭，長一丈五尺，六十首"，崔豹《古今注》同。今據以乙正。

〔四七〕百石青紺（綸）〔綬〕　據《集解》引惠棟說改。按：惠云"綬"譌"綸"，當從董巴《輿服志》改。

〔四八〕宛轉繆織〔圭〕長丈二尺　《集解》引惠棟說，謂"長"上脫"圭"字，當從董巴《輿服志》增。今據補。

〔四九〕青黃去（綠）〔緣〕　據殿本改。按：《集解》引惠棟說，謂《漢官儀》"去緣"作"赤綵"。

〔五〇〕長二丈一尺　按：汲本作"長一丈二尺"，殿本作"長二丈二尺"。惠棟云北宋本作"二丈一尺"。

〔五一〕長丈八尺　《集解》引惠棟說，謂《漢官儀》作"二丈八尺"。今按：孫星衍校《漢官儀》云"二"當作"一"。

〔五二〕黑綬羽青地　《集解》引惠棟說，謂《漢官儀》作"黑綬白羽青地"。今按：孫校云"白"字當衍。

〔五三〕其丞尉秩二百石　按：《集解》引惠棟說，謂北宋本"二"作"三"。

〔五四〕簪以瑇瑁為擿　按：《集解》引惠棟說，謂"擿"一作"搐"，又作"摘"。錢大昕謂擿即搐字。

〔五五〕一爵九華　按：《集解》引惠棟說，謂"一爵"當依徐廣《輿服雜志》作"八爵"，《三禮圖》引作"一爵"，訛。

〔五六〕助蠶者縹絹上下皆深衣制緣　按：《集解》引惠棟說，謂"縹"一作"青"。

〔五七〕又復中重　按：《集解》引黃山說，謂《明紀》永平十二年詔云"有司其申明科禁"，《和紀》永元十一年詔云"但且申明憲綱"，凡詔書遵用舊章，未有不言申者。《易》稱"重巽以申命"，《荀子·富國篇》"爵服慶賞，以申重之"，《王霸篇》"案申重之，以貴賤殺生"。"中"當即"申"形近之訛。

〔五八〕垂旬始以為襂　《集解》引惠棟説，謂"襂"當作"幓"。今按：《史記·司馬相如傳》作"幓"。

〔五九〕各有秩品　《集解》引惠棟説，謂"秩"北宋本作"科"。

〔六〇〕絳緣領袖中衣　按：《集解》引惠棟説，謂"袖"下脱"為"字。

〔六一〕絳袴絑　按：《集解》引惠棟説，謂下脱"示赤心"三字。

獄中與諸甥姪書 范曄

吾狂釁覆滅，豈復可言，汝等皆當以罪人棄之。然平生行已在懷，猶應可尋，至於能不，意中所解，汝等或不悉知。

吾少嬾學問，晚成人，年三十許政始有向耳。自爾以來，轉為心化，推老將至者，亦當未已也。往往有微解，言乃不能自盡。為性不尋注書，心氣惡，小苦思便憒悶，口機又不調利，以此無談功。至於所通解處，皆自得之於胸懷耳。文章轉進，但才少思難，所以每於操筆，其所成篇，殆無全稱者。

常恥作文士。文患其事盡於形，情急於藻，義牽其旨，韻移其意。雖時有能者，大較多不免此累，政可類工巧圖繢，竟無得也。常謂情志所託，故當以意為主，以文傳意。以意為主，則其旨必見；以文傳意，則其詞不流。然後抽其芬芳，振其金石耳。此中情性旨趣，千條百品，屈曲有成理。自謂頗識其數，嘗為人言，多不能賞，意或異故也。

性別宮商，識清濁，斯自然也。觀古今文人，多不全了此處；縱有會此者，不必從根本中來。言之皆有實證，非為空談。年少中謝莊最有其分，手筆差易，文不拘韻故也。吾思乃無定方，特能濟難適輕重，所稟之分，猶當未盡，但多公家之言，少於事外遠致，以此為恨，亦由無意於文名故也。本未關史書，政恒覺其不可解耳。

既造《後漢》，轉得統緒。詳觀古今著述及評論，殆少可意者。班氏最有高名，既任情無例，不可甲乙辨，後贊於理近無所得，唯志可推耳。博贍不可及之，整理未必愧也。吾雜傳論，皆有精意深旨，既有裁味，故約其詞句。至於《循吏》以下及六夷諸序論，筆勢縱放，實天下之奇作。其中合者，往往不減《過秦篇》。嘗共比方班氏所作，非但不愧之而已。欲徧作諸志，《前漢》所有者悉令備。雖事不必多，且使見文得盡；又欲因事就卷內發論，以正一代得失，意復未果。贊自是吾文之傑思，殆無一字空設，奇變不窮，同含異體，乃自不知所以稱之。此書行，故應有賞音者。紀傳例為舉其大略耳，諸細意甚多。自古體大而思精，未有此也。恐世人不能盡之，多貴古賤今，所以稱情狂言耳。

吾於音樂，聽功不及自揮，但所精非雅聲為可恨。然至於一絕處，亦復何異邪！其中體趣，言之不盡。弦外之意，虛響之音，不知所從而來。雖少許處，而旨態無極。亦嘗以授人，士庶中未有一豪似者。此永不傳矣！

吾書雖小小有意，筆勢不快。餘竟不成就。每愧此名。

後漢書注補志序 劉昭

臣昭曰：昔司馬遷作《史記》，爰建八書；班固因廣，是曰十志。天人經緯，帝政絃維，區分源奧，開廓著述，創藏山之祕寶，肇刊石之遐貫，誠有繁於《春秋》，亦自敏於改作。

至乎永平，執簡東觀，紀傳雖顯，書志未聞。推檢舊記，先有地理，張衡欲存炳發，未有成功。《靈憲》精遠，天文已煥。自蔡邕大弘鳴條，寔多紹宣。協妙元卓，律曆以詳；承洽伯始，禮儀克舉；郊廟社稷，祭祀該明；輪騑冠章，車服贍列。於是應、譙繢其業，董巴襲其軌。司馬《續書》摠為八志，律曆之篇仍乎洪、邕所構，車服之本即依董、蔡所立，儀祀得於往制，百官就乎故簿，並籍據前修，以濟一家者也。王教之要，國典之源，粲然略備，可得而知矣。既接繼班《書》，通其流貫，體裁淵深雖難踰等，序致膚約有傷懸越，後之名史，弗能罷意。叔駿之書，是為十典，矜緩殺青，竟亦不成。二子平業，俱稱麗富，華轍亂亡，典則偕泯，雅言邃義，於是俱絶。沈、松因循，尤解功創，時改見句，非更搜求，加藝文以矯前棄，流書品採自近錄，初平、永嘉圖籍焚喪，塵消煙滅，焉識其限，借南晉之新虛，為東漢之故實，是以學者亦無取焉。

范曄《後漢》，良誠跨衆氏，序或未周，志遂全闕。國史鴻曠，須寄勤閑，天才富博，猶俟改具。若草昧厥始，無相憑據，窮其身世，少能已畢。遷有承考之言，固深資父之力，太初以前，班用馬《史》，十志所因，實多往制，升入校部，出二十載，續志昭表，以助其閒，成父述者，夫何易哉！況曄思雜風塵，心橈成毀，弗克員就，豈以茲乎？夫辭潤婉贍，可得起改，覈求見事，必應寫襲，故序例所論，備精與奪，及語八志，頗褒其美，雖出拔前群，歸相沿也。又尋本書當作《禮樂志》，其《天文》《五行》《百官》《車服》，為名則同。此外諸篇，不著紀傳,《律曆》《郡國》,必依往式。曄遺書自序,應徧作諸志,《前漢》有者,悉欲備製,卷中發論,以正得失,書雖未明,其大旨也。曾臺雲構,所缺過乎榱桷,為山霞高,不終踰乎一壇,鬱絕斯作,吁可痛哉！徒懷纘緝,理慭鉤遠,迺借舊志,注以補之。狹見寡陋,匪同博遠,及其所值,微得論列。分為三十卷,以合《范史》。求於齊工,孰曰文類；比茲闕恨,庶賢乎已。

　　昔褚生補子長之削少,馬氏接孟堅之不畢,相成之義,古有之矣。引彼先志,又何猜焉！而歲代逾邈,立言湮散,義存廣求,一隅未覿,兼鍾律之妙,素挹校讎,參曆筭之微,有慭證辨,星候祕阻,圖緯藏嚴,是須甄明,每用疑略,時或有見,頗邀傍遇,非覽正部,事乖詳密。今令行禁止,此書外絕,其有疏漏,諒不足誚。

編後記

　　《後漢書》是南朝宋范曄的一部紀傳體名著，記錄了自東漢光武帝至獻帝之間195年的歷史。該書對後世影響很大，不僅被列為"正史"，而且與《史記》《漢書》《三國志》一起，合稱為"前四史"。

　　范曄，字蔚宗，出生于晉安帝隆安二年（398年），順陽山陰（今湖北省老河口市）人，南朝宋史學家、文學家。范曄出身於士族家庭，祖父范甯，晉豫章太守；父親范泰，為宋侍中。范曄自己因為過繼給伯父范弘之，襲封武興縣侯。元熙二年（420年），劉裕代晉稱帝，范曄應招出仕，投身彭城王劉義康門下，任冠軍將軍、秘書丞；元嘉九年（432年），因得罪劉義康，被貶為宣城太守。元嘉十七年（440年），范曄投靠始興王劉濬，歷任後軍長史、南下邳太守、左衛將軍、太子詹事。元嘉二十二年（445年），因參與劉義康謀反，事發被誅，時年四十八歲。

　　《後漢書》始著于范曄宣城太守任內。被殺時，志的部分還沒有完成。於是宋代人取晉司馬彪為《續漢書》所作的八志分為三十卷補入。《後漢書》范曄原著的紀傳部分皆為唐章懷太子李賢注，而補入志的部分則由南朝梁劉昭作注。本書作為二十五史點校本早在二十世紀即由中華書局出版。現依據著者出生地湖北的原則，收入《荊楚文庫》，由繁體豎排改為橫排，內容基本一仍其舊。原書《郡國志》標題有"右……"字樣，豎排本原意為"以上內容"，改橫排後易有歧義，但從保存舊貌起見亦未更改，僅在此加以說明。原書校勘記標注校勘對象在正文中的頁碼及行數，《荊楚文庫》橫排之後，改為使用與原注釋相同方括號，唯注釋使用阿拉伯數字，而校勘記改用中文數字，亦在此說明。本書第六冊即司馬彪所著八志及劉昭注，由於單獨成冊，故在扉頁"後漢書"

下加標"志",而在作者項注明"晉司馬彪撰 南朝梁劉昭注補"。由於封面僅涉第六册序號,故仍標"南朝宋范曄撰 唐李賢注",以保持全書一致。

崇文書局
2017 年 3 月